W0171497

Ursula Köhler-Lutterbeck · Monika Siedentopf

Lexikon
der 1000 Frauen

Verlag J.H.W. Dietz Nachf. GmbH

Gedruckt mit freundlicher Unterstützung
der Ernst Strassmann Stiftung

Die Deutsche Bibliothek – CIP-Einheitsaufnahme

Köhler-Lutterbeck, Ursula, Siedentopf, Monika:
Lexikon der 1000 Frauen /
Ursula Köhler-Lutterbeck, Monika Siedentopf – Bonn: Dietz, 2000
ISBN 3-8012-0276-3

Copyright © 2000 by
Verlag J.H.W Dietz Nachf. GmbH
In der Raste 2, 53129 Bonn
Konzeption: Christine Buchheit
Lektorat: Dorothee Wahl
Redaktion: Ricarda Gerhardt
Umschlaggestaltung: formvorrat, Frankfurt a. M.
Druck und Verarbeitung: Ebner Ulm
Alle Rechte vorbehalten
Printed in Germany 2000

Inhalt

Vorwort

Im letzten Jahrtausend hatten zahllose Frauen Anteil an Wirtschaft und Politik, an Literatur und Kunst und bestimmten die Geschichte mit. Lange bevor Mitte des 19. Jahrhunderts Emanzipationbestrebungen einsetzten, partizipierten sie an den Wissenschaften. Viele von ihnen sind heute vergessen. Die Verdienste zahlreicher anderer, die als Ehefrauen, Mätressen oder Musen im Hintergrund wirkten, wurden häufig geleugnet.

Mit dem »Lexikon der tausend Frauen« liegt nun das erste Frauenlexikon vor, das den gesamten deutschsprachigen Raum umfasst und eine weitgefächerte Auswahl von Frauenschicksalen vorstellt. 1000 Biografien erinnern an Frauen aus Deutschland, Österreich und der Schweiz in den zu der jeweiligen Zeit gültigen Grenzen, aber auch an Frauen, die in deutscher Sprache schrieben oder in diesen Ländern eine neue Heimat fanden. Das Buch ist eine wertvolle Hilfe bei der Suche nach Daten und Informationen.

Während der letzten 1000 Jahre hatten Frauen Machtpositionen inne, die ihnen politisches Können und staatsmännisches Geschick abverlangten und die ihnen einen Platz in der Geschichte sicherten. Oft herrschten sie als gleichberechtigte Partnerinnen ihrer Männer, wie z.B. im Mittelalter die Kaiserinnen Adelheid und Theophanu, oder sie regierten an Stelle ihrer unmündigen Söhne, wie Anna von Hessen und Anna Amalie von Sachsen-Weimar-Eisenach. Doch auch im eigenen Recht herrschten Frauen, unter ihnen Maria Theresia und Katharina die Große, über riesige Imperien und prägten ihr Zeitalter.

Erstaunliches haben Frauen als Wissenschaftlerinnen geleistet, und das obwohl es erst ab 1908 staatliche höhere Mädchenschulen gab und sich im Deutschen Reich erst Ende des 19. Jahrhunderts – immerhin wurde die erste deutsche Universität bereits 1348 in Prag gegründet – die Türen der Universitäten auch für Studentinnen öffneten. Das Herzogtum Baden ließ 1892 die ersten Gasthörerinnen zu, 1903 folgte Bayern und 1908 Preußen. Das Recht zur Habilitation erhielten Frauen in Deutschland erst 1920. Österreicherinnen konnten sich ab 1897 an Universitäten auf das höhere Lehramt vorbereiten, ab 1900 durften sie auch Medizin und Pharmazie studieren. An der Universität Zürich war Frauen bereits Anfang der 1840er Jahre Studentinnen gestattet, sich zu immatrikulieren, was einen großen Zustrom von Ausländerinnen, vor allem aus Deutschland, zur Folge hatte.

Die ersten Wissenschaftlerinnen prägten so unterschiedliche Fachbereiche wie Medizin, Astronomie, Botanik, Literaturwissenschaften, Physik und Philosophie. In zahlreichen Einzeldarstellungen oder in Berufsgruppen zusammengefasst, wurden ihre Verdienste in den letzten Jahren gewürdigt. Doch die Namen vieler Pionierinnen der modernen Wissenschaft fehlen bis heute in den großen Konversationslexika. Das »Lexikon der 1000 Frauen« gibt vor allem diesen unbekannten Namen einen Platz.

Es finden jedoch nicht nur Akademikerinnen und Frauen privilegierter Herkunft Erwähnung. Am Kampf um politische und soziale Gleichheit, der Mitte des 19. Jahrhunderts begann, aber erst 1918 zur Erlangung des Wahlrechts für Frauen führte, waren Frauen aus allen sozialen Schichten beteiligt. Neben bekannten Namen wie Rosa Luxemburg und Helene Lange stellt das »Lexikon der 1000 Frauen« auch die weitgehend unbekannt gebliebenen Vertreterinnen der frühen Frauenbewegung vor, die sich vor allem für eine bessere Schulbildung sowie für bessere Arbeitsbedingungen für Frauen einsetzten.

Agentinnen, so genannte Hexen, Mätressen, Mystikerinnen, Nobelpreisträgerinnen: Sie alle haben einen Platz im »Lexikon der 1000 Frauen«, einem Nachschlagewerk nicht nur für die großen Namen der Geschichte, sondern auch für die zu Unrecht Vergessenen. So stehen neben Annette von Droste-Hülshoff auch Melitta Bentz, die den Kaffeefilter erfand, und Marie Clementine Martin, die den »Klosterfrau Melissengeist« produzierte. Neben Bettina von Arnim sind Cilly Aussem, die als erste Deutsche das Tennisturnier in Wimbledon gewann, und Elisabeth von Treskow, die die Meisterschale des Deutschen Fußballbundes entwarf und fertigte, zu finden. Helene von Dönniges, derentwegen Ferdinand Lassalle bei einem Duell ums Leben kam, wird ebenso erwähnt wie Anna Göldin, die noch 1782 als Hexe hingerichtet wurde.

Selbst bei der großen Zahl von 1000 Biografien musste die Auswahl subjektiv bleiben. Einige Namen wird man vermissen und andere wiederum für nicht bedeutend genug halten. Wir haben uns um Ausgewogenheit bemüht; keine Berufsgruppe dominiert und auch die politische Einstellung der Portraitierten war nicht ausschlaggebend. Die Länge der Lebensbilder variiert mit der Bedeutung der Frauen und ihren Verdiensten, ist aber auch abhängig von der Quellenlage. Trotz sorgfältiger Recherche bleiben Lücken: nicht immer war

es möglich, die vollständigen Lebensdaten
zu ermitteln, manchmal blieben der Ge-
burts- oder Sterbeort unklar.
Eine Fülle von Literaturangaben soll zum
Weiterlesen ermuntern und zu weiteren
Forschungen anregen.

Allen, die jahrelang unsere Arbeit mit
wertvollen Hinweisen, Informationen und
Ratschlägen unterstützt haben, möchten
wir für ihren großen Einsatz danken. Unser
besonderer Dank gilt Frau Dr. Jutta-B.
Lange-Quassowski und der Ernst-Strass-
mann-Stiftung, die sowohl mit finanziellem als auch großem persönlichen Engagement das Buchprojekt unterstützt und gefördert haben sowie Herrn H. Roske für
seine minuziösen Korrekturen.

A

Abegg, Lily (eigtl. Elisabeth)
Publizistin
7.12.1901 (Hamburg) – 13.7.1974 (Samedan
b. St. Moritz)
Die Schweizerin wurde nach dem Studium
der Volkswirtschaft und Staatswissenschaften in Genf, Hamburg und Heidelberg

1926 promoviert.
Als Fernost-Kor-
respondentin
schrieb sie für
Schweizer und
deutsche Zeitun-
gen, darunter für
die »Frankfurter
Zeitung«, die
»Weltwoche« und
die »Frankfurter Allgemeine Zeitung«. A.
war Mitglied des Schweizer PEN-Clubs und
veröffentlichte u.a. »Vom Reich der Mitte
zu Mao Tse-Tung« (1966) und »Japans
Traum vom Musterland – der neue Nippo-
nismus« (1973)

**Ackermann, Sophie Charlotte,
geb. Biereichel**
Theaterleiterin, Schauspielerin
12.5.1714 (Berlin) – 13.10.1792 (Hamburg)
Nach mehreren Jahren als Schauspielerin
in der »Schönemann'schen Gesellschaft«
und einem erfolglosen Versuch, eine eigene
Theatertruppe zu leiten, schloss sich A. der
»Ackermann'schen Gesellschaft« an. Sie
trat in Charakterrollen auf und wurde u.a.
als Lady Marwood bei der Uraufführung
von »Miss Sara Sampson« 1755 in Ham-

burg stürmisch gefeiert. Nach dem Tod ihres ersten Mannes, des Organisten J. D. Schroeder, heiratete sie ihren Lebensgefährten, den Schauspieler und Theaterleiter Konrad Ernst A. Nach dessen Tod 1771 übernahm sie selbstständig die Leitung der Theatertruppe. Sie kümmerte sich um die Finanzverwaltung, die Entwürfe und Fertigung der Kostüme sowie die Übersetzung und Bearbeitung der Theaterstücke für ihre Bühne. Zu den meistgespielten Autoren zählten G. E. Lessing und Molière. Bei Gastspielreisen ihrer Truppe hielt A. als Prinzipalin mitreißende Begrüßungsreden über die Aufgabe des Theaters und die Würde des Schauspielerberufs. In ihrem letzten Lebensjahrzehnt, in dem sie bereits an Tuberkulose litt, gab sie Schauspielunterricht. Aus ihren beiden Ehen hatte A. vier Kinder, von denen neben dem Sohn F. L. Schroeder auch zwei Töchter den Schauspielerberuf ergriffen: Dorothea Caroline A. (12.2.1752–21.10.1821) und Charlotte Maria Magdalena A. (23.8.1757 – 10.5.1775).
Lit.: Becker-Cantarino, B., Der lange Weg zur Mündigkeit, Stuttgart 1987

Ada
Mäzenin
um 800 (Kloster Maximin b. Trier)
Die Kunstmäzenin A. war die Auftraggeberin einer prächtigen Bilderhandschrift, des »Evangeliars der Ada«, das in der Hofschule Karls des Großen entstand. »Ancilla Dei« (»Dienerin des Herrn«) wurde sie in einem nachträglich in das Evangeliar eingefügten Gedicht genannt. Die einzigartige Handschrift, die verschwenderisch mit Gold, Silber und teuren Farben ausgestattet ist, lässt darauf schließen, dass A. sehr gebildet, wohlhabend und von adliger Herkunft war. Der Legende nach war sie eine Schwester Karls des Großen.
Lit.: Mütherich, F., Die Buchmalerei am Hofe Karls des Großen, in: Karl der Große, Lebenswerk und Nachleben, Braunsfeld, W. (Hg.), Düsseldorf 1965–67

Adamberger, Antonie
Schauspielerin
30.12.1790 (Wien) – 25.12.1867 (ebd.)
Bereits mit 14 Jahren gehörte die österreichische Tragödin zum Ensemble des Wiener Hoftheaters. Ihr Talent und  ihre Schönheit wurden von vielen Zeitgenossen, z.B. C. v. Brentano und F. Grillparzer, gerühmt. 1811 verlobte A. sich mit dem Dichter T. Körner, der 1813 im Lützow'schen Freikorps, das in den Befreiungskriegen gegen die Truppen Napoleons kämpfte, fiel. Durch mehrere Gedichte, die Körner ihr widmete, sowie seine Dramen »Toni« und »Zriny« ging sie in die deutsche Literatur ein. Nach ihrer Heirat mit dem Numismatiker J. v. Arneth 1817 gab sie ihren Beruf auf.
Lit.: Rischbieter, H. (Hg.), Theater-Lexikon, Zürich-Schwäbisch Hall 1983

Adelheid
Kaiserin, Regentin
um 931 (Burgund/Frankreich) – 16.12.999 (Kloster Selz, Elsass/Frankreich)
947 wurde die Tochter des Königs Rudolf II. von Burgund mit Lothar II., König von Italien, verheiratet, mit dem sie schon als Sechsjährige verlobt worden war. Als Lo-

thar nach nur drei Ehejahren starb, war A. Erbin des italienischen Königreiches, das damals vor allem aus dem oberitalienischen Reich der Langobarden bestand. Nach langobardischem Recht durfte sie durch Wahl eines neuen Gatten dem Reich einen neuen König geben. Markgraf Berengar von Ivrea wollte A. zwingen, seinen Sohn zu heiraten, um auf diese Weise seine gewaltsam erworbene Herrschaft über Teile Oberitaliens zu legitimieren. Als sie sich dieser Eheschließung widersetzte, ließ Berengar sie monatelang in einer Festung am Gardasee gefangen halten, bis ihr die Flucht gelang. 951 heiratete sie in Pavia, der Hauptstadt des Langobardenreiches, den 39-jährigen, verwitweten deutschen König Otto I., der Berengar vertrieben hatte. Otto I., nun König der Franken und Langobarden, ernannte A. zur »Genossin seiner Herrschaft« (»consors regni«), ein Titel, der ihr nach damaligem Gesetz eigene Herrschaftsrechte einräumte. 962 wurden Otto und A. in Rom von Papst Johannes XII. zu Kaiser und Kaiserin gekrönt. In 22 glücklichen Ehejahren war sie engste Beraterin und ständige Begleiterin ihres Mannes. Von ihren vier Kindern starben zwei früh, der überlebende Sohn Otto wurde Nachfolger seines Vaters, die Tochter →Mathilde Äbtissin des Klosters Quedlinburg. Nach dem Tod Ottos I. im Mai 973 verlor A. ihren politischen Einfluss, denn ihr Sohn, König Otto II., zog den Rat seiner Frau, der byzantinischen Prinzessin →Theophanu, vor. Auseinandersetzungen, u.a. über die Politik gegenüber dem Herzogtum Bayern, veranlassten A., nach Italien zurückzukehren. Dort übte sie die Statthalterschaft für ihren Sohn aus, indem sie in Streitfällen mit dem Adel vermittelte und Herrscherrechte vor Gericht wahr-

nahm. Erst Ende 983, nach dem plötzlichen Malariatod Ottos II., kam sie wieder nach Deutschland, um gemeinsam mit ihrer Schwiegertochter Theophanu die Regentschaft für ihren erst dreijährigen Enkel Otto III. zu führen. Aber zwischen beiden Kaiserinnen gab es zahlreiche Konflikte: Sie waren im Temperament sehr unterschiedliche Persönlichkeiten und vertraten u.a. gegensätzliche Rechtspositionen bei der Vergabe von Reichsgut an die Kirche. So zog sich A. bald wieder nach Italien zurück, um in einer Art Gewaltenteilung dort die Regierung zu führen. Als Theophanu 988 auch die Herrschaftsrechte in Italien übernahm, wich A. in ihre Heimat Burgund aus, um sich dort nur noch religiösen Aufgaben wie der Kirchenreform von Cluny zu widmen. Erst nach Theophanus Tod im Sommer 991 kehrte die inzwischen 60-Jährige nach Deutschland zurück. Sie übernahm noch einmal für vier Jahre, diesmal allein, für ihren Enkel Otto III. die Regierung des Reiches, bis dieser mündig wurde. Ihr wichtigster Ratgeber in dieser Zeit war der Mainzer Erzbischof Willigis. Allerdings gelang es A. nicht, den Machtverfall des deutschen Kaisertums, der bereits während der Regierungszeit ihres Sohnes Otto II. begonnen hatte, aufzuhalten. 995 zog sie sich in ihre Klosterstiftung Selz zurück. Wegen ihrer Frömmigkeit und ihrer großzügigen Zuwendungen an die Kirche wurde sie 1097 heilig gesprochen.

Lit.: Keiser, B., Bevor das Jahr Tausend anbrach. A., Königin, Kaiserin, Heilige – ein Leben in bewegter Zeit, Düsseldorf 1995

Adelheid (od. Adelaide) Henriette Maria von Savoyen

Mäzenin

6.11.1636 (Turin/Italien) – 13.3.1676 (München)

Die savoyische Prinzessin wurde 1652 mit dem bayerischen Kurfürsten Ferdinand Maria verheiratet. Wegen ihrer Unterstützung der profranzösischen Partei am bayerischen Hof geriet sie in Gegensatz zu ihrer einflussreichen Schwiegermutter, der Habsburgerin Maria Anna. Erst nach der Geburt des Thronfolgers Max Emanuel 1662 festigte sich A.s Position. Mit der Förderung italienischer und französischer Barockkünstler verwandelte sie den Münchner Hof in ein kulturelles Zentrum Deutschlands. Ihre zahlreichen Bauten, u.a. ließ sie die Theatinerkirche, das italienische Opernhaus am Salvatorplatz und den Mitteltrakt des Schlosses Nymphenburg errichten, wurden Wahrzeichen der Residenzstadt, führten aber auch zu einer hohen Verschuldung Bayerns.

Lit.: Bary, R. v., Henriette Adelaide, München 1980

Adelheid von Vilich

Äbtissin

gest. nach 1009

Im Damenstift St. Ursula in Köln führte A. ein privilegiertes Leben. Neben karitativen Tätigkeiten beschäftigte sie sich mit Dichtung, Philosophie und Malerei. Als ihre Eltern das Stift Vilich bei Bonn gründeten, setzten sie A. als Vorsteherin ein. Sie erreichte, dass der Kaiser dem Stift zahlreiche Privilegien, u.a. weitgehende Selbstständigkeit, einräumte, und führte strengere Regeln ein. Von ihren Mitschwestern wurde sie wegen ihrer Mütterlichkeit geliebt und verehrt. Um 1000 übertrug man ihr zusätzlich die Leitung des Klosters St. Maria im Kapitol.

Lit.: Ennen, E., Frauen im Mittelalter, München 1983

Adler, Emma, geb. Braun

Schriftstellerin

20.5.1858 (Debreczin/Ungarn) – 23.2.1935 (Zürich)

Mit sozialistischem Gedankengut wurde A. schon früh durch ihre Brüder vertraut gemacht – Heinrich B. war Gründer der »Neuen Zeit«, Adolf B. Redakteur des »Vorwärts« und der »Wiener Arbeiter-Zeitung«. Über sie lernte A. den Arzt Victor A. kennen, den sie 1878 heiratete. Als ihr Mann wegen seiner Zugehörigkeit zur Sozialdemokratischen Partei Österreichs (SPÖ) verfolgt und verhaftet wurde, erlitt A. einen Nervenzusammenbruch, dessen Überwindung mehrere Jahre dauerte. Später veröffentlichte sie u.a. Bildungsschriften für die Arbeiterjugend wie »Buch der Jugend. Für die Kinder des Proletariats« (1895). Ihre literarischen Hauptwerke sind »Die berühmten Frauen der Französischen Revolution 1789–1795« (1902) und, in Erinnerung an ihren 1918 verstorbenen Mann, »Viktor Adler im Spiegel seiner Zeitgenossen« (erst 1968, anstatt wie geplant 1933, erschienen).

Lit.: Dick, J., Sassenberg, M. (Hgg.), Jüdische Frauen im 19. und 20. Jh., Reinbek 1993

Adlersfeld-Ballestrem, Eufemia von, geb. Gräfin Ballestrem di Castellengo

Schriftstellerin

18.8.1854 (Ratibor – heute Racibórz/Polen) – 21.4.1941 (München)

A.-B. war eine der erfolgreichsten Unterhaltungsschriftstellerinnen ihrer Zeit. Bereits mit 17 Jahren veröffentlichte sie Erzählungen in Zeitschriften. Einige ihrer etwa 90 Romane und Novellen wurden noch in den 1950er und 1960er Jahren neu aufgelegt. Außerdem verfasste sie einen »Katechismus des guten Tons und der feinen Sitte« (1892) sowie zahlreiche Biografien. Für »Maria Stuart« (1889) erhielt sie die Goldene Medaille für Kunst und Wissenschaft des Königs von Württemberg. Verheiratet war A.-B. mit dem Rittmeister J. v. Adlersfeld.

Aemisegger, Anna Barbara, geb. Giezendanner
Malerin
29.5.1831 (Kappel b. St. Gallen) – 18.10.1905 (Hemberg b. St. Gallen)
Von ihrem Vater, einem Lehrer, wurde A. unterrichtet, doch eine Ausbildung als Malerin erhielt sie nicht. Nach dem Tod ihres Mannes 1873 war sie aus finanzieller Not gezwungen, für Auftraggeber zu malen. Zunächst malte sie vor allem Gedenktafeln zu Familienfesten, später auch Bilder, die als Zierde in den Bauernhäusern aufgehängt wurden. Obwohl sie in ihrer Heimat, dem Toggenburg, sehr bekannt war, erhielt sie für ihre Bilder kaum Geld. Heute hängen viele Gemälde und Zeichnungen der talentierten Künstlerin im Toggenburger Museum in Lichtensteig. Wegen ihrer Detailtreue sind sie eine bedeutende Quelle zur Volkskunde.
Lit.: Sello, G., Malerinnen aus vier Jahrhunderten, Hamburg (3)1997

Agnes, Lore, geb. Benning
Politikerin
4.6.1876 (Bochum) – 9.6.1953 (Köln)
A. musste schon sehr früh als Dienstmädchen selbst für ihren Lebensunterhalt aufkommen. Die engagierte Sozialdemo-

kratin, die ab 1906 in Düsseldorf lebte, setzte sich vor allem für die Belange der Dienstboten ein. Sie war Mitbegründerin des »Verbandes der Hausangestellten« und der »Arbeiterwohlfahrt Düsseldorf«. 1919 war sie für die USPD Mitglied der Verfassunggebenden Nationalversammlung und 1922–33 für die SPD Abgeordnete im Reichstag. Während der NS-Zeit arbeitete A. im Untergrund und wurde nach dem Attentat auf Hitler am 20. Juli 1944 verhaftet. Nach 1945 gehörte sie dem Düsseldorfer Stadtrat an.
Lit.: Juchacz, M., Sie lebten für eine bessere Welt, Hannover 1971

Agnes von Limburg-Stirum
Äbtissin
18.9.1563 (Wildenborg b. Zutphen/Niederlande) – 2.1.1645 (Abtei Vreden, Niederrhein)
Aus einer wohlhabenden Grafenfamilie stammend, wurde A. zunächst Pröbstin der Abtei Vreden. 1603 wurde sie zur Äbtissin ernannt und übernahm zusätzlich die Leitung der Stifte Borghorst und Elten, die nach der Reformation weitgehend ausgeraubt und zerstört worden waren. Durch diplomatisches Geschick und einen pragmatischen Geschäftssinn, der auch die Zusammenarbeit mit Protestanten nicht ausschloss, gelang es der überzeugten Katholikin und engagierten Vertreterin der Gegenreformation, aus den drei Stiften, zu denen 1614 noch das Stift Freckenhorst hinzukam, wieder blühende Abteien zu machen und in den umliegenden Ortschaf-

ten Handwerk und Handel aufzubauen und zu fördern – trotz der Verwüstungen des 30-jährigen Krieges, der ihre Amtszeit überdauerte.
Lit.: Westfälische Lebensbilder, hg. v. W. Steffens und K. Zuhorn, Münster 1962

Agnes von Poitou
Kaiserin, Regentin
zwischen 1020 und 1027 – 14.12.1077 (Rom)
1043 wurde die Tochter Wilhelms V., Herzog von Aquitanien und Graf von Poitou, die zweite Frau des deutschen Königs Heinrich III., mit dem sie sechs Kinder hatte. 1046 erhielten beide in Rom vom Papst die Kaiserkrone. Nach Heinrichs Tod 1056 wurde A. Regentin für ihren sechsjährigen Sohn, den späteren Kaiser Heinrich IV. Sie übernahm von ihrem Mann ein im Innern und nach außen gefestigtes Reich, ihr gelang es jedoch nicht, diese Stabilität langfristig zu bewahren. Nach Anfangserfolgen geriet sie zunehmend in politische Schwierigkeiten. Die Herzogtümer Bayern, Schwaben und Kärnten vergab sie an mächtige Adelsfamilien, so dass dem salischen Herrscherhaus kein eigenes Herzogtum als Machtgrundlage blieb. Weder die neuen Herzöge noch die deutschen Bischöfe konnte sie an ihre Regierung binden, und auch außenpolitisch musste sie bei einem Feldzug gegen die Ungarn eine Niederlage hinnehmen. Nach dem Tod des Papstes Viktor II. brüskierte sie zudem die römische Kurie durch die Unterstützung eines Gegenpapstes (Honorius II.). 1062 beendete Erzbischof Anno von Köln A.s Regentschaft mit dem so genannten »Staatsstreich von Kaiserswerth«: Er entführte den zwölfjährigen Heinrich zu Schiff von Kaiserswerth nach Köln und übernahm selbst die Regierungsgeschäfte. Bald darauf

zog sich A. nach Rom in ein Kloster zurück. Im Investiturstreit 1076 zwischen Kaiser und Papst um die Einsetzung von Bischöfen und Äbten ergriff sie Partei für die päpstliche Seite gegen ihren Sohn Heinrich IV.
Lit.: Black-Veldtrup, M., Kaiserin A. (1043–1077), Köln–Weimar–Wien 1995

Agnes von Ungarn (od. Österreich)
Königin
um 1280 – 11.6.1364 (Kloster Königsfelden, Aargau)
Da es dem deutschen König Albrecht I. nicht gelang, selbst die ungarische Stephanskrone zu erhalten, verheiratete er seine Tochter A. 1296 mit dem ungarischen König Andreas III. Als ihr Mann nach fünfjähriger Ehe starb und ein Bürgerkrieg ausbrach, verließ A. Ungarn. Mit ihrer ebenfalls verwitweten Mutter Elisabeth stiftete sie in Königsfelden, wo ihr Vater ermordet worden war, ein Doppelkloster für Minoriten und Klarissinnen, daneben errichtete sie ihr Wohnhaus. Ihr »Gebetbuch« enthält die älteste deutsche Mariensequenz. Mit politischem und finanziellem Geschick vertrat A. zeit ihres Lebens die Interessen ihrer Familie, der Habsburger. Zu Unrecht behauptet eine Legende, A. habe die Kinder des Mörders ihres Vaters umbringen lassen, um ihren Vater zu rächen. Das gegenteilige Bild ihrer großen Frömmigkeit, das Meister Eckhart in seinem »Sermon vom edlen Menschen« von ihr entwarf, wird jedoch zumindest durch eine Tatsache getrübt: A. ließ ihre ungarische Stieftochter Elisabeth 1318 in ein Kloster sperren, um zu verhindern, dass durch eine Heirat mit ihr ein Nicht-Habsburger Anspruch auf den ungarischen Thron erheben könnte.

Lit.: Hamann, B. (Hg.), Die Habsburger. Ein biographisches Lexikon, Wien 1988

Agoult, Marie Catherine Sophie Comtesse d', geb. de Flavigny (Ps. Daniel Stern)
Schriftstellerin
31.12.1805 (Frankfurt a. M.) – 5.3.1876 (Paris)
Die Tochter eines französischen Emigranten und der Frankfurter Bankierstochter M. Bethmann verstand sich als Kosmopolitin. 1835 verließ sie ihren Mann und lebte mit dem Musiker F. Liszt, mit dem sie drei Kinder hatte, und mit ihrer Freundin George Sand in der Schweiz, Italien und Frankreich. Nach der Trennung von Liszt veröffentlichte A. u.a. den autobiografischen Roman »Nélida« (1846) sowie zahlreiche politische und historische Werke, z.B. »Histoire de la Révolution de 1848« (1851–53). In ihrem berühmten Salon in Paris trafen sich Politiker, Schriftsteller und Künstler. 1870 heiratete ihre Tochter Cosima den Komponisten R. Wagner.
Lit.: Bäumer, G., Gestalt und Wandel - Frauenbildnisse, Berlin 1939

Ahlefeldt-Laurwig, Elise Davidia Margarete Gräfin von
17.11.1788 (Schloss Tranekjaer, Langeland/ Dänemark) – 21.3.1855 (Berlin)
1806 heiratete der spätere dänische König Christian VIII. in nicht standesgemäßer Ehe die Dänin A.-L., die eine deutsche Mutter hatte und deutsch erzogen worden war. Die gegen den Willen ihres Vaters geschlossene Ehe wurde kurze Zeit später geschieden, und die einzige Tochter des Paares wurde nach Deutschland gebracht. 1810 heiratete A.-L. in zweiter Ehe den preußischen Major A. v. Lützow. Sie wurde die »Seele und Muse« des Lützow'schen

Freikorps, das in den Befreiungskriegen gegen Napoleon kämpfte. In Breslau warb sie 1813 für die Truppe Freiwillige an, unter ihnen die Dichter T. Körner und J. v. Eichendorff. Da Lützow die schöngeistigen Interessen seiner Frau nicht teilte, wurde die Ehe 1825 geschieden. 1827–39 lebte A.-L. in Düsseldorf mit dem Schriftsteller K. Immermann zusammen. Nach der Trennung ließ sie sich in Berlin nieder.

Ahlmann, Katherine Aline, geb. Braun
Unternehmerin
5.12.1890 (Köln) – 15.6.1963 (Innsbruck)
Nach dem Tod ihres Mannes Julius A. 1931 übernahm die gelernte Gärtnerin die Leitung seines über 100 Jahre bestehenden Familienunternehmens Carlshütte in Rendsburg, das Haus- und Küchengeräte produzierte. 1940 wurde das Unternehmen in die Rüstungsproduktion einbezogen und fertigte u.a. Geschosshülsen. Nach Kriegsende baute A. das Werk weiter aus, so wurden Tochtergesellschaften für Beton- und Keramikproduktion, eine Eisengießerei und eine Reederei gegründet. 1950–58 war A. Vorstandsmitglied der »Arbeitsgemeinschaft Selbstständiger Unternehmer«, 1954 gründete sie die »Vereinigung von Unternehmerinnen«, deren Vorsitz sie bis 1962 führte.
Lit.: Hassenkamp, A., Frauen stehen ihren Mann, Düsseldorf-Köln 1966

Albach-Retty, Rosa, geb. Retty
Schauspielerin
26.12.1874 (Hanau) – 26.8.1980 (Baden b. Wien)
Fast 50 Jahre war A.-R. eine der beliebtesten Schauspielerinnen Wiens. Nach der Schauspielausbildung debütierte sie 1891 am Berliner Deutschen Theater. Von 1903

bis zu ihrer Pensionierung im Alter von 84 Jahren spielte sie am Wiener Burgtheater in rund 300 Rollen sowie in vielen Filmen, darunter »Wen die Götter lieben« (1942) und »Der Kongress tanzt« (1955). Sie erhielt zahlreiche Auszeichnungen, u.a. den Titel einer Hofschauspielerin und einen Professorentitel, und war Ehrenmitglied des Burgtheaters. Auch ihre Tochter M.→Schneider und ihre Enkelin R.→Schneider wurden bekannte Schauspielerinnen.
Lit.: Müller, A., Entblößungen: Interviews, München 1979

Albert-Lasard, Lou, geb. Lasard
Malerin
10.11.1885 (Metz/Frankreich) – 21.7.1969 (Paris)
A.-L. stammte aus einer wohlhabenden Bankiersfamilie. Sie erhielt schon früh privaten Zeichenunterricht und besuchte später Kunstschulen in München und Paris. Ihre produktivste Zeit hatte die Malerin in den 20er Jahren in Berlin. Ihre Bilder stehen unter dem Einfluss des Expressionismus, orientieren sich aber auch am Kubismus. Ihre Liebesbeziehung zu dem Dichter R. M. Rilke, mit dem sie 1915/16 in München zusammenlebte, beschrieb sie in ihrem Buch »Wege mit Rilke« (1952).
Lit.: Das verborgene Museum I., Neue Gesellschaft für Bildende Kunst e. V. (Hg.), Berlin 1987

Albertz, Luise
Politikerin
22.6.1901 (Duisburg) – 1.2.1979 (Oberhausen)
Seit 1915 arbeitete die Tochter des sozialdemokratischen preußischen Landtagsabgeordneten Hermann A. in der jungsozialistischen Bewegung und in der SPD mit.

Sie besuchte eine Handelshochschule und war nach Ende des Zweiten Weltkriegs als Sekretärin des damaligen Oberbürgermeisters von Oberhausen tätig. 1946–48 wurde A. selbst in das Oberbürgermeisteramt gewählt und war damit die erste Frau an der Spitze einer deutschen Großstadt. 1956 wieder gewählt, behielt sie dieses Amt bis zu ihrem Tod. 1947–50 war sie außerdem für die SPD Mitglied des Landtags von Nordrhein-Westfalen und 1949–69 Abgeordnete des deutschen Bundestags. Als langjährige Vorsitzende des Petitionsausschusses des Bundestags erwarb sie sich durch ihren engagierten Einsatz den Beinamen »Mutter der Bedrängten«. 1970 legte A. ihre Parteiämter in Oberhausen nach Streitigkeiten in der Partei, u.a. wegen ideologischer Konflikte mit den Jusos, der Jugendorganisation der SPD, nieder.

Albrecht, (Johanne) Sophie Dorothea, geb. Baumer
Schauspielerin, Dichterin
1757 (Erfurt) – 16.11.1840 (Hamburg)
A., Tochter eines Medizinprofessors, galt als eine der begabtesten Schauspielerinnen ihrer Zeit. Noch vor ihrem 15. Geburtstag heiratete sie 1771 den Arzt Johann Friedrich Ernst A. 1783 hatte sie ihren ersten großen Auftritt in Frankfurt a. M. Dort lernte sie F. v. Schiller kennen, mit dem sie bis zu dessen Tod befreundet blieb. Sie verfasste Beiträge zu Schillers »Thalia« und zum Vossischen »Musenalmanach«, außer-

dem zahlreiche Dramen, Erzählungen und Gedichte. Nach ihrer Scheidung 1796 lebte sie in Hamburg, wo sie völlig verarmt starb.

Lit.: Brinker-Gabler, G. (Hg.), Deutsche Dichterinnen vom 16. Jh. bis zur Gegenwart, Frankfurt a. M. 1986

Alexandra Fjodorowna, geb. Alix (od. Alice) Victoria Helene Louise Beatrix v. Hessen-Darmstadt
Zarin
6.6.1872 (Darmstadt) – 16.7.1918 (Jekaterinburg/Russland)

Die Tochter des Großherzogs Ludwig IV. von Hessen-Darmstadt und Enkelin der englischen Königin Victoria wurde 1894 mit Zar Nikolaus II. verheiratet, mit dem

sie fünf Kinder hatte. Zeit ihres Lebens blieb sie am Zarenhof eine Fremde, man nannte sie abfällig »die Deutsche« und warf ihr Hochmut vor. Als sich herausstellte, dass der 1904 geborene Thronfolger Alexej die Bluterkrankheit von seiner Urgroßmutter Königin Victoria geerbt hatte, geriet A. in Abhängigkeit des Wunderheilers Rasputin, der sie für seine Machtinteressen missbrauchte, und sie verlor jeden Bezug zur Realität. Nach Abdankung des Zaren im März 1917 wurden er, A. und ihre fünf Kinder interniert, nach Sibirien verbannt und am 16. Juli 1918 in Jekaterinburg erschossen.

Lit.: Heresch, E., A. – Tragik und Ende der letzten Zarin, München 1993

Schütt, H., Stolze, R. (Hgg.), A. – die letzte Zarin. Briefe und Tagebücher 1914–1918, Bonn 1994

Aloni, Jenny, geb. Rosenbaum
Schriftstellerin
7.9.1917 (Paderborn) – 30.9.1993 (Ganei Yehuda/Israel)

Schon früh war die Kaufmannstochter in der zionistischen Jugend aktiv, lernte Hebräisch und wanderte 1939 nach Palästina

aus. Ihr Studium an der Universität in Jerusalem brach sie 1942 ab, um als Sanitäterin in der britischen Armee tätig zu werden. 1948–1950 arbeitete A. als Sozialarbeiterin und Jugendfürsorgerin. Ihre Romane, z.B. »Zypressen zerbrechen nicht« (1961), Gedichte, u.a. der Band »In den schmalen Stunden der Nacht« (1980), Erzählungen und Hörspiele behandeln jüdische Schicksale während der NS-Zeit und das Leben in ihrer neuen Heimat Israel. A. erhielt zahlreiche Ehrungen, darunter 1991 den Meersburger Droste-Preis.

Lit.: A. J./Steinicke, H.: ... man müßte einer späteren Generation Bericht geben, Paderborn (2)1987
Steinicke, H. (Hg.), Warum immer Vergangenheit? Leben und Werk J. A.s, Münster 1999

Altmann-Gottheiner, Elisabeth, geb. Gottheiner
Wirtschaftswissenschaftlerin, Frauenrechtlerin
26.3.1874 (Berlin) – 21.10.1930 (Mannheim)

A.-G. studierte Nationalökonomie in Eng-

land und der Schweiz und wurde 1903 an der Universität Zürich mit der Dissertation »Studien über die Wuppertaler Textilindustrie und ihre Arbeiter in den letzten 20 Jahren« promoviert. 1906 heiratete sie den Professor für Finanzwissenschaft S.P. Altmann. 1908 wurde sie Dozentin an der Handelshochschule in Mannheim, habilitierte sich dort 1919 und erhielt 1925 eine Professur. Als Mitglied der gemäßigten, bürgerlichen Frauenbewegung war A.-G. 1910–24 zusammen mit G.→Bäumer und A.→Salomon im Vorstand des »Bundes Deutscher Frauenvereine« und gab die Vereinszeitschrift »Neue Bahnen« sowie die »Jahrbücher der Frauenbewegung« heraus. Ihre politischen Hauptanliegen waren das Frauenstimmrecht und der Arbeiterinnenschutz.
Lit.: Weiland, D., Geschichte der Frauenemanzipation in Deutschland und Österreich, Düsseldorf 1983

Amalie Elisabeth von Hessen-Kassel
Landgräfin, Regentin
29.1.1602 (Hanau) – 3.8.1651 (Kassel)
1619 wurde die Tochter des Grafen von Hanau-Münzenberg mit dem Landgrafen Wilhelm V. von Hessen-Kassel verheiratet. Nach seinem Tod 1637 übernahm sie die Regentschaft für ihren unmündigen Sohn, den späteren Wilhelm VI. Durchsetzungsfähig und politisch begabt, erreichte A. noch mitten im 30-jährigen Krieg einen Waffenstillstand mit dem Kaiser und erlangte durch Verhandlungen große Teile ihres von gegnerischen Truppen eroberten Landes zurück. Ab 1645 beteiligte sie sich an den Friedensverhandlungen zur Beendigung des 30-jährigen Krieges. Es ist mit auf ihre Initiative zurückzuführen, dass im Westfälischen Frieden die Reformierten

den Lutheranern gleichgestellt wurden. 1650 übergab sie ihrem Sohn die Regierung eines gesicherten Landes.
Lit.: Bettenhäuser, E. (Hg.), Familienbriefe der Landgräfin A. E. von Hessen-Kassel und ihrer Kinder, Marburg a. d. Lahn 1994

Amalie Friederike Marie Auguste von Sachsen (Pse. A. Heiter, A. Serena)
Schriftstellerin, Komponistin
10.8.1794 (Dresden) – 18.9.1870 (Pillnitz b. Dresden)
Die Tochter des Prinzen Maximilian von Sachsen erhielt eine umfassende Ausbildung und unternahm ausgedehnte Reisen durch Italien und Spanien. Sie schrieb zahlreiche Schau- und Lustspiele, die an vielen deutschen Hofbühnen mit großem Erfolg aufgeführt wurden, und übersetzte die Werke von E. Scribe ins Deutsche. Außerdem hinterließ die hoch begabte A., die von C. M. v. Weber in Kompositionslehre unterrichtet worden war, eine große Anzahl von Kompositionen, bei denen sie sich an italienischen Vorbildern orientierte.

Amalie Marie Friederike von Oldenburg
Königin
21.12.1818 (Oldenburg) – 20.5.1875 (Bamberg)
Die Tochter des Großherzogs Friedrich August von Oldenburg wurde 1836 mit Otto von Wittelsbach, der seit 1832 König von Griechenland war, verheiratet. Zu Anfang ihrer Ehe war sie bei den Griechen sehr beliebt, weil sie Wohlfahrtseinrichtungen gründete und sich für die Aufforstung Attikas einsetzte. Als sie jedoch ihrem Mann, dem sie intellektuell weit überlegen gewesen sein soll, zu einem härteren politischen Kurs und bewaffnetem Eingreifen gegen Aufständische riet, verlor sie alle Sympa-

thien bei der Bevölkerung. 1863 musste A. mit ihrem abgesetzten Mann, dem »absolutistische Bayernherrschaft« vorgeworfen wurde, Griechenland verlassen.
Lit.: Niemöller, G., Die Engelinnen im Schloss, Oldenburg 1997

Amalie von Solms-Braunfels

31.8.1602 (Braunfels) – 8.9.1675 (Den Haag)
Seit ihrer Heirat 1625 mit Fredrik Hendrik von Oranien, dem Statthalter der Niederlande, war es das Lebensziel der ehrgeizigen Tochter des Reichsgrafen von Solms-Braunfels, dem Haus Oranien europäische Geltung zu verschaffen. Deshalb verheiratete sie ihren ältesten Sohn, den späteren Statthalter Willem II., mit der Tochter des englischen Königs und ihre älteste Tochter →Louise Henriette mit Friedrich Wilhelm von Brandenburg, dem »Großen Kurfürsten«. Außerdem initiierte A. nach dem Tod ihres Mannes 1647 hinter dem Rücken und gegen den Willen ihres Sohnes eine eigenständige Bündnispolitik mit Spanien und Frankreich, wodurch sie dem Haus Oranien im Westfälischen Frieden seine Besitzungen in den Niederlanden erhielt. Schließlich erreichte sie sogar, dass die Republik der Generalstaaten 1672 wieder einen Oranier, ihren Enkel, als Willem III. zum Statthalter und Generalkapitän ernannte. A.s politische Einflussnahme und ihre glänzende Hofhaltung, die Den Haag zu einem der kulturellen Zentren der damaligen Zeit machte, waren der Grund dafür, dass sie im Volk als »vornehmste Person im Staate« verehrt wurde.
Lit.: Hallema, A., A. von Solms, Amsterdam 1940

Ammann, Ellen, geb. Sundström

Politikerin
1.7.1870 (Stockholm) – 22.11.1932 (München)
Die gebürtige Schwedin heiratete 1890 den deutschen Arzt Ottmar A., mit dem sie in München lebte. Nach einigen Jahren Mitarbeit in der orthopädischen Heilanstalt ihres Mannes gründete und leitete sie die »Katholische Bahnhofsmission« in München. Außerdem war sie im »Marianischen Mädchenschutzverein« tätig und gründete 1904 den bayerischen Landesverband des »Katholischen Frauenbundes«. 1919–32 war sie für die Bayerische Volkspartei Mitglied des bayerischen Landtags.

Andersen, Lale (eigtl. Lise-Lotte Helene Berta Beul), geb. Bunnenberg

Sängerin, Schauspielerin
23.3.1905 (Lehe b. Bremerhaven) – 29.8.1972 (Wien)
In Bremen und Berlin wurde A. zur Schauspielerin und Sängerin ausgebildet. Sie spielte u.a. am Deutschen Künstlertheater in Berlin, am Züricher Schauspielhaus und an den Münchner Kammerspielen. International bekannt wurde sie durch ihre Interpretation des Liedes »Lili Marleen«, das während des Zweiten Weltkriegs täglich als Schlusslied des deutschen Soldatensenders Radio Belgrad gespielt wurde. Nach 1945 war A. als Sängerin und Kabarettistin sehr gefragt. 1924–31 war sie mit dem Maler P. E. Wilke, mit dem sie drei Kinder hatte, und ab 1949 mit dem Komponisten und Maler A. Beul verheiratet. 1972 erschien ihre Autobiografie »Der Himmel hat viele Farben – Leben mit einem Lied«. 1981 verfilmte der Regisseur R. M. Faßbinder unter dem Titel »Lili Marleen« sehr frei ihr Leben.
Lit.: Magnus-Andersen, L., L. A. – die Lili Marleen, München 1991

Andreae, Maria

Apothekerin

23.10.1550 (Herrenberg) – 1632 (Tübingen)

Während ihrer langjährigen Tätigkeit als Krankenpflegerin eignete sich A. ein großes Wissen bei der Herstellung von Heilmitteln an. 1606 wurde die verwitwete Pfarrersfrau »Hofapothekarin« in der Stuttgarter Hofapotheke, ein damals sehr seltener Frauenberuf. A. war sehr angesehen und beliebt und erhielt ab 1614 als Anerkennung ihrer Verdienste ein Ruhegehalt.

Lit.: Blos, A., Frauen in Schwaben, Stuttgart 1929

Andreas-Salomé, Lou (eigtl. Louise), geb. v. Salomé

Schriftstellerin

11.2.1861 (St. Petersburg/Russland) – 5.2.1937 (Göttingen)

Ihre Kindheit und Jugend verbrachte A.-S. in St. Petersburg. Sie wuchs zweisprachig (Deutsch und Französisch) auf und besuchte zuerst eine englische Privatschule, dann ein Gymnasium, wo sie Russisch lernte. Ihre Eltern – der Vater war russischer General hugenottischer und deutsch-baltischer Abkunft, die Mutter Tochter eines deutschen Zuckerfabrikanten – förderten ihr lernbegieriges jüngstes Kind sehr. Eine erste Einführung in wissenschaftliches Denken, Philosophie und Religionswissen-

schaft erhielt A.-S. 1878 von dem Pastor der niederländischen Gesandtschaft in St. Petersburg, H. Gillot, den sie sehr bewunderte. Seine aufgeklär-

ten, nichtkirchlichen Lehren hatten zur Folge, dass sie die Konfirmation verweigerte und aus der Kirche austrat. Doch als der verheiratete Gillot ihr seine Liebe gestand, brach sie mit ihm. In ihrem Roman »Ruth« (1896) beschrieb sie diese Beziehung. 1880 begann A.-S. in Zürich, Religionsgeschichte und Philosophie zu studieren. Während einer Rom-Reise befreundete sie sich 1882 mit M. v.→Meysenbug, die sie mit dem Schriftsteller P. Rée und dem Philosophen F. Nietzsche bekannt machte. Mit beiden reiste sie durch Italien und die Schweiz und führte anschließend mit Rée fünf Jahre einen gemeinsamen Haushalt. Die Beziehung war rein platonisch, genauso wie ihre Ehe mit dem Orientalisten F. K. Andreas, den sie 1887 heiratete. 1897 begegnete A.-S. dem 14 Jahre jüngeren Dichter R. M. Rilke und begann mit ihm ein Liebesverhältnis. 1899 und 1900 reisten beide nach Russland und besuchten u.a. den Schriftsteller L. Tolstoij, dem A.-S. auch nach der Trennung von Rilke 1901 freundschaftlich verbunden blieb. In Weimar lernte sie 1911 S. Freud kennen und studierte 1912–13 bei ihm in Wien. Fortan befasste sie sich mit Psychoanalyse und betrieb später in Göttingen eine psychoanalytische Praxis. Ihr umfangreiches Werk umfasst Biografien, u.a. »R. M. Rilke. Buch des Gedenkens« (1928), religionsphilosophische, literaturkritische und psychologische Essays, z.B. »Jesus der Jude« (1896) und »Die Erotik« (1910), sowie 30 längere Erzählungen, acht Romane und drei Schauspiele. Aufschluss über ihr bewegtes Leben gab A.-S. in ihrem »Lebensrückblick, Grundriß einiger Lebenserinnerungen« (1951), den sie als 70-Jährige schrieb.

Lit.: Hülsemann, I., Lou – das Leben der L. A.-S., München 1998

Anna Amalia von Sachsen-Weimar-Eisenach
Herzogin, Regentin
24.10.1739 (Wolfenbüttel) – 10.4.1807 (Weimar)

A. war das fünfte von 13 Kindern des Herzogs Carl I. von Braunschweig-Wolfenbüttel und der Philippine Charlotte von Preußen, einer Schwester des Königs Friedrich II. Wie ihre Brüder erhielt auch sie am aufgeklärt-absolutistischen Braunschweiger Hof eine gründliche Ausbildung. Unter der Leitung des Theologen J. F. W. Jerusalem wurde sie nicht nur in den »Mädchenfächern« Zeichnen, Musizieren und Tanzen unterrichtet, sondern auch in Religion, Geschichte, Geografie, Naturwissenschaften, Deutsch und Latein. Mit 16 Jahren wurde sie mit dem kränklichen Ernst August II. Constantin, Herzog von Sachsen-Weimar-Eisenach, verheiratet. Nach seinem frühen Tod im Sommer 1758 übernahm die erst 18-jährige A. für ihre beiden kleinen Söhne die Regentschaft des hochverschuldeten Herzogtums. Mit Hilfe kluger Berater, u.a. G. v. Praun und J. v. Greiner, begann sie noch mitten im Siebenjährigen Krieg (1756–63) mit der Neuordnung der Staatsfinanzen durch energische Einsparungen – auch bei der eigenen Hofhaltung –, durch neue Steuergesetze und die Einführung von Lohn- und Preisordnungen. Nach dem Abbau der größten Schuldenlast gründete sie eine Freischule für die Armen und eine Hebammenschule (1771 in Jena). Mit ihrem Minister J. v. Fritsch setzte sie grundlegende Reformen im Gesundheits- und Polizeiwesen sowie in der Feuerbekämpfung durch. Nach 17-jähriger Regentschaft übergab sie 1775 ihrem Sohn Carl ein wohlgeordnetes und fast schuldenfreies Land. Mit 36 Jahren noch zu aktiv für den Ruhestand, widmete A. sich von da an intensiv der Entwicklung des kulturellen Lebens in ihrem Herzogtum. Als eine der ersten förderte sie deutsche Literatur und Kunst. An ihrem »Musenhof« trafen sich u.a. die Dichter C. M. Wieland und J. W. v. Goethe, der Theologe und Schriftsteller J. G. Herder sowie die Schauspielerin C.→Schröter, die Goethe-Freundin C. v.→Stein und die Hofdame L. v.→Göchhausen. Außerdem förderte die Herzogin ein intensives Musik- und Theaterleben: 1773 ließ sie die Oper »Alceste«, Musik von A. Schweitzer, Text von Wieland, uraufführen, 1779 brachte das von ihr gegründete Weimarer »Liebhabertheater«, eine Laienspielgruppe mit hohem künstlerischen Niveau, »Iphigenie auf Tauris« zum erstenmal auf die Bühne. 1788, im Alter von fast 50 Jahren, unternahm A. eine zweijährige Bildungsreise durch Italien. Dort lernte sie die Maler A.→Kauffmann, F. A. Tischbein und J. G. Schütz kennen und erwarb zahlreiche Kunstwerke, die sie in einem kleinen Museum in Weimar ausstellte. Nach ihrem Tod verfasste Goethe die Trauerrede, in der es hieß: »Es ist kein bedeutender Name von Weimar ausgegangen, der nicht in ihrem Kreis früher oder später gewirkt hätte.«

Lit.: Salentin, U., A. A. – Wegbereiterin der Weimarer Klassik, Köln-Weimar-Wien 1996
Werner, C., Goethes Herzogin A. A., Düsseldorf 1996

Anna Amalie von Preußen
Komponistin
9.11.1723 (Berlin) – 30.9.1787 (ebd.)

Die jüngste Schwester des preußischen Königs Friedrich II. wurde schon sehr früh musikalisch ausgebildet. Sie hinterließ eine

große Anzahl von Kompositionen, die jedoch bis heute ungedruckt sind. Von 1755 bis zu ihrem Tod leitete sie das Stift Quedlinburg. Der Philosoph Voltaire nannte die wissenschaftlich sehr interessierte Prinzessin »die klügste Frau am Hofe«. F. v. d. Trencks Behauptung, mit ihr eine Liebesaffaire gehabt zu haben, wie er in seiner »Merkwürdigen Lebensgeschichte« beschrieb, war von ihm erfunden.

Lit.: Cyran, E., Die Memoiren des Friedrich Herrn v. d. Trenck, Bergisch Gladbach 1977

Anna Leopoldowna (eigtl. Elisabeth Katharina Christine)

Großfürstin, Regentin
18.12.1718 (Rostock) – 18.3.1746 (Cholmogory b. Archangelsk/Russland)

Mit A. L. ging die so genannte Epoche der Deutschenherrschaft in Russland unrühmlich zu Ende. Die Tochter des Herzogs Karl Leopold von Mecklenburg-Schwerin und einer Schwester der Zarin Anna Iwanowna wuchs in Russland auf. Seit 1740 führte sie für ihren zwei Monate alten Sohn Iwan VI., der zum Zaren ausgerufen worden war, die Regentschaft. Doch A. L. war – ebenso wie ihr Mann Anton Ulrich von Braunschweig-Wolfenbüttel – für dieses Amt völlig ungeeignet und überließ die Regierungsgeschäfte den Deutschen A. I. v. Ostermann und B. C. v. Münnich. Ein Jahr später wurde sie durch einen Staatsstreich gestürzt und mit ihrer Familie bis zu ihrem Tod gefangen gehalten.

Lit.: Talbot-Rice, T., Elisabeth von Russland, München 1973

Anna Maria Luisa (od. Ludovica) von Medici

Mäzenin
11.8.1667 (Florenz) – 18.2.1743 (ebd.)

Die Florentinerin, Tochter des Großherzogs Cosimo III., wurde 1691 mit Johann Wilhelm, genannt Jan Wellem, der 1708–14 Kurfürst von der Pfalz war, verheiratet. Der Initiative der kunstsinnigen und sehr wohlhabenden Kurfürstin verdankte die Residenzstadt Düsseldorf ihr erstes Opernhaus sowie die Gemäldegalerie mit der berühmten Rubens-Sammlung, die heute einen wesentlichen Bestandteil der Münchner Alten Pinakothek bildet. Durch A.s Förderung der Künste wurde Düsseldorf eine Kulturstadt von europäischem Rang. Nach Jan Wellems frühem Tod (1716) kehrte sie nach Florenz zurück und engagierte sich für den Ausbau der Florentiner Kunstsammlungen.

Lit.: Vossen, C., A. M., die letzte Medici – Kurfürstin zu Düsseldorf, Düsseldorf 1987

Anna von Brandenburg

3.7.1576 (Königsberg – heute Kaliningrad/Russland) – 9.4.1625 (Berlin)

1594 wurde die Tochter des Herzogs Albrecht Friedrich von Preußen und der Herzogin Marie Eleonore von Jülich und Kleve mit dem Markgrafen und späteren Kurfürsten Johann Sigismund von Brandenburg verheiratet. Als Erbin der Herzogtümer Preußen, Jülich und Kleve brachte A. eine reiche Mitgift in die Ehe ein, die sie im Jülich-Kleveschen Erbfolgestreit (1609) allein verteidigte, denn ihr Mann besaß kaum Durchsetzungsvermögen. Während seiner Abwesenheit leitete sie eigenständig die Regierungsgeschäfte. Nach seinem Übertritt zum Calvinismus blieb sie Lutheranerin und bemühte sich erfolgreich um den Schutz der lutherischen Bevölkerung in Preußen und Brandenburg.

Lit.: Saring, T., Kurfürstin A. von Preußen, 1941

Anna von Hessen (od. Mecklenburg)
Landgräfin, Regentin
14.9.1485 (Wismar) – 12.5.1525 (Rödelheim – heute zu Frankfurt a. M.)

Mit 15 Jahren wurde die Tochter des Herzogs Magnus II. von Mecklenburg mit dem Landgrafen Wilhelm II. von Hessen verheiratet. Kurz vor seinem Tod 1509 ernannte er A. testamentarisch zur Regentin für ihren unmündigen Sohn Philipp. Bei ihrer Regierungsübernahme widersetzten sich jedoch die Stände, vor allem die Ritterschaft. A. musste die Mitsprache eines Regentschaftsrates unter der Leitung Ludwigs von Boyneburg akzeptieren, der mit den erbberechtigten Wettinern verbündet war. Geschickt nutzte sie die Streitigkeiten der Wettiner untereinander aus und setzte ihren Regierungsanspruch gegenüber dem Kaiser durch. Auch nach der Mündigkeit ihres Sohnes 1518 führte sie die Regierung noch einige Jahre weiter. Zeit ihres Lebens behielt sie großen politischen Einfluss in Hessen.

Anna von Munzingen
Mystikerin
1. Hälfte 14. Jh. (Freiburg i. Br.)

A., die aus einem Freiburger Patriziergeschlecht stammte, war 1316–27 Priorin des Dominikanerinnenklosters Adelhausen in Freiburg. 1318 schrieb sie über die »gnade, die unser herre het getan semlichen swestern in disem closter«. Das Original dieser »Chronik der A. v. M.«, die die Lebensgeschichten von 37 Schwestern ihres Klosters

enthält, ist verschollen. Es existieren jedoch Abschriften. A.s Werk gewährt einen Einblick in die Frauenmystik des 13. und 14. Jhs. und das Leben in mittelalterlichen Frauenklöstern.

Anna von Sachsen
22. od. 25.11.1532 (Haderslev/Dänemark) – 1.10.1585 (Dresden)

»Mutter Anna« wurde die Frau des Kurfürsten August von Sachsen und Tochter des Königs Christian III. von Dänemark und Norwegen von ihren Untertanen liebevoll genannt. Die Mutter von 15 Kindern war eine vorbildliche Landesmutter und kreative Unternehmerin. Sie führte küchentechnische Neuheiten am sächsischen Hof ein, wie z.B. eine Destillieranlage für

Aquavit, verfasste Koch- und Arzneibücher, hatte selbst die Aufsicht über die kursächsischen Kammergüter inne, förderte die Textilindustrie, den Wein- und Obstanbau sowie die Gartenkultur nach dänisch-holländischem Vorbild. 1579 gründete A. in Torgau die 1581 nach Dresden verlegte sächsische Hofapotheke, die größte Apotheke Deutschlands. Doch trotz ihrer vielgepriesenen Güte zeigte sich die orthodoxlutherisch eingestellte Fürstin bei der Verfolgung religiös Andersdenkender unerbittlich.

Lit.: Sturmhoefel, K., Kurfürstin A. von Sachsen, Leipzig 1905

Anneke, Mathilde Franziska, geb. Giesler

Publizistin, Frauenrechtlerin
3.4.1817 (Gut Leveringhausen b. Hattingen) –
25.11.1884 (Milwaukee/USA)

19-jährig musste die Gutsbesitzertochter
den wohlhabenden, zehn Jahre älteren
Weinhändler A. v. Tabouillet heiraten,
nachdem ihr Vater durch Spekulationen
sein Vermögen verloren hatte. Nach einem
Jahr Ehe trennte sie sich von ihrem Mann.
Im Scheidungsprozess sechs Jahre später
wurde A. zwar das Sorgerecht für die gemeinsame Tochter, aber nur eine geringfü-
gige Unterhaltszahlung zugesprochen, so
dass sie versuchen musste, mit Schreiben
zusätzlich Geld zu verdienen. Zunächst

veröffentlichte
sie religiöse
Erbauungs-
literatur, u.a.
1839 »Gebete
und Betrachtun-
gen: Des Christen
freudiger Auf-
blick zum himm-
lischen Vater«.
1842 wurde in Münster, wohin sie aus
ihrem früheren Wohnort Wesel gezogen
war, ihr Drama »Oithono oder die Tempel-
weihe« mit beachtlichem Erfolg aufgeführt.
Doch in den folgenden Jahren wurde aus
der gläubigen Katholikin eine Freidenke-
rin. Sie schloss sich dem »Demokratischen
Verein« an, einem Kreis aus liberal gesinnten Referendaren des Oberlandesgerichts
und ehemaligen Offizieren, die wegen ihrer
republikanischen Einstellung aus der Armee entlassen worden waren. In diesem so
genannten »Kommunistenclub« begann A.,
sich politisch und gesellschaftlich zu
emanzipieren. Sie schrieb Artikel für die
bedeutendsten liberalen Zeitungen, die

»Kölnische Zeitung« und die »Augsburger
Allgemeine Zeitung«, und verfasste eine
feministische Streitschrift mit dem Titel
»Das Weib im Conflict mit den socialen
Verhältnissen«. 1847 heiratete sie den ehemaligen preußischen Artillerieoffizier Fritz
A., den sie, nach einem früheren Kennen-
lernen in Wesel, im »Demokratischen Verein« wiedergetroffen hatte. Das Paar zog
nach Köln und gründete dort gemeinsam
mit Freunden das »Kommunistisch-ästheti-
sche Klübbchen«, aus dem sich später der
»Kölner Arbeiterverein« entwickelte. Nach
Fritz A.s Verhaftung wegen der Veröffentlichung eines revolutionären Flugblatts
übernahm seine Frau die Gründung und
Herausgabe der republikanischen »Neuen
Kölnischen Zeitung«, bis diese von der
Zensur verboten wurde. Danach gab sie die
erste deutsche »Frauen-Zeitung« heraus,
die aber auch schon nach drei Ausgaben
ihr Erscheinen einstellen musste. Als ihr
Mann sich im Frühsommer 1849 der pfäl-
zisch-badischen Revolutionsarmee anschloss, nahm A. als eine Art Ordonnanz
an dem Feldzug teil, doch nach der Niederlage der Revolutionäre mussten die Anne-
kes aus Deutschland fliehen. Über die
Schweiz entkamen sie in die USA.
Zunächst lebten sie in Milwaukee, 1852
zogen sie nach Newark, und A. gründete
die »Deutsche Frauen-Zeitung«, mit der sie
den deutschen Emigrantenfrauen emanzi-
patorisches Bewusstsein vermitteln wollte.
Sie unternahm Vortragsreisen, besuchte
Frauenkongresse und setzte sich engagiert für Gleichberechtigung und Frauenstimmrecht ein. Während dieser Jahre
verschlechterte sich die Beziehung zu
ihrem Mann, mit dem sie fünf Kinder
hatte, von denen drei schon in jungen Jahren an den Blattern starben. 1860 folgte

sie ihm zwar noch einmal zurück nach
Europa, aber er verließ sie nach einem
Jahr. 1865 kehrte A. nach Milwaukee
zurück, nachdem es ihr nur unter Mühen
gelungen war, in der Schweiz durch
Beiträge für deutsche und amerikanische
Zeitungen die Ausbildung für ihre Kinder
zu finanzieren. Zusammen mit C. Kapp,
der Tochter eines ebenfalls emigrierten
»48ers«, gründete sie das Milwaukee-Töch-
ter-Institut, eine höhere Schule für Deutsche und Amerikanerinnen – die erste dieser Art in den USA –, die sie bis kurz vor
ihrem Tod leitete.
Lit.: Gebhardt, M., M. F. A., Berlin 1988
Kohlhagen, N., Mehr als nur ein Schatten von
Glück, Reinbek 1990

**Annot (eigtl. Anna Ottilie Jacobi),
geb. Krigar-Menzel**
Malerin
1894 (Berlin) – 1981 (München)
Die Patentochter von J. Brahms wuchs in
großbürgerlichem Milieu auf. 1915 begann
sie ihr Malstudium bei L. Corinth und engagierte sich gleichzeitig für die pazifistische Bewegung, was ihr 1916 eine 30-tä-
gige Haftstrafe einbrachte. 1920 wurde sie
Gründungsmitglied der »Liga für Menschenrechte« und der deutschen Sektion
der »Internationalen Frauenliga für Frieden
und Freiheit« (IFFF). 1928 eröffnete sie mit
ihrem Mann, dem Maler Rudolf J., die
Malschule »Annot« in Berlin. Ihr Malstil,
sie malte überwiegend Portraits, nahm Bezug auf den französischen Impressionismus. 1933 weigerte A. sich, jüdische
Mädchen aus ihrer Malschule zu entlassen.
Als die Schule daraufhin geschlossen
wurde, emigrierte sie mit ihrem Mann in
die USA. Erst 1967 kehrte sie nach
Deutschland zurück.

Lit.: Das verborgene Museum I., Neue Gesellschaft für Bildende Kunst e. V. (Hg.), Berlin
1987

Apolant, Jenny, geb. Rathenau
Politikerin
5.4.1874 (Berlin) – 5.6.1925 (Frankfurt a. M.)
1910–25 war die Schwester des Außenministers W. Rathenau Vorstandsmitglied des
»Allgemeinen Deutschen Frauenvereins« in
Frankfurt und gründete die »Auskunfts-
stelle für Gemeindeämter der Frau«, die
alle verfügbaren Daten über Frauen in der
Wohlfahrtspflege in ganz Deutschland
sammelte. Für diese Institution verfasste
sie zahlreiche Gutachten und Studien, u.a.
»Stellung und Mitarbeit der Frau in der
Gemeinde« (1913) und »Das kommunale
Wahlrecht der Frauen in den deutschen
Bundesstaaten« (1918). Als sozialdemokra-
tische Stadtverordnete 1919–24 initiierte
A. kommunale Einrichtungen wie soziale
Krankenfürsorge und alkoholfreie Speise-
wirtschaften. 1922 gründete sie die »Politi-
sche Arbeitsgemeinschaft«, die Frauen po-
litische Bildung vermittelte. Verheiratet
war sie mit dem Medizinprofessor Hugo A.
Lit.: Dick, J., Sassenberg, M. (Hgg.), Jüdische
Frauen im 19. und 20. Jh., Reinbek 1993

Arendt, Hannah
Philosophin, Soziologin
14.10.1906 (Hannover) – 4.12.1975
(New York)
A. wuchs in Königsberg auf und studierte
in Marburg, Freiburg i. Br. und Heidelberg
Philosophie, Theologie und Klassische Phi-
lologie. Nach der Promotion 1928 bei K.
Jaspers mit einer Arbeit über den »Liebes-
begriff bei Augustin« zog sie 1929 nach
Berlin und arbeitete dort ab 1930 an einer
Biografie R.→Varnhagens, die erst 1959

erschien. 1933 wurde sie wegen ihrer jüdischen Abstammung von der Gestapo verhaftet, konnte jedoch nach Paris fliehen. Dort leitete sie 1935–38 das französische Büro der »Jugend-Alijah«, einer Einrichtung, die jüdische Kinder nach Palästina brachte. Nachdem ihre Ehe mit dem Philosophen G. Stern, der sich später Anders  nannte, geschieden war, heiratete sie 1940 H. Blücher. Vor der deutschen Besetzung Frankreichs floh sie 1940 in die USA. Sie wurde Mitarbeiterin zahlreicher Zeitschriften, lehrte an der Universität in Princeton und arbeitete 1949–52 als Sekretärin der »Jewish Cultural Reconstruction Inc.«, einer Organisation, die unter dem Nationalsozialismus verlorengegangene Schriften jüdischer Autoren suchte. Als Autorin machte sich A. besonders mit ihrem Werk »Elemente und Ursprünge totaler Herrschaft« (dt. 1955) einen Namen. 1963 wurde sie als Professorin für Politische Theorie an die Universität Chicago berufen, 1967 an die New School for Social Research in New York. Für die Zeitschrift »The New Yorker« beobachtete sie 1961 in Jerusalem den Eichmann-Prozess. Ihre Berichte wurden in dem 1963 erschienenen Buch »Eichmann in Jerusalem. Ein Bericht von der Banalität des Bösen« zusammengefasst. Die amerikanische Staatsbürgerin erhielt zahlreiche Ehrungen, u.a. den Hamburger Lessing-Preis (1959), den Sigmund-Freud-Preis (1967) und die Emerson-Thoreau-Medal der American Academy of Arts and Sciences (1969). A.s Liebesbeziehung zu ihrem verheirateten Lehrer, dem Philosophen M. Heidegger, die 1925 in Heidelberg begann, blieb trotz jahrelanger Trennung und ihrer zwei Ehen bis zu ihrem Tod bestehen.

Lit.: Prinz, A., Beruf Philosophin oder die Liebe zur Welt – die Lebensgeschichte der H. A., Weinheim 1998
Brunkhorst, H., H. A., München 1999

Arndt-Ober, Margarete, geb. Ober
Sängerin
1885 (Berlin) – 1971
1906 debütierte A.-O. in Frankfurt a. M. und erhielt im folgenden Jahr ein Engagement an der Berliner Hofoper. Dort war sie bis 1945 Ensemblemitglied. Zu ihrem Repertoire gehörten fast alle Partien des Alt- und Mezzo-Fachs. 1913 sang sie in der New Yorker Premiere des »Rosenkavalier« den Octavian, eine Partie, mit der sie jahrelang das amerikanische Publikum begeisterte. Ihr Wutausbruch während einer »Aida«-Aufführung in der Metropolitan Opera 1917 wegen der Kriegserklärung der USA an Deutschland – sie richtete den Fluch der Amneris gegen die Zuschauer – hatte ihre Kündigung zur Folge. Danach trat A.-O., die als eine der hervorragenden Alt- und Mezzo-Sängerinnen dieses Jhs. gilt, nur noch in Europa, vor allem in Berlin und bei den Festspielen in Zoppot, auf.

Lit.: Kesting, J., Die großen Sänger des 20. Jhs., Düsseldorf 1993

Arnim, Bettina Catharina Elisabeth Ludovica Magdalene von, geb. v. Brentano
Schriftstellerin
4.4.1785 (Frankfurt a. M.) – 20.1.1859 (Berlin)
Nach dem Tod ihrer Mutter wurde A. in einem Ursulinen-Internat in Fritzlar erzogen. 1796 nahm ihr Vater, ein wohlhabender

Kaufmann italienischer Abstammung, sie zu sich. Als 1797 auch er starb, wohnte sie überwiegend bei ihrer Großmutter S. v. →La Roche. 1810 zog sie zu ihrer Schwester nach Berlin und heiratete dort 1811 den Schriftsteller Achim v. A., einen Freund ihres Bruders Clemens. 20 Jahre widmete sie sich fast ausschließlich der Erziehung ihrer sieben Kinder. Die Familie lebte auf Gut Wiepersdorf in Brandenburg, zeitweise auch in Berlin. A., die von Zeitgenossen als kapriziös, exzentrisch, extravagant und in hohem Maße freiheitsliebend beschrieben wurde, gilt als eine der bedeutendsten Frauen der Frühromantik. Sie stand mit fast allen intellektuellen Größen ihrer Zeit in Kontakt, und enge Freundschaften verbanden sie mit K. v. →Günderode, R.→Varnhagen und der Mutter J. W. v. Goethes. Ihre schriftstellerische Tätigkeit begann sie erst nach dem Tod ihres Mannes 1831. Schon ihr erstes Buch »Goethes Briefwechsel mit einem Kinde« (1835), nachträglich bearbeitete Briefe an den verehrten Dichter, dem sie 1807 in Weimar begegnet war, machte sie mit einem Schlag berühmt. 1840 erschien »Die Günderode«, 1844 »Clemens Brentanos Frühlingskranz«, beides kunstvoll umgeschriebene Briefsammlungen. In ihrer 1843 veröffentlichten Schrift »Dies Buch gehört dem König« appellierte A. an den

preußischen König Friedrich Wilhelm IV., soziale Reformen einzuführen und politische Unfreiheiten abzuschaffen. In einem »Armenbuch« wollte sie

1844 das Elend der schlesischen Weber schildern. Da sie jedoch wusste, dass ihre Dokumentation sozialer Missstände nie gedruckt werden würde, und sie in Verdacht geriet, die aufständischen Weber zu unterstützen, zog sie ihre Publikation zurück. Ihre Schrift »Gespräche mit Dämonen« (1852) sollte das »Armenbuch« ersetzen und das »Königsbuch« fortsetzen, fand jedoch nur wenig Resonanz. Die Enttäuschung über die politische Entwicklung in Preußen, die Bespitzelung durch die Geheimpolizei sowie die Behinderung ihrer Arbeit durch die Zensur veranlassten A. schließlich sich zurückzuziehen. Ihr für eine Frau ihrer Zeit ungewöhnliches soziales, politisches und künstlerisches Engagement sowie ihr Versuch, frühromantische Ideale mit politischer und sozialer Realität in Einklang zu bringen, haben A. zu einer Leitfigur der Frauenemanzipation werden lassen.

Lit.: Drewitz, I., B. v. A. – Romantik, Revolution, Utopie, Düsseldorf 1984
Böttger, F., B. v. A. Ein Leben zwischen Tag und Traum, Berlin 1986
Bäumer, K., Schultz, H., B. v. A., Stuttgart 1995

Arnim, Gisela von
Schriftstellerin
30.8.1827 (Berlin) ·· 4.4.1889 (Florenz)
Das jüngste Kind B. v.→Arnims war noch keine vier Jahre alt, als der Vater starb. Von der Mutter wurde das begabte Mädchen ohne Zwänge erzogen. Bereits mit 17 Jahren veröffentlichte sie einen Märchenband, 1857 ein zweibändiges Werk mit Dramen. Gemeinsam mit ihrer Mutter, mit der sie bis zu deren Tod zusammenlebte, schrieb sie das umfangreiche Märchen »Das Leben der Hochgräfin Gritta von Rattenzuhausbeiuns«. Mit ihrem Mann

H. Grimm, den sie kurz nach dem Tod der Mutter heiratete, lebte A. meist in Florenz.
Lit.: Pusch, L. F. (Hg.), Töchter berühmter Männer, Frankfurt a. M. 1988

Arnstein, Fanny von, geb. Itzig
Salondame
29.11.1758 (Berlin) – 8.6.1818 (Dreihaus b. Wien)

Die Bankierstochter heiratete 1777 den Wiener Großgrundbesitzer und Bankier Nathan Adam A., der später geadelt wurde. Nach Berliner Vorbild unterhielt sie in Wien einen großbürgerlichen Salon, in dem sich während des Wiener Kongresses zahlreiche Diplomaten trafen, u.a. C. M. de Talleyrand, K. A. v. Hardenberg und W. v. Humboldt. Während A.s demonstrativer preußischer Patriotismus von der österreichischen Regierung heftig kritisiert wurde, fand ihr Engagement in der Krankenpflege und in der Wiener »Gesellschaft der Musikfreunde« Anerkennung.
Lit.: Spiel, H., F. v. A. oder die Emanzipation – ein Frauenleben an der Zeitenwende 1758–1818, Frankfurt a. M. 1962

Assing, (Rosa) Ludmilla
Schriftstellerin
22.2.1821 (Hamburg) – 25.3.1880 (Florenz)

Im Hause ihres Onkels K. A. Varnhagen v. Ense und seiner Frau Rahel→Varnhagen

befreundete sich A. mit zahlreichen Literaten ihrer Zeit, u.a. mit B. v.→Arnim, F. Hebbel, G. Keller und K. Immermann. Nach dem Tod Rahels (1833) betreute sie deren Haushalt und auch den literarischen Salon. Sie schrieb vor allem Biografien, z.B. über S. v.→La Roche und H. v. Pückler-Muskau. Ab 1861 veröffentlichte sie den Nachlass des liberal und fortschrittlich gesinnten Varnhagen. Wegen der politischen Brisanz seines Vermächtnisses wurde sie zu einer Gefängnisstrafe verurteilt, konnte jedoch nach Florenz fliehen. Dort engagierte sie sich in der italienischen Freiheitsbewegung.
Lit.: Bebler, E., Gottfried Keller und L. A., Zürich 1952

Assor, Albertine
Diakonisse
22.3.1863 (Zinten – heute Kornewo/Russland) – 22.2.1953 (Hamburg)

Die Tochter eines ostpreußischen Predigers wurde 1891 Diakonisse. Zehn Jahre arbeitete sie als Gemeindeschwester in Berlin, Bochum und Stade, bis sie 1902 als Oberin nach Hamburg berufen wurde. 1907 gründete die selbstbewusste A. mit sieben anderen Frauen den »Diakonissenverein Siloah«, eine christliche Lebens- und Dienstgemeinschaft, die junge Arbeiterinnen vom Land betreute und krankenpflegerisch tätig war und der sie – mit einer kurzen Unterbrechung – bis zu ihrem 78. Lebensjahr vorstand. Der Verein, dessen jüdischer Name »Siloah« (»Stille Sendung«) 1941 in »Albertinen-Haus« geändert werden musste, war der Grundstock des »Albertinen-Diakoniewerks«, einer Organisation mit heute über 1000 Mitarbeitern. 1989 wurden A's Erinnerungen unter dem Titel »Deine Augen sahen mich« veröffentlicht.

Aston, Louise Franziska, geb. Hoche
Publizistin, Frauenrechtlerin
26.11.1814 (Gröningen b. Halberstadt) –
21.12.1871 (Wangen, Allgäu)
Auf Drängen ihrer verarmten Eltern heiratete die Pfarrerstochter 17-jährig den 23 Jahre älteren englischen Fabrikanten Samuel A., von dem sie sich 1838 scheiden ließ. In ihrem Roman »Aus dem Leben einer Frau« (1847) schilderte sie diese unglückliche Beziehung und kritisierte gleichzeitig die Ausbeutung der Arbeiter, die sie in der Manufaktur ihres Mannes beobachtet hatte. 1845 zog A. mit ihrer Tochter nach Berlin und schloss sich den so genannten »Freien«, einer Gruppe anarchistischer Intellektueller, an. Mit ihrem Auftreten – sie trug Männerhosen und rauchte Zigarren – sowie ihren kritischen Äußerungen über bürgerliche Wertvorstellungen erregte sie Anstoß und wurde 1846 aus Berlin ausgewiesen. In ihrer Schrift »Meine Emanzipation. Verweisung und Rechtfertigung« (1848) verteidigte sie sich gegen den Vorwurf der Frivolität, indem sie den weiblichen Anspruch auf Gleichberechtigung unterstrich. Dieselbe Forderung versuchte sie auch mit ihrem wenig später veröffentlichten Gedichtband »Wilde Rosen« durchzusetzen, der ein Plädoyer für das Recht der Frau auf freie Liebe war. Die bürgerliche deutsche Frauenbewegung distanzierte sich von A.s unkonventionellen Emanzipationsversuchen: L.→Otto-Peters nannte A. »die größte Feindin eines Strebens, welches sich eine Hebung der deutschen Frau zur Aufgabe gemacht hat«. 1848 schloss sich A. den Aufständischen im Schleswig-Holsteinischen Krieg an und wurde dafür als »Barrikadenkämpferin« verunglimpft. Als sie Ende 1848 das Revolutionsblatt »Freischärler. Für Kunst und sociales Leben« herausgab, wurde sie erneut aus Berlin ausgewiesen. 1849 veröffentlichte sie als eines ihrer letzten Werke »Revolution und Contrerevolution«, den einzigen deutschen Revolutionsroman aus der Perspektive einer politisch engagierten Frau. Ein Jahr später heiratete sie den Bremer Arzt E. Meier, mit dem sie bis kurz vor ihrem Tod durch Osteuropa reiste.
Lit.: Goetzinger, G., Für die Selbstverwirklichung der Frau – L. A. in Selbstzeugnissen und Dokumenten, Frankfurt a. M. 1983

Attenhofer, Elsie (eigtl. Elisabetta Fanny)
Kabarettistin
21.2.1914 (Lugano) – 16.6.1999 (Bassersdorf, Kt. Zürich)

Nach dem Besuch der höheren Schule arbeitete A. zunächst als Sekretärin, studierte dann in Zürich Gesang und später an der Académie Julian in Paris Malerei. 1934 debütierte sie im neugegründeten Kabarett »Cornichon« in Zürich als Diseuse. Mit Chansons und Parodien wandte sie sich gegen politischen Extremismus, vor allem den Nationalsozialismus, sowie gegen das Schweizer Spießbürgertum. 1938–39 trat sie am Stadttheater Basel als Schauspielerin auf. Nach dem Zweiten Weltkrieg gab A. überwiegend Solovorstellungen mit Klavierbegleitung und spielte in Schweizer Filmen mit. Zudem schrieb sie Theaterstücke, u.a. »Wer wirft den ersten Stein?« (1944), ein Plädoyer gegen den Antisemitismus. 1975 veröffentlichte sie »Cornichon – Erinnerungen an ein Cabaret« und 1980 die autobiografischen Erzählungen »Flug um die goldene Mücke«. Neben zahlreichen anderen Auszeichnungen erhielt A. 1963 und 1976 in Mailand den »Oscar del Cabaret«, 1976 den Kulturpreis der Stadt Zürich und 1977 den Ida-Somazzi-Preis. Seit 1940 war sie mit dem Universitätsprofessor K. Schmid verheiratet, mit dem sie zwei Kinder hatte.

Auer, Judith
Widerstandskämpferin
19.9.1905 (Zürich) – 27.10.1944 (Berlin)
Ihr Musikstudium musste A., die aus einer deutsch-jüdischen Künstlerfamilie stammte, aus finanziellen Gründen abbrechen. 1924 trat sie der KPD bei und engagierte sich in der Kinder- und Jugendorganisation der Partei. 1926 heiratete sie den Buchdrucker und KPD-Funktionär Erich A., mit dem sie eine Tochter hatte. 1939 wurde die Ehe geschieden. A., die seit 1933 aktiv im Widerstand tätig war, verwaltete für die kommunistische Gruppe Saefkow/Jacob/Bästlein – die größte Widerstandsorganisation im nationalsozialistischen Deutschland – Lebensmittelkarten und Spendengelder zur Unterstützung untergetauchter Regimegegner, stellte ihre Wohnung als Quartier und für Beratungen zur Verfügung, verteilte Flugblätter und leistete Kurierdienste. Am 7. Juli 1944 wurde sie verhaftet und im Gefängnis Berlin-Plötzensee hingerichtet.
Lit.: Dertinger, A., Heldentöchter, Bonn 1997

Augspurg, Anita Johanna Theodora Sophie
Frauenrechtlerin
22.9.1857 (Verden) – 20.12.1943 (Zürich)
Trotz einer Ausbildung zur Turnlehrerin entschied sich die Juristentochter, Schau-

spielerin zu werden. Nach einigen Jahren auf der Bühne gründete sie mit ihrer Freundin S. Goudstikker das künstlerisch und finanziell erfolgreiche Fotostudio »Hof-Atelier Elvira« und schloss sich der

Frauenbewegung an. Um die für einen erfolgreichen Kampf um Frauenrechte notwendigen juristischen Kenntnisse zu erwerben, begann A. 1893 in Zürich mit dem Jurastudium, das sie vier Jahre später mit der Promotion abschloss. In Berlin arbeitete sie einige Jahre mit M.→Cauer im radikalen Flügel der bürgerlichen Frauenbewegung, der sich u.a. für die sexuelle Selbstbestimmung der Frau sowie die Streichung des § 218 einsetzte. Gemeinsam mit ihrer Lebensgefährtin L. G.→Heymann, mit der sie 1907 nach Süddeutschland zog, war sie im Vorstand des »Verbandes Fortschrittlicher Frauenvereine«. 1902 gründete und leitete A. den »Deutschen Verband für Frauenstimmrecht«, außerdem redigierte sie über zehn Jahre die Zeitschriften »Parlamentarische Angelegenheiten und Gesetzgebung« und »Zeitung für Frauenstimmrecht«. Ihre und Heymanns Teilnahme an der »Internationalen Frauenfriedenskonferenz« in Den Haag 1915 führte zu beider Ausschluss aus dem »Bund Deutscher Frauenvereine«, der mehrheitlich konservativ und national gesinnt war. Als 1918 in Bayern die Räterepublik ausgerufen wurde, begeisterte A. sich für die Einberufung von Frauenräten und kandidierte – erfolglos – für den bayerischen Landtag. 1919–33 gab sie mit

Heymann die pazifistische Zeitschrift »Die Frau im Staat« heraus und engagierte sich in der »Internationalen Frauenliga für Frieden und Freiheit« (IFFF) für Abrüstung und das Selbstbestimmungsrecht der Völker. Als 1933 die Nationalsozialisten die Regierung übernahmen, emigrierten A. und Heymann in die Schweiz. 1941 veröffentlichten sie ihre gemeinsamen Lebenserinnerungen »Erlebtes - Erschautes«.

Lit.: Schultz, H. J. (Hg.), Frauen – Porträts aus zwei Jahrhunderten, Stuttgart 1981

Augusta
Kaiserin
30.9.1811 (Weimar) – 7.1.1890 (Berlin)
Die Tochter des Großherzogs Karl Friedrich von Sachsen-Weimar und der russischen Zarentochter Maria Pawlowna wurde 1829 mit dem späteren preußischen König und deutschen Kaiser Wilhelm I. verheiratet. Nach der liberalen Erziehung im Elternhaus lebte sie sich nur schwer am konservativen preußischen Hof ihres regierenden Schwagers Friedrich Wilhelm IV. ein. Zeit ihres Lebens war A. eine leidenschaftliche Gegnerin O. v. Bismarcks und seiner Politik, aber da sie ihren Einfluss auf ihren Mann nach seiner Thronbesteigung 1862 weitgehend verlor, konnte sie Bismarcks Ernennung zum Minister nicht verhindern. Unterlegen blieb sie auch in den Auseinandersetzungen um den Krieg von 1866, den sie ablehnte, und bei Bismarcks »Kulturkampf« gegen die katholische Kirche. Nach Bismarcks eigener Aussage hat ihm A. dennoch »mehr Schwierigkeiten bereitet als alle fremden Mächte und die gegnerischen Parteien im Lande«. Aus Enttäuschung, politisch nichts bewirken zu können, engagierte A. sich schließlich in der Wohlfahrtspflege – u.a. gründete sie den »Vaterländischen Frauenverein«, der sich für die Gemeindekrankenpflege und den Kampf gegen die Säuglingssterblichkeit einsetzte.

Lit.: Schulz, H. H., Kaiserin A. – ihre Ehe mit Wilhelm I., Berlin 1996

Ausländer, Rose (eigtl. Rosalie), geb. Scherzer
Dichterin
11.5.1901 (Czernowitz – heute Cernivci/Ukraine) – 3.1.1988 (Düsseldorf)
Nach dem Studium der Literaturgeschichte und Philosophie in Wien wanderte A. 1921 mit ihrem Mann Ignaz A. in die USA aus. Nach ihrer Scheidung kehrte sie 1931 zu ihrer kranken Mutter nach Czernowitz zurück. Ihre erste Gedichtsammlung »Der Regenbogen« erschien 1939. Als eine von wenigen Juden überlebte sie die Jahre 1941–44 im Getto von Czernowitz, wo sie den Dichter P. Antschel (Celan) kennen lernte, und zog 1946 erneut in die USA. Seit 1965 lebte sie in Düsseldorf. Neben philosophischen Essays veröffentlichte A. vor allem Gedichtbände. Hauptthemen der bedeutenden deutschsprachigen Lyrikerin waren die Judenverfolgung und das Exil. Sie war Mitglied des deutschen PEN-Zentrums und erhielt zahlreiche Auszeichnungen, u.a. den Meersburger Droste-Preis, den Heine-Taler und das Große Bundesverdienstkreuz.

Lit.: Helfrich, L., Es ist ein Aschensommer in der Welt: R. A. – die Biographie, Weinheim 1995

Braun, H., Ich bin fünftausend Jahre jung – R. A., Stuttgart 1999

Aussem, Cilly

Sportlerin

4.1.1909 (Köln) – 22.3.1963 (Portofino/Italien)

Die erfolgreiche Tennisspielerin gewann 1931 als erste Deutsche das Damentennis-

turnier von Wimbledon, nachdem sie bereits mehrere internationale Meistertitel, u.a. in Paris, errungen hatte. Im selben Jahr erkrankte sie schwer, und ihr Comeback 1932/33 missglückte. 1934 heiratete sie F. M. Della Corte Brae und zog sich vom aktiven Sport zurück.

Lit.: Tingay, L., 100 Jahre Tennis, Frankfurt a. M. 1973

Ava

Dichterin

gest. 7. od. 8.2.1127 (Kloster Melk a. d. Donau)

A. ist die älteste namentlich bekannte Dichterin, die in deutscher Sprache schrieb. Sie lebte im Donautal, in der Steiermark oder in Kärnten und hatte vermutlich mehrere Söhne. Von ihr sind fünf in Reimen geschriebene Erzählungen, darunter »Das Leben Jesu«, »Das Jüngste Gericht« und »Das Leben Johannes des Täufers«, überliefert. Ihre Sprache ist schlicht und traditionell. Ihr Stil jedoch, besonders ihre Anteilnahme mit den um Jesus Trauernden, ihr Mitgefühl mit Maria und die ausführliche Behandlung von Frauengeschichten, ist für ihre Zeit ungewöhnlich gefühlsbetont.

Lit.: Schacks, K. (Hg.), Die Dichtungen der Frau Ava, Graz 1986

B

Baader, Ottilie

Frauenrechtlerin

30.5.1847 (Rackow b. Frankfurt a. d. O.) – 24.7.1925 (Berlin)

Bereits mit 13 Jahren begann B. nach nur vierjährigem Schulbesuch, als Näherin in einer Fabrik zu arbeiten. 1870 wurde sie entlassen, als sie nach Lohnkürzungen ankündigte, einen Streik der Arbeiterinnen zu organisieren, und musste ihren Lebensunterhalt mit Heimarbeit an der Nähmaschine verdienen. Durch intensive Beschäftigung mit K. Marx' und A. Bebels Schriften kam sie zur Sozialdemokratie. 1894 wurde sie »Erste Vertrauensperson« in Berlin, 1899 »Zentralvertrauensperson der Genossinnen Deutschlands«. In diesem Amt war sie führend am Aufbau der sozialde-

mokratischen Frauenbewegung beteiligt. Sie stand in engem Austausch zu anderen örtlichen weiblichen Vertrauenspersonen, bildete »Agitatorinnen« aus und war ab 1900 an der Organisation der alle zwei Jahre stattfindenden sozialdemokratischen Frauenkonferenzen beteiligt. B., die sich zum Klassenkampf bekannte und auf die Emanzipation der Frauen in einer neuen, von Ausbeutung und Unterdrückung freien Gesellschaft hoffte, trat auf über 500 Versammlungen als Rednerin auf und setzte sich auch auf internationalen Kongressen für ihre Ideale ein, obwohl sie vielfach angefeindet und mehrfach zu

Geld- und Haftstrafen verurteilt wurde.
Neben E.→Ihrer, L.→Zietz und C.→Zetkin,
mit der sie besonders eng zusammenarbeitete, zählte B. zu den hervorragendsten
Persönlichkeiten der sozialdemokratischen
Frauenbewegung um die Jahrhundertwende. 1908–17 war sie Leiterin des neu
gegründeten »Zentralfrauenbüros«. 1921
wurde ihre Autobiografie »Ein steiniger
Weg« veröffentlicht.
Lit.: Weiland, D., Geschichte der Frauenemanzipation in Deutschland und Österreich,
Düsseldorf 1983

Bach, Anna Magdalena, geb. Wilcke
Sängerin
22.9.1701 (Zeitz) – 27.2.1760 (Leipzig)
Die Sopranistin, Tochter eines Hoftrompe-
ters, erhielt ihre musikalische Ausbildung
in Zeitz und wirkte bis 1723 als »Kurfürstliche Sängerin« an den Höfen von Anhalt-
Zerbst und Köthen. 1721 heiratete sie den
verwitweten, 16 Jahre älteren Komponisten Johann Sebastian B. und zog mit ihm
und seinen vier Kindern nach Leipzig. Von
ihren eigenen 13 Kindern starben acht, bevor sie fünf Jahre alt waren. B. kopierte die
Noten ihres Mannes und zeichnete die beiden ihr gewidmeten »Notenbüchlein«,
kleine Stücke für den Klavierunterricht,
auf. Nach Bachs Tod 1750 geriet sie in finanzielle Schwierigkeiten und starb zehn
Jahre später völlig verarmt.
Lit.: Bodeit, F. (Hg.), Ich muß mich ganz hingeben können – Frauen in Leipzig, Leipzig 1990
Meynell, E., Die kleine Chronik der A. M. B.,
Hamburg 1997

Bachmann, Ingeborg
Schriftstellerin
25.6.1926 (Klagenfurt) – 17.10.1973 (Rom)
In Kärnten aufgewachsen, studierte die

Tochter eines Schuldirektors in Innsbruck,
Graz und Wien Philosophie, Psychologie
und Germanistik. 1950 wurde sie mit einer
Arbeit über »Die kritische Aufnahme der
Existenzialphilosophie M. Heideggers« promoviert. 1951–53 war sie als Redakteurin
für den österreichischen Radiosender »Rot-
Weiß-Rot« tätig, schrieb Hörspiele und
übersetzte dramatische Texte aus dem Englischen. Ihre ersten Gedichte und Erzählungen veröffentlichte sie ab 1948 in Tageszeitungen und Periodika. Den Durchbruch als Lyrikerin erzielte B. 1952 bei
einer Lesung der »Gruppe 47« sowie mit
ihren Gedichtbänden »Die gestundete Zeit«
(1953) und »Anrufung des Großen Bären«
(1956). Auch als Verfasserin von Libretti
für den Komponisten H. W. Henze und mit
Übersetzungen von Gedichten des Italie-
ners G. Ungaretti machte sie sich einen
Namen. B. lebte seit 1953 als freie Schriftstellerin abwechselnd in Rom, München,
Zürich und Berlin. Fünf Jahre (1958–63)
verband sie eine Liebesbeziehung mit dem
Schriftsteller M. Frisch. In ihren Gedichten
setzte sie sich vor allem mit ihren negati-
ven Erfahrungen in der Kriegs- und Nachkriegszeit auseinander. Die Aufgabe der
Dichtung war ihrer Meinung nach nicht
der ästhetische Selbstzweck, sondern die
Weltveränderung. 1959/60 referierte sie
über diese Problematik als erste Gastdo-

zentin für Poetik
an der Univer-
sität Frankfurt a.
M. Frauen, die
um Selbstver-
wirklichung rin-
gen, stehen im
Mittelpunkt ihrer
Prosatexte, wie
z.B. im Roman

»Malina« (1971). B. erhielt zahlreiche Auszeichnungen, u.a. den Literaturpreis der Freien Hansestadt Bremen, den Hörspielpreis der Kriegsblinden, den Berliner Kritikerpreis und den Großen Österreichischen Staatspreis für Literatur. Sie starb an den Verletzungen durch einen Zimmerbrand, der wahrscheinlich durch eine brennende Zigarette ausgelöst wurde. 1977 wurde der Ingeborg-Bachmann-Preis für deutschsprachige erzählende Prosa gestiftet.

Lit.: Beicken, P., I. B., München 1988
Weigel, S., I. B. – Hinterlassenschaften unter Wahrung des Briefgeheimnisses, Wien 1999

Bachmann, Luise George
Schriftstellerin
20.8.1903 (Wien) – 17.6.1976 (Bad Ischl)
Nach dem Musikstudium und der Ausbildung zur Sängerin und Organistin unterrichtete B. bis 1938 als Professorin für Musikgeschichte am Wiener Pädagogischen Institut. Mit ihren Romanen, Novellen und Lustspielen, z.B. »Der Thomas-Kantor« (1936) und »Meister, Bürger und Rebell« (1937), die das Leben von Künstlern behandeln, war sie so erfolgreich, dass sie die Lehrtätigkeit aufgab und sich ganz der Schriftstellerei widmete. Später schrieb sie auch Märchenspiele und Hörspiele für den Rundfunk.

Bähnisch, Dorothea, geb. Nolte
Juristin
25.4.1899 (Beuthen – heute Bytom/Polen) – 1973
1919, nach dem Abitur in Köln, begann die Lehrertochter mit dem Studium der Rechtswissenschaften in Münster, das sie 1923 mit dem Referendarexamen abschloss. Sie setzte durch, dass sie als erste Frau in Preußen Verwaltungsreferendarin werden

durfte. Als Regierungsassessorin arbeitete B. seit 1926 im Berliner Polizeipräsidium, bis sie 1930 mit ihrem Mann, ebenfalls Jurist, den sie 1927 geheiratet und mit dem sie zwei Kinder hatte, nach Merseburg zog. Seit ihrer Heirat nannte sie sich mit Vornamen »Theanolte«, um ihren Mädchennamen nicht ganz aufzugeben. Nachdem ihr Mann von den Nationalsozialisten als Landrat abgesetzt worden war, eröffnete das Paar in Berlin eine Anwaltspraxis.
1946 wurde B. zur Regierungspräsidentin von Hannover gewählt – als erste Frau in der deutschen Verwaltungsgeschichte. 1949–52 war sie Präsidentin des »Deutschen Frauenrings«, zu dessen Mitgründerinnen sie zählte. 1960 wurde sie Staatssekretärin und vertrat das Land Niedersachsen beim Bund.

Lit.: Schroeder, H., Sophie & Co.: Bedeutende Frauen Hannovers, Hannover 1991

Bähre, Inge Lore Ursula, geb. Petri
Wirtschaftswissenschaftlerin
13.2.1920 (Insterburg – heute Cernjahovsk/Russland) – 23.1.1987 (Berlin)
Ihr Studium der Wirtschaftswissenschaften in Königsberg, Göttingen und Erlangen schloss B. 1942 mit dem Kaufmannsdiplom ab und war seit 1943 bei der Deutschen Revisions- und Treuhand AG in Berlin tätig. 1948 wurde sie mit einer Schrift über die »Wesensbestimmung des Geldes« promoviert und erhielt im selben Jahr eine Anstellung bei der Landeszentralbank Niedersachsen in Hannover. 1951–62 war sie im niedersächsischen Finanzministerium zuständig für Bankenaufsicht. 1962 wurde sie als Leiterin der Abteilung »Kreditgenossenschaften« in das neu gegründete Bundesaufsichtsamt für Kreditwesen in Berlin berufen, dem sie 1975–84 als Präsidentin

vorstand. In ihrer Amtszeit wurde die Prüfungstätigkeit des Bundesaufsichtsamtes durch die zweimalige Novellierung des Kreditwesengesetzes (1976, 1984) ausgeweitet, um die Risiken des Auslandsgeschäftes der Banken einzugrenzen. B. war 1943–45 verheiratet und hatte einen Sohn.
Lit.: Metzler, G., Frauen, die es geschafft haben – Portraits erfolgreicher Karrieren, Düsseldorf 1985

Baer, Gertrud
25.11.1890 (Halberstadt) – 15.12.1981 (Genf)
Die Enkelin eines Oberrabbiners studierte in Deutschland, der Schweiz und den USA Sprachen und Völkerrecht. Für kurze Zeit arbeitete sie in dem von L. G.→Heymann gegründeten Hamburger Frauenzentrum. 1921 trat die überzeugte Pazifistin der »Internationalen Frauenliga für Frieden und Freiheit« (IFFF) bei, deren Vorsitz sie 1929–46 innehatte und die sie von 1945 an bei den UN in Genf vertrat. B. war außerdem Herausgeberin der Zeitschrift »Pax et Libertas« und Direktoriumsmitglied sowie Vertreterin der »Internationalen Liga für Menschenrechte« bei der UN-Menschenrechtskommission in Genf.
Lit.: Gerhard, U., Unerhört: Die Geschichte der deutschen Frauenbewegung, Reinbeck 1990

Bäumer, Gertrud
Frauenrechtlerin, Politikerin
12.9.1873 (Hohenlimburg) – 25.3.1954 (Bethel b. Bielefeld)
Nach der Ausbildung zur Volksschullehrerin studierte die Pfarrerstochter Germanistik, Philosophie und Sozialwissenschaft und wurde 1904 in Berlin mit einer Schrift über J. W. v. Goethes »Satyros« promoviert. Im »Allgemeinen Deutschen Lehrerinnenverein« lernte sie H.→Lange, die Gründerin

der deutschen Frauenbewegung, kennen. Gemeinsam gaben beide seit 1899 die Zeitschrift »Die Frau« (1893–1944), die wichtigste Zeitschrift der bürgerlich-gemäßigten Frauenbewegung, und 1901–06 das fünfbändige »Handbuch der deutschen Frauenbewegung« heraus. 1910–19 war B. Vorsitzende des »Bundes Deutscher Frauenvereine«. Außerdem arbeitete sie für F. Naumanns Zeitschrift »Die Hilfe«, begründete 1914 den »Nationalen Frauendienst« und übernahm 1917 die Leitung der Sozialen Frauenschule (Sozialpädagogisches Institut) in Hamburg. 1918 wurde sie Mitglied der Deutschen Demokratischen Partei (DDP), für die sie 1919 in die Verfassunggebende Nationalversammlung gewählt wurde. 1920–33 war sie Mitglied des Reichstags. Ihr Amt als Ministerialrätin für Jugendwohlfahrt, das sie seit 1920 innehatte, verlor B. 1933 bei der nationalsozialistischen Regierungsübernahme »wegen nationaler Unzuverlässigkeit«. Danach begann sie, schriftstellerisch tätig zu werden.

Zu ihren bekanntesten Veröffentlichungen zählen der Roman »Adelheid, Mutter der Königreiche« (1936) und die Sammlungen von Frauen-Portraits »Bildnis der Liebenden« und »Frauen der Tat« (1939). 1953 erschien ihre Autobiografie »Im Licht der Erinnerung«.
Lit.: Bach, M. L., G. B., Weinheim 1989
Hopf, C., Frauenbewegung und Pädagogik, G. B. zum Beispiel, Heilbronn 1997

Bahr-Mildenburg, Anna,
geb. v. Bellschan-Mildenburg
Sängerin
29.11.1872 (Wien) – 27.1.1947 (ebd.)
Die Sopranistin erhielt ihre Ausbildung in
Wien und hatte ihren ersten großen Auf-
tritt 1897 als Kundry in »Parsifal« bei den
Bayreuther Festspielen. 1898–1909 war sie
Ensemblemitglied der Wiener Hofoper un-
ter dem Komponisten und Dirigenten G.

Mahler. Ihre
größten Erfolge
feierte B.-M. als
Wagner-Interpre-
tin, u.a. 1909–14
bei den Bay-
reuther Festspie-
len, vor allem
ihre dramatische
Darstellungskraft
wurde geschätzt. 1909 heiratete sie den
österreichischen Dichter und Kritiker H.
Bahr. 1921 wurde sie Professorin an der
Akademie für Tonkunst in München sowie
Spielleiterin an der Bayerischen Staatsoper.
Gleichzeitig war sie bis 1926 Bühnendirek-
torin in Augsburg. Nach Beendigung ihrer
Bühnenlaufbahn 1930 gab sie Gesangsunterricht.
Lit.: Natan, A., Primadonna – Lob der Stimme,
Basel-Stuttgart o.J.

Bailly, Alice
Malerin
25.2.1872 (Genf) – 1.1.1938 (Lausanne)
Nach dem Zeichen- und Modellierstudium
in Genf, Neapel und München lebte B.
1904–14 in Paris, wo sie durch den Maler
F. Léger und die Malerin M. Laurecin be-
einflusst wurde. Ihre ersten Arbeiten waren
Holzschnitte, später malte sie vor allem
Stillleben und Landschaften. Von 1910 an

orientierte sie sich als einzige der West-
schweizer Künstler an der europäischen
Avantgarde und malte in kubistisch-futu-
ristischem Stil. Berühmt wurde sie durch
ihre Stickereibilder aus Wolle und Seide.

Ball-Hennings, Emmy (eigtl. Emma Maria),
geb. Cordsen
Schriftstellerin
17.1.1885 (Flensburg) – 10.8.1948 (Soregno
b. Lugano)
Nachdem ihre kurze Ehe mit dem Schriftsetzer Hennings, aus der zwei Kinder
stammten, gescheitert war, schloss sich die
Seemannstochter einer Wanderbühne an.
Als Chansonsängerin trat sie seit 1908 in
München und Berlin auf. 1914 wurde B.-H.
Mitglied des Künstlerkabaretts »Simplicissimus« und lernte die Expressionisten G.
Heym, F. Werfel, Klabund und E.→Lasker-
Schüler kennen, die ihr Interesse für moderne Literatur weckten. 1915 zog sie mit
dem dadaistischen Dichter und Kulturkriti-
ker H. Ball, den sie fünf Jahre später heiratete, in die Schweiz. Nach beider Übertritt
zum Katholizismus gewann die Religion
starken Einfluss auf B.-H.s lyrisches und
erzählerisches Werk. Zu ihren bekannte-
ten Veröffentlichungen zählen »Helle
Nacht« (1922) und »Der Gang zur Liebe.
Ein Buch von Städten, Kirchen und Heiligen« (1926). Nach Balls Tod 1927 widmete
sie sich der Herausgabe seiner Werke. Jahrelang war sie eng mit dem Schriftsteller
H. Hesse befreundet.
Lit.: Gass, R., E. B.-H. – Wege und Umwege
zum Paradies, Zürich 1998

Bandemer, Susanne von, geb. v. Franklin
Schriftstellerin
2.3.1751 (Berlin) – 30.12.1828 (Koblenz)
Nicht nur ihre Bücher, sondern auch die

falsche Behauptung, sie sei eine Nichte des amerikanischen Politikers und Schriftstellers B. Franklin, machten B. Ende des 18. Jhs. zu einer populären Schriftstellerin. Sie schrieb vor allem Lyrik und Dramen, die sie Mitgliedern des preußischen Königshauses oder ihres großen Freundeskreises, darunter C. M. Wieland, J. G. Herder, L.→Karsch und S. v.→La Roche, widmete. Häufig spielte B., die umfassend gebildet war, darin auf Figuren der griechischen Mythologie und antike Dichter an. Ihr z.T. autobiografischer Roman »Klara von Bourg, eine wahre Geschichte aus dem letzten Drittel des abscheidenden Jahrzehnts« (1798) gilt als typischer Frauenroman des 18. Jhs.

Lit.: Meise, H., Die Unschuld und die Schrift – Deutsche Frauenromane im 18. Jh., Frankfurt a. M. 1992

Barbara von Cilli
Kaiserin

um 1390 – 11.7.1451 (Mělník/Tschechien)

1408 wurde die Tochter des Grafen Hermann II. von Cilli, einem Gebiet im heutigen Slowenien, die zweite Frau von Sigismund, der seit 1387 König von Ungarn war, 1410 deutscher König, 1419 König von Böhmen und 1433 Kaiser wurde. Von ihrem Mann wurde der selbstbewussten B. mehrfach die Statthalterschaft in Ungarn übertragen, um den Landadel gefügig zu machen. Auch ihre guten Kontakte zu den deutschen Kurfürsten halfen Sigismund bei der Festigung seiner Machtposition. Geschickt in Finanzgeschäften mit den Reichsstädten, gelang es B., ihr Vermögen und das ihres Mannes beträchtlich zu vermehren. Auch Sigismunds Politik gegenüber Polen wurde wesentlich von ihr beeinflusst. Kurz vor dem Tod ihres Mannes

1437 wurde sie zur Königin von Böhmen gekrönt und übernahm dort die Statthalterschaft. Doch schon bald darauf zerstritt sie sich aus politischen und persönlichen Gründen mit ihrem Schwiegersohn, König Albrecht II., der sie gefangen nehmen ließ. Ihr gelang die Flucht nach Polen, wo sie den Bruder des polnischen Königs anstiftete, sich in Böhmen als Gegenkönig gegen Albrecht II. aufstellen zulassen. Erst nach Albrechts Tod 1441 kehrte B. nach Böhmen zurück.

Bardua, Caroline
Malerin

11.11.1781 (Ballenstedt b. Quedlinburg) – 2.6.1864 (ebd.)

Ihre Karriere als Portraitmalerin verdankte B. einem Zufall: Ein Neffe des Dichters L. Gleim, der ihre Bilder sah, erkannte ihre Begabung und empfahl sie 1805 J. W. v. Goethe in Weimar, der sie von seinem Freund, dem Maler H. Meyer, unterrichten ließ. 1807 ging sie nach Dresden, wo sie u.a. von A. Graff und G. v. Kügelgen ausgebildet wurde. 1819 siedelte sie nach Berlin über. B., die aus bescheidenen Verhältnissen stammte – der Vater war Kammerdiener –, musste mit der Malerei ihren Lebensunterhalt bestreiten. Trotz zahlreicher Aufträge waren ihr Studienreisen nicht möglich. Eine kurze Reise nach Paris blieb ihr einziger Auslandsaufenthalt.

Lit.: Das verborgene Museum I., Neue Gesellschaft für Bildende Kunst e. V. (Hg.), Berlin 1987

Bauer, Karoline Philippine Auguste
Schauspielerin

29.3.1807 (Heidelberg) – 18.10.1877 od. 78 (Zürich)

Die Tochter eines Rittmeisters debütierte

1822 als jugendliche Liebhaberin am Hoftheater Karlsruhe. 1824 wechselte sie an das Königstädtische Theater und 1825 an das Hoftheater in Berlin. Großes Aufsehen erregte 1829 ihre unstandesgemäße Heirat mit Prinz Leopold von Coburg, dem späteren belgischen König, der sich nach seiner Inthronisation 1831 von ihr scheiden ließ. Danach trat B. zunächst in St. Petersburg auf und 1835–44 am Hoftheater Dresden, wo sie begeistert gefeiert wurde. 1844 heiratete sie den polnischen Grafen Broel-Plater. Ihre viel beachteten Memoiren, u.a. »Aus meinem Bühnenleben« (1872) und »Komödiantenfahrten« (1875), schildern die Theaterszene ihrer Zeit.

Lit.: Kathrein, H. D., Herbig, R. (Hgg.), Meine Seele will Freiheit – Frauen setzen sich durch, Heilbronn 1992

Baum, Marie

Politikerin
23.3.1874 (Danzig – heute Gdansk/Polen) – 8.8.1964 (Heidelberg)

1897 schloss B., die aus einer Medizinerfamilie stammte, ihr Chemiestudium an der Universität Zürich mit der Promotion ab. Zehn Jahre arbeitete sie in der Industrie, bis sie sich der Sozialarbeit widmete. 1907–16 war sie Leiterin des »Vereins für Mütter- und Kinderschutz« in Düsseldorf und 1917–19 Leiterin der Frauenschule und des Sozialpädagogischen Instituts in Hamburg. 1919 wurde sie für die Deutsche Demokratische Partei (DDP) in die Verfassunggebende Nationalversammlung gewählt und war bis 1921 Mitglied des Reichstags. Danach bekleidete sie als Ministerialrätin im badischen Arbeitsministerium eines der höchsten Ämter, das eine Frau in der Weimarer Republik innehatte. Ihren Lehrauftrag für soziale Fragen an der Universität Heidelberg verlor sie als so genannte »Vierteljüdin« 1933 nach der nationalsozialistischen Regierungsübernahme. Nach 13 Jahren erzwungenen Ruhestands lehrte B. 1946–52 wieder in Heidelberg. 1951 veröffentlichte sie unter dem Titel »Leuchtende Spur« die erste Biografie der Schriftstellerin R.→Huch, mit der sie seit ihren Züricher Studententagen befreundet war. Im selben Jahr erschien auch ihre Autobiografie »Rückblick auf mein Leben«.

Baum, Vicki

Schriftstellerin
24.1.1888 (Wien) – 29.8.1960 (Hollywood/USA)

Ausgebildet als Harfenistin an der Wiener Musikhochschule, begann B. 1914 zu schreiben. 1926–31 arbeitete sie als Redakteurin im Berliner Ullstein-Verlag, der viele  ihrer Romane als Vorabdruck in der »Berliner Illustrirten« veröffentlichte. »Menschen im Hotel«, ihr größter Bucherfolg, erschien 1929 und wurde in Hollywood unter dem Titel »Grand Hotel« von E. Lubitsch verfilmt. 1931 reiste B. zur Premiere des Films in die USA und blieb dort. 1938 nahm sie die amerikanische Staatsbürgerschaft an und schrieb viele Bücher in englischer Sprache. Von den Nationalsozialisten wurden ihre Werke in Deutschland verboten. B. gehört zu den meistgelesenen und -übersetzten Unterhaltungsschriftstellern dieses Jhs. In erster Ehe war sie mit dem Journalisten M. Prels, in zweiter Ehe mit dem Dirigenten R. Lert verheiratet, mit dem sie zwei Söhne hatte.

Lit.: Ankum, K. v., V. B., Frankfurt a. M. 1998

Baumann, Edith
Politikerin
1.8.1909 (Berlin) – 7.4.1973 (ebd.)
Nach dem Besuch der höheren Handelsschule arbeitete die Tochter eines Maurers
als Stenotypistin. 1925 trat sie der sozialistischen Arbeiterjugend bei und wurde
1930 Mitglied des Hauptvorstandes.
1927–31 war sie Mitglied der SPD und
gehörte 1931–33 der Sozialistischen Arbeiterpartei (SAP) an. Wegen »Vorbereitung
zum Hochverrat« wurde B. 1933 zu drei
Jahren Gefängnis verurteilt. Nach 1945
trat sie zunächst der SPD bei, 1946 der
SED und wurde Mitglied des Parteivorstandes. Seit 1949 gehörte sie der Volkskammer der DDR an und leitete 1955–60, neben zahlreichen anderen Ämtern, die Abteilung »Frauen« im Zentralkomitee der
SED. B. heiratete 1949 den DDR-Staats-
ratsvorsitzenden E. Honecker, mit dem sie
eine Tochter hatte.

Lit.: Michalski, B., Louise Schroeders
Schwestern, Bonn 1996

Baumgarten, Franziska
Psychologin
27.9.1889 (Łódź/Polen) – 1.3.1970 (Bern)
1929 habilitierte sich B. an der Universität
Bern, wurde dort zunächst Privatdozentin
und 1953 Honorarprofessorin für Psychologie und Psychotechnik. Als erste Frau
gehörte sie seit 1958 dem leitenden Aus-
schuss des »Internationalen Instituts zur
Erforschung der menschlichen Arbeit« an.
Zu ihren bedeutendsten wissenschaftlichen
Veröffentlichungen zählt »Psychologie der
Menschenbehandlung im Betriebe« (1952).

B. entwickelte auch Eignungstests für Erwachsene und Kinder. Verheiratet war sie
mit dem Kinderpsychiater M. Tramer.

Lit.: Daub, E., F. B. – eine Frau zwischen aka-
demischer und praktischer Psychologie, Frankfurt a. M. 1996

Beatrix von Tuszien
Markgräfin
um 1015 – 18.4.1076 (Pisa/Italien)
1035 wurde die Tochter des Herzogs Friedrich II. von Oberlothringen mit dem Markgrafen Bonifaz von Tuszien verheiratet,
dessen Machtbereich sich vom südlichen
Alpenrand bis nördlich von Rom erstreck-
te. B. war eine entschiedene Verfechterin
der Kirchenreform, die u.a. die Vorherrschaft des Papsttums anstrebte, und verbündete sich mit mehreren deutschen und
italienischen Fürsten gegen ihren Vetter,
den deutschen Kaiser Heinrich III. Nach
dem Tod ihres Mannes 1052 heiratete sie
Gottfried den Bärtigen von Niederlothringen, mit dem sie den Kampf gegen Heinrich fortführte. Sie wurde gefangen genommen und erst nach Heinrichs Tod auf
Anweisung der Regentin→Agnes von
Poitou freigelassen. Für ihren zweiten
Mann, der sich auf seine politischen Aufgaben im Deutschen Reich konzentrierte,
übernahm B. in Italien die Herrschaft. Mit
ihrer Tochter→Mathilde, die sie im reichs-
feindlichen Sinn erzogen hatte, unterstützte sie den Reformpapst Gregor VII.
und führte den Kampf gegen das deutsche
Kaisertum weiter.

Lit.: Goez, E., B. von Canossa und Tuszien –
eine Untersuchung zur Geschichte des 11. Jhs.,
Sigmaringen 1995

Bebel, (Johanna Caroline) Julie, geb. Otto
2.9.1843 (Leipzig) – 22.11.1910 (Zürich)
B. stammte aus einfachen Verhältnissen –
ihr Vater war ungelernter Arbeiter, ihre
Mutter Hausangestellte. Sie besuchte die
Volksschule und arbeitete dann als Hutma-
cherin. 1863 lernte sie den Drechslergesel-

len August B.
kennen, den sie
1866 heiratete
und mit dem sie
eine Tochter
hatte. Die politi-
sche Arbeit ihres
Mannes bestärkte
sie in dem Ent-
schluss, sich für
die Sozialdemokratie, mit der sie seit län-
gerem sympathisierte, zu engagieren. Auf
Grund des Preußischen Vereinsgesetzes
durfte sie jedoch nicht Mitglied in der Partei werden. Da August B. durch seine
Tätigkeit im Reichstag sowie seine Gefäng-
nisaufenthalte häufig abwesend war, übernahm B. während dieser Zeit weitgehend
seine Parteigeschäfte. Nach Inkrafttreten
des Sozialistengesetzes 1878 arbeitete sie
als eine Art Sekretärin für die Partei. Zudem leitete sie die Drechslerwerkstatt ihres
Mannes, als deren Inhaberin sie 1878 in
das Gewerberegister eingetragen wurde.
Eine selbstständige Tätigkeit in der Arbeiterbewegung strebte sie nicht an.
Lit.: Bodeit, F. (Hg.), Ich muß mich ganz hingeben können – Frauen in Leipzig, Leipzig 1990
Herrmann, U. (Hg.), August und J. B. Briefe
einer Ehe, Bonn 1997

Becker-Neumann, Christiane Luise,
geb. Neumann
Schauspielerin
15.12.1778 (Crossen a. d. Oder – heute Krosno
Odrzańskie/Polen) – 22.9.1797 (Weimar)
1784 kam B.-N. mit ihrem Vater, dem
Schauspieler J. C. Neumann, nach Weimar
zur Bellomo'schen Truppe. Nach seinem
Tod 1791 erhielt sie ein Engagement am
neu gegründeten Weimarer Hoftheater. Sie
wurde von der Schauspielerin C.→Schröter
und auch von J. W. v. Goethe ausgebildet
und war bald der Liebling des Weimarer
Publikums. Ihre Glanzrollen waren Amalia
in »Die Räuber«, Ophelia in »Hamlet« sowie
die Titelrollen in »Minna von Barnhelm«
und »Emilia Galotti«. Mit 14 Jahren heiratete sie den Schauspieler Becker und bekam 15-jährig ihr erstes Kind. Nach der
Geburt ihres zweiten Kindes erkrankte B.-
N. an Tuberkulose und starb. Goethe war
von ihrer Schauspielkunst so angetan, dass
er sie in der Elegie »Euphrosyne« ver-
ewigte.

Beckmann, Emmy
Pädagogin
12.4.1880 (Hamburg) – 24.12.1967 (ebd.)
Nach dem Besuch eines Lehrerinnensemi-
nars war B. einige Jahre als Lehrerin tätig.
Anschließend studierte sie in Göttingen
und Heidelberg Englisch, Geschichte und
Germanistik und absolvierte 1910 die
Oberlehrerinnenprüfung. 1926 wurde sie
Schulleiterin einer Oberrealschule, 1927
wurde sie vom Hamburger Senat zur ersten
Oberschulrätin berufen. Bereits 1914 war
B. dem »Allgemeinen Deutschen Lehrerin-
nenverband« (ADLV) beigetreten und hatte
sich für die Reform der Mädchen- und
Frauenbildung engagiert. 1921 folgte sie
H.→Lange als Vorsitzende des ADLV. 1933

wurde sie von den Nationalsozialisten aus dem Staatsdienst entlassen, nach 1945 konnte sie jedoch ihr Amt als Oberschulrätin wieder antreten. B. engagierte sich weiterhin in der Frauenbewegung und gehörte 1949–57 für die FDP der Hamburger Bürgerschaft an. Neben vielen Ehrungen erhielt sie 1953 als erste Hamburgerin das Große Bundesverdienstkreuz.
Lit.: Huffmann, U., Frandsen, D., Kuhn, A. (Hgg.), Frauen in Wissenschaft und Politik, Düsseldorf 1987

Beckmann, Liesel
Wirtschaftswissenschaftlerin
28.10.1914 (Limburg a. d. Lahn) – 22.7.1965 (München)
1938 wurde B. nach dem Studium der Wirtschaftswissenschaften an der Universität Bonn promoviert. Zwei Jahre später habilitierte sie sich und lehrte als Privatdozentin für Betriebswirtschaftslehre an der Technischen Hochschule in München. 1946 erhielt sie als erste Frau in Deutschland eine (außerordentliche) Professur für Betriebswirtschaftslehre und zehn Jahre später einen Lehrstuhl an der Münchner Universität. Zu ihren bekanntesten Veröffentlichungen zählt »Die betriebswirtschaftliche Finanzierung« (1949).

Beer, Amalia, geb. Pachelbel
Malerin, Kupferstecherin
29.10.1688 (Erfurt) – 6.12.1723 (Nürnberg)
Die Tochter des bekannten Musikers und Komponisten J. Pachelbel erhielt eine Ausbildung als Aquarellmalerin und Kupferstecherin. Bekannt wurde sie durch ihre Blumenstücke und Ornamentstiche, die sich heute u.a. im Münchner Residenzmuseum und im Wiener Museum für angewandte Kunst befinden. Neben ihrer Arbeit

als Künstlerin musste B. sich jedoch auch frauentypischen Aufgaben widmen. 1724 erschien postum ihr Strickmusterbuch »Wohlverständige und nutzbringende Frauenzimmer-Ergötzung«.
Lit.: Krull, E., Kunst von Frauen, Leipzig-Frankfurt a. M. 1984

Beese-Boutard, Amélie Hedwig (gen. Melli), geb. Beese
Pilotin
13.9.1886 (Laubegast b. Dresden) – 22.12.1925 (Berlin)
Nach der Ausbildung zur Bildhauerin an der Stockholmer Akademie der Freien Künste erwarb die flugbegeisterte B.-B. 1911 in Johannisthal bei Berlin als erste Frau in Deutschland den Flugschein. Sie nahm erfolgreich an vielen Wettbewerben teil und stellte einen Weltrekord im Dauerfliegen auf. 1912 gründete sie in Johannisthal die Flugschule »Melli Beese GmbH« und konstruierte darüber hinaus Flugzeuge, z.B. die »Melli-Beese-Taube«, und ein Flugboot. 1913 heiratete sie den französischen Piloten C. Boutard. Zu Beginn des Ersten Weltkriegs verlor sie wegen der Nationalität ihres Mannes als so genannte »feindliche Ausländerin« ihre Fluglizenz, ihre Fabrik und ihre Wohnung. Nach Kriegsende bemühte sich B.-B. vergeblich, Schadensersatzansprüche gegen das Deutsche Reich durchzusetzen. Als auch ihr Versuch scheiterte, mit 39 Jahren noch einmal die Flugzeugführerprüfung abzulegen, nahm sie sich das Leben.

Beginnen, Ortrud Elsa Elisabeth
Schauspielerin
5.2.1938 (Hamburg) – 18.1.1999 (ebd.)
Trotz bestandener Schauspielprüfung 1960 fand B. zunächst jahrelang kein Engage-

ment und musste sich in Hamburger Nachtclubs als Sängerin ihren Lebensunterhalt verdienen. 1970 wurde sie von dem französischen Regisseur P. Vasil zum Berliner Theater im Reichskabarett geholt. Dort wurde sie als skurrile »Diseuse« zu einem Kultstar der Kleinkunstszene und erhielt 1976 den Deutschen Kleinkunstpreis. Im selben Jahr engagierte der Regisseur C. Peymann sie für das Stuttgarter Staatstheater. Es folgten zahlreiche beeindruckende Bühnenauftritte, u.a. in Bochum und Hamburg, sowie eigene Programme wie die Theaterrevue »Wir Mädel singen« (1993), bis sie Peymann 1994 an das Wiener Burgtheater folgte. 1995 wurde B. für ihre Darstellung der Erna in W. Schwabs »Die Präsidentinnen« von der Zeitschrift »Theater heute« zur »Schauspielerin des Jahres« gewählt. 1994 veröffentlichte sie die Erinnerungen »Guck' mal, schielt ja. Manuskripte aus dem Katastrophenkoffer.«

Behm, Charlotte Margarethe
Politikerin
3.5.1860 (b. Bad Liebenwerda) – 28.7.1929 (Berlin)
Die besondere Anteilnahme der ausgebildeten Lehrerin galt den Heimarbeiterinnen und ihren schlechten Arbeitsbedingungen. Im Jahr 1900 war sie an der Gründung des »Gewerkvereins der Heimarbeiterinnen« beteiligt, dem sie 1905–29 vorsaß. 1919 wurde B. für die Deutschnationale Volkspartei (DNVP) Mitglied der Verfassunggebenden Nationalversammlung und gehörte bis 1928 dem Reichstag an. 1922 gelang es ihr, eine Kranken- und Invalidenversicherung für Heimarbeiterinnen durchzusetzen, das Gesetz wurde nach ihr auch »Lex Behm« genannt. Ein Jahr später erreichte sie die Festschreibung des Heimarbeiter-

lohngesetzes, das einen Mindestlohn vorschrieb. 1925 erhielt B. von der Universität Greifswald die Ehrendoktorwürde der medizinischen Fakultät.
Lit.: Weiland, D., Geschichte der Frauenemanzipation in Deutschland und Österreich, Düsseldorf 1983

Beilke, Irma
Sängerin
24.8.1904 (Berlin) – 20.12.1989 (ebd.)
Seit ihrem Debüt 1926 an der Städtischen Oper Berlin, deren Ensemble sie 1936–58 angehörte, trat die lyrische Sopranistin auch an den Opernhäusern von München und Wien auf. Gastspiele führten sie ins Ausland, u.a. nach London und Paris, wo sie begeistert gefeiert wurde. 1958 gab B. mit der Mimi in »La Bohème« ihre Abschiedsvorstellung im Deutschen Opernhaus in Berlin. Anschließend lehrte sie bis 1969 als Professorin an der Berliner Hochschule für Musik.

Benjamin, Hilde, geb. Lange
Juristin, Politikerin
5.2.1902 (Bernburg a. d. Saale) – 18.4.1989 (Berlin)
Obwohl B. aus einer bürgerlichen Familie stammte, trat sie schon während ihres Jurastudiums dem sozialistischen Studentenbund bei. Nach Abschluss des Studiums

heiratete sie 1926 den Arzt Georg B., der als Jude und Mitglied der KPD 1933 verhaftet und 1942 im Konzentrationslager Sachsenhausen ermordet wurde.

Das Paar hatte einen Sohn. 1927 trat auch B. in die KPD ein und verteidigte als Rechtsanwältin in Berlin Parteigenossen, bis ihr 1933 von den Nationalsozialisten die Berufsausübung verboten wurde. Nach Kriegsende arbeitete sie als Staatsanwältin in Berlin und wurde 1947 in die Zentrale Deutsche Justizverwaltung der sowjetischen Zone berufen. Sie war verantwortlich für die Ausbildung von kommunistischen Laienrichtern (»Volksrichtern«) und die Ablösung und Inhaftierung »bürgerlich« belasteter Juristen aus den Vorkriegs- und Kriegsjahren. 1949–53 war B. Vizepräsidentin des Obersten Gerichtshofs der DDR und Vorsitzende des 1. Strafsenats, vor dem die Schauprozesse stattfanden. Wegen ihrer fanatischen prokommunistischen Einstellung und ihrer harten Gerichtsurteile erhielt sie den Beinamen »rote Hilde«. 1953–67 war sie Justizministerin der DDR, danach hatte sie einen Lehrstuhl für Geschichte der Rechtspflege in Potsdam inne. Von 1954 bis zu ihrem Tod gehörte B. dem Zentralkomitee der SED an.
Lit.: Brentzel, M., Die Machtfrau. H. B. 1902–1989, Dortmund 1997
Feth, A., H. B. – eine Biographie, Berlin 1997

Bentz, Melitta, geb. Liebscher
Unternehmerin
31.1.1873 (Dresden) – 29.6.1950
Aus Unzufriedenheit mit der Bitterkeit ihres Kaffees bastelte die Hausfrau Anfang 1908 aus einem mit Hammer und Nagel durchlöcherten Messingtopf und Löschpapier einen Kaffeefilter und meldete ihre Erfindung als Patent an. Sie erhielt Gebrauchsmusterschutz für ihren »Kaffeefilter mit auf der Unterseite gewölbtem und mit Vertiefung versehenem Boden sowie mit schräg gerichteten Durchflußlöchern«. Mit ihrem Mann verfeinerte B. die Erfindung zu einem 13 cm hohen, zylindrischen Gefäß mit Wasserverteiler und rundem Filterpapier. Im Dezember 1908 wurde die Firma M. Bentz in das Dresdner Handelsregister eingetragen.

Während die ersten Filter noch von der Familie in Handarbeit hergestellt wurden, konnte die Produktion schon bald außer Haus in Auftrag gegeben werden. 1910 erhielt der »Filtrierapparat« auf der »Internationalen Hygieneausstellung« in Dresden mehrere Auszeichnungen. Bis Mitte der 20er Jahre wurden über 100.000 Filter hergestellt, 80 Mitarbeiter arbeiteten in Doppelschichten. 1929 übergab B. das Unternehmen, das ins westfälische Minden umgezogen war, an ihren Sohn. Heute haben die Melitta-Werke über 4.000 Mitarbeiter.

Berend, Alice (Ps. A. Hertz)
Schriftstellerin
30.6.1878 (Berlin) – 2.4.1938 (Florenz)
Mit ihren humoristischen Unterhaltungsromanen, z.B. »Die Reise des Herrn Sebastian Wenzel« (1911) und »Frau Hempels Tochter« (1912), erzielte die Schwester von C. →Berend-Corinth Auflagen bis 200 000, was ihr den Beinamen »Die kleine Fontane« eintrug. Mit ihrem Mann, dem schwedischen Schriftsteller J. Jönsson, lebte sie von 1906 an in Italien. 1914 kehrte B. nach Deutschland zurück und heiratete nach ihrer Scheidung 1926 den Kunstmaler H. Breinlinger. Als sie 1935 vor den Nationalsozialisten nach Italien

fliehen musste, behielt ihr Mann ihr Vermögen, so dass sie völlig verarmt starb. Neuauflagen ihrer Bücher nach dem Krieg blieben erfolglos.

Lit.: Dick, J., Sassenberg, M. (Hgg.), Jüdische Frauen im 19. und 20. Jh., Reinbek 1993

Berend-Corinth, Charlotte, geb. Berend
Malerin
25.5.1880 (Berlin) – 10.1.1967 (New York)
B.-C.s Eltern, wohlhabende jüdische Kaufleute, förderten schon früh die künstlerische Begabung ihrer Tochter. 1898 bestand sie die Aufnahmeprüfung der Staatlichen Kunstschule Berlin. Ab 1901 wurde sie von dem Maler L. Corinth unterrichtet, den sie 1903 heiratete. Als Muse und Modell ihres 22 Jahre älteren Mannes versuchte sie, trotz der Belastung durch die Familie (1904 und 1909 wurden die Kinder geboren, 1911 erlitt Corinth einen Schlaganfall), die eigene Malerei nicht zu vernachlässigen. 1908 stellte B.-C., die eine der wenigen deutschen impressionistischen Malerinnen war, in der Kunstausstellung der Berliner Künstlervereinigung »Secession« das Gemälde »Die Gebärende« aus, ein vorher in der Malerei nie dargestelltes Thema. Nach Corinths Tod 1925 verwaltete sie seinen Nachlass und erarbeitete ein Werkverzeichnis. B.-C. ging 1932 nach Italien, 1937 in die Schweiz und siedelte 1939 in die USA über. Dort war sie mit ihren Arbeiten – überwiegend aquarellierte sie Landschaften und Portraits – sehr erfolgreich. 1943 eröffnete sie in New York eine eigene Malschule.

Lit.: Wirth, I., C. B.-C., Ausstellungskatalog Berlin 1969
Englert, K. (Hg.), C. B.-C.: Mein Leben mit L. Corinth, Berlin 1995

Berens-Totenohl, Josefa (eigtl. Berens)
Schriftstellerin
30.3.1891 (b. Grevenstein, Kr. Arnsberg) – 6.6.1969 (Meschede)
In ärmlichen Verhältnissen als Tochter eines Schmieds auf dem Land groß geworden, besuchte B.-T. seit 1911 das Lehrerinnenseminar in Arnsberg. Bis 1923 arbeitete sie in Düsseldorf und Höxter als Lehrerin. 1925 zog sie in das Dorf Totenohl (daher ihr Beiname) an der Lenne. Ihre historischen, heimatverbundenen Romane, z.B. »Der Femhof« (1934), sind der so genannten »Blut-und-Boden-Literatur« der NS-Zeit zuzurechnen, ihre Bilder zeigen Ansichten ihrer Heimat. Der NS-Ideologie nahe stehend, erhielt B.-T. 1936 den westfälischen Literaturpreis. In den 50er Jahren wurden einige ihrer Bücher wieder aufgelegt, doch sie fanden kaum noch Leser.

Berent, Margarete
Juristin
9.7.1887 (Berlin) – 23.6.1965 (New York)
Nach dem Lehrerinnenexamen 1906 unterrichtete B. kurze Zeit an höheren Mädchenschulen, bis sie mit dem Studium der Rechtswissenschaften in Berlin und Erlangen begann. 1911 legte sie das Referendarexamen ab, 1914 wurde sie mit einer Arbeit über den gesetzlichen Güterstand von Ehepaaren promoviert. Als auch Frauen in Preußen ab 1922 zum 2. juristischen Staatsexamen zugelassen wurden, legte sie 1925 ihr Assessorexamen ab und wurde die erste Rechtsanwältin Preußens. Sie spezialisierte sich auf Familien- und Scheidungsrecht. U.a. war B. Präsidentin der »International Organization of Women Lawyers« und Mitgründerin des »Deutschen Akademikerinnenbundes«. 1933 wurde sie als Jüdin aus der Anwaltskammer ausge-

schlossen. Während der NS-Zeit war sie sechs Jahre Vorstandsmitglied des »Jüdischen Frauenbundes« und des »Preußischen Landesverbandes jüdischer Gemeinden«. 1939 emigrierte B. über Chile in die USA und war wieder als Anwältin tätig.
Lit.: Dick, J., Sassenberg, M. (Hgg.), Jüdische Frauen im 19. und 20. Jh., Reinbek 1993

Berger, Erna
Sängerin
19.10.1900 (Cossebaude b. Dresden) –
14.6.1990 (Essen)
Aufgewachsen in Dresden, verbrachte B. einige Jahre mit ihren Eltern in Paraguay, bis sie 1923 nach Dresden zurückkehrte

und ein Gesangsstudium aufnahm. 1925 wurde sie an die Dresdner Oper verpflichtet und hatte ihren ersten Achtungserfolg in der Premiere von »Hanneles Himmelfahrt«. Es folgten Auftritte in Berlin und bei den Bayreuther Festspielen. 1934–46 war B. als erste Koloratursopranistin der Star der Berliner Staatsoper. Nach Kriegsende gab sie nur noch Gastspiele und feierte weltweit auf Opern- und Konzertbühnen Triumphe. Ihre Glanzrollen waren u.a. die Königin der Nacht in »Die Zauberflöte« und die Violetta in »Rigoletto«. B. vereinte hoch entwickelte Technik mit musikalischer Sensibilität. 1953 beendete sie ihre Opernlaufbahn, Ende der 60er Jahre auch ihre Konzertlaufbahn. 1955 wurde sie Mitglied der Berliner Akademie der Künste. 1959 erhielt sie eine Professur an der Staatlichen Hochschule für Musik

in Hamburg, 1971 an der Folkwang-Schule in Essen. B. war verheiratet und veröffentlichte 1988 ihre Autobiografie »Auf den Flügeln des Gesangs«.
Lit.: Höcker, K., E. B., Berlin 1961

Berghaus, Ruth
Regisseurin
2.7.1927 (Dresden) – 25.1.1996 (Zeuthen b. Berlin)
Nach einem Choreografie-Studium an der Gret-Palucca-Schule in Dresden wurde B. Meisterschülerin an der Deutschen Akademie der Künste in Berlin. Obwohl sie noch 1944 Mitglied der NSDAP geworden war, konnte sie 1951 ihr Regiedebüt an der Deutschen Staatsoper in Berlin (Ost) mit »Die Verurteilung des Lukullus« geben, einer Oper des Komponisten P. Dessau, den sie 1954 heiratete und mit dem sie einen Sohn hatte. Ihren ersten großen Erfolg als Regisseurin hatte B. 1964 mit der Inszenierung von »Coriolan« am Berliner Ensemble,

dessen Leitung sie sieben Jahre später von H.→Weigel übernahm und bis zu einem Streit mit den Brecht-Erben 1977 innehatte. Weil B., die SED-Mitglied war, der DDR nie die Loyalität aufkündigte, durfte sie seit den 70er Jahren auch im Westen arbeiten, wo u.a. ihre Frankfurter Inszenierung des »Ring des Nibelungen« (1985–87) begeistert gefeiert wurde. Der Stil der »Grande Dame des Regietheaters« wurde von der Kritik einhellig als wagemutig und intelligent gelobt.
Lit.: Bertisch, K., R. B., Frankfurt a. M. 1990

Bergmann-Michel, Ella, geb. Bergmann

Malerin
20.10.1896 (Paderborn) – 10.8.1972
(Vockenhausen, Taunus)

1915 begann B.-M. ihr Studium an der
Hochschule für bildende Künste und
Kunstgewerbe, dem späteren Bauhaus, in
Weimar. Gemeinsam mit R. Michel, den sie
1919 heiratete, verließ sie 1918 die Hochschule, da sie einem fortschrittlichen, den
akademischen Kunstbetrieb ablehnenden
Kreis angehörte. 1920 begann sie auszustellen, sozialkritische Dokumentarkurz-
filme zu drehen und sich mit Fotografie zu
beschäftigen. Wie H.→Höch gehört sie zu
den Pionieren der Bildcollage. Die traditio-
nelle Malerei lehnte sie ab. B.-M. experimentierte mit den unterschiedlichsten Materialien und nahm in ihren Collagen auch
zu politischen Themen ihrer Zeit Stellung.
Während der NS-Zeit zog sie sich vom
Malbetrieb zurück. 1937–39 unterhielt sie
ein Sommeratelier in London.

Lit.: Evers, U., Deutsche Künstlerinnen des 20.
Jhs.: Malerei – Bildhauerei – Tapisserie, Hamburg 1983

Bergner, Elisabeth (eigtl. Ella Ettel)

Schauspielerin
22.8.1897 (Drohobyc/Ukraine) – 12.5.1986
(London)

Mit 15 Jahren erhielt B. einen Ausbil-
dungsplatz am Wiener Konservatorium.
1916 debütierte sie in Zürich als Rosalinde
in »Wie es euch gefällt«. Es folgten Engagements in Berlin, Wien und München.
1922 begann ihre glanzvolle Karriere am
Deutschen Theater in Berlin mit der Titelrolle in »Königin Christine«. Weitere Triumphe feierte sie in »Fräulein Julie«,
»Nora«, »Romeo und Julia« und vielen anderen Bühnenstücken. Seit 1924 spielte sie
auch Filmrollen, u.a. in dem Welterfolg
»Ariane«. Bis Anfang der 30er Jahre war
die Schauspielerin die herausragende Kult-
figur in der Theater- und Filmszene der
Weimarer Republik. Der Kritiker F. Luft
schrieb vom »Allegro ihres Wunderwe-
sens«. Als im Januar 1933 die Nationalsozialisten die Regierung übernahmen, befand sich die jüdische Künstlerin zu Film-
aufnahmen in England. Sie kehrte nicht
mehr nach Berlin zurück, sondern ließ sich
in London nieder, wo sie den Regisseur P.
Czinner heiratete und u.a. erfolgreich in
dem – später auch mit ihr verfilmten –

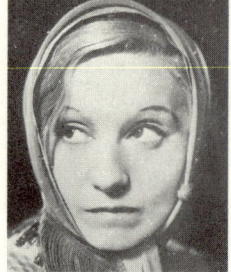

Theaterstück »Es-
cape me never«
auftrat. 1938
nahm B. die bri-
tische Staatsbür-
gerschaft an. In
den 40er Jahren
spielte sie am
Broadway in
New York und
wurde z.B. als Sally in »The Two Mrs. Car-
rolls« gefeiert. Erst seit 1954 trat sie wieder
auf deutschen Bühnen auf, so u.a. in »Ge-
liebter Lügner«. B. erhielt zahlreiche deutsche und internationale Auszeichnungen.
1978 veröffentlichte sie ihre Memoiren unter dem Titel »Bewundert viel und viel ge-
scholten … E. B.s unordentliche Erinnerungen«.

Lit.: Voelker, K., E. B. Das Leben einer Schau-
spielerin – ganz und doch immer unvollendet,
Berlin 1990
Wünsche, D., E. B. – Dokumente ihres Lebens,
Berlin 1990

Berliner, Cora

Wirtschaftswissenschaftlerin

23.1.1890 (Hannover) – 1942 (KZ Theresienstadt)

Nach dem Studium der Mathematik und
Nationalökonomie in Freiburg i. Br., Berlin
und Heidelberg wurde B. 1916 mit einer
Schrift über die Organisation der jüdischen
Jugend in Deutschland promoviert. Drei
Jahre war sie in der Berliner Stadtverwaltung tätig, bis sie 1919 als Referentin in
das Reichswirtschaftsministerium wechselte. 1923 wurde sie Regierungsrätin im
Statistischen Reichsamt und war u.a. für
die deutsch-englischen Handelsbeziehungen zuständig. 1930 erhielt sie einen Ruf
als Professorin für Wirtschaftswissenschaft
an die Technische Hochschule Berlin. 1933
verlor die Jüdin ihr Amt. Sie übernahm
den stellvertretenden Vorsitz des »Jüdischen Frauenbundes« und bemühte sich als
Mitarbeiterin der »Reichsvertretung der Juden in Deutschland« um die Emigration jüdischer Frauen und Kinder. Im Juni 1942
wurde B. mit anderen Mitgliedern der
»Reichsvertretung« nach Theresienstadt deportiert und ermordet.

Lit.: Dick, J., Sassenberg, M. (Hgg.), Jüdische
Frauen im 19. und 20. Jh., Reinbek 1993

Bernauer, Agnes

1410 (Augsburg) – 12.10.1435 (Straubing)

In der Badestube ihres Vaters lernte B.
1428 den 30-jährigen Herzog Albrecht III.
von Bayern-München kennen. Albrecht
verliebte sich in das bildhübsche, blonde
Mädchen und heiratete sie 1432 gegen den
entschiedenen Widerstand seines Vaters,
des regierenden Herzogs Ernst. Während
einer Reise Albrechts wurde B. verhaftet
und als Hexe verurteilt. Am 12.10.1435
wurde sie gefesselt in einen Sack genäht

und zwischen Straubing und Deggendorf
von einer Brücke in die Donau gestoßen.
Als es ihr gelang, die Fesseln zu lösen und
an Land zu schwimmen, wickelte der Hen-

ker ihre langen
Haare auf eine
Stange und
drückte ihren
Kopf so lange
unter Wasser, bis
sie tot war. Das
Schicksal der
»Schönen Ber-
nauerin« ist u.a.
von F. Hebbel, C. Orff und F. X. Kroetz literarisch behandelt worden. Alle vier Jahre
wird auf Schloss Vohnsburg, der Residenz
des Paares, die Geschichte als Laienspiel
nachgespielt.

Lit.: Böckl, M., A. B. – Hexe, Hur' und Herzogin, Waldkirchen 1993

Schäfer, W., Böhm, E., A. B. Geschichte, Dichtung, Bild, Straubing 1995

Bernhardi, Sophie, geb. Tieck

Dichterin

28.2.1775 (Berlin) – 30.9. od. 12.10.1833
(Reval)

B. wurde von ihrem Bruder, dem Schriftsteller L. Tieck, mit dem sie zahlreiche Reisen, u.a. nach Rom, München und Wien,
unternahm, bei ihrer literarischen Arbeit
unterstützt. 1799 heiratete sie den Schriftsteller und Gymnasiallehrer August Ferdinand B., mit dem sie drei Söhne hatte, den
sie aber nach fünfjähriger Ehe verließ. Mit
ihrem zweiten Mann, dem Gutsbesitzer
K. G. v. Knorring, zog B. 1810 nach Est-
land. Die angesehene Dichterin der Frühromantik veröffentlichte Gedichte, u.a. in
der Zeitschrift »Athenäum«, und schrieb
Märchen, romantische Schauspiele sowie

Romane. Ihr Hauptwerk »Flore und Blancheifleur (Gedichte in zwölf Gesängen)« wurde 1822 von A. W. Schlegel herausgegeben.

Berthold, Luise
Literaturwissenschaftlerin
27.1.1891 (Berlin) – 7.10.1983 (Marburg a. d. Lahn)
1920 wurde B. nach dem Studium der Philologie, Philosophie und Theologie in Berlin, Jena und Marburg a. d. Lahn promoviert. Drei Jahre später habilitierte sie sich mit der Forschungsarbeit »Alter Text und moderne Mundart. Grundsätzliches zur Heimatbestimmung alter Texte«. 1930 wurde sie die erste Professorin an der Universität Marburg. Seit 1916 war sie Mitarbeiterin am »Sprachatlas des Deutschen Reiches« und leitete seit 1934 die Forschungsarbeiten am »Hessen-Nassauischen Volkswörterbuch«. 1948 erhielt B. den Ehrendoktortitel in Theologie, 1962 in Rechtswissenschaft von der Universität Marburg. Zu ihren bedeutendsten Veröffentlichungen zählen Untersuchungen zur geistlichen Literatur des deutschen Mittelalters sowie das »Mundartwörterbuch von Hessen und Nassau«, das in über 20 Auflagen erschien.

Bethmann-Unzelmann, (Christiana) Friederike Conradine, geb. Flittner
Schauspielerin
24.1.1760 (Gotha) – 16.8.1815 (Berlin)
Aus einer Schauspielerfamilie stammend, trat B.-U. schon als junges Mädchen mit verschiedenen Theatertruppen auf. 1788 besuchte sie die Königliche Schauspielschule in Berlin. Ihre gefühlsbetonte Darstellungskunst prädestinierte sie für das Theater der Goethezeit und der Romantik.

1786 heiratete sie den Schauspieler K. W. F. Unzelmann, 1805 den Schauspieler H. E. Bethmann. J. W. v. Goethe und F. v. Schiller gehörten ebenso zu ihrem Freundeskreis wie A. W. Schlegel und R.→Varnhagen von Ense.

Bianchi, Charitas Bianca (eigtl. Bertha Schwarz)
Sängerin
28.1.1858 (Heidelberg) – 16.2.1947 (Salzburg)
Die Schauspielertochter gab ihr Debüt an der Londoner Covent Garden Opera und gehörte dort fünf Jahre zum Ensemble. 1880 wurde sie Mitglied der Wiener, 1887 der Münchner Hofoper. J. Strauß komponierte für die Koloratursopranistin den »Frühlingsstimmenwalzer«, den sie 1883 in Wien uraufführte. Seit 1902 gab sie Gesangsunterricht an der Münchner Akademie der Tonkunst, ab 1920 am Salzburger Mozarteum. 1925 wurde B. zur Professorin ernannt.

Bibring, Grete, geb. Lehner
Psychoanalytikerin
11.1.1899 (Wien) – 10.8.1977 (Cambridge/USA)
Nach dem Medizinstudium und der Promotion an der Universität Wien 1924 arbeitete B. an der Wiener neurologischen und psychiatrischen Universitätsklinik und begann dort 1930 mit der Ausbildung von Psychoanalytikern. 1938, nach dem so genannten Anschluss Österreichs, emigrierte die Jüdin nach England, 1941 in die USA. Bis zu ihrem Tod lehrte sie am Psychoanalytical Institute in Boston und hatte u.a. 1950–65 eine Professur an der Harvard University School of Medicine inne. Forschungsschwerpunkt der Wissenschaftlerin, die zahlreichen internationalen Gesell-

schaften für Psychoanalyse angehörte, waren u.a. die psychologischen Aspekte von Schwangerschaften. Zu ihren Veröffentlichungen zählt »The Teaching of Dynamic Psychiatry« (1968).
Lit.: Perscheid, G. R., G. L. B. 1899–1977, Leben und Werk, Diss. Köln 1991

Bieber, Emilie
Fotografin
26.10.1810 (Hamburg) – 5.5.1884 (ebd.)
B. war eine der ersten Berufsfotografinnen Deutschlands. 1852 eröffnete sie ein »Daguerreotyp-Atelier« in Hamburg, das später in »Photographisches Institut« umbenannt wurde. Sie erhielt zahlreiche Preise auf internationalen Fotografieausstellungen und wurde 1872 zur Hoffotografin ernannt. Besonders erfolgreich war sie mit kolorierten Portraits der Hamburger Gesellschaft.
Lit.: Niermann, C. (Hg.), Dokumentation über das Atelier Bieber und dessen Geschichte, Hamburg 1992

Bieber, Margarete
Archäologin
31.7.1879 (Schönau b. Schwetz – heute Świecie/Polen) – 25.2.1978 (New Canaan/USA)
1907 wurde B. nach dem Studium der Archäologie und Kunstgeschichte in Berlin und Bonn promoviert. Sie unternahm Forschungsreisen durch Griechenland und Kleinasien und habilitierte sich 1920 in Gießen mit der Schrift »Denkmäler zum antiken Theaterwesen«. Seit 1923 war sie Professorin für Archäologie an der Universität Gießen, bis die Nationalsozialisten 1933 der Jüdin die Lehrerlaubnis entzogen. Sie emigrierte über England in die USA, wo sie an mehreren Universitäten lehrte. 1949 erhielt B. den Ehrendoktortitel für Literaturwissenschaft von der Columbia Universität in New York. U.a. veröffentlichte sie das Werk »Geschichte der griechischen Tracht« (1934).

Bieber-Böhm, Hanna, geb. Böhm
Frauenrechtlerin
6.2.1851 (Glaubitten – heute Głowbity/Polen) – 15.4.1910 (Berlin)
Nach dem Studium der Malerei in Berlin und München unternahm B.-B. ausgedehnte Studienreisen im Mittelmeerraum. Schließlich ließ sie sich in Berlin nieder und wurde Mitglied im »Allgemeinen Deutschen Frauenverein«. 1889 gründete sie den »Verein für Jugendschutz«, und 1894 war sie Mitbegründerin und Vorsitzende des »Bundes Deutscher Frauen«. In zahlreichen Aufsätzen und Flugschriften sowie mit einer Rede auf dem Internationalen Frauenkongress 1904 in Berlin wandte sie sich gegen die Prostitution. Sie gab zwei Bände mit Silhouetten heraus, malte Genrebilder und Landschaften und portraitierte die Führerinnen der Frauenbewegung. Ihren Nachruf schrieb A.→Salomon in der Zeitschrift »Die Frau«.
Lit.: Weiland, D., Geschichte der Frauenemanzipation in Deutschland und Österreich, Düsseldorf 1983

Bing, Ilse
Fotografin
1899 (Frankfurt a. M.) – 10.3.1998 (New York)
Schon während des Studiums der Kunstgeschichte begann B. zu fotografieren. 1930 zog sie, angeregt von den Aufnahmen der Fotografin F. Henri, nach Paris. Ihre naturalistischen, sensiblen Aufnahmen aus dem Paris der 30er Jahre machten sie bekannt und bilden den Kern ihres Lebenswerks. Während des Zweiten Weltkriegs wurde die Jüdin im Lager Gurs interniert, konnte

aber mit ihrem Mann, dem Klavierpädagogen K. Wolff, fliehen und 1941 in die USA emigrieren. Dort gelang ihr ein Neuanfang als Portraitfotografin. 1959 gab sie die Fotografie auf und widmete sich der Herstellung von Collagen aus Fotos und Zeichnungen. 1976 wurde B.s Werk in einer Gruppenausstellung im New Yorker Museum of Modern Art wieder entdeckt. 1993 erhielt sie die Goldmedaille für Fotografie des »National Arts Club«.
Lit.: Dick, J., Sassenberg, M. (Hgg.), Jüdische Frauen im 19. und 20. Jh., Reinbek 1993

Birch-Pfeiffer, Charlotte Karoline Johanna, geb. Pfeiffer
Schriftstellerin, Schauspielerin
23.6.1800 (Stuttgart) – 25.8.1868 (Berlin)
Trotz Engagements am Münchner Hoftheater, am Theater an der Wien und am Hoftheater Berlin blieb B.-P. als Schauspielerin eher unbedeutend und errang ihre größten Erfolge als Autorin. Sie schrieb 74 Theaterstücke aller Gattungen, vom Historiendrama bis zur rührseligen Liebestragödie, meist nach bekannten Romanvorlagen, u.a. von V. Hugo und A. Dumas. Sie zählte zu den häufigst gespielten Bühnenautoren des 19. Jhs., auch wenn ihr von der Kritik Oberflächlichkeit vorgeworfen wurde. 1837–42 bekleidete B.-P. den Posten der Direktorin des Züricher Stadttheaters. Verheiratet war sie mit dem Schriftsteller und Theaterkritiker C. A. Birch, mit dem sie zwei Kinder hatte.

Blank, Margarete
Medizinerin
21.2.1901 (Kiew) – 8.2.1945 (Dresden)
B. stammte aus einer deutsch-baltischen Familie. Nachdem ihre Mutter während der revolutionären Wirren in Kiew 1918–20

erschossen worden war, zog der Vater mit den drei Kindern nach Deutschland. 1921 begann B. mit dem Medizinstudium in Leipzig, das sie 1927 mit der Approbation als Ärztin abschloss. Nach einigen Jahren Krankenhaustätigkeit eröffnete sie eine Landarztpraxis in Panitzsch bei Leipzig. 1932 wurde sie an der Leipziger Universität promoviert. Während des Krieges half B., die den Beitritt zum Nationalsozialistischen Ärztebund verweigert hatte, sowjetischen und polnischen Zwangsarbeitern mit Medikamenten, die sie als »Eigen-« oder »Praxisbedarf« deklarierte. Außerdem engagierte sie sich in einer Widerstandsgruppe, die mit dem kommunistischen »Nationalkomitee Freies Deutschland« zusammenarbeitete. Im Juli 1944 wurde sie als »bolschewistische Spionin« verhaftet, vom Volksgerichtshof in Dresden zum Tode verurteilt und ein halbes Jahr später hingerichtet.
Lit.: Bodeit, F. (Hg.), Ich muß mich ganz hingeben können – Frauen in Leipzig, Leipzig 1990

Blarer, Margareta
Reformatorin
1494 – 15.11.1541 (Konstanz)
»Die Blauerin«, wie die Konstanzer Patrizierin auch genannt wurde, Schwester der Reformatoren Thomas und Ambrosius B., erhielt wie ihre Brüder eine humanistische Ausbildung. Sie unterstützte die Durchsetzung der Reformation in Konstanz und führte mit dem Straßburger Reformator M. Bucer einen regen Briefwechsel in lateinischer Sprache. Daneben engagierte sie sich auf sozialen Gebieten, beherbergte Waisenkinder, erteilte Bedürftigen Unterricht und betreute Flüchtlinge. Als in Konstanz die Pest ausbrach, pflegte sie Kranke, infizierte sich und starb selbst an der Seuche.

Blau-Lang, Tina (eigtl. **Regina Leopoldine**), geb. Blau
Malerin
15.11.1845 (Wien) – 31.10.1916 (ebd.)
Schon mit 13 Jahren erhielt die Arzttochter privaten Malunterricht. Auf ausgedehnten Studienreisen nach Böhmen, Mähren und Siebenbürgen entstanden ihre ersten großen Bilder, später bereiste sie auch Ungarn, Italien und Frankreich. 1874 eröffnete B.-L. im Wiener Prater ein eigenes Atelier. Ihr Gemälde »Frühling im Prater« erregte 1882 so großes Aufsehen, dass sie eine Einladung zum Pariser Salon erhielt, wo das Bild prämiert wurde. Nach ihrer Heirat mit dem Maler H. Lang zog sie 1883 nach München und unterrichtete dort an der Malschule des »Künstlerinnenvereins«. Nach dem Tod ihres Mannes kehrte sie 1894 nach Wien zurück und gründete eine Frauenakademie, die sie 20 Jahre leitete. B.-L.s umfangreiches Werk besteht vor allem aus Landschaften und Blumenstillleben, die dem »österreichischen Stimmungsimpressionismus« zuzurechnen sind.
Lit.: Ankwicz, A., T. B., eine österreichische Malerin, in: Frauenbilder aus Österreich, Wien 1955

Bleibtreu, Hedwig
Schauspielerin
23.12.1868 (Linz) – 24.1.1958 (Wien)

Nach der Schauspielausbildung am Wiener Konservatorium und verschiedenen Engagements an deutschen und österreichischen Bühnen wurde B. 1893 Ensemblemitglied des Wiener Burgtheaters. Ihre größten Erfolge feierte sie u.a. in den Titelrollen der »Jungfrau von Orleans« und der »Maria Stuart«. 1898 wurde sie zur Hofschauspielerin ernannt, 1930 erhielt sie den Burgtheater-Ring. B. war in erster Ehe mit dem Schauspieler A. Roempler, in zweiter Ehe mit dem Burgtheaterdirektor W. Paulsen verheiratet.
Lit.: Doublier, G., Zeleny, W., H. B. – Wesen und Welt einer großen Burgschauspielerin, Wien 1948

Blochmann, Elisabeth Friederike Emma
Pädagogin
14.4.1892 (Apolda) – 27.1.1972 (Marburg a. d. Lahn)
Den größten Teil ihrer Jugend verlebte B. in Weimar. 1914 legte sie in Wiesbaden das Lehrerinnenexamen ab, zwei Jahre später begann sie in Straßburg mit dem Studium der Philosophie und Pädagogik, das sie in Jena, Marburg und Göttingen fortsetzte und mit der Promotion abschloss. Als Dozentin lehrte sie an der Frauenschule in Thale und am Pestalozzi-Fröbel-Haus in Berlin. 1930 wurde an die neu gegründete Pädagogische Akademie in Halle a. d. Saale, einem Zentrum der Reformpädagogik, berufen. Von den Nationalsozialisten wurde B., deren Mutter Jüdin war, 1933 aus dem Dienst entlassen. 1934 emigrierte sie über die Niederlande nach England. Dort wurde sie 1947 eingebürgert und hatte fast 20 Jahre einen Lehrauftrag an der Universität Oxford inne. 1952 kehrte sie aus dem Exil zurück, um in Marburg als erste Frau in der Bundesrepublik Deutschland einen Lehrstuhl für Pädagogik zu übernehmen. Zu ihren bedeutendsten Veröffentlichungen zählt »Das Frauenzimmer und die Gelehrsamkeit. Eine

Studie über die Anfänge des Mädchen-
schulwesens in Deutschland« (1966).
Lit.: Haase, A., Kieser, H. (Hgg.), Können, Mut
und Phantasie – Portraits schöpferischer
Frauen aus Mitteldeutschland, Weimar-Köln-
Wien 1993

Blomberg, Barbara
1527/28 (Nürnberg) – 18.12.1597
(Ambrosero/Spanien)
Die Tochter eines Gürtlers war ab 1546
während des Reichstags in Regensburg die
Geliebte des Kaisers Karl V. Am 24.2.1549
brachte sie einen Sohn zur Welt, den der
Kaiser als den seinen anerkannte. Vierjährig wurde der Junge zur Erziehung nach
Spanien gebracht und erhielt 1559, nach
dem Tod Karls V., den Namen Don Juan
d'Austria. B., die kurze Zeit nach der Geburt ihres Sohnes mit dem kaiserlichen
Offizier H. Kegel verheiratet worden war,
wurde mit einer großzügigen Jahresrente
ausgestattet. Anfang der 1550er Jahre zog
sie mit ihrem Mann, mit dem sie zwei
Söhne hatte, nach Brüssel. Seit seinem Tod
1569 lebte sie in Gent in großem Luxus.
Sehr zum Missfallen des kaiserlichen Hofes
fanden in ihrem gastfreien Haus zahllose
ausschweifende Feste statt. Versuche, u.a.
des Herzogs von Alba, dem Treiben der le-
benslustigen Witwe ein Ende zu bereiten
und sie zu überreden, nach Spanien in ein
Kloster zu gehen, schlugen fehl. Erst 1576
konnte ihr erstgeborener Sohn, der Statthalter der Niederlande geworden war, sie
umstimmen. Das Kloster in der Nähe von
Valladolid verließ sie jedoch schon bald
und lebte bis zu ihrem Tod allein.
Lit.: Panzer, M. A., B. B. (1527–1597) –
Bürgerstochter und Kaisergeliebte, Regensburg 1995

Blum, Lisa-Marie, geb. Koch
Schriftstellerin
3.10.1911 (Bremerhaven) – 16.3.1993
(Hamburg)
B. stammte aus einer Kaufmannsfamilie
und studierte ab 1930 in Berlin Malerei
und Grafik. 1934 heiratete sie ihren Lehrer
Fritz Paul B. Ihre ersten Kinderbücher, die
sie selbst illustrierte, erschienen in den
40er Jahren. Für die Erzählung »Das Stern-
bild der Zwillinge« erhielt sie 1957 den Literaturpreis des Süddeutschen Rundfunks.
Ihr größter Erfolg war ihre Sammlung von
Erzählungen für Erwachsene »Marionetten«
(1978).
Lit.: Grapenthin, E., Künstlerinnen und
Künstler in Bremerhaven und Umgebung
1827–1900, Bremen 1991

Bodenwieser, Gertrud (eigtl. Bondi)
Tänzerin, Choreografin
3.2.1890 (Wien) – 10.11.1959 (Sydney/
Australien)
Nach dem Ballettunterricht debütierte B.
1919 bei einer Ausstellung für zeitgenössische Kunst in Wien mit einem expressionistischen Tanzstück. 1921 wurde sie Dozentin am Wiener Konservatorium, 1926
an der Wiener Akademie für Musik und
Darstellende Kunst erste Professorin für
das neue Lehrfach »Künstlerischer Tanz«.
Zu ihren choreografischen Hauptwerken
zählt »Dämon Maschine« aus dem Jahr
1924, mit dem sie 30 Jahre erfolgreich
auftrat. Mit ihren Schülern unternahm B.
Tourneen durch Europa und 1934 – als
erste moderne europäische Tanztruppe –
durch Japan. 1938 emigrierte die Jüdin mit
einem Teil ihrer Truppe über Kolumbien
und Neuseeland nach Australien, wo sie
die Entwicklung des modernen Tanzes
stark beeinflusste. Verheiratet war sie seit

1920 mit dem Theaterregisseur F. Rosenthal.
Lit.: Dunlop MacTavish, S., G. B. – Tänzerin, Choreographin, Pädagogin, Bremen 1992

Böhlau, Helene
(Ps. Madame al Raschid Bey)
Schriftstellerin
22.11.1859 (Weimar) – 26.3.1940 (Herrsching, Ammersee)
Die Tochter eines Verlegers, die eine sorgfältige Ausbildung erhalten und Bildungsreisen durch Deutschland und Italien unternommen hatte, veröffentlichte mit 23 Jahren ihre ersten Novellen. Auf einer Ori-

entreise lernte sie den Privatgelehrten F. Arndt kennen. Nachdem er vom jüdischen Glauben zum Islam übergetreten war, wurde sie 1886 seine Zweitfrau und lebte mit ihm in Istanbul und München. B., die eine der bekanntesten Autorinnen ihrer Zeit war, schrieb nicht nur humorvolle Erzählungen aus der Altweimarer Zeit, sondern setzte sich auch mit Romanen, z.B. »Das Recht der Mutter« (1896) und »Das Halbtier« (1899), für die Frauenrechte ein. Nach dem Ersten Weltkrieg schrieb sie vor allem Unterhaltungsliteratur, u.a. war sie Autorin der Reihe »10 Pfennig Unterhaltungshefte für die Nationalstenographen«.

Boehm, Elisabeth, geb. Steppuhn
Frauenrechtlerin
27.9.1859 (Rastenburg – heute Ketrzyn/Polen) – 30.5.1943 (Halle a. d. Saale)
Nach ihrer Heirat mit dem Gutsbesitzer Otto B. gründete die Tochter eines Gutsverwalters und Reichstagsabgeordneten 1898 den ersten landwirtschaftlichen Hausfrauenverein, um der Arbeit der Landfrauen größere Anerkennung zu verschaffen. 1916 entstand auf ihre Initiative und unter ihrer Leitung der »Reichsverband Landwirtschaftlicher Hausfrauenvereine« (LHV). Mit dieser Organisation setzte B. das aktive und passive Wahlrecht für Frauen zu den Landwirtschaftskammern, die Einrichtung eines Frauenreferats sowie bessere Ausbildungsmöglichkeiten für Landfrauen durch. 1929 erhielt sie als erste Frau die Ehrenbürgerschaft der Stadt Königsberg.

Böhme, Margarete, geb. Feddersen
(Ps. Ormános Sandor)
Schriftstellerin
8.5.1869 (Husum) – 1939 (Hamburg)
B. machte sich als Journalistin und Verfasserin trivialer Fortsetzungsgeschichten einen Namen, nachdem sie die höhere Töchterschule in Husum besucht hatte. 1894, nach der Heirat mit dem 20 Jahre älteren, verwitweten Zeitungsverleger Friedrich Theodor B., schrieb sie ausschließlich Romane. Ihr größter Erfolg war das »Tagebuch einer Verlorenen« (1905), die Beichte der – vermutlich fiktiven – Prostituierten Thymian Gotteball, einer verführten Unschuld vom Lande. B. gab an, lediglich Herausgeberin der Aufzeichnungen einer Toten zu sein. Das Buch wurde in 14 Sprachen übersetzt und erreichte bis Ende der 20er Jahre eine Gesamtauflage von 1,2 Millionen. 1918 und 1929 wurde der Ro-

man verfilmt, und in jüngster Zeit wurde er von zwei Verlagen wieder aufgelegt. Auch in »Mietze Biebenbachs Erlebnisse« (1907) und »Christine Immersen« (1913), Lebensbeschreibungen einer Kellnerin und einer Telefonistin, schilderte B. die soziale Realität von Frauen um die Jahrhundertwende.

Lit.: Bammé, A. (Hg.), M. B. – die Erfolgsschriftstellerin aus Husum, München 1994

Bohm-Schuch, Clara
Politikerin
5.12.1879 (Stechow b. Rathenow) – 6.5.1936 (Berlin)
Die zur kaufmännischen Angestellten ausgebildete B.-S. engagierte sich seit 1904 für die SPD und die Gewerkschaftsbewegung. Sie war journalistisch tätig und 1919–22 Redakteurin der sozialdemokratischen Zeitschrift »Die Gleichheit«. 1919 war sie für die SPD Mitglied der Verfassunggebenden Nationalversammlung, 1920–33 Reichstagsabgeordnete. 1933 protestierte B.-S. bei dem nationalsozialistischen Reichstagspräsidenten H. Göring gegen die brutale Behandlung der Stadträtin M. Jankowski durch die SA. Daraufhin wurde sie selbst verhaftet und starb drei Jahre später an den in der Gefangenschaft erlittenen Gesundheitsschäden.

Bondeli, Julie von
Salondame
24.12.1731 (Bern) – 8.8.1778 (Neuchâtel)
Die Tochter des Ratsherrn Friedrich v. B. erhielt eine umfassende Ausbildung in Philosophie, Pädagogik, Geschichte und Kunstgeschichte. In Bern unterhielt sie einen Salon, der einer der gesellschaftlichen Mittelpunkte der europäischen Aufklärung wurde. Mit zahlreichen Geistesgrößen ihrer

Zeit, u.a. mit S. v.→La Roche und J. J. Rousseau, führte sie eine rege Korrespondenz. 1759 war B. für kurze Zeit mit dem Schriftsteller C. M. Wieland verlobt. Nach dem Tod ihrer Eltern geriet sie in finanzielle Schwierigkeiten und starb vereinsamt im Haus einer Freundin, bei der sie seit 1771 lebte.

Bonn, Gisela
Publizistin
22.9.1909 (Wuppertal) – 11.10.1996 (Stuttgart)
Das Studium der Germanistik, Kunstgeschichte, Theologie und Philosophie in Köln und Wien schloss B. mit der Promotion ab. In den 30er Jahren berichtete sie als Auslandskorrespondentin aus mehreren europäischen Ländern und Anfang der 40er Jahre aus Marokko u.a. für die »Münchner Neueste Nachrichten« und das »Hamburger Fremdenblatt«. Nach Kriegsende veröffentlichte sie neben zwei Lyrikbänden mehrere Bücher über Nordafrika, wo sie in den 50er Jahren einige Zeit lebte. 1964 erhielt die Autorin, die bereits seit 1959 die Zeitschrift »INDO ASIA« herausgab, von der indischen Regierung als erste Publizistin die Erlaubnis zu einer Reise in den Himalaya. Sie wurde Spezialistin für die politischen und kulturellen Entwicklungen im südasiatischen Raum und veröffentlichte bis ins hohe Alter Berichte in zahlreichen Tageszeitungen, Zeitschriften und Radiosendungen.

Bontjes van Beek, Cato
Widerstandskämpferin
14.11.1920 (Bremen) – 5.8.1943 (Berlin)
1939 zog B., deren Eltern Künstler waren, nach Berlin, um in der Keramikwerkstatt ihres Vaters mitzuarbeiten. Dort fand sie

Kontakt zu der Widerstandsgruppe »Rote Kapelle« um A. Harnack und H. und L.→Schulze-Boysen. B. vervielfältigte und verteilte Flugblätter, die zum Sturz des nationalsozialistischen Regimes aufriefen. Nach ihrer Verhaftung wurde sie im Januar 1943 zum Tode verurteilt und im Gefängnis Berlin-Plötzensee hingerichtet.

Lit.: Kluge, H., C. B. v. B. – das kurze Leben einer Widerstandskämpferin 1920–43, Stuttgart 1994
Flügge, M., Meine Sehnsucht ist das Leben, Berlin 1998

Boos-Jegher, Emma
Frauenrechtlerin
26.2.1857 (Triest/Italien) – 21.12.1932 (Zürich)
Seit den 1880er Jahren engagierte B.-J. sich für Frauenbildung und Frauenrechte sowie für Abstinenz und Abschaffung der Prostitution. Sie zählte u.a. 1885 zu den Mitbegründerinnen des »Schweizer Frauenverbandes« sowie 1893 des »Zürcher Vereins Frauenbildungs-Reform«. Außerdem war sie seit 1896 Präsidentin der »Union für Frauenbestrebungen« (später »Zürcher Frauenstimmrechtsverein«) und gehörte 1900 zu den Initiatorinnen des »Bundes Schweizer Frauenorganisationen«. 1896–1910 leitete B. die von ihr und ihrem Mann gegründete »Kunst- und Frauenarbeitsschule« in Neumünster.

Bora, Katharina von
29.1.1499 (Gut Lippendorf b. Leipzig) – 20.12.1552 (Torgau)
Ab ihrem neunten Lebensjahr wurde B., die aus einer verarmten Meißner Kleinadelsfamilie stammte, im Zisterzienserinnenkloster Marienthron zu Nimbschen bei Grimma, unweit von Leipzig, erzogen.

1515 trat sie dem Orden bei. Während der Reformationszeit flüchtete sie 1523 mit acht anderen Nonnen, versteckt zwischen Tonnen auf einem Planwagen, aus dem strengen Kloster. In Wittenberg nahm sie der Maler L. Cranach d. Ä. auf. Am

13.6.1525 heiratete sie den Reformator M. Luther. Das Ehepaar bezog ein ehemaliges Augustinerkloster und bekam in rascher Folge sechs Kinder. B., von ihrem Mann »domina«, die gebräuchliche Anrede für Äbtissinnen, genannt, finanzierte den Haushalt, indem sie durchreisende Studenten und Aristokraten als zahlende Gäste aufnahm sowie Landwirtschaft und eine Brauerei betrieb. Sechs Jahre nach Luthers Tod starb sie an der Pest.

Lit.: Zeller, E., Die Lutherin. Spurensuche nach K. v. B., Stuttgart (5)1996
Haase, L., K. v. B. Luthers Morgenstern zu Wittenberg, Hannover 1999

Boschek, Anna
Politikerin
14.5.1874 (Wien) – 18.11.1957 (ebd.)
1891 wurde B., die als Spulerin in einer Textilfabrik arbeitete, Mitglied des »Arbeiterinnenbildungsvereins«. Seit 1894 war sie für die Gewerkschaftskommission tätig und unterstützte 1896 eine Gewerbe-Enquete zur Verbesserung der Lage der Arbeiterinnen. Als erste Frau wurde sie Mitglied des Vorstandes der Sozialdemokratischen Partei Österreichs (SPÖ) und 1919 als erste weibliche Abgeordnete für die SPÖ Mitglied des Nationalrats. 1934 verlor

sie ihr Amt, als das Parlament von der Regierung aufgelöst wurde.

Boveri, Margret Antonie
Publizistin
14.8.1900 (Würzburg) – 6.7.1975 (Berlin)
Auf Anregung ihrer Eltern – beide Professoren für Biologie – arbeitete B. während ihres Studiums der Geschichte, Germanistik, Anglistik und Politik drei Jahre in der Zoologischen Station in Neapel, bevor sie 1932 in Berlin promoviert wurde. 1934–38 leitete sie die außenpolitischen Redaktionen des »Berliner Tageblatts« und der Zeitschrift »Atlantis«. Bis 1943 schrieb sie als Auslandskorrespondentin für die »Frankfurter Zeitung« aus Stockholm, New York und Lissabon; danach, als die Zeitung nicht mehr erscheinen durfte, arbeitete B. als freie Journalistin. Nach dem Krieg war sie vor allem für die »Frankfurter Allgemeine Zeitung« tätig und veröffentlichte zahlreiche Bücher. Zu ihren Hauptwerken zählen »Der Verrat im XX. Jahrhundert« (1956–60) und »Tage des Überlebens«, wofür sie 1968 den deutschen Kritikerpreis erhielt. Seit 1969 war B. Mitglied des PEN-Zentrums der Bundesrepublik Deutschland. 1977 wurden postum ihre Erinnerungen unter dem Titel »Verzweigungen« veröffentlicht.

Boy-Ed, Ida, geb. Ed
Schriftstellerin
17.4.1852 (Bergedorf b. Hamburg) –
13.5.1928 (Travemünde)
Die Tochter eines Verlegers heiratete 1870 den Lübecker Kaufmann C. J. Boy, mit dem sie vier Kinder hatte. Zwischen 1882 und 1926 veröffentlichte sie über 80 z.T. mehrbändige Unterhaltungsromane, Erzählungen und Biografien, u.a. »Aus einer Wiege«.

Roman aus dem hanseatischen Familienleben« (1901) und »Das Martyrium der Ch. von Stein. Versuch ihrer Rechtfertigung« (1916). Von 1903 bis zu ihrem Tod führte B.-E. mit dem Schriftsteller T. Mann, den sie sehr verehrte, einen regen Briefwechsel.

Brachmann, Louise Karoline Marie (Pse. Klarfeld, Sternheim)
Schriftstellerin
9.2.1777 (Rochlitz b. Chemnitz) – 17.9.1822 (Halle a. d. Saale)
Durch die Freunde ihrer Mutter, den Dichter Novalis und seine Schwester S. v. Hardenberg, lernte B. F. v. Schiller kennen, der ihre frühen Gedichte in den »Horen« und dem »Musenalmanach« veröffentlichte. Psychisch labil versuchte sie 1800, sich das Leben zu nehmen. Nach dem Tod ihrer Eltern, ihrer Schwester sowie Novalis' und seiner Schwester musste sie ihren Lebensunterhalt mit Schreiben verdienen und verfasste zwischen 1818 und 1822 zahlreiche Novellen, die in zeitgenössischen Taschenbüchern und Unterhaltungsblättern abgedruckt wurden. Als es B. nicht gelang, einen angesehenen Verlag für ihre Arbeiten zu finden, und auch mehrere Liebesbeziehungen zerbrochen waren, ertränkte sie sich in der Saale. Nach ihrem Tod wurde ein großer Teil ihres Nachlasses herausgegeben.

Brackel, Ferdinande von
Schriftstellerin
24.11.1835 (Schloss Welda b. Warburg) –
4.1.1905 (Paderborn)
Die Gutsbesitzerstochter wurde bis zu ihrem 18. Lebensjahr vom Dorfpfarrer unterrichtet. Mehrere Jahre erzog sie die Kinder ihres verwitweten Bruders und lebte ab 1898 wieder auf Schloss Welda als Stifts-

dame. 1873 veröffentlichte sie einen Band mit politischen Zeitgedichten, der heftig kritisiert wurde. Daraufhin schrieb sie ausschließlich volkstümliche Belletristik. Tief im katholischen Glauben verwurzelt, setzte sie sich auch mit sozialen Fragen auseinander. Ihr größter Erfolg war der Roman »Die Tochter des Kunstreiters«, der in fünf Sprachen übersetzt und 1875–1912 24-mal neu aufgelegt wurde.

Brandauer, Karin (eigtl. Steng)
Regisseurin
14.10.1943 (Altaussee) – 13.11.1992 (Wien)
Ihren Berufswunsch, Journalistin zu werden, gab B. nach ihrer frühen Heirat 1963 mit dem Schauspieler Klaus Maria B. und der Geburt ihres Sohnes auf. 1969–75 studierte sie an der Wiener Filmhochschule und schloss mit dem Regiediplom ab. B. drehte zahlreiche Fernsehfilme nach literarischen Vorlagen und Dokumentarfilme, zu denen sie oft selbst das Drehbuch schrieb, u.a. »Erdsegen« nach P. Rosegger (1986) und »Sidonie« (1991).

Brandt, Marianne, geb. Liebe
Designerin
1.10.1893 (Chemnitz) – 18.6.1983 (Kirchberg, Kr. Zwickau)
1911–17 studierte B. an der Hochschule für bildende Künste in Weimar, ab 1923 am dortigen Bauhaus. 1928 wurde sie stellvertretende Leiterin der Metallwerkstatt am Bauhaus Dessau. Sie beschäftigte sich vor allem mit Industriedesign, entwarf Lampen, Teekannen und andere Küchengeräte. Im Architekturbüro von W. Gropius in Berlin entwarf B. 1929 Inneneinrichtungen. Nach Schließung des Bauhauses arbeitete sie als freie Designerin. 1949–54 war sie Dozentin an der Hochschule für bildende

Künste in Dresden und der Hochschule für angewandte Kunst in Berlin-Weißensee. Anschließend zog B., die als eine der wichtigsten Künstlerinnen des Bauhauses gilt, in die Nähe von Chemnitz und war freiberuflich tätig.
Lit.: Drei Künstler aus dem Bauhaus: M. B., H. Rose und K. Schmidt, Katalog Kupferstichkabinett, Dresden 1978

Brauksiepe, Änne, geb. Engels
Politikerin
23.2.1912 (Duisburg) – 1.1.1997 (Oelde)
Wegen der politischen Aktivitäten ihrer Familie – ihre Mutter beispielsweise war Stadtverordnete für die Zentrumspartei – durfte B. unter dem nationalsozialistischen Regime nicht das gewünschte Philologiestudium aufnehmen. Sie arbeitete einige Jahre in der Behindertenfürsorge in Duisburg, bis sie 1937 mit ihrem Mann, einem Journalisten, in die Niederlande zog, wo sie körperlich behinderte Kinder unterrichtete. 1943, als ihr Mann zum Kriegsdienst eingezogen wurde, kehrte B. nach Duisburg zurück. 1945 wurde sie für die CDU Mitglied des Duisburger Stadtparlaments, 1949–72 Mitglied des Bundestages. 1958–71 hatte sie den Vorsitz der Frauenvereinigung der CDU inne, zu deren Gründerinnen sie gehörte. 1968–69 war sie Bundesfamilienministerin in der Regierung Kiesinger.

Braun, Lily (eigtl. Amelia Jenny Emilie Klothilde Johanna), geb. v. Kretschman
Frauenrechtlerin
2.7.1865 (Halberstadt) – 8.8.1916 (Berlin)
Nachdem ihr Vater, ein General, aus der Armee entlassen worden und die Familie verarmt war, begann B. mit 25 Jahren zu schreiben. Sie veröffentlichte u.a. den

Nachlass ihrer Großmutter unter dem Titel »Goethes Freundeskreis – Erinnerungen der Baronin J. v. Gustedt«. 1893 heiratete sie in Berlin den bereits schwer kranken und an den Rollstuhl gefesselten Professor für  Nationalökonomie G. v. Gyzicki, der sie in die sozialistischen Theorien einführte und sie mit sozialdemokratischen Politikern bekannt machte. Sie schloss sich der Frauenbewegung an und hielt 1895 ihre erste viel beachtete Rede, mit der sie das Stimmrecht für Frauen forderte. Nach dem Tod ihres Mannes heiratete sie 1896 den SPD-Politiker und Publizisten Heinrich B. Ihr eigener Eintritt in die SPD führte zum Bruch mit ihrer Familie. Doch auch die Parteigenossinnen standen der adligen Sozialistin misstrauisch gegenüber. Als B. sich gemeinsam mit ihrem Mann im Revisionismusstreit seit 1899 für schrittweise politische Reformen einsetzte anstatt für eine Revolution, wie der orthodox-marxistische Parteiflügel, kam es zu heftigen Auseinandersetzungen mit der Wortführerin der radikalen Frauenbewegung, C.→Zetkin. Der Streit eskalierte, als B. 1901 ihr Buch »Die Frauenfrage – ihre geschichtliche Entwicklung und wirtschaftliche Bedeutung« veröffentlichte, in dem sie praktische Reformen zur Unterstützung der berufstätigen Frau und Mutter vorschlug, ohne auf den für Zetkin entscheidenden Unterschied zwischen bürgerlicher und proletarischer Ehe einzugehen. Zetkin untersagte B. die weitere Mitarbeit an der Zeitschrift »Die Gleichheit« und

setzte sich dafür ein, dass 1902 gegen die Außenseiterin wegen angeblicher Unzuverlässigkeit ein Ausschlussverfahren aus der sozialdemokratischen Frauenorganisation angestrengt wurde. Obwohl dieses Verfahren 1907 zu B.s Gunsten entschieden wurde, zog sie sich aus der Parteiarbeit zurück. 1909/11 erschienen ihre zweibändigen »Memoiren einer Sozialistin«, die in romanhafter, aber kaum verschlüsselter Form das Leben einer abtrünnigen Aristokratin, die sich »zwischen alle Stühle« gesetzt hatte, und die Machtkämpfe in der sozialdemokratischen Frauenorganisation schildern. Das Buch wurde ein großer Verkaufserfolg. Bei Ausbruch des Ersten Weltkriegs verfiel B. der nationalen Kriegsbegeisterung und war stolz darauf, dass ihr einziger Sohn als Soldat eingezogen wurde.

Lit.: Borkowski, D., Rebellin gegen Preußen – L. B., Frankfurt a. M. 1984

Brentano, Margherita von
Philosophin
9.9.1922 (Sauerburg) – 21.3.1995 (Berlin)
Nach dem Studium der Philosophie, Geschichte, Anglistik und Germanistik in Berlin und Freiburg i. Br., das sie 1948 mit einer Dissertation über aristotelische Metaphysik bei M. Heidegger abschloss, wurde B. Leiterin des Jugend- und Schulfunks beim Südwestfunk. 1956 wurde sie Assistentin und nach ihrer Habilitation Professorin an der Freien Universität Berlin. Neben ihrer wissenschaftlichen Arbeit nahm sie immer wieder zu politischen Fragen Stellung. Bereits 1961 sprach sie sich für eine Anerkennung der »Oder-Neiße-Grenze« aus. Sie war eine entschiedene Gegnerin der nuklearen Aufrüstung und des Nachrüstungsbeschlusses. Kurz vor

ihrem Tod engagierte sie sich für die Errichtung eines Holocaust-Mahnmals in Berlin.

Breslau, (Marie) Louise-Catherine
Malerin
6.12.1856 (München) – 12.5.1927
(Neuilly-sur-Seine/Frankreich)

B. wuchs in Zürich auf, nachdem ihre Eltern 1858 von München in die Schweiz übergesiedelt waren. Anfang der 1870er Jahre ging sie nach Paris, um an der berühmten Académie Julian, einer Malschule für Frauen, zu studieren. 1880 erhielt sie ihren ersten Auftrag für ein Portrait das, 1881 auf dem Pariser Salon ausgestellt, ihren Erfolg begründete. Um 1900 war B. die bekannteste Bildnismalerin in Frankreich. Sie spielte eine wichtige Rolle in der Pariser Gesellschaft und wurde 1901 zum »Ritter der Ehrenlegion« ernannt. Ihre Bilder, die heute in vielen großen Museen in Frankreich und der Schweiz hängen, orientieren sich nur bedingt am Malstil ihrer Zeit, dem Impressionismus. Nach dem Ersten Weltkrieg malte sie zahlreiche Offiziersbildnisse, die jedoch keinen großen Anklang fanden, so dass sie als Künstlerin immer mehr in Vergessenheit geriet.
Lit.: Sello, G., Malerinnen aus vier Jahrhunderten, Hamburg (3)1997

Brincken, Gertrud von den
Schriftstellerin
18.4.1892 (Gut Brinck-Pedwalen b. Zabeln – heute Sabile/Lettland) – 17.4.1982
(Regensburg)

1911 veröffentlichte B., die aus einer kurländischen Gutsbesitzerfamilie stammte, ihren ersten Gedichtband »Wer nicht das Dunkel kennt«. Nachdem der Familienbesitz im Ersten Weltkrieg von den Russen beschlagnahmt worden war, arbeitete B. als Krankenschwester und später bis 1925 als Englischlehrerin. In diesen Jahren schrieb sie u.a. »Lieder und Balladen« (1917). 1925 heiratete sie den österreichischen Philosophieprofessor W. Schmied-Kowarzik, mit dem sie nach Frankfurt zog. Das Paar hatte drei Kinder. Seit den 30er Jahren verfasste B. hauptsächlich Romane, die in ihrer baltischen Heimat spielten. Bis 1980 erschienen von ihr über 20 Werke, darunter auch zwei Bühnenstücke.

Brockdorff, Erika von
Widerstandskämpferin
29.4.1911 (Berlin) – 13.5.1943 (ebd.)

Als Mitglied der Widerstandsorganisation »Rote Kapelle« um A. Harnack und H. und L.→Schulze-Boysen wurde B., die im  Reichsarbeitsministerium tätig war, im Winter 1942/43 verhaftet. Sie war daran beteiligt, Aufklärungsmaterial für den sowjetischen Geheimdienst zusammenzutragen, und in ihrer Wohnung wurde ein Sendegerät gefunden. Vom Volksgerichtshof zunächst nur zu einer langen Haftstrafe verurteilt, wurde B. im Mai 1943 im Gefängnis Berlin-Plötzensee hingerichtet, nachdem Hitler persönlich die Verschärfung des Urteils durchgesetzt hatte.
Lit.: Elling, H., Frauen im deutschen Widerstand, Frankfurt a. M. 1978

Bromberger, Dora
Malerin
16.5.1881 (Bremen) – 28.7.1942 (Minsk)
B. stammte aus einer großbürgerlichen jü-
dischen Familie, wurde jedoch christlich
erzogen. Nach dem Besuch der höheren
Mädchenschule und einer weiterführenden
Privatschule studierte sie ab 1912 in München und Paris Malerei. 1915–22 lebte sie
als freischaffende Künstlerin in München.
Seit 1917 nahm sie regelmäßig an den
Ausstellungen der Münchner »Neuen Secession« teil und war außerdem auf Ausstellungen in Berlin, Nürnberg und in
Amerika vertreten. B., die überwiegend
Landschaften malte, verband in ihrer
Kunst die Formen des deutschen Expressionismus mit dem französischen Kubismus. 1923 kehrte sie nach einer längeren
Spanienreise nach Bremen zurück und
durfte dort 1933 zum letzten Mal ausstellen. Um ihren Lebensunterhalt bestreiten
zu können, arbeitete sie als Porzellanmale-
rin. 1942 wurde B. nach Minsk deportiert
und kam in einem Vernichtungslager um.
Bereits 1943 wurden Bilder von ihr in der
Yale University in New Haven/USA und
nach dem Krieg auch wieder in Bremen
ausgestellt.
Lit.: Rübsam, R., Die Brombergers – Schicksal
einer Künstlerfamilie, Bremen 1992

Brun, Friederike, geb. Münter
Schriftstellerin
3.6.1765 (Gräventonna b. Erfurt) – 25.3.1835
(Kopenhagen)
Mit ihrem Ehemann, dem dänischen Konsul Konstantin B., unternahm B. ausgedehnte Reisen durch Frankreich, Italien
und die Schweiz. In ihren Reisebeschreibungen, u.a. »Briefe aus Rom« (1816) und
»Römisches Leben« (1833), schilderte sie

auch Begegnungen mit bedeutenden Zeitgenossen, wie etwa Mme. de Staël. In Kopenhagen gehörte sie dem Kreis um den
Dichter F. G. Klopstock an, der, ebenso wie
der Schriftsteller F. v. Matthison, ihre Lyrik
stark beeinflusste. 1975 wurde ihr »Briefwechsel mit C. v. Humboldt« herausgegeben.

Buber-Neumann, Margarete, geb. Thüring
Publizistin
21.10.1901 (Potsdam) – 6.11.1989
(Frankfurt a. M.)
Die Tochter eines kaisertreuen Brauerei-
direktors und seiner mit den Sozialisten
sympathisierenden Frau absolvierte eine
Ausbildung zur Kindergärtnerin. Unter
dem Eindruck des Elends im Berliner Arbeiterviertel Schöneberg, mit dem sie
während ihrer Berufstätigkeit konfrontiert
wurde, trat sie 1921 in den Kommunistischen Jugendverband Deutschlands und
1926 in die KPD ein. Ihre Ehe mit R. Buber, dem Sohn des jüdischen Religionsphi-
losophen M. Buber, mit dem sie zwei Kinder hatte, wurde 1929 nach acht Jahren
geschieden. Im selben Jahr heiratete sie
den kommunistischen Reichstagsabgeordneten H. Neumann, mit dem sie 1933 erst
nach Spanien, dann in die Schweiz emigrierte. Von der Schweizer Polizei in die
Sowjetunion abgeschoben, wurde B.-N.
1938, nach der Hinrichtung ihres Mannes
im Verlauf der Moskauer Prozesse gegen
innerparteiliche Gegner Stalins, verhaftet
und zu fünf Jahren Zwangsarbeit in Sibirien verurteilt. 1940 lieferten die Sowjets
sie als politischen Häftling an die Gestapo
aus, und bis Kriegsende wurde sie im Konzentrationslager Ravensbrück gefangen
gehalten. 1948 veröffentlichte sie in
Schweden den Bericht über ihre Haftzeit

»Als Gefangene bei Stalin und Hitler«. Geprägt von den Erfahrungen als Verfolgte unter zwei Diktaturen unterschiedlicher Ideologie, setzte B.-N. sich nach dem Krieg für Humanismus und Demokratie ein. 1950 war sie Mitgründerin des »Befreiungskomitees für die Opfer totalitärer Willkür«. 1957 erschien ihr autobiografisches Buch »Von Potsdam nach Moskau – Stationen eines Irrweges«, in dem sie sich mit ihrer kommunistischen Vergangenheit auseinandersetzte. Sie veröffentlichte zahlreiche weitere Bücher und Aufsätze. 1977 erhielt B.-N. den Freiheitspreis des »Freien Deutschen Autorenverbandes«. In dritter Ehe war sie mit dem Schriftsteller H. Faust verheiratet.
Lit.: Kantorowicz, A., Politik und Literatur im Exil, München 1983

Buch, Eva-Maria
Widerstandskämpferin
31.1.1921 (Berlin) – 5.8.1943 (ebd.)
Während ihres Dolmetscherstudiums an der Berliner Humboldt-Universität arbeitete B. als Buchhändlerin in einem An-

tiquariat. Dort lernte sie Mitglieder der Widerstandsorganisation »Rote Kapelle« um A. Harnack und H. und L.→Schulze-Boysen kennen und schloss sich der Gruppe an. Am 10. Oktober 1942 wurde sie von der Gestapo verhaftet, die ein von ihr ins Französische übersetztes Flugblatt gefunden hatte, mit dem ausländische Zwangsarbeiter in deutschen Rüstungsbetrieben zum Widerstand aufgerufen wurden. Als B. sich weigerte, die

Verfasser des Flugblattes zu nennen, wurde sie am 3.2.1943 zum Tode verurteilt und im Gefängnis Berlin-Plötzensee hingerichtet.
Lit.: Schilde, K. (Hg.), E.-M. B. und die »Rote Kapelle«, Berlin (2)1993

Buchela, Margarethe
(eigtl. M. Goussanthier)
Wahrsagerin
1899 – 8.11.1986 (Bonn)
Die »Pythia der Bundeshauptstadt«, die sich selbst als »Zigeunerkind« bezeichnete, leitete ihren Künstlernamen von ihrem ungewöhnlichen Geburtsort »auf Reisen, am

Waldrand unter einer Buche« ab. Bereits mit acht Jahren sah sie den Tod ihres Bruders voraus. Ab 1953 blickte sie in Bonn, vor allem für Politiker, darunter angeblich die Bundeskanzler Adenauer, Erhard, Schmidt und Kohl, in die Zukunft. Aber auch Prominente aus dem Ausland, u.a. der US-Senator E. Kennedy, der Schah von Persien und Königin Juliana der Niederlande, ließen sich von ihr beraten. 1969 konnten auf Grund ihrer Prophezeiung die Mörder von vier Bundeswehr-Fallschirmjägern entlarvt werden. Das Gerücht, die 87-Jährige sei ermordet worden, bestätigte sich nicht.

Büchner, Luise
Frauenrechtlerin
12.6.1821 (Darmstadt) – 28.11.1877 (ebd.)
Die jüngste Schwester des Schriftstellers und Revolutionärs Georg B. gilt als Vorkämpferin der Frauenemanzipation. Nach

Abbruch der Schule bildete sie sich selbst durch Lektüre weiter und verfasste Schriften zur Mädchenbildung. 1855 erschien anonym ihr Buch »Die Frauen und ihr Beruf«. Darin forderte B. eine gründliche Mädchenerziehung als Voraussetzung für eine spätere Berufsausbildung und eine Verbesserung der Erwerbsmöglichkeiten für Frauen. 1867 gründete sie mit der Großherzogin Alice von Hessen den gemeinnützigen »Alice-Verein« für Frauenbildung und Erwerb, dessen Vizepräsidentin sie wurde. Aus diesem Verein gingen der »Alice-Bazar« hervor, der den Verkauf von Produkten organisierte, die von Frauen hergestellt wurden, sowie das »Alice-Lyzeum« und eine Industrieschule für Mädchen. 1869 wurde B. Ehrenpräsidentin des neugegründeten »Verbandes deutscher Frauenbildungs- und Erwerbsvereine«. Sie war außerdem Mitgründerin der Zeitschrift »Frauenanwalt« und verfasste Gedichte, Erzählungen und einen Roman.

Lit.: Dierks, M. (Hg.), L. B. – Gebildet ohne gelehrt zu sein. Essays, Berichte und Briefe von L. B. zur Geschichte ihrer Zeit, Darmstadt 1991

Bühler, Charlotte, geb. Malachowski
Psychologin
20.12.1893 (Berlin) – 3.2.1974 (Stuttgart)
Nach dem Studium in Freiburg i. Br., Berlin und München wurde B. 1918 mit Auszeichnung promoviert. Seit 1916 war sie mit dem Psychiater Karl B. verheiratet, mit dem sie zwei Kinder hatte. 1920 habilitierte sie sich für Psychologie an der Technischen Hochschule Dresden. 1923 erhielt sie einen Ruf als Privatdozentin an die Universität Wien und hatte dort 1930–38 eine Professur inne. Spezialisiert auf Kinder- und Jugendpsychologie, begründete die Wissenschaftlerin eine Schule experimenteller Forschungstätigkeit auf der Basis von Jugendtagebüchern und Verhaltensbeobachtungen (»Wiener Schule«). Mit H. →Hetzer entwickelte sie Entwicklungs- und Intelligenztests für Kleinkinder. Nach dem so genannten Anschluss Österreichs verlor die Jüdin ihr Lehramt und emigrierte mit ihrem Mann nach Norwegen. Dort lehrte sie zwei Jahre an der Universität Oslo und der Lehrerakademie Trondheim, bis das Ehepaar 1940 in die USA ging, wo beide Professuren an der Universität von St. Paul erhielten. 1945 nahm B. die amerikanische Staatsbürgerschaft an und war bis 1953 als Chefpsychologin des County General Hospital in Los Angeles tätig. Seit 1950 lehrte sie außerdem bis zur ihrer Emeritierung 1958 als Professorin für Psychiatrie an der Universität von Südkalifornien in Los Angeles. Anschließend führte sie eine private Praxis in Beverley Hills. 1971 kehrte sie nach Deutschland zurück und praktizierte dort bis zu ihrem Tod. B. veröffentlichte u.a. »Das Märchen und die Phantasie des Kindes« (1918) und »From Birth to Maturity« (1935).

Lit.: Schenk-Danziger, L., Thomae, H. (Hgg.), Gegenwartsprobleme der Entwicklungspsychologie: Festschrift für C. B., Göttingen 1963

Bülow, Frieda von
Schriftstellerin
12.10.1857 (Berlin) – 12.3.1909 (Jena)
Die Schöpferin des deutschen Kolonialromans wuchs in Izmir/Türkei und in Thüringen auf. 1881 zog sie nach Berlin und gründete dort als begeisterte Anhängerin der Kolonialidee den »Frauenverein für Krankenpflege in den Kolonien«. Um Krankenpflegestationen einzurichten, reiste sie 1887–89 nach Deutsch-Ostafrika. Dort lernte sie den umstrittenen Kolonisator C.

Peters kennen, in den sie sich unglücklich verliebte. Ihre Begegnung mit ihm schilderte sie in dem Roman »Im Land der Verheißung. Ein deutscher Kolonialroman« (1899). Auch B.s weitere Romane, die fast ausschließlich schon kurz nach ihrem Erscheinen vergriffen waren und von der Kritik bejubelt wurden, beruhen auf autobiografischen Erlebnissen. Eine enge Freundschaft verband B. mit L.→Andreas-Salomé.

Bunke, Tamara
Partisanin
19.11.1937 (Buenos Aires) – 31.8.1967 (Rio Grande/Bolivien)
Die Tochter von Exildeutschen wuchs in Argentinien auf, bis die Familie 1952 in die DDR nach Eisenhüttenstadt zurückkehrte. 1960 lernte sie in Berlin den kubanischen Guerillaführer Ché Guevara kennen und bat ihn vergeblich, sie nach Kuba mitzunehmen. Ein Jahr später reiste B. allein nach Kuba, wo sie zunächst als Dolmetscherin tätig war, dann Journalistik studierte und bei der Zuckerrohrernte half. Ab 1963 arbeitete sie für den kubanischen Geheimdienst. Nach einer Ausbildung, u.a. in Europa, erhielt sie den Decknamen »Tania« und wurde Anfang 1964 offiziell »Guerrillera«. Ende 1964 wurde sie zu ihrem ersten Einsatz nach Bolivien geschickt, der sehr erfolgreich verlief, bis desertierte Guerrilleros der Geheimpolizei ihre Identität verrieten. Sie schloss sich Kämpfern in den Bergen an und wurde dort bei der Überquerung des Rio Grande von Soldaten erschossen. In der DDR wurde B. wie eine Heldin verehrt. 1989 trugen 242 Schulen, Jugendbrigaden und Kindergärten ihren Namen.
Lit.: Panitz, E., Der Weg zum Rio Grande, Berlin 1973

Rojas, M., Rodriguez Calderon, M., Tania la Guerrillera, Berlin 1998

Burjahn, Hildegard, geb. Freund
Politikerin
30.1.1883 (Görlitz) – 11.6.1933 (Wien)
Noch während ihres Philologiestudiums heiratete B., die aus einer jüdischen Kaufmannsfamilie stammte, 1907 den Fabrikanten Alexander B. Ein Jahr später wurde sie an der Züricher Universität promoviert. 1909 zum Katholizismus konvertiert, engagierte sie sich in Wien in der Sozialfürsorge und unterstützte u.a. die Organisation der Heimarbeiterinnen und die Mädchenschutzarbeit. Während des Ersten Weltkriegs gründete sie die »Soziale Hilfe« und 1918 die Schwesternschaft »Caritas Socialis«. 1919–20 war sie als erste Frau für die Christlich-Soziale Partei Abgeordnete des Nationalrats. Seit 1925 geriet sie in Auseinandersetzungen mit der katholischen Kirche Österreichs über den von ihr unterstützten Einsatz von Pfarrschwestern in der Familienpflege und bei der Betreuung unverheirateter Mütter, so dass sie den Schwerpunkt ihrer sozialen Tätigkeit schließlich nach München und Berlin verlagerte.

Busch, Paula
Zirkusdirektorin
6.12.1886 (Odense/Dänemark) – 25.6.1973 (Berlin)
Die Tochter eines Zirkusdirektors und einer Kunstreiterin begann zunächst mit dem Studium der Philosophie, Kunstgeschichte und Literatur, bevor sie 1915 in den väterlichen Zirkus als Pantomimenmeisterin eintrat. Nach dem Tod des Vaters 1927 übernahm B. die Leitung des Unternehmens, das Niederlassungen in Hamburg-

Altona, Berlin, Wien und Breslau hatte. Ihr Zirkus war einer der größten und erfolgreichsten in Deutschland. Während der NS-Zeit wurde ein Teil des Unternehmens konfisziert, ein Teil durch Bomben zerstört. 1952 begann der Neuaufbau, 1962 fusionierte B. ihr Unternehmen aus wirtschaftlichen Gründen mit dem Zirkus Roland. Aus einer kurzen Ehe mit dem Lehrer A. Uhl hatte sie eine Tochter. Zu ihren Veröffentlichungen zählen u.a. »Einer vom Zirkus« (1916) und ihre Lebenserinnerungen »Das Spiel meines Lebens. Ein halbes Jahrhundert Zirkus« (1957).

Busta, Christine
Dichterin
23.4.1915 (Wien) – 3.12.1987 (ebd.)
Nach einem aus finanziellen Gründen abgebrochenen Germanistik- und Anglistikstudium arbeitete B. als Hauslehrerin und ab Mitte 1945 als Dolmetscherin für die britischen Besatzungstruppen. 1946 wurden ihre ersten Gedichte veröffentlicht. 1954 erhielt sie für ihre strenge, schlichte Lyrik, in der christliche und mythologische Elemente enthalten sind, den Georg-Trakl-Preis, 1969 den Österreichischen Staatspreis für Literatur. Ihre bedeutendsten Veröffentlichungen sind »Der Regenbaum« (1951), »Die Scheune der Vögel« (1958) und »Die Sternenmühle« (1959). Da B. mit ihrer Lyrik nicht ihren Lebensunterhalt verdienen konnte, arbeitete sie 1950–75 als Bibliothekarin der Städtischen Büchereien in Wien. Verheiratet war sie seit 1940 mit dem Musiker Dimt, der seit 1944 als Soldat vermisst wurde.

Buttlar, Eva Margaretha von
Pietistin
1665 od. 1670 (Eschwege) – 21.4.1721 (Altona – heute zu Hamburg)
Das Eisenacher Hoffräulein wurde 1692 gegen ihren Willen mit dem Hof- und Tanzmeister J. de Vésias verheiratet. 1702 verließ sie ihren Mann und gründete mit dem Theologen J. G. Winter und dem Mediziner J. G. Appenfeller in Allendorf die »Christliche und philadelphische Sozietät«, die die lutherische Kirche scharf ablehnte. Als sie den baldigen Anbruch des »Tausendjährigen Reiches« verkündete, wurde sie aus Allendorf vertrieben. Mit ihren beiden Mitstreitern gab sie sich als Trinität aus, lehnte jede gesetzliche Ordnung, insbesondere die Ehe, ab und forderte sexuelle Freiheit. Als die »Buttlarsche Rotte«, wie die drei genannt wurden, gerichtlich verurteilt und verfolgt wurde, floh B. ins damals dänische Altona und heiratete Appenfeller.

C

Calm, Marie (Ps. Marie Ruhland)
Pädagogin
3.4.1832 (Arolsen) – 22.2.1887 (Kassel)
Die Tochter eines Kaufmanns und Bürgermeisters entschied sich gegen den Willen der Eltern, Lehrerin zu werden. Sie besuchte ein Pensionat in Genf und ging 1853 als Erzieherin nach England. Ab 1861 leitete sie eine höhere Töchterschule in Lennep. Nach dem Tod des Vaters zog sie mit ihrer Mutter nach Kassel, wo sie eine

Fachschule für Frauen und eine Fortbildungsschule für Mädchen einrichtete. 1869 gründete sie mit A.→Schmidt in Berlin den »Verein Deutscher Lehrerinnen und Erzieherinnen«. C., die zu den Pionierinnen der deutschen Frauenbewegung gehört, veröffentlichte Fachliteratur für die Frauenbildung, aber auch Novellen, einige davon in französischer Sprache.
Lit.: Weiland, D., Geschichte der Frauenemanzipation in Deutschland und Österreich, Düsseldorf 1983

Carmen Silva (eigtl. Elisabeth Pauline Ottilie Luise von Rumänien)
Schriftstellerin, Königin
29.12.1843 (Schloss Monrepos b. Neuwied) – 2.3.1916 (Arges b. Bukarest)

Unter ihrem Künstlernamen C. S. übersetzte die Tochter des Fürsten Hermann zu Wied-Neuwied rumänische Lyrik und verfasste eigene Gedichte. Seit 1869 war sie mit Karl von Hohenzollern, der 1881 zum König von Rumänien gekrönt wurde, verheiratet. Mit ihrer Freundin M. Kremnitz schrieb sie Romane, Erzählungen und Dramen über Themen aus der Geschichte und Sagenwelt Rumäniens, u.a. »Aus zwei Welten« (1886) und »Briefe einer einsamen Königin« (1916).
Lit.: Wolbe, E., C. S. – Der Lebensweg einer einsamen Königin, Leipzig 1933

Caroline von Ansbach
Königin, Regentin
1.3.1683 (Ansbach) – 20.11.1737 (London)
Die Tochter des Markgrafen Johann Fried-

rich von Ansbach-Bayreuth wurde 1705 mit Georg August von Hannover, dem späteren englischen König Georg II., verheiratet. Einen Heiratsantrag des zukünftigen Kaisers Karl VI. hatte sie abgelehnt, weil sie nicht zum Katholizismus konvertieren wollte. Die gebildete C., die ihrem Mann intellektuell weit überlegen war, unterhielt einen regen Briefwechsel, z.B. mit I. Newton und G. W. Leibniz über Naturwissenschaften und Staatskunst. Als Prinzessin von Wales und ab 1727 als Königin von England führte sie während der häufigen Abwesenheit Georgs als Regentin die Staatsgeschäfte gemeinsam mit dem Ministerpräsidenten R. Walpole, der sie als bedeutendste Persönlichkeit der Königsfamilie hoch schätzte. U.a. initiierte C. eine Reform des englischen Strafrechts.

Carstens, Lina
Schauspielerin
6.12.1892 (Wiesbaden) – 22.9.1978 (München)
Nach ihrer Ausbildung am Wiesbadener Theater trat C. am Karlsruher Hoftheater auf, darauf am Leipziger Schauspielhaus und am Deutschen Schauspielhaus in Hamburg. 1920 kehrte sie zurück nach Leipzig und blieb dort bis 1942. Nach Kriegsende spielte sie mit großem Erfolg die Titelrolle in »Mutter Courage und ihre Kinder« in Konstanz. Seit Ende der 50er Jahre war sie in Charakterrollen vor allem im Fernsehen zu sehen. Für ihre Darstellung der Lina Braake in dem gleichnamigen Kino- und Fernsehfilm erhielt sie 1976 den Bundesfilmpreis in Gold.

Cauer, Minna (eigtl. Wilhelmine Theodora Marie), geb. Schelle
Frauenrechtlerin
1.11.1841 (Freyenstein b. Wittstock) –
3.8.1922 (Berlin)

Mit 21 Jahren heiratete die Pfarrerstochter den Arzt E. Latzel, der nach vier Jahren Ehe an einer psychischen Krankheit starb. Auch das gemeinsame Kind starb früh. C. ließ sich zur Lehrerin ausbilden und arbeitete ein Jahr als Hauslehrerin bei einer Pariser Bankiersfamilie. 1869–81 war sie mit dem Schulrat Eduard C. verheiratet, auf dessen Anregung sie sich intensiv mit zeitgenössischen Frauenfragen beschäftigte. Durch ihn lernte sie zahlreiche liberale Politiker sowie die an Frauenfragen interessierte Kronprinzessin→Victoria kennen. 1888 gründete sie den »Verein Frauenwohl«, der zum linken Flügel der bürgerlichen Frauenbewegung zählte, und leitete ihn bis 1919. C.s Eintreten für eine Zusammenarbeit mit der proletarischen Frauenbewegung und ihr Einsatz für eine demokratische Verfassung trugen ihr den Vorwurf der Radikalität und die Feindschaft des gemäßigten Flügels um H.→Lange ein. 1889 gründete sie mit J. Meyer den »Kaufmännischen Hilfsverein für weibliche Angestellte«, dessen zweite Vorsitzende sie wurde. 1899 gründete und leitete sie den »Verband fortschrittlicher Frauenvereine«. 1902–09 war sie Vorstandsmitglied des »Deutschen Vereins für Frauenstimmrecht«, und bis 1912 führte sie den Vorsitz im »Preußischen Landesverein für Frauenstimmrecht«. 1895–1919 gab C. die Zeitschrift »Die Frauenbewegung« heraus, das erste Sprachrohr des radikalen Feminismus. Die überzeugte Pazifistin verurteilte den Boykott des »Bundes Deutscher Frauenvereine« gegen den »Internationalen Frauenkongress« 1915 in Den Haag und trat 1916 aus Protest gegen den Krieg dem verbotenen pazifistischen Bund »Neues Vaterland« bei. Ihre bekannteste Schrift ist »Die Frau im 19. Jh.« (1898). Ihre Lebenserinnerungen blieben unvollendet.
Lit.: Naumann, G., M. C. Eine Kämpferin für Frieden, Demokratie und Emanzipation, Berlin 1988
Jank, D., Vollendet, was wir begonnen! Anmerkungen zu Leben und Werk der Frauenrechtlerin M. C., Berlin 1991

Cebotari, Maria (eigtl. Cebotaru)
Sängerin
10.2.1910 (Chisinau/Moldawien) – 9.6.1949 (Wien)

Nach dem Besuch des Konservatoriums in Chisinau schloss sich C. dem Moskauer  Künstlertheater an und heiratete dessen Leiter A. Wiruboff. Ab 1928 studierte sie Gesang in Paris und später an der Musikhochschule in Berlin. 1931 debütierte sie an der Dresdner Staatsoper als Mimi in »La Bohème« und erhielt ein festes Engagement. Bei der Uraufführung von »Die schweigsame Frau« 1935 wurde sie begeistert gefeiert und erhielt den Titel einer Kammersängerin. Nach der Scheidung von Wiruboff 1937 heiratete sie den Schauspieler G. Dießl, mit dem sie zwei Kinder hatte. 1937–45 gehörte die Sopranistin, die vor allem als Strauss- und Mozart-Interpretin brillierte, dem Ensemble der Berliner Staatsoper an, ab 1947 der Staatsoper Wien. C. trat bei den Salzburger Festspie-

len auf, gab Gastspiele in aller Welt und wirkte in zahlreichen Opernverfilmungen mit. Sie starb an Leukämie.
Lit.: Honolka, K., Die großen Primadonnen – vom Barock bis zur Gegenwart, Wilhelmshaven 1982

Charlotte von Luxemburg
Großherzogin
23.1.1896 (Schloss Berg/Luxemburg) – 9.7.1985 (Schloss Fischbach/Luxemburg)
Nach der Abdankung ihrer Schwester Marie Adelheid bestieg C., die aus der Fürstenfamilie Nassau-Weilburg stammte, 1919 den luxemburgischen Thron. In einer Volksabstimmung ließ sie sich den Fortbestand der Monarchie mit  77 Prozent der Stimmen bestätigen. Nach der Besetzung Luxemburgs durch die Deutschen 1940 emigrierte sie mit ihrer Familie über England und die USA nach Kanada und errichtete dort eine Exilregierung. 1945 nach Luxemburg zurückgekehrt, förderte sie die europäische Integration ihres Landes, u.a. durch den Beitritt zu NATO, Europarat und Europäischen Gemeinschaften. 1964 trat sie nach über 45-jähriger Regierung zu Gunsten ihres Sohnes zurück. Verheiratet war C. mit F. v. Bourbon-Parma, mit dem sie sechs Kinder hatte.

Charlotte (eigtl. Marie C.) von Mexiko
Kaiserin
7.6.1840 (Schloss Laeken b. Brüssel) – 19.1.1927 (Schloss Bouchoute b. Brüssel)
Die Tochter des belgischen Königs Leopold I. wurde 1857 mit dem österreichischen Erzherzog Maximilian verheiratet, der bis 1859 Statthalter der Lombardei war. Die politisch überaus ehrgeizige C. drängte ihren Mann – gegen alle Warnungen seiner Berater –, 1864 die Kaiserkrone Mexikos anzunehmen, die ihm der französische König Napoleon III. anbot. Schon nach zwei Jahren endete dieses Kaisertum im Fiasko, denn die USA und alle lateinamerikanischen Staaten unterstützten den gewählten mexikanischen Präsidenten B. Juarez, und Napoleon III. zog seine Truppen ab. Als Maximilian abdanken wollte, bestand C. auf seinem Durchhalten und reiste nach Europa, um den Papst und den französischen König um Hilfe zu bitten. Auf dieser Reise erkrankte sie an einem schweren psychischen Leiden, das 60 Jahre bis zu ihrem Tod anhielt. Ihr Mann wurde im Sommer 1867 von mexikanischen Truppen erschossen.
Lit.: Corti, E. C., Maximilian und C. von Mexiko, Zürich–Leipzig–Wien 1924
Hamann, B. (Hg.), Die Habsburger. Ein biographisches Lexikon, Wien 1988

Chézy, Wilhelmine Christiane von (Pse. Helmina, Sylvandra), geb. v. Klenke
Schriftstellerin
26.1.1783 (Berlin) – 28.2.1856 (Genf)
C. wuchs bei ihrer Großmutter A. L.→Karsch auf und begann unter deren Einfluss zu schreiben. 18-jährig zog sie nach Paris und gab dort die Zeitschrift »Französische Miscellen« heraus. Außerdem veröffentlichte sie ein zweibändiges

Werk über »Leben und Kunst in Paris seit Napoleon I.«, das jedoch beschlagnahmt wurde. 1805 heiratete sie den französischen Orientalisten Antoine Leonard de C., mit dem sie zwei Söhne hatte, den sie aber nach fünfjähriger Ehe verließ. C. wechselte danach häufig ihren Wohnort und lebte u.a. in Heidelberg, Berlin, Wien und München. Die letzten Jahre ihres Lebens verbrachte sie in Genf. Sie war mit zahlreichen berühmten Zeitgenossen befreundet, u.a. mit Jean Paul, D.→Schlegel, B. v.→Arnim und L.→Brachmann. Ihr umfangreiches Werk umfasst neben Gedichten, Erzählungen, Novellen und Übersetzungen aus dem Französischen auch das Libretto für C. M. v. Webers Oper »Euryanthe«.

Chladek, Rosalie

Tänzerin, Choreografin
21.5.1905 (Brünn – heute Brno/Tschechien) – 3.7.1995 (Wien)
Bereits mit 20 Jahren wurde C., die 1924 in Brünn debütiert hatte, Lehrerin an der Tanzschule Hellerau-Laxenburg bei Wien, die sie nach zahlreichen Gastspielen in ganz Europa 1930–38 leitete. 1940 war sie Opern- und Ballettregisseurin an der Wiener Staatsoper, 1947 Choreografin der »Jedermann«-Aufführung bei den Salzburger Festspielen. Seit 1952 leitete sie die Tanzabteilung der Wiener Akademie für Musik und Darstellende Kunst. Ihre Form des Ausdruckstanzes sowie die von ihr entwickelte Technik werden u.a. von der internationalen Gesellschaft »R. C.« gelehrt.
Lit.: Alexander, G., Groll, H. (Hgg.), Tänzerin, Choreographin, Pädagogin: R. C., Wien 1965

Chotek von Chotkowa und Wognin, Sophie Gräfin

1.3.1868 (Stuttgart) – 28.6.1914 (Sarajevo/Bosnien-Herzegowina)
1900 heiratete die Tochter des österreichischen Gesandten in Württemberg und Hofdame der Erzherzogin Isabella den österreichischen Thronfolger Franz Ferdinand. Da die Verbindung nicht standesgemäß war, durfte nur eine morganatische Ehe geschlossen werden, d.h. die daraus stammenden Kinder waren nicht erbberechtigt und Franz Ferdinand durfte eine weitere Ehe schließen. 1909 erhielt C. von Kaiser Franz Joseph den Titel einer Herzogin von Hohenberg zugesprochen. Politisch ehrgeizig, versuchte sie ihren Mann zu bewegen, gegen den Widerstand der Panslawisten aus der österreichisch-ungarischen Doppelmonarchie eine Dreifachmonarchie unter Einschluss der Balkanstaaten zu formen. Wie der Erzherzog wurde auch sie bei dem Attentat von Sarajevo, das den Ersten Weltkrieg auslöste, erschossen.

Christ, Lena (eigtl. Magdalena Pichler)

Schriftstellerin
30.10.1881 (Glonn b. München) – 30.6.1920 (München)
Die uneheliche Tochter einer Magd verbrachte die Kindheit bei ihren Großeltern auf dem Land. Nach der Heirat der Mutter musste sie in der Gastwirtschaft des Stiefvaters arbeiten. Ihre erste, 1901 geschlossene Ehe mit einem gewalttätigen Alkoho-

liker scheiterte, und die drei Kinder aus dieser Ehe wurden C. fortgenommen. 1912 heiratete sie den Schriftsteller P. Benedix (eigtl. Jerusalem), der sie dabei unterstützte, schriftstellerisch tätig zu werden. 1919 verließ sie ihn wegen eines jüngeren Mannes. Als sie mit ihrer literarischen Arbeit keinen Erfolg mehr hatte, mittellos und zudem lungenkrank war, verkaufte sie gefälschte Bilder. Um einer Bestrafung zu entgehen, vergiftete sie sich mit Zyankali. C.s Erzählungen und Romane, u.a. »Erinnerungen einer Überflüssigen« (1912) und »Lausdirndlgeschichten« (1913), schildern Erlebnisse aus ihrer ländlichen bayerischen Heimat.
Lit.: Goepfert, G., Das Schicksal der L. C., München 1971

Christaller, Helene, geb. Heyer
Schriftstellerin
31.1.1872 (Darmstadt) – 24.5.1953 (Jugenheim)
Schon in ihrer Jugend wurde die Tochter eines Rechtsanwalts durch ihren Religionslehrer stark vom Protestantismus geprägt. Nach dem Besuch einer höheren Mädchenschule heiratete sie 18-jährig den 15 Jahre älteren Pfarrer und Schriftsteller Erdmann Gottreich C. und begann, kleine Geschichten für die Sonntagsschule zu schreiben. Als ihr Mann wegen der Veröffentlichung eines satirischen Romans seine Stelle verlor, musste C. die Familie ernähren. Ihre einfach geschriebenen Jugendbücher, Erzählungen und Romane, meist mit religiöser Thematik, erzielten hohe Auflagen und wurden in verschiedene Sprachen übersetzt. Der Roman »Gottfried Erdmann und seine Frau« wurde zwischen 1908 und 1927 27-mal neu aufgelegt. 1917 erhielt C. den Rheinischen Dichterpreis. Während der NS-Zeit durften ihre Bücher nicht verkauft werden.

Christen, Ada (eigtl. Christiane v. Breden), geb. Frederik
Schriftstellerin
6.3.1839 (Wien) – 19.5.1901 (ebd.)
Bereits als 15-Jährige musste C. nach dem Tod des Vaters ihren Lebensunterhalt als Schauspielerin verdienen. Ihr erster Mann starb 1866 nach zweijähriger Ehe. In ärmlichen Verhältnissen lebend, schrieb sie Gedichte und Skizzen für Tageszeitungen. Erst ihr 1868 erschienener Gedichtband »Lieder einer Verlorenen«, der erotische und soziale Themen behandelte, wurde ein großer Erfolg. Nach ihrer zweiten Heirat finanziell gesichert, führte sie in Wien einen literarischen Salon, in dem u.a. die Schriftsteller L. Ganghofer und F. Hebbel verkehrten.

Christiane Charlotte von Brandenburg-Ansbach
Markgräfin, Regentin
20.8.1694 (Kirchheim, Teck) – 25.12.1729 (Ansbach)
Die kunstbegeisterte Frau des Markgrafen Wilhelm Friedrich von Brandenburg-Ansbach initiierte die Schlossbauten in Ansbach, Unterschwaningen und Brüchberg und gründete 1709 die Ansbacher Porzellanmanufaktur. 1720/21 veranlasste sie die Stiftung der Ansbacher öffentlichen Schlossbibliothek. Nach dem Tod ihres Mannes 1723 übernahm C. die Regentschaft für ihren unmündigen Sohn Carl und regierte das Land sechs Jahre. 1726 erwarb sie das kaiserliche Privileg zur Gründung einer Landesuniversität, deren Aufbau sie wegen ihres frühen Todes nicht mehr durchführen konnte.

Claudia von Medici
Herzogin, Regentin
4.6.1604 (Florenz) – 25.12.1648 (Innsbruck)
In erster Ehe war C., die aus der Florentiner Familie der Medici stammte, mit dem Fürsten von Urbino verheiratet, der 1623 ermordet wurde. 1626 heiratete sie Erzherzog Leopold V. von Österreich-Tirol, mit dem sie fünf Kinder hatte. Nach seinem Tod 1632 übernahm sie die Regentschaft für ihren vierjährigen Sohn, Unterstützung fand sie bei ihrem Hofkanzler W. Biener. C.s Regierungszeit war bestimmt von einer ständigen Bedrohung des Landes durch den 30-jährigen Krieg und die Verheerungen plündernder Truppen. Zum Schutz ihres Herzogtums verstärkte sie die Grenzbefestigungen (u.a. ließ sie bei Scharnitz eine Talsperre, die nach ihr »Porta Claudia« heißt, errichten) und reformierte die Landesverteidigung durch Einführung von Miliztruppen.

Außerdem förderte sie den Handel, beispielsweise durch die Einrichtung des so genannten Bozner Merkantilmagistrats, der bis 1850 die Bozner Messe organisierte. Zu den kulturellen Leistungen der Florentinerin gehören der Bau eines festen Theater- und Opernhauses und die Errichtung des noch heute bestehenden »Claudiasaales« für die Justizbehörde in Innsbruck.
Lit.: Hamann, B. (Hg.), Die Habsburger. Ein biographisches Lexikon, Wien 1988

Colinet, Marie
Hebamme
17. Jh. (Genf)
C. war als Hebamme ausgebildet und nahm zudem zahlreiche chirurgische Eingriffe vor. Sie führte mehr als 30 Gebärmutteroperationen sowie Amputationen durch und soll bei einer Augenoperation mit einem Magneten Eisensplitter aus dem verletzten Auge entfernt haben. Alle Informationen über C.s Wirken stammen von ihrem Mann, dem Wundarzt G. Fabry oder Fabricius, genannt »Hildanus« nach seinem Geburtsort Hilden. Nach seinem Tod 1634 veröffentlichte die fromme C., die acht Kinder großzog und ihre chirurgischen Fähigkeiten für eine Gottesgabe hielt, ein »Neues und christliches Alphabet für junge Schüler« mit über 800 Seiten, das in Genf gedruckt wurde.
Lit.: Der eigene Blick: Frauen-Geschichte und -Kultur in Düsseldorf, Neuss 1990

Conrad-Martius, Hedwig, geb. Martius
Philosophin
27.2.1888 (Berlin) – 15.2.1966 (Starnberg)
Nach dem Abitur in Berlin studierte die Arzttochter Literatur und Philosophie in Rostock, Freiburg i. Br., München und Göttingen. 1912 wurde sie promoviert und heiratete im selben Jahr den Philosophen T. Conrad, den Gründer der Philosophischen Gesellschaft in Göttingen, die auch von E.→Stein besucht wurde. Da C.-M. und ihr Mann zunächst keine Anstellung fanden, legten sie eine Obstplantage in Bergzabern an, aus deren Erträgen sie jahrelang ihren Lebensunterhalt bestritten. Trotz hervorragender Empfehlungen ihres Lehrers, des Freiburger Philosophen E. Husserl, erhielt C.-M. das Auslandsstipendium nicht, um das sie sich in den 30er

Jahren mehrfach bewarb. Von den Nationalsozialisten wurde sie aus der so genannten »Reichsschrifttumskammer« ausgeschlossen und mit Veröffentlichungsverbot belegt, weil sie einen jüdischen Großvater hatte. 1949 erhielt sie einen Lehrauftrag für Naturphilosophie an der Universität München, 1955 wurde sie Honorarprofessorin. Als erste weibliche Naturphilosophin machte sich C.-M. mit über 70 Veröffentlichungen in der Wissenschaft einen Namen. Zu ihren wichtigsten Schriften zählen »Ursprung und Aufbau des lebendigen Kosmos« (1938), »Der Selbstaufbau der Natur« (1944) und »Das Sein« (1957).
Lit.: Lexikon Pfälzer Persönlichkeiten hg. v. V. Carl, Edenkoben 1998

Conzett, Verena, geb. Knecht
Unternehmerin
28.11.1861 (Kilchberg b. Zürich) – 14.11.1947 (ebd.)
Aus ärmlichsten Verhältnissen stammend, musste C. bereits als 13-Jährige durch Fabrikarbeit und als Verkäuferin zum Lebensunterhalt der Familie beitragen. 1883 heiratete sie den Buchdrucker und Sozialistenführer Konrad C., der sie in die Sozialistische Partei einführte. Sie engagierte sich für den Arbeiterinnenschutz, wurde 1890 Präsidentin des »Schweizerischen Arbeiterinnenverbandes« und 1896 Mitglied des Bundesvorstandes des »Schweizerischen Arbeiterbundes«. Die kleine Druckerei ihres Mannes, die sie nach seinem Tod 1898 allein führte, baute sie zu einem Großbetrieb aus. C. blieb auch weiterhin politisch tätig, gründete eine Familienzeitschrift und setzte sich für den Schutz unverheirateter Mütter und nichtehelicher Kinder ein.

Coppi, Hilde
Widerstandskämpferin
30.5.1909 (Berlin) – 5.8.1943 (ebd.)
Gemeinsam mit ihrem Mann Hans war C. Mitglied der Widerstandsorganisation »Rote Kapelle« um A. Harnack und H. und L.→Schulze-Boysen. Sie hörte sowjetische Sender ab und gab Nachrichten von deutschen Soldaten in sowjetischer Gefangenschaft an deren Angehörige weiter. Im September 1942 wurde sie hochschwanger von der Gestapo verhaftet, zwei Monate später kam im Gefängnis ihr Sohn zur Welt. Ihr Mann wurde im Dezember 1942, C. acht Monate später im Gefängnis Berlin-Plötzensee hingerichtet, nachdem mehrere Gnadengesuche abgelehnt worden waren.

Lit.: Kuhn, A., Rothe, V. (Hgg.), Frauen im deutschen Faschismus, Düsseldorf 1982

Coradi-Stahl, Emma
9.11.1846 (Dozwil b. Romanshorn) – 8.4.1912 (Zürich)
In der gemäßigten Schweizer Frauenbewegung trat C.-S. besonders durch ihr Engagement für eine bessere Ausbildung von Frauen in Hauswirtschaft und Gewerbe hervor. Sie war Gründerin und Redakteurin der Zeitschrift »Schweizer Frauenheim« und verfasste die in hohen Auflagen erschienenen hauswirtschaftlichen Bücher »Wie Gritli haushalten lernt« und »Gritli in der Küche«. Als Inspektorin des eidgenössischen wirtschaftlichen und beruflichen Bildungswesen saß sie u.a. im Aufsichtsrat

der Fachschule für Damenschneiderei und der Arbeitslehrerinnenkurse. C.-S. war Mitbegründerin und ab 1908 Präsidentin des »Schweizerischen Gemeinnützigen Frauenvereins«, dessen »Emma-Coradi-Stiftung« heute noch sozial schwache Frauen unterstützt.

Cordes, Alexandra (eigtl. Ursula Horbach), geb. Schaake, (weitere Pse. Christa Bach, Jennifer Morgau)
Schriftstellerin
16.11.1935 (Bonn) – 28.10.1986
(Chateauneuf-du-Pape/Frankreich)
Nach ihrer Ausbildung zur Journalistin veröffentlichte C. 1958 mit »Die verzauberten Kinder« den ersten ihrer insgesamt 56 Romane. Ihre trivialen Liebesgeschichten, die meist in der besseren Gesellschaft und an exotischen Plätzen spielen, erzielten eine Gesamtauflage von etwa zwölf Millionen. Einige ihrer Bücher, u.a. »Sag mir auf Wiedersehen« (1975), wurden auch im Ausland erfolgreiche Bestseller. C. wurde von ihrem Mann, dem Schriftsteller M. Horbach, ermordet.

Cori, Gerty Theresa, geb. Radnitz
Medizinerin
15.8.1896 (Prag) – 26.10.1957 (St. Louis/USA)

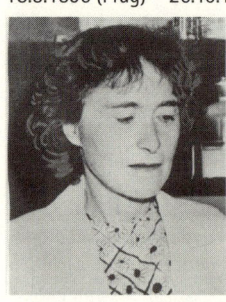

C., die aus einem wohlhabenden jüdischen Elternhaus stammte, begann 1914 an der deutschen Universität in Prag mit dem Medizinstudium, nachdem sie zusätzlich zum Lyzeumsabschluss extern die Abiturprüfung abgelegt hatte. Während des Studiums lernte sie ihren späteren Mann, Carl Ferdinand C., ebenfalls Medizinstudent, kennen. 1920, nach Staatsexamen und Promotion, heirateten sie und zogen nach Wien. C. arbeitete im Karolinen-Kinderspital als Ärztin, wollte aber lieber in der Forschung tätig sein. Als ihrem Mann eine Stelle als Biochemiker im Krebsforschungsinstitut in Buffalo angeboten wurde, zog sie 1922 mit ihm in die USA und wurde 1928 amerikanische Staatsbürgerin. Obwohl sie in Buffalo und ab 1931 in St. Louis, wohin ihr Mann als Pharmakologieprofessor berufen wurde, lediglich als so genannte »Forschungsassistentin« für ein symbolisches Gehalt arbeiten durfte, erforschten beide gemeinsam den Zuckerstoffwechsel in Leber und Muskelzellen, den sie als »Kreislauf der Kohlehydrate« bezeichneten und der nach ihnen »Cori-Zyklus« genannt wurde. Bis zum Zweiten Weltkrieg veröffentlichte C. mit ihrem Mann 50 gemeinsame wissenschaftliche Artikel, dazu elf eigene. 1936 identifizierte das Ehepaar das erste Zwischenprodukt bei der Umwandlung von Glykogen in Muskeltreibstoff, das »Glykose-1-Phosphat«, das nach ihnen den Namen »Cori-Esther« erhielt. Im selben Jahr wurde auch ihr Sohn geboren. Erst elf Jahre später, 1947, erhielt C. in St. Louis eine volle Professur für Biochemie. Kurz darauf wurde ihr im selben Jahr gemeinsam mit ihrem Mann der halbe Nobelpreis für Medizin für die »Entdeckung der katalytischen Umsetzung von Glykogen« verliehen. Es war das erste Mal, dass der Medizin-Nobelpreis an eine Frau vergeben wurde. Trotz einer schweren, unheilbaren Erkrankung des Knochenmarks forschte C. bis zu ihrem Tod weiter.
Lit.: Fölsing, U., Nobel-Frauen, München 1990

Kerner, C. (Hg.), Nicht nur Madame Curie …, Frauen, die den Nobelpreis bekamen, Weinheim-Basel 1990

Cosel, Anna Constantia Gräfin von, geb. v. Brockdorff

17.10.1680 (Depenau b. Plön) – 31.3.1765 (Stolpen)

1703 wurde die Tochter eines dänischen Obersten mit dem sächsischen Minister A. M. v. Hoym verheiratet, nachdem sie ein uneheliches Kind geboren hatte, dessen Vater sie nie bekannt gab. In Dresden verliebte sich August der Starke, Kurfürst von Sachsen und König von Polen, in die attraktive Frau, organisierte 1705 ihre Scheidung, machte sie zu seiner offiziellen Mätresse und verlieh ihr den Titel einer Reichsgräfin von Cosel. In einem geheim gehaltenen Dokument erreichte C. Augusts Zugeständnis, als »Frau zur Linken« anerkannt zu werden, d.h. nach einem eventuellen Tod seiner legitimen Ehefrau Christiane Eberhardine als Kurfürstin und Königin nachzufolgen. Fast zehn Jahre genoss C. eine glanzvolle und einflussreiche Stellung am sächsischen Hof – August schenkte ihr Schloss Pillnitz am Elbufer und ließ für sie das Taschenberg-Palais errichten –, bis August die Affäre beendete und von C. verlangte, auf ihre Ansprüche zu verzichten. Als sie sich weigerte, das Geheimdokument herauszugeben, wurde sie 1716 verhaftet und bis zu ihrem Tod in der Festung Stolpen gefangen gehalten.

Lit.: Hoffmann, G., C. v. C. und August der Starke, Bergisch Gladbach 1984

Feustel, G., Gräfin C. und das Taschenbergpalais, Taucha 1996

Courths-Mahler, Hedwig Ernestine, geb. Mahler

Schriftstellerin

18.2.1867 (Nebra a. d. Unstrut) – 26.11.1950 (Rottach-Egern)

Die erfolgreichste deutsche Unterhaltungsschriftstellerin wurde als uneheliches Kind geboren und wuchs in ärmlichen Verhältnissen auf. Nach dem frühen Tod von Mutter und Stiefvater arbeitete sie als Dienstmädchen und später als Vorleserin, was ihr die Literatur nahebrachte. Bereits als 17-Jährige veröffentlichte sie Erzählungen in Provinzzeitschriften. 1889 heiratete C.-M. den Maler F. Courths, zog mit ihm nach Chemnitz, wo das »Chemnitzer Tageblatt« ihren ersten Fortsetzungsroman veröffentlichte, und 1905 nach Berlin. Bereits der erste ihrer über 200 Romane, »Die Scheinehe« (1905), war ein großer Erfolg. Später erschienen u.a. »Die Bettelprinzeß« (1914), »Griseldis« (1917) und »Dein ist mein Herz« (1920), um einige der bekanntesten zu nennen. In allen wird eine Scheinwelt geschildert, in der am Ende das Gute siegt und Arm und Reich zueinander finden. Insgesamt erreichten C.-M.s Bücher, die z.T. auch verfilmt wurden, eine Auflage von mehr als 40 Millionen. Heute sind noch weit über 100 Titel erhältlich. C.-M. ist die meistübersetzte Schriftstellerin deutscher Sprache. 1933 zog sie sich auf ihren Hof am Tegernsee zurück, den sie mit ihren beiden Töchtern M. Elzer und F. Birkner, die sich ebenfalls schriftstellerisch betätigten, bewirtschaftete.

Lit.: Avé, L., Das Leben der H. C.-M., München–Wien 1990

Pistorius, S. M., H. C.-M. Ihr Leben, Bergisch Gladbach 1992

Crelinger, Sophie Auguste Friederike, geb. Düring

Schauspielerin
7.10.1795 (Berlin) – 11.4.1865 (ebd.)
Die Tochter eines Uhrmachers wurde von
dem Theaterleiter A. W. Iffland auf einer
Berliner Dilettantenbühne entdeckt. Nach
einem Gastspiel engagierte er die Anfänge-
rin an das Königliche Nationaltheater Berlin. Nach dem Tod ihrer Konkurrentin
F.→Bethmann-Unzelmann wurde C. dort
erste Schauspielerin. 1817 heiratete sie den
Hofschauspieler H. W. Stich, mit dem sie
drei Kinder hatte, und drei Jahre nach seinem Tod 1827 den Bankier Otto C. Ausgedehnte Gastspielreisen an fast alle großen
Bühnen Europas machten sie zu einer der
berühmtesten Schauspielerinnen ihrer Zeit.
Besonders eindrucksvoll spielte sie Heldin-
nen-Rollen wie Maria Stuart oder Medea.
1862 erhielt sie die Goldene Medaille für
Kunst und Wissenschaft.
Lit.: Rischbieter, H. (Hg.), Theater-Lexikon,
Zürich-Schwäbisch Hall 1983

Cunitz, Maria

Astronomin
1610 (Schweidnitz – heute Świdnica/Polen) –
24.6.1664 (Pitschen – heute Byczyna/Polen
oder Brieg – heute Brzeg/Polen)
Von ihrem Vater, einem Arzt, der in Schlesien mehrere Landgüter besaß, wurde C.
nicht nur in den Sprachen Hebräisch, Griechisch, Latein, Italienisch, Französisch und
Polnisch unterrichtet, sondern er vermittelte ihr auch ein Grundwissen in Geschichte, Medizin, Mathematik, Malerei,
Dichtung und Musik. Ihr besonderes Interesse galt jedoch der Astronomie. 1630
heiratete sie den Arzt und Amateurastro-
nomen Eliae von Lowen. Mit ihm floh sie
während des 30-jährigen Krieges nach
Polen. Dort veröffentlichte sie 1650 unter
dem Titel »Urania propitia« astronomische
Tafeln, mit denen die Positionen von Pla-
neten berechnet werden konnten. Das
Werk, das eine Weiterentwicklung von J.
Keplers Tabellen darstellt, besteht aus einer
wissenschaftlichen Einführung von 265
Seiten sowie weiteren 286 Seiten mit
astronomischen Tabellen und ist einmalig
in der Wissenschaftsgeschichte des 17. Jhs.
Da C.s Autorenschaft von vielen Zeitgenossen bezweifelt wurde, schrieb ihr Mann
ein Vorwort, in dem er bestätigte, dass
seine Frau wirklich die Verfasserin war.
Lit.: Schiebinger, L., Schöne Geister – Frauen
in den Anfängen der modernen Wissenschaft,
Stuttgart 1993

D

Dagover, Lil (eigtl. Marie Antonia Sieglinde Martha Seubert)

Schauspielerin
30.9.1887 (Madiun/Java) – 23.1.1980
(München)
Ihren Künstlernamen bildete D. nach dem
Namen des Wiener Schauspielers F. Dag-
hofer, mit dem sie 1904–20 verheiratet
war. 1919 wurde sie für den Film entdeckt
und trat, ohne jemals Schauspielunterricht
genommen zu haben, in zahlreichen
Stumm- und Tonfilmen auf, u.a. in »Das
Kabinett des Dr. Caligari« (1920). Auch
während der NS-Zeit war D. eine gefeierte
Filmschauspielerin, z.B. in »Musik in Salzburg« (1944). Nach Kriegsende spielte sie
u.a. in dem Film »Schloss Hubertus«
(1955), wofür sie den Bundesfilmpreis erhielt. 1931 hatte D. von M. Reinhardt die
Rolle der Schönheit bei der »Jedermann«-

Aufführung in Salzburg erhalten, darüber hinaus gastierte sie vor und nach dem Zweiten Weltkrieg an verschiedenen Theaterbühnen. 1979 erschien ihre Autobiografie »Ich war die Dame«. In zweiter Ehe war D. seit 1926 mit dem Filmproduzenten G. Witt verheiratet.

Danz, Tamara
Sängerin
14.12.1952 (Breitungen b. Nordhausen) – 22.7.1996 (Berlin)
Die »Rocklady Nr. 1 der DDR« wurde an der Musikschule Berlin-Friedrichshain in Tanzmusik und Gesang ausgebildet. 1978 gründete sie die Band »Familie Silly«, die ab 1980 unter dem Namen »Silly« großen Erfolg hatte. Nach mehreren Rundfunkaufnahmen seit 1979 erschien 1980 eine Schallplatte der Gruppe in der Bundesrepublik. Am 5.10.1989 gab die couragierte Sängerin in der Berliner Erlöserkirche ein »Konzert gegen Gewalt«, um die Übergriffe der Sicherheitskräfte bei den Demonstrationen für politische Veränderungen anzuprangern. Weitere Konzerte für mehr Freiheit folgten am 7. und 8.10. D. starb nach jahrelanger Krankheit an Krebs.
Lit.: Osang, A., Legenden, Berlin 1997

Davidis, Henriette
1.3.1800 (Wengern b. Witten) – 3.4.1876 (Dortmund)
Die ausgebildete Erzieherin arbeitete zunächst als Haushälterin und leitete seit 1841 eine Mädchenarbeitsschule in Sprockhövel. Anhand von Rezepten ihrer Mutter und ihren eigenen Erfahrungen verfasste sie ein »Praktisches Kochbuch« mit dem Untertitel »Zuverlässige und selbstgeprüfte Recepte der gewöhnlichen und feineren Küche«, das 1844 erschien. Bis zum Ende des Jhs. wurde das Buch mit der Einleitungsformulierung »Man nehme…« für jedes aufgeführte Rezept 35-mal aufgelegt und in mehrere Sprachen übersetzt. Außerdem veröffentlichte D. Ratgeber wie »Der Gemüsegarten« (1850) und »Die Hausfrau. Praktische Anleitung zur selbstständigen und sparsamen Führung des Haushalts« (1861).
Lit.: Ruppelt, G., H. D. und ihr berühmtes Kochbuch, München 1987
Methler, W., D.s Kochbuch. Auf H. D.s Spuren, Herdecke 1995

Dehmel, Ida, geb. Coblenz
Frauenrechtlerin
14.1.1870 (Bingen) – 29.9.1942 (Hamburg)
Aus einem großbürgerlichen jüdischen Elternhaus stammend, besuchte D. nach dem frühen Tod der Mutter ein belgisches Mädchenpensionat. Sie erhielt eine sprachlich-musische Allgemeinbildung, jedoch keine Berufsausbildung. 1895 heiratete sie den Berliner Kaufmann L. Auerbach. In Berlin hielt sie einen »Jour fixe« ab und wurde bald zu einer bekannten Persönlichkeit der Kulturszene. Kurz vor der Geburt ihres Sohnes Ende 1895 lernte sie den Dichter Richard D. kennen, mit dem sie nach ihrer Scheidung in Hamburg lebte. 1906 gehörte sie zu den Gründerinnen des »Frauenclubs Hamburg«, einer Art Kommunikationszentrum für Hausfrauen und Berufstätige. Politisch engagierte sich D. in der »Deutschen Vereinigung für Frauenstimmrecht«. 1927 gründete sie die »Ge-

meinschaft Deutscher und Oesterreichischer Künstlerinnen und Kunstfreundinnen« (GEDOK), deren Vorsitzende sie wurde. 1933 musste sie auf Druck der Nationalsozialisten von diesem Posten zurücktreten. Sie unternahm zahlreiche Reisen und betreute den Nachlass ihres Mannes. Als sie 1942 von ihrer schweren Knochenkrankheit erfuhr, nahm sie sich mit einer Überdosis Schlaftabletten das Leben.
Lit.: Reicke, I., Die großen Frauen der Weimarer Republik, Freiburg i. Br. 1984

Dehmel, Paula, geb. Oppenheimer
Schriftstellerin
31.10.1862 (Berlin) – 9.7.1918 (ebd.)
D. wuchs in einem sehr religiösen jüdischen Elternhaus auf, ihr Vater war Prediger der jüdischen Reformgemeinde in Berlin. 1889 heiratete sie den Freund ihres Bruders, den Schriftsteller Richard D., mit dem sie zwei Töchter hatte. Gemeinsam mit ihm verfasste sie auch nach der Scheidung 1898 Kindergedichte, u.a. »Fitzebutze« (1900), die, in Kleinkindersprache geschrieben, Kindern gerecht werden und sie an die Dichtung heranführen sollten. Später gab sie auch anspruchsvolle Märchen, Geschichten und Spiele für Kinder heraus, u.a. »Das grüne Haus« (1907) und »Das Märchenbüchlein« (1911).

Demuth, Helena
Haushälterin
31.12.1820 (St. Wendel) – 4.11.1890 (London)
Schon in jungen Jahren musste die Bäckerstochter als Dienstmagd arbeiten. Etwa 1837 kam sie in den Haushalt der Familie von Westphalen. Nach der Hochzeit der Tochter Jenny v. W. mit dem Politiker und Schriftsteller K. Marx unterstützte D.

ab 1845 als Hausgehilfin, enge Vertraute und politisch Gleichgesinnte die Familie Marx, die sie in den folgenden Jahren auf

ihrer Flucht über Frankreich und Belgien nach London begleitete. Sie betreute die sieben Kinder, von denen vier früh starben, verwaltete die knappe Haushaltskasse und verhandelte mit dem Pfandleiher. 1851 bekam sie einen Sohn, dessen Vater vermutlich Marx war, obwohl sich der Politiker F. Engels zur Vaterschaft bekannte. Nach Marx' Tod führte D. das Hauswesen von Engels und war Mitgestalterin der sonntäglichen Tafelrunden, bei denen sie Sozialisten aus vielen Ländern kennen lernte. Außerdem half sie, den schriftlichen Nachlass von Marx zu ordnen.
Lit.: Gemkow, H., H. D. – ›eine treue Genossin‹, Berlin 1989

Destinn, Emmy (eigtl. Kittl)
Sängerin
26.2.1878 (Prag) – 28.1.1930 (Budweis – heute Česke Budějovice/Tschechien)
Von ihrer Gesangslehrerin M. Löwe-Destinn übernahm D. den Namen. 1898

debütierte sie an der Kroll-Oper in Berlin, anschließend erhielt sie ein Engagement an der Hofoper und war dort bis 1908 Ensemblemitglied. 1901 sang sie bei den

Bayreuther Festspielen die Senta. Der Komponist R. Strauss, der von der Sopranistin als Diemut in seiner Oper »Feuersnot« begeistert war, ließ sie als Erste die Titelrolle der »Salomé« singen. Zahlreiche internationale Gastspiele führten D., die auch als Verdi-Interpretin brillierte, u.a. nach Paris, Prag und Wien. 1904 wurde sie an der Londoner Covent Garden Opera als Anna in »Don Giovanni« und im folgenden Jahr als »Madame Butterfly« gefeiert. 1908–17 trat sie an der New Yorker Metropolitan Opera unter dem Dirigenten A. Toscanini u.a. als Partnerin von E. Caruso auf. G. Puccini komponierte für D., deren Gesangskunst als vollkommen gepriesen wurde, die Partie der »Fanciulla del West«. Nach ihrem Abschied von der Bühne und der Heirat mit einem tschechischen Offizier schrieb sie Gedichte, Novellen und ein Drama.
Lit.: Kesting, J., Die großen Sänger des 20. Jhs., Düsseldorf 1993

Dethleffs-Edelmann, Friedel, geb. Edelmann
Malerin
1899 (Karlsruhe) – 1982 (Isny, Allgäu)
Gegen den Willen ihres Vaters besuchte D.-E. 1916–18 die Großherzogliche Malerinnenschule in Karlsruhe. 1919 erhielt sie als erste Frau einen Studienplatz an der Karlsruher Akademie und wurde 1921 Meisterschülerin bei E. Württemberger. Eine Professur, die ihr von der Karlsruher Akademie angeboten wurde, lehnte sie ab. Nach ihrer Heirat mit A. Dethleffs (1931) zog sie nach Isny und lebte dort bis zu ihrem Tod. D.-E.s Landschaften, Portraits und Stillleben zeigen Einflüsse von L. Thoma. Sie setzte sich aber auch mit der Kunstrichtung der 20er Jahre, der Neuen Sachlichkeit, auseinander.

Lit.: Hofstätter, H. H., Die Malerin F. D.-E., Friedrichshafen 1980

Deutsch, Helene, geb. Rosenbach
Psychoanalytikerin
9.10.1884 (Przemyśl/Polen) – 29.3.1982 (Cambridge/USA)
1907, nach dem Ende ihrer Liebesbeziehung mit dem verheirateten polnischen Sozialistenführer H. Liebermann, begann D. in Wien mit dem Medizinstudium. 1912 wurde sie promoviert und und erhielt eine Assistentenstelle an der Wagner-Jauregg-Klinik für Psychiatrie in Wien. Im selben Jahr heiratete sie den Psychiater Felix D., mit dem sie einen Sohn hatte. Während des Ersten Weltkriegs als Militärärztin tätig, wurde D. 1918 Assistentin des Psychoanalytikers S. Freud und spezialisierte sich auf die Psychologie der Frau und die weibliche Sexualität. 1925 wurde sie Direktorin des Wiener Psychoanalytischen Ausbildungsinstituts, dessen Mitgründerin sie war. 1934 emigrierte D. mit ihrer Familie in die USA. Sie wurde Mitglied des Instituts der Bostoner Psychoanalytischen Gesellschaft, übernahm eine Professur an der Bostoner Universität und war als Psychiaterin am Massachussetts General Hospital tätig. D. gilt als eine der bedeutendsten Vertreterinnen der psychoanalytischen Schule, ihre bekanntesten Werke sind »Zur Psychologie der weiblichen Sexualfunktionen« (1925) und »The Psychology of Women« (1944/45). 1973 veröffentlichte sie ihre Autobiografie »Confrontation with Myself«.
Lit.: Roazen, P., Freuds Liebling: H. D. – das Leben einer Psychoanalytikerin, München–Wien 1989

Dicker, Friedl
Malerin
1898 (Wien) – 1944 (KZ Auschwitz)
Nach ihrer kunstgewerblichen Ausbildung an einer Privatschule in Wien ging D. 1919 an das Bauhaus in Weimar. 1923 war sie Mitbegründerin der »Werkstätten für Bildende Kunst« in Berlin. Sie entwarf vor allem Kostüme, Dekorationen und Bühnenbilder für Theater in Berlin und Dresden. 1923 kehrte sie nach Wien zurück und arbeitete als Innenarchitektin. Die überzeugte Kommunistin wurde 1934 verhaftet. Nach ihrer Freilassung emigrierte sie nach Prag und lebte dort im Untergrund, bis sie 1942 in das Konzentrationslager Theresienstadt deportiert wurde. Hier erteilte sie Kindern heimlich Zeichenunterricht. Etwa 600 erhaltene Kinderzeichnungen zeigen deutlich ihren Einfluss. 1944 wurde D. in Auschwitz ermordet.
Lit.: Das verborgene Museum I., Neue Gesellschaft für Bildende Kunst e. V. (Hg.), Berlin 1987

Diem, Liselott, geb. Bail
Sportwissenschaftlerin
18.9.1906 (Wiesbaden) – 25.4.1992 (Köln)
D. bestand 1927 die Diplomprüfung an der Deutschen Hochschule für Leibesübungen in Berlin. 1930 heiratete sie den Rektor der Hochschule, Carl D., mit dem sie vier Kinder hatte. Bis 1933 war sie als Lehrkraft an der Hochschule tätig. Danach ließ sie sich in tänzerischer Gymnastik ausbilden und unterrichtete Erwachsene und Kinder. 1946–64 war sie Leiterin der Frauenausbildung an der Deutschen Sporthochschule Köln, 1965 erhielt sie dort eine Professur für Didaktik und Methodik der Leibesübung, und 1967–68 war sie Rektorin der Hochschule. D. gehörte dem Organisationskomitee für die Olympischen Spiele 1972 in München an und veröffentlichte ihre Erinnerungen unter den Titeln »Fliehen oder Bleiben – Dramatisches Kriegsende in Berlin« (1982) und »Leben als Herausforderung« (1986).

Diemudis
Kalligrafin
gest. 1135
Der Nonne, die im bayerischen Kloster Wessobrunn lebte, werden über 45 künstlerisch ausgestattete Evangelienhandschriften zugeschrieben. D. war zu ihrer Zeit für ihre Illuminations- und Kalligrafiekunst so berühmt, dass sie auch von anderen Klöstern und Kirchen, sogar außerhalb Bayerns, beauftragt wurde, Handschriften anzufertigen.

Dietrich, Amalie Concordia, geb. Nelle
Botanikerin
26.5.1821 (Siebenlehn b. Meißen) – 9.3.1891 (Rendsburg)
D., eine der bedeutendsten Naturforscherinnen Deutschlands, wuchs in ärmsten Verhältnissen in einer Heimarbeiterfamilie auf. Ihr Mann, der Apotheker und Privatgelehrte Wilhelm D., machte sie mit den Grundbegriffen der Botanik sowie dem Präparieren von Tieren vertraut. Nach der Geburt ihrer Tochter 1848 musste sich die leidenschaftliche Wissenschaftlerin zwischen Familie und ihrer Arbeit entscheiden. Sie verließ ihren Mann und gab das Kind in Pflege. Mit einem von einem Hund gezogenen Handwagen durchwanderte sie elf Wochen die Salzburger Alpen und sammelte Pflanzen und Insekten. Der Hamburger Reeder C. Godeffroy, der ein Natur- und Völkerkundemuseum der Südsee einrichten wollte, schickte D. 1863 auf eine

zehnjährige Forschungsreise an die Ostküste Australiens. Dort sammelte und bestimmte sie Pflanzen, Vögel, Fische und
Insekten sowie Geräte und Waffen der
Aborigines und sandte die Präparate nach
Deutschland. Drei Jahre nach ihrer Ankunft in Australien gab das Hamburger
Museum einen Katalog mit Pflanzen des
Brisbane River heraus. Einige der von D.
entdeckten Arten wurden nach ihr benannt, z.B. die Algenart »Sargassum Ama-
liae« und die Wespenarten »Nortonia Ama-
liae« und »Odynerus Dietrichianus«. 1873
kehrte D. nach Deutschland zurück. Sie betreute die von ihr angelegte Sammlung
und wurde 1879 Kustodin des Botanischen
Museums in Hamburg. Ihre Tochter C. Bi-
schoff, bei der sie die letzten Jahre ihres
Lebens verbrachte, schrieb 1909 ihre Lebensgeschichte.
Lit.: Feyl, R., Der lautlose Aufbruch – Frauen in
der Wissenschaft, Frankfurt a. M. 1983

Dietrich, Marlene (eigtl. Maria Magdalena)
Schauspielerin
27.12.1901 (Berlin) – 6.5.1992 (Paris)
Gegen den Willen ihrer Mutter brach D. ihr
Musikstudium in Weimar nach zwei Jahren
ab. Nach einer ersten vergeblichen Bewerbung wurde sie 1921 an der Schauspielschule M. Reinhardts in Berlin angenommen und trat in kleinen Rollen auf der
Bühne und im Film auf. 1924 heiratete sie
den Produktionsassistenten R. Sieber, mit
dem sie eine Tochter hatte. 1929 entdeckte
sie der Regisseur J. v. Sternberg in der Revue »Zwei Krawatten« und gab ihr die
Hauptrolle in dem Film »Der blaue Engel«
neben E. Jannings. Als verführerische
Lola-Lola mit dem Lied »Ich bin von Kopf
bis Fuß auf Liebe eingestellt« wurde D.
zum Star. Sie folgte Sternberg nach Hol-

lywood und
spielte in zahlrei-
chen erfolgrei-
chen Filmen, u.a.
in »Morocco«
(1930), in dem
sie in Männer-
kleidung auftrat
und damit eine
neue Mode kre-
ierte, und in »Song of Songs« (1933) mit
dem Lied »Johnny, wenn du Geburtstag
hast«. Als der nationalsozialistische Propagandaminister J. Goebbels versuchte, den
»Mythos Marlene« zurück nach Deutschland zu holen, weigerte sich D. Stattdessen
nahm sie 1937 die US-Staatsbürgerschaft
an, unterstützte antifaschistische Organisationen und arbeitete während des Krieges
als Truppenbetreuerin in Nordafrika und
Europa. Dafür wurde sie von der US-amerikanischen Frontkämpfervereinigung mit
einer Medaille ausgezeichnet, in Deutschland dagegen als »Vaterlandsverräterin«
geschmäht. Nach Kriegsende gelang D. das
Comeback als Schauspielerin, z.B. in B.
Wilders »Zeugin der Anklage« (1958). Seit
1953 baute sie sich zusätzlich eine zweite
internationale Karriere als Chansonsängerin auf, u.a. mit dem Lied »Sag mir, wo die
Blumen sind«, und gab 1960 auch ein kur-
zes Gastspiel in Deutschland. Nach einem
Beinbruch 1975 beendete sie ihre Bühnenlaufbahn. In den folgenden Jahren lebte
sie zurückgezogen in Paris und gab nur
noch wenige Interviews. Nach ihrem Tod
übernahm der französische Staat, der D.
zum »Kommandanten der Ehrenlegion« ernannt hatte, alle ihre Schulden. Ihre Geburtsstadt Berlin bereitete ihr ein feierli-
ches Begräbnis und ersteigerte ihren gesamten Nachlass. D. veröffentlichte drei

Autobiografien: »ABC meines Lebens«
(1962), »Nehmt nur mein Leben« (1979)
und »Ich bin, Gott sei Dank, Berlinerin«
(1987).
Lit.: Bach, S., M. D. – die Legende, das Leben,
Düsseldorf 1993
Mentele, R. (Hg.), Auf Liebe eingestellt: M. D.s
schöne Kunst, Bensheim-Düsseldorf 1993
Riva, M., Meine Mutter Marlene, München
1994

Dietzsch, Barbara Regina
Malerin
22.9.1706 (Nürnberg) – 1.5.1783 (ebd.)
Wie ihre sechs Geschwister wurde D. von
ihrem Vater, dem Maler Johann Israel D.,
ausgebildet, sie war jedoch künstlerisch
mit Abstand das begabteste und produktivste Mitglied der bekannten Künstlerfamilie. Überwiegend malte sie naturge-
treue Blumen- und Insektenbilder sowie
einige Landschaften, Jagdszenen und Bildnisse, die sogar in die Niederlande und
nach England verkauft wurden. Einzigartig
ist die »Sammlung meist inländisch gefan-
gener Vögel«, ein Folioband mit 50 Kupferstichen nach ihren Aquarellen, der
1772–75 in Nürnberg erschien. Aus Liebe
zu ihrer Familie und ihrer Arbeit lehnte D.
mehrmals das Angebot des ansbach-bay-
reuthischen Residenten in Nürnberg ab, sie
als Hofmalerin anzustellen. Auch nach
einem Schlaganfall 1775 malte sie weiter
und hörte erst zwei Jahre vor ihrem Tod
auf zu arbeiten.
Lit.: Das verborgene Museum I., Neue Gesellschaft für Bildende Kunst e. V. (Hg.), Berlin
1987

Dönniges, (Marie Josephine) Helene von
Schauspielerin
21.3.1843 (München) – 21.3.1911 (ebd.)
D. stammte aus einem hochkultivierten Elternhaus, in dem u.a. die Schriftsteller F.
Hebbel und H. C. Andersen verkehrten. Im
Sommer 1864 verliebte sie sich in den sozialistischen Politiker F. Lassalle, der sie so
schnell wie möglich heiraten wollte. D.s
Vater, der erst kurze Zeit vorher geadelt
worden war, war jedoch strikt gegen diese
Verbindung. Er bestand auf einer Verlobung mit dem rumänischen Fürsten Y. v.
Racowitza. Am 28.8.1864 kam es in Genf
zum Duell zwischen Racowitza und Lassalle, bei dem Lassalle tödlich getroffen
wurde. Daraufhin heiratete D. Racowitza,
der jedoch nach nur fünfmonatiger Ehe
1865 an Tuberkulose starb. Sie zog nach
Berlin, wurde Schauspielerin und ließ sich
auf Gastspielreisen durch ganz Europa feiern. Fünf Jahre war sie mit dem Schauspieler S. Friedmann verheiratet. Sie verließ ihn 1873 und folgte ihrem späteren
dritten Mann, dem russischen Journalisten
S. v. Schewitsch, einem Verehrer Lassalles,
nach Amerika. Neben Theaterauftritten begann sie in New York mit der Schriftstellerei sowie dem Studium der Medizin und
Theosophie. 1890 kehrte sie nach Europa
zurück und lebte schließlich wieder in
München. D. verfasste autobiografische
Werke, z.B. »Meine Beziehungen zu F. Lassalle« (1879), und mehrere Romane, in
denen sie sich u.a. für die Gleichberechtigung der Frau einsetzte. Krank und verarmt nahm sie sich 1911 das Leben.

Dohm, (Marianne Adelaide) Hedwig, geb. Schleh
Frauenrechtlerin
20.9.1833 (Berlin) – 4.6.1919 (ebd.)
Aufgewachsen mit 17 Geschwistern, brach die Tochter eines zum Christentum konvertierten jüdischen Tabakfabrikanten 19-jährig ihre Lehrerinnenausbildung ab. Sie heiratete Ernst D., den Chefredakteur der satirischen Zeitschrift »Kladderadatsch«,

mit dem sie fünf Kinder hatte. Im ihrem Haus trafen sich F. Lassalle, W. v. Humboldt, F.→Lewald und andere Intellektuelle. 1872 veröffentlichte D. ihre erste Streitschrift »Was Pastoren denken« gegen die Vorstellung, dass Männer von Natur aus intelligenter als Frauen seien. In »Die wissenschaftliche Emancipation der Frau« (1874) verlangte sie sexuelle Aufklärung für junge Mädchen und ihre Zulassung zum Medizinstudium. D.s Stärke lag in ihrer Begabung für Persiflage, die bei aller Polemik immer humorvoll und nie zynisch war. 1888 war sie Mitgründerin des »Deutschen Frauenverein Reform« und bis 1901 Mitglied im Vorstand des Vereins »Frauenwohl«. 1915 verfasste die überzeugte Pazifistin mit »Der Missbrauch des Todes« ein Plädoyer gegen den Krieg, das zwei Jahre darauf veröffentlicht wurde. D. schrieb auch Romane, Novellen und Komödien.
Lit.: Meißner, J., Mehr Stolz, Ihr Frauen! H. D. – eine Biographie, Düsseldorf 1987
Brandt, H., Die Menschenrechte haben kein Geschlecht – die Lebensgeschichte der H. D., Weinheim–Basel 1989

Dorothea von Brandenburg
9.10.1636 (Glücksburg) – 16.8.1689 (Karlsbad – heute Karlovy Vary/Tschechien)
1668 wurde die Tochter des Herzogs Philipp von Holstein-Sonderburg-Glücksburg in zweiter Ehe die zweite Frau Friedrich Wilhelms von Brandenburg, des »Großen Kurfürsten«, mit dem sie fünf Kinder hatte. Die ehrgeizige D. war bei der Bevölkerung und am Hof unbeliebt, denn sie versuchte, eine erbrechtliche Begünstigung ihrer eigenen Söhne durchzusetzen – zum Nachteil des Kronprinzen aus der ersten Ehe ihres Mannes. In diplomatischen Verhandlungen nahm D. außerdem Partei für Frankreich, so dass sie sogar der Bestechung verdächtigt wurde. Sie parzellierte ein Gelände am Brandenburger Tor, ein Geschenk ihres Mannes, und ließ die Baugrundstücke verkaufen. Daraus entstand die heute noch so genannte »Dorotheenstadt« mit der Straße »Unter den Linden«.
Lit.: Schlewig-Holsteinisches Biographisches Lexikon, Neumünster 1987

Dorothea von Montau
Mystikerin
6.2.1347 (Groß-Montau b. Marienwerder – heute Kwidzyn/Polen) – 25.6.1394 (Marienwerder)
Die Mutter von neun Kindern war berühmt wegen ihrer Mildtätigkeit, derentwegen sie auch selig gesprochen wurde. Nach dem Tod ihres Mannes unternahm sie 1390 eine Pilgerreise nach Rom. Ab 1393 lebte D. als Klausnerin in einer Zelle des Doms in Marienwerder und half Rat Suchenden. Ihre Visionen wurden vom Dekan des Domes Johannes von Marienwerder aufgezeichnet. Als Patronin Altpreußens wurde sie von der Bevölkerung sehr verehrt.

Dorsch, Käthe (eigtl. Katharina)
Schauspielerin
29.12.1890 (Neumarkt i.d. Oberpfalz) –
25.12.1957 (Wien)
Nach einigen Jahren als Sängerin im Chor
des Nürnberger Stadttheaters trat D. 1919
als Soubrette in der Operette »Wiener Blut«
auf und hatte anschließend auch erste Erfolge in Sprechrollen. In den 30er Jahren

war sie eine der
beliebtesten
Schauspielerin-
nen in Berlin,
u.a. am Deut-
schen Theater in
der Titelrolle von
»Rose Bernd«.
1936 wurde ihr
der Titel einer
Staatsschauspielerin verliehen. 1939 kam
sie zum Ensemble des Wiener Burgtheaters, wo sie u.a. als Orsina in »Emilia Galotti« begeistert gefeiert und zur Kammerschauspielerin ernannt wurde. Seit 1951
trat D. wieder auf Berliner Bühnen auf
und übernahm auch einige Filmrollen. Sie
war mit dem Schauspieler H. Liedtke verheiratet.

Dräger-Mühlenpfort, Anna, geb. Dräger
Malerin
1887 (Lübeck) – 31.1.1984 (Braunschweig)
D.-M., die aus einer Lübecker Industriellenfamilie stammte, erhielt ihre Ausbildung 1904–06 an der Lübecker Kunstschule und 1907–08 im »Verein Berliner
Künstlerinnen«. 1909 heiratete sie den
Baurat C. Mühlenpfort, mit dem sie 1914
nach Braunschweig zog, als er an die
Technische Hochschule berufen wurde.
1933 wurden erstmals ihre Aquarelle und
Gemälde zusammen mit Bildern E. Munchs

in Berlin ausgestellt. Daraufhin erhielt sie
zahlreiche Einladungen von anderen
Kunstvereinen, die sie jedoch ablehnen
musste, weil ihr wegen politischer Äußerungen ihres Mannes von den Nationalsozialisten Ausstellungsverbot erteilt worden
war. Nach dem Krieg unternahm D.-M.
zahlreiche Reisen, u.a. nach Nordafrika, die
sie vor allem zu Landschaftsbildern inspi-
rierten. Sie experimentierte in ihren Mal-
weisen und legte sich auf keinen Stil fest.
Ihr Spätwerk wurde häufig ausgestellt, u.a.
in Berlin, Bremen, München, Hamburg und
Braunschweig.
Lit.: Armenat, G., Frauen aus Braunschweig,
Braunschweig 1986

Dransfeld, Hedwig (Ps. Angelika Harten)
Politikerin
24.2.1871 (Hacheney b. Dortmund) –
13.3.1925 (Werl)
Die in einem Waisenhaus aufgewachsene
D. besuchte 1887–90 ein Lehrerinnenseminar in Paderborn. Sie unterrichtete in einer
katholischen Mädchenschule in Werl und
veröffentlichte einige Erzählungen sowie
1903 den Lyrikband »Erwachen«. 1905
übernahm sie die Leitung der Zeitschrift
»Die christliche Frau« und engagierte sich
für Frauenförderung und -ausbildung.
1912 wurde D. als Mitbegründerin der katholischen Frauenbewegung Vorsitzende
des »Katholischen Deutschen Frauenbundes«. 1919 vertrat sie die Zentrumspartei in
der Verfassunggebenden Nationalversammlung, ein Jahr später wurde sie Abgeordnete des Reichstags und setzte sich
vor allem für Kultur- und Sozialpolitik ein.
Lit.: Wassenberg, H., Von der Volksschullehrerin zur Volkslehrerin – die Pädagogin
H. D., Frankfurt a. M. 1994

Drewitz, Ingeborg, geb. Neubert
Schriftstellerin
10.1.1923 (Berlin) – 26.11.1986 (ebd.)
Nach dem Studium der Philosophie, Germanistik und Geschichte, das sie 1945 mit der Promotion abschloss, schrieb die Tochter einer Pianistin und eines Ingenieurs zunächst Dramen und Hörspiele. Beachtung fand ihr Stück »Alle Tore waren bewacht« (1955) über die nationalsozialistischen Konzentrationslager. Viele von D.s Romanen spielen in Berlin, sie behandeln ihre Erfahrungen während der NS-Zeit oder aktuelle politische Themen. Mit der Rolle der Frau in der Gesellschaft beschäftigte sie sich besonders in der Romanbiografie »B. v.→Arnim« (1969) sowie in dem stark autobiografischen Roman »Gestern war Heute. Hundert Jahre Gegenwart« (1978), der ihr erfolgreichstes Buch wurde. Neben ihrer schriftstellerischen Tätigkeit setzte D. sich für gesellschaftliche Randgruppen ein, kämpfte für Chancengleichheit und gegen soziale Missstände. Sie erhielt zahlreiche Preise, war Vizepräsidentin des PEN-Zentrums der Bundesrepublik und stellvertretende Vorsitzende des Verbands deutscher Schriftsteller. Als Mitbegründerin der Verwertungsgesellschaft Wort (VG Wort) engagierte sie sich für die Sicherung der Urheberrechte und angemessene Honorare für Autoren. D. war verheiratet und hatte drei Töchter.
Lit.: Schweikert, U., I. D. – Die ganze Welt umwenden: ein engagiertes Leben, Düsseldorf 1987
Brüggemann Rogers, G., Das Romanwerk von I. D., Frankfurt a. M. 1989

Drews, Bertha Helene
Schauspielerin
19.11.1905 (Berlin) – 10.4.1987 (ebd.)
Ihr Studium absolvierte D. an der Hochschule für Musik und an der Max-Reinhardt-Schule in Berlin. 1925 ging sie nach Stuttgart, 1926 an die Münchner Kammerspiele. Seit ihrer Rückkehr nach Berlin 1930 war sie zunächst an der Volksbühne und ab 1933 am Staatstheater engagiert. Während des Zweiten Weltkriegs gehörte D. zum Ensemble des Schiller-Theaters, das

von ihrem Mann, dem Schauspieler H. George, geleitet wurde. 1945–49 spielte sie am Hebbel-Theater, 1951 kehrte sie zum Schiller-Theater zurück. Zu ihren Glanzrollen zählten u.a. die Orsina in »Emilia Galotti« und die Eliza in »Pygmalion«. Außerdem spielte sie in zahlreichen Filmen mit, darunter in »Anastasia, die letzte Zarentochter« (1956). 1986 veröffentlichte D., deren Sohn G. George ebenfalls ein bekannter Schauspieler wurde, unter dem Titel »Wohin des Wegs?« ihre Autobiografie.

**Droste-Hülshoff, Annette von
(eigtl. Anna Elisabeth)**
Dichterin
10.1.1797 (Schloss Hülshoff b. Münster) – 24.5.1848 (Meersburg)
Nach einer vorwiegend musischen Privaterziehung durch Hauslehrer auf dem Wasserschloss ihrer Eltern begann die zarte und immer kränkelnde katholische Adlige bereits als junges Mädchen mit literarischen Versuchen, die jedoch nicht publi-

ziert wurden. Durch ihre weitläufige Verwandtschaft lernte sie u.a. die Schriftsteller W. Grimm, A. W. v. Schlegel sowie S.→Mertens-Schaaffhausen und A.→Schopenhauer kennen. Eine unglückliche Liebe inspirierte ab 1820 einen Gedichtzyklus über die Ereignisse des Kirchenjahres (»Das geistliche Jahr«), an dem sie zwei Jahrzehnte arbeitete, sowie das Romanfragment »Ledwina«. 1826 zog D.-H. nach dem Tod ihres Vaters mit ihrer Mutter auf den Witwensitz Rüschhaus bei Münster. Der Münsteraner Philosophiedozent C. B. Schlüter ermutigte sie 1838, ihren ersten Gedichtband halbanonym zu veröffentlichen (»Gedichte von Annette Elisabeth v. D...H...«). Im literarischen Kreis ihrer Freundin E. Rüdiger in Münster lernte sie im selben Jahr den 17 Jahre jüngeren Schriftsteller L. Schücking kennen, der ihre Begabung erkannte und sie anregte, ihr Talent auch an Balladen und Erzählungen zu versuchen. Im Winter 1841/42, den D.-H. – zeitweise zusammen mit Schücking – bei ihrer verheirateten Schwester Jenny auf der Meersburg am Bodensee verbrachte, schrieb sie ihre bekannteste Erzählung, die Kriminalnovelle »Die Judenbuche. Ein Sittengemälde aus dem gebirgigten Westphalen«. Darin erhielten die Psychologie und das Sozialmilieu des Täters eine neue Bewertung. In dieser Zeit verfasste D.-H. auch den Gedichtzyklus »Heidebilder« mit u.a. »Der Knabe im Moor«. 1844 erschien ihr zweiter Gedichtband (»Gedichte von Annette Freiin von Droste-Hülshoff«) mit lyrischen Gedichten, Balladen und Verserzählungen, von dessen Honorar sie ihr eigenes Haus, das »Fürstenhäusle« bei Meersburg, kaufte. 1846 siedelte sie wegen ihres schlechten Gesundheitszustandes ganz zu ihrer

Schwester auf die Meersburg über, wo sie bis zu ihrem Tod lebte. Während zu ihren Lebzeiten ihre Veröffentlichungen wenig Aufsehen erregten, wurde D.-H. gegen Ende des 19. Jhs. postum als »Deutschlands größte Dichterin« gefeiert. In neuerer Zeit wandelte sich ihr Bild in der Literaturkritik von der gemütvollen Heimatdichterin zur sprachmächtigen Lyrikerin mit existenzieller Radikalität.

Lit.: Maurer, D., A. v. D.-H. – ein Leben zwischen Auflehnung und Gehorsam, Bonn 1992
Beuys, B., Blamieren mag ich mich nicht. Das Leben der A. v. D.-H., München-Wien 1999

Druskowitz, Helene von (Pse. E. René, H. Foreign, H. Sakrosanct, Adalbert Brunn)
Schriftstellerin
2.5.1858 (Wien) – 31.5.1918 (Mauer-Öhling, Niederösterreich)
Parallel zur Schule besuchte D. das Wiener Konservatorium und erwarb gleichzeitig mit dem Abitur auch dort den Abschluss. Nach dem Studium der Philosophie, der Klassischen, Orientalischen und Neueren Philologie sowie der Archäologie an der Universität Zürich wurde sie 1878 promoviert. In ihrer Dissertation »Der Mann als logische und sittliche Unmöglichkeit und als Fluch der Welt. Pessimistische Kardinalsätze« setzte sie sich mit der frauenfeindlichen Philosophie A. Schopenhauers auseinander. Ausgedehnte Studienreisen führten sie nach Frankreich, Italien, Spanien und Nordafrika. Sie hielt Vorträge in zahlreichen europäischen Städten und arbeitete als freie Schriftstellerin und Musikkritikerin. Außerdem gründete sie die Frauenzeitschriften »Der heilige Kampf« und »Der Fehderuf« und verfasste neben Gedichten, Biografien und Dramen auch Schriften für die Frauenbewegung, u.a.

»Das Männerproletariat oder die Fällung des Mannes als Tier und Denker« (1900). D., die sich zusätzlich mit Spiritualismus und Meditation beschäftigte, war Ehrenmitglied der »Ethical Society« in Chicago und der »Spirituellen Vereinigung« in Köln.

Dumont, Louise (eigtl. Hubertine Maria L. Heynen)

Theaterleiterin, Schauspielerin
22.2.1862 (Köln) – 16.5.1932 (Düsseldorf)

Die gelernte Näherin trat nach der Schauspielausbildung in Berlin seit 1883 unter dem Mädchennamen ihrer Mutter auf der Bühne auf. 1887 wurde sie Mitglied des Wiener Burgtheaters, zwei Jahre später wechselte sie an das Königliche Hoftheater Stuttgart und feierte dort vor allem in Ibsen-Stücken große Erfolge. 1898 erhielt sie ein Engagement am Deutschen Theater in Berlin unter dem Regisseur O. Brahm und gehörte damit zur Elite der deutschen Schauspielerinnen. 1903 lernte D. ihren späteren Mann G. Lindemann, den Leiter der »Internationalen Ibsen-Tournee«, kennen. Mit ihm gründete sie 1905 als privates Unternehmen das Düsseldorfer Schauspielhaus, dessen künstlerische Leitung sie übernahm. Im selben Jahr gründete sie auch die Düsseldorfer Theaterakademie, die spätere Hochschule für Bühnenkunst, um ihr Konzept eines literarischen, werkgetreuen Theaters auch pädagogisch durchzusetzen. Ihr Mann gab 1932 unter dem Titel »Ver-

mächtnisse« D.s Reden und Schriften heraus.
Lit.: Liese, W., L. D. – ein Leben für das Theater, Düsseldorf 1971

Durand-Wever, Anne-Marie Katharina Ulrike Fanny Elisabeth, geb. Wever

Medizinerin
30.10.1889 (Paris) – 14.9.1970 (Overath b. Köln)

1917 wurde die Diplomatentochter nach dem Studium der Medizin in Chicago, Marburg a. d. Lahn, Straßburg und München promoviert. Einige Jahre arbeitete sie als Assistentin an der Münchner Universitätsklinik, bis sie sich als Frauenärztin in München niederließ. 1927 eröffnete sie eine Praxis in Berlin und leitete 1928–33 die von ihr gegründete »Vertrauensstelle für Verlobte und Eheleute« für Familienplanung. D.-W. war u.a. Mitglied im Vorstand des »Bundes deutscher Ärztinnen« und stand dem von ihr gegründeten »Überparteilichen

Frauenbund zur Reform der Sexual-Gesetzgebung« vor. Während der NS-Zeit verzichtete sie auf alle Ämter, führte aber ihre Praxis und Beratungsseminare zur Geburtenplanung weiter. Als Mitglied des »Zentralen Frauenausschusses« und Vorsitzende des »Demokratischen Frauenbundes Deutschland« setzte sich D.-W. nach 1945 für eine Reform des § 218 ein. Verheiratet war sie seit 1916 mit dem Architekten Durand, mit dem sie einen Sohn hatte.

Durieux, Tilla (eigtl. Ottilie Godeffroy)
Schauspielerin
18.8.1880 (Wien) – 21.2.1971 (Berlin)
Nach dem Besuch der Theaterschule Arnau
in Wien und Auftritten in Olmütz und
Breslau kam D., deren Vater Chemieprofes-

sor war, 1903 zu
dem Regisseur
M. Reinhardt an
das Deutsche
Theater nach
Berlin. Bis 1933
spielte sie an
verschiedenen
Berliner Bühnen
und wurde zu ei-
ner der herausragenden Schauspielerinnen
Deutschlands. Zahlreiche Gastspielreisen
führten sie durch fast ganz Europa und
nach Amerika. D. war in erster Ehe mit
dem Maler E. Spiro und in zweiter Ehe mit
dem Berliner Kunsthändler P. Cassirer verheiratet, der sich 1926 wenige Stunden vor
der Scheidung erschoss. Mit ihrem dritten
Mann, dem jüdischen Bankier L. Katzenel-
lenbogen, floh sie nach der Regierungsübernahme durch die Nationalsozialisten
über Prag und die Schweiz nach Jugoslawien und lebte seit 1934 in Zagreb. Nach
der Besetzung Jugoslawiens durch die
Deutschen 1941 und der Deportation ihres
Mannes in das Konzentrationslager Sachsenhausen, wo er ermordet wurde, schloss
sie sich der jugoslawischen Widerstandsbewegung an. Seit 1952 trat sie wieder in
Deutschland auf. Ihre Glanzrollen waren
u.a. die Titelrollen in »Hedda Gabler« und
»Die Irre von Chaillot«. Neben ihrer Tätigkeit am Theater spielte D. auch in zahlreichen Filmen mit. Sie veröffentlichte ihre
Lebenserinnerungen in zwei Teilen: »Eine
Tür fällt ins Schloss« (1928) und »Eine Tür

steht offen« (1954). Nach ihrem Tod ergänzte der Kritiker F. Luft ihre letzten Aufzeichnungen und gab sie unter dem Titel
»Meine ersten 90 Jahre« (1971) heraus.
1967 stiftete D. ein Kollier aus Platin mit
34 Zirkonen, den »Durieux-Schmuck«, der
alle zehn Jahre einer deutschen, österreichischen oder Schweizer Schauspielerin
für außerordentliche Leistungen verliehen
wird. Sie erhielt das Große Bundesverdienstkreuz.
Lit.: Hülsbergen, H. (Hg.), Stadtbild und Frauenleben. Berlin im Spiegel von 16 Frauenporträts, Berlin 1997

Duttenhofer, Luise, geb. Hummel
Scherenschneiderin
5.4.1776 (Waiblingen) – 16.5.1829 (München)
Da ihr ein Kunststudium an der Akademie
als Frau nicht möglich war, begann D. mit
dem Schneiden von Schattenbildern, die
Ende des 18. Jhs. in Mode kamen. Mit
ihrem Mann Christian Friedrich Traugott
D., mit dem sie sieben Kinder hatte, berei-
ste sie etwa 1805 Italien und fertigte erste
Studien nach antiken Vorbildern. Ihre
Werke, darunter Portraits, mythologische
Darstellungen und ganze Szenen, oft auch
beißende Satiren, fanden große Anerkennung und wurden u.a. in Breslau und
Stuttgart ausgestellt. Sie soll über 1000
Scherenschnitte gefertigt haben, von de-
nen viele erhalten sind.

Dux, Claire
Sängerin
2.8.1885 (Witkowicz b. Bromberg – heute
Bydgoszcz/Polen) – 8.10.1967 (Chicago)
Ihre Gesangsausbildung erhielt D. in Berlin
und Mailand. 1906 debütierte sie als Pamina in Köln und war dort bis 1911 engagiert. Großen Eindruck hinterließ die lyri-

sche Sopranistin bei einem Gastspiel in Berlin als Mimi an der Seite von E. Caruso. Seit 1911 gehörte sie zum Ensemble der Berliner Hofoper und gab zahlreiche internationale Gastspiele, bei denen sie begeistert gefeiert wurde, u.a. in London bei der englischen Erstaufführung von »Der Rosenkavalier«. 1921 zog D. in die USA, sang auf einer Nordamerika-Tournee der German Opera Company und wurde 1923 Ensemblemitglied der Chicago Opera. Nach ihrer dritten Eheschließung 1926 – in zweiter Ehe war D. mit dem deutschen Schauspieler H. Albers verheiratet – gab sie nur noch einige Konzerte.

Lit.: Kesting, J., Die großen Sänger des 20. Jhs., Düsseldorf 1993

Dyrenfurth, Hettie, geb. Heymann
Sportlerin
16.11.1892 (Breslau – heute Wrocław/Polen) – ?

Die Bergsteigerin nahm 1932 und 1934 an zwei Himalaya-Expeditionen teil. Dabei stellte sie mit der Erstbesteigung des Sia-Kangri-Westgipfels (7315 m) einen Frauenweltrekord im Bergsteigen auf, der 20 Jahre Bestand hatte. Bei den Olympischen Spielen 1936 erhielten D. und ihr geschiedener Mann, der Geologe Günter D., eine Ehrengoldmedaille für Alpinismus. D. hatte drei Kinder.

E

Ebner, Christine
Mystikerin
26.3.1277 (Nürnberg) – 27.12.1356 (Kloster Engelthal b. Nürnberg)
E., die aus einer Nürnberger Patrizierfami-

lie stammte, kam mit zwölf Jahren in das Domikanerinnenkloster Engelthal, wo sie ein asketisches Leben führte. Ab 1291 hatte sie während der Ekstase Erscheinungen und erlangte bald große Berühmtheit. 1345 wurde sie Priorin des Klosters. Kaiser Karl IV. bat 1350 um ihren Segen. Auf Anregung ihres Beichtvaters Konrad von Füssen beschrieb sie ab 1317 ihr enthaltsames Leben, ihre jahrelangen Visionen sowie ihre mystischen Erlebnisse. Es sind drei Handschriften überliefert, die ein wichtiges zeitgeschichtliches Dokument bilden und außerdem ihre umfassenden Kenntnisse, besonders im Kirchen- und Staatswesen, belegen. Um 1340 verfasste sie in dem »Büchlein von der genaden uberlast« Biografien verstorbener Mitschwestern.

Lit.: Peters, U., Frauenmystik im 14. Jh.: Die Offenbarungen der C. E., in: Pusch, L. F., Weiblichkeit oder Feminismus, Weingarten 1984

Ebner, Margarete
Mystikerin
um 1291 (Donauwörth) – 20.6.1351 (Kloster Maria Medingen b. Dillingen a. d. Donau)
Als 14-Jährige kam E., die nicht mit C.→Ebner verwandt war, in das Dominikanerinnenkloster Maria Medingen. Schon bald wurde sie schwer krank, litt große Schmerzen und war ab 1312 ans Bett gefesselt. Ihre wahrscheinlich psychische Krankheit versuchte sie durch asketische Übungen und Beten zu bekämpfen. 1335 hatte sie ihr erstes mystisches Erlebnis, einen »minnegriff Gottes in daz herz«. Ihr reger Briefwechsel mit dem Wanderprediger Heinrich von Nördlingen ist die erste erhaltene deutsche Briefsammlung. Ab 1344 verfasste E. die »Offenbarungen«, eine Autobiografie mit einer detaillierten Beschreibung ihres Gemütszustandes. 1938 schrieb

E. G. Kolbenheyer unter dem Titel »Das gottgelobte Herz« einen Roman über das Leben der Nonne.

Lit.: Peters, U., Religiöse Erfahrung als literarisches Faktum, Tübingen 1988

Ebner-Eschenbach, Marie von, geb. Gräfin Dubsky
Schriftstellerin
13.9.1830 (Schloss Zdislawitz b. Kremsier – heute Kroměříž/Tschechien) – 12.3.1916 (Wien)

E.-E. gilt als die bedeutendste deutschsprachige Erzählerin des 19. Jhs. Sie verlor ihre Mutter kurz nach ihrer Geburt, ihre erste Stiefmutter, die drei Jahre für sie gesorgt hatte, als Siebenjährige. Als sie zehn Jahre alt war, heiratete ihr Vater in dritter Ehe X. v. Kolowrat, eine hochgebildete Frau, die das schriftstellerische Talent ihrer Stieftochter erkannte und förderte. Durch sie lernte E.-E. u.a. F. v. Schiller und F. Grillparzer kennen. 1848 heiratete sie ihren Vetter Moritz v. E.-E. und zog zu ihm nach Klosterbruck in Mähren, wo er eine Militärakademie leitete. Ab 1856 lebte sie in Wien und wandte sich ganz der Schriftstellerei zu. Fast 20 Jahre schrieb sie Dramen, doch erst mit dem Kurzroman »Bozena. Die Geschichte einer Magd« (1876), der in der »Deutschen Rundschau« vorabgedruckt wurde, konnte sie auf sich aufmerksam machen. Mit ihren »Aphorismen« (1880) und den »Dorf- und Schlossgeschichten« (1883), die ihre bekannteste Novelle, »Krambambuli«, enthalten, gelang ihr endgültig der Durchbruch. 1887 erschien ihr Roman »Das Gemeindekind«, der bis heute immer wieder aufgelegt wurde. In ihrem Werk, das dem kritischen Realismus zugeordnet wird, setzt sich E.-E. u.a. mit sozialen Fragen ihrer Zeit und der gesellschaftlichen Situation von Frauen auseinander. 1898 erhielt sie als erste Frau das »Ehrenzeichen für Kunst und Wissenschaft«, den höchsten österreichischen zivilen Orden, 1900 wurde ihr die Ehrendoktorwürde für Philosophie der Universität Wien verliehen.

Lit.: Fussenegger, G., M. v. E.-E. oder der gute Mensch von Zdislawitz, München 1967
Toegel, E., M. v. E.-E. – Leben und Werk, Frankfurt a. M. 1997

Eder-Schwyzer, Jeanne, geb. Schwyzer
Frauenrechtlerin
2.3.1894 (New York) – 24.10.1957 (Zürich)

E.-S. studierte Chemie an der Züricher Universität und wurde 1919 promoviert. Die engagierte Frauenrechtlerin, die mit dem Chemiker R. Eder verheiratet war, beteiligte sich u.a. am Aufbau des Züricher und des Schweizer Akademikerinnenverbandes sowie 1929 an der Frauenstimmrechtspetition. 1939–45 war sie im »Zivilen Frauenhilfsdienst« tätig. Nach Kriegsende wurde sie Mitglied der schweizerischen UNESCO-Kommission, und seit 1947 war sie Präsidentin des »Internationalen Frauenrats«.

Egloffstein, Julie Gräfin von
Malerin
12.9.1792 (Hildesheim) – 16.1.1869 (Marienrode b. Hildesheim)

Durch ihre Mutter Henriette v. E., die im Mittelpunkt des kulturellen Lebens in Weimar stand, lernte E. als junges Mädchen J. W. v. Goethe kennen. Er erkannte ihr Talent als Malerin, das er in mehreren an sie gerichteten Gedichten pries. Auf seinen Rat hin bildete sich die Autodidaktin weiter und unternahm mehrere Italienreisen. Sie malte überwiegend Landschaften, Genrebilder und Bildnisse, die heute u.a. im Kestnermuseum in Hannover und im Museum in Weimar hängen. Ihren Lebensabend verbrachte E. als Stiftsdame in Hannover.

Ehre, Ida
Theaterleiterin, Schauspielerin
9.7.1900 (Prerau – heute Přerov/Tschechien) – 16.2.1989 (Hamburg)
Nach einer zweijährigen Ausbildung an der Akademie für Musik und Darstellende Kunst in Wien debütierte E. 1918 in der Titelrolle von »Iphigenie auf Tauris« im schlesischen Bielitz. Weitere Stationen ihrer Schauspielerkarriere waren die Theater in Czernowitz, Bukarest, Cottbus, Bonn,  Königsberg, Stuttgart und Mannheim. 1931 wurde sie an das Lessing-Theater in Berlin engagiert, erhielt jedoch 1933 wegen ihrer jüdischen Abstammung Berufsverbot. Ihr Versuch, 1939 nach Chile zu emigrieren, scheiterte, weil das Schiff, auf dem sie ausreisen wollte, bei Kriegsbeginn nach Hamburg zurückkehren musste. Mit Hilfe ihres nichtjüdischen Mannes, des Arztes B. Heyde, mit dem sie seit 1928 verheiratet war und ein Kind hatte, gelang es ihr, die nationalsozialistische Gewaltherrschaft zu überleben. Ihre Mutter und Schwester starben im Konzentrationslager Theresienstadt. Am 10.12.1945 gründete E. die Hamburger Kammerspiele neu, die sie fortan leitete. Sie war nicht nur als Intendantin, sondern auch als Regisseurin und Schauspielerin in ihrem Theater tätig. In den ersten zehn Jahren führte sie vor allem Stücke ausländischer Dramatiker auf, z.B. J. Anouilh, J.-P. Sartre, T. Wilder und T. Williams, die während der NS-Zeit verboten waren. Doch auch Inszenierungen von Werken deutschsprachiger Dramatiker, darunter die Uraufführung von W. Borcherts »Draußen vor der Tür« 1947, waren große Erfolge. Als Schauspielerin brillierte E. u.a. in der Titelrolle von »Mutter Courage und ihre Kinder« und als Königin Hekuba in »Die Troerinnen« von Euripides/F. Werfel. Außerdem war sie in zahlreichen Film- und Fernsehrollen zu sehen. Die »Prinzipalin«, wie sie genannt wurde, leitete das Theater über 40 Jahre. Sie wurde mit vielen Preisen ausgezeichnet, u.a. mit dem Schiller-Preis der Stadt Mannheim, war Ehrenbürgerin der Stadt Hamburg und erhielt 1975 einen Professorentitel der Hamburger Universität. 1985 erschien unter dem Titel »Gott hat einen größeren Kopf, mein Kind« ihre Autobiografie.
Lit.: Joos, V., Mutter Courage des Theaters – I. E., München 1999

Ehrmann, Marianne, geb. Brentano
Publizistin
25.11.1753 (Rapperswil) – 14.8.1795 (Stuttgart)
Die früh verwaiste E. wuchs bei Verwandten auf und schloss mit 22 Jahren ihre erste Ehe, die bald geschieden wurde. Unter dem Pseudonym »Sternheim« arbeitete sie mehrere Jahre als Schauspielerin in Wien, bis sie den Geografen Theophil Friedrich E. heiratete. Mit ihm gab sie in Straßburg im Eigenverlag Zeitschriften heraus, in denen sie auch eigene Beiträge veröffentlichte. Da der Verlag sich als Verlustgeschäft erwies, begann sie für einen anderen Verlag

zu schreiben, um den Unterhalt für sich und ihren Mann zu verdienen. Nach dem Umzug nach Stuttgart veröffentlichte E. Gedichte, Briefromane und Erzählungen, u.a. »Philosophie eines Weibes« (1784). Ab 1789 gab sie ein Frauenjournal heraus: »Amaliens Erholungsstunden«, von dem drei Jahre lang monatlich ca. 1000 Exemplare verkauft wurden. Nicht weniger erfolgreich war ihr zweites Journal »Die Einsiedlerin aus den Alpen« (1793/94), das wegen E.s Tod nach einem Jahr eingestellt wurde.

Lit.: Kirstein, B.-A., M. E. – Publizistin und Herausgeberin im ausgehenden 18. Jh., Wiesbaden 1997

Eimmart, Maria Clara
Astronomin, Malerin
27.5.1676 (Nürnberg) – 28.10.1707 (Altdorf b. Nürnberg)
E. wurde von ihrem Vater, dem Astronomen und Direktor der Nürnberger Kunstakademie Georg Christoph E., in Französisch, Latein, Mathematik und Zeichnen unterrichtet. Bereits als junges Mädchen nahm er sie in sein Observatorium mit, wo sie erste astronomische Studien betrieb. Besonderes Talent bewies E. in der Herstellung exakter Skizzen. So fertigte sie zwischen 1693 und 1698 250 Zeichnungen der Mondphasen an, die Grundlage einer neuen Mondkarte wurden. 1706 zeichnete sie die totale Mondfinsternis. Viel deutet darauf hin, dass E. die Autorin des 1701 unter dem Namen ihres Vaters erschienenen Buchs über die Sonne »Ichnographia nova contemplationum de sole« ist. Ihr künstlerisches Werk umfasst Gemälde und Zeichnungen von Blumen und Vögeln sowie Bildnisse und Stiche antiker Statuen. 1706 heiratete sie den Mathematiker und

Physiker J. H. Müller. Ein Jahr später starb sie im Kindbett.

Lit.: Schiebinger, L., Schöne Geister – Frauen in den Anfängen der modernen Wissenschaft, Stuttgart 1993

Eisenblätter, Charlotte
Widerstandskämpferin
7.8.1903 (Berlin) – 25.8.1944 (ebd.)
E. stammte aus einer Arbeiterfamilie und war nach der Volksschule als kaufmännische Angestellte

tätig. Sie engagierte sich in der Arbeiterjugendbewegung und schloss sich während der NS-Zeit der kommunistischen Widerstandsgruppe um R. Uhrig und J. Römer an, für die sie u.a. regimefeindliche Flugblätter vervielfältigte. Im Februar 1942 wurden mehr als 200 Mitglieder der Gruppe verhaftet, darunter auch E., die in das Konzentrationslager Ravensbrück eingewiesen wurde. Nach zweijähriger Haft wurde sie im Juli 1944 wegen »Vorbereitung zum Hochverrat« zum Tode verurteilt und einen Monat später im Gefängnis Berlin-Plötzensee hingerichtet.

Lit.: Jacobeit, S., Thoms-Heinrich, L. (Hgg.), Kreuzweg Ravensbrück, Leipzig 1987

Eisner, Lotte Henriette
(Ps. Louise Escoffier)
Publizistin
5.3.1896 (Berlin) – 25.11.1983 (Garches b. Paris)
Ihr Studium der Kunstgeschichte, Alten Geschichte und Archäologie in Rostock schloss E. 1924 mit der Promotion ab. Da-

nach arbeitete sie in Berlin zunächst als Kunstkritikerin und ab 1927 als Filmjournalistin, u.a. für die Tageszeitung »Film-Kurier«. In mutigen Artikeln setzte sie sich gegen die immer stärker werdende Zensur von Filmen ein. Als die Zeitung 1933 von den Nationalsozialisten beschlagnahmt wurde, emigrierte sie nach Frankreich. 1940 wurde sie interniert, konnte jedoch fliehen und lebte bis Kriegsende unter falschem Namen. Ab 1945 war sie maßgeblich am Aufbau der »Cinémathèque française« in Paris beteiligt, einer Einrichtung, die vor allem alte Stummfilme sammelt und konserviert. E., die 1952 die französische Staatsangehörigkeit annahm, verfasste das filmhistorische Werk »Die dämonische Leinwand. Die Blütezeit des deutschen Films« (1952) sowie Biografien der Filmregisseure F. W. Murnau (1964) und F. Lang (1976). Außerdem förderte und beriet sie die deutschen Regisseure W. Herzog, V. Schlöndorff und A. Kluge. Kurz vor ihrem Tod wurde sie zum Mitglied der französischen Ehrenlegion ernannt. 1984 erschienen ihre Erinnerungen »Ich hatte einst ein schönes Vaterland«.
Lit.: Dick, J., Sassenberg, M. (Hgg.), Jüdische Frauen im 19. und 20. Jh., Reinbek 1993

Eleonore von Österreich
Übersetzerin
um 1433 (Dumfermline/Großbritannien) – 20.11.1480 (Innsbruck)
Die Tochter des schottischen Königs Jakob I. wurde 16-jährig mit Erzherzog Siegmund von Tirol und Vorderösterreich verheiratet, für den sie mehrfach während seiner Abwesenheit die Regierungsgeschäfte führte. Ihr einziges Kind starb früh. An seinem Innsbrucker Hof förderte das Paar Künstler und Dichter nach dem Vorbild italienischer Renaissancefürsten. E. übersetzte den französischen Roman »Pontus et la belle Sidonie« in deutsche Prosa. Das Werk wurde von ihrem Mann nach ihrem Tod 1483 veröffentlicht. Bis 1792 erschien dieser Roman, ein so genannter »Fürstenspiegel«, der jungen Leuten ein Vorbild tugendhaften Verhaltens geben sollte, in 24 Neuauflagen.
Lit.: Hamann, B. (Hg.), Die Habsburger. Ein biographisches Lexikon, Wien 1988

Elisabeth Charlotte von der Pfalz (gen. Liselotte)
27.5.1652 (Heidelberg) – 8.12.1722 (St. Cloud b. Paris)
E. C., die Tochter des Kurfürsten Karl Ludwig von der Pfalz, wuchs bei ihrer Tante →Sophie von der Pfalz auf. 1671 wurde sie mit dem verwitweten Bruder des französischen Königs, Herzog Philipp I. von Orléans, verheiratet, der homosexuelle Neigungen hatte. Seit der Geburt des dritten Kindes 1676 ging das Paar getrennte Wege. Auch wenn »Madame« – so E. C.s Ehrentitel am französischen Hof – mit ihrem königlichen Schwager Ludwig XIV. die Begeisterung für die Jagd teilte und ihn oft begleitete, fühlte sie sich doch zeitlebens fremd in Frankreich. Durch den Briefwechsel mit Verwandten und Freunden an den europäischen Fürstenhöfen schuf sie sich einen Ausgleich für ihr Heimweh. Ihre Korrespondenz machte E. C. berühmt, und sie widmete ihr zunehmend mehr Zeit, als Ludwig nach dem Tod ihres Bruders Karl – in ihrem Namen, aber gegen ihren Willen – Ansprüche auf die Pfalz erhob, das Land mit Krieg (1688–97) überzog und u.a. das Heidelberger Schloss zerstören ließ. Während ihres über 50-jährigen Aufenthalts in Frankreich ver-

fasste E. C. etwa 60000 Briefe, von denen mehr als 5000 erhalten sind. Vier Tage in der Woche soll sie dem Schreiben gewidmet haben, bis zu zwölf Briefe an einem Tag. Entgegen der damaligen Konvention schrieb sie meist auf Deutsch, oft in origineller und derber Ausdrucksweise. Sie war eine genaue Beobachterin mit urwüchsigem Humor, aber auch beißender Kritik, wenn sie über Menschen schrieb, die sie nicht ausstehen konnte, z.B. die Marquise de Maintenon, die Mätresse Ludwigs XIV., die sie als »allte Schlump« verunglimpfte. E. C.s Briefe sind trotz ihrer Subjektivität eine reiche Quelle einzigartiger Informationen über das Leben und die Vorstellungswelt im 17. und 18. Jh.

Lit.: Van der Cruyesse, D., Madame sein ist ein ellendes Handwerck, München 1990

Lebigré, A., Liselotte von der Pfalz. Eine Wittelsbacherin am Hof Ludwigs XIV, Düsseldorf 1997

Elisabeth Eugenie Amalie von Österreich (gen. Sisi)

Kaiserin
24.12.1837 (München) – 10.9.1898 (Genf)
Die Tochter des Herzogs Maximilian von Bayern wuchs in ländlicher Umgebung in Possenhofen am Starnberger See auf. Am 24.4.1854 heiratete sie Kaiser Franz Joseph I. von Österreich, mit dem sie vier Kinder hatte. Es fiel ihr jedoch schwer, sich am Wiener Hof zu behaupten. Sie litt vor allem unter dem strengen Hofzeremoniell, dem sie sich durch häufige Reisen entzog, und unter ihrer herrschsüchtigen Schwiegermutter →Sophie. E., die als eine der schönsten Frauen ihrer Zeit galt, machte ständig Hungerkuren, bis sie magersüchtig wurde. Obwohl sie politisch desinteressiert war, förderten ihre engen Beziehungen zu

Graf G. Andrássy, dem späteren ungarischen Ministerpräsidenten, 1867 den österreichisch-ungarischen Ausgleich. Nach dem Selbstmord ihres einzigen Sohnes Rudolf 1889 fiel sie immer mehr in Schwermut. 1898 wurde sie in Genf von dem italienischen Anarchisten L. Luccheni erstochen. Nach ihrem Tod wurde »Sisis« Leben, u.a. durch die Verfilmung mit R.→Schneider, glorifiziert.

Lit.: Hamann, B., E. – Kaiserin wider Willen, Wien-München 1995

Fischer, L., Schattenwürfe in die Zukunft. Kaiserin E. und die Frauen ihrer Zeit, Wien 1998

Sinclair, A., E. Kaiserin von Österreich, Düsseldorf 1998

Elisabeth, Pfalzgräfin bei Rhein

Äbtissin
26.12.1618 (Heidelberg) – 8.2.1680 (Herford)
Ihre Kindheit verbrachte die älteste Tochter der →Elisabeth Stuart und des Kurfürsten Friedrich V. von der Pfalz nach der militärischen Niederlage ihres Vaters 1620 in der Schlacht am Weissen Berg bei einer Tante in Krossen a. d. Oder. 1627 kam sie in die Niederlande zu ihren Eltern, die dort seit sieben Jahren im Exil lebten, und wurde in Leiden erzogen. Sie korrespondierte mit der Gelehrten A. M. van →Schurman und wurde 1641 Schülerin des Philosophen R. Descartes, der ihr seine »Principia Philosophiae« widmete. Nachdem E. zahlreiche Heiratsanträge abgelehnt hatte, wurde sie 1661 zur Koadjutorin der Äbtissin und 1667 zur Fürstäbtissin der

evangelischen Reichsabtei Herford ernannt. Unter ihrer Regierung entwickelte sich die Abtei zu einem kulturellen Mittelpunkt des Reiches. Enge Kontakte pflegte die überaus gebildete und tolerante E. zu den Gelehrten C. Huygens, G. W. Leibniz und N. de Malebranche, dem Dichter A. Gryphius sowie den Quäkern W. Penn und R. Barclay und der Sektierergruppe der Labadisten um Schurman.

Lit.: Otto, H., Pfalzgräfin E., Fürstäbtin, Pyrmont 1940

Elisabeth Stuart
Königin
19.8.1596 (Falkland Castle b. Perth/ Großbritannien) – 13.2.1662 (London)
Seit 1613 war die Tochter des englischen Königs Jakob I. mit dem protestantischen Kurfürsten Friedrich V. von der Pfalz (»Winterkönig«) verheiratet, mit dem sie 13 Kinder hatte. 1619 erhielt sie mit ihrem Mann die böhmische Königskrone. Nach Friedrichs Niederlage in der Schlacht am Weissen Berg 1620 gegen die Truppen der katholischen Fürsten unter J. T. Tilly folgte E. ihm ins Exil nach Den Haag, wo ihr Hof, wie schon in Heidelberg, geistiger Mittelpunkt der protestantischen Gesellschaft war. Die gebildete und charmante Prinzessin wurde überall als »Königin der Herzen« gefeiert. Nach der Wiedereinsetzung der Stuarts in England kehrte E. in ihr Geburtsland zurück. Über ihre Tochter →Sophie von der Pfalz kam die englische Krone 1714 an ihren Enkel Georg.

Lit.: Lemberg, M., Eine Königin ohne Reich. Das Leben der Winterkönigin E. S. und ihre Briefe nach Hessen, Marburg a. d. Lahn 1996

Elisabeth von Böhmen
Königin
28.2.1409 (Prag) – 19.12.1442 (Györ/Ungarn)
Als Alleinerbin Böhmens und Ungarns wurde die Tochter des Kaisers Sigismund und der →Barbara von Cilli 1422 mit Herzog Albrecht V. von Österreich verheiratet, der später zum König von Ungarn und Böhmen sowie als Albrecht II. zum römisch-deutschen König gekrönt wurde. Mit ihm hatte E. zwei Töchter und einen Sohn, der kurz nach der Geburt starb, so dass es bei Albrechts Tod 1439 keinen männlichen Erben gab. E. war damals schwanger und überzeugt, wieder einen Sohn und Erben zu bekommen. Ihn wollte sie zum ungarischen König krönen lassen, obwohl die ungarischen Stände den Polen Wladislaw zum König erwählten. In der Nacht der Geburt (21./22.2.1440) von Ladislaus, genannt »Postumus« (»Nachgeborener«), ließ E. ihre Kammerfrau H. Kottaner die ungarische Königskrone entwenden, mit der sie zwölf Wochen später den Säugling krönte. Ein Heiratsangebot Wladislaws, der damit sein Königtum legitimieren wollte, lehnte sie ab. Stattdessen gab sie ihren Sohn und die ungarische Stephanskrone in die Obhut des späteren Kaisers Friedrich III. Dafür erhielt sie von ihm ausreichende finanzielle Mittel, um einen zweijährigen Krieg gegen Wladislaw führen zu können, der erst kurz vor ihrem Tod mit einem Waffenstillstand endete.

Lit.: Hamann, B. (Hg.), Die Habsburger. Ein biographisches Lexikon, Wien 1988

Elisabeth von Braunschweig-Lüneburg
Herzogin, Regentin
24.8.1510 – 25.5.1558 (Ilmenau)
Die Tochter des Kurfürsten Joachim I. Nestor von Brandenburg und seiner Frau

Elisabeth wurde 15-jährig mit dem 40 Jahre älteren Herzog Erich I. von Braunschweig-Lüneburg verheiratet, mit dem sie vier Kinder hatte. Stark von ihrer Mutter beeinflusst, die sich bereits 1527 gegen den Willen ihres Mannes zum Luthertum bekannte und deshalb außer Landes fliehen musste, trat auch E. noch zu Lebzeiten ihres katholischen Mannes engagiert für die Verbreitung der lutherischen Lehre ein. Nach Erichs Tod 1540 übernahm sie die Regentschaft für ihren Sohn, den späteren Erich II., und beauftragte den Prediger A. Corvinus mit der Abfassung einer lutherischen Kirchenordnung. Den Versuchen ihres Sohnes, das Land nach seiner Amtsübernahme 1546 gewaltsam zu rekatholisieren, widersetzte sie sich energisch und erfolgreich. Nach einer zweiten Eheschließung zog sie sich nach Ilmenau zurück. Die gebildete E. verfasste theologische und politische Schriften, u.a. einen »Christlichen Sendbrief« für ihre Untertanen und ein »Regierungshandbuch« mit 49 Kapiteln für ihren Sohn.
Lit.: Armenat, G., Frauen aus Braunschweig, Braunschweig 1986

Elisabeth von Nassau-Saarbrücken
Schriftstellerin, Regentin
um 1394 (Vézélise b. Nancy/Frankreich) –
17.1.1456 (Saarbrücken)
Seit 1412 war die Tochter des Herzogs Friedrich V. von Lothringen mit dem verwitweten Grafen Philipp I. von Nassau-Saarbrücken verheiratet. Nach dem Tod ihres Mannes führte sie 1429–38 die Regentschaft für ihren unmündigen Sohn. Die zweisprachig aufgewachsene E. verfasste nach der Vorlage französischer Versepen aus dem karolingischen Sagenkreis vier Prosaromane in deutscher Sprache: »Sibille«, »Herpin«, »Loher und Maller« sowie »Huge Scheppel«, die Geschichte des sozialen Aufsteigers Hugo Capet, der König von Frankreich und Stammvater der Capetinger wurde. Außer »Sibille« wurden die Romane im 16. und 17. Jh. mehrfach nachgedruckt und fanden große Verbreitung.
Lit.: Liepe, W., E. von Nassau-Saarbrücken, Entstehung und Anfänge des Prosaromans in Deutschland, Halle a. d. Saale 1920

Elisabeth von Sachsen
4.3.1502 (Marburg a. d. Lahn) – 6.12.1557 (Schmalkalden)
Verheiratet seit 1515 mit dem späteren Herzog Johann von Sachsen, kämpfte die Tochter des Landgrafen Wilhelm II. von Hessen um die Durchsetzung der Reformation in Sachsen gegen viele Widerstände, vor allem gegen ihren Schwiegervater, den regierenden Herzog Georg, der ein Feind der Reformation war. 1534 vermittelte sie zwischen Anhängern und Gegnern der Reformation im Frieden von Kaaden. Nach dem Tod ihres Mannes 1537 führte E. in ihrem Witwensitz Rochlitz das Luthertum ein, was zu Auseinandersetzungen mit den Bischöfen von Meißen und Merseburg führte. Ein Jahr darauf trat sie dem Schmalkaldischen Bund, der Vereinigung protestantischer Fürsten, bei. Im Schmalkaldischen Krieg (1546/47) gegen Kaiser, Papst und katholische Fürsten verlor sie ihren Witwensitz, konnte aber die hessischen Rechte auf die Stadt Schmalkalden bewahren, die ihr 1548 überlassen wurde.
Lit.: Sächsische Lebensbilder, Leipzig 1938

Elisabeth von Schönau

Mystikerin

um 1129 – 18.6.1164 (Kloster Schönau
b. St. Goarshausen)

Die fromme, in strenger Askese lebende Benediktinerin veröffentlichte in drei Bänden ihre Visionen, die im Mittelalter große Verbreitung fanden. Unter dem Titel »Revelationes« (»Offenbarungen«) schrieb sie u.a. über die Heilige Ursula und ihre 11000 Gefährtinnen, die bei Köln grausam ermordet worden sein sollen, und begründete damit die Ursula-Legende.

Elisabeth von Thüringen

um 1207 (Sáros Patak/Ungarn) – 17.11.1231
(Marburg a. d. Lahn)

Im Alter von vier Jahren wurde die Tochter des ungarischen Königs Andreas II. mit dem Landgrafen Ludwig IV. von Thüringen verlobt und wuchs am thüringischen Hof in Eisenach auf. 1221 wurde das Paar verheiratet und bekam drei Kinder. Von ihrem Mann unterstützt, engagierte E. sich mehr in der Armenfürsorge als in der höfischen Gesellschaft. Nach Ludwigs Tod auf einem Kreuzzug 1227 verließ sie mit ihren Kindern die Wartburg, als ihr Schwager Heinrich Raspe die Regierung übernahm, ihr das Witwengut entzog und damit ihre Armenhilfe unterband. Unter dem Einfluss ihres Beichtvaters Konrad von Marburg lebte sie in strenger Askese und gründete in Marburg 1228 das Franziskus-Hospital. Dort pflegte sie, ohne Anbindung an einen geistlichen Orden, Kranke und Arme bis zur Selbstaufopferung. Nach ihrem frühen Tod wurde E. 1235 heilig gesprochen. Über ihrem Grab in Marburg wurde eine Wallfahrtskirche errichtet, die sich zu einem europäischen Pilgerziel entwickelte. Das Leben der kultisch verehrten E. wurde jahrhundertelang literarisch behandelt und verklärt.

Lit.: Hoffmann, J., Die verratene Heilige – das Leben der Landgräfin E. von Thüringen 1207–1231, Schulzendorf 1995
Koch, U., E. von Thüringen. Die Kraft der Liebe, Gießen 1999

Ellenrieder, Anna Maria

Malerin

20.3.1791 (Konstanz) – 5.6.1863 (ebd.)

Die Tochter eines Uhrmachers erbte ihr künstlerisches Talent von der Familie ihrer Mutter. Mit 14 Jahren erhielt sie den ersten

Zeichenunterricht. Durch Vermittlung ihres väterlichen Freundes, des Konstanzer Bischofs I. v. Wessenberg, der großen Einfluss auf sie hatte, durfte E. 1813 als eine der ersten Frauen an der Münchner Akademie studieren. 1816–22, während der fruchtbarsten Zeit ihrer Karriere, malte sie überwiegend Portraits. 1820 entstand ihr erstes Altarbild. Nach ihrem ersten Aufenthalt in Rom 1822–24 verschrieb sie sich ganz der religiösen Kunst. 1829 wurde sie zur badischen Hofmalerin ernannt. Mit diesem Amt verpflichtete sie sich, alle zwei Jahre ein Bild an die Karlsruher Staatsgalerie zu liefern. Nach ihrer zweiten Romreise 1838 lebte sie zurückgezogen in Konstanz. Mit äußerster Disziplin arbeitete sie an den vielen Aufträgen, die sie erhielt. E. gilt als eine der bedeutendsten deutschen Malerinnen der ersten Hälfte des 19. Jhs.

Lit.: Zündorff, M., A. M. E. – ein deutsches Frauen- und Künstlerleben, Konstanz 1940
Fischer, F. W., Marie E. Leben und Werk der Konstanzer Malerin, Stuttgart 1963

Ellert, Gerhart (eigtl. Gertrud Schmirger)
Schriftstellerin
26.1.1900 (Wolfsberg, Kärnten) – 7.5.1975 (ebd.)
Nach Abschluss der Privatschule der Benediktiner Stiftsherren St. Paul in Kärnten studierte E. einige Semester Medizin und Geschichte in Graz und Wien. Ab 1922 betrieb sie in ihrer Heimatstadt eine Baumschule. 1933 erschien ihr erstes Buch »Der Zauberer«, ein Roman über Papst Silvester II. Darin, wie auch in ihren folgenden Werken, schilderte sie machtvolle historische Persönlichkeiten, die erfolgreich gegen Widersacher kämpften. Ihre Verherrlichung von Führerpersönlichkeiten machte sie während der NS-Zeit zu einer populären Autorin. E. erhielt 1959 den Österreichischen Staatspreis für Kinder- und Jugendliteratur und 1960 den Ehrenring der Stadt Wolfsberg.
Lit.: Urbas, B., Leben und Werk G. S.s (Ps. G. E.) im Spiegel ihrer historischen Romane, Diss. Graz 1980

Elsner, Gisela
Schriftstellerin
2.5.1937 (Nürnberg) – 13.5.1992 (München)
E., die aus einem wohlhabenden Elternhaus stammte, studierte ab 1956 in Wien Germanistik, Philosophie und Theaterwissenschaften. Ihre ersten Veröffentlichungen erschienen in Zeitschriften, z.B. in »Akzente«. Ab 1961 engagierte sie sich in der »Gruppe 61«, die sich künstlerisch mit der industriellen Arbeitswelt auseinander setzte, und erhielt 1963 das Julius-Campe-

Stipendium. Schon ihr erster Roman »Die Riesenzwerge« (1964), für den sie den Prix Formentor erhielt, wurde ein großer Erfolg und in 14 Sprachen übersetzt. Auch in ihren weiteren Romanen, u.a. »Der Nachwuchs« (1968), kritisierte sie in schonungslos überspitzter, satirischer Form kleinbürgerliche Verhaltensmuster. E. orientierte sich zunächst an dem Schriftsteller F. Kafka und dem »nouveau roman«, später am Naturalismus und Realismus. »Das Windei« (1987) war der letzte Roman, den der Rowohlt-Verlag, der 1983 den Besitzer gewechselt hatte, herausgab. Einen neuen Verlag fand E. nicht und konnte lediglich noch ein Essay veröffentlichen. Mittellos und ohne Hoffnung auf die Zukunft nahm sie sich das Leben. 1999 wurde ihre letzte Lebensphase von O. Roehler unter dem Titel »Die Unberührbare« verfilmt.

Elssler, Fanny (eigtl. Franziska)
Tänzerin
23.6.1810 (Wien) – 27.11.1884 (ebd.)
Bereits als Fünfjährige trat E. im Horschelt'schen Kinderballett im Theater an

der Wien auf, anschließend im Kärntnertor-Theater. Seit 1925 studierte sie in Neapel, tanzte dann wieder in Wien und ab 1830 in Berlin. Dort begann die triumphale Karriere der berühmtesten Ballerina der Romantik. E., die Freundin des 45 Jahre älteren F. v. Gentz, Hofrat und Berater des Fürsten K. W. v. Metternich, wurde auch bei Gastspielen in London, Paris, Moskau und Nordamerika gefeiert. Sie begeisterte das Publikum vor allem mit ihren Interpretationen der National- und Charaktertänze, wie z.b. Cachucha, Krakowiak und Polka. Die Universität Oxford verlieh ihr die Ehrendoktorwürde in Tanzkunst. Ihren letzten Auftritt hatte E. 1851 in Wien.

Emmerick, Anna Katharina
Mystikerin
8.9.1774 (Flamske b. Coesfeld) – 9.2.1824 (Dülmen)
1802 trat die Tochter eines Landwirts in das Augustinerinnenkloster Agnetenberg bei Coesfeld ein. Nach der Auflösung des Klosters im Zug der Säkularisation 1811 wurde sie Haushälterin bei einem Priester in Dülmen. Dort empfing die seit Jahren kränkliche E. Visionen und die Wundmale Christi. Eine kirchliche Untersuchungskommission des Generalvikariats in Münster bestätigte die Wundmale, und auch eine staatliche Untersuchung konnte keine Täuschung nachweisen. Der Dichter C. v. Brentano, der E. 1818–24 fast täglich besuchte, schrieb ihre Visionen in freier Form auf und veröffentlichte sie unter dem Titel »Das bittere Leiden unseres Herrn Jesu Christi« (1833). Das 1891 eingeleitete Verfahren zur Seligsprechung E.s ist bis heute noch nicht abgeschlossen.

En(c)ke, (Diderica) Wilhelmina Friderica Bernhardina
29.12.1752 (Dessau) – 9.6.1820 (Berlin)
Die Tochter eines preußischen Hofmusikers wurde schon als junges Mädchen die Geliebte des preußischen Kronprinzen und späteren Königs Friedrich Wilhelm II., der sie in Geschichte und Literatur sowie höfischen Manieren unterrichten ließ. Obwohl Friedrich Wilhelm sie 1782 mit seinem vermutlich homosexuellen Kämmerer J. F. Ritz verheiratete, dazu selbst zweimal verheiratet war, außerdem zwei Ehen »zur linken Hand« schloss und zahlreiche weitere Geliebte hatte, blieb seine Beziehung zu E. bestehen. Nach der Thronbesteigung des »dicken Willem«, wie der König genannt wurde, gewann seine Geliebte großen Einfluss auf die preußische Politik, u.a. protegierte sie den Staatsminister C. H. K. v. Haugwitz. Die »preußische Pompadour« bekam fünf Kinder von Friedrich Wilhelm, wurde 1795 als »Gräfin Lichtenau« in den Adelsstand erhoben und erwarb sich ein großes Vermögen. Nach dem Tod des Königs 1797 wurde E. von seinem Nachfolger Friedrich Wilhelm III. verhaftet und drei Jahre auf der Festung Glogau gefangen gehalten, bis sie auf alle ihre Besitzungen verzichtet hatte. Nach ihrer Freilassung lebte sie in Breslau und Wien. 1803–06 war sie mit dem Theaterdichter F. v. Holbein verheiratet und kehrte 1813 nach Berlin zurück.
Lit.: Salomon, E. v., Die schöne Wilhelmine. Ein Roman aus Preußens galanter Zeit, Reinbek 1965

Englerth, Christine, geb. Wültgens
Unternehmerin
14.8.1767 (Rath – heute zu Düsseldorf) – 4.5.1838 (Eschweiler)
Nach dem frühen Tod ihrer Eltern erbte E. von ihrem Vater J. P. Wültgens umfangreiche Bergrechte auf dem Eschweiler Kohleberg im Aachener Braunkohlerevier.

Gemeinsam mit ihren Schwestern und ihrem Mann Karl E. machte sie den Bergwerksbesitz durch Zukauf neuer Gruben zum größten Bergbauunternehmen in Preußen. Nach dem Tod ihres Mannes 1814 zahlte sie ihre Schwestern aus und leitete das Unternehmen allein. Durch Zielstrebigkeit, Intelligenz, Fleiß und Zähigkeit führte sie es zu großer Blüte. E. ließ Wohnungen für die Bergleute bauen und begründete eine Unfallversicherung. Um zu verhindern, dass ihr Erbe nach ihrem Tod unter ihren überlebenden acht Kindern – fünf waren früh verstorben – zersplittert werde, bereitete sie 1835 eine Umwandlung des Unternehmens in eine Aktiengesellschaft mit 200 Anteilscheinen, die erste Bergwerks-AG in Preußen, vor. Diese Regelung trat nach ihrem Tod ein. Die »Eschweiler Bergwerks-Verein AG« ist heute noch die größte private Bergwerksgesellschaft in Deutschland.
Lit.: Stegmann, O., 100 Jahre Eschweiler Bergwerks-Verein, 1938

Ensslin, Gudrun
15.8.1940 (St. Bartholomä b. Schwäbisch Gmünd) – 18.10.1977 (Stuttgart)
E. wuchs als viertes von sieben Kindern in einer Pfarrersfamilie auf. In Tübingen studierte sie Philosophie, Anglistik und Germanistik mit dem Ziel, Lehrerin zu werden. 1964 erhielt sie ein Stipendium der Studienstiftung des Deutschen Volkes für ein Aufbaustudium in Berlin. Dort engagierte sie sich zunächst für die SPD. Ab 1968 gehörte sie neben A. Baader und U.→Meinhof zu den führenden Köpfen der terroristischen »Rote Armee Fraktion« (RAF). Wegen Beteiligung an Banküberfällen und Sprengstoffanschlägen wurde E. 1972 verhaftet und 1977 u.a. wegen Mord-

versuchs und Raubes zu lebenslanger Haft verurteilt. Nach dem gescheiterten Versuch von Gesinnungsgenossen, sie und ihre Mithäftlinge durch Entführung des Arbeitgeberpräsidenten M. Schleyer sowie eines Flugzeugs der Lufthansa freizupressen, verübte sie in der Haftanstalt Stuttgart-Stammheim Selbstmord. E. hatte ein Kind.

Erdmann, (Anna Maria) Rhoda
Biologin
5.12.1870 (Hersfeld) – 23.8.1935 (Berlin)
1908 wurde E. nach dem Biologiestudium an der Universität München promoviert. Bis 1913 arbeitete sie am Robert-Koch-Institut in Berlin, anschließend ging sie in die USA, wo sie bis 1916 als Dozentin an der Yale University in New Haven tätig war. Nach dem Ende des Ersten Weltkriegs kehrte sie nach Deutschland zurück und habilitierte sich. 1924 erhielt E. als eine der ersten Frauen in Deutschland eine außerordentliche Professur an der Berliner Universität für das Spezialgebiet Zell- und Krebsforschung. Sie war Gründerin des »Verbandes deutscher Hochschuldozentinnen« und seit 1926 Herausgeberin des »Archivs für experimentelle Zellforschung«. E. veröffentlichte u.a. »Praktikum der Gewebezüchtung« (1935).
Lit.: Kern, E., Führende Frauen Europas in 16 Lebensschilderungen, München (3)1929

Erxleben, Dorothea Christiane, geb. Leporin
Medizinerin
13.11.1715 (Quedlinburg) – 13.6.1762 (ebd.)
Von ihrem Vater, dem Arzt Christian Polycarp L., wurde E. gemeinsam mit ihrem ältesten Bruder in Sprachen und Naturwissenschaften unterrichtet. Praktische medizinische Erfahrungen konnte sie bei Krankenbesuchen sammeln, zu denen ihr Vater

sie mitnahm. Gleichzeitig mit ihrem Bruder bewarb sie sich an der Universität Halle a. d. Saale um einen Studienplatz, wurde als Frau aber nicht zugelassen. Unter dem Titel »Gründliche Untersuchung der Ursachen, die das weibliche Geschlecht vom Studiren abhalten« verfasste E. 1738 eine 250 Seiten lange Abhandlung, in der sie sachlich, aber mit kämpferischem Unterton, die männlichen Vorurteile gegen das Frauenstudium zu entkräften versuchte. Ermutigt vom Rektor des Quedlinburger Gymnasiums, den sie mit ihren perfekten Lateinkenntnissen beeindruckt hat-

te, richtete sie 1740 ein Schreiben an den preußischen König mit der Bitte um Zulassung zum medizinischen Examen. Ein Jahr später genehmigte Friedrich II. das Gesuch, »da dergleichen Exempel bey dem weiblichen Geschlecht insonderheit in Deutschland etwas rar sind, und demnach dieser casus demselben zu nicht geringer Ehre gereichen würde«. Inzwischen aber hatte E. sich entschieden, den Pfarrer Johann Christian E., einen Witwer mit fünf Kindern, zu heiraten, mit dem sie vier weitere gemeinsame Kinder bekam. Doch neben ihren Aufgaben im Haushalt bildete sie sich auch in der medizinischen Literatur weiter, und viele Kranke suchten ihren Rat. Das trug ihr die Feindschaft der Quedlinburger Ärzte ein. Sie verklagten E. 1753 der »Pfuscherei und Quacksalberei«. Um diesen Vorwurf zu entkräften, beschloss sie, so schnell wie möglich den Doktortitel zu erwerben. Anfang 1754 reichte sie ihre Dissertation mit dem Titel »Academische Abhandlung von der gar zu geschwinden und angenehmen, aber öfters unsichern Heilung der Krankheiten« ein. Im Mai bestand sie die mündliche Prüfung – auf Latein – vor der gesamten medizinischen Fakultät der Universität Halle. Am 12. Juni 1754 wurde E. als erster Frau Deutschlands der medizinische Doktortitel verliehen. Acht Jahre lang, bis zu ihrem Tod, führte sie eine viel besuchte Praxis.
Lit.: Brencken, J. v., Doktorhut und Weibermütze. D. E. – die erste Ärztin, Heilbronn 1992

Etzdorf, Marga von
Pilotin
1.8.1907 (Berlin) – 28.5.1933 (Aleppo/Syrien)
E. lebte seit dem frühen Tod der Eltern bei ihren Großeltern. Mit 19 Jahren ließ sie sich an der Fliegerschule Bornemann in Berlin-Staaken ausbilden. 1927 bestand sie die »A-Schein-Prüfung«, bewarb sich als Kopilotin bei der Lufthansa und wurde eingestellt. Von ihren Großeltern finanziell unterstützt, kaufte sie sich 1930 ein eigenes Flugzeug, eine »Junkers A 50 Junior«. Damit flog sie nach Istanbul, zu den Kanarischen Inseln und 1931 in nur elf Tagen nach Tokio. Die Flugpionierin wurde als Heldin der Nation gefeiert. 1933 startete sie mit einer »Klemm KL 32« nach Australien. Bei einer Zwischenlandung in Aleppo in Syrien ging die Maschine zu Bruch. E., die unverletzt geblieben war, erschoss sich im Flughafengebäude, vermutlich aus Enttäuschung über ihr Versagen. Bereits 1931 hatte sie unter dem Titel »Kiek in die Welt. Als deutsche Fliegerin über drei Erdteilen« eine Autobiografie veröffentlicht.

Ey, Johanna, geb. Stocken
Kunsthändlerin
4.3.1864 (Wickrath b. Mönchengladbach) –
27.8.1947 (Düsseldorf)
Die »Mutter der rheinischen Avantgarde«
wuchs in bitterer Armut auf. 1900 heiratete sie den Bierbrauer Robert E., mit dem
sie zwölf Kinder hatte, von denen acht in
frühester Jugend starben. 1910 ließ sie sich
scheiden und eröffnete in der Düsseldorfer
Altstadt ein Café, das zum Treffpunkt für
Professoren und Studenten der nahe gelegenen Kunstakademie wurde. Nach Beginn
des Ersten Weltkriegs verkaufte E. aus finanzieller Not einige Bilder, die sie von
jungen Künstlern in Zahlung genommen
hatte. Als auch renommierte Maler der alten Düsseldorfer Schule ihr ihre Bilder
überließen, wurde sie bald eine angesehene
Kunsthändlerin. Nach Kriegsende setzte sie
sich mit großem persönlichen Engagement
für die Künstler der Gruppe »Junges Rheinland« ein. Trotz mangelhafter Schulbildung
und ungeschulten Kunstverstandes besaß
E. einen untrüglichen Instinkt für Talent
und Originalität. In ihrem Laden »Neue
Kunst. Frau Ey« verkaufte sie als erste die
Bilder der Maler O. Dix und M. Ernst. Die
»Berliner Illustrirte« widmete ihr 1930 eine
Sonderseite mit dem Titel »Mutter Ey, die
meistgemalte Frau Deutschlands«. Abgebildet waren neun Portraits von ihr, u.a. von
R. Pudlich und G. Wollheim. 1934 musste
E. die Galerie auf nationalsozialistischen
Druck schließen, und alle Bilder wurden
als »entartet« beschlagnahmt. E.s Versuch
eines Neubeginns nach 1945 scheiterte.
Lit.: Barth, P. u.a., Das Junge Rheinland. J. E.
und ihr Künstlerkreis, Düsseldorf 1986

Eysoldt, Gertrud
Schauspielerin
30.11.1870 (Pirna) – 6.1.1955 (Ohlstadt
b. Murnau, Staffelsee)
1889, nach der Schauspielausbildung, gab
E. ihr Debüt am Münchner Hoftheater. Es
folgten Engagements in Meiningen, Riga,
Stuttgart und an mehreren Berliner Bühnen. 1902 holte der Regisseur M. Reinhardt
sie an das Kleine Theater Unter den Linden. 1905 wurde E., die wegen ihrer sensiblen Textinterpretation als eine der besten
Schauspielerinnen Deutschlands galt, Ensemblemitglied des Deutschen Theaters.
Triumphe feierte sie u.a. in der deutschen
Erstaufführung von M. Gorkis »Nachtasyl«
sowie als Elektra und Salomé in den
gleichnamigen Stücken von H. v. Hofmannsthal, mit dem sie eng befreundet
war. 1920–21 war E. Intendantin des Kleinen Schauspielhauses in Berlin und setzte
die Uraufführung von A. Schnitzlers »Rei-
gen« gegen die Zensur durch. Nach der
Auflösung des Reinhardt-Ensembles 1933
trat sie nur noch selten auf. E. war zweimal verheiratet und hatte einen Sohn.
Lit.: Niemann, C., Das Herz meiner Künstler-
schaft ist Mut – die Max-Reinhardt-Schau-
spielerin G. E., Hannover 1995

F

Faßbinder, Klara Marie
Politikerin
15.2.1890 (Trier) – 3.6.1974 (Bonn)
Nach dem Abschluss des Studiums der
Germanistik, Romanistik, Geschichte und
Philosophie für das höhere Lehramt wurde
F. 1920 in Bonn mit Auszeichnung promo-
viert. Sie arbeitete kurzzeitig als Lehrerin

und übernahm 1921 in Saarbrücken die Landesgeschäftsführung des christlich orientierten »Bühnenvolksbundes«. Von den Nationalsozialisten 1935 ihres Amtes enthoben und als Lehrerin mit Berufsverbot belegt, arbeitete die überzeugte Pazifistin bis Kriegsende als Schriftstellerin und Übersetzerin, u.a. der Werke P. Claudels. 1945 erhielt F. eine Professur an der Pädagogischen Akademie in Bonn. 1953 wurde ihr die Lehrerlaubnis entzogen. Vorgeworfen wurde dem »Friedensklärchen«, dass sie die DDR und die Sowjetunion besucht und eigenmächtig Gesprächskontakte geknüpft hatte. Außerdem hatte sie 1951 ein »Frauen-Friedenstreffen« gegen die Wiederaufrüstungspolitik der Regierung Adenauer organisiert, aus dem sich die »Westdeutsche Frauenfriedensbewegung« unter ihrer Leitung entwickelte. Als Agentin des ostdeutschen Geheimdienstes verdächtigt, wurde F. jahrelang vom Verfassungsschutz

überwacht. 1967 verweigerte der deutsche Bundespräsident H. Lübke seine Zustimmung, als die französische Regierung ihr den Orden »Les Palmes Académiques« für ihre Verdienste um die Vermittlung der französischen Kultur im Zusammenhang mit ihren Claudel-Übersetzungen verleihen wollte. Erst zwei Jahre später wurde diese Entscheidung von Lübkes Nachfolger G. Heinemann revidiert. F. war Mitgründerin der Gesamtdeutschen Volkspartei, führendes Mitglied mehrerer katholischer Verbände und der »Deutschen Friedensunion«.

Ihre Autobiografie »Begegnungen und Entscheidungen« erschien 1961.
Lit.: Dertinger, A., Frauen der ersten Stunde: Aus den Gründerjahren der Bundesrepublik, Bonn 1989

Faßhauer, Minna, geb. Nikolai
Politikerin
10.10.1875 (Bleckendorf b. Wansleben) – 30.7.1949 (Braunschweig)
F., die aus einer Arbeiterfamilie stammte, verbrachte nach dem frühen Tod des Vaters eine entbehrungsreiche Jugend. 1899 heiratete sie Georg F., mit dem sie zwei Kinder hatte und durch den sie Kontakt zur Braunschweiger Arbeiterbewegung bekam. Zunächst illegal und ab 1908, als das Verbot der politischen Betätigung von Frauen aufgehoben wurde, offiziell, setzte sie sich für die Interessen der weiblichen Arbeiterjugend und die Gleichberechtigung der Frauen ein. 1916 trat sie dem »Spartakusbund« bei. F. war entscheidend an der Gründung der sozialistischen Braunschweiger Räterepublik, die vier Monate im Amt war, beteiligt. Als »Volkskommissarin« dieser Regierung hatte sie die Funktion einer Kultusministerin. Sie schaffte die geistliche Schulaufsicht ab und setzte die Religionsmündigkeit auf 14 Jahre herab. Als Mitglied der Kommunistischen Arbeiterpartei (KAP) war sie 1920–24 mehrfach in Haft. 1935 wurde sie der Vorbereitung des Hochverrats angeklagt und in das Konzentrationslager Moringen bei Göttingen deportiert. Nach ihrer Freilassung 1945 engagierte sie sich in der KPD.
Lit.: Armenat, G., Frauen aus Braunschweig, Braunschweig 1986

Feddersen, Helga
Schauspielerin

14.3.1930 (Hamburg) – 24.11.1990 (ebd.)
Nach dem Besuch der Oberschule und der
Frauenfachschule absolvierte F. 1948–50
die Schauspielschule in Hamburg. 1949
debütierte sie im Hamburger Theater im
Zimmer. Es folgten Engagements an den
Hamburger Kammerspielen und am Mu-
siktheater im Revier in Gelsenkirchen. Ab
1957 arbeitete sie als Souffleuse und Re-
gieassistentin beim NDR, nahm Film-,
Funk- und Fernsehrollen an und gehörte
seit 1966 zum Ensemble des Hamburger
Schauspielhauses. Angeregt durch ihren
ersten Mann, den Dramaturgen G. Kozus-
zek, schrieb F. seit 1967 zahlreiche Drehbücher für das Fernsehen. Großen Erfolg
hatte sie als »Ulknudel« in einer Reihe von
Fernsehserien. 1983 eröffnete sie mit ihrem
Lebensgefährten O. Maier, den sie wenige
Tage vor ihrem Tod heiratete, das Theater
am Holstenplatz, das nach anfänglichen
Erfolgen 1989 Konkurs anmelden musste.
Schwer an Krebs erkrankt, zog sie 1989
von Hamburg auf die Insel Föhr.

Feller, Elisabeth
Unternehmerin
3.4.1910 (Horgen b. Zürich) – 12.1.1973 (ebd.)
Nach dem Tod ihres Vaters 1931 brach F.
ihr Studium an der London School of Economics ab und übernahm den Familienbe-
trieb. Engagiert setzte sie sich zudem für
die Gleichberechtigung der Frau im Beruf
ein. Sie war Mitgründerin und Präsidentin
des »Schweizerischen Verbandes der Be-
rufs- und Geschäftsfrauen«, Präsidentin
der »International Federation of Business
and Professional Women« sowie Mitglied
in mehreren UNO- und UNESCO-Kommis-
sionen.

Fey, Klara
Ordensgründerin
11.4.1815 (Aachen) – 8.5.1894
(Simpelveld/Niederlande)
In der Aachener Töchterschule wurde F.
u.a. von L.→Hensel unterrichtet und zu ka-
ritativer Tätigkeit angeregt. 1837 gründete
sie eine Armenschule für bedürftige Mädchen, die sie ab 1844 leitete. 1848 stiftete
sie die »Kongregation der Schwestern vom
armen Kinde Jesu«, deren Generaloberin sie
bis zu ihrem Lebensende war. Der Orden
widmete sich vor allem der Betreuung und
Erziehung von vernachlässigten Kindern.
Als das Mutterhaus des Ordens und seine
deutschen Niederlassungen während des
so genannten »Kulturkampfes« Ende des
19. Jhs. geschlossen wurden, zog F. in das
niederländische Simpelveld. Sie verfasste
zahlreiche pädagogisch-religiöse Schriften,
die ihre asketische Überzeugung auf der
Basis der Lehre des F. v. Salis widerspiegeln, darunter »Die Übung der Mutter
K. F.«, die postum veröffentlicht wurden.
Lit.: Rheinische Lebensbilder, Düsseldorf-Köln
1961ff.

Fickert, Auguste
Frauenrechtlerin
25.5.1855 (Wien) – 9.6.1910 (ebd.)
1889 protestierte die ausgebildete Volksschullehrerin mit zahlreichen Kolleginnen
gegen die Aufhebung des Landtags- und
Gemeindewahlrechts, das steuerpflichtigen
Frauen in Niederösterreich, Böhmen und
der Steiermark seit der Verfassung von
1861 gewährt wurde. 1893 gründete sie
mit M. Lang den zum radikalen Flügel der
österreichischen Frauenbewegung
gehörenden »Allgemeinen Österreichischen
Frauenverein«, dessen Präsidentin sie
wurde. F. engagierte sich für die Rechte er-

werbstätiger Frauen und gründete 1895 die erste österreichische Rechtsschutzstelle für Frauen, die kein oder nur ein geringes Einkommen hatten. 1893–98 arbeitete sie als Redakteurin für das Beiblatt der Zeitschrift »Volksstimme«, »Das Recht der Frau«, und ab 1899 war sie Mitherausgeberin der Monatsschrift »Dokumente der Frauen«.
Lit.: Weiland, D., Geschichte der Frauenemanzipation in Deutschland und Österreich, Düsseldorf 1983

Fink, Agnes
Schauspielerin
14.12.1919 (Frankfurt a. M.) – 28.10.1994 (München)
Ihre Schauspielausbildung in Frankfurt musste F. abbrechen, weil ihre Begabung zu gering erschien. Dennoch erhielt sie 1939 ein Engagement in Leipzig und wechselte 1944 an das Bayerische Staatsschauspiel in München. 1945 heiratete sie den Schweizer Schauspieler und Regisseur B. Wicki, zog mit ihm in die Schweiz und feierte am Züricher Schauspielhaus ihre ersten Erfolge. 1949 kehrte sie nach München zurück und war dort bis 1956 Mitglied des Staatsschauspiels. Danach gastierte sie auf vielen deutschen Bühnen und brillierte als Charakterdarstellerin, u.a. in »Bernarda Albas Haus«. F. trat auch in zahlreichen Filmen auf, bei denen ihr Mann Regie führte. Im Fernsehen begeisterte sie u.a. mit der Darstellung der Olga in »Schmutzige Hände« (1956). 1991 beendete F. ihre Bühnenlaufbahn.

Firnberg, Hertha
Politikerin
18.9.1909 (Wien) – 14.2.1994 (ebd.)
1936 wurde die Arzttochter nach dem Studium der Wirtschaftswissenschaften in Wien und Freiburg i. Br. promoviert. Nach einigen Jahren Verlagstätigkeit leitete sie 1948–69 die Abteilung für Statistik der niederösterreichischen Arbeiterkammer. Als langjähriges Mitglied der Sozialdemokratischen Partei Österreichs (SPÖ) (seit 1928) wurde F. 1959 Abgeordnete des Bundesrats und 1963 Abgeordnete des Nationalrats. 1966–81 war sie Vorsitzende des Bundesfrauenkomitees der SPÖ. Als Ministerin für Wissenschaft und Forschung 1970–83 führte sie eine Hochschulreform durch.

Fischer, Ruth (eigtl. Elfriede Eisler)
Politikerin
11.12.1895 (Leipzig) – 13.3.1961 (Paris)
Während des Studiums der Philosophie und Nationalökonomie an der Wiener Universität schloss sich F., deren Bruder H. Eisler der Komponist der DDR-Hymne war, dem linken Flügel der Sozialdemokratischen Partei Österreichs (SPÖ) an. 1917 heiratete sie den Publizisten P. Friedländer, und im November 1918 gehörte sie zu den Mitbegründern der Kommunistischen Partei Österreichs. Ein Jahr später ging sie unter ihrem Decknamen »R. Fischer« nach Berlin, um bei den deutschen Kommunisten aktiv zu werden. Die ultralinke F. befürwortete eine gewaltsame Revolution und scheute auch vor einer Zusammen-

arbeit mit extrem rechten und antisemitischen Gruppen nicht zurück, obwohl sie selbst Jüdin war. Sie übernahm den Vorsitz der Berliner KPD und wurde –

nach einer Scheinehe mit dem Arbeiter G. Gohlke, um die deutsche Staatsbürgerschaft zu erlangen – 1924 als Abgeordnete in den Reichstag gewählt. Im selben Jahr wurde F. auch Mitglied des Präsidiums der Komintern, der kommunistischen Internationalen. Mit ihrer Forderung nach einer andauernden internationalistischen, revolutionären Politik der Partei geriet sie in Gegensatz zur Sowjetregierung: 1926 wurde sie in Stalins Auftrag zehn Monate im Moskauer »Hotel Lux« gefangen gehalten, 1928 aus der Partei ausgeschlossen und 1936 in einem Schauprozess in Abwesenheit zum Tode verurteilt. Bis 1933 arbeitete sie als Sozialfürsorgerin. Anschließend emigrierte F. mit ihrem Lebensgefährten A. Maslow nach Paris und gründete dort mit ihm die antistalinistische »Gruppe Internationale Marxisten/Leninisten«. Vor dem Einmarsch der deutschen Truppen gelang F. 1940 die Flucht über Portugal in die USA, wo sie 1947 unter ihrem richtigen Namen »E. Eisler« eingebürgert wurde. In zahlreichen Veröffentlichungen bekämpfte sie den sowjetischen Kommunismus stalinistischer Prägung, und mit der von ihr seit 1944 in New York herausgegebenen Zeitschrift »The Network« denunzierte sie gezielt stalinistische Emigranten. 1954 kehrte F. nach Frankreich zurück und arbeitete am Centre des Recherches Historiques über die Geschichte des Kommunismus. 1948–60 war sie Mitarbeiterin der »Frankfurter Hefte«. 1990 wurde unter dem Titel »Abtrünnig wider Willen« ihr Briefwechsel mit A. Maslow veröffentlicht.

Lit.: Hering, S., Kampfname R. F. – Wandlungen einer deutschen Kommunistin, Frankfurt a. M. 1995

Fischer-Dückelmann, Anna
Medizinerin
5.7.1856 (Zürich) – 5.11.1917 (Ascona)
F.-D. begann 1890 mit dem Medizinstudium an der Universität Zürich und ließ sich nach der Promotion 1896 in Dresden als Gynäkologin nieder. Sie verfasste mehrere populärwissenschaftliche Werke über Naturheilkunde und Lebensreform, u.a. »Das Geschlechtsleben des Weibes« (1900). Von ihrem Buch »Die Frau als Hausärztin« (1901) erschien 1917 die millionste Ausgabe.

Fleischmann, Trude (eigtl. Gertrude)
Fotografin
22.12.1895 (Wien) – 20.1.1990 (Brewster/USA)
Nach dem Abitur begann F. in Paris mit dem Studium der Kunstgeschichte, das sie jedoch schon bald für eine Ausbildung an der Wiener Lehr- und Versuchsanstalt für Photographie und Reproduktionsverfahren aufgab. 1916–19 war sie als Assistentin bei mehreren Fotografen tätig und eröffnete 1920, nachdem sie die offizielle Berechtigung zur Ausübung des fotografischen Gewerbes erhalten hatte, ihr erstes eigenes Atelier in Wien. Sie spezialisierte sich auf Portraits von bekannten Künstlern und Intellektuellen Wiens, die sie an Zeitschriften verkaufte, auf Theater- und Tanzfotografie sowie Ausdrucksstudien mit weiblichen Aktmodellen. Nach dem so genannten Anschluss Österreichs 1938 musste die Jüdin ihr Atelier schließen. Sie emigrierte über London nach New York und machte sich auch dort seit 1940 mit ihrem eigenen Atelier wieder einen Namen als Portraitfotografin. Erst 1968 kam F. wieder nach Europa und ließ sich für 20 Jahre in Lugano nieder, bis sie in die USA zurückkehrte.

Lit.: Dick, J., Sassenberg, M. (Hgg.), Jüdische Frauen im 19. und 20. Jh., Reinbek 1993

Fleißer, Marieluise
Schriftstellerin
23.11.1901 (Ingolstadt) – 2.2.1974 (ebd.)

F., die in kleinbürgerlichen Verhältnissen aufwuchs, begann 1919 mit dem Studium der Germanistik und Theaterwissenschaften in München. Nach ersten Erfolgen als

Erzählerin – 1922 erschien durch Vermittlung des Schriftstellers L. Feuchtwanger ihre Erzählung »Meine Zwillingsschwester Olga« in der Zeitschrift »Das Tagebuch« – brach sie ihr Studium ab. 1926 setzte der Autor B. Brecht, der sie förderte und künstlerisch anregte, die Uraufführung ihres Stücks »Fegefeuer in Ingolstadt« an der Jungen Bühne in Berlin durch. Auf Grund des großen Erfolgs erhielt sie vom Ullstein-Verlag, der auch Brechts Werke herausgab, einen Rentenvertrag. 1929 inszenierte Brecht ihr Drama »Pioniere in Ingolstadt« im Theater am Schiffbauerdamm in Berlin. Das Stück, das die Beziehungen zwischen Männern und Frauen als ein von Unterdrückung und Gewalt geprägtes Verhältnis darstellt und Frauen zu Sexualobjekten reduziert, löste einen ungeheuren Theaterskandal aus. Brecht hatte das Stück überarbeitet und diese Reaktion bewusst eingeplant. F. fühlte sich benutzt, trennte sich von ihm und verlobte sich mit dem konservativen Redakteur H. Draws-Tychsen, der ein entschiedener Gegner Brechts war. Auf seine

Veranlassung kündigte sie den Vertrag mit Ullstein. 1929 erschien ihr Erzählband »Ein Pfund Orangen« und 1931 ihr einziger Roman »Mehlreisende Frieda Geier«. Künstlerisch verunsichert und in finanziellen Schwierigkeiten, unternahm sie 1932 einen Selbstmordversuch. Als sie 1935 von den Nationalsozialisten Schreibverbot erhielt, zog sie wieder nach Ingolstadt und flüchtete sich in die Ehe mit dem Zigarettenhändler und Sportschwimmer B. Haindl. Die Arbeit im Geschäft ihres Mannes, der versuchte, sie vom Schreiben abzuhalten, und die gesellschaftliche Ächtung durch ihre Mitbürger führten 1938 zu einem Nervenzusammenbruch. Mehrere Monate verbrachte F. in einer Nervenheilanstalt. 1950 vermittelte Brecht die Aufführung ihres Stücks »Der starke Stamm«, doch der Erfolg blieb aus. Nach dem Tod ihres Mannes 1958 widmete sich F. wieder ganz der Schriftstellerei, und 1963 erschien der Erzählband »Avantgarde«. Ende der 60er Jahre wurde ihr Werk vor allem von den Regisseuren R. W. Fassbinder und F. X. Kroetz wieder entdeckt. F. erhielt den Literaturpreis der Bayerischen Akademie der Schönen Künste (1953) und den Kunstförderpreis der Stadt Ingolstadt (1961). Anlässlich ihres 80. Geburtstags stiftete die Stadt Ingolstadt 1981 den Marieluise-Fleißer-Preis.

Lit.: Mc Gowan, M., M. F., München 1987
Brueckel, I., Ich ahnte den Sprengstoff nicht. Leben und Schreiben der M. F., Freiburg i. Br. 1996
Götter, S., Natürlich sind es Bruchstücke. Zum Verhältnis von Biographie und literarischer Produktion bei M. F., St. Ingbert 1997

Flickenschildt, Elisabeth
Schauspielerin
16.3.1905 (Hamburg) – 26.10.1977 (Stade)
Die Tochter eines Kapitäns arbeitete nach dem Abitur in einem Hamburger Modegeschäft und nahm dann Schauspielunterricht.

Nach ihrem Debüt als Bäuerin Armgard in »Wilhelm Tell« wurde sie 1933 an die Münchner Kammerspiele engagiert. 1936 wechselte sie nach Berlin an das Deutsche Theater und 1939 an das Staatstheater. Dort blieb sie bis 1944 und wurde in der Zusammenarbeit mit dem Regisseur G. Gründgens zu einer der bedeutendsten Schauspielerinnen der deutschen Theatergeschichte. Nach dem Zweiten Weltkrieg spielte sie in seinem Ensemble in Düsseldorf und folgte ihm 1955 nach Hamburg. Nach Gründgens' plötzlichem Tod 1963 nahm sie kein festes Engagement mehr an, gab jedoch zahlreiche Gastspiele. F. trat vor allem in Charakterrollen auf, u.a. als Königin in »Hamlet« und als Schauspielerin Arkanina in »Die Möwe«. Ab 1935 wirkte sie auch in zahlreichen Filmen mit, z.B. in »Der zerbrochene Krug« (1937) und »Faust« (1960). Zuletzt spielte sie 1977 in dem französischen Film »Nuit d'or« zusammen mit K. Kinsky. Neben ihren Erinnerungen »Kind mit roten Haaren – Ein Leben wie ein Traum« (1971) veröffentlichte F. 1974 den Roman »Pflaumen am Hut«. 1965 wurde ihr von der nordrhein-westfälischen Landesregierung der Professorentitel verliehen, 1975 erhielt sie das Große Bundesver-

dienstkreuz. F. war neun Jahre mit dem Theaterwissenschaftler R. Badenhausen verheiratet.

Fliedner, Friederike, geb. Münster
Diakonisse
25.1.1800 (Braunfels) – 22.4.1842 (Kaiserswerth – heute zu Düsseldorf)
1826 trat F. eine Stelle als Erzieherin in der »Kinderrettungsanstalt Düsselthal« bei Düsseldorf an. Zwei Jahre darauf heiratete sie den Kaiserswerther Pfarrer Theodor F. Seit 1833 nahmen beide weibliche entlassene Strafgefangene in ihr Haus auf, um ihnen bei der Integration in die Gesellschaft zu helfen. Daraus entwickelte sich ein Asyl für Strafentlassene, die Keimzelle des späteren »Fliedner-Werkes«. 1836 entstand die erste Diakonissenanstalt in Kaiserswerth als Frauenbildungswerk, um unverheirateten Frauen eine Ausbildung und Menschen in Not Pflege zu geben. F. wurde die erste Vorsteherin der Anstalt, leitete die Ausbildung der Schwestern und trug auch die Verantwortung für den Betrieb eines zusätzlich übernommenen Krankenhauses. Sie starb bei der Geburt ihres zehnten Kindes.
Lit.: Schmidt-Schell, E., F. F., die Diakonissenmutter von Kaiserswerth, 1986

Flossmann, Ferdinanda
Politikerin
12.3.1888 (Wien) – 13.7.1964
F. besuchte eine Handelsschule und arbeitete als Bibliothekarin im Staatsdienst. 1918 wurde sie Mitglied der Sozialdemokratischen Partei Österreichs (SPÖ), die sie seit 1925 als Abgeordnete im oberösterreichischen Landtag und seit 1930 im Nationalrat vertrat. Nach dem so genannten Anschluss Österreichs 1938 engagierte sie

sich für die illegalen »Revolutionären Sozialisten« und wurde mehrere Male verhaftet. Seit Kriegsende leitete sie das Parteise-
kretariat der SPÖ in Niederösterreich und
errang wieder einen Abgeordnetensitz im
Nationalrat. Als erste Frau im österreichischen Parlament wurde sie zur Vorsitzenden (»Obmann«) des Finanz- und Budget-
ausschusses gewählt.

Förster-Nietzsche, Elisabeth, geb. Nietzsche
10.7.1846 (Röcken b. Lützen) – 8.11.1935
(Weimar)
Die Schwester des Philosophen F. Nietz-
sche war mit dem Forschungsreisenden B.
Förster verheiratet, mit dem sie 1886 nach
Paraguay zog, um eine deutsche Siedlung,
»Nueva Germania«, zu gründen. Nach dem
Konkurs der Gründungsgesellschaft und
dem Tod ihres Mannes kehrte F.-N. 1892
nach Deutschland zurück und widmete
sich der Pflege ihres kranken Bruders.
Nach seinem Tod verwaltete sie seinen
Nachlass, gründete das »Nietzsche-Archiv«
und gab u.a. eine Nietzsche-Biografie so-
wie eine Textsammlung mit dem Titel »Der
Wille zur Macht« (1906) heraus. Ihre Ver-
dienste gelten als zweifelhaft, weil sie die
nationalsozialistische Ideologie unterstützte und mit Hilfe von Manipulation,
Fälschung und Vernichtung von Briefen
einen Nietzsche-Kult schuf, der aus dem
Philosophen einen Propheten des Faschismus machte.
Lit.. Pusch, L. F. (Hg.), Schwestern berühmter
Männer, Frankfurt a. M. 1985

Forster, Helene von, geb. Schmidmer
Frauenrechtlerin
27.8.1859 (Nürnberg) – 16.11.1923 (ebd.)
Nach dem Besuch eines Mädchenpensio-
nats in Lausanne heiratete F. den Augen-

arzt Sigmund v. F., mit dem sie nach Nürnberg zog. Sie engagierte sich in der Frauenbewegung, war Mitinitiatorin der ersten
Nürnberger Frauentagung und Mitbegründerin sowie erste Vorsitzende des »Vereins
Frauenwohl«, einer Einrichtung, die Frauen
nicht nur eine gründliche Ausbildung in
Hauswirtschaft, sondern auch Unterricht in
Englisch und Französisch vermittelte. F.
war zweite Vorsitzende des »Bundes Deutscher Frauenvereine« und des »Allgemeinen Deutschen Frauenvereins«. 1904 nahm
sie in der Sektion »Frauenbildung« am Internationalen Frauenkongress in Berlin
teil, der auf Einladung von A.→Augspurg
stattfand. 1916 gründete sie die Einrichtung für Frauenbildung »Schulen des Vereins Frauenwohl«. 1919 wurde F., die vehement für das Frauenstimmrecht eintrat,
Stadträtin der Deutschen Demokratischen
Partei in Nürnberg.

François, Louise von (Pse. L. v. F., F. v. L.)
Schriftstellerin
27.6.1817 (Herzberg a. d. Elster) – 25.9.1893
(Weißenfels)
Die Tochter einer Dichterin und eines Majors begann aus finanziellen Gründen zu
schreiben. Denn nach dem Tod ihres Vaters
hatte ihr Vormund ihr Erbe veruntreut, ihre
langjährige Verlobung ging wegen ihrer
unsicheren Vermögensverhältnisse in die
Brüche, und zudem musste sie ihre schwer
kranke Mutter und ihren blinden Stiefvater
pflegen. Ab 1855 erschienen F.s Erzählungen u.a. in J. F. Cottas »Morgenblatt für
gebildete Stände«. Glänzende Kritiken erhielt 1871 ihr historischer Roman »Die
letzte Reckenburgerin«, der in der Zeit der
Revolution von 1848 spielt. Große Erfolge
waren auch ihre weiteren Romane, in denen meist starke Frauen die Heldinnen

sind, die ihr Leben in Krisenzeiten ohne männliche Hilfe meistern. F., die einen regen Briefwechsel mit M. v.→Ebner-Eschenbach führte, gehörte zu den bedeutendsten Schriftstellerinnen ihrer Zeit.

Lit.: Hoffmann, E., Ein Fräulein aus Weißenfels – die Schriftstellerin L. v. F., Frankfurt a. M. 1992

Frank, Anne (eigtl. Annelies Marie)
12.6.1929 (Frankfurt a. M.) – März 1945 (KZ Bergen-Belsen)

Nach der Regierungsübernahme durch die Nationalsozialisten 1933 emigrierte die jüdische Kaufmannsfamilie F. mit ihren beiden Töchtern Margot und Anne in die Niederlande. In Amsterdam besuchten die Mädchen die Montessori-Schule, bis die deutschen Besatzungstruppen verlangten, dass sie auf das Jüdische Lyzeum wechselten. Als der Vater verhaftet und in ein Konzentrationslager abtransportiert werden sollte, ver- 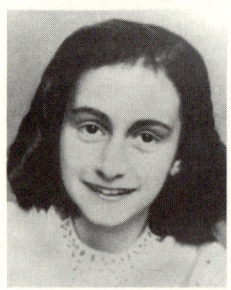 steckte sich die Familie zwei Jahre lang in einem Hinterhaus des väterlichen Geschäfts mit vier anderen Personen. Im Sommer 1944 wurden alle von einem SS-Kommando verhaftet und nach Auschwitz deportiert. F. wurde 1944 mit einem der letzten Transporte in den Westen in das Konzentrationslager Bergen-Belsen gebracht, wo sie an Typhus starb. Unter dem Titel »Het Achterhuis« erschienen 1946 die auf Niederländisch verfassten Tagebuchaufzeichnungen, die F. in ihrem Versteck vom 12.6.1942 bis 1.8.1944 niederschrieb

hatte (deutsche Übersetzung »Das Tagebuch der A. F.«, 1950). Die Aufzeichnungen sind ein erschütterndes Dokument der Judenverfolgung durch die deutschen Nationalsozialisten und erregten in den Nachkriegsjahren großes Aufsehen. Um den Vorwurf rechtsextremer Gruppen zu entkräften, das Tagebuch sei eine Fälschung, erschien 1986 eine kritische Ausgabe, herausgegeben vom Niederländischen Staatlichen Institut für Kriegsdokumentation. 1955 wurde das Tagebuch als Theaterstück bearbeitet, 1958 wurde es verfilmt.

Lit.: Gies, M., Meine Zeit mit A. F., Bern 1996
Müller, M., Das Mädchen A. F. – die Biographie, Düsseldorf 1998

Frankenthal, Käte (Ps. Dr. Käthe Kenta)
Medizinerin
30.1.1889 (Kiel) – 21.4.1976 (New York)

F., deren Vater Vorsteher der jüdischen Gemeinde in Kiel war, wurde streng nach jüdisch-religiösen Regeln erzogen. Nach dem Abitur 1909 studierte sie in Kiel, Heidelberg, Erlangen, München, Wien und Freiburg i. Br. Medizin und wurde 1914 promoviert. 1915 übernahm sie als einzige Frau die Aufgabe einer Militärärztin in der österreichischen Armee. 1918 kehrte sie nach Deutschland zurück und eröffnete eine Privatpraxis. F., die nach dem Studium in die SPD eingetreten und 1923 aus der jüdischen Gemeinde ausgetreten war, wurde 1925 hauptamtliche Stadtverordnete für den Berliner Bezirk Tiergarten und zog 1930 als Nachrückerin in den preußischen Landtag ein. 1931 trat sie aus der SPD aus und schloss sich der Sozialistischen Arbeiterpartei (SAP) an. Im März 1933 emigrierte sie über Prag und Paris nach Zürich, 1936 nach New York. 1943 begann

sie dort mit dem Psychologiestudium und arbeitete ab 1947 als Familientherapeutin beim »Jewish Family Service«, einer jüdischen Wohlfahrtsorganisation. Ihre Erinnerungen, die sie 1940 verfasste »Der dreifache Fluch: Jüdin, Intellektuelle, Sozialistin. Lebenserinnerungen einer Ärztin in Deutschland und im Exil« erschienen 1985.
Lit.: Dick, J., Sassenberg, M. (Hgg.), Jüdische Frauen im 19. und 20. Jh., Reinbek 1993

Frapan, Ilse od. I. Akunian (eigtl. Levien)
Schriftstellerin
3.2.1849 (Hamburg) – 2.12.1908 (Genf)
Nach der Ausbildung zur Lehrerin arbeitete F. zunächst einige Jahre in diesem Beruf in Hamburg. 1883 hörte sie mit ihrer Freundin E. Mandelbaum Literaturvorlesungen in Stuttgart und studierte ab 1892 in Zürich Naturwissenschaften. Daneben war sie als freie Mitarbeiterin für mehrere Zeitschriften tätig, für die sie meist volkstümliche Novellen schrieb. 1898 lernte sie den armenischen Schriftsteller I. Akunoff kennen, den sie finanziell unterstützte und dessen Namen sie in seiner armenischen Form annahm. Sie engagierte sich gegen die Unterdrückung der Armenier durch die Türken. In ihren Romanen, die auf ein geteiltes Echo stießen, u.a. »Wir Frauen haben kein Vaterland. Monologe einer Fledermaus« (1899), forderte F. das Recht der Frauen auf Selbstbestimmung. Großen Erfolg hatte sie mit ihren Schilderungen des Hamburger Alltagslebens, z.B. »Querköpfe. Hamburger Novellen« (1895). Unheilbar krank beging sie gemeinsam mit ihrer Freundin Selbstmord.
Lit.: Kraft-Schwenk, C., I. F. – eine Schriftstellerin zwischen Anpassung und Emanzipation, Würzburg 1985

Freud, Anna
Psychoanalytikerin
3.12.1895 (Wien) – 8.10.1982 (London)
Die Tochter des berühmten Psychoanalytikers Sigmund F. wurde als Lehrerin ausgebildet und übte diesen Beruf 1915–20 aus.

Durch Gespräche mit ihrem Vater wuchs ihr Interesse an der Psychoanalyse. 1918–21 war sie seine Schülerin und erhielt die Berechtigung, als Psychoanalytikerin zu arbeiten. 1923 eröffnete F., die als Begründerin der Kinderpsychoanalyse gilt, in ihrem Elternhaus eine eigene Praxis. Ab 1923 pflegte sie ihren schwer kranken Vater und übernahm seine Aufgaben in der psychoanalytischen Bewegung. 1938 wurde sie von der Gestapo verhaftet, nach einem Tag jedoch wieder freigelassen. Im selben Jahr emigrierte die Familie nach England. Da F.s Aufnahme in die britische Psychoanalytische Gesellschaft von Konkurrenzkämpfen überschattet war, gründete sie 1947 die Hampstead-Klinik, ein Ausbildungsinstitut für Kinderanalytiker. Sie veröffentlichte – z.T. gemeinsam mit ihrer Lebensgefährtin, der amerikanischen Kinderpsychologin D. Burlingham – zahlreiche Schriften über Kinderpsychologie und gab 1966–73 die Werke ihres Vaters heraus. Neben vielen internationalen Auszeichnungen erhielt sie 1981 die Ehrendoktorwürde der Universität Frankfurt a. M.
Lit.: Salber, W., A. F. in Selbstzeugnissen und Bilddokumenten, Reinbek 1985
Coles, R., A. F. oder der Traum der Psychoanalyse, Frankfurt a. M. 1992

Young-Brühl, E., A. F. Eine Biographie, Wien 1995

Freudenberg, Ika (eigtl. Friederike)
Frauenrechtlerin
1858 – 9.1.1912 (München)
F., die aus einer Industriellenfamilie stammte, erhielt eine Ausbildung als Pianistin. 1893 zog sie nach München zu der holländischen Fotografin und Frauenrechtlerin S. Goudstikker, die zusammen mit A.→Augspurg das Fotoatelier »Elvira« führte. 1894 gründete sie den »Verein für Fraueninteressen«, als dessen Vorsitzende sie sich vor allem der Rechtsschutzberatung für Frauen widmete und, obwohl sie keine juristische Ausbildung besaß, vor Gericht als Verteidigerin auftrat. 1899 organisierte sie den »Allgemeinen Bayerischen Frauentag« und gründete 1909 den »Hauptverband Bayerischer Frauenvereine«.

Freundlich, Emmy
Politikerin
25.6.1878 (Aussig – heute Ústí nad Ladem/Tschechien) – 16.3.1948 (New York)
1911 zog F. nach Wien und trat der Sozialdemokratischen Partei Österreichs (SPÖ) bei. Sie war Mitgründerin der genossenschaftlichen Frauenorganisation und wurde 1919 für die SPÖ Abgeordnete im österreichischen Nationalrat. 1921 wurde sie zur Präsidentin der »Internationalen Genossenschaftlichen Vereinigung« gewählt. Als einzige Frau war sie 1928 Mitglied des Komitees der wirtschaftlichen Sektion des Völkerbundes. Nach der Verhaftung durch die Nationalsozialisten gelang ihr 1934 die Flucht nach England. 1946 wurde F. zum zweitenmal Präsidentin der »Internationalen Genossenschaftlichen

Vereinigung«. Im Jahr darauf zog sie in die USA. Sie veröffentlichte u.a. »Die Frau in der Genossenschaftsbewegung« (1926).
Lit.: Weiland, D., Geschichte der Frauenemanzipation in Deutschland und Österreich, Düsseldorf 1983

Frey, Hedwig
Medizinerin
21.10.1877 (Zürich) – 24.12.1938 (Braunwald, Kt. Glarus)
Nach einer Lehrerinnenausbildung begann F. in Zürich mit dem Studium der Anatomie und Anthropologie. Ihr Studium finanzierte sie durch die Erteilung von Privatunterricht. 1912 wurde sie promoviert und 1918 legte sie ihre Habilitationsschrift »Beitrag zum Umbildungsprozeß des Brustkorbes« vor. Die Züricher Universität ernannte sie 1924 als erste Frau in der Schweiz zur Professorin für Anatomie.
Lit.: Plangger-Vavra, M., Die Anatomin H. F. (1877–1938), erste Professorin der Universität Zürich, Zürich 1988

Freyberg, Electrina von, geb. Stuntz
Malerin
14.3.1797 (Straßburg) – 1.1.1847 (München)
F. wurde von ihrem Vater, dem Maler J. B. Stuntz, ausgebildet. Nach Studienreisen durch Frankreich und Italien hielt sie sich 1821–22 in Rom auf und wurde Ehrenmitglied der Accademia di S. Luca. Ab 1823 lebte sie mit ihrem Mann auf einem Landgut in der Nähe von München und widmete sich ganz der Malerei. Die zu ihrer Zeit hoch geschätzte Künstlerin malte Landschaften, Portraits, Historien- und Genrebilder sowie religiöse Darstellungen. Sie wurde durch die Malerei Raffaels und die deutschen Romantiker beeinflusst. Ihre Bilder hängen heute u.a. in der Neuen

Pinakothek in München und in der Eremitage in St. Petersburg.

Friederike Luise
Königin
18.4.1917 (Blankenburg, Harz) – 8.2.1981 (Madrid)
Die Tochter des Herzogs Ernst August von Braunschweig-Lüneburg heiratete 1938 Prinz Paul, den jüngeren Bruder des Königs Georg II. von Griechenland, der 1947 griechischer König wurde. F. organisierte als Königin zahlreiche Hilfsaktionen, rief u.a. zu einer Spendenaktion für die über 20 000 griechischen Kriegswaisen auf und war Vorsitzende fast aller griechischen Wohltätigkeitsorganisationen. Sie wurde die »erste Mutter Griechenlands« genannt, stand aber auch im Kreuzfeuer der Kritik, weil sie sich tatkräftig in die Innenpolitik des Landes einmischte. So soll sie die Entlassung des Ministerpräsidenten Karamanlis 1963, die zu einer innenpolitischen Krise führte, veranlasst haben. Nach dem Militärputsch 1967 und dem Sturz der Monarchie musste F. mit ihrem Sohn Konstantin, seit 1964 König, Griechenland verlassen. Sie lebte zunächst in Rom, dann für einige Zeit in Indien, wo sie sich mit Sanskrit-Mystik und Hindu-Philosophie befasste, und später in London. Während eines Besuchs bei ihrer Tochter, der spanischen Königin Sophia, starb sie in Madrid.

Frölich, Rose, geb. Wolfstein
Politikerin
27.5.1888 (Witten) – 11.12.1987 (Frankfurt a. M.)
Die kaufmännische Angestellte trat 1908 in die SPD und 1910 in die Gewerkschaft ein. An der zentralen SPD-Parteischule in Berlin lernte sie R.→Luxemburg kennen,

die ihr Vorbild im Einsatz für die Arbeiterbewegung wurde. Als Mitglied des »Spartakusbundes« gehörte F. 1917 zu den Gründungsmitgliedern der Unabhängigen Sozialdemokratischen Partei Deutschlands (USPD). Im Ersten Weltkrieg wurde die radikale Sozialistin mehrmals verhaftet. Während der Novemberrevolution 1918 wählten die Duisburger Arbeiter sie in den Arbeiter- und Soldatenrat. 1919 gehörte sie zu den Gründungsmitgliedern der KPD, 1921–23 war sie Mitglied der Parteileitung und 1921–24 für die KPD Abgeordnete im preußischen Landtag. Wegen politischer Auseinandersetzungen mit R.→Fischer und A. Maslow trat F. 1924 von ihren Ämtern zurück. Aus Protest gegen den Stalinismus in der KPD schloss sie sich 1932 der Sozialistischen Arbeiterpartei (SAP) an. 1933 flüchtete F. über Brüssel nach Paris, wo sie mit ihrem Lebensgefährten Paul F., den sie 1948 heiratete, bei Kriegsbeginn interniert wurde. 1941 gelang beiden die Flucht nach New York. 1950 kehrten sie nach Deutschland zurück und wurden Mitglieder der SPD. Nach dem Tod ihres Mannes 1953 gab F. seinen schriftstellerischen Nachlass heraus.
Lit.: Schneider, D. (Hg.), Sie waren die ersten – Frauen in der Arbeiterbewegung, Frankfurt a. M. 1988

Fromm-Reichmann, Frieda, geb. Reichmann
Psychoanalytikerin
23.10.1889 (Karlsruhe) – 28.4.1957 (Rockville/USA)
1908 begann F.-R. in Königsberg mit dem Medizinstudium, spezialisierte sich auf Psychiatrie und wurde 1913 promoviert. Anschließend absolvierte sie bei H. Sachs in Berlin eine psychoanalytische Ausbildung und war u.a. im Dresdner Weißer-

Hirsch-Sanatorium tätig. 1924 eröffnete sie mit ihrem späteren Mann E. Fromm in Heidelberg eine Privatklinik für psychoanalytische Therapie. In Frankfurt a. M. leitete F.-R. ab 1929 das von ihr mitgegründete Psychoanalytische Institut, bis sie 1933 als Jüdin ihr Amt verlor. Sie emigrierte über Straßburg und Palästina in die USA und arbeitete dort u.a. an der Washington School for Psychiatry und am Center for Advanced Studies in the Behavioral Sciences in Stanford. Zu ihren Veröffentlichungen zählt »Basic Problems in the Psychotherapy of Schizophrenia« (1958).

Fuchs, Martha Maria, geb. Büttner
Politikerin
1.10.1892 (Grubschütz b. Bautzen) – 8.1.1966 (Braunschweig)
1919 heiratete die Kontoristin den sozialdemokratischen Journalisten Georg F., mit dem sie nach Braunschweig zog. Dort

wurde sie für die SPD 1925 Stadtverordnete und 1927 Mitglied des Landtages des damals noch selbstständigen Landes Braunschweig. Bei der Regierungsübernahme durch die Nationalsozialisten 1933 verlor sie ihr Mandat und musste ihren Lebensunterhalt mit Büroarbeit verdienen. Nach dem Attentat auf Hitler am 20. Juli 1944 wurde F. verhaftet und in das Frauenkonzentrationslager Ravensbrück deportiert. Kurz vor Kriegsende gelang ihr bei der Evakuierung des Lagers die Flucht. Von Mai bis November 1946, bevor Braunschweig in das Land Niedersachsen integriert wurde, amtierte F. als braunschweigische Kultusministerin. 1947–48 war sie niedersächsische Staatskommissarin für Flüchtlingswesen und damit zuständig für ca. 2,4 Millionen Flüchtlinge aus dem Osten. 1952 wurde sie Ratsherrin und 1959 Oberbürgermeisterin von Braunschweig. Dieses Amt gab sie 1964 aus Altersgründen auf. F. war Trägerin des Großen Bundesverdienstkreuzes und Ehrenbürgerin der Stadt Braunschweig.
Lit.: Armenat, G., Frauen aus Braunschweig, Braunschweig 1986

Fürth, Henriette, geb. Katzenstein
Frauenrechtlerin
15.8.1861 (Gießen) – 3.6.1938 (Bad Ems)
19-jährig brach F. ihre Lehrerinnenausbildung ab, um den Frankfurter Kaufmann Wilhelm F. zu heiraten, mit dem sie sieben Kinder hatte. 1896 trat sie der SPD bei und engagierte sich – im Gegensatz zu C.→Zetkin – für eine Zusammenarbeit mit der bürgerlichen Frauenbewegung. F. war Mitglied der »Deutschen Gesellschaft zur Bekämpfung der Geschlechtskrankheiten«, des von H.→Stöcker gegründeten bürgerlich-radikalen »Bundes für Mutterschutz und Sexualreform« sowie des »Centralvereins deutscher Staatsbürger jüdischen Glaubens«. Sie veröffentlichte u.a. »Die Fa-

brikarbeit verheirateter Frauen« (1902) und »Die Mutterschaftsversicherung« (1911). 1919–24 war F. SPD-Stadtverordnete in Frankfurt a. M. Dort rich-

tete sie eine kostenlose Rechtsberatungsstelle für Frauen ein und bemühte sich um soziale Verbesserungen zur Reduzierung der Prostitution.
Lit.: Epple, A., H. F. und die Frauenbewegung im deutschen Kaiserreich, Pfaffenweiler 1996

Fugger, Barbara, geb. Bäsinger
Unternehmerin
um 1420 (Augsburg) – 1497 od. 99 (ebd.)
F. war die Tochter eines Goldschmieds und Münzmeisters. Um 1440 heiratete sie Jakob F., »Zunftmeister der Barchentweber und Zwölfer«, der bei ihrem Vater in die Lehre gegangen war. Das Paar hatte elf Kinder. Die energische und kluge F. beriet ihren Mann bei seinen Geschäften und hatte großen Anteil an seinem Aufstieg zu einem der größten Handelsherrn des Deutschen Reiches. Als er 1469 starb, überzeugte sie ihren Sohn Jakob, der später den Beinamen »der Reiche« erhielt, die bereits eingeschlagene Laufbahn eines Geistlichen aufzugeben und mit ihr als Beraterin das Unternehmen weiterzuführen. Jahrelang leitete sie das Büro der Firma am Augsburger Heumarkt, das wegen der Täfelung mit Ahorn und Goldleisten »Goldene Schreibstube« genannt wurde. Nicht zuletzt durch gewagte, aber erfolgreiche Bankspekulationen gelang es F. in den 30 Jahren ihrer Geschäftätigkeit als Witwe, das Vermögen des Unternehmens mehr als zu verdoppeln.
Lit.: Schad, M., Die Frauen aus dem Hause Fugger, Augsburg 1997

G

Gadski, Johanna Emilia Agnes
Sängerin
15.6.1872 (Anklam) – 22.3.1932 (Berlin)
Schon mit zehn Jahren gab G. ihr erstes Konzert, 16-jährig debütierte sie nach einer Gesangsausbildung in Stettin als Agathe in »Der Freischütz« in Berlin. 1895–97 unternahm sie mit der Damrosch Opera Company eine Tournee durch die USA. Nach glanzvollen Auftritten an der Londoner Covent Garden Opera und bei den Bayreuther Festspielen 1899 wurde G. 1900 Ensemblemitglied der New Yorker Metropolitan Opera. 1905–06 gastierte sie bei den Münchner Opern-Festspielen, 1906 und 1910 bei den Salzburger Mozart-Festspielen. 1917, als die USA Deutschland den Krieg erklärten, musste die dramatische Sopranistin mit ihrem Mann H. Tauscher, einem Repräsentanten der Firma Krupp und Offizier in der deutschen Armee, die USA verlassen. Erst 1929 kam sie mit der von ihr gegründeten German Opera Company wieder in die USA und unternahm eine zweijährige Gastspielreise. G. galt als eine der besten Wagner-Interpretinnen ihrer Zeit.
Lit.: Kesting, J., Die großen Sänger des 20. Jhs., Düsseldorf 1993

Gallitzin (od. Golizyn), (Adelheid) Amalie von, geb. v. Schmettau
28.8.1748 (Berlin) – 27.4.1806 (Münster)
Obwohl sie reformiert getauft worden war, wurde G. von ihrer Mutter nach dem Tod ihres Vaters, eines Generals in preußischen Diensten, katholisch erzogen. Nach ihrer Heirat 1768 mit dem russischen Gesandten in Den Haag, Fürst Dimitri v. G., beschäf-

tigte sie sich mit den Schriften der französischen Aufklärer. Sie trennte sich nach der Geburt ihrer beiden Kinder von ihrem Mann, lebte mehrere Jahre zurückgezogen in einem Bauernhaus und ließ sich dort von dem niederländischen Philosophen F. Hemsterhuis in Philosophie unterweisen. 1779 zog G. nach Münster und gründete, auf Anregung des Ministers und Schulreformers F. v. Fürstenberg und des Geistlichen B. Overberg, den »Kreis von Münster«, eine Vereinigung orthodoxer Katholiken, die sich mit den pädagogischen Vorstellungen J. J. Rousseaus und J. H. Pestalozzis sowie der Philosophie I. Kants und J. G. Hamanns auseinander setzte. U.a. hielt auch J. W. v. Goethe Verbindung zum »Kreis von Münster«.

Lit.: Köhler, M., A. v. G. – ein Leben zwischen Skandal und Legende, Paderborn (2)1995

Gallmeyer, Josephine (eigtl. Tomaselli)
Sängerin
27.2.1838 (Leipzig) – 3.2.1884 (Wien)
Die uneheliche Tochter einer Opernsängerin wurde 1842 von ihrem Stiefvater adop-

tiert. Nach ihrem Debüt 1853 in Brünn stand sie als Lied-, Operetten- und Opernsängerin auf zahlreichen Bühnen und begeisterte mit ihrem großen musikalischen, tänzerischen und schauspielerischen Talent. Wegen ihrer unbeherrschten Temperamentsausbrüche verlor sie jedoch mehrere Engagements. 1862 kam G. an das Theater an der Wien und war trotz ihrer Extravaganzen jahrelang der Liebling des Publikums. Ihren größten Erfolg feierte sie in der Wiener Premiere von »Pariser Leben«. Nach einem gescheiterten Versuch 1874, selbstständig das Wiener Carl-Theater zu leiten, wobei sie ihr Vermögen verlor, unternahm G. Tourneen durch Deutschland, Österreich und die USA. Sie verfasste auch mehrere Bühnenstücke und Erzählungen. 1876 heiratete sie den Schauspieler F. Siegmann, von dem sie sich nach kurzer Ehe scheiden ließ.

Gasc, Anna Rosina de, geb. Lisiewska
Malerin
10.6.1713 od. 1716 (Berlin) – 1783 (Dresden)
Die ältere Schwester der Malerin A. D.→Therbusch wurde von ihrem Vater, dem Portraitmaler G. Lisiewski, ausgebildet und soll bereits mit zehn Jahren Portraits gemalt haben. 1734 lehnte sie eine Stelle als Hofmalerin in Dresden ab, da sie in der Werkstatt ihres Vaters unersetzlich war. Nach ihrer Heirat mit dem königlich-preußischen Hofmaler D. Matthieu 1741 arbeitete sie zusammen mit ihm vor allem für nord- und mitteldeutsche Fürstenhöfe. 1756, ein Jahr nach dem Tod ihres Mannes, erhielt G. den Auftrag, 72 Portraits von Damen der Gesellschaft für eine »Schönheitsgalerie« in Zerbst zu malen. 40 davon stellte sie im Laufe von zehn Jahren fertig. 1760 heiratete sie den Literaturprofessor Ludwig de G., zog mit ihm nach Braunschweig und malte dort zahlreiche Angehörige des Hofes und der Gesellschaft. G., deren ausdrucksvolle Portraits den repräsentativen Stil des Rokoko widerspiegeln, gilt als eine der bedeutendsten deutschen Malerinnen des 18. Jhs.

Lit.: Armenat, G., Frauen aus Braunschweig, Braunschweig 1986

Gayette-Georgens, Jeanne Marie von, geb. v. Gayette

Pädagogin

11.10.1817 (Kolberg – heute Kołobrzeg/Polen)
– 14.6.1895 (Leipzig)

Nach ihrer Heirat mit dem Pädagogen J. D. Georgens entdeckte die Tochter eines Majors ihre Lebensaufgabe in der Sozialpädagogik. Gemeinsam mit ihrem Mann gründete sie 1856 in der Nähe von Wien die Heil- und Erziehungsanstalt für geistig behinderte Kinder »Levana«, die sie bis 1865 leitete. Dort wurden Kinder erstmals spielerisch beschäftigt und gefördert. 1856–63 war G.-G. Herausgeberin der pädagogischen Zeitschrift »Die Arbeiter auf dem praktischen Erziehungsfelde der Gegenwart«. 1867 gründete sie das Journal »Die Frauenarbeit« und 1886 die Zeitschrift »Zu Hause«. Außerdem schrieb sie zahlreiche Romane und Novellen sowie Aufsätze zu sozialen und pädagogischen Themen.

Georgi, Yvonne

Tänzerin, Choreografin

29.10.1903 (Leipzig) – 25.1.1975 (Hannover)

Die Schülerin von M.→Wigman und E. Jacques-Dalcroze war eine der bedeutendsten deutschen Ausdruckstänzerinnen. 1924 wurde sie Solistin im Ballett von K. Jooss in Münster, seit 1926 war sie Ensemblemitglied der Städtischen Bühnen in Hannover und trat u.a. zusammen mit H. Kreutzberg bei Gastspielreisen auf. 1936 emigrierte G. nach Amsterdam und gründete dort eine Ballettgruppe, die sie auch leitete. Einer ihrer größten Erfolge war die Choreografie der von C. Orff vertonten Liederhandschrift »Carmina Burana«. 1951 wurde sie Ballettdirektorin an der Düsseldorfer Oper, 1954 am Landestheater in Hannover. Bis 1973 gab G. Ballettunterricht.

Lit.: Koegler, H., Y. G., Velber b. Hannover 1963

Gerhard, Adele, geb. de Jonge

Schriftstellerin

8.6.1868 (Köln) – 10.5.1956 (ebd.)

Nach dem Besuch einer höheren Töchterschule und eines Lehrerinnenseminars betrieb G. selbstständig philosophische Studien. Sie stand der Arbeiter- und Frauenbewegung nahe und war Gründungsmitglied der »Gesellschaft für Ethische Kultur«. 1894 erschien ihre erste Novelle »Du Ring an meinem Finger«, 1895 die Schrift »Konsumgenossenschaft und Sozialdemokratie«. 1898 heiratete sie Stephan G. und zog mit ihm nach Berlin. Zusammen mit der Nationalökonomin H. Simon veröffentlichte sie 1901 die Studie »Mutterschaft und geistige Arbeit«. G., die auch zahlreiche Romane schrieb, emigrierte 1938 in die USA. Erst ein Jahr vor ihrem Tod kehrte sie nach Deutschland zurück. Ihre Autobiografien »Weg und Gesetz« (1928) und »Das Bild meines Lebens« (1948) schildern nicht nur ihr Leben, sondern sind auch ein kritisches Portrait der Zeit von den Gründerjahren bis zum Zweiten Weltkrieg.

Lit.: Gerhard, M., Das Werk A. G.s als Ausdruck einer Wendezeit, Bern-München 1963

Gerhard, Melitta

Literaturwissenschaftlerin

22.11.1891 (Berlin) – ?

1919 wurde G. nach dem Germanistikstudium in Berlin mit der Dissertation »Die Bedeutung der griechischen Tragödie für Schillers Dramen« promoviert. Sieben Jahre später habilitierte sie sich als erste Frau Deutschlands für Literaturwissenschaft mit der Schrift »Der deutsche Entwicklungsroman bis zu Goethes Wilhelm Meister« und erhielt einen Lehrauftrag an der Universität Kiel. 1933 emigrierte sie in die USA und erhielt dort 1946 – nach mehreren Gastprofessuren an verschiedenen Universitäten, u.a. am Wellesley-College und an der Universität von Missouri – einen Lehrstuhl für Deutsche Literaturgeschichte am Wittenberg-College in Springfield. 1956 wurde G. emeritiert, 1965 erhielt sie die Ehrenbürgerschaft der Stadt Kiel.

Gerhardi, Ida
Malerin
2.8.1862 (Hagen) – 29.6.1927 (Lüdenscheid)
G., eine der wenigen deutschen Impressionistinnen, durfte zwar Zeichenunterricht nehmen, als Malerin zu arbeiten wurde ihr jedoch von ihrer Familie verboten. Nach einjährigem Studium im Atelier von T.→Blau-Lang zog sie 1891 nach Paris und befreundete sich dort u.a. mit dem Bildhauer A. Rodin und K.→Kollwitz. 1907 organisierte sie in Berlin die »Erste gemeinsame Ausstellung einer Gruppe deutscher und französischer Künstler«, an der u.a. H. Toulouse-Lautrec, P. Gauguin und P. Picasso teilnahmen, die jedoch von Kritikern heftig angegriffen wurde. 1912 kehrte G., die in Frankreich anerkannt und geschätzt war, aus gesundheitlichen Gründen nach Deutschland zurück. Ihre Stadtansichten, Stillleben und Szenen aus dem Pariser Milieu hängen u.a. im Kunstmuseum Düsseldorf und im Museum Folkwang in Essen.
Lit.: Evers, U., Deutsche Künstlerinnen des 20. Jhs.: Malerei – Bildhauerei – Tapisserie, Hamburg 1983

Gert, Valeska (eigtl. Gertrud Samosch)
Tänzerin
11.1.1892 (Berlin) – 15.3.1978 (Kampen, Sylt)
Die Tochter aus großbürgerlichem jüdischem Haus erhielt schon mit sechs Jahren Tanzunterricht, später nahm sie auch

Schauspielunterricht. Bei ihrem ersten Auftritt im Blüthnersaal in Berlin schockierte sie das Publikum, indem sie andere Tänzerinnen parodierte. Nach kurzen Gastspielen u.a. an den Münchner Kammerspielen, wo sie mit B. Brecht und J. Ringelnatz auftrat, gastierte G. in den 20er Jahren in allen großen Städten Europas mit dem von ihr erfundenen Grotesktanz sowie als Kabarettistin und parodierende Pantomimin. 1932 gründete sie in Berlin das Kabarett »Kohlkopp«, das sie 1933 schließen musste. Nach Auftritten in Paris, London, Budapest und Prag emigrierte sie 1938 nach New York und schlug sich als Tellerwäscherin und Aktmodell durch. 1941 eröffnete G. dort die »Bettlerbar«, die zum Treffpunkt der Künstler- und Emigrantenszene wurde. Als ihr 1947 wegen verbotenen Alkoholausschanks die Lizenz für ihr Lokal entzogen wurde, kehrte sie nach Europa zurück. Ein Jahr besaß sie in Zürich das Kabarett »Valeska und ihr Küchenpersonal«, dann zog sie wieder nach Berlin und eröffnete im Theater des Westens das Kabarettlokal »Hexenküche«. Ab 1952 lebte sie meist auf Sylt und betrieb in Kampen das Lokal »Ziegenstall«. G. schrieb vier autobiografische Bücher: »Mein Weg« (1930), »Die Bettlerbar von New York«

(1950), »Ich bin eine Hexe« (1968) und »Die Katze von Kampen« (1973). Außerdem wirkte sie in zahlreichen Filmen mit, darunter »Die freudlose Gasse« (1925) und »Julia und die Geister« (1965). 1970 erhielt sie das »Filmband in Gold« für ihr langjähriges und erfolgreiches Wirken im deutschen Film. Sie war eine der eigenwilligsten Künstlerinnen unseres Jhs. und gilt als die hervorragendste Tänzerin des Expressionismus.
Lit.: Peter, F. M., V. G., Tänzerin – Schauspielerin – Kabarettistin, Berlin (2)1988

Gerter, Elisabeth (eigtl. Aegerter), geb. Hartmann
Schriftstellerin
15.6.1895 (Gossau b. St. Gallen) – 28.8.1955 (Riehen b. Basel)
Nach der Ausbildung zur Krankenschwester arbeitete G. als Privatpflegerin. In zweiter Ehe heiratete sie 1932 den Kunstmaler und Sekretär der Kommunistischen Partei K. Aegerter, der ihre schriftstellerische Begabung förderte. 1934 veröffentlichte sie in der Büchergilde Gutenberg den autobiografischen Roman »Schwester Lisa«, der die Kehrseite des Schwesternberufs beschrieb und in der Schweiz große Beachtung fand. Für ihr zweites Buch »Die Sticker«, eine sozialkritische Schilderung der Arbeitskonflikte in der Ostschweizer Stickereiindustrie, fand sie jedoch keinen Verlag, so dass sie es, genauso wie alle weiteren Bücher, im Selbstverlag veröffentlichte. Diese Schriften wurden allerdings außerhalb der sozialistischen Bewegung kaum beachtet. Erst Anfang der 80er Jahre wurden G.s Werke wieder entdeckt und neu aufgelegt.
Lit.: Linsmayer, C., Literaturszene Schweiz, Zürich 1989

Gertrud von Helfta
Mystikerin
6.1.1256 (Thüringen) – 13.11.1302 (Kloster Helfta b. Eisleben)
Schon als Fünfjährige kam G. in das Zisterzienserinnenkloster Helfta, das unter Leitung der Äbtissin Gertrud von Hackeborn ein Zentrum der Frauenmystik war. Dort erhielt sie eine umfangreiche klassische Bildung, u.a. in Latein und Scholastik. Seit 1281 hatte sie Christusvisionen, die sie in lateinischer Sprache in dem Werk »Legatus divinae pietatis« (»Offenbarungen von der göttlichen Liebe«) niederschrieb. Die darin geschilderte »Brautmystik« machte G., die den Beinamen »die Große« erhielt, zur bedeutendsten Mystikerin des Mittelalters. Außerdem verfasste sie über die mystischen Erfahrungen ihrer Lehrerin →Mechthild von Hackeborn die Schrift »Liber specialis graciae« und das Erbauungsbuch »Exercitia spiritualia septem«. 1739 wurde G. heilig gesprochen.
Lit.: Ankermann, M., G. die Große von Helfta, Göppingen 1997

Giehse, Therese (eigtl. Gift)
Schauspielerin
6.3.1898 (München) – 3.3.1975 (ebd.)
Ihre Schauspielausbildung verdiente sich G., die aus einer jüdischen Familie stammte, durch Büroarbeit im väterlichen 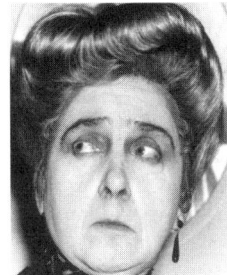 Textilgeschäft. Nach ihrem Debüt 1920 und mehreren kleinen Engagements kam sie 1925 an die Münchner Kammerspiele und feierte dort 1929 als Mrs.

Peachum in »Die Dreigroschenoper« ihren schauspielerischen Durchbruch. Am 1.1.1933 gründete sie mit K. und E.→Mann in München das literarische Kabarett »Die Pfeffermühle«, das in seinem Programm den Nationalsozialismus in Deutschland heftig attackierte. Drei Monate später mussten die Kabarettisten nach Zürich emigrieren, wo sie mit einem neuen Programm sehr erfolgreich waren. Ab 1937 gehörte G. zum Ensemble des Züricher Schauspielhauses und spielte 1941 erstmalig die Titelrolle in »Mutter Courage und ihre Kinder«, die einer ihrer größten Erfolge werden sollte. 1949–52 war sie Mitglied des Berliner Ensembles von B. Brecht, spielte jedoch auch weiter in Zürich und München. G., die als eine der bedeutendsten deutschsprachigen Charakterdarstellerinnen dieses Jhs. gilt, brillierte vor allem in Stücken von B. Brecht, F. Dürrenmatt, G. Hauptmann und H. v. Kleist. 1975 erschienen ihre Lebenserinnerungen unter dem Titel »Ich hab nichts zum Sagen«.
Lit.: Drews, W., Die Schauspielerin T. G., Velber b. Hannover 1965

Gierke, Anna von
Fürsorgerin
14.3.1874 (Breslau – heute Wrocław/Polen) – 3.4.1943 (Berlin)
Die Tochter des Rechtshistorikers Otto v. G. engagierte sich bereits als junges Mädchen in der Kinder- und Jugendfürsorge. Ab 1898 leitete sie ein Berliner Mädchenheim und wurde 1908 Vorsitzende des »Vereins Jugendheim« in Berlin-Charlottenburg, dem mehrere Ausbildungsstätten angeschlossen waren. 1911 richtete sie ein sozialpädagogisches Seminar zur Ausbildung von Hortleiterinnen und Schulpflegerinnen ein. G. gehörte zahlreichen Wohlfahrtsverbänden an und stand dem Stadtverband der Berliner Frauenvereine vor. 1919 war sie für die Deutschnationale Partei Mitglied der Verfassunggebenden Nationalversammlung. Wegen ihrer jüdischen Abstammung wurde sie 1933 aus allen Ämtern entlassen.
Lit.: Baum, M., A. v. G. – ein Lebensbild, Weinheim-Berlin 1954

Gisela
Kaiserin
um 990 (Schwaben) – 14. od. 15.2.1043 (Goslar)
Die Tochter Hermanns II., Herzog von Schwaben, und der burgundischen Königstochter Gerberga wurde um 1016, nachdem sie bereits zweimal verwitwet war, mit dem späteren deutschen König Konrad II. verheiratet. Aus ihren drei Ehen hatte sie sechs Kinder. 1024, kurz nach der Thronbesteigung Konrads, wurde sie zur Königin gekrönt, 1027 mit Konrad in Rom zu Kaiser und Kaiserin. G. galt als klügste Beraterin ihres Mannes. Die Zahl von über 100 überlieferten Urkunden Konrads, in denen sie ausdrücklich erwähnt wird, belegt, wie aktiv sie an der Regierung beteiligt war. Auch bei der Besetzung von weltlichen und geistlichen Ämtern sowie bei Vertragsverhandlungen und Friedensvermittlungen fiel der Herrscherin, der ein zeitgenössischer Chronist »männliche Tüchtigkeit« bescheinigte, häufig eine entscheidende Rolle zu. Nach dem Tod ihres Mannes und der Thronbesteigung ihres Sohnes Heinrich III. 1039 verlor G. ihren politischen Einfluss. Bestattet wurde sie an der Seite Konrads im Speyrer Dom.
Lit.: Schnith, K. (Hg.), Frauen des Mittelalters in Lebensbildern, Graz-Wien-Köln 1997

Glaettli-Graf, Sophie, geb. Graf
Frauenrechtlerin
30.7.1876 (Aarau) – 20.11.1951 (Zürich)
Schon früh begann G.-G., die als 19-Jährige geheiratet hatte, sich in der Frauenbewegung zu engagieren, und wurde Mitglied der »Union für Frauenbestrebungen«, eines Gründungsvereins des »Bundes Schweizer Frauenvereine« (BSF). 1916–30 war sie Vorstandsmitglied des BSF, von 1930 bis zu ihren Tod Ehrenmitglied des Vorstandes. Als Präsidentin der Sektion Zürich des »Schweizer Gemeinnützigen Frauenvereins« leitete sie dessen Haushaltsschule, schuf Kinderkrippen, ein Altersheim und ein Wohnheim für Frauen. Während des Ersten Weltkriegs rief sie mit anderen Frauen einen Fraucnhilfsdienst ins Leben, aus dem die »Zürcher Frauenzentrale« hervorging. G.-G. war eine der Pionierinnen der Schweizer Frauenbewegung.

Gleim, Betty (eigtl. Ilsabetha)
Pädagogin
13.8.1781 (Bremen) – 27.3.1827 (ebd.)
G., die aus einer wohlhabenden Bremer Kaufmannsfamilie stammte, erhielt nur die damals übliche Ausbildung eines jungen Mädchens: Zeichnen, Musizieren, Handarbeiten, etwas französische Konversation sowie Lesen der Bibel und so genannter »Erbauungsliteratur«. Sie bildete sich selbst weiter und beschäftigte sich intensiv mit pädagogischen Schriften, u.a. von J. H. Pestalozzi. 1806 gründete sie in Bremen eine »Schule für die Töchter der höheren Stände«, in der 80 Schülerinnen in vier Klassen unterrichtet wurden. 1810 wurde ihr pädagogisches Hauptwerk »Erziehung und Unterricht des weiblichen Geschlechts« veröffentlicht. Darin forderte G. öffentliche, für alle Mädchen zugängliche Schulen mit systematischem Unterricht, u.a. in den Fächern Arithmetik, Geografie, Geschichte, Literatur, Naturkunde und – worauf sie besonderen Wert legte – Grammatik und Stilistik der deutschen Sprache. 1814 erschien die Fortsetzung »Über die Bildung der Frauen und die Behauptung ihrer Würde in den wichtigsten Verhältnissen ihres Lebens«. Mit ihrer Schrift »Fundamentallehre oder Terminologie der Grammatik mit besonderer Hinsicht und Anwendung auf die Grammatik der deutschen Sprache« (1810) stieß G. auf Kritik der Philologen, die der nichtstudierten Frau mangelnde Wissenschaftlichkeit vorwarfen, bis der allseits respektierte Grammatikfachmann J. H. Seidenstücker das Werk öffentlich lobte. 1819 gründete G. in Bremen die »Lithographische Anstalt für Frauen«, die erste gewerbliche Frauenfachschule in Deutschland. Im selben Jahr eröffnete sie auch eine weitere Mädchenschule in ihrer Heimatstadt, die sie zwei Jahre leitete, bis eine unheilbare Krankheit sie zur Aufgabe zwang.
Lit.: Feyl, R., Der lautlose Aufbruch – Frauen in der Wissenschaft, Frankfurt a. M. 1983

Gloeden, Lilo (eigtl. Elisabeth Charlotte), geb. Kusnitzky
Widerstandskämpferin
19.12.1903 (Köln) – 30.11.1944 (Berlin)
G. studierte 1923–26 in Kiel, München,  Lausanne und Köln Rechtswissenschaften und wurde 1928 promoviert. 1938 heiratete sie den Architekten Erich G., der wie sie einen jüdischen Vater hatte, so dass beide nach den NS-Gesetzen als

so genannte »Halbjuden« galten. Die entschiedenen Gegner des NS-Regimes ver-
steckten seit 1933 Opfer der Judenverfolgung und des politischen Terrors in ihrer
Wohnung und besorgten ihnen falsche
Pässe. Nach dem Attentat auf Hitler am 20.
Juli 1944 beherbergten sie für sechs Wochen den am Putsch beteiligten General F.
Lindemann. Von einem Denunzianten ver-
raten, wurden beide und die bei ihnen lebende Mutter G.s am 3.9.1944 verhaftet
und gefoltert. Am 27.11.1944 wurden alle
drei zum Tode verurteilt und drei Tage
später im Gefängnis Berlin-Plötzensee hingerichtet.
Lit.: Leber, A. (Hg.), Das Gewissen steht auf,
Mainz 1984
Zur Mühlen, B. v. (Hg.), Sie gaben ihr Leben.
Unbekannte Opfer des 20. Juli 1944, Berlin
1995

Glückel von Hameln
Unternehmerin
1645 od. 1646 (Hamburg) – 17.9.1724
(Metz/Frankreich)
14-jährig wurde die Tochter eines Edel-
steinhändlers, der als einer der ersten deutschen Juden die »Stättigkeit«, das Recht
auf Niederlassung in der Stadt Hamburg
gegen die monatliche Zahlung eines Duka-
ten, erhalten hatte, mit dem kaum älteren
Chaim aus Hameln verheiratet. Das Paar
ließ sich in Hamburg nieder, und Chaim
baute einen florierenden Gold-, Edelstein-
und Perlenhandel auf. G. war seine gleichberechtigte Geschäftspartnerin, obwohl sie
13 Kinder großziehen musste. Nach
Chaims Tod um 1689 führte sie das Unternehmen als selbstständige Kauffrau erfolgreich über zehn Jahre weiter. Sie unternahm regelmäßig weite Reisen zu ihren
Lieferanten, bis ins Baltikum und in die

Niederlande, und besuchte zweimal jährlich die Messe in Braunschweig. Nach dem
Tod ihres Mannes begann G. mit der Auf-
zeichnung ihrer Lebenserinnerungen, der
ersten Autobiografie einer Frau im Schrift-
tum der deutschen Juden. Die »Denkwürdigkeiten der Glückel von Hameln« sind
mit hebräischen Buchstaben in jiddischer
Sprache geschrieben und gelten bis heute
als einzigartige Quelle der Kultur- und
Wirtschaftsgeschichte der deutschen Juden
im 17. und 18. Jh. 1896 erschien das Werk
in sieben Bänden zum ersten Mal im Druck
und erfuhr seitdem zahlreiche Neuauflagen. 1700 heiratete G. in zweiter Ehe den
Bankier Hirsch (od. Cerf) Levy, mit dem sie
bis zu seinem Tod 1712 in Metz lebte. Danach wurde sie in der Familie einer ihrer
Töchter, ebenfalls in Metz, betreut.
Lit.: Davis, N. Z., Drei Frauenleben, Berlin 1996

Glümer, Claire von
Publizistin
18.10.1825 (Blankenburg, Harz) – 20.5.1906
(Blasewitz b. Dresden)
G. verlebte ihre Jugend in der Schweiz und
in Frankreich, da ihr Vater aus politischen
Gründen aus Deutschland emigrieren
musste. Sie wurde von ihrer Mutter, einer
Schriftstellerin, unterrichtet. 1841 kehrte
sie nach Deutschland zurück und arbeitete
zunächst als Gouvernante. 1848/49 war sie
in Frankfurt a. M. während der Debatten in
der Paulskirche Parlamentsberichterstatte-
rin für die »Magdeburger Zeitung«. Nach
einem fehlgeschlagenen Versuch 1851,
ihren Bruder, der am Maiaufstand in Dresden teilgenommen hatte, aus dem Gefängnis zu befreien, wurde sie zu drei Monaten
Haft verurteilt und für sieben Jahre aus
Sachsen verbannt. G., die auch Romane,
Biografien und Reiseschilderungen schrieb,

machte sich als Übersetzerin der Werke von u.a. A. Puschkin, L. Tolstoi, I. Turgenjew, J. Swift und George Sand einen Namen.

Gnauck-Kühne, Elisabeth, geb. Kühne
Frauenrechtlerin
2.1.1850 (Vechelde b. Braunschweig) – 12.4.1917 (Blankenburg, Harz)
1867 schloss G.-K. ihre Ausbildung am Lehrerinnenseminar in Callenberg ab. Sie gründete nach mehreren Jahren angestellter Lehrtätigkeit 1875 ein Lehr- und Erziehungsheim in Blankenburg, das sie bis zu ihrer Heirat 1888 mit dem Arzt R. Gnauck leitete. Nach ihrer Scheidung war sie 1894 an der Gründung der »Evangelisch-sozialen Frauengruppe« in Berlin beteiligt, der ersten Vereinigung der evangelischen Frauenbewegung. 1900 konvertierte G.-K. zum Katholizismus und gehörte 1903 zu den Gründerinnen des »Katholischen Deutschen Frauenbundes«. Ihr Engagement für die Rechte der Arbeiterinnen brachte ihr den Beinamen »katholische Zetkin« ein. G.-K. veröffentlichte u.a. das Buch »Die deutsche Frau um die Jahrhundertwende« (1904), in dem sie Frauenbildung bis zum Universitätsstudium und Organisationsfreiheit für die Arbeiterinnen als die wirtschaftlich schwächsten Mitglieder der Gesellschaft forderte. 1910 erschienen ihre »Lebenserinnerungen«.
Lit.: Weiland, D., Geschichte der Frauenemanzipation in Deutschland und Österreich, Düsseldorf 1983

Göchhausen, Louise Ernestine Christiane Juliane von
Hofdame
13.2.1752 (Eisenach) – 7.9.1807 (Weimar)
Die außergewöhnlich intelligente und ge-

bildete G. wurde 1775 Hofdame der Herzogin →Anna Amalia in Weimar, nachdem sie einige Jahre der Markgräfin von Baden gedient hatte. Mit ihrer geistreichen Schlagfertigkeit bereicherte sie Anna Amalias so genannten

»Musenhof«, einen Kreis von Künstlern und Gelehrten. Sie redigierte das »Tiefurter Journal«, die von der Herzogin gegründete und von den Mitgliedern ihres literarischen Kreises geschriebene und in handschriftlicher Form verbreitete Zeitschrift, für die G. selbst zahlreiche Beiträge, u.a. Worträtsel, verfasste. Da G. verwachsen war, erhielt sie den Beinamen »Gnomide«. 1887 wurde in ihrem Nachlass in ihrer Handschrift die einzige Abschrift gefunden, in der der »Urfaust« von J. W. v. Goethe überliefert ist.

Göldin, Anna
Dienstmagd
1734 (Sennwald b. St. Gallen) – 18.6.1782 (Glarus)
Die letzte zum Tode verurteilte »Hexe« Europas stammte aus ärmlichen Verhältnissen und musste schon früh als Dienstmagd arbeiten. Ihr zweites uneheliches Kind soll sie nach der Geburt erstickt haben. Im September 1780 trat sie eine Stelle bei dem Arzt, Chorherrn und Fünferrichter J. J. Tschudi in Glarus an. Als dessen Tochter Anna Maria im Oktober 1781 mehrfach Stecknadeln in ihrer Milch fand, wurde G. fristlos entlassen. Kurz darauf erkrankte das Mädchen und erbrach angeblich 106 Stecknadeln, Nägel und Eisendrähte. G.

wurde verhaftet und als »Vergifterin« vor
Gericht gestellt. Unter der Folter gestand
sie, das Kind verzaubert und ihm »Nagelsa-
men« unter das Essen gemischt zu haben.
Am 16.6.1782 verurteilte der Glarner Rat
G. zum Tod durch das Schwert. Obwohl die
Gerichtsakten verschwanden und eine
Pressezensur verhängt wurde, wurde der
Fall publik und sowohl in der Schweiz als
auch in Deutschland als Justizmord verur-
teilt. Das Schicksal G.s wurde von E. Has-
ler literarisch bearbeitet (»A. G., Letzte
Hexe«, 1982) und 1991 von G. Pinkus ver-
filmt.

Goeppert-Mayer, Maria Gertrude, geb. Goeppert

Physikerin
28.6.1906 (Kattowitz – heute Katowice/Polen)
– 20.2.1972 (San Diego/USA)
In Göttingen, wo ihr Vater Professor für
Kinderheilkunde war, besuchte G.-M. ein
Privatgymnasium. Nach der Abiturprüfung, die sie extern in Hannover ablegte,
studierte sie Naturwissenschaften in Göttingen und wurde 1930 in theoretischer
Physik von dem Nobelpreisträger M. Born
promoviert. Mit ihrem Mann, dem amerikanischen Chemiker J. E. Mayer, zog sie im
selben Jahr nach Baltimore/USA und nahm
1933 die amerikanische Staatsangehörigkeit an. Da G.-M. jahrelang keine bezahlte
Anstellung finden konnte, arbeitete sie unentgeltlich als freie Wissenschaftlerin und
betreute ihre beiden Kinder, die 1933 und
1938 geboren wurden. Mit ihrem Mann
veröffentlichte sie u.a. das Standardlehr-
buch »Statistical Mechanics« (1940). Bei
Kriegseintritt der USA 1941 erhielt sie einen Lehrauftrag an der Columbia Universität in New York und arbeitete am Ge-
heimprojekt SAM zur Entwicklung einer

Atombombe mit. 1946 wurde sie – ohne
Gehalt – Professorin für Physik an der
Universität von Chicago, wo sie mit E.
Fermi und E. Teller zusammenarbeitete.
Außerdem erhielt sie eine – bezahlte –
Halbtagsstelle am Argonne National Labo-
ratory, einem Kernforschungszentrum. Seit
1948 beschäftigte sich G.-M. vor allem mit
dem Aufbau des Atomkerns und seiner
Anzahl von Protonen und Neutronen.
Gleichzeitig mit dem Heidelberger Physiker
H. D. Jensen, aber unabhängig von ihm,
entwickelte sie 1949 ein Schalenmodell des
Atomkerns. Beide Forscher veröffentlich-
ten 1955 gemeinsam das Werk »Elemen-
tary Theory of Nuclear Shell Structure«.
1963 wurde ihnen zusammen der halbe
Nobelpreis für Physik für ihre »Entdeckun-
gen zur Schalenstruktur des Kerns« verliehen. Von 1960 bis zu ihrem Tod hatte
G.-M. den Lehrstuhl für Physik an der Universität von Kalifornien in La Jolla inne.
Außerdem erhielt sie zahlreiche Ehrendoktortitel amerikanischer Universitäten.
Lit.: Fölsing, U., Nobel-Frauen, Naturwissenschaftlerinnen im Porträt, München 1990
Kerner, C. (Hg.), Nicht nur Madame Curie …
Frauen, die den Nobelpreis bekamen, Weinheim-Basel 1990

Goethe, Ottilie Wilhelmine Ernestine Henriette von, geb. v. Pogwisch

Schriftstellerin
31.10.1796 (Danzig – heute Gdansk/Polen) –
26.10.1872 (Weimar)
Die Schwiegertochter J. W. v. Goethes war
die Tochter eines preußischen Offiziers und
einer Weimarer Hofdame. 1817 heiratete
sie August v. G., mit dem sie drei Kinder
hatte. Die Ehe war unglücklich, aber G. gelang es nicht, ihren Mann zur Scheidung
zu bewegen. Während u.a. A. v.→Droste-

Hülshoff ihr vorwarf, kein literarisches Talent zu besitzen und nur vom »strahlenden Nimbus« ihres Schwiegervaters zu profitieren, haben neuere Forschungen in ihr eine Schriftstellerin und Dichterin mit Niveau entdeckt. 1819–32 war sie Herausgeberin der Wochenzeitschrift »Chaos« in Weimar, für die u.a. K. A. Varnhagen, A. v. Chamisso und A.→Schopenhauer Beiträge verfassten. G. übersetzte außerdem Goethes »Torquato Tasso« sowie Gedichte von L. Uhland, E. Mörike und J. Eichendorff ins Englische.

Lit.: Janetzki, U., O. v. G. – Goethes Schwiegertochter. Ein Porträt, Frankfurt a. M. – Berlin – Wien 1982
Rahmeyer, R., O. v. G. – das Leben einer ungewöhnlichen Frau, München 1988

Gold, Käthe
Schauspielerin
11.2.1907 (Wien) – 1997 (ebd.)
Bereits mit vier Jahren stand die Tochter eines Schlossermeisters in der Wiener Oper zum ersten Mal auf der Bühne: als kleiner Sohn der »Madame Butterfly«. Nach der Schauspielausbildung an der Akademie für Musik und Darstellende Kunst in Wien erhielt sie 1926 ihr erstes Engagement in Bern. Danach trat sie u.a. in Breslau, München und Wien auf. 1934 wurde sie von dem Schauspieler W. Krauss zum Preußischen Staatstheater nach Berlin geholt, wo sie unter der Regie von G. Gründgens ihre größten Erfolge feierte, darunter als Gretchen in »Faust« und in der Titelrolle des »Käthchen von Heilbronn«. G. verkörperte mehr als 200 Bühnenfiguren, und in allen großen Rollen der Weltliteratur begeisterte sie das Publikum mit ihrer sensiblen Darstellungskunst und ihrer eindringlichen Stimme. Die Kriegsjahre verbrachte sie

teilweise in der Schweiz. Dort heiratete sie und bekam ein Kind, das früh starb. Nach Kriegsende spielte G. auch in Kino- und Fernsehfilmen. Zu ihren zahlreichen Ehrungen gehören die Titel einer preußischen Staatsschauspielerin und österreichischen Kammerschauspielerin, die Josef-Kainz-Medaille und die Ehrenmitgliedschaft am Wiener Burgtheater sowie an der Berliner Akademie der Künste.

Goldschmidt, Henriette, geb. Benas
Frauenrechtlerin
23.11.1825 (Krotoschin b. Posen – heute Poznań/Polen) – 30.1.1920 (Leipzig)
Schon in ihrer Jugend diskutierte G., die Tochter eines wohlhabenden jüdischen Kaufmanns, mit ihrem Vater und seinen Freunden über politische Themen. Die Revolution von 1848 prägte ihr Demokratiebewusstsein und  ihr Ideal von Menschlichkeit. 1853 heiratete sie Abraham Mayer G. und zog zu ihm und seinen drei Söhnen aus erster Ehe nach Warschau, wo er Prediger in der deutsch-jüdischen Gemeinde war. Sechs Jahre später siedelte die Familie nach Leipzig über. Dort traf G. L. →Otto-Peters und A.→Schmidt, mit denen sie 1865 den »Allgemeinen Deutschen Frauenverein« gründete. In der Zeitschrift des Vereins »Neue Bahnen« veröffentlichte sie ab 1866 zahlreiche Aufsätze und setzte sich besonders für die Frauenbildung und die Kindergärtnerinnenausbildung im Sinne des Pädagogen F. Fröbel ein. Nach ihrer Meinung wurden Frauen durch ihre

mangelhafte Ausbildung in Pädagogik von der Mitwirkung an der westlichen Kultur ausgeschlossen. Die Kulturarbeit werde ausschließlich von Männern geleistet und spiegele daher nicht das Bild der ganzen Menschheit wider. In den 1870er Jahren rief G. den »Verein für Familien- und Volkserziehung« ins Leben, gründete zahlreiche Volkskindergärten sowie ein Seminar für Kindergärtnerinnen und ein »Lyzeum für Damen«, das 1911 zur ersten »Hochschule für Frauen« ausgebaut wurde. G., die als Pionierin der bürgerlichen Frauenbewegung gilt, zog sich erst als 89-Jährige ins Privatleben zurück.
Lit.: Bodeit, F. (Hg.), Ich muß mich ganz hingeben können – Frauen in Leipzig, Leipzig 1990

Goll, Claire (eigtl. Clarisse Liliane), geb. Aischmann

Schriftstellerin
29.10.1890 (Nürnberg) – 30.5.1977 (Paris)
Von ihrer Mutter mit grausamer Strenge erzogen, flüchtete sich G. 1911 in die Ehe mit dem Verleger H. Studer, mit dem sie eine Tochter hatte. 1916 ließ sie sich scheiden und studierte in Leipzig und Genf Philosophie. Nach einer zweijährigen Liebesbeziehung zu dem Dichter R. M. Rilke heiratete sie 1921 den Elsässer Schriftsteller Yvan G. Das Paar zog nach Paris, wo ihre Wohnung zum Treffpunkt von Malern und Schriftstellern wurde. 1939 emigrierten beide nach New York und kehrten 1947 nach Paris zurück. G., die in deutscher und französischer Sprache schrieb, verfasste Gedichte – Liebesgedichte oft gemeinsam mit ihrem Mann –, Erzählungen und Romane. Außerdem übertrug sie die französischen Werke ihres Mannes ins Deutsche. Ihre frühen Texte zeigen Nähe zum Expressionismus und Surrealismus sowie ihr Engagement für Frieden und Frauenfragen, z.B. »Die Frauen erwachen« (1918). In ihren Romanen, u.a. »Arsenik« (1933), beklagte sie die sozialen Verhältnisse, die Menschen demütigen und leiden lassen. Ihre Kindheit und Jugend beschrieb G. in den autobiografischen Romanen »Der gestohlene Himmel« (1962) und »Traumtänzerin« (1971). Ein Jahr nach ihrem Tod erschienen ihre Lebenserinnerungen »Ich verzeihe keinem. Eine literarische Chronique scandaleuse unserer Zeit«.
Lit.: Müller, A., Entblößungen: Interviews, München 1979

Gollwitzer-Meier, Klothilde

Medizinerin
29.10.1894 (Wolznach b. Ingolstadt) – 2.3.1954 (Hamburg)
Nach dem Medizinstudium in München wurde G.-M. 1919 promoviert und habilitierte sich 1924 an der Universität Greifswald mit der Schrift »Untersuchungen über zentrale Atmungsreize«. 1928 wurde sie außerordentliche Professorin in Frankfurt, 1929 Chefärztin für Innere Medizin in Berlin, und 1947 erhielt sie eine Professur in Hamburg. Bereits 1937 hatte G.-M. die Leitung des Balneologischen Instituts der Universität Hamburg in Bad Oeynhausen übernommen, das im Krieg zerstört wurde. 1952 wurde sie mit dem Aufbau eines neuen Forschungsinstituts in Bad Oeynhausen beauftragt, das postum ihren Namen erhielt. In ihrem Spezialgebiet »Pathologische Physiologie und Bäderkunde« veröffentlichte sie u.a. »Über den Mechanismus der Gefäßerweiterung im Bad« (1935). Verheiratet war sie mit C. Kroetz.

Gorvin, Joana Maria (eigtl. Glückselig)
Schauspielerin
30.9.1922 (Hermannstadt – heute
Sibiu/Rumänien) – 3.9.1993 (Wien)
1939 begann G. nach dem Abitur mit der
Schauspielausbildung in Berlin. Ihr erstes
Engagement erhielt sie 1941 am Potsdamer
Stadttheater, zwei Jahre darauf holte sie
der Regisseur J. Fehling, ihr späterer Lebensgefährte, an das Berliner Staatstheater.
Nach Kriegsende brillierte G. in Berlin,
München und Wien in zahlreichen Rollen,
z.b. als Gretchen in »Urfaust« und als Sa-
bina in der deutschen Erstaufführung von
»Wir sind noch einmal davongekommen«.
1957 ging sie an das Düsseldorfer Schauspielhaus, das von G. Gründgens geleitet
wurde, und 1963 folgte sie Gründgens
nach Hamburg an das Deutsche Schauspielhaus. Ab 1975 gab sie nur noch Gastspiele, trat u.a. bei den Salzburger Festspielen auf und übernahm auch einige
Fernsehrollen. 1992 stand G. ein letztes
Mal in Berlin auf der Bühne. Verheiratet
war sie mit dem Kaufmann M. Bauer.
Lit.: Fuhrich, E., Wunsche, D., J. M. G. – eine
Dokumentation, München 1995

**Gottsched, Luise Adelgunde Viktorie,
geb. Kulmus**
Schriftstellerin
11.4.1713 (Danzig – heute Gdansk/Polen) –
26.6.1762 (Leipzig)
In ihrem Elternhaus – ihr Vater war königlich polnischer Leibarzt – erhielt G. eine
umfassende Bildung. Schon mit 17 Jahren,
als sie ihren späteren Mann Johann Christoph G. kennen lernte, schrieb sie fließend
Englisch und Französisch. Nach ihrer Heirat 1735 ergänzte sie ihre Sprachkennt-
nisse durch Lateinstunden. Für die Dra-
mensammlung (»Die deutsche Schau-

bühne«) ihres
Mannes, der eine
Professur in
Leipzig inne-
hatte, war sie
unermüdlich als
Übersetzerin
tätig, u.a. von
Voltaire und Mo-
lière aus dem
Französischen sowie von J. Addison und
A. Pope aus dem Englischen. Trotz der umfangreichen wissenschaftlichen Hilfsarbeiten, die sie für ihren Mann erledigen musste, gelang es G., eigene Bühnenstücke zu
schreiben. Sie verfasste eine Tragödie und
vier Lustspiele (»Die Pietisterey im Fisch-
bein-Rocke oder die Doctormäßige Frau«,
1736 anonym erschienen; »Die ungleiche
Heirat«, 1744; »Die Hausfranzösin«, 1744;
»Das Testament«, 1745), die ihr originelles
literarisches Talent zeigen und die ersten
»Typenkomödien« der deutschen Aufklärung darstellen. Doch für eine Weiterentwicklung dieses Talents ließ ihr Mann
ihr keine Zeit. In Briefen an ihre Freundin,
die nach ihrem Tod herausgegeben wurden, beklagte G. sich bitter über die geistige Vormundschaft ihres Mannes und die
»Galeerenarbeit«, die er ihr aufbürdete.
Lit.: Bodeit, F. (Hg.), Ich muß mich ganz hingeben können – Frauen in Leipzig, Leipzig 1990
Feyl, R., Idylle mit Professor, Köln 1999

**Graevenitz, Christiane Wilhelmine
Friederike Reichsgräfin von**
4.2.1686 (Schwerin) – 21.10.1744 (Berlin)
Von ihrem Bruder, dem württembergischen
Premierminister, wurde G. 1706 am Stuttgarter Hof eingeführt. Dort verliebte sich
der regierende Herzog Eberhard Ludwig in
sie, verließ seine legitime Ehefrau und hei-

ratete G. zur Linken. Als er sich 1710 auf Weisung des Kaisers wieder von ihr trennen musste, schloss G. eine Scheinehe mit einem böhmischen Grafen, der in Stuttgart das Amt eines Landhofmeisters innehatte, so dass sie am Hof bleiben und ihren Einfluss auf den von ihr abhängigen Herzog behalten konnte. Eberhard Ludwig überließ ihr über 20 Jahre die Regierungsgeschäfte. Sie besetzte alle Positionen mit ihren Günstlingen, erwarb umfangreichen Besitz und verlegte die Residenz nach Ludwigsburg, wo sie aufwendig Hof hielt. Als sich der Herzog 1731 mit seiner Frau versöhnte, ließ er G. auf der Festung Hohenurach inhaftieren. Sie musste auf den größten Teil ihres Besitzes verzichten und Württemberg verlassen.
Lit.: Grewolls, G., Wer war wer in Mecklenburg-Vorpommern?, Bremen 1995

Graf, Emma
Pädagogin
12.10.1865 (Langenthal b. Bern) – 22.11.1926 (Bern)
Nach einer Lehre als Näherin begann G. mit dem Studium. Zunächst wurde sie Lehrerin an einer Primarschule, später Sekundarlehrerin für wissenschaftliche Fächer und nach ihrer Promotion 1902 unterrichtete sie am Lehrerinnenseminar in Bern. Ihrer Dissertation über »Rahel →Varnhagen und die Romantik« (1903) folgten Arbeiten über H.→Gugelberg von Moos (1917) und M. v.→Salis-Marschlins (1923) sowie zahlreiche Aufsätze über Erziehungs-, Bildungs- und Frauenfragen. 1902–20 war G. Präsidentin des »Schweizer Lehrerinnenvereins«, außerdem arbeitete sie neun Jahre als Redakteurin für die »Lehrerinnenzeitung«. Sie setzte sich mit großem Engagement für die berufliche und wirtschaftliche Besserstellung von Lehrerinnen ein und war 1916–17 Initiatorin sowie Leiterin einer groß angelegten Aktion für das Gemeindestimmrecht der Bernerinnen.
Lit.: Traber, B., Bernerinnen, Bern 1980

Greiffenberg, Catharina Regina von, geb. Storch v. Klaus
Dichterin
7.9.1633 (Burg Seysenegg b. Amstetten, Niederösterreich) – 8.4.1694 (Nürnberg)
Die fromme, aus einer wohlhabenden, protestantischen Landadelsfamilie stammende G. erhielt nach dem Tod ihres Vaters eine umfassende Ausbildung durch ihren Onkel Hans Rudolph G., den sie 1664 – auf sein Drängen, aber gegen ihren Willen – heiratete. Wegen ihrer hervorragenden Kenntnisse in Theologie, Philosophie, Rhetorik, Naturwissenschaften, Latein und Literatur sowie in Magie und Alchemie galt G. als »Wunder ihrer Zeit«. Nach dem Tod ihrer jüngeren Schwester 1651, in dessen Folge sie ein mystisches Erweckungserlebnis erfahren hatte, beschloss sie, nur noch für die Verherrlichung Gottes (»Deoglori«) zu leben und zu schreiben. Mit ihrem Werk »Geistliche Sonnette/Lieder und Gedichte« (1662) begründete sie ihren Ruf als bedeutendste deutschsprachige Dichterin der Barockzeit. Außerdem veröffentlichte sie in drei Bänden die Sammlung mystisch-poetischer Meditationen »Andächtige Betrachtungen« (1672–93), die schon zu ihren Lebzeiten großen Anklang fand. Unter dem Druck der habsburgischen Gegenreformation verließ G. 1680, nach dem Tod ihres Mannes und dem Verlust des Familienbesitzes, Österreich und ging nach Nürnberg ins Exil.
Lit.: Cerny, H., C. v. G. 1633–1694 – Herkunft, Leben und Werk der größten deutschen Barockdichterin, Amstetten 1983

Gries-Danican, Helene
Malerin
5.9.1874 (Kiel) – 1935 (Itzehoe)
Nach ihrer Malausbildung in Kiel, Dresden, Paris und Berlin wurde G.-D. 1909 in den »Schleswig-Holsteinischen-Künstlerbund« aufgenommen. Ab 1910 lebte sie in der Künstlerkolonie Barsbek bei Kiel, und 1911 wurden ihre Bilder gemeinsam mit denen E. Noldes in der Kieler Kunsthalle ausgestellt. Seit 1914 musste sie ihren Lebensunterhalt mit dem Bemalen von Kacheln, Postkarten und Kalendern verdienen, und erst ab 1922 konnte sie sich wieder der Malerei widmen. G.-D. malte im impressionistischen Stil, der jedoch durch die kräftige Farbgebung an den Expressionismus grenzt.
Lit.: Evers, U., Deutsche Künstlerinnen des 20. Jhs.: Malerei – Bildhauerei – Tapisserie, Hamburg 1983

Gross, Babette Lisette, geb. Thüring
Publizistin
16.7.1898 (Potsdam) – 8.2.1990 (Berlin)
Die Schwester von M.→Buber-Neumann leitete nach einer Lehrerinnenausbildung 1922–33 den Neuen Deutschen Verlag in Berlin. Nach der Regierungsübernahme durch die Nationalsozialisten floh G., die seit 1920 KPD-Mitglied war, nach Paris und übernahm dort die Leitung des Verlages Éditions du Carrefour ihres Lebensgefährten W. Münzenberg. 1937 trat sie aus Protest gegen den Stalinismus aus der KPD aus, 1940 emigrierte sie über Portugal nach Mexiko. Nach Kriegsende nach Deutschland zurückgekehrt, war G. 1949–51 in der Geschäftsleitung der »Frankfurter Allgemeinen Zeitung« tätig. Sie veröffentlichte u.a. »Willi Münzenberg – eine politische Biographie« (1967).

Grümmer, Elisabeth
Sängerin
31.3.1911 (Niederjeutz – heute Basse-Yutz/Frankreich) – 6.11.1986 (Warendorf)
Nach einigen Jahren als Theaterschauspielerin und einer Gesangsausbildung wurde G. bei einem Konzert in privatem Kreis von dem Dirigenten H. v. Karajan entdeckt. 1941 gab sie ihr Debüt in Aachen. 1946 wechselte sie an die Städtische Oper Berlin, deren Ensemble sie bis 1971 angehörte. Dort begründete die Sopranistin ihren Ruhm als hervorragende Interpretin der Opern Mozarts, Strauss' und Wagners. Sie gab zahlreiche internationale Gastspiele und trat bei den Festspielen in Bayreuth, Salzburg und Edinburgh auf. Auch als Lied- und Oratoriensängerin machte sie sich einen Namen. 1959–76 unterrichtete G. Gesang an der Berliner Musikhochschule.
Lit.: Kesting, J., Die großen Sänger des 20. Jhs., Düsseldorf 1993

Grünberg, Helene
Politikerin
28.6.1874 (Berlin) – 7.7.1928 (Nürnberg)
G. trat 1896 dem »Verband der Schneider und Schneiderinnen« bei. 1905 wurde sie von der Nürnberger Gewerkschaftsbewegung zur ersten Gewerkschaftssekretärin in der Geschichte Deutschlands ernannt, die für Frauenangelegenheiten zuständig war. 1906 gründete sie den »Verein der Nürnberger Dienstmädchen, Waschfrauen und Putzfrauen« und setzte sich im selben Jahr auf der Frauenkonferenz in Mannheim besonders für die Dienstbotenfrage ein. 1919 wurde G. für die SPD in die Verfassunggebende Nationalversammlung gewählt, musste jedoch wegen einer Nervenerkrankung 1924 in den Ruhestand treten. Vier Jahre später nahm sie sich das Leben.

Lit.: Weiland, D., Geschichte der Frauenemanzipation in Deutschland und Österreich,
Düsseldorf 1983

Grumbach, Argula von, geb. v. Stauf
Reformatorin
um 1492 – nach 1563 (Zeilitzheim b.
Schweinfurt)

Die bayerische Adlige wurde 16-jährig in
München Hofdame der Herzogin Kunigunde und erhielt eine gründliche Ausbildung, u.a. in Theologie. Nach dem Tod
ihrer Eltern wurde sie 1516 mit Friedrich
v. G. verheiratet, dem Statthalter der Kleinstadt Dietfurt. Aus theologischem Interesse
las sie die Schriften der Reformatoren und
führte einen regen Briefwechsel mit M.
Luther. 1523/24 verfasste sie zur Verteidi-
gung eines wegen seines Glaubens ange-
klagten Studenten sieben Streitschriften,
die sie u.a. an die Städte Augsburg und
Regensburg sowie an den bayerischen Herzog Wilhelm richtete. Darin stellte sie die
Autorität der bayerischen Fürsten und der
Geistlichkeit in Glaubensdingen in Frage.
Als ihr Mann an ihrer Stelle für diese poli-
tisch-religiöse Einmischung mit dem Verlust seiner Statthalterschaft bestraft wurde,
verließ die Familie mit ihren vier Kindern
Bayern und zog nach Franken. Die folgenden fast 40 Jahre ihres Lebens verbrachte
G. weitgehend mit der Haushaltsführung.
Ganz verzichtete sie allerdings nicht auf
ihr reformatorisches Engagement: 1563
sollte sie verhaftet werden, weil sie die
»Untertanen von Köfering zum Abfall von
unserer alten katholischen Religion ange-
reizt« habe. Nur ihr hohes Alter ersparte G.
das Gefängnis.

Lit.: Halbach, S., A. v. G. als Verfasserin refor-
matorischer Flugschriften, Frankfurt a. M.
1992

Grundig, Lea, geb. Langer
Malerin
23.3.1906 (Dresden) – 10.10.1977 (während
einer Schiffsreise auf dem Mittelmeer)

G. wuchs in einer orthodox-jüdischen
Kaufmannsfamilie auf. Während des Studiums in Dresden 1922–26 wurde sie Mitglied der kommunistischen Studentenfrak-
tion und trat 1926 in die KPD ein. 1928
heiratete sie den Maler Hans G. 1929 war
sie Gründungsmitglied der »Assoziation revolutionärer bildender Künstler Deutschlands« (ASSO). Mit ihren antifaschistischen
Bilderzyklen »Frauenleben«, »Unterm Hakenkreuz« und »Der Jude ist schuld« kritisierte sie die NS-Ideologie und wurde 1935
mit Berufsverbot belegt. Zusammen mit
ihrem Mann zog G. 1936 in die Schweiz,
kehrte jedoch nach nur einem Jahr wieder
zurück und wurde verhaftet. 15 Monate
verbrachte sie im Gefängnis und wurde
dann in ein Lager in die Slowakei deportiert. 1940 wurde sie freigelassen und emigrierte nach Palästina. Nach ihrer Rückkehr nach Dresden 1949 wurde sie Professorin an der Hochschule für Bildende
Künste. G. war Mitglied der Deutschen
Akademie der Künste in Berlin (Ost),
1964–70 Präsidentin des »Verbandes Bildender Künstler« der DDR und ab 1967
Mitglied des Zentralkomitees der SED.
Ähnlich wie K.→Kollwitz und S.→Hasse
klagte sie mit ihren Bildern soziale Missstände an und kämpfte für mehr Huma-
nität. Als Vertreterin des expressiven Realismus stellte sie das alltägliche Leben der
unteren sozialen Schichten schonungslos
dar.

Lit.: Evers, U., Deutsche Künstlerinnen des
20. Jhs.: Malerei – Bildhauerei – Tapisserie,
Hamburg 1983

Gsovsky, Tatjana, geb. Abramoff
Tänzerin, Choreografin
18.3.1901 (Moskau) – 29.9.1993 (Berlin)
Die Tochter einer Tänzerin und eines zaristischen Generals wuchs in Russland auf und absolvierte eine klassische Ballettausbildung. Mit 20 Jahren wurde sie Ballettmeisterin in Krasnodar. 1925 zog G., die vom russischen Revolutionstheater und I. Duncans »freiem Tanz« inspiriert war, mit ihrem Mann, dem Ballettmeister Victor G., nach Berlin. Das Paar hatte eine Tochter. Nach einem Unfall musste G. das Tanzen aufgeben, machte sich jedoch von 1928 an als Tanzpädagogin in ihrer eigenen Ballettschule in Berlin und ab 1938 als Choreografin einen Namen. Als Ballettdirektorin an der Ost-Berliner Staatsoper (1945–52), an der Deutschen Oper Berlin (1954–65) und in Frankfurt a. M. (1959–66) sowie als Leiterin des von ihr 1955 gegründeten

 »Berliner Balletts«, das internationalen Ruf hatte, schuf sie ein modernes Tanztheater. Dabei arbeitete sie eng mit Komponisten, u.a. W. Egk und

H. W. Henze, sowie Dichtern wie I.→Bachmann zusammen. Zu ihren größten Erfolgen als Choreografin zählen u.a. Henzes »Idiot«, L. Nonos »Roter Mantel« und »Die sieben Todsünden« von B. Brecht/K. Weill. G. war seit 1955 Mitglied der Deutschen Akademie der Künste in Berlin (Ost) und erhielt u.a. den Kunstpreis der Stadt Berlin und den Deutschen Tanzpreis. 1976 wurde ihr der Professorentitel verliehen.

Güden, Hilde
Sängerin
15.9.1917 (Wien) – 17.9.1988 (München)
Ihre Ausbildung erhielt die Koloratursopranistin an der Wiener Akademie für Musik und Darstellende Kunst. Nach ihrem Debüt 1938 in der Operette »Herzen im Schnee« begann ihre Opernkarriere im folgenden Jahr in Zürich. 1942–47 war G. Ensemblemitglied der Münchner, 1947–73 der Wiener Staatsoper. Außerdem hatte sie Engagements an den Opernhäusern von Mailand, New York und Berlin und gab viele Gastspiele. Glanzpunkte der Karriere der gefeierten Mozart- und Strauss-Sängerin waren ihre Auftritte bei den Salzburger Festspielen. 1950 wurde ihr der Titel einer Kammersängerin verliehen. Anfang der 70er Jahre zog sie sich von der Bühne zurück und übernahm die Leitung des Wiener Opernstudios. 1978 wurde G., die zahlreiche Auszeichnungen erhielt, zur Professorin ernannt. Verheiratet war sie seit 1952 mit dem Amerikaner L. L. Hermann, mit dem sie ein Kind hatte.

Günderode, Karoline Friederike Louise Maximiliane von (Pse. Tian, Ion)
Dichterin
11.2.1780 (Karlsruhe) – 26.7.1806 (Winkel a. Rhein)
Aus finanzieller Not lebte G. nach dem Tod ihres Vaters 1797 in einem evangelischen Damenstift in Frankfurt a. M., in dem sie sich nie wohl fühlte. Seit etwa 1800 verband sie eine enge Freundschaft mit B. v.→Arnim und deren Bruder C. v. Brentano. 1804 lernte sie den verheirateten Philologen G. F. Creuzer kennen, der ihr Interesse für fremde Frühkulturen und Mythologie teilte und zu dem sie eine übersteigerte Liebesbeziehung entwickelte. Als

Creuzer sich auf Drängen seiner Frau von G. trennte, nahm sie sich mit einem Dolch das Leben. Die schwärmerische G. schrieb romantische Gedichte und Dramen, u.a. »Gedichte und Phantasien« (1804) und »Poetische Fragmente« (1806). Literarisch setzten sich u.a. B. v.→Arnim (»Die Günderode«, 1840) und C. Wolf (»Kein Ort. Nirgends«, 1979) mit ihrem Leben und Werk auseinander.

Lit.: Lazarowicz, M., K. v. G. – Porträt einer Freundin, Frankfurt a. M. 1986

Günther, Agnes Elisabeth, geb. Breuning
Schriftstellerin
21.7.1863 (Stuttgart) – 16.2.1911 (Marburg a. d. Lahn)
Die Kaufmannstochter wuchs in Genf und London auf. Nach ihrer Heirat 1887 mit dem Theologen Rudolf G., mit dem sie zwei Kinder hatte, begann sie zu schreiben. Erst 1913, nach ihrem Tod, erschien ihr bekanntester Roman »Die Heilige und ihr Narr«, der auf einem Stoff basiert, den sie bereits 1906 als Drama mit dem Titel »Von der Hexe, die eine Heilige war« bearbeitet hatte. Das Buch wurde über 150-mal neu aufgelegt und über eine Million Mal verkauft, obwohl die Literaturkritik die gefühlsbetonte Sprache als kitschig bezeichnete.

Gugelberg von Moos, Hortensia, geb. v. Salis
1659 (Maienfeld b. Bad Ragaz) – 29.6.1715 (ebd.)
G., die aus einer vornehmen protestantischen Familie stammte, betrieb nach dem frühen Tod ihres Mannes und ihrer Kinder theologische, medizinische und naturwissenschaftliche Studien. Als engagierte Fürsprecherin des reformierten Glaubens verfasste sie 1695 die Schrift »Glaubens-Rechenschaft einer Hochadeligen, Reformiert-Evangelischen Dame«, in der sie katholische Glaubenssätze zu widerlegen versuchte, die jedoch sehr umstritten war. In der Krankenpflege, der Heilkunde und als Ärztin eignete sie sich große Kenntnisse an und war in ihrer Heimat sehr angesehen. Um den Bildungsstand von Frauen zu verbessern, stellte sie 1696 die Gesprächssammlung »Geist- und Lehrreiche Conversationsgespräche« zusammen. G. wird daher als eine Vorkämpferin der Frauenbewegung angesehen.

Gutknecht, Rosa
Theologin
18.5.1885 (Neftenbach b. Zürich) – 21.11.1959 (Zürich)
Nach dem Besuch eines Lehrerinnenseminars in Zürich war G. 1905–13 als Lehrerin tätig und lernte zusätzlich Latein, Griechisch und Hebräisch. 1913 begann sie mit dem Studium der Theologie an der Züricher Universität und wurde 1919 als erste Schweizer Theologin ordiniert. Bis 1953 wirkte sie als Pfarrhelferin am Großmünster in Zürich. Sie gründete 1933 den »Landeskirchlichen Verein Arbeitshilfe« und war Präsidentin des »Schweizerischen Theologinnenverbandes«.

Guyer, Lux
Architektin
20.8.1894 (Zürich) – 26.5.1955 (ebd.)
G. studierte nach dem Besuch der Kunstgewerbeschule Architektur und Städtebau in Zürich, Paris und London. 1923 ließ sie sich als erste selbstständige Schweizer Architektin in Zürich nieder. Ihr besonderes Interesse galt der Gestaltung von Wohnraum mit speziellem Zuschnitt für Frauen. Neben zahlreichen anderen Bauten, darunter das Studentinnenheim in Zürich-Fluntern, entwarf sie die ersten Einzimmerwohnungen für allein stehende, berufstätige Frauen. Verheiratet war sie mit dem Ingenieur H. Studer.

H

Haack, Käte
Schauspielerin
11.8.1897 (Berlin) – 5.5.1986 (ebd.)
Die Kaufmannstochter debütierte als 16-Jährige am Göttinger Stadttheater. Es folgten Engagements an mehreren Berliner Bühnen, bis der Schauspieler und Regisseur G. Gründgens sie 1934 an das Berliner Staatstheater holte, dessen Ensemble sie bis 1944 angehörte. Nach dem Zweiten Weltkrieg unternahm H. Tourneen durch ganz Deutschland und hatte Engagements in Berlin und München. Seit 1915 wirkte sie in über 100 Stumm- und Tonfilmen mit, u.a. in »Hedda Gabler« (1925) und in »Der Himmel ist nie ausverkauft« (1955). Verheiratet war sie mit dem Schauspieler H. Schroth, ihre Tochter H.→Schroth wurde ebenfalls Schauspielerin. Unter dem Titel »In Berlin und anderswo« veröffentlichte H. 1971 ihre Autobiografie.

Haarer, Johanna, geb. Barsch
Medizinerin
3.10.1900 (Tetschen-Bodenbach – heute Děčín/Tschechien) – 30.4.1988 (München)
Die Lungenfachärztin begann nach der Geburt ihrer Zwillinge, Zeitschriftenartikel über Schwangerschaft und Säuglingspflege zu veröffentlichen. 1934 erschien ihr Buch »Die deutsche Mutter und ihr erstes Kind«, das mit einer Auflage von über 440 000 bis 1941 ein großer Verkaufserfolg war. Das Fortsetzungswerk »Unsere kleinen Kinder« wurde 1936 herausgegeben, weitere Erziehungsratgeber folgten. Auf den ersten Blick erschienen diese Werke als Sachbücher mit leicht verständlichen medizinischen Informationen ohne politischen Bezug. Mit ihrer Betonung der Verantwortung aller deutschen Mütter für das Blut und Erbe des deutschen Volkes sowie der Forderung nach harter autoritärer Erziehung und absolutem Gehorsam der Kinder untermauerte die Autorin jedoch das Erziehungskonzept der deutschen Gesellschaft im Nationalsozialismus. Politisch ganz eindeutig Stellung bezog H. 1939 in ihrem Buch »Mutter, erzähl' von Adolf Hitler. Ein Buch zum Vorlesen für kleinere und größere Kinder.« In der Nachkriegszeit wurden einige ihrer Bücher neu aufgelegt. Von allzu auffälligem nationalsozialistischen Gedankengut gesäubert und unter dem leicht abgeänderten Titel »Die Mutter und ihr erstes Kind«, wurde H.s Standardwerk zwischen 1951 und 1988 etwa 1,2 Millionen Mal verkauft.
Lit.: Benz, U., Brutstätten der Nation, in: Dachauer Hefte (4), München 1993

Ha(a)se, Annemarie, geb. Hirsch
Kabarettistin
14.6.1900 – 22.2.1971 (Berlin)
An der Max-Reinhardt-Schule in Berlin
ließ H. sich zur Schauspielerin ausbilden.
In den 20er Jahren zählte sie zu den bekanntesten Kabarettisten in Berlin, u.a. trat
sie an T.→Hesterbergs »Wilder Bühne« und
W. Fincks »Katakombe« auf. 1936 emigrierte sie nach London und spielte dort
Theater und Kabarett für den »Freien Deutschen Kulturbund«. Unter dem Pseudonym
»Frau Warnecke« kommentierte sie für den
britischen Rundfunk in deutscher Sprache
die NS-Politik. 1947 nach Berlin zurückgekehrt, schloss sie sich 1949 dem von B.
Brecht gegründeten Berliner Ensemble an.
Nach dem Mauerbau 1961 lebte sie im
Westteil Berlins.

Haemmerli-Schindler, Gertrud
7.9.1893 (Zürich) – 17.3.1978 (ebd.)
Zu Beginn des Zweiten Weltkriegs beteiligte sich die ausgebildete Krankenschwester an der Gründung des schweizerischen
»Zivilen Frauenhilfsdienstes«, dessen Präsidentin sie 1941 wurde. Nach Kriegsende
leitete sie die Hilfsaktion »Schweizer
Frauen für hungernde Kinder und Mütter«.
1947 wurde H.-S. Vorsitzende des »Bundes
Schweizer Frauenvereine«, und bis 1957
war sie Vizepräsidentin des »Schweizer
Bundes für Zivilschutz«.

Hahn-Hahn, Ida Marie Luise Sophie Friederike Gustave Gräfin von, geb. v. Hahn
Schriftstellerin
22.6.1805 (Tressow, Mecklenburg) – 12.1.1880
(Mainz)
Nachdem der Vater die Familie finanziell
ruiniert hatte, wurde H.-H. 1826 mit ihrem
reichen Vetter Friedrich Adolf v. H. verheiratet. Nach nur dreijähriger unglücklicher
Ehe zwang ihr Mann sie während ihrer
Schwangerschaft zur Scheidung. Durch
eine Rente abgesichert, unternahm sie mit
ihrem Lebensgefährten A. F. v. Bystram
ausgedehnte Reisen durch Europa und den
Orient. Den 1830
geborenen, ge-
meinsamen Sohn
sowie die geistig
behinderte Toch-
ter aus ihrer Ehe
gab sie in Pflege.
1835 erschien ihr
erster Gedicht-
band, und bis
1850 folgten vier weitere Gedichtsammlungen, sechs z.T. mehrbändige Reisebeschreibungen sowie zehn Romane, darunter »Gräfin Faustine« (1841), der in sieben
Jahren dreimal neu aufgelegt wurde. Heldinnen der Werke H.-H.s sind meist Frauen
der Oberschicht, die gegen Unterdrückung
und Benachteiligung ankämpfen. Der
Wunsch nach Selbstbestimmung bezieht
sich jedoch nur auf den privaten Bereich
und nicht auf eine berufliche oder politische Emanzipation. Beeinflusst wurde
H.-H., die zu den erfolgreichsten Autorinnen der Restaurationszeit gehört, durch die
Literaturbewegung des »Jungen Deutschlands« sowie die zeitgenössische französische Literatur, z.B. die Werke von George
Sand. 1840 verlor sie nach einer Operation
ein Auge. Zwei Jahre nach dem Tod By-
strams 1848 konvertierte H.-H. zum Katholizismus und wurde Novizin im Kloster
des Ordens »Zum guten Hirten« in An-
gers/Frankreich. 1854 gründete sie in
Mainz ein Kloster dieses Ordens, in dem sie
bis zu ihrem Tode lebte, ohne dem Orden
beizutreten.

Lit.: Lüple, G., Ida Gräfin H.-H. – das Lebensbild einer mecklenburgischen Biedermeierau-
torin, Bremen 1975

Hainisch, Marianne, geb. Perger
Politikerin
25.3.1839 (Baden b. Wien) – 5.5.1936 (Wien)
H. stammte aus einer wohlhabenden Fabrikantenfamilie und heiratete 18-jährig den
Fabrikanten Michael H., mit dem sie zwei
Kinder hatte. Als Mitglied des 1866 von
I.→Laube und A. Littrow-Bischoff gegründeten »Frauen-Erwerbsvereins« forderte sie
als erste die Berechtigung der Frau zu
jedem Beruf und verlangte 1870 in ihrer
Schrift »Zur Frage des Frauenunterrichtes«
die Einrichtung von Mädchenrealgymna-
sien und die Zulassung von Frauen zum
Studium. 1899 begründete sie den »Bund
Österreichischer Frauenvereine«, mit dem
sie sich 1904 dem »International Council
of Women« anschloss und den sie bis 1924
leitete. Im Herbst 1918 trat H. der Bürger-
lich-Demokratischen Partei bei, elf Jahre
später war sie Mitgründerin der Österreichischen Frauenpartei. Mit auf ihre
Initiative hin wurde in Österreich der
»Muttertag« eingeführt. Ihr Sohn Michael
H. war 1920–28 österreichischer Bundespräsident.
Lit.: Weiland, D., Geschichte der Frauenemanzipation in Deutschland und Österreich,
Düsseldorf 1983

Hallensleben, Ruth
Fotografin
1.6.1898 (Köln) – 18.4.1977 (ebd.)
Die gelernte Kindergärtnerin begann 1931
mit der Ausbildung zur Fotografin. Sie
spezialisierte sich auf Industriefotografie
und eröffnete 1934 in Köln ihr erstes Atelier. Ihre Aufnahmen von Arbeitern vor

Maschinen entsprachen der nationalsozialistischen Arbeitsideologie der »nichtent-
fremdeten Arbeit« und der »verhandwerk-
lichten Industrie«, so dass sie schnell Erfolg hatte und bereits nach drei Jahren
drei Mitarbeiterinnen beschäftigen konnte.
H.s während der Kriegsjahre entstandenen
Bilddokumentationen von Arbeiterinnen in
Rüstungsbetrieben passten zwar nicht in
das NS-Propaganda-Klischee der häuslichen deutschen Frau, beruflich erlitt sie
dadurch aber keine Nachteile. 1948 eröffnete sie ein neues Atelier in Wiehl, und in
den 50er Jahren machte sie sich einen Namen mit Aufnahmen aus Bergwerken, was
ihr den Beinamen »Kumpel mit der Kamera« eintrug.
Lit.: Franken, I., Kling-Mathey, C., Köln der
Frauen, Köln 1992

Hamburger, Käte
Literaturwissenschaftlerin
21.9.1896 (Hamburg) – 8.4.1992 (Stuttgart)
1922 wurde H. nach dem Studium der Philosophie in Berlin und München mit der
Dissertation »Schillers Analyse des Menschen als Grundlage seiner Geschichts-
und Kulturphilosophie« promoviert, und
1928–32 arbeitete sie als Assistentin des
Berliner Philosophen P. Hofmann. 1933
emigrierte die Jüdin über Frankreich nach
Schweden. Nach Kriegsende kehrte sie
nach Deutschland zurück und habilitierte
sich 1957 mit ihrem literaturtheoretischen
Hauptwerk »Die Logik der Dichtung« an
der Technischen Hochschule Stuttgart, wo
sie 1959 eine Professur erhielt. H. veröffentlichte in schwedischer und deutscher
Sprache zahlreiche Monografien, u.a. über
T. Mann, L. Tolstoi und R. M. Rilke. 1980
verlieh ihr die Universität Siegen den Ehrendoktortitel.

Lit.: Dick, J., Sassenberg, M. (Hgg.), Jüdische Frauen im 19. und 20. Jh., Reinbek 1993

Handel-Mazzetti, Enrica Lodovica Maria Freiin von (Ps. Marien Kind)

Schriftstellerin

10.1.1871 (Wien) – 8.4.1955 (Linz)

Nach dem Besuch des Instituts der Englischen Fräulein in St. Pölten lebte H.-M. mit ihrer Mutter in Wien und studierte Sprachen und Literatur. Ab 1888 veröffentlichte sie Novellen in Zeitschriften, und 1895 wurde sie Mitarbeiterin der »Wiener Zeitung«. H.-M., die eine der erfolgreichsten Autorinnen des katholischen historischen Romans war, setzte sich in ihrem Werk mit dem Kampf der Konfessionen, meist vor historischem Hintergrund, auseinander. Mit der Erzählung »Meinrad Helmpergers denkwürdiges Jahr« (1900) und dem Roman »Jesse und Maria« (1906) hatte sie ihre ersten großen Erfolge. Es folgten über 80 weitere Novellen und Romane, die z.T. auch übersetzt und bis in die neueste Zeit wieder aufgelegt wurden. 1914 wurde ihr der Ebner-Eschenbach-Preis verliehen. Während der NS-Zeit wurden ihre Bücher kaum verkauft. Seit 1951 wird der nach ihr benannte Handel-Mazzetti-Preis für Literatur verliehen.

Lit.: Wall, R., Verbrannt, verboten, vergessen. Kleines Lexikon deutschsprachiger Schriftstellerinnen 1933–1945, Köln 1988

Haniel, Sophie Aletta, geb. Noot

Unternehmerin

12.3.1742 (Orsoy b. Moers) – 11.5.1815 (Ruhrort – heute zu Duisburg)

1761 heiratete die Tochter eines preußischen Zollbeamten und Kaufmanns Jacob Wilhelm H., der eine Wein- und Holzhandlung mit angeschlossener Spedition betrieb. Von ihren elf Kindern überlebten vier, die im Todesjahr des Vaters 1782 zwischen zwei und acht Jahren alt waren. 14 Jahre führte die Witwe das Unternehmen unter dem Namen »Jb. Wm. Haniel seel. Wittib« allein weiter. In dieser Zeit baute sie Spedition und Lagerhaus aus, handelte mit Kaffee, Zucker, Wein und Genever und begann bereits mit dem Kohlenhandel, der später zum Haupterwerbszweig des Unternehmens wurde. 1796 nahm H. ihre beiden Söhne Gerhard und Franz in die Geschäftsleitung auf, die die Geschäfte jedoch noch so lange unter dem Vorsitz der Mutter führen mussten, bis sie ihnen die Firma 1809 übergab.

Hanna, Gertrud

Politikerin

22.6.1876 (Berlin) – 26.2.1944 (ebd.)

Die Hilfsarbeiterin in einer Buchdruckerei engagierte sich schon früh in der Gewerkschaftsbewegung. 1907 wurde sie Leiterin des Berliner Arbeiterinnen-Komitees, 1909 Leiterin des Arbeiterinnensekretariats der freien Gewerkschaften. Ab 1916 gab sie die »Gewerkschaftliche Frauenzeitung« heraus, die gemeinsam mit der SPD-Führung die deutsche Kriegspolitik unterstützte – im Gegensatz zu C.→Zetkins Zeitung »Die Gleichheit«. 1919 wurde H. für die SPD Mitglied des preußischen Landtags und setzte sich vor allem für die Erwerbstätigkeit verheirateter Frauen und den Arbeiterinnenschutz ein. Nach der Regierungsübernahme durch die Nationalsozialisten 1933 musste sie mit Näharbeiten ihren Lebensunterhalt verdienen. Sie nahm sich das Leben.

Lit.: Schneider, D., Sie waren die ersten – Frauen in der Arbeiterbewegung, Frankfurt a. M. 1988

Harbou, Thea Gabriele von
Schriftstellerin
27.12.1888 (Tauperlitz b. Hof a. d. Saale) –
1.7.1954 (Berlin)
Nach einigen Jahren als Schauspielerin,
u.a. in Düsseldorf und Weimar, begann die
Gutsbesitzerstochter, die bereits als junges
Mädchen Gedichte und einen Roman veröffentlicht hatte, mit dem Schreiben von
Unterhaltungsromanen, u.a. »Das indische
Grabmal«. Seit 1917 lebte sie mit ihrem
ersten Mann R. Klein-Rogge in Berlin.
1921 heiratete H. in zweiter Ehe den Film-
regisseur F. Lang. Für seine Filme verfasste
sie 1922–33 alle Drehbücher, u.a. für »M«,
»Metropolis« und »Das Testament des
Dr. Mabuse«. Auch nach Langs Emigration
1933 schrieb H., die seit 1932 Mitglied der
NSDAP war, weiter Drehbücher für die
nationalsozialistische Filmindustrie. Nach
Kriegsende setzte sie ihre Tätigkeit fort.
Lit.: Bruns, K., Kinomythen 1920–1945. Die
Filmentwürfe der T. v. H., Stuttgart 1995

Hardenberg, Henriette
(eigtl. Margarete Rosenberg)
Dichterin
5.2.1894 (Berlin) – 26.10.1993 (London)
1913 veröffentlichte die Tochter eines jüdischen Rechtsanwalts ihre ersten Gedichte
in der Zeitschrift »Die Aktion«. Ihr Lyrikband »Neigungen« erschien 1918. Spätere
Gedichte, z.B. die Sammlung »Südliches
Herz«, die H. bereits 1925 fertig stellte,
wurden, wie auch ihre Prosastücke und Tagebuchaufzeichnungen, erst nach 1980 pu-
bliziert. Zum Freundeskreis der expressionistischen Lyrikerin zählten u.a. die Dichter R. M. Rilke, E. Toller und C.→Goll.
1916–30 war H. mit dem Dichter A. Wol-
fenstein verheiratet, 1937 heiratete sie
K. Frankenschwerth, mit dem sie nach

England emigrierte. 1929–58 verdiente sie
ihren Lebensunterhalt als Privatsekretärin.

Harnack, Mildred, geb. Fish
Widerstandskämpferin
16.9.1902 (Milwaukee/USA) – 16.2.1943
(Berlin)
Die amerikanische Literaturwissenschaftlerin heiratete 1926 den deutschen Juristen
Arvid H., der nach seiner Promotion mit
einem Stipendium in die USA gekommen
war. Das Paar
zog nach Berlin,
und H. erhielt an
der Universität
eine Lektoren-
stelle für ameri-
kanische Litera-
turgeschichte.
1941 wurde sie
in Gießen pro-

moviert. Seit der Regierungsübernahme
durch die Nationalsozialisten 1933 gehörten H. und ihr Mann einer Widerstandsgruppe an, die sich 1938 der Organisation
»Rote Kapelle« um H. und L.→Schulze-
Boysen anschloss. Durch ihre Kontakte zu
amerikanischen Diplomaten gelangte H. an
politische und wirtschaftliche Auslandsin-
formationen, u.a. an Redetexte des amerikanischen Präsidenten und Nachrichten
über den Spanischen Bürgerkrieg, die sie
an die Widerstandskämpfer im Untergrund
weitergab. 1942 wurde sie mit ihrem Mann
verhaftet und zu sechs Jahren Zuchthaus
verurteilt. Auf Intervention Hitlers wurde
das Urteil in die Todesstrafe umgewandelt.
H. wurde im Gefängnis Berlin-Plötzensee
hingerichtet.
Lit.: Elling, H., Frauen im deutschen Widerstand 1933–1945, Frankfurt a. M. 1978

Hartmann, Adele
Medizinerin
9.1.1881 (Neu-Ulm) – 15.12.1937 (München)
H. wurde nach dem Medizinstudium 1911
am Anatomischen Institut der Universität
München promoviert. Am 13.2.1919 habilitierte sie sich als erste Frau in Deutschland für Medizin und erhielt 1924 in München eine außerordentliche Professur. H.s
Lehr- und Forschungsgebiete waren Histo-
logie, Embryologie, die Gefäßentwicklung
bei Amphibien, die Wirkung von Röntgen-
strahlen und die Nierenentwicklung.

Harvey, Lilian (eigtl. L. Muriel Helen Pape)
Schauspielerin
19.1.1907 (Hornsey – heute zu London) –
27.7.1968 (Cap d'Antibes/Frankreich)
Schon während der Schulzeit in Berlin
nahm H., deren Mutter Engländerin war,
Tanzunterricht. Nach dem Abitur 1923 begann sie unter dem Mädchennamen ihrer
Großmutter, in Revuen aufzutreten, und
wurde dabei für den Film entdeckt. Mit W.
Fritsch stellte sie jahrelang das beliebteste
Liebespaar des deutschen Films dar, u.a. in
»Die Drei von der Tankstelle« (1930) und
»Der Kongreß tanzt« (1931). 1933–36
spielte sie in Filmen in Hollywood, kehrte
jedoch nach Deutschland zurück. 1939
emigrierte H. über Paris in die USA. 1943
entzogen ihr die Nationalsozialisten die
deutsche Staatsangehörigkeit und be-
schlagnahmten ihr Vermögen. Ein Comeback gelang ihr nach ihrer Rückkehr nach
Deutschland 1949 nicht mehr. 1953 veröffentlichte H. ihre Lebenserinnerungen »Es
war nur ein Traum«. Verheiratet war sie
mit dem dänischen Konzertmanager V.
Larsen.
Lit.: Habich, C. (Hg.), L. H., Berlin 1990

Haskil, Clara
Musikerin
7.1.1895 (Bukarest) – 7.12.1960 (Brüssel)
Bereits als Sechsjährige besuchte die
außergewöhnlich begabte H. das Buka-
rester Konservatorium. Ein Jahr später
setzte sie ihr Musikstudium in Wien fort,
und 1905 gab sie ihr erstes Klavierkonzert.
Anschließend ging sie nach Paris und
wurde dort nach zwei Jahren Vorbereitung
1907 am Pariser Conservatoire Nationale
de Musique aufgenommen, das sie 1910
mit dem Premier Prix abschloss. Die Pianistin, die als »Wunderkind« galt, spielte
auch Geige. 1909 gewann sie beim Wettbewerb der Union Française de la Jeunesse
den ersten Preis für Violine. Von 1911 an
musste sie wegen einer Verkrümmung der
Wirbelsäule für einige Jahre pausieren, bis
sie 1920 ihre Konzerttätigkeit wieder aufnehmen konnte. H.s Stil, der dem Zeitge-
schmack nicht entsprach, wurde von den
meisten ihrer Musikerkollegen lange Zeit
ignoriert. Erst 1949 gelang ihr mit einem
Konzert in Holland der künstlerische
Durchbruch, und fortan feierte sie in Europa und Amerika Triumphe. Ihre Interpretationen des Werks von W. A. Mozart wurden richtungsweisend für das 20. Jh. H.,
die jüdischer Herkunft war, floh 1941 über
die Demarkationslinie in den freien Teil
Frankreichs. In Marseille wurde sie an einem Gehirntumor operiert. 1942 zog sie in
die Schweiz und wurde 1949 Schweizer
Staatsbürgerin. H. trat auch als Konzert-
partnerin des Cellisten P. Casals und des
Geigers A. Grumiaux auf. 1957 wurde sie
zum »Ritter der französischen Ehrenlegion«
ernannt.
Lit.: Gavoty, B., Hauert, R., C. H., Genf 1963
Spycket, J., C. H. – eine Biographie, Bern-
Stuttgart 1977

Hasse, Sella, geb. Schmidt
Malerin
12.2.1878 (Bitterfeld) – 27.4.1963 (Berlin)
H. wuchs in einfachen Verhältnissen auf
und wurde durch ihr sozialdemokratisches
Elternhaus geprägt. 1896 begann sie an
der Berliner Akademie mit dem Studium
der Malerei. Nach ihrer Heirat mit dem
Mathematiker Robert H. und der Geburt
ihrer Tochter 1899 setzte sie ihr Studium
u.a. bei L. Corinth fort. Ab 1902 nahm sie
regelmäßig an den Ausstellungen der Berliner Künstlervereinigung »Secession« teil.
Dabei lernte sie K.→Kollwitz kennen, die
ihre Freundin und Lehrmeisterin wurde.
Durch sie wurde H.s Interesse für die
Druckgrafik, vor allem den Linolschnitt,
geweckt, den sie fortan für ihre Kunst be-
vorzugte. 1904–10 arbeitete sie als Presse-
zeichnerin in Hamburg, 1910–30 lebte sie
in Wismar. Studienreisen führten sie 1912
nach Paris, 1916/17 ins Saargebiet und
nach Lothringen. 1930 ließ sie sich in Berlin nieder. H.s Arbeiten, die bis 1912 an
Jugendstil und Heimatkunst erinnerten,
orientierten sich später am Expressionismus. Ihre Themen waren vor allem der
arbeitende Mensch, wie in dem Zyklus
»Rhythmus der Arbeit« (1912–16), sowie
Darstellungen von sozialen Frauenfragen,
z.B. in den Werken »Die Engelmacherin«
und »Mater dolorosa«. Von 1937 an galten
H.s Bilder, die der proletarisch-revolu-
tionären Kunst zuzurechnen sind, als »entartet« und wurden z.T. beschlagnahmt. Seit
1943 lebte sie im Elsass, kehrte 1945 nach
Ost-Berlin zurück und beeinflusste entscheidend den sozialistischen Realismus in
der DDR. H. wurde mit zahlreichen Preisen
und Orden ausgezeichnet. Nach 1951 war
sie durch einen Sturz gelähmt und konnte
ihre Arbeit nicht fortsetzen.

Lit.: Das verborgene Museum I., Neue Gesellschaft für Bildende Kunst e. V. (Hg.), Berlin
1987

Hatheyer, Heidemarie, geb. Nechansky
Schauspielerin
8.4.1918 (Villach) – 11.5.1990 (Zollikon
b. Zürich)
Nach dem Abitur trat H. u.a. im Wiener
Kabarett »Literatur am Naschmarkt«, auf
Operettenbühnen und im Theater an der
Wien auf. 1937–40 war sie Mitglied des
Ensembles der Münchner Kammerspiele
unter dem Regisseur O. Falckenberg. 1942
wechselte sie zu G. Gründgens an das Berliner Staatstheater. Seit 1946 hatte sie
zahlreiche Engagements, u.a. in München,
Berlin, Düsseldorf, Hamburg und Zürich.
Meist verkörperte sie tragische Frauengestalten, z.B. Rose Bernd, Frau John und
Mutter Wolffen in den Dramen von G.
Hauptmann. H. spielte auch in über 30 Filmen, u.a. in »Die Ratten« (1955), sowie ab
1959 in Fernsehfilmen. In den 50er Jahren
galt sie als der »Star des deutschen Hei-
matfilms«. Sie erhielt zahlreiche Auszeichnungen, u.a. den Grillparzer-Ring (1967),
das Filmband in Gold (1984) und den Ehrentitel »Berliner Schauspielerin«.
Lit.: Riess, C., Die Frau mit den hundert Ge-
sichtern – Requiem für H. H., Düsseldorf 1991

**Hatzfeld-Schönstein zu Trachenberg,
Sophie Josepha Ernestine Gräfin von**
10.8.1805 (Berlin) – 25.1.1881 (Wiesbaden)
Um familiäre Besitzstreitigkeiten zu beenden, wurde H. 1822 mit ihrem Vetter, dem
Grafen E. v. Hatzfeld-Wildenburg verheiratet, mit dem sie in Kalkum bei Düsseldorf
lebte und drei Kinder hatte. 1847 bean-
tragte H. die Scheidung von ihrem un-
treuen und gewalttätigen Ehemann. Im

Scheidungsprozess wurde sie von F. Lassalle, dem späteren Gründer des »Allgemeinen Deutschen Arbeitervereins«, vertreten, der die Gelegenheit nutzte, einen politischen Prozess gegen »alle Unterdrückungen unserer Gesellschaftsordnung« zu führen. Bis zur endgültigen Prozessentscheidung 1854, die H. eine hohe finanzielle Entschädigung brachte, wurden 36 Gerichte angerufen, deren Urteile vor allem während der Revolutionsjahre 1848/49 sehr widersprüchlich ausfielen. In dieser Zeit befreundete H. sich mit Lassalle und identifizierte sich mit seinen politischen Zielen. Sie nahm den 20 Jahre Jüngeren in ihr Haus auf, unterstützte seine Agitation während der Revolution – wofür sie sogar zwei Monate ins Gefängnis musste –, begleitete ihn auf seinen Reisen durch Europa und zahlte ihm seit ihrer Scheidung jährlich eine große Unterhaltssumme. Nach Lassalles Tod 1864 mischte sich H., die sich als seine Testamentsvollstreckerin fühlte, in die Streitigkeiten um seine politische Nachfolge ein. Dabei musste die »rote Gräfin« erkennen, dass die frühe Arbeiterbewegung eine männliche Domäne war, in der Frauen kein Einfluss zugestanden wurde: Von K. Liebknecht wurde sie als »Hexe«, von K. Marx als »alte Hure« diffamiert und ausgegrenzt.

Lit.: Kling-Mathey, C., Gräfin H. 1805–1881, eine Biographie, Bonn 1989
Gebhardt, M., S. v. H. Ein Leben mit Lassalle, Berlin 1991

Hauptmann, Elisabeth
(Pse. Catherin Ux, Dorothy Lasse)
Schriftstellerin
20.6.1897 (Peckelsheim b. Warburg) –
20.4.1973 (Berlin)
Die in Pommern aufgewachsene Tochter eines Landarztes zog 1922 nach Berlin. Dort war sie als Privatlehrerin und Übersetzerin tätig und schrieb für Zeitungen, bis sie eine Stelle als Lektorin im Verlag des Autors B. Brecht bekam. Bereits kurze Zeit nach der ersten gemeinsamen Arbeit an Brechts Komödie »Mann ist Mann« wurde H. seine Geliebte und Koautorin. Sie übersetzte die »Beggar's Opera« von J. Gay, die Grundlage für Brechts »Dreigroschenoper« wurde. Neuere Untersuchungen belegen, dass der größte Teil des deutschen Stücks von ihr stammt, obwohl sie nur als Übersetzerin genannt wurde. Ähnlich verhält es sich mit dem unter Brechts Namen erschienenen Stück »Der Jasager und der Neinsager«. Für Brechts »Heilige Johanna der Schlachthöfe« lieferte H. mit ihrem Bühnenstück »Happy End« (Urauff. 1929) die literarische Vorlage. 1933 emigrierte die Schriftstellerin, die sich seit 1929 in der KPD engagiert hatte, über Frankreich in die USA. Dort heiratete sie den Komponisten P. Dessau, arbeitete als Haushaltshilfe und Lehrerin und war schriftstellerisch tätig. Als Kommunistin in Amerika unerwünscht, kehrte sie 1949 nach Berlin zurück. 1956 wurde sie Dramaturgin an Brechts Berliner Ensemble und gab nach Brechts Tod gemeinsam mit H.→Weigel seine Werke heraus. 1977 erschienen ihre Erinnerungen »Julia ohne Romeo«.
Lit.: Horst, A., Prima inter pares: E. H., die Mitarbeiterin B. Brechts, Würzburg 1992
Kebir, S., Ich fragte nicht nach meinem Anteil, Berlin 1997

Haushofer, Marlen (eigtl. Marie Helene),
geb. Frauendorfer
Schriftstellerin
11.4.1920 (Frauenstein, Oberösterreich) –
21.3.1970 (Wien)
H. begann 1939 mit dem Studium der Germanistik in Wien und Graz, das sie jedoch
– bedingt durch Heirat, einen Wohnortwechsel und die Geburt ihrer zwei Söhne –
nicht beendete. Nach dem Zweiten Weltkrieg veröffentlichte sie zunächst Erzählungen, 1955 ihren ersten Roman »Eine
Handvoll Leben« und ab den 60er Jahren
zahlreiche Kinderbücher. Erfolgreich war
sie mit den Romanen »Die Wand« (1963)
und »Himmel, der nirgendwo endet«
(1966). Obwohl H.s Talent anerkannt
wurde – sie erhielt zahlreiche Preise, u.a.
den staatlichen Förderpreis für Literatur
(1956) und den Österreichischen Staatspreis für Literatur (1968) –, blieb sie eine
Außenseiterin. Erst nach ihrem Tod, in den
80er Jahren, wurde dem Thema ihrer
Werke – die Rolle der Frau in der Gesellschaft – Bedeutung zuerkannt, und ihre
Bücher wurden neu aufgelegt. H. starb an
einem Krebsleiden.
Lit.: Duden, A. (Hg.), Oder war da manchmal
noch etwas anderes? Texte zu M. H.,
Frankfurt a. M. 1986

Hausser-Ganswindt, Isolde, geb. Ganswindt
Physikerin
7.12.1889 (Berlin) – 5.10.1951 (Heidelberg)
Seit 1909 studierte H.-G. an der Universität Berlin und wurde dort 1914 als eine
der ersten Frauen im Fach Physik promoviert. Sie war zunächst als wissenschaftliche Mitarbeiterin und dann als Leiterin des
Laboratoriums für Großverstärker und
Sendebesprechungsgeräte bei der Firma
Telefunken in Berlin tätig. Ab 1929 leitete

sie die Abteilung für physikalische Therapie am Kaiser-Wilhelm-Institut für medizinische Forschung in Heidelberg. H.-G. entdeckte die spezifische Wirkung langwelliger ultravioletter Strahlung, entwickelte
einen Mikrowellengenerator und veröffentlichte zahlreiche wissenschaftliche Arbeiten über die Physik der Hoch- und Niederfrequenz. Sie war mit dem Physiker W.
Hausser verheiratet.

Hedwig von Schlesien
um 1178 (wohl Schloss Andechs, Bayern) –
14.10.1243 (Kloster Trebnitz b. Breslau –
heute Wrocław/Polen)
Nach der Erziehung im Benediktinerinnenkloster Kitzingen wurde die Tochter des
Grafen Berthold V. von Andechs im Alter
von etwa zwölf Jahren mit dem späteren
Herzog Heinrich I. von Schlesien verheiratet, mit dem sie mindestens sechs Kinder

hatte. Gemeinsam stiftete das
Paar mehrere
Klöster und Hospitäler und siedelte deutsche
Bauern, vor allem aus Sachsen
und Thüringen,
in neu angelegten Dörfern an. H. setzte sich außerdem für
den Ausbau der kirchlichen Organisation
in Schlesien ein, indem sie Neugründungen von Pfarreien förderte und zahlreiche
geistliche Orden in das Land holte. Um
1209, nachdem sie zwei Kinder verloren
hatten, legten H. und ihr Mann ein eheliches Enthaltsamkeitsgelübde ab. Seitdem
widmete sich H. ausschließlich der Betreuung von Armen und Kranken und unterzog sich einer strengen Selbstkasteiung mit

Gebeten und Fasten. Nach dem Tod ihres Mannes 1238 zog sie sich in das von ihr gegründete Zisterzienserinnenkloster Trebnitz zurück. 1267 wurde sie heilig gesprochen. H., die wesentlich zur Entwicklung des Landes beitrug, wird als Schutzpatronin Schlesiens von Polen und Deutschen verehrt.
Lit.: Schnith, K. (Hg.), Frauen des Mittelalters in Lebensbildern, Graz-Wien-Köln 1997

Heidenreich von Siebold, Henriette Charlotte Theresia, geb. Heiland
Medizinerin
12.9.1788 (Heiligenstadt im Eichsfeld) –
8.7.1859 (Darmstadt)
Die Tochter der Hebamme R. J. v.→Siebold und Stieftochter des Gynäkologen Johann Theodor Damian v. S. wurde von ihren Eltern ab ihrem 17. Lebensjahr in Geburtshilfe ausgebildet. Seit 1811 durfte sie Vorlesungen an der Universität Göttingen besuchen und erhielt 1814 vom großherzoglichen Medizinal-Kollegium in Darmstadt die Erlaubnis, selbstständig als Geburtshelferin zu arbeiten. Mitte März 1817 legte sie an der Universität Gießen zur Erlangung der Doktorwürde ihre Schrift »Über eine Schwangerschaft außerhalb der Gebärmutter und über eine Bauchhöhlenschwangerschaft insbesondere« vor. Ihr Antrag löste innerhalb der medizinischen Fakultät eine heftige Diskussion aus, denn H. v. S. war nach D.→Erxleben erst die zweite Frau in Deutschland, die einen medizinischen Doktortitel erwerben wollte. Ende März 1817 wurde sie unter dem Beifall des Auditoriums promoviert. H. v. S. praktizierte in zahlreichen Fürstenhäusern, u.a. wurde die spätere Königin Victoria von England 1819 mit ihrer Hilfe geboren. Bis kurz vor ihrem Tod betrieb sie ihre Praxis in Darmstadt. Verheiratet war sie mit dem Oberstabsarzt A. A. Heidenreich.
Lit.: Dierks, M. u.a., Sie gingen voran. Vier bedeutende Darmstädter Frauen des 19. Jhs., Darmstadt 1990

Heim-Vögtlin, Marie, geb. Vögtlin
Medizinerin
7.10.1845 (Bözen, Kt. Aargau) – 7.11.1916 (Zürich)
1868, ein Jahr nach der Öffnung der Universität für Frauen, immatrikulierte sich die Pfarrerstochter in Zürich als erste Medizinstudentin. Das Abitur holte sie erst 1870 nach. 1873 bestand sie das Staatsexamen mit Auszeichnung. Anschließend arbeitete H.-V. in Leipzig einige Monate als Assistentin des Gynäkologen K. Credé und des Anatomen W. His und wurde 1874 in Zürich promoviert. Im selben Jahr eröffnete sie dort eine Praxis als Frauenärztin, die sie bis 1913 führte. Seit 1901 leitete sie außerdem die Kinderabteilung der Schweizer Pflegerinnenschule und des Frauenspitals in Zürich, das sie gegründet hatte. H.-V. war mit dem Geografieprofessor A. Heim verheiratet, mit dem sie zwei Kinder hatte.
Lit.: Siebel, J., Das Leben der Frau Dr. M. H.-V. 1845–1916, Zürich 1920
Verein feministische Wissenschaft (Hg.), Ebenso neu als kühn, Zürich 1988

Heimann, Betty
Indologin
29.3.1888 (Hamburg) – 19.5.1961 (Sirmione/Italien)
Nach dem Abitur in Hamburg studierte H. Klassische Philologie und Sanskrit in Kiel, Heidelberg, Göttingen und Bonn und wurde 1921 promoviert. 1923 habilitierte

sie sich an der Universität Halle a. d. Saale und war dort bis 1933 als Privatdozentin tätig. Für ihre Forschungsarbeit »Studium der Eigenart indischen Denkens« (1930) erhielt sie vom »Internationalen Akademikerinnenbund« den Preis für die beste wissenschaftliche Arbeit einer Frau. 1933 emigrierte die Jüdin nach England und lehrte bis 1944 an den Universitäten London und Oxford Indische Philosophie. 1945–49 war H. Professorin an der Universität Colombo/Sri Lanka. 1957 wurde sie mit Wirkung ab 1935 von der Universität Halle zur ordentlichen Professorin ernannt.
Lit.: Dick, J., Sassenberg, M. (Hgg.), Jüdische Frauen im 19. und 20. Jh., Reinbek 1993

Heinroth, Katharina Bertha Charlotte, geb. Berger
Zoodirektorin
4.2.1897 (Breslau – heute Wrocław/Polen) – 20.10.1989 (Berlin)
H. studierte nach einer Lehrerinnenausbildung von 1919 an in Breslau Zoologie und Botanik und wurde 1924 promoviert. Nach einer kurzen Ehe mit einem Bienenforscher, mit dem sie u. a. in München lebte, heiratete sie 1933 den Leiter des Berliner Aquariums, den Zoologen Oskar August H., und arbeitete mit ihm gemeinsam an Forschungsprojekten. Nach dem Ende des Zweiten Weltkriegs und dem Tod ihres

Mannes wurde H. wissenschaftliche Direktorin des Berliner Zoologischen Gartens und leitete dessen Wiederaufbau. 1953 erhielt sie einen Lehrauftrag an der Berliner Technischen Universität für das Forschungsgebiet »Verhaltensentwicklung handaufgezogener Tiere«. 1979 veröffentlichte sie ihre Lebenserinnerungen »Mit Faltern begann's: Mein Leben mit Tieren in Breslau, München und Berlin«.

Hempel, Frieda
Sängerin
26.6.1885 (Leipzig) – 7.10.1955 (Berlin)
Ein erstes Angebot der New Yorker Metropolitan Opera erhielt H. bereits nach der Gesangsausbildung bei S.→Nicklass-Kempner, das sie auf Anraten ihrer Lehrerin jedoch ausschlug. Stattdessen gab sie Gastspiele an der Berliner Hofoper, bildete sich in Schwerin weiter und trat bei den Münchner und Salzburger Mozart-Festspielen auf. 1907–12 war die Sopranistin Ensemblemitglied der Berliner Hofoper und sang alle großen Koloraturpartien. 1912 ließ sie sich an die Metropolitan Opera verpflichten und brillierte dort als Mozart-Interpretin, aber u. a. auch als Eva in »Die Meistersinger« oder als Marschallin in »Der Rosenkavalier«. 1920 begann H. eine zweite Karriere als Recital-Sängerin mit Liedern von u. a. F. Schubert, R. Schumann und J. Brahms. 1955 erschienen ihre Erinnerungen »Mein Leben dem Gesang«.
Lit.: Kesting, J., Die großen Sänger des 20. Jhs., Düsseldorf 1993

Henot(h), Katharina
Unternehmerin
um 1597 (Köln) – 19.5.1627 (ebd.)
Nach dem Tod ihres Vaters, des kaiserlichen Postmeisters Jakob H., musste H. vor dem Reichskammergericht ihre Nachfolge im Postmeisteramt gegen die Grafen Taxis und deren Kandidaten für das begehrte Amt erstreiten. Schon zu Lebzeiten Jakob

H.s hatte es einen andauernden, harten Konkurrenzkampf mit der Familie Taxis um die einträgliche kaiserliche Postmeisterstelle gegeben. Kurz nachdem H. das Amt übernommen hatte, wurde sie von Nonnen des Kölner Klosters St. Klaren, in dem ihre Tochter und eine ihrer Schwestern lebten und das sie häufig besuchte, der Zauberei bezichtigt. Nach vier Monaten Haft und Folterung wurde sie als vermeintliche Hexe auf dem Scheiterhaufen verbrannt. Ihr Postmeisteramt übernahm die Grafenfamilie Taxis, und ihr großes Vermögen, nach heutigem Wert ca. 30 Millionen Mark, fiel der Kirche zu.
Lit.: Franken, I., Kling-Mathey, C., Köln der Frauen, Köln 1992

Henriette Karoline Christiane von Hessen-Darmstadt
Landgräfin, Regentin
9.3.1721 (Straßburg) – 30.3.1774 (Darmstadt)
1741 wurde die Tochter des Herzogs Christian III. von Pfalz-Zweibrücken-Birkenfeld mit dem späteren Landgrafen Ludwig IX. von Hessen-Darmstadt verheiratet, dessen Interesse nur seinen Soldaten galt und der deshalb ab 1772 seiner Frau die Regierungsgeschäfte überließ. Mit dem Minister F. K. v. Moser ordnete H. die zerrütteten Staatsfinanzen und führte eine Justiz- und Verwaltungsreform durch. In Darmstadt gründete sie einen Kreis von Künstlern und Gelehrten, einen so genannten »Musenhof«, dem u.a. die Dichter J. W. v. Goethe und C. M. Wieland sowie der Musiker C. W. Gluck angehörten. Mit dem preußischen König Friedrich II. stand die gebildete H. in regem Briefwechsel, von ihm stammt ihre Grabinschrift »Femina sexu, ingenio vir« (»Dem Geschlecht nach eine Frau, an Geist ein Mann«).

Lit.: Gunzert, W., H. K. – Persönlichkeit und Umwelt einer berühmten Darmstädterin am Vorabend der europäischen Revolution, Darmstadt 1971

Henry, Louise, geb. Claude
Malerin
5.4.1798 (Berlin) – 15.7.1839 (ebd.)
H. stammte aus einer französischen Hugenottenfamilie. Bereits 1812, sie war gerade 14 Jahre, wurden Bilder von ihr in der Berliner Akademie in der Abteilung »Dilettanten« ausgestellt. Nach Malunterricht, u.a. bei J. G. Schadow, widmete sie sich hauptsächlich der Portraitmalerei, und 1833 wurde sie Mitglied der Preußischen Akademie der Künste. H., die eine beliebte Malerin des Berliner Biedermeiers war, malte keine repräsentativen Portraits, sondern versuchte, die Stimmung einer bestimmten Situation wiederzugeben. Damit entsprach sie der Kunstauffassung der Romantik. 1830 heiratete sie Paul Emil H., den Prediger der französischen Gemeinde, einen Sohn der Malerin S.→Henry.
Lit.: Das verborgene Museum I., Neue Gesellschaft für Bildende Kunst e. V. (Hg.), Berlin 1987

Henry, Susanne, geb. Chodowiecki
Malerin
26.7.1763 (Berlin) – 27.3.1819 (ebd.)
Von ihrem Vater, dem Maler D. Chodowiecki, wurde H. ausgebildet. 1885 heiratete sie den Prediger Jean H., mit dem sie drei Kinder hatte. 1786 stellte sie erstmalig in der Berliner Akademie aus und wurde 1789 Mitglied der Preußischen Akademie der Künste. H., die zunächst überwiegend Portraits malte, wandte sich ab 1800 moralisierenden Genredarstellungen zu, vor allem Bildergeschichten. Diese Serien tru-

gen Titel wie »Die gute und die schlechte Erziehung der Töchter« oder »Die Folgen der glücklichen und unglücklichen Ehe« und waren zu ihrer Zeit äußerst beliebt. Der Zyklus »Der Sonntag in zwei Jahrhunderten« wurde nachgestochen und in J. F. Cottas »Taschenbuch für Damen« veröffentlicht.

Lit.: Das verborgene Museum I., Neue Gesellschaft für Bildende Kunst e. V. (Hg.), Berlin 1987

Hensel, Fanny Caecilie, geb. Mendelssohn Bartholdy
Komponistin
14.11.1805 (Hamburg) – 14.5.1847 (Berlin)
Wie ihr knapp vier Jahre jüngerer Bruder F. Mendelssohn Bartholdy, dem sie sehr nahe stand, erhielt die Bankierstochter eine ausgezeichnete Ausbildung sowie Musik-

unterricht. Allerdings durfte sie die Musik nicht als Beruf ausüben, sondern lediglich bei Konzerten im elterlichen Haus als virtuose Pianistin auftreten.
H. hinterließ über 400 Kompositionen, vor allem Lieder, von denen ihr Bruder einige unter seinem Namen herausgab, sowie Klavierstücke, Kammermusik, eine Orchester-Ouvertüre und Chorwerke. Erst ein Jahr vor ihrem frühen Tod veröffentlichte sie, unterstützt von ihrem Mann, dem Hofmaler Wilhelm H., einige ihrer Werke. H. starb an den Folgen eines Gehirnschlags.
Lit.: Fröhlich, R., Wer war F. H.? Auf den Spuren von F. Mendelssohn, Hamburg 1997
Olivier, A., Mendelssohns Schwester F. H. –

Musikerin, Komponistin, Dirigentin, Düsseldorf 1997

Hensel, Luise Maria (Ps. Ludwiga)
Dichterin
30.3.1798 (Linum b. Neuruppin) – 18.12.1876 (Paderborn)
Nach dem frühen Tod des Vaters, eines pietistisch geprägten Pfarrers, zog H. 1910 mit ihrer Familie nach Berlin. Einige Jahre besuchte sie dort die Realschule, musste sie jedoch aus finanziellen Gründen wieder verlassen. Ihr Bruder Wilhelm H., der später F.→Hensel heiratete, führte sie in Berliner Künstlerkreise ein. Dort lernte sie 1816 C. v. Brentano kennen, mit dem sie eine enge Freundschaft verband, dessen Heiratsanträge sie jedoch ablehnte. Beide dichteten gemeinsam, und bei vielen Gedichten ist heute nicht mehr zwischen der Urheberschaft H.s oder Brentanos zu trennen. So wurde ihr Kindernachtgebet »Müde bin ich, geh' zur Ruh« (1817) zeitweise Brentano zugeschrieben. Unter Brentanos Einfluss konvertierte H. 1818 zum Katholizismus. Später arbeitete sie als Gesellschafterin und Erzieherin, leitete 1825 mit zwei Freundinnen das Bürgerspital in Koblenz, arbeitete bis 1833 in verschiedenen Städten als Lehrerin und lebte dann fünf Jahre bei ihrem Bruder. 1838 trat sie in ein Paderborner Kloster ein. 1869 wurde ein Teil ihrer pietistisch-romantischen Lieder herausgegeben, die Gesamtausgabe erschien erst 1923.
Lit.: Köhler, O., L. H., Paderborn 1997
Stambolis, B., L. H. (1798–1876) – Frauenleben in historischen Umbruchzeiten, Paderborn 1998

Herking, Ursula
Kabarettistin
28.1.1912 (Dessau) – 17.11.1974 (München)
Nach der Ausbildung an der Berliner
Staatlichen Schauspielschule trat H. auf
verschiedenen Theaterbühnen und im Kabarett »Künstlerspiele« auf. Dort entdeckte
sie der Kabarettist W. Finck und engagierte
sie für seine »Katakombe«. Während der
NS-Zeit spielte H. Theater und übernahm
einige Filmrollen. 1946–49 trat sie in der
Münchner »Schaubude« auf und wurde mit
Chansons von E. Kästner berühmt. Es
folgte ein Engagement an T.→Kolmans
»Kleiner Freiheit«. 1956–58 war H. Mitglied
der Münchner »Lach- und Schießgesellschaft«, in den 60er Jahren gehörte sie
dem Ensemble des Düsseldorfer
»Kom(m)ödchens« an. 1973 erschienen ihre
Erinnerungen unter dem Titel »Danke für
die Blumen«.

Hermann, Liselotte
Widerstandskämpferin
23.6.1909 – 20.6.1938 (Berlin)
Die Biologie- und Chemiestudentin musste
1933 die Berliner Universität verlassen,
weil sie ein pazifistisches Flugblatt des
»Reichsverbandes Freier Sozialistischer
Studenten« unterschrieben hatte. Daraufhin ging sie nach Stuttgart und schloss
sich der illegalen KPD an. Sie sandte Berichte über Waffenproduktionen in Süddeutschland an Freunde in der Schweiz,
um vor der Aufrüstung Deutschlands zu
warnen. 1935 wurde sie verhaftet und im
Juni 1937 zum Tode verurteilt. Dieses Urteil gegen eine Frau und Mutter – H. hatte
einen kleinen Sohn – führte im In- und
Ausland zu heftigen, aber erfolglosen Protesten. H. wurde im Gefängnis Berlin-Plötzensee hingerichtet. Obwohl die NS-Justiz

vor ihr schon an zahlreichen Frauen To-
desurteile vollstreckt hatte, galt H. in der
DDR als erstes weibliches Opfer der Nationalsozialisten, und sie wurde als Märtyrerin des Widerstands verehrt. Die Komponisten F. Wolf und P. Dessau widmeten ihr
eine Kantate, der Schriftsteller S. Hermlin
einen Essay.
Lit.: Clemens, D., Schweigen über Lilo – die
Geschichte der L. H., Ravensburg 1993

Herr, Trude
Schauspielerin
4.5.1927 (Köln) – 15.3.1991
(Aix-en-Provence/Frankreich)
Die Tochter eines Lokomotivführers trat ab
1947 in Volkstheatern, Kabaretts und Va-
rietés auf. Ihr erster Versuch, 1949 ein eigenes Theater in Köln aufzubauen, scheiterte. Seit 1953 schrieb sie Büttenreden für
den Karneval, und von 1958 an war sie
mit Schallplattenaufnahmen sowie als Ko-
mikerin in Film und Fernsehen, u.a. als
Partnerin von H. Erhardt in »Drillinge an
Bord« (1959), erfolgreich. 1977 gründete
sie ihr Theater im Vringsveedel in Köln,
das sie 1987 aus gesundheitlichen Gründen schließen musste. Nach vier Jahren
auf den Fidschi-Inseln ließ sie sich kurz
vor ihrem Tod in Südfrankreich nieder.
Lit.: Beutel, H., Hagin, A. B., T. H. – ein Leben,
Köln 1991

Herrad von Hohenburg (od. Landsberg)
Äbtissin
um 1125 (Elsass/Frankreich) – um 1196
(Hohenburg – St. Odile b. Obernai/Frankreich)
1178–96 war die elsässische Adelige Äbtissin des Augustinerkanonissenstiftes Hohenburg (Sainte Odile). Die umfassend
gebildete H. gilt als Herausgeberin und
maßgebliche Verfasserin des »Hortus Deli-

ciarum« (»Garten der Köstlichkeiten«), einer Enzyklopädie des damaligen Wissens. Dieses Hauptwerk der staufischen Literatur und Kunst bestand aus 324 Pergamentblättern mit 636 überwiegend kolorierten Federzeichnungen. Es diente dem Unterricht der Nonnen in Astronomie, Geografie, Naturkunde, Philosophie und Geschichte. 1979 wurde die Handschrift, deren Original 1870 verbrannte, zu einem großen Teil rekonstruiert.

Lit.: Brinker-Gabler, G. (Hg.), Deutsche Literatur von Frauen, München 1988

Herschel, Caroline Lucretia
Astronomin
16.3.1750 (Hannover) – 9.1.1848 (ebd.)
Nach dem Tod ihres Vaters, eines Militärmusikers, der ihr Gesangsunterricht gegeben hatte, zog H. 1772 zu ihrem Bruder, dem Musiker und Astronomen Friedrich Wilhelm H., nach Bath in England und trat dort einige Jahre als Konzertsängerin auf. 1782 begann sie, sich als Gehilfin ihres Bruders ebenfalls mit Astronomie zu beschäftigen. 1786–97 entdeckte sie acht Kometen und drei Nebelflecken. In den »Philosophical Transactions«, dem Publikationsorgan der »Royal Astronomical Society«, veröffentlichte sie ihre wissenschaftlichen Ergebnisse, u.a. den »Catalogue of Flamsteed's Stars«. Der englische König Georg III. zahlte ihr als offizieller Assistentin ihres Bruders ab 1787 ein Jahresgehalt von 50 Pfund Sterling. Nach dem Tod ihres Bruders 1822 kehrte H. nach Hannover zurück. Die »Royal Astronomical Society« verlieh ihr 1828 die Goldmedaille und ernannte sie 1835 zum Ehrenmitglied. Vom preußischen König Friedrich Wilhelm IV. erhielt sie die Goldene Medaille für Wissenschaft.

Lit.: Feyl, R., Der lautlose Aufbruch – Frauen in der Wissenschaft, Frankfurt a. M. 1983

Herwegh, Emma, geb. Siegmund
Schriftstellerin
10.5.1817 (Berlin) – 24.3.1904 (Paris)
1843 heiratete die gebildete, aus einer wohlhabenden jüdischen Kaufmannsfamilie stammende H. den aus Preußen ausgewiesenen Dichter und Revolutionär Georg H., mit dem sie vier Kinder hatte. Das Paar lebte zunächst in der Schweiz und ab 1844 in Paris. In Männerkleidung und mit kurz geschnittenen Haaren begleitete H. im April 1848 ihren Mann, der mit 2000 bewaffneten Freiwilligen von Paris nach Straßburg zog, um die Aufständischen in Baden zu unterstützen. Darüber veröffentlichte sie das Buch »Im Interesse der Wahrheit. Zur Geschichte der Deutschen demokratischen Legion aus Paris, von einer Hochverräterin« (1849). Nach der Niederlage der Revolutionäre lebte sie mit ihrem Mann im Exil in Frankreich und in der Schweiz. Von dort aus förderte H. den italienischen Freiheitskämpfer G. Garibaldi und übersetzte 1860 seine Memoiren sowie 1862 seine Schrift »Der Tag von Aspromonte«. 1866 zog sie nach Baden-Baden und 1875, nach dem Tod ihres Mannes, zu ihren Kindern nach Paris.

Lit.: Krausnick, M., Nicht Magd mit den Knechten – E. H., eine biographische Skizze, Marbach 1998

Herz, Henriette Julie, geb. de Lemos
Salondame
5.9.1764 (Berlin) – 22.10.1847 (ebd.)
Die jüdische Arzttochter erhielt für eine Frau ihrer Zeit eine vorzügliche Ausbildung. Sie bekam Musikstunden, lernte fünf Sprachen und wurde in Mathematik und

Geografie unterrichtet. Bereits als Zwölf-
jährige wurde sie nach altorthodoxem
Brauch mit dem 17 Jahre älteren Arzt und

Kant-Schüler
Marcus H., einem
Kollegen ihres
Vaters, verlobt,
den sie drei
Jahre später hei-
ratete. Die hoch
begabte H. wurde
von ihrem Mann
in die Naturwis-
senschaften, Literatur und Philosophie eingeführt. Zu seinen philosophischen und
physikalischen Vorlesungen kam die intellektuelle Elite Berlins in das Herz'sche
Haus, das geistiger und kultureller Mittel-
punkt der Stadt wurde. Dort trafen sich
Gelehrte, Schriftsteller und Dichter, u.a. F.
Schleiermacher, F. und D.→Schlegel, A.
und W. v. Humboldt, R.→Varnhagen, Jean
Paul und L. Börne. Revolutionär war, dass
Stand und Herkunft in diesem Kreis keine
Rolle spielten und Christen und Juden, Ad-
lige und Bürgerliche zusammenkamen. Die
Gastgeberin H. wurde zur Begründerin des
so genannten »Berliner Salons«. Nach dem
Tod ihres Mannes 1803 erhielt die 39-
Jährige zahlreiche Heiratsanträge, u.a. von
L. Börne, die sie jedoch alle ablehnte. Als
sie ihren Salon aus finanziellen Gründen
nicht weiterführen konnte, widmete sich
H., die 1817 zum Protestantismus übertrat,
wohltätigen Aufgaben und arbeitete als
Sprachlehrerin, Erzieherin und Übersetze-
rin.
Lit.: Schmitz, R. (Hg.), H. H. in Erinnerungen,
Briefen und Zeugnissen, Frankfurt a. M. 1984

Hesse, Eva
Malerin
11.1.1936 (Hamburg) – 29.5.1970 (New York)
Als H. drei Jahre alt war, floh ihre jüdische
Familie vor den Nationalsozialisten in die
USA. Ihre Ausbildung als Malerin und
Zeichnerin erhielt sie ab 1953 an der Art
Students League, der Cooper Union in New
York und der Yale University. 1965/66 besuchte sie für ein Jahr Deutschland. Nach
ihrer Rückkehr entstanden die für sie typi-
schen Reliefs und Materialbilder aus Kor-
deln, Drähten und Stoffen. Mit diesen kon-
ventionssprengenden Collagen gelang H.
1966 in New York der künstlerische
Durchbruch. Ihre späteren Werke, Raum-
plastiken aus Gummi oder Fiberglas, die
männliche und weibliche Geschlechtssym-
bolik sowie Erotik erahnen lassen, haben
sie zu einer Wegbereiterin der feministischen Kunst in Amerika gemacht.
Lit.: Reinhardt, B. (Hg.), E. H.: Drawing in
Space – Bilder und Reliefs, Ulm 1994

Hesterberg, Trude (eigtl. Gertrud)
Kabarettistin
2.5.1892 (Berlin) – 31.8.1967 (München)
1912, nach der Schauspiel- und Gesangsausbildung am Stern'schen Konservatorium, debütierte H. am Deutschen Theater
in Berlin. 1914 trat sie zum ersten Mal als
Kabarettsängerin auf. 1921–23 leitete sie
ihr eigenes Kabarett »Wilde Bühne«, das
mit Texten von W. Mehring und K.
Tucholsky das bekannteste literarisch-poli-
tische Kabarett im Berlin der 20er Jahre
war. Nachdem das Lokal durch einen
Brand zerstört worden war, spielte H. wieder in Operetten, Revuen und Theaterauf-
führungen, u.a. in »Mahagonny« und als
Mrs. Peachum in »Die Dreigroschenoper«.
1933 eröffnete sie für wenige Monate ein

neues Kabarett, »Die Musenschaukel«, bis es von den Nationalsozialisten geschlossen wurde. Nach Kriegsende trat H. in Film-, Fernseh- und Theaterrollen auf und stiftete den »Hesterberg-Ring« für die beste deutsche Chansonsängerin. 1971 erschienen ihre Lebenserinnerungen unter dem Titel »Was ich noch sagen wollte«.

Hetzer, Hildegard Anna Helene
Psychologin
9.6.1899 (Wien) – 12.8.1991 (Gießen)
Nach dem Studium der Psychologie und der Promotion in Wien war H. 1924–31 Assistentin von C.→Bühler und hatte bis 1934 eine Professur an der Pädagogischen Akademie in Elbing inne. Während der NS-Zeit arbeitete sie als freie Psychologin. Ab 1947 lehrte sie am Pädagogischen Institut in Weilburg a. d. Lahn und ab 1961 an der Hochschule für Erziehung in Gießen. H.s Hauptarbeitsgebiete waren das Milieuverhalten von Kindern und die Spieltherapie. Sie veröffentlichte u.a. »Kindheit und Armut« (1929), »Kleinkindertests« (mit C.→Bühler 1932) und »Mütterlichkeit« (1937).

Heuss-Knapp, Elly, geb. Knapp
25.1.1881 (Straßburg) – 19.7.1952 (Bonn)
Seit ihrem Lehrerinnenexamen 1899 in Straßburg studierte die Tochter des Wirtschaftswissenschaftlers G. F. Knapp Volkswirtschaftslehre bei F. Naumann in Berlin. 1908 heiratete sie den späteren Bundespräsidenten T. Heuss und zog mit ihm nach Berlin. Dort unterrichtete H.-K. an sozialen Einrichtungen Bürgerkunde, Volkswirtschaftslehre und Pädagogik. Während des Ersten Weltkriegs arbeitete sie ehrenamtlich für das Rote Kreuz und als Wohlfahrtspflegerin. H.-K. engagierte sich für Frauenfragen und verfasste 1910 eine »Bürgerkunde und Volkswirtschaftslehre für Frauen«. Außerdem schrieb sie 1934 unter dem Titel »Ausblicke vom Münsterturm« ihre Erinnerungen auf. Als H.-K. und ihr Mann 1933 ihre Anstellungen als Lehrerin bzw. Dozent verloren, verdiente sie ihren Lebensunterhalt mit Werbetexten, u.a. für Wybert, Persil, Leica und Kaloderma. 1945 wurde sie als Abgeordnete für die FDP in den württembergisch-badischen Landtag gewählt, legte ihr Mandat jedoch nach der Wahl ihres Mannes zum Bundespräsidenten nieder. 1950 gründete H.-K. das »Müttergenesungswerk«, dessen Organisation sowohl von evangelischen und katholischen Frauenverbänden als auch von der Frauengruppe der Arbeiterwohlfahrt und dem Roten Kreuz getragen wurde. Ihre Arbeit für das »Müttergenesungswerk« brachte ihr den Ehrennamen »Mutter der Mütter« ein.
Lit.: Jüngling, K., Rossbeck, B., E. H.-K., die erste First Lady. Ein Porträt, Heilbronn 1994

Hevelius (eigtl. Haevelcke od. Hewelke), Elisabetha, geb. Koopman
Astronomin
17.1.1647 (Danzig – heute Gdansk/Polen) – 1693 (ebd.)
H., die aus einer wohlhabenden Kaufmannsfamilie stammte, erhielt eine gründliche Ausbildung. 16-jährig heiratete sie den Brauereibesitzer Johannes H., mit dem sie drei Kinder hatte. Während ihr Mann meist seinem Hobby, der Astronomie, nachging, führte sie die Brauerei. 1640 errichtete Johannes H. auf drei benachbarten Hausdächern in Danzig ein eigenes Observatorium, das von zahlreichen Astronomen besucht wurde. Auch H. erwarb sich bald Kenntnisse in Astronomie und wurde seine

Assistentin. Gemeinsam versuchten sie, die Tabellen der Planetenbahnen Keplers zu verbessern und ein Sternenverzeichnis aufzustellen. Nach dem Tod ihres Mannes 1687 setzte H. die Arbeit allein fort und gab seinen »Catalogus stellarum fixarum« heraus, den sie vervollständigt hatte. 1690 erschien ihr eigenes Werk, der »Prodomus astronomiae«, mit Positionsangaben von fast 2000 Sternen.

Heyking, Elisabeth Freifrau von, geb. Gräfin v. Flemming
Schriftstellerin
10.12.1861 (Karlsruhe) – 5.1.1925 (Berlin)
Die Enkelin von B. v.→Arnim lebte mit ihrem zweiten Mann, dem preußischen Diplomaten Edmund v. H., fast 20 Jahre im Ausland, u.a. in Peking, Vancouver und New York. In ihrem erfolgreichsten Roman »Briefe, die ihn nicht erreichten« (1903) schilderte sie in fiktiven Briefen an einen 1900 im Boxeraufstand in Peking gefallenen Mann das Leben in diesen Städten um die Jahrhundertwende. Bereits im Erscheinungsjahr wurde das Buch 46-mal neu aufgelegt und in viele Sprachen übersetzt. Ab 1906 lebte H. wieder in Deutschland und veröffentlichte noch mehrere Romane und Erzählungen.

Heyl, Hedwig, geb. Crüsemann
3. od. 5.5.1850 (Bremen) – 23.1.1934 (Berlin)
Die Reederstochter baute nach ihrer Heirat mit dem Farbenfabrikanten Georg Friedrich H. im Werk ihres Mannes zahlreiche soziale Einrichtungen auf, u.a. einen Kindergarten und ein Jugendheim. Außerdem richtete sie für die Frauen der Betriebsangehörigen und die Arbeiterinnen Kochkurse ein, um sie in moderner Ernährungskunde zu unterweisen. Ihre zu der Zeit ein-

malige Initiative wurde wegweisend für die deutsche Sozialpolitik. 1884 gründete H. in Berlin die erste Haushaltsschule, das spätere Pestalozzi-Fröbelhaus II., sowie 1890

die erste private Gartenbauschule für Frauen. Ihr Buch »ABC der Küche« (1888) wurde über 20-mal neu aufgelegt. Die fünffache Mutter leitete nach dem Tod ihres Mannes 1889 sieben Jahre das Unternehmen. 1912 organisierte sie die große Berliner Ausstellung »Die Frau in Haus und Beruf« und gründete 1914 gemeinsam mit G.→Bäumer den »Nationalen Frauendienst« (NFD). Diese Einrichtung verschaffte Frauen während des Ersten Weltkriegs Arbeit und konnte so soziale Not lindern, war wegen des Einsatzes in der Rüstungsproduktion aber nicht unumstritten. 1916 organisierte H. die Kriegs-Volksspeisung der Stadt Berlin. Sie engagierte sich in der bürgerlichen Frauenbewegung und gehörte der Deutschen Volkspartei an, für die sie als Stadtverordnete im Stadtparlament von Charlottenburg tätig war. Zudem leitete sie viele Jahre den »Frauenbund der deutschen Kolonialgesellschaft« und wählte Mädchen aus, die als Hilfskräfte in häusliche Stellungen nach Deutsch-Südwestafrika gesandt wurden. Etwa ein Drittel der Mädchen verheiratete sich dort, andere machten sich selbstständig oder kehrten nach Deutschland zurück. 1920 erhielt H. auf Grund ihrer Verdienste um das Gesundheitswesen die medizinische Ehrendoktorwürde der Universität Berlin. 1925 erschien ihre Autobiografie »Aus meinem Leben«.

Lit.: Reicke, I., Die großen Frauen der Weimarer Republik, Freiburg i. Br. 1984

Heymair, Magdalena
Pädagogin
um 1530 – nach 1586
Um 1560 ließ sich H. von der Stadtbehörde in Straubing eine Unterrichtsgenehmigung erteilen, weil ihr Mann, ebenfalls Schulmeister, nicht genug für den gemeinsamen Lebensunterhalt verdiente. Mehrere Jahre gab sie Töchtern aus Adelsfamilien Privatunterricht im Lesen, Schreiben und Rechnen. 1564 wurden sie und ihr Mann angestellte Schulmeister in Cham mit festem Gehalt, in den 1570er Jahren unterrichtete sie auch in Regensburg und später in Grafenwerth und Kaschau. Als erste Frau verfasste die zum Protestantismus konvertierte H. eigene Schulbücher, die im Druck erschienen, sogar mehrfach aufgelegt wurden und zahlreiche Abnehmer fanden: »Die Sontegliche Epistel« (1568), »Jesus Sirach« (1571), »Apostelgeschichten« (1573) und »Das Buch Tobiae« (1580). Diesen Textbüchern auf biblischer Grundlage, die in Versform geschrieben waren, fügte sie in einer Neuausgabe 1586 noch etwa 60, meist selbst verfasste, Lieder hinzu.

Heymann, Lida Gustava
Frauenrechtlerin
15.3.1868 (Hamburg) – 31.7.1943 (Zürich)
H., die aus einer wohlhabenden Kaufmannsfamilie stammte, bildete sich nach einem mehrjährigen Pensionatsaufenthalt selbst weiter und unterrichtete in einer Armenschule. Nach dem Tod ihres Vaters 1896 verwandte sie einen Teil ihrer Erbschaft zur Gründung sozialer Einrichtungen, z.b. eines Mittagstisches für berufstätige Frauen mit angeschlossenem Kinderhort und einer Frauenberatungsstelle. 1896 lernte sie ihre spätere Lebensgefährtin A.→Augspurg kennen, mit der sie sich im radikalen Flügel der bürgerlichen Frauenbewegung u.a. für das Frauenwahlrecht engagierte und 1902 den »Deutschen Verein für Frauenstimmrecht« gründete. H. war Vorstandsmitglied im »Verband Fortschrittlicher Frauenvereine« und gehörte zu den Mitbegründerinnen des »Internationalen Ausschusses für dauernden Frieden« (seit 1919 »Internationale Frauenliga für Frieden und Freiheit«), in dessen Vorstand sie 1919 gewählt wurde. 1918 kandidierte sie als Parteiunabhängige auf der USPD-Liste für die Verfassunggebende Nationalversammlung und war Mitglied des Rätekongresses. 1919–33 gab sie mit Augspurg die Zeitschrift »Die Frau im Staat« heraus. Nach der Regierungsübernahme durch die Nationalsozialisten emigrierten beide Frauen in die Schweiz. 1941 veröffentlichten sie gemeinsam ihre Lebenserinnerungen »Erlebtes – Erschautes«.

Lit.: Himmelsbach, C., Verlaß ist nur auf unsere eigene Kraft. L. G. H. – eine Kämpferin für die Frauenrechte, Oldenburg 1996

Hildegard von Bingen
Äbtissin, Mystikerin
um 1098 (Bermersheim b. Alzey) – 17.9.1179 (Kloster Rupertsberg b. Bingen)
Mit acht Jahren wurde H. der Klausnerin Jutta von Sponheim zur Erziehung übergeben. Nach deren Tod wurde sie 1136 selbst mit der Leitung der Frauenklause betraut, die dem Benediktinerkloster Disibodenberg angeschlossen war. 1151 gründete sie das Frauenkloster Rupertsberg und 1165 ein Tochterkloster in Eibingen über Rüdes-

heim. Die kränkliche, aber für ihre Zeit universal gebildete H. verfasste prophetische und mystische Schriften, in denen sie ihre Visionen aufzeichnete, u.a. »Liber Scivias Domini« (»Wisse die Wege«, 1141–51), »Liber vitae meritorum« (»Das Buch der Lebensverdienste«, 1158–63) und »Liber divinorum operum« (»Das Buch der göttlichen Werke«, 1163–73). Außerdem stammen von ihr die erste moraltheologische Schrift »Ordo virtutum« sowie etwa 75 geistliche Lieder und mehrere natur- und heilkundliche Lehrbücher. In ihrer Naturkunde »Physica« beschrieb sie in neun Büchern mit 513 Kapiteln Pflanzen, Tiere, Metalle und Steine. In der Heilkunde »Causae et Curae« schrieb sie u.a. über Ernährung, Verdauung, Stoffwechselstörungen, Gemütsbewegungen und Heilmethoden. Mit Kaisern, Königen, Bischöfen und Päpsten führte H. eine umfangreiche Korrespondenz über theologische und ethische Fragen, von der über 300 Briefe erhalten sind. 1158–70 unternahm sie vier Predigtreisen nach Mainfranken, Schwaben, Lothringen und an den Niederrhein, auf denen sie u.a. Verfehlungen des Klerus kritisierte. H. wird seit dem 15. Jh. als Heilige verehrt, obwohl sie offiziell nie heilig gesprochen wurde.
Lit.: Ulrich, I., H. v. B., Mystikerin, Heilerin, Gefährtin der Engel, München 1995
Schipperges, H., Die Welt der H. v. B. Panorama eines außergewöhnlichen Lebens, Freiburg i. Br. 1997
Bäumer, Ä., Wisse die Wege. Leben und Werk H. v. B.s, Frankfurt a. M. 1998

Hillern, Wilhelmine von, geb. Birch
Schriftstellerin
11.3.1836 (München) – 25.12.1916 (Hohenaschau, Oberbayern)
Die Tochter von C.→Birch-Pfeiffer debütierte nach der Schauspielausbildung mit 17 Jahren am Gothaer Hoftheater. Bis zu ihrer Heirat mit dem Hofgerichtspräsidenten Hermann v. H. 1857 trat sie noch in zahlreichen anderen deutschen Städten auf. Nach der Geburt ihrer drei Töchter begann sie mit dem Schreiben von Unterhaltungsliteratur. 1875 erschien ihr erfolgreichster Roman »Die Geierwally«, der in acht Sprachen übersetzt, in dramatisierter Form auf zahlreichen Bühnen aufgeführt und mehrfach verfilmt wurde. H.s spätere Werke sind fast ausschließlich dem Genre des Heimatromans zuzurechnen.

Hintze, Hedwig, geb. Guggenheimer
Historikerin
6.2.1884 (München) – 19.7.1942 (Utrecht/Niederlande)
Die getaufte Jüdin, Tochter eines angesehenen Münchner Bankiers, bestand nach dem Besuch einer höheren Töchterschule 1901 die Staatsprüfung für Lehrerinnen der französischen Sprache. Ab 1904 war sie Gasthörerin an der Münchner Universität und begann 1910 – nach bestandenem Abitur – an der Berliner Universität mit dem Studium der Germanistik, Geschichte und Nationalökonomie. 1912 heiratete sie ihren Lehrer, den 23 Jahre älteren Historiker Otto H. 1923 wurde H. mit Auszeichnung promoviert und habilitierte sich 1928 als eine der ersten Frauen im Fach Geschichte mit der Schrift »Staatseinheit und Föderalismus im alten Frankreich und in der Revolution«. Obwohl ihre Arbeit weit über dem Niveau vieler anderer Habi-

litationsschriften lag, zögerten die Gutachter zunächst, sie anzunehmen, weil sie in H., die als Vertreterin einer linksliberalen Geschichtswissenschaft galt, eine Gefahr für den akademischen Lehrbetrieb sahen. Lehren durfte sie nur als nichtbeamtete und unbesoldete Privatdozentin. Im September 1933 wurde H., die zu den profiliertesten Historikern der Weimarer Republik zählte, von den Nationalsozialisten die Lehrerlaubnis entzogen. Schon vier Monate zuvor hatte ihr Doktorvater F. Meinicke ihr die Mitarbeit an der »Historischen Zeitschrift« aufgekündigt. Bis 1935 konnte H. mit Hilfe eines Stipendiums der Rockefeller-Stiftung und eines Zuschusses der »Alliance Israélite Universelle« in Frankreich tätig sein, danach suchte sie vergeblich nach einem Arbeitsplatz. Im August 1939 floh sie ohne ihren Mann, der für eine Emigration zu alt war, in die Niederlande. Einen Lehrauftrag an der New Yorker New School for Social Research konnte sie nicht annehmen, weil sich der amerikanische Konsul in Rotterdam zwei Jahre lang weigerte, ihr ein Einreisevisum für die USA auszustellen. 1942 verschlechterte sich H.s wirtschaftliche und psychische Situation zunehmend. Als ihr die Deportation drohte, nahm sie sich das Leben. 1975 wurde ihre wissenschaftliche Leistung von Fachkollegen erstmalig gewürdigt, 1989 ihre Habilitationsschrift neu aufgelegt. 1998 entschied der Verband der Historiker Deutschlands, dass ein Förderpreis H.s Namen tragen soll.

Hirsch, Jenny (Pse. Fritz Arnefeldt, Franz v. Busch)
Frauenrechtlerin
25.11.1829 (Zerbst) – 10.3.1902 (Berlin)
Nach dem Besuch einer höheren Töchter-

schule bildete sich die Tochter eines jüdischen Kaufmanns selbst weiter und lernte u.a. Schwedisch, Englisch und Französisch. Bis zu ihrem 27. Lebensjahr führte die Halbwaise ihrem Vater den Haushalt. Nach seinem Tod gründete sie in Zerbst eine Privatschule, die sie bis 1860 leitete. Anschließend zog H. nach Berlin und arbeitete als Redakteurin für die Frauenzeitschrift »Bazar« sowie als Schriftstellerin und Übersetzerin. Sie übersetzte u.a. das Werk des englischen Philosophen J. S. Mill »On the Subjection of Women« (»Die Hörigkeit der Frau«).

1866 war sie Mitbegründerin des »Allgemeinen Deutschen Frauenvereins« und Mitherausgeberin von dessen Zeitschrift »Neue Bahnen«.
H. war 17 Jahre Schriftführerin des »Lette-Vereins«, der sich für die Verbesserung der Frauenbildung einsetzte, 1870–84 Chefredakteurin des Vereinsorgans »Der Frauenanwalt« und 1887–92 Redakteurin bei L.→Morgensterns »Deutscher Hausfrauenzeitung«. Außerdem veröffentlichte sie zahlreiche Novellen und Romane, u.a. »Die Erben« (1889).
Lit.: Dick, J., Sassenberg, M. (Hgg.), Jüdische Frauen im 19. und 20. Jh., Reinbek 1993

Hirsch, Rahel
Medizinerin
15.9.1870 (Frankfurt a. M.) – 6.10.1953 (London)
Aufgewachsen in einer jüdischen Gelehrtenfamilie, absolvierte H. zunächst eine Lehrerinnenausbildung in Wiesbaden.

1898 begann sie an der Züricher Universität mit dem Medizinstudium und wurde 1903 in Straßburg promoviert. Im selben Jahr erhielt sie eine Anstellung an der Charité in Berlin und übernahm dort nach fünf Jahren die Leitung der Poliklinik der II. Medizinischen Klinik. 1907 gelang H. der Nachweis oral eingegebener Stärkekörper im Urin, der als »Hirsch-Effekt« bezeichnet wird. 1913 wurde sie zur Professorin ernannt – sieben Jahre bevor Frauen an preußischen Universitäten 1920 offiziell die Habilitation erlaubt wurde. In den 20er Jahren eröffnete sie eine Praxis in Berlin, die sie bis 1933, als sie von den Nationalsozialisten Berufsverbot erhielt, führte. 1938 emigrierte sie nach England, konnte dort jedoch wegen ihres fortgeschrittenen Alters nicht mehr als Ärztin arbeiten.
Lit.: Chevallier, S., Fräulein Professor – Lebensspuren der Ärztin R. H. 1870–1953, Düsseldorf 1998

Hirschfeld–Tiburtius, Henriette, geb. Pagelsen
Medizinerin
1834 (Westerland, Sylt) – 24.8.1911
Die Pfarrerstochter heiratete jung und war schon mit 30 Jahren Witwe. Um ihren Lebensunterhalt zu verdienen, arbeitete sie zunächst als Haushälterin in Berlin. Angeregt vom Berufsweg der Engländerin E. Blackwell, die 1844 in den USA die Zulassung zum Medizinstudium durchsetzte, beschloss H.-T., ebenfalls Medizin mit dem Spezialgebiet Zahnmedizin zu studieren. Als sie in Preußen keine Studienerlaubnis erhielt, reiste sie 1867 mit von Freunden geborgtem Geld in die USA. Mit einer Sondergenehmigung begann sie ihr Studium am Dental College in Philadelphia und legte 1869 ihr Examen als »Doctor of

Dental Surgery« ab. Im selben Jahr nach Deutschland zurückgekehrt, eröffnete sie als erste deutsche Zahnärztin – mit behördlicher Genehmigung – ein »Zahnatelier«, durfte aber nur Frauen und Kinder behandeln. Über 30 Jahre führte H.-T. ihre Praxis, in der sie den Schwerpunkt auf Zahnpflege und Zahnerhaltung legte und sich für regelmäßige Zahnkontrolluntersuchungen einsetzte. In zweiter Ehe war sie mit dem Mediziner C. Tiburtius, dem Bruder von F.→Tiburtius verheiratet, mit dem sie zwei Kinder hatte.
Lit.: Feyl, R., Der lautlose Aufbruch – Frauen in der Wissenschaft, Frankfurt a. M. 1983
Mack, C., H. H.-T. (1834–1911). Das Leben der ersten selbständigen Zahnärztin Deutschlands, Frankfurt a. M. 1999

Hitz, Dora
Malerin
31.3.1856 (Altdorf b. Nürnberg) – 20.11.1924 (Berlin)
H. ging nach ihrer Ausbildung 1870–78 in München und Paris als Hofkünstlerin nach Bukarest. Im Auftrag von →Carmen Silva, der Königin von Rumänien, fertigte sie dort nach dichterischen Motiven der Königin große Wandbilder für den Musiksaal des Schlosses Pélès in Sinaia in den Karpaten. 1882–92 lebte sie in Paris, setzte sich mit dem Impressionismus auseinander und wurde Mitglied der Société Nationale des Beaux Arts. In Berlin eröffnete sie 1893 ein eigenes Schüleratelier und eine Malerinnenschule. 1898 war sie Mitbegründerin der Berliner Künstlervereinigung »Secession« und 1913 mit K.→Kollwitz Vorsitzende des »Frauenkunstverbandes«. H., die als die erste deutsche Impressionistin gilt, erhielt zahlreiche europäische Auszeichnungen.

Höch, Hannah
Malerin

1.11.1889 (Gotha) – 31.5.1978 (Berlin)
Die bedeutendste Vertreterin der deutschen
Dada-Bewegung wuchs in gutbürgerlichen
Verhältnissen in Gotha auf. 1912 wurde sie
als eine der ersten weiblichen Studenten
an der Kunstgewerbeschule in Berlin aufgenommen. 1915 wechselte sie an die Unterrichtsanstalt des Berliner Kunstgewerbemuseums und lernte dort den Künstler R.
Hausmann kennen, mit dem sie bis 1922
zusammenlebte. 1915–22 war sie die einzige Frau im Berliner »Club-Dada«, dem
außer Hausmann u.a. auch J. Heartfield
und G. Grosz angehörten. H.s erste Arbeiten waren abstrakte Collagen, ab 1918 beschäftigte sie sich mit der Fotomontage,
deren Technik sie gemeinsam mit Hausmann entwickelte. Sie war Mitarbeiterin
der Zeitschriften »Der Dada« und »Schall
und Rauch« und beteiligte sich 1919 an der
ersten Dada-Ausstellung in Berlin. Um
ihren Lebensunterhalt zu finanzieren, war
sie 1916–26 für den Ullstein-Verlag tätig
und zeichnete neben Gebrauchsgrafik Mo-
deentwürfe, Schnittmuster und Spitzenvor-
lagen. Ab 1923 arbeitete sie zusammen mit
K. Schwitters und H. Arp. Reisen führten
sie nach Paris und Rom, wohin sie von
München aus zu Fuß wanderte, sowie nach
Holland. Dort lernte sie die holländische
Dichterin T. Brugmann kennen, mit der sie
1926–35 zusammenlebte. Während der
NS-Zeit hatte H. Ausstellungsverbot, zog
sich in ein Gartenhaus in Berlin zurück
und lebte in völliger Abgeschiedenheit.
1946 fand in Berlin erstmalig wieder eine
Ausstellung ihrer Arbeiten statt, zahlreiche
weitere folgten im In- und Ausland. H. war
bis ins hohe Alter künstlerisch tätig.
Lit.: Ohff, H., H. H., Berlin 1968

Höflich, Lucie (eigtl. v. Holwede)
Schauspielerin

20.2.1883 (Hannover) – 9.10.1956 (Berlin)
1899 debütierte H. in Bromberg und erhielt
danach mehrere Engagements an deutschen Theatern. 1903 holte sie der Regis-

seur M. Rein-
hardt an das
Deutsche Theater
in Berlin, ab
1919 spielte sie
auch am preußi-
schen Staatsthea-
ter und anderen
Berliner Bühnen.
Ihre größten Er-
folge hatte sie als Charakterdarstellerin,
z.B. 1919 als Hanne Schäl in »Fuhrmann
Henschel« am Staatstheater. 1933/34 leitete sie die Berliner Staatliche Schauspielschule. 1945–49 war sie Schauspieldirekto-
rin und Leiterin der Schauspielschule des
Mecklenburgischen Staatstheaters in
Schwerin und und wurde 1947 zur Professorin ernannt. 1950 kehrte H. nach Berlin
zurück, trat u.a. am Schiller-Theater auf
und lehrte an der Schauspielschule. Verheiratet war sie in zweiter Ehe mit dem
Schauspieler E. Jannings.
Lit.: Grewolls, G., Wer war wer in Mecklenburg-Vorpommern?, Bremen 1995

Holm, Hanya
Tänzerin, Choreografin

3.3.1893 (Worms) – 3.11.1992 (New York)
Nach dem Tanzstudium bei M.→Wigman
in Dresden war H. eine der engsten Mitarbeiterinnen ihrer Lehrerin. 1931 ging sie
nach New York und eröffnete dort ein
eigenes Studio, das zu einer der wichtigsten Schulen des »Modern dance« wurde.
Sie gründete eine eigene Tanztruppe, für

die sie zeitkritische Stücke gestaltete. Später wandte sie sich dem Musical zu und schuf die Choreografien für u.a. »Kiss me Kate« (1948) und »My fair Lady« (1956). Ab 1961 leitete H. die Tanzabteilung der New Yorker Musical Theatre Academy.

Honegger, Klara
Frauenrechtlerin
28.5.1860 (Zürich) – 12.4.1940 (ebd.)
Angeregt von der Frauenbewegung in England, wurde H. Mitbegründerin der »Union für Frauenbestrebungen« in Zürich. Während ihrer 18-jährigen Tätigkeit als Redakteurin des »Schweizer Frauenblatts« engagierte sie sich für Frauenbildung und politische Gleichberechtigung. 1899 zählte sie zu den Gründerinnen des »Bundes Schweizer Frauenvereine«, dem sie 1911–16 als Präsidentin vorsaß, und 1909 war sie eine der Initiatorinnen des »Schweizer Verbandes für Frauenstimmrecht«. Nach dem Ersten Weltkrieg gehörte H. zu den Begründerinnen der Schweizer Gruppe der »Internationalen Frauenliga für Frieden und Freiheit« (IFFF).

Hoppe, Else, geb. Meyer
Literaturwissenschaftlerin
1.12.1897 (Bochum) – 2.7.1973 (Braunschweig)
1920 wurde H. nach dem Studium der Literaturwissenschaft, Philosophie und Geschichte promoviert. Im selben Jahr heiratete sie den Literaturwissenschaftler Karl H., mit dem sie eine Tochter hatte, und zog 1926 mit ihm nach Braunschweig. Sie setzte sich wissenschaftlich mit der intellektuellen Gleichberechtigung der Frau sowie dem Bild des Mannes in der Frauenliteratur auseinander. 1934 erschien ihr erstes Buch »Liebe und Gestalt – der Typus

des Mannes in der deutschen Frauendichtung«, 1936 folgte die erste Fassung der Biografie der Schriftstellerin R.→Huch (2. Fassung 1951), 1943 ihr erster Roman »Die Ebenbürtigen«. Während des Zweiten Weltkriegs unterrichtete H. Deutsch an einem Gymnasium und war nach dem Krieg auch als Übersetzerin tätig. H., die eng mit I.→Seidel und A.→Miegel befreundet war, beendete ihr Leben durch Selbstmord.
Lit.: Armenat, G., Frauen aus Braunschweig, Braunschweig 1986

Horney, Karen, geb. Danielsen
Psychoanalytikerin
16.9.1885 (Hamburg) – 4.12.1952 (New York)
H. wurde nach dem Medizinstudium in Freiburg i. Br., Berlin und Wien 1915 mit einer Arbeit über »traumatische Psycho-

sen« promoviert und 1920 Mitarbeiterin des Berliner Psychoanalytischen Instituts. Nach ihrer Emigration in die USA 1932 war sie zunächst am Psychoanalytischen Institut in Chicago tätig und wurde 1935 Dozentin der New School for Social Research in New York. 1938 nahm sie die amerikanische Staatsbürgerschaft an. Ab 1941 leitete sie das American Institute of Psychoanalysis in New York. H., deren Spezialgebiet die Erforschung der Entstehung von Neurosen war, die sie auf kulturelle und soziale Einflüsse zurückführte, gilt als eine der hervorragenden Vertreterinnen der neopsychoanalytischen Schule. Sie veröffentlichte u.a. »Neue Wege in der Psychoanalyse«

(1951). Ihre Tochter war die Schauspielerin Brigitte H.
Lit.: Rubins, J. L., K. H. Sanfte Rebellin der Psychoanalyse, Frankfurt a. M. 1983 Paris, B. J., K. H. – Leben und Werk, Freiburg i. Br. 1996

Hoyer, Dore
Tänzerin, Choreografin
12.12.1911 (Dresden) – 30.12.1967 (Berlin)
Nach ihrer Ausbildung an der Palucca-Schule in Dresden und einem zweijährigen Engagement als Solotänzerin war H. 1933–34 Ballettmeisterin in Plauen. Mit der Truppe von M.→Wigman gab sie 1935/36 zahlreiche Gastspiele in Deutschland, den Niederlanden, Dänemark und Schweden. Während der Kriegsjahre gastierte sie an deutschen und österreichischen Bühnen. Ab 1945 leitete sie die Wigman-Schule in Dresden unter dem Namen »Dore-Hoyer-Studio« und wurde 1949 Ballettmeisterin an der Hamburger Staatsoper. Mit eigenen Choreografien, u.a. »Sieben Fugen« nach der Musik von J. S. Bach (1961), trat sie an vielen Bühnen in Europa, Asien sowie in Nord- und Südamerika auf. H. gilt als eine bedeutende Vertreterin des Ausdruckstanzes. Sie nahm sich das Leben.
Lit.: Müller, H. u.a., D. H. – Tänzerin. Eine Dokumentation, Köln 1992

Hoyers, Anna Ovena, geb. Ovens
Dichterin
1584 (Koldenbüttel b. Friedrichstadt) – 27.11.1655 (b. Stockholm)
H. stammte aus einer wohlhabenden Großbauernfamilie und erhielt nach dem frühen Tod ihrer Eltern von ihrem Vormund und Onkel eine für die damalige Zeit ungewöhnlich gute Ausbildung, u.a. in Latein.

1599 heiratete sie den herzoglichen Verwaltungsbeamten Hermann H., mit dem sie neun Kinder hatte. Nach seinem Tod 1622 nahm sie den als Sektierer verfolgten Arzt und Laientheologen N. Knutzen mit seiner Familie bei sich auf. Unter seinem Einfluss wandte sich auch H. den Reformatoren und Wiedertäufern zu und begann Verse zu schreiben, in denen sie u.a. die orthodox-lutherische Geistlichkeit kritisierte. 1630 verfasste sie ihr bekanntestes Werk, die plattdeutsche Satire »De Denische Dörp-Pape«, mit dem sie die Dummheit der Landpfarrer anprangerte. Einige Jahre später emigrierte sie unter dem Druck der Amtskirche nach Schweden. Dort lebte sie ab 1649 auf einem kleinen Gut, das ihr die Witwe des schwedischen Königs Gustav II. Adolf geschenkt hatte. 1650 ließ H. in einer Amsterdamer Druckerei eine umfassende Sammlung ihrer religiösen, satirischen und didaktischen Gedichte unter dem Titel »Geistliche und Weltliche Poemata« veröffentlichen, deren Vertrieb in ihrem Heimatland Schleswig-Holstein bei Strafe verboten wurde.
Lit.: Schleswig-Holsteinisches Biographisches Lexikon, Neumünster 1987

Hrotsvit (od. Roswitha) von Gandersheim
Schriftstellerin
um 935 – nach 973
Den größten Teil ihres Lebens verbrachte die sächsische Adelige im Konvent von Gandersheim, einem Damenstift, das von der sächsischen Kaiserfamilie gegründet worden war. Ausgebildet von der gelehrten Äbtissin Gerberga, betreute sie jahrzehntelang die Stiftsschule. H.s erhaltenes literarisches Werk ist weitgehend in mittellateinischen Versen abgefasst und wurde von ihr selbst in drei Teile gegliedert: Das erste

Buch enthält acht Legenden über Heilige und Gestalten aus der Bibel, das zweite sechs Dramen – die ältesten Dramen des Mittelalters – und das dritte die historischen Epen »Gesta Oddonis« (über Leben und Taten des Kaisers Otto I.) und »Primordia coenobii Gandershemensis« (über die Geschichte ihres Stifts). Nicht erhalten sind u.a. zwei Papstviten. Sprachlich und inhaltlich dienten H. als Quellen vermutlich die Schriften der Gandersheimer Bibliothek, vor allem Bibel, Liturgie und Legendarien, sowie die Autoren der Antike, u.a. Vergil, Terenz und Prudentius. Während H.s Schriften zu ihren Lebzeiten nur wenig Beachtung fanden, erlangten sie seit Anfang des 16. Jhs. nach der Wiederentdeckung und Veröffentlichung durch den Humanisten K. Celtius große Berühmtheit.
Lit.: Nagel, B., H. v. G., Stuttgart 1965
Kronenberg, K., R. v. G. und ihre Zeit, Bad Gandersheim (4)1978

Huber, Lotti, geb. Goldmann
Schauspielerin
16.10.1912 (Kiel) – 31.5.1998 (Berlin)
Aufgewachsen in einem jüdischen Elternhaus, lebte H. während der NS-Zeit mit dem Sohn des Kieler Oberbürgermeisters zusammen. Wegen so genannter »Rassenschande« wurde sie von den Nationalsozialisten 1937 im Konzentrationslager Moringen inhaftiert. Eine jüdische Hilfsorganisation kaufte sie 1938 frei und ermöglichte ihr die Übersiedlung nach Palästina. Sie arbeitete als Tänzerin in Nachtclubs, besaß eine Bar in Zypern, ein Restaurant in London und eine Mannequinschule in Berlin. Nach dem Tod ihres Mannes, des englischen Offiziers Norman H., 1972 musste sie ihren Lebensunterhalt u.a. als Spirituosenvertreterin verdienen. 1981 gab ihr der

Regisseur R. v. Praunheim eine Rolle in dem Film »Unsere Leichen leben noch«, mit dem ihr im Alter von fast 60 Jahren ein erster großer Erfolg als Schauspielerin gelang. Weitere Filme folgten, u.a. »Affengeil« (1990). H. veröffentlichte ihre Erinnerungen unter den Titeln »Diese Zitrone hat noch viel Saft!« (1990) und »Jede Zeit ist meine Zeit« (1991).

Huber-Forster, (Marie) Therese Wilhelmine, geb. Heyne
Publizistin
7.5.1764 (Göttingen) – 15.6.1829 (Augsburg)
Obwohl ihr Vater Professor für Altphilologie war, erhielt H.-F. kaum eine Ausbildung. Autodidaktisch eignete sie sich u.a. Geschichts- und Philosophiekenntnisse an. Nach dem frühen Tod ihrer Mutter und der zweiten Heirat ihres Vaters verbrachte sie einige Jahre in einem Pensionat und bei Verwandten, bis sie 1784 den Naturwissenschaftler und Weltreisenden G. Forster heiratete, mit dem sie in Wilna, Göttingen und Mainz lebte. Die zehnjährige Ehe mit dem leidenschaftlichen Republikaner und Sympathisanten der Französischen Revolution war unglücklich. Nach dem Tod Forsters 1794 heiratete H.-F. ihren Geliebten, den Schriftsteller L. F. Huber. Von ihren zehn Kindern aus beiden Ehen starben sechs früh. Als sie mit 40 Jahren zum zweiten Mal verwitwet war und und ihren Lebensunterhalt verdienen musste, besann H.-F. sich auf ihre bisherigen Schreiberfahrungen: In den 1790er Jahren hatte sie bereits einige Erzählungen und Romane verfasst, die allerdings unter Hubers Namen erschienen waren, u.a. »Abentheuer auf einer Reise nach Neu-Holland« (1793) und »Die Familie Seldorf« (1795/96), die Geschichte einer jungen Frau während der

Französischen Revolution. Außerdem hatte sie Forster bei der Übersetzung von J. Cooks Reiseschilderungen aus dem Englischen und Huber bei der Übersetzung zahlreicher Schriften aus dem Englischen und Französischen geholfen. 1807 wurde sie in Stuttgart zunächst freie Mitarbeiterin des J. F. Cotta'schen »Morgenblatts für gebildete Stände«. 1811 veröffentlichte sie – zum ersten Mal unter ihrem eigenen Namen – das Buch »Bemerkungen über Holland aus dem Reisejournal einer deutschen Frau«. 1817 beförderte der Verleger Cotta H.-F. zur ersten deutschen »Redaktrice«. Sie forderte Manuskripte an, redigierte sie, schrieb manchmal eigenes hinzu, empfing durchreisende Autoren und – was das Wichtigste war – erhöhte mit ihrer Arbeit die Auflage der Zeitschrift. Sie pflegte Kontakte zu den Brüdern Humboldt, L. Börne, L. Uhland und anderen Autoren. Dennoch wurde sie nach sieben Jahren Tätigkeit von Cotta entlassen, weil sie zu einflussreich geworden war. H.-F. starb nach jahrelangen erfolglosen Honorarstreitigkeiten mit dem Verlag, der in seinem Nachruf ihren »wirklich männlichen Geist« rühmte.

Lit.: Brandes, I., Mauch, U., Der Freiheit entgegen – Frauen der Romantik, Esslingen–München 1986

Huch, Ricarda (Ps. Richard Hugo)

Schriftstellerin
18.7.1864 (Braunschweig) – 17.11.1947 (Kronberg-Schönberg, Taunus)

1887 zog H., die aus einer großbürgerlichen Familie stammte, nach Zürich, um dort ihr Abitur abzulegen und als eine der ersten deutschen Frauen mit dem Geschichtsstudium zu beginnen. Damit gelang ihr gleichzeitig auch die Flucht vor ih-

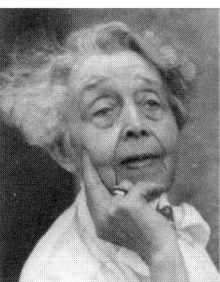

rer unglücklichen Liebe zu ihrem Vetter Richard H., der mit ihrer Schwester verheiratet war. 1891 wurde H. promoviert, und anschließend war sie sechs Jahre als Bibliothekarin in Zürich und als Lehrerin in Bremen tätig, bis sie entschied, sich ausschließlich dem Schreiben zu widmen. Erste Gedichte, Dramen und Prosatexte hatte sie bereits Anfang der 1890er Jahre veröffentlicht, u.a. »Erinnerungen von Ludolf Urslen dem Jüngeren« (1893), ein Roman mit autobiografischen Zügen. 1899 und 1902 erschienen ihre literatur- und kulturgeschichtlichen Werke »Blütezeit der Romantik« und »Ausbreitung und Verfall der Romantik«, die für die Ablösung des Naturalismus durch eine Neuentdeckung der Romantik von großer Bedeutung waren. In den folgenden Jahren wandte sich H. der objektiven, beschreibenden Darstellung historischer Personen und Ereignisse zu, die ihren schriftstellerischen Ruhm begründeten. Zu ihren Hauptwerken aus dieser Zeit zählen die zweibändige »Geschichte von Garibaldi« (1906–07), »Der große Krieg in Deutschland« (1912–14) in drei Bänden und »Das Leben des Grafen Confalionieri« (1910), das als ihr künstlerisch vollkommenster Roman gilt. In H.s späteren Schriften gewann ihre Hinwendung zum christlichen Glauben starken Einfluss. Mit ihrer dreibändigen »Deutschen Geschichte« (1934–49), die eindeutig zeitkritische Züge trug und deshalb nicht gedruckt werden durfte, opponierte sie offen gegen das Regime der Nationalsozialisten.

Bereits 1933 war H. aus Protest gegen den Rassismus der neuen Machthaber aus der Preußischen Akademie der Künste ausgetreten, in die sie 1930 als erste Frau berufen worden war. Ihr letztes, nicht beendetes Werk war ein Gedenkbuch für hingerichtete Widerstandskämpfer, das G. Weisenborn vollendete (»Der lautlose Aufstand«, 1953). Verheiratet war sie in erster Ehe 1898–1906 mit dem italienischen Arzt E. Ceconi, mit dem sie eine Tochter hatte, und in zweiter Ehe mit ihrem früheren Schwager Richard H. (1907–10). H., die als eine der bedeutendsten Autorinnen des 20. Jhs. gilt, erhielt zahlreiche Ehrungen, darunter die Ehrensenatorwürde der Universität München, den Goethe-Preis der Stadt Frankfurt a. M. und den Ehrendoktortitel der Universität Jena. 1947 wurde sie zur Ehrenpräsidentin des ersten deutschen Schriftstellerkongresses gewählt.

Lit.: Viereck, S., Soweit die Welt geht. R. H., Geschichte eines Lebens, Reinbek 1990
Koepcke, C., R. H. – ihr Leben und ihr Werk, Frankfurt a. M. 1996

I

Ihrer, Emma, geb. Rother
Frauenrechtlerin
3.1.1857 (Glatz – heute Kłodsko/Polen) –
8.1.1911 (Berlin)
Mit 24 Jahren kam I. nach Berlin, trat der Sozialdemokratischen Partei (SPD) bei und engagierte sich für die Interessen der Arbeiterinnen, vor allem ihre gewerkschaftliche Organisation. 1882 wurde sie Vorstandsmitglied im »Frauen-Hilfsverein für Arbeiterinnen«, der sich jedoch wegen Mitgliedermangels bald auflöste. Der »Verein

zur Vertretung der Interessen der Arbeiterinnen«, zu dessen Mitgründerinnen sie 1885 gehörte, wurde ein Jahr später auf Grund des preußischen Vereinsgesetzes, das die Gründung politischer Vereine untersagte, verboten. Von 1890 bis 1892 war I. als erste Frau Mitglied der Generalkommission der Gewerkschaften und trat auf

sozialdemokratischen Parteitagen und auf internationalen Kongressen für Frauenrechte ein. Die von I. 1890 gegründete Zeitschrift »Die Arbeiterin«, die von ihrem Mann, einem Apotheker, finanziert wurde, erschien ab 1892 unter dem Namen »Die Gleichheit« in Stuttgart. Die Redaktion wurde C.→Zetkin übertragen. I. veröffentlichte zahlreiche Schriften zur Situation der Arbeiterinnen, u.a. »Die Arbeiterinnen Deutschlands« (1893) und »Die Arbeiterinnen im Klassenkampf« (1898).

Lit.: Schneider, D. (Hg.), Sie waren die ersten: Frauen in der Arbeiterbewegung, Frankfurt a. M. 1988

Immerwahr, Clara
Chemikerin
21.6.1870 (Polkendorf b. Breslau – heute Wrocław/Polen) – 2.5.1915 (Berlin)
I., die aus einer großbürgerlichen jüdischen Familie stammte, besuchte eine höhere Töchterschule und ein Lehrerinnenseminar in Breslau. Mit einer Sondergenehmigung durfte sie das Abitur ablegen und mit dem Studium beginnen. 1900 wurde sie als erste Frau von der Universität Breslau in Physikalischer Chemie promoviert. 1901

heiratete sie ihren Jugendfreund, den Chemiker und späteren Nobelpreisträger F. Haber, mit dem sie einen Sohn hatte. 1906–11 lebte sie mit ihrem Mann in Karlsruhe, anschließend zog sie mit ihm nach Berlin, wo er die Leitung des Kaiser-Wilhelm-Instituts für Physikalische Chemie übernahm und u.a. Chlorgas für die chemische Kriegführung entwickelte. Die Ehe mit dem ehrgeizigen und egoistischen Mann war nicht glücklich, 1906 und 1910 suchte I. Erholung in einem Nervensanatorium in Freiburg i. Br. Mit dem Revolver ihres Mannes nahm sie sich das Leben. Ob ihr Mann sie hinderte, weiter wissenschaftlich tätig zu sein, wie in der bisher einzigen Biografie dargestellt, ist nicht beweisbar, weil es fast keinen schriftlichen Nachlass I.s gibt. Ebensowenig belegt ist die These, C. habe mit ihrem Selbstmord gegen den von ihrem Mann bedingungslos geförderten deutschen Chlorgasangriff bei Ypern am 22.4.1915, bei dem 5000 französische Soldaten umkamen und 10000 schwer verletzt wurden, protestieren wollen. Seit 1991 verleiht die »Internationale Vereinigung der Ärzte für die Verhütung des Atomkriegs« (IPPNW) die Clara-Immerwahr-Medaille für Verdienste im Einsatz gegen Rüstung und Krieg.
Lit.: Leitner, G. v., Der Fall C. I. Leben für eine humane Wissenschaft, München 1993

Irmgard
um 995 (Lothringen) – vor 1043
1018 wurde I.s Ehe mit Otto von Hammerstein wegen angeblich zu naher Verwandtschaft auf der Synode von Nimwegen angefochten. Hintergrund waren territoriale Streitigkeiten um den Besitz der Hammersteins. Kurz darauf wurde das Ehepaar exkommuniziert, weil es sich nicht trennen

wollte. Daraufhin führte Otto einen erfolglosen Feldzug gegen den für die Exkommunikation zuständigen Mainzer Erzbischof. Auf Befehl Kaiser Heinrichs II. musste er auf seine Burg und seinen Grafentitel verzichten. Resigniert bat er um Gnade, erklärte sich mit der Ehetrennung einverstanden und wurde vom Kirchenbann gelöst. I. jedoch wollte nicht aufgeben und protestierte, entgegen aller Kirchenregeln, direkt bei Papst Benedikt VIII., der eine Untersuchung des Falles anordnete. Nach Überprüfung der verwandtschaftlichen Beziehungen ergab sich kein Ehehindernis. In einem Prozess wurde die Ehe I.s mit Otto für rechtmäßig erklärt, und dem Mainzer Erzbischof wurde nach einer Maßregelung das Tragen des Palliums untersagt.

Isabeau (eigtl. Elisabeth)
Königin
um 1370 (wohl München) – 24.9.1435 (Paris)
Die Tochter des Herzogs Stephan III. von Bayern-Ingolstadt wurde 1385 mit dem französischen König Karl VI. verheiratet, mit dem sie zwölf Kinder hatte. Als um 1392 die Geisteskrankheit Karls auffällig wurde, begannen der Herzog von Burgund, der Herzog von Orléans und I. um die Vorherrschaft in Frankreich zu kämpfen. Bürgerkriegsähnliche Verhältnisse zwangen I. 1408 zur Flucht aus Paris. Von der Partei der Orléans, die sich mit ihrem 14-jährigen Sohn, dem Dauphin Karl, verbündet hatte und die Herrschaft in Paris ausübte, wurde I. 1417, nach neuen Unruhen, nach Tours verbannt. Dort errichtete sie mit Johann Ohnefurcht, dem Herzog von Burgund, eine Gegenregierung. Nach der Ermordung Ohnefurchts durch Anhänger des Dauphins schlug die Stimmung am Pariser Hof zu

Gunsten I.s und der burgundischen Partei um. I. wurde wieder als Herrscherin anerkannt, ihr Sohn verlor sein Erbrecht. 1420 gelang ihr mit dem Friedensvertrag von Troyes, der eine vorläufige Unterbrechung des 100-jährigen Kriegs zwischen Frankreich und England bedeutete, ihre größte politische Leistung: Obwohl die französischen Truppen von den englischen Soldaten bei Agincourt vernichtend geschlagen worden waren, erreichte sie, dass ihr geisteskranker Mann bis zu seinem Tod König von Frankreich bleiben durfte und der englische König Henry V., mit dem sie ihre Tochter Catherine verheiratete, als Erbe des französischen Königreiches die Rechte und Integrität Frankreichs garantieren musste. Doch schon zwei Jahre später, nach dem Tod ihres Mannes und ihres Schwiegersohns Henry V., verlor I. ihren politischen Einfluss. 1429 musste sie, nach der Befreiung der Stadt Orléans von den Engländern durch Jeanne d'Arc, der Krönung ihres ungeliebten Sohnes Karl zum König tatenlos zusehen.
Lit.: Markale, J., I. de Bavière, die Wittelsbacherin auf Frankreichs Thron, München 1997

Ivogün, Maria (eigtl. Kempner)
Sängerin
18.11.1891 (Budapest) – 3.10.1987 (Beatenberg b. Interlaken)
Nach der Gesangsausbildung an der Wiener Musikakademie debütierte I., die ihr Pseudonym vom Mädchennamen ihrer Mutter I. v. Günther herleitete, 1913 als Mimi in »La Bohème« an der Münchner Hofoper. Dort war sie bis 1925 unter dem Dirigenten B. Walter Ensemblemitglied und folgte ihm anschließend an die Städtische Oper Berlin. 1932 beendete ein Augenleiden ihre Karriere als Opernsängerin,

1934 gab sie ihr letztes Konzert als Liedersängerin. Ihre größten Erfolge feierte die Koloratursopranistin in Mozart- und  Strauss-Opern, z.B. als Konstanze in »Die Entführung aus dem Serail« oder als Zerbinetta in »Ariadne auf Naxos«. 1948–50 lehrte sie als Professorin an der Wiener Musikakademie und 1950–58 an der Berliner Musikhochschule. 1956 wurde sie Mitglied der Berliner Akademie der Künste. Verheiratet war I. in erster Ehe mit dem Kammersänger K. Erb, in zweiter Ehe mit dem Pianisten M. Raucheisen.
Lit.: Kesting, J., Die großen Sänger des 20. Jhs., Düsseldorf 1993

J

Jachmann-Wagner, Johanna, geb. Bock v. Wülfingen
Sängerin
13.10.1828 (Seelze b. Hannover) – 16.5.1894 (Würzburg)
Die Adoptivtochter A. Wagners, des Bruders des Komponisten R. Wagner, trat schon als Sechsjährige in Kinderrollen auf. Ab 1844 sang sie an der Dresdner Oper, und 1845 studierte Wagner mit ihr als erster Sängerin die Elisabeth in »Tannhäuser« ein. Nach weiterem Gesangsstudium 1846–48 in Paris war J.-W. in Hamburg und Berlin engagiert und feierte große Erfolge. 1853 wurde sie zur Kammersängerin ernannt. 1861 verlor sie ihre Stimme für

zehn Jahre, während derer sie als Tragödin wirkte, kehrte aber 1872 zur Opernbühne zurück und sang auf Wagners Wunsch wieder in Bayreuth. Nach dem Ende ihrer Karriere lehrte J.-W. an der Königlichen Musikschule in München.

Lit.: Schroeder, H., Sophie & Co.: Bedeutende Frauen Hannovers, Hannover 1991

Jacob, Therese Albertine Luise von (Pse. Talvj, Ernst Berthold)
Literaturwissenschaftlerin
26.1.1797 (Halle a. d. Saale) – 13.4.1870 (Hamburg)
Mit ihren Eltern lebte J. 1806–16 in Russland, wo ihr Vater an verschiedenen Universitäten als Staatswissenschaftler lehrte, und kehrte dann nach Halle zurück. Nach Sprach- und Geschichtsstudien veröffentlichte sie 1825–26 eine Sammlung serbischer Volkslieder. 1828 heiratete sie den amerikanischen Gelehrten E. Robinson, mit dem sie zahlreiche Reisen unternahm und in die USA zog. Von 1840 bis zum Tod ihres Mannes 1864 lebte sie in New York, anschließend kehrte sie nach Deutschland zurück. J. verfasste zahlreiche wissenschaftliche Werke in deutscher und englischer Sprache, vor allem über slawische Sprachen, Literatur und Geschichte, und schrieb mehrere Erzählungen und Romane.

Jacobi, Lotte (eigtl. Johanna Alexandra)
Fotografin
17.8.1896 (Thorn – heute Toruń/Polen) – 6.5.1990 (Concord/USA)
J. besuchte Kurse in Kunstgeschichte und Literatur an der Posener Akademie und ging nach einer Zwischenstation in Berlin 1925–27 zur Ausbildung an die Staatliche Höhere Fachschule für Phototechnik nach München. 1927 übernahm sie das Studio

ihres Vaters in Berlin, beteiligte sich 1930 an der Ausstellung »Das Lichtbild« und reiste 1932/33 nach Zentralasien und Russland. 1935 emigrierte sie wegen ihrer jüdischen Abstammung und eröffnete in New York im selben Jahr ein Studio,

das sie bis zu ihrem Umzug 1955 nach Deering, New Hampshire, betrieb. Dort studierte sie Kunstgeschichte, gründete ein Fotostudio und 1963 eine Galerie. J. schuf vor allem Portraitaufnahmen berühmter Persönlichkeiten, aber auch ihre Materialstillleben, avantgardistischen Detailaufnahmen und Fotogramme (»photogenics«) machten sie zu einer der wichtigsten Fotografinnen ihrer Zeit. Sie war zweimal verheiratet und hatte einen Sohn.

Lit.: Moortgat, E., Beckers, M., Atelier L. J. Berlin–New York, Berlin 1997

Jacobsohn, Edith Lotte, geb. Schiffer
Verlegerin
6.10.1891 (Berlin) – 31.12.1935 (London)
1915 heiratete die Tochter eines assimilierten jüdischen Bauunternehmers den Theaterkritiker und Herausgeber der Zeitschrift »Schaubühne« (ab 1918 »Weltbühne«) Siegfried J., mit dem sie einen Sohn hatte. J., die einige Zeit in England zur Schule gegangen war, arbeitete als Journalistin für die Berliner Blätter »Ulk«, »Uhu« und die »Weltbühne« und eröffnete Anfang der 20er Jahre mit einer englischen Freundin ein Übersetzungsbüro. 1924 gründete sie den Kinderbuch-Verlag Williams & Co. Sie

übersetzte die Kinderbuchautoren H. Lofting (»Dr. Doolittle«) und A. A. Milne (»Pu der Bär«) und verlegte u.a. E. Kästners »Pünktchen und Anton« und »Emil und die Detektive«. Nach dem Tod ihres Mannes 1926 übernahm sie auch die Geschäftsführung der »Weltbühne«. 1933 flüchtete J. mit ihrem Sohn über Wien und die Schweiz nach Großbritannien und heiratete dort, um eine Arbeitserlaubnis zu erhalten, ein zweites Mal.

Lit.: Flechtmann, F., Mein schöner Verlag, Williams & Co. Erinnerung an E. J., Berlin 1997

Jadamowitz, Hildegard

Widerstandskämpferin

12.2.1916 – 18.8.1942 (Berlin)

Als Verkäuferin finanzierte sich J. die Ausbildung zur medizinisch-technischen Assistentin. 1931 trat sie in den kommunisti-

schen Jugendverband ein, und seit 1935 arbeitete sie in der illegalen »Internationalen Arbeiterhilfe« in Berlin mit. Über ihren Verlobten erhielt sie Kontakt zu Widerstandskreisen, u.a. der Gruppe Baum. Sie verfasste antifaschistische Schriften, versorgte politisch Verfolgte mit Medikamenten und war im Mai 1942 am Brandanschlag auf die antisowjetische Propagandaausstellung »Das Sowjetparadies« beteiligt. Kurz darauf wurde sie verhaftet, zum Tode verurteilt und im Gefängnis Berlin-Plötzensee hingerichtet.

Lit.: Elling, H., Frauen im deutschen Widerstand 1933–1945, Frankfurt a. M. 1978

Jägerndorf, Eleonore Marie Rosalie, Herzogin von Troppau

Heilkundige

Ende 16. Jh.

Ohne eine Ausbildung erhalten zu haben, befasste sich J. mit Kräuterkunde und ihrer Verwendung in der Medizin. Sie trug zahlreiche Rezepte und Diätvorschriften, die sich nach ihren Erfahrungen bewährt hatten, zusammen und veröffentlichte sie 1600 unter dem Titel: »Herzogin von Troppau und Jägerndorf. Sechs Bücher auserlesener Arzneien und Kunststücke fast für alle des menschlichen Leibes Gebrechen und Krankheiten«. Das Werk war so erfolgreich, dass es bis ins 18. Jh. mehrfach neu aufgelegt wurde.

Jagemann, Caroline

Schauspielerin, Theaterleiterin

25.1.1777 (Weimar) – 10.7.1848 (Dresden)

Die Tochter des Bibliothekars und Kunsthistorikers Christian Joseph J. erhielt ihre Ausbildung als Schauspielerin und Sängerin am Mannheimer Nationaltheater u.a. bei dem Theaterleiter A. W. Iffland. 1797 wurde sie als »erste Hofsängerin« in Weimar engagiert und gab Gastspiele in Berlin, Frankfurt a. M. und Wien. 1802 wurde J. offiziell die Mätresse des Herzogs Karl August von Weimar, mit dem sie drei Kinder hatte. 1809 adelte er sie als Freifrau von Heygendorff und schenkte ihr ein Rittergut als Altersversorgung. 1817 übernahm J. von J. W. v. Goethe, dem ihr selbstbewusstes Auftreten und ihr Einfluss missfielen, die Leitung des Hoftheaters. 1828, nach dem Tod des Herzogs, zog sie sich von der Bühne zurück. J. gilt als eine der bedeutendsten Schauspielerinnen ihrer Zeit, sie brillierte u.a. als Elisabeth in »Maria Stuart« und als Prinzessin in »Torquato

Tasso«, trat aber auch in Lustspielen, Unterhaltungsstücken und komischen Opern auf. 1926 wurden »Die Erinnerungen der K. J.« herausgegeben.
Lit.: Becker-Cantarino, B., Der lange Weg zur Mündigkeit, Stuttgart 1987

Jakobäa von Bayern
Herzogin
15.7.1401 (Den Haag) – 9.10.1436 (Schloss Teijlingen b. Haarlem/Niederlande)
J. war die Erbtochter des Grafen Wilhelm VI. von Bayern-Straubing, der gleichzeitig Graf von Holland, Hennegau und Seeland war. 1415 wurde sie mit dem französischen Thronfolger Johann von Touraine verheiratet. Nach dem Tod ihres Vaters und ihres Mannes 1417 erkannten nur die Stände des Hennegaus J.s Erbrecht an, um die anderen Länder musste sie gegen ihren Onkel Johann von Bayern jahrelang Krieg führen. Nach zweijährigen Kämpfen ohne Ergebnis schloss ihr zweiter Mann, Herzog Johann IV. von Brabant, hinter ihrem Rücken einen Vertrag, der ihrem Onkel Teile ihrer Erbländer zugestand. J. ließ daraufhin die Ehe anullieren und heiratete 1422 den Herzog Humphrey von Gloucester, um mit Hilfe englischer Truppen ihr Erbe zurückzugewinnen. 1424 konnte sie zwar den Hennegau zurückerobern, aber kurz darauf wurde sie von Humphrey verlassen. Nach mehreren militärischen Niederlagen wurde sie 1428 von einem anderen Onkel, dem Herzog Philipp von Burgund, gezwungen, ihm bis zu einer neuen – von ihm gebilligten Eheschließung – die Regierung über ihre Erblande zu überlassen. Als J. sich 1432 ohne seine Einwilligung mit dem Genter Statthalter W. v. Borsselen verheiratete, verlor sie endgültig alle Länder. Vor allem während des 19. Jhs. war die streitbare J. eine populäre historische Figur, ihr Leben wurde mehrfach in Trauerspielen beschrieben.
Lit.: Schnith, K. (Hg.), Frauen des Mittelalters in Lebensbildern, Graz-Wien-Köln 1997

Jakobe von Jülich
Herzogin, Regentin
16.1.1558 – 3.9.1597 (Düsseldorf)
1585 wurde die Tochter des katholischen Markgrafen Philibert von Baden mit dem späteren Herzog Johann Wilhelm von Jülich-Kleve verheiratet, damit der Einfluss der katholischen Kirche am Niederrhein gestärkt werde. Als ihr von Geburt an geistig behinderter Mann ab 1590 nicht mehr zum Regieren fähig war, bemühte sich die ehrgeizige J. darum, für ihn Regentin zu werden. Zwei Jahre später erhielt sie – nach wechselnden Bündnissen mit den vorwiegend protestantischen Ständen und den katholischen Räten – die Regentschaft über das Herzogtum zugesprochen. Den daraufhin ausbrechenden religiösen Auseinandersetzungen, Machtstreitigkeiten und Hofintrigen war J. nicht gewachsen. Um sich ihrer zu entledigen und den verwirrten Herzog neu verheiraten zu können, klagten die Räte sie 1595 an, sie hielte ihren Mann gefangen und habe Ehebruch begangen. J. wurde eingekerkert und ihr Fall von kaiserlichen Kommissaren untersucht. Während das kaiserliche Hofgericht noch tagte, wurde sie erdrosselt aufgefunden.
Lit.: Muschka, W., Opfergang einer Frau, Baden-Baden 1987

Jerichau-Baumann, Elisabeth Maria Anna, geb. Baumann
Malerin
27.11.1819 (b. Warschau) – 11.7.1881
(Kopenhagen)

J.-B., die in Polen und in Danzig aufgewachsen war, erhielt ihre Ausbildung als Malerin in Berlin und Düsseldorf. Während eines Studienaufenthalts in Rom heiratete sie den dänischen Bildhauer J. A. Jerichau, mit dem sie ab 1849 in Kopenhagen lebte und acht Kinder hatte. Dort befreundete sie sich u.a. mit der dänischen Prinzessin Alexandra und dem Schriftsteller H. C. Andersen, der eine Biografie des Ehepaares J. schrieb. 1861 wurde sie Mitglied der Kopenhagener Akademie. J.-B., die von der deutschen Spätromantik beeinflusst war, malte vor allem Portraits und Historienbilder, setzte sich aber auch mit sozialkritischen und politischen Themen auseinander, wie z.B. in den Bildern »Die Proletarierfamilie« (1850) und »Der verwundete Soldat« (1866). Für eines ihrer Kinder verfasste sie das Buch »Reisebilder«, das sie auch illustrierte. Ihr Portrait der Gebrüder Grimm von 1855 wird seit 1992 auf dem 1000-DM-Schein abgebildet und wurde so ihr berühmtestes Werk.
Lit.: Berger, R., Und ich sehe nichts als die Malerei, Frankfurt a. M. 1987

Jeritza, Marie (eigtl. Jedlitzka)
Sängerin
6.10.1887 (Brünn – heute Brno/Tschechien) – 10.7.1982 (Orange/USA)
1905, nach der Gesangsausbildung in Brünn und Prag, gab J. in Olmütz ihr Debüt als Elsa in »Lohengrin« und kam 1910 an die Wiener Volksoper. 1912 erhielt die Sopranistin auf Betreiben des Kaisers Franz Joseph I. eine Anstellung an der Wiener Hofoper, der sie bis 1935 angehörte. Dort feierte sie vor allem in Opern von R. Strauss große Triumphe, u.a. 1919 in der Uraufführung von »Die Frau ohne Schatten«. J. gab Gastspiele an vielen europäischen Opernhäusern und war 1921–32 Ensemblemitglied der Metropolitan Opera in New York. 1935 heiratete sie den amerikanischen Filmproduzenten W. Sheeham, mit dem sie bis zum Ende des Zweiten Weltkrigs in New York lebte. Nach Kriegsende gastierte sie wieder in Wien und bei den Salzburger Festspielen. 1924 veröffentlichte J. ihr autobiografisches Buch »Sonne und Gesang«.
Lit.: Kesting, J., Die großen Sänger des 20. Jhs., Düsseldorf 1993

Jonas, Regina
Rabbinerin
3.8.1902 (Berlin) – Ende 1944 (KZ Auschwitz)
J. besuchte nach dem Gymnasium die Hochschule für Wissenschaft des Judentums in Berlin.

1930 bestand sie die Abschlussprüfungen in Religionsphilosophie, Jüdischer Geschichte, Religionsgeschichte, Pädagogik und Talmudischer Wissenschaft und wurde 1931 zur Predigerin ordiniert. Damit war sie die erste deutsche Rabbinerin. Sie unterrichtete Religionslehre an Schulen der Jüdischen Gemeinde und betreute als Seelsorgerin Patienten im Jüdischen Krankenhaus sowie in Altersheimen. Im November 1942 wurde J. in das Konzentrationslager Theresienstadt deportiert und war dort noch bis zum

Winter 1944 seelsorgerisch tätig. Am 12. Dezember 1944 wurde sie nach Auschwitz deportiert und ermordet.
Lit.: Dick, J., Sassenberg, M. (Hgg.), Jüdische Frauen im 19. und 20. Jh., Reinbek 1993

Juchacz, Marie, geb. Gohlke
Politikerin
15.3.1879 (Landsberg a.d. Warthe) – 28.1.1956 (Bonn)
Nach dem Volksschulbesuch arbeitete J., deren Vater Zimmermann war, in den Jahren 1893–1913 als Hausmädchen, Fabrik-

arbeiterin, Krankenwärterin und Schneiderin. 1903 heiratete sie den Schneidermeister J., mit dem sie zwei Kinder hatte, von dem sie sich jedoch schon 1905 trennte und nach Berlin zog. 1908 trat sie in die Sozialdemokratische Partei (SPD) ein, für die sie ab 1913 als regionale Frauensekretärin im Raum Köln-Aachen tätig war. 1917 übernahm sie als Vertreterin des reformistischen Parteikurses von C.→Zetkin die Redaktionsleitung der Zeitschrift »Die Gleichheit«. Im selben Jahr wurde sie als Nachfolgerin von L.→Zietz Leiterin des Frauenbüros der SPD und Mitglied des Parteivorstandes. Erfolgreich entwickelte sie eine Zusammenarbeit zwischen der proletarischen und der bürgerlichen Frauenbewegung. 1919 wurde J. Mitglied der Verfassunggebenden Nationalversammlung und sprach in deren 11. Sitzung am 19.2.1919 als erste Frau vor einem deutschen Parlament. In ihrer Rede umriss sie die sozialpolitischen Aufgaben, die Frauen

in Zukunft übernehmen sollten: Ausbau des Bildungswesens, Mutterschutz, Kinder- und Jugendfürsorge, Arbeitslosenhilfe, Wohnungs- und Gesundheitspolitik. Vom Parteivorstand mit der Gründung eines Hauptausschusses für Arbeiterwohlfahrt beauftragt, engagierte J. sich für den Aufbau einer staatlichen Wohlfahrtspflegeorganisation mit qualifizierten Sozialarbeitern, Schulungseinrichtungen, Kindergärten, Erholungs- und Klubheimen – der »Arbeiterwohlfahrt«, deren Vorsitzende sie bis 1933 blieb. 1920–33 war J. Abgeordnete des Reichstags. Nach der Regierungsübernahme durch die Nationalsozialisten emigrierte sie mit ihrem zweiten Mann E. Kirschmann über das Saargebiet nach Frankreich und 1941 in die USA. Dort gründete sie mit Freunden die »Arbeiterwohlfahrt USA – Hilfe für die Opfer des Nationalsozialismus«, die nach Kriegsende mit Paketsendungen die deutsche »Arbeiterwohlfahrt« unterstützte. 1949 kehrte J. nach Deutschland zurück und wurde von der »Arbeiterwohlfahrt« zur Ehrenvorsitzenden ernannt. Sie veröffentlichte mehrere Bücher, u.a. 1955 »Sie lebten für eine bessere Welt: Lebensbilder führender Frauen des 19. und 20. Jhs.«.
Lit.: Röhl, F. M. u.a., M. J. und die Arbeiterwohlfahrt, Hannover 1961

Judith
Kaiserin
um 800 – 13. od. 19.4.843 (Tours/Frankreich)
819 wurde die fränkische Grafentochter die zweite Frau des Königs und Kaisers Ludwig des Frommen, der aus erster Ehe drei Söhne – Lothar, Pippin und Ludwig – hatte. Die intelligente J. soll einen beherrschenden Einfluss auf ihren wenig durchsetzungsfähigen Mann ausgeübt haben. So

drängte sie Ludwig, ihrem gemeinsamen Sohn, dem späteren König und Kaiser Karl (der Kahle), ein eigenes Reichsteil zu übertragen. Damit unterlief sie die so genannte »Ordinatio Imperii« von 817, die mit der zukünftigen Kaiserherrschaft des erstgeborenen Lothar die Einheit des Frankenreichs sichern sollte. Um ihr Ziel zu erreichen, verbündete sich J. gegen ihre Stiefsöhne mit einflussreichen Adligen, darunter Bernhard von Septimanien, mit dem ihr ein ehebrecherisches Verhältnis nachgesagt wurde. Nach zahlreichen Wirren und Aufständen, in denen J. zweimal außer Landes verbannt wurde, erreichte sie 839, dass Ludwig das Reich zwischen Lothar und Karl aufteilte (Pippin war im Jahr zuvor gestorben, Ludwig, der Jüngste, sollte sich mit Bayern zufrieden geben). Nach Ludwigs Tod 840 brach unter seinen Söhnen ein offener Bruderkrieg aus, der erst 843 im Vertrag von Verdun mit der Teilung des Frankenreichs beendet wurde: Ludwig der Deutsche erhielt den Ostteil, Lothar den Mittelteil und Karl der Kahle den Westteil.
Lit.: Ennen, E., Frauen im Mittelalter, München 1983

Jürgens, Grete
Malerin
1899 (Holzhausen b. Osnabrück) – 1981 (Hannover)

Das Studium der Innenarchitektur an der Technischen Hochschule Berlin brach J. 1918 nach wenigen Monaten ab und begann mit einer Ausbildung als Gebrauchsgrafikerin an der Kunstgewerbeschule in Hannover. Dort lernte sie G.→Overbeck kennen, mit der sie eine lebenslange Freundschaft verband. 1923–27 arbeitete J. als Reklamezeichnerin und war danach als freischaffende Künstlerin tätig. Mit Overbeck und dem Schriftsteller G. Schenk gab sie 1931–32 die Zeitschrift »Der Wachsbogen« heraus, in der Fragen der Malerei, Architektur, Musik, Literatur und des Films behandelt wurden. Während der NS-Zeit erhielt sie Ausstellungsverbot und arbeitete ausschließlich als Werbezeichnerin, wodurch sie in Vergessenheit geriet. J.s wichtigste Arbeiten entstanden in den 20er und 30er Jahren. Dazu gehören zahlreiche Portraits, Gemälde mit sozialkritischen Themen, z.B. »Arbeitslose«, »Das Arbeitsamt«, und Landschaften. Sie gehört zu den bedeutendsten deutschen Vertretern der »Neuen Sachlichkeit«.
Lit.: Seiler, H., G. J., Göttingen 1976

Juliane von Schaumburg-Lippe
Gräfin, Regentin
8.6.1761 (Zutphen/Niederlande) – 9.11.1799 (Bückeburg)

Die Tochter des Landgrafen zu Hessen-Philippsthal wurde mit dem Grafen Philipp Ernst von Schaumburg-Lippe verheiratet. Nach seinem Tod 1787 besetzte der Landgraf von Hessen das Land. J. erreichte mit Unterstützung des Kaisers den Abzug der Besatzungstruppen und übernahm die Regentschaft für ihren unmündigen Sohn Georg Wilhelm. Durch eine kluge Finanzpolitik gelang es ihr, Steuern und Abgaben zu senken, und mit einer effizienten Getreidevorratshaltung konnten die Lebenshaltungskosten der Bevölkerung stabilisiert werden. J. verkürzte den Militärdienst und betrieb eine engagierte Bildungspolitik, indem sie Lehrerseminare einrichtete und kostenlose Schulbücher verteilte. Sie erschloss die Schwefelquellen von Bad Eilsen und regte ihren Leibarzt B. C. Faust an, einen »Gesundheitskatechismus« zu veröffentlichen, der große Verbreitung fand.

K

Kägi–Fuchsmann, Regina, geb. Fuchsmann
10.5.1889 (Zürich) – 12.6.1972 (ebd.)
K.-F., die aus einer russisch-litauischen
Emigrantenfamilie stammte und als Lehrerin ausgebildet war, gründete 1932 im
Auftrag des Schweizer Gewerkschaftsbun-
des und der Sozialdemokratischen Partei
eine Hilfsaktion für Kinder von Arbeitslo-
sen. 1936 wurde sie Zentralsekretärin des
»Schweizerischen Arbeiter-Hilfswerks«
(SAH), das politische Flüchtlinge aus
Deutschland, Österreich und Spanien betreute. Während des Zweiten Weltkriegs
engagierte sie sich für die Kinderhilfe des
Schweizer Roten Kreuzes. In den 50er Jahren wurde sie Präsidentin des »Schweizerischen Hilfswerks für außereuropäische
Gebiete« (SHAG), das Hilfsaktionen in Ent-
wicklungsländern förderte. 1968 veröffentlichte sie ihre Lebenserinnerungen unter
dem Titel »Das gute Herz genügt nicht«.
K.-F. wurde der Ehrendoktortitel der Universität Zürich verliehen. Verheiratet war
sie mit dem Altphilologen P. Kägi, mit dem
sie zwei Kinder hatte.
Lit.: Große Schweizer und Schweizerinnen.
Erbe als Auftrag, Stäfä 1990

**Kaléko, Mascha (eigtl. Golda Malka),
geb. Engel**
Dichterin
7.6.1907 (Chrzanów/Polen) – 21.1.1975
(Zürich)
1914 kam die Tochter einer Österreicherin
und eines Russen nach Deutschland und
lebte ab 1918 in Berlin. Nach dem Besuch
des Gymnasiums machte sie eine Lehre bei
der Arbeiterfürsorge der jüdischen Organisationen Deutschlands und besuchte zusätzlich Abendkurse in Philosophie und
Psychologie. 1928 heiratete sie den Dozen-
ten für Hebräische Sprache Saul Aron K. In
der »Vossischen Zeitung« sowie in zahlreichen anderen Zeitschriften veröffentlichte
K. seit 1930 Gedichte, die sie bald in ganz
Deutschland bekannt machten. 1933 und
1934 erschienen die Gedichtsammlungen
»Das lyrische Stenogrammheft« und »Kleines Lesebuch für Große«, in denen K., deren Vorbilder E. Kästner und K. Tucholsky
waren, das Leben einfacher Menschen in
der Großstadt beschrieb. Ihre Bücher wurden bei der nationalsozialistischen Bücher-
verbrennung 1935 vernichtet. Mit ihrem
zweiten Mann, dem Musiker C. Vinaver,
und ihrem Sohn emigrierte sie 1938 nach
New York, nahm 1944 die amerikanische
Staatsbürgerschaft an und veröffentlichte
1945 ihre »Verse für Zeitgenossen«. Von
1960 an lebte K. in Jerusalem, unternahm
jedoch zahlreiche Reisen nach Deutschland. Die Neuauflagen ihrer frühen Werke
erreichten ab Ende der 50er bis in die 70er
Jahre hohe Verkaufszahlen, während die
im Exil geschriebenen Bücher, u.a. »Verse
in Dur und Moll« (1967), kaum Beachtung
fanden.
Lit.: Zoch-Westphal, G., Aus den sechs Leben
der M. K., Berlin 1987

Kallmus, Dora Philippine
Fotografin
20.3.1881 (Wien) – 30.10.1963 (Frohnleiten,
Steiermark)
Nach der Ausbildung in Berlin eröffnete K.
1907 in Wien das Fotoatelier »d'Ora« und
spezialisierte sich auf Portraitaufnahmen.
Die Tochter einer großbürgerlichen Familie
fand bald einen großen Kundenkreis in der
Wiener Gesellschaft. Bekannt wurde sie
u.a. durch ihre Fotos von der kaiserlichen

Familie 1916 und 1917 sowie durch Mode-
aufnahmen. 1927 verkaufte sie ihr Wiener
Atelier und zog nach Paris. Dort portraitierte K. bekannte Persönlichkeiten aus der
Künstler- und Intellektuellenszene und fotografierte Mode für den Berliner Ullstein-
Verlag. 1940 floh die Jüdin vor den deutschen Besatzungstruppen nach Südfrankreich. Nach dem Krieg änderten sich ihre
Themen: Sie fotografierte Flüchtlingslager
und schockierte in den 50er Jahren u.a.
mit Bildern aus dem Pariser Schlachthaus.
1959 wurde sie bei einem Unfall schwer
verletzt und kehrte 1961 nach Österreich
zurück.
Lit.: Dick, J., Sassenberg, M. (Hgg.), Jüdische
Frauen im 19. und 20. Jh., Reinbek 1993

Kamphoevener, Elsa Sophia Baronin von
Schriftstellerin
14.6.1878 (Hameln) – 4.8.1963 (Traunstein)
K. lebte 1881–1921 mit ihrer Familie in der
Türkei. In Männerkleidung reiste sie durch
das Land, dessen Kultur sie faszinierte.
1916 schrieb sie ihren ersten Roman »Der
Smaragd des Scheichs« und wurde von
dem bekanntesten türkischen Märchener-
zähler Fehim Bey in die »Gilde der Mär-
chenerzähler« aufgenommen. Als erste
schrieb K. die seit Jahrhunderten nur
mündlich überlieferten türkischen Märchen
nieder und veröffentlichte sie 1956/57 unter dem Titel »An Nachtfeuern der Kara-
wan-Serail«. Außerdem verfasste sie Romane und Übersetzungen – K. beherrschte
neun Sprachen –, arbeitete als Dramaturgin für die Filmindustrie und als Märchenerzählerin für den Rundfunk.
Lit.: Moericke, H., Leben und Werk der
Märchenerzählerin E. S. v. K. 1878–1963,
Aachen 1996

**Kardorff-Oheimb, Katharina von,
geb. van Endert**
Politikerin
2.1.1879 (Neuss) – 22.3.1962 (Düsseldorf)
Die Fabrikantentochter trat 1918 der Deutschen Volkspartei (DVP) bei und war
1920–24 Mitglied des Reichstags. Nach
einem Zerwürfnis mit G. Stresemann verließ sie 1925 die DVP und schloss sich bis
1927 der »Wirtschaftspartei« an. 1919–30
schrieb K.-O. für die »Magdeburger Zeitung« und gründete 1924 die »Allgemeine
Bilderzeitung« in Berlin. Um zur politischen Emanzipation von Frauen beizutragen, richtete sie in Goslar Lehrgänge für
Frauen ein und gab außerdem Politikun-
terricht an der Lessing-Hochschule in Berlin. Ab 1919 stand K.-O. dem »Nationalver-
band deutscher Frauen und Männer« vor
und ab 1930 auch der »Nationalen Arbeitsgemeinschaft«. Während der NS-Zeit übte
sie keine politische Tätigkeit aus und verbrachte die letzten Jahre des Krieges in
Ahrensdorf in der Uckermark. 1945 wurde
sie dort von den sowjetischen Besatzungsbehörden als Bürgermeisterin eingesetzt.
Bis 1947 war sie Vorstandsmitglied der
Liberal-Demokratischen Partei (LDP) und
hatte bis 1948 einen Lehrauftrag für
Europakunde an der Hochschule für Politik
in West-Berlin. 1953 zog sie sich aus dem
öffentlichen Leben zurück. K.-O. war viermal verheiratet und hatte sechs Kinder.
Ihre politische Arbeit finanzierte sie weitgehend aus den Erträgen des Chemieunter-
nehmens ihres zweiten Mannes E. Albert,
das sie seit seinem Tod 1911 erfolgreich
weiterführte. Ihr vierter Mann, der Politiker
Siegfried v. K., war bis 1933 für die DVP
Mitglied des Reichstags.
Lit.: Reicke, I. (Hg.), K. v. K.-O. Politik und
Lebensbeichte, Tübingen 1965

Karlik, Berta
Physikerin
24.1.1904 (Wien) – 4.2.1990 (ebd.)
Nach dem Studium der Physik und Mathematik in Wien wurde K. 1927 promoviert. Nach mehreren Jahren Forschungstätigkeit an den Universitäten London und Cambridge arbeitete sie seit 1933 am Wiener Institut für Raumforschung und habilitierte sich dort 1937.

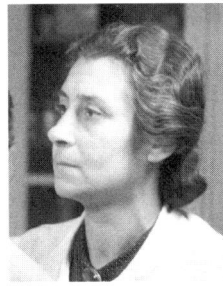

1943 gelang ihr der Nachweis des chemischen Elements Astat in der Natur, wofür sie mit dem Haitinger-Preis ausgezeichnet wurde. 1947 übernahm K. die Leitung des Instituts für Raumforschung und erhielt 1956 den Lehrstuhl für experimentelle Kernphysik an der Universität Wien. 1973 wurde sie Mitglied der Österreichischen Akademie der Wissenschaften, 1975 Mitglied der Deutschen Akademie der Naturforscher Leopoldina.

Karlstadt, Lisl (eigtl. Elisabeth Wellano)
Schauspielerin
12.12.1892 (München) – 27.7.1960 (Garmisch-Partenkirchen)
Als Verkäuferin finanzierte sich K. die Gesangs- und Schauspielausbildung bei den Münchner Volkssängern. 1911 entdeckte K. Valentin ihre kabarettistische Begabung und machte sie zur Partnerin seiner humoristischen Sketche: Der hagere Valentin verkörperte den lebensuntüchtigen »Grantler«, während die kleine, rundliche K., im Dirndl oder in weite Männerhosen gekleidet, sein bodenständiges Gegenstück mit dem Herzen auf dem rechten Fleck darstellte. Das Duo feierte große Erfolge in Volkslokalen und auf Theaterbühnen, u.a. mit Valentins selbstverfasstem Stück »Die Raubritter von München«, das seit seiner Premiere 1924 in den Münchner Kammerspielen 604-mal aufgeführt wurde. In dem tragikomischen Schauspiel spielte K. als Trommelbube Michl eine ihrer Glanzrollen. Auch bei Gastspielen, u.a. in Wien, Zürich, im Berliner Kabarett der Komiker und im Theater am Schiffbauerdamm, fand das Paar begeisterten Beifall. Die Berliner Kritiker K. Tucholsky, A. Kerr und M. Halbe waren von K.s hintergründiger Alltagskomik begeistert. Zu ihren Bewunderern zählten auch die Autoren L. Feuchtwanger und B. Brecht. Als Valentin 1934 versuchte, ein Museum seiner schrulligen Einfälle, das »Panoptikum«, aufzubauen, und darüber die gemeinsamen Kabarettauftritte vernachlässigte, erlitt K. einen Nervenzusammenbruch und wurde für mehrere Monate in eine Klinik eingewiesen. Bis Anfang der 40er Jahre folgten noch einige gemeinsame Auftritte mit Valentin, die jedoch nicht an die früheren Erfolge anknüpfen konnten. Nach Valentins Tod 1948 machte K. als Schauspielerin noch einmal eine eigenständige Karriere, u.a. in Bühnenstücken von J. Anouilh und L. Thoma. Außerdem wirkte sie in Filmen, z.B. »Wir Wunderkinder« (1958), in Hörspielen und im Fernsehen mit.
Lit.: Dimpfl, M., Immer veränderlich. L. K. (1892–1960), München 1996
Wendt, G., L. K. Ein Leben, München 1998

Karminski, Hannah (eigtl. Johanna)
Fürsorgerin
24.4.1897 (Berlin) – 1942 (KZ Auschwitz)
Im Pestalozzi-Fröbel-Haus wurde K. zur

Kindergärtnerin ausgebildet, anschließend besuchte sie G.→Bäumers Soziale Frauenschule in Hamburg und übernahm in Frankfurt a. M. die Leitung des »Jüdischen Mädchenclubs«. Dort befreundete sie sich Anfang der 20er Jahre mit B.→Pappenheim, der Gründerin des »Jüdischen Frauenbundes« (JFB). Seit Mitte der 20er Jahre arbeitete K. im Vorstand des JFB und leitete in Berlin die Redaktion der »Blätter des JFB«. 1938, nach Auflösung des JFB, übernahm sie die Wohlfahrtspflegeabteilung der »Reichsvertretung der Juden in Deutschland«. Sie engagierte sich für die Rettung jüdischer Kinder und organisierte deren Ausreise nach England. Einige der Kindertransporte begleitete sie selbst. Im November 1942 wurde K. verhaftet und einen Monat später nach Auschwitz deportiert.

Lit.: Kaplan, M., Die jüdische Frauenbewegung in Deutschland, Hamburg 1981

Karsch, Anna Luise, geb. Dürbach
(gen. Karschin)
Dichterin
1.12.1722 (Schwiebus b. Crossen a. d. Oder – heute Krosno Odrzańskie/Polen) – 12.10.1791 (Berlin)
Nach dem Tod ihres Vaters, eines Gastwirts, verbrachte K. von 1728 bis 1732 vier unbeschwerte Jahre bei einem Großonkel, der ihr Lesen und Schreiben beibrachte. Dann holte ihre inzwischen wieder verheiratete Mutter sie zurück, ließ sie als Magd arbeiten, Vieh hüten und verheiratete sie als 15-Jährige mit einem Weber. Die unglückliche Ehe wurde 1749 während ihrer vierten Schwangerschaft geschieden. Noch im selben Jahr heiratete K. den alkoholkranken Schneider K., mit dem sie drei weitere Kinder hatte. Um ihre Familie zu ernähren, die in bitterster Armut lebte, begann sie, Auftragsverse zu schreiben. Bekannt wurde sie durch patriotische Oden auf den preußischen König Friedrich II., die sie während des Siebenjährigen Krieges (1756–63) verfasste und die auf Flugblättern verbreitet wurden. Gönner brachten K. 1761 nach Berlin, wo vor allem ihr Improvisationstalent bewundert und sie als die »neue Sappho« gefeiert wurde. Friedrich II. sicherte ihr ein Haus und eine Jahrespension zu, hielt sein Versprechen jedoch nicht. Ein Jahr verbrachte K. in Magdeburg und Halberstadt. Zurück in Berlin, schrieb sie wieder Auftragsgedichte, da die kleine Rente, die sie für die Veröffentlichung der Gedichtbände »Auserlesene Gedichte« (1764) und »Neue Gedichte« (1772) erhielt, für ihren Lebensunterhalt nicht ausreichte. Erst 1789 ließ König Friedrich Wilhelm II. ein kleines Haus für sie bauen, so dass sie die letzten beiden Jahre ihres Lebens in bescheidenem Wohlstand verbringen konnte.

Lit.: Beuys, B. (Hg.), Herzgedanken. Das Leben der ›deutschen Sappho‹, von ihr selbst erzählt, Frankfurt a. M. 1981

Kaschnitz, Marie Luise
(eigtl. v. K.-Weinberg),
geb. v. Holzing-Berstett
Schriftstellerin
31.1.1901 (Karlsruhe) – 10.10.1974 (Rom)
K., die aus einer Offiziersfamilie stammte, verbrachte ihre Kindheit in Potsdam und Berlin. Nach dem Abitur und einer Buchhändlerlehre arbeitete sie in einem Münchner Verlag und in einem Antiquariat in Rom, bis sie 1925 den österreichischen Archäologen G. v. Kaschnitz-Weinberg heiratete, mit dem sie eine Tochter hatte. K. begleitete ihren Mann auf seinen Reisen nach

Südeuropa, Nordafrika und in die Türkei. 1933 veröffentlichte sie ihren ersten Roman »Liebe beginnt«. Es folgten Erzählun-

gen, zahlreiche Gedichtsammlungen und später auch Hörspiele. 1932–55 lebte K. meist in Deutschland, danach zeitweise auch in Rom. Ihr lyrisches Werk ist geprägt vom Entsetzen über die Gräuel des Nationalsozialismus und des Krieges sowie von der Auseinandersetzung mit der Moderne. In ihrer Prosa findet sich neben realen Schilderungen auch Rätselhaftes und Phantastisches. Zu ihren bekanntesten Werken zählen »Totentanz und Gedichte der Zeit« (1947), »Ewige Stadt« (1952), die Autobiografien »Das Haus der Kindheit« (1956) und »Wohin denn ich« (1963) sowie die Tagebuchaufzeichnungen »Tage, Tage, Jahre« (1970). 1948–49 war sie Mitherausgeberin der Zeitschrift »Die Wandlung«. K. erhielt zahlreiche Preise und Ehrungen, u.a. 1955 den Georg-Büchner-Preis, 1968 den Ehrendoktortitel der Universität Frankfurt a. M. und 1970 den Hebel-Preis.
Lit.: Schweikert, U. (Hg.), M. L. K. Materialien, Frankfurt a. M. 1984
Gersdorff, D. v., M. L. K. Eine Biographie, Frankfurt a. M. 1992

Katharina II.
(eigtl. Sophie Friederike Auguste)
Zarin
2.5.1729 (Stettin – heute Szczecin/Polen) –
17.11.1796 (Zarskoje Selo b. St. Petersburg/ Russland)
Die Tochter des Fürsten Christian August

von Anhalt-Zerbst wurde 1745 mit dem geistig behinderten späteren Zaren Peter III., dem Neffen der kinderlosen regierenden Zarin Elisabeth, verheiratet. Nach ihrem für die Eheschließung notwendigen Übertritt zum orthodoxen Glauben erhielt sie den Namen »Jekaterina Alexejewna«. Die Ehe war von Beginn an unglücklich, der 1754 geborene Sohn Paul wahrscheinlich nicht der Sohn Peters. K. bildete sich im Selbststudium weiter, las die französischen Aufklärer C. de Montesquieu und Voltaire sowie staatstheoretische und politische Literatur und plante die Machtübernahme. In diesen Jahren verfasste sie ihre »Autobiographischen Aufzeichnungen«, in denen sie u.a. ihre eigene Emanzipation schilderte und ihren Mann als unwürdigen Herrscher beschrieb. 1762, kurz nach dem Tod der Zarin Elisabeth und der Thronbesteigung Peters, unterstützte K. einen Offiziersputsch, der zur Ermordung ihres Mannes führte, und ließ sich selbst zur Zarin proklamieren. Die von ihr im Sinne des aufgeklärten Absolutismus angestrebten inneren Reformen blieben vielfach in Ansätzen stecken: Ihre Herrschaft stützte sich auf den Adel, den sie zwar in die Verwaltung einband, dem sie aber auch weitreichende neue Privilegien zugestand. Die Leibeigenschaft der Bauern erreichte unter K. einen neuen Höhepunkt. 1773 führten

die Unzufriedenheit der Bauern und der Freiheitsdrang der Kosaken zu einem blutigen Aufstand, der erst nach zwei Jahren niedergeschlagen werden konnte. Nur im Kultur- und Bildungsbereich konnte K. Ziele der Aufklärung verwirklichen: Nach österreichischem Vorbild errichtete sie höhere Schulen in den Gouvernementsstädten und gründete das »Smolnyi-Institut für adlige Mädchen«. Sie förderte die Buchproduktion, unterstützte die Übersetzung fremdsprachiger Literatur und duldete das Erscheinen satirischer Schriften. Den Petersburger Hof machte K. zu einem kulturellen Zentrum Europas. Im Ausland erhielt sie viel Beifall für die »Große Instruktion«, ein aus 665 Paragrafen bestehendes Grundsatzpapier, das, vor allem gestützt auf Montesquieu, die Ziele ihrer Regierung vor dem Hintergrund der russischen Verhältnisse erörterte und als Leitfaden für ein neues, aufgeklärtes Gesetzeswerk dienen sollte. Praktisch umgesetzt wurde die »Große Instruktion« allerdings nie. Unbestritten sind dagegen die außenpolitischen Erfolge K.s, durch die Russland endgültig zu einer europäischen Großmacht wurde: In zwei Kriegen gegen das Osmanische Reich gewann sie u.a. die Halbinsel Krim und damit den Zugang zum Schwarzen Meer, und mit den drei polnischen Teilungen (1772, 1793, 1795) wurde die russische Grenze weit nach Westen verschoben. Der Allianzvertrag mit Preußen 1764 wurde zur Grundlage des »Nordischen Systems«, eines Bündnisses, dem auch England und Dänemark angehörten und das die Vorherrschaft im Ostseeraum sichern sollte. K.s amouröses Leben ist zentrales Thema vieler Biografien. Doch obwohl sie zahlreiche Liebhaber hatte, u.a. ihren Minister G. Potemkin sowie S. Poniatowski, den sie zum König von Polen wählen ließ, und aus diesen Beziehungen kein Geheimnis machte, ließ sie sich durch ihre privaten Affären nicht in ihren Staatsgeschäften beirren. Ihr politisches Geschick, ihr Wille zur Macht und ihre Durchsetzungsfähigkeit brachten K. als erster Herrscherin den Beinamen »die Große« ein.

Lit.: Neumann-Hoditz, R., K. die Große in Selbstzeugnissen und Bilddokumenten, Reinbek 1988

Scharf, C., K. II., Deutschland und die Deutschen, Mainz 1995

Donnert, E., K. II. Die Große (1729–1796), Regensburg 1998

Katharina von Gebweiler
Mystikerin
um 1250 – um 1330 (Colmar/Frankreich)
K. kam um 1260 in das Dominikarinnenkloster Unterlinden in Colmar und lebte dort bis ins hohe Alter. Um 1310–20 verfasste sie das »Unterlindener Schwesternbuch«, in dem sie die Lebensgeschichten und mystischen Erfahrungen der ersten Schwestern des 1232 gegründeten Klosters beschrieb. Diese Viten-Sammlung ist ein wichtiger Beitrag zur Geschichte der Dominikarinnen und zum Verständnis der Mystikerinnen.

Kauffmann, (Maria Anna) Angelica Catharina
Malerin
30.10.1741 (Chur) – 5.11.1807 (Rom)
Die sowohl künstlerisch als auch musikalisch begabte K. galt als Wunderkind. Schon früh wurde sie von ihrem Vater, dem Maler Joseph Johann K., unterrichtet und half ihm bei seiner Arbeit, dem Ausmalen von Kirchen. Bereits 1753 erregten ihre Portraits Aufsehen. Während ihres ersten Italienaufenthaltes 1754–61 schulte sie sich, indem sie in den Galerien die Werke großer Meister kopierte. 1762 wurde

sie Ehrenmitglied der Akademie in Florenz, 1765 der Accademia di S. Luca in Rom, kurze Zeit später auch der Akademie in Bologna. 1766–81 unterhielt K. in London ein eigenes Atelier und gehörte 1781 zu den Gründungsmitgliedern der Royal Academy. Während dieser Zeit hatte sie ihre größten künstlerischen Erfolge. Zahlreiche Aufträge vom königlichen Hof und vom Adel machten sie zu einer reichen Frau. Ihre 1767 geschlossene, unglückliche Ehe mit einem Hochstapler wurde nach einem Jahr geschieden. 1781 heiratete sie den Maler A. Zucchi, der sie als eine Art Manager betreute und mit ihr im selben Jahr über Flandern, Innsbruck und Verona nach Venedig zog. 1782 ließ sich das Paar in Rom nieder. Dort lebte K. – unterbrochen durch kurze Aufenthalte in Schwarzenberg/Schweiz und Neapel – bis zu ihrem Tod. Ihr Stil repräsentiert den Übergang vom späten Rokoko zum Klassizismus. Bekannt wurde sie vor allem durch ihre Portraits von berühmten Persönlichkeiten, darunter von J. J. Winckelmann, J. G. Herder und J. W. v. Goethe, mit denen sie auch befreundet war. Sie malte jedoch auch zahlreiche Historienbilder sowie Szenen aus dem Alten Testament, häufig mit weiblichen Hauptpersonen. K. war die mit Abstand erfolgreichste Malerin ihrer Zeit und als Künstlerin eine Ausnahmeerscheinung.
Lit.: Obermeier, S., Die Muse von Rom. A. K. und ihre Zeit, Frankfurt a. M. 1987
Baumgärtel, B. (Hg.), A. K. Bedingungen weiblicher Kreativität in der Malerei des 18. Jhs., Berlin-Weinheim-Basel 1990

Kaulla, Chaile
Unternehmerin
1739 (Buchau, Federsee) – 18.3.1809 (Hechingen)
K. war die Tochter eines jüdischen Gemeindevorstehers, der als so genannter »Hoffaktor« Hoflieferant der Fürsten von Hohenzollern war. Nach einer sorgfältigen Ausbildung durch Privatlehrer übernahm sie als junge Frau das Handelsgeschäft der Familie mit Juwelen und Pferden. 1768 erhielt sie die Position einer »Hoffaktorin« des Hauses Fürstenberg in Donaueschingen, die sie bis 1783 inne hatte. 1769 bekam sie einen fürstlichen Geleitpass und 1777 das Recht auf Zollfreiheit für alle Waren, die sie an den Hof lieferte. In den 1780er Jahren begann sie, Waren- und auch Geldgeschäfte mit den Hohenzollern in Hechingen zu betreiben. 1790 erhielt sie ihren ersten großen Auftrag als Heereslieferantin für die kaiserliche Armee der Habsburger. Ihre Handelsfirma »Mme. Kaulla und Cie.«, in der ihr Bruder Jakob Teilhaber und stellvertretender Leiter war, versorgte die Truppen in den folgenden Jahren vor allem mit großen Mengen Mehl und Getreide. 1807 wurde K. dafür von Kaiser Franz I. die Große Goldene Ehrenkette mit Medaille verliehen. 1802 beteiligte sie sich an der Gründung der Hofbank in Stuttgart, indem sie die Hälfte des Gründungskapitals zur Verfügung stellte, und wurde »Kgl. Württembergische Hofbanquière«. Bis 1915 leiteten Mitglieder der Familie Kaulla die Bank. 1806 verlieh König Friedrich von Württemberg der Jüdin K. sowie fünf ihrer Verwandten und allen ihren Nachkommen das württembergische Bürgerrecht. Verheiratet war K. seit 1757 mit dem Gelehrten K. Auerbach, mit dem sie sechs Kinder hatte.

Lit.: Wunder, H., Er ist die Sonn', sie ist der Mond, München 1992

Kaus, Gina (Ps. Andreas Eckbrecht)
Schriftstellerin
21.11.1894 (Wien) – 23.12.1985 (Los Angeles)
Nach dem Tod ihrer Eltern und ihres ersten Mannes wurde K. von dem Bankier J. Kranz adoptiert. 1915 lernte sie in den literarischen Kreisen Wiens zahlreiche Schriftsteller kennen, u.a. F. Werfel, R. Musil und F. Blei. Letzterer ermutigte sie, ebenfalls zu schreiben. 1919 wurde ihr erstes Stück »Diebe im Haus« am Wiener Burgtheater uraufgeführt. Es folgten Erzählungen und Kurzgeschichten, die u.a. in der »Vossischen Zeitung«, der »B. Z. am Mittag« und der »Arbeiter-Zeitung« veröffentlicht wurden. 1921 wurde K. der Fontane-Preis, 1927 der Goethe-Preis der Stadt Bremen verliehen. Internationalen Erfolg hatte sie u.a. mit dem Roman »Die Überfahrt« (1932), der in den USA verfilmt wurde. 1938 emigrierte sie über die Schweiz und Frankreich in die USA. Seit 1940 lebte sie vorwiegend in Los Angeles, war als Drehbuchautorin, Übersetzerin und freie Schriftstellerin tätig und mit zahlreichen Emigranten, darunter der Autor B. Brecht, der Regisseur F. Kortner und V.→Baum, befreundet. 1979 erschien ihre Autobiografie »Und was für ein Leben«. K. war dreimal verheiratet, aus ihrer zweiten Ehe (1920–26) mit dem Schriftsteller Otto K. hatte sie zwei Söhne.
Lit.: Mulot, S. (Hg.), G. K. Von Wien nach Hollywood. Erinnerungen, Frankfurt a. M. 1990

Kautsky, Minna (eigtl. Wilhelmine), geb. Jaich (Ps. Eckert)
Schriftstellerin
11.6.1837 (Graz) – 20.12.1912 (Berlin)
Schon als 14-Jährige trat K. an Laienbühnen auf. Ab 1854 spielte sie u.a. an den Theatern von Olmütz und Prag. Wegen eines Lungenleidens musste sie 1862 ihre Schauspielkarriere aufgeben und lebte ab 1863 mit ihrem Mann Johann K., der wie ihr Vater Bühnenmaler war, in Wien. 1870 begann sie, Aufsätze über Literatur in Zeitungen zu veröffentlichen, ab 1876 schrieb sie auch Novellen. Beeinflusst durch ihren Sohn, den späteren sozialistischen Politiker und Theoretiker Karl K., wurde sie zu einer überzeugten Sozialdemokratin und schrieb vor allem für die sozialistischen Zeitungen »Die Neue Welt« und »Die Neue Zeit«. Auch ihre Romane, z.B. »Stefan vom Grillenhof« (1881), in dem sie sich mit dem preußisch-österreichischen Krieg von 1866 auseinandersetzte, erschienen zunächst in diesen Zeitungen. Als eine der ersten Schriftstellerinnen machte K. die Arbeiterfrage und die sozialistische Weltanschauung (»Herrschen oder Dienen«, 1882, »Die Alten und die Neuen«, 1885) sowie die Frauenfrage (»Viktoria«, 1889) zu Romanthemen. 1904 siedelte sie – ihr Mann war 1896 gestorben – zu ihrem Sohn nach Berlin über.

Keller, Greta
Sängerin
8.2.1903 (Wien) – 5.11.1977 (ebd.)
Die ausgebildete Tänzerin debütierte 1916 am Wiener Volkstheater. Ihren ersten großen Erfolg als Sängerin feierte sie in den 20er Jahren in Berlin in der Show »Broadway«, als sie mit M.→Dietrich und P. Lorre auftrat. K. war eine der ersten Sängerinnen von Unterhaltungsmusik, die

Schallplattenaufnahmen machte. Sie nahm ca. 800 Lieder und Chansons auf, von denen über 50 Millionen Schallplatten verkauft wurden. Nach der Regierungsübernahme durch die Nationalsozialisten emigrierte K. in die USA, wo sie in den Jahren zuvor bereits häufig aufgetreten war. Sie nahm die amerikanische Staatsbürgerschaft an und machte eine glänzende Karriere als »Entertainerin«.

Kelly, Petra, geb. Lehmann
Politikerin
29.11.1947 (Günzburg) – 1.10.1992 (Bonn)
Ihre Kindheit und Jugend verbrachte K. in den USA bei ihrem Stiefvater, einem

amerikanischen Offizier, der sie adoptierte. Sie studierte Politische Wissenschaften an der School for International Service in Washington und sammelte erste praktische politische Erfahrungen als Wahlkampfhelferin für die Demokratische Partei. Nach zwei Studienjahren an der Universität Amsterdam arbeitete sie 1971–82 im Verwaltungsdienst der EG in Brüssel. Bis 1979 war K., die sich in der Umweltschutz-, Friedens- und Frauenbewegung engagierte, Mitglied der Sozialdemokratischen Partei Deutschlands. 1980 beteiligte sie sich an der Gründung der Partei »Die Grünen«, der sie 1980–82 vorstand. 1983–90 war sie für »Die Grünen« Abgeordnete des Bundestages, 1982 erhielt sie den Alternativen Nobelpreis. Sie veröffentlichte u.a. »Laßt uns die Kraniche suchen. Hiroshima: Analysen, Berichte, Ge-

danken« (1983). Ihr Lebensgefährte, der ehemalige Bundeswehrgeneral G. Bastian, erschoss sie im Schlaf, bevor er sich selbst tötete.
Lit.: Beckmann, L., Kopelew, L. (Hgg.), Gedenken heißt Erinnern. P. K. und Gert Bastian, Göttingen 1993
Schwarzer, A., Eine tödliche Liebe. P. K. und Gert Bastian, Köln 1993

Kempin-Spyri, Emily, geb. Spyri
Juristin
18.3.1853 (Altstätten, Kt. St. Gallen) –
12.4.1901 (Basel)
Nachdem die Pfarrerstochter und Nichte der Schriftstellerin J.→Spyri die Matura-Prüfung nachgeholt hatte, immatrikulierte sie sich 1884 als erste Frau an der Rechtswissenschaftlichen Fakultät der Universität Zürich. Damals war sie bereits mit dem Pfarrer W. Kempin verheiratet und hatte drei Kinder. 1887 wurde K.-S. mit der Dissertation »Die Haftung des Verkäufers einer fremden Sache« promoviert. Da sie als Frau nach Schweizer Recht kein »Aktivbürger« war, wurde ihr das Anwaltspatent trotz ihrer Beschwerde vor dem Bundesgericht verweigert. Auch ihr Antrag, sich zu habilitieren und als Privatdozentin die Lehrerlaubnis zu erhalten, wurde von der Züricher Universität abgelehnt. Daraufhin zog sie 1888 mit ihrer Familie in die USA und gründete 1890 in New York das »First Women Law College«. Erst ab 1892, nach einem erneuten Antrag, durfte K.-S. als erste Dozentin für Jurisprudenz an der Universität Zürich Vorlesungen halten. Seit 1896 lehrte sie auch in Berlin an der Lessing-Hochschule und knüpfte enge Kontakte zur deutschen Frauenbewegung. 1897 wurde sie nach einer Erkrankung für unmündig erklärt und starb einige Jahre

später in einer psychiatrischen Klinik. Zu ihren Veröffentlichungen zählt »Die Ehefrau im künftigen Privatrecht der Schweiz« (1894).
Lit.: Delfosse, M., E. K.-S. (1853–1901). Das Wirken der ersten Schweizer Juristin, Zürich 1994
Hasler, E., Die Wachsflügelfrau. E. K.-S., München 1995

Kempner, Friederike
Schriftstellerin
25.6.1836 (Opatów b. Posen – heute Poznań/Polen) – 23.2.1904 (Gut Friederikenhof, Kreis Namslau – heute Namyslow/Polen)
Die jüdische Gutsbesitzerstochter wurde von ihrer Mutter und von Hauslehrern unterrichtet. Seit 1860 veröffentlichte sie Novellen und Dramen, in denen sie sich mit politischen Fragen auseinander setzte, soziales Elend und Antisemitismus anprangerte und mehr Freiheit und Toleranz forderte. 1873 gab K. auf eigene Kosten Gedichte heraus, die – voll von unfreiwilliger Komik – ihr die Spottnamen »Schlesische Nachtigall« und »Schlesischer Schwan« einbrachten. Obwohl ihre Familie die Bücher aus Scham heimlich aufkaufte und vernichtete, erlangte K. Berühmtheit, und bis 1903 wurde der Gedichtband achtmal neu aufgelegt. Außerdem schrieb K. politische Denkschriften, z.B. »Das Büchlein von der Menschheit« (1885), in denen sie bessere Bildungsmöglichkeiten, soziale Leistungen und eine Garantie der Arbeitsplätze durch den Staat sowie die Abschaffung der Todesstrafe und der Einzelhaft forderte. Aus Angst, lebendig begraben zu werden, verfasste sie die »Denkschrift über die Notwendigkeit einer gesetzlichen Einführung von Leichenhäusern« (1854) und erreichte damit, dass 1871 in Preußen eine Frist von

fünf bis sieben Tagen zwischen dem Eintritt des Todes und der Bestattung zulässig wurde.
Lit.: Mosler, G. H., F. K., Der schlesische Schwan. Das Genie der unfreiwilligen Komik, München (6)1974

Kerkovius, Ida
Malerin
31.8.1879 (Riga) – 7.6.1970 (Stuttgart)
1903, nach dem Besuch einer privaten Malschule in Riga und Studienreisen nach Venedig, Florenz und Rom, begann K. ein Studium bei A. Hölzel in Dachau. Fünf Monate später musste sie wegen eines Konflikts mit ihrer Familie nach Riga zurückkehren und nahm erst 1908 ihr Studium bei Hölzel, diesmal an der Kunstakademie in Stuttgart, wieder auf. Ab 1911 war sie freischaffend tätig und zudem bis 1920 Assistentin Hölzels, mit dem sie eine jahrzehntelange Arbeitsgemeinschaft verband. Anschließend arbeitete sie bis 1923 am Bauhaus in Dessau, wo sie die Weberei erlernte und sich unter dem Einfluss von P. Klee und W. Kandinsky der abstrakten Malerei zuwandte. Ihre Werke wurden jedoch nie ganz abstrakt, sondern sind zwischen Abstraktion und figurativem Expressionismus anzusiedeln. 1930 hatte K. in Stuttgart ihre erste Einzelausstellung. 1933 erteilten ihr die Nationalsozialisten Mal- und Ausstellungsverbot, weil ihre Kunst als »entartet« galt. Ausgedehnte Studienreisen führten sie 1934–39 nach Frankreich, Belgien, Norwegen, Bulgarien und Italien. Durch einen Bombenangriff wurde 1944 ihr Stuttgarter Atelier mit fast allen ihren Arbeiten zerstört. K., die neben G.→Münter und P.→Modersohn-Becker eine der bedeutendsten deutschen Künstlerinnen des 20. Jhs. ist, erhielt nach dem

Krieg zahlreiche Auszeichnungen, darunter den Baden-Württembergischen Staatspreis (1954), den Professorentitel der Stuttgarter Akademie (1958) und die Ehrenmitgliedschaft der Staatlichen Akademie der Künste in Stuttgart (1962).
Lit.: Leonhard, K., I. K. Leben und Werk, Köln 1967

Kerssenbrock, Gisela von
Kalligrafin
um 1250 – 1300
Die Zisterziensernonne lebte als Buchmalerin und Kalligrafin im Kloster Rulle in Westfalen. Sie schuf den sogenannten »Codex Gisle«, eine reich verzierte Handschrift mit 72 Miniaturen. Auf dem Blatt mit der Initiale P hat sie ein Selbstportrait mit der Unterschrift »Gisle« sowie die Bildnisse fünf anderer Schwestern eingefügt. Diese Darstellungen gehören zu den frühesten Frauenbildnissen der abendländischen Kunst.

Kettler, Hedwig Johanna, geb. Reder (Ps. Gotthard Kurland)
Frauenrechtlerin
19.9.1851 (Harburg – heute zu Hamburg) – 5.1.1937 (Berlin)
K. besuchte eine höhere Töchterschule, wurde danach aber als Frau nicht zum Studium zugelassen. Sie machte es sich zur Lebensaufgabe, für freie Bildungsmöglichkeiten für Mädchen zu kämpfen. 1881 gründete sie die Zeitschrift »Frauenberuf. Monatszeitschrift für die Interessen der Frauenfrage« und 1887 die Zeitschrift »Bibliothek der Frauenfrage«, in denen nur ihre eigenen Beiträge veröffentlicht wurden. Sie forderte darin die Schaffung von Mädchengymnasien sowie die Zulassung von Mädchen zu Abitur und Studium.

Außerdem gründete sie 1888 in Weimar den »Deutschen Frauenverein Reform«, der sich für das Frauenstudium und die behördliche Zulassung von Frauen in wissenschaftlichen Berufen einsetzte. 1893 richtete der von K. geleitete »Verein Frauenbildungsreform« in Karlsruhe das erste Mädchengymnasium ein. Weitere Gymnasien für Mädchen entstanden 1900 in Berlin, Köln, Breslau, Hannover, Leipzig und Bremen. Die Kosten für diese Schulen trug zum größten Teil der Verein. K. veröffentlichte u.a. die Schriften »Was wird aus unseren Töchtern?« (1889) und »Was ist Frauenemanzipation?« (1890). Seit 1880 war sie mit dem Journalisten Julius K. verheiratet.
Lit.: Weiland, D., Geschichte der Frauenemanzipation in Deutschland und Österreich, Düsseldorf 1983

Keun, Irmgard
Schriftstellerin
6.2.1905 (Berlin) – 5.5.1982 (Köln)
Als 16-Jährige verließ K. die Schule und arbeitete als Kontoristin im Büro ihres Vaters, der eine Benzinraffinerie in Köln leitete. Zwei Jahre später besuchte sie die

Kölner Schauspielschule und erhielt 1927 ein Engagement am Hamburger Thalia-Theater. Danach spielte sie am Theater in Greifswald und kehrte – als ihr Vertrag nicht verlängert wurde – nach Köln zurück. 1931 erschien ihr erster Roman »Gilgi, eine von uns«, der bereits im ersten Jahr eine Auflage von 30.000 erreichte, als Fortsetzungsroman in der Zeitschrift »Vorwärts« abgedruckt und später verfilmt wurde. Auch ihr zweiter Roman »Das kunstseidene Mädchen« (1932) wurde mehrfach neu aufgelegt und in zahlreiche Sprachen übersetzt. Beide Romane beschreiben den neuen unabhängigen Frauentyp der 20er Jahre. Nach der Regierungsübernahme durch die Nationalsozialisten wurden K.s Bücher auf die »schwarze Liste« gesetzt und durften nicht mehr vertrieben werden. 1936 emigrierte sie nach Belgien. In Amsterdam erschienen vier weitere Romane, u.a. »Das Mädchen, mit dem die Kinder nicht verkehren durften« (1936). K., die 1932–37 mit dem Schriftsteller J. Tralow verheiratet war, hatte im Exil eine Liebesbeziehung zu dem Schriftsteller J. Roth, mit dem sie zahlreiche Reisen unternahm. 1940 kehrte sie unter falschem Namen nach Deutschland zurück, begann jedoch erst nach Kriegsende wieder zu schreiben. 1951 wurde ihre Tochter geboren. Bereits in den 30er Jahren hatte K. Alkoholprobleme, die in der Nachkriegszeit zunahmen. Die Jahre 1966–72 verbrachte sie in einem Krankenhaus. Ende der 70er Jahre wurde die Autorin wieder entdeckt, und ihre Bücher wurden z.T. neu aufgelegt. Kurz vor ihrem Tod erhielt sie den Marieluise-Fleißer-Preis.

Lit.: Kreis, G., Was man glaubt, gibt es. Das Leben der I. K., München 1991

Beutel, H., Hagin, A. B., I. K., Köln 1995

Kinkel, Johanna, geb. Mockel
Musikerin, Schriftstellerin
8.7.1810 (Bonn) – 15.11.1858 (London)
Nach der Scheidung von ihrem ersten Mann, dem Kaufmann J. A. Mathieux, den sie bereits kurz nach der Hochzeit verlassen hatte, zog K. nach Berlin und ließ sich zur Pianistin, Dirigentin und Komponistin ausbilden. Sie gab Musikstunden und unterrichtete u.a. die Kinder B. v.→Arnims. 1840 gründete sie mit dem Schriftsteller und Politiker Gottfried K., den sie 1843 heiratete, in Bonn den literarischen Verein »Maikäferbund«. Als ihr Mann, mit dem sie vier Kinder hatte, wegen Beteiligung am badisch-pfälzischen Aufstand 1848 zu lebenslanger Haft verurteilt wurde, leitete K. für ihn die »Neue Bonner Zeitung«. Nach seiner Flucht aus dem Spandauer Gefängnis 1850 folgte sie ihm nach London ins Exil und verdiente den Lebensunterhalt für die Familie durch Klavier- und Gesangsunterricht. K. komponierte u.a. die Operette »Otto der Schütz« sowie die »Vogelkantate« und zahlreiche andere Lieder. Ihr zweibändiger Roman »Hans Ibeles in London. Ein Familienbild aus dem Flüchtlingsleben« erschien erst zwei Jahre nach ihrem tragischen Tod durch einen Sturz aus dem Fenster. Ob sie selbst ihrem Leben ein Ende setzte, ist unklar.

Lit.: Schmidt, K., Gerechtigkeit – das Brot des Volkes. J. und Gottfried K., eine Biographie, 1996

Kippenberg, Katharina, geb. v. Dühring (Pse. K. Berg, Karl Moorburg)
Verlegerin
1.6.1876 (Hamburg) – 7.6.1947 (Frankfurt a. M.)
K. arbeitete nach dem Studium in Leipzig als Prokuristin im Insel-Verlag, den ihr Mann Anton K. leitete. Auf ihre Initiative wurde das literarische Programm des Verlags ausgeweitet, u.a. mit der Aufnahme der Autoren A. Huxley, T. E. Lawrence und V. Woolf. Besonders bemühte sich K. um die Herausgabe des Werks von R. M. Rilke, den sie hoch schätzte. Selbst verfaßte sie

u. a. eine Rilke-Biografie (1935) und die Studie »Duineser Elegien und Sonette an Orpheus« (1946). Außerdem war sie als Übersetzerin tätig und gab 1937 die Sammlung »Deutsche Gedichte« heraus.
Lit.: Hildebrandt, I., Provokationen zum Tee. Achtzehn Leipziger Frauenporträts, München 1998

Kirchner, Johanna, geb. Stunz
Widerstandskämpferin
24.4.1889 (Frankfurt a. M.) – 9.6.1944 (Berlin)

Mit knapp 18 Jahren trat die Bürogehilfin K., die aus einer Familie überzeugter Sozialdemokraten stammte, der neu gegründe-

ten Frankfurter Arbeiterjugend bei und ein Jahr später der SPD. 1913, kurz nach der Geburt ihrer ersten Tochter, heiratete sie den ehemaligen Schlosser und sozialdemokratischen Journalisten Karl K., mit dem sie im Jahr darauf eine zweite Tochter bekam. Gemeinsam war das Ehepaar als Berichterstatter auf Partei- und Gewerkschaftskongressen tätig, und 1919–20 war K. Mitglied des Frankfurter SPD-Vorstandes. Seit 1920 beteiligte sie sich am Aufbau der »Arbeiterwohlfahrt« in Frankfurt und initiierte 1923 die »Ruhrkinder-Aktion«, die Kindern arbeitsloser Ruhrgebietsfamilien Ferienaufenthalte bei Frankfurter Familien vermittelte. 1925 ließ sich K. von ihrem Mann scheiden und heiratete den Volksschullehrer und SPD-Kommunalpolitiker P. Schmidt, von dem sie sich nach einem Jahr wieder trennte. Ihren Lebensunterhalt verdiente sie ab 1926 als

hauptamtliche Sekretärin im Frankfurter SPD-Büro, darüber hinaus trat sie auch als Rednerin bei Parteiversammlungen auf. Nach der Regierungsübernahme durch die Nationalsozialisten emigrierte K. 1933 ins Saargebiet, unterstützte Emigranten und floh 1935, nach der Übernahme des Saargebiets durch das NS-Regime, nach Frankreich. In Forbach an der deutsch-französischen Grenze richtete sie eine Beratungsstelle für Saarflüchtlinge ein. Als Mitgründerin des »Hilfskomitees für verfolgte Antifaschisten« sandte sie Ende 1935 eine Denkschrift an den Völkerbund, um so genannte »Nansen-Pässe«, die als Reisedokumentenersatz für Staatenlose dienten, für die Saarflüchtlinge zu bekommen. 1937 wurde K. offiziell von den deutschen Behörden »ausgebürgert«. 1940 im französischen Lager Gurs interniert, gelang ihr mit Hilfe des Lagerkommandanten, der ihre Flüchtlingsarbeit kannte, die Flucht. 1942 wurde sie erneut verhaftet und von der Vichy-Regierung an die Gestapo ausgeliefert. Der Volksgerichtshof verurteilte K. im Mai 1943 zu zehn Jahren Haft. In einer Wiederaufnahme des Verfahrens auf Betreiben des Volksgerichtshofsvorsitzenden R. Freisler, der K. vorwarf, »jahrelang unter Emigranten und in unserem Reich hochverräterisch gewühlt« zu haben, wurde das Urteil am 21. April 1944 in die Todesstrafe umgewandelt. K. wurde im Gefängnis Berlin-Plötzensee hingerichtet.
Lit.: Oppenheimer, M., Das kämpferische Leben der J. K., Frankfurt a. M. 1974
Dertinger, A., Trott, J. v., … und lebe immer in Eurer Erinnerung. J. K., eine Frau im Widerstand, Bonn 1985

Klein, Melanie, geb. Reizes
Psychoanalytikerin
30.3.1882 (Wien) – 22.9.1960 (London)
1899 begann K. in Wien mit dem Studium
der Kunstgeschichte, das sie jedoch nicht
abschloss. 1903 heiratete sie Arthur K., mit
dem sie drei Kinder hatte. Bei dem Psycho-
analytiker S. Ferenczi in Budapest unterzog sie sich einer Therapie und begann auf
seine Anregung, sich mit Psychoanalyse zu
beschäftigen. Sie spezialisierte sich auf
frühkindliche Persönlichkeitsentwicklung,
analysierte ihre eigenen Kinder und entwickelte eine Spieltherapie. 1921 zog sie
nach Berlin, setzte nach der Trennung von
ihrem Mann die Ausbildung bei K. Abraham fort und wurde in die »Psychoanalytische Gesellschaft« aufgenommen. 1926
übersiedelte K. nach London, wurde Mitglied der »Britischen Psychoanalytischen
Gesellschaft« und gründete die Tavistock-
Klinik. Neben A.→Freud gilt K. als hervorragende Vertreterin der Kinderpsychoanalyse.
Lit.: Stephan, I., Die Gründerinnen der Psychoanalyse, Stuttgart 1992

Klose, Margarete (eigtl. Frida)
Sängerin
6.8.1902 (Berlin) – 14.12.1968 (ebd.)
Nach der Schulzeit besuchte K. das Klind-
worth-Scherwenka-Konservatorium in
Berlin und debütierte 1923 in Berlin als
Konzert-, 1924 in Ulm als Opernsängerin.
1928 erhielt sie ein Engagement in Mannheim, 1931–61 gehörte sie in Berlin dem
Ensemble der Deutschen Staatsoper an und
sang 1949–55 auch an der Städtischen
Oper. Die Altistin, die alle Mezzosopran-
und Altpartien der Oper beherrschte, beeindruckte mit ihrer schauspielerischen
Ausdruckskraft und feierte an allen großen

Opernhäusern der Welt Erfolge. Sie war
zudem eine gefragte Kammersängerin und
gab Lieder- und Oratorien-Konzerte.
1936–42 trat sie bei den Bayreuther Festspielen auf und 1955 bei den Salzburger
Festspielen in der Uraufführung der »Iri-
schen Legende« von W. Egk. Nach dem
Ende ihrer Bühnenlaufbahn unterrichtete
K. ab 1964 als Professorin am Mozarteum
in Salzburg. Verheiratet war sie mit dem
Gesangspädagogen W. Bültemann.

Knobelsdorff, Elisabeth von
Architektin
7.6.1877 (Potsdam) – 29.4.1959 (Bassum)
1906 begann K. mit dem Studium der
Kunstgeschichte in München, wechselte
aber schon 1907 als Gasthörerin für Architektur an die Königlich Technische Hochschule in Berlin. Mit einer Sondergenehmigung durfte sie sich 1908 als erste ordentliche Architekturstudentin für das Fach
Hochbau einschreiben und bestand 1911
die Diplomprüfung. Während des Ersten
Weltkriegs arbeitete sie als Bauleiterin für
Unterkünfte und Lazarette und entwarf die
so genannte »Knobelsdorff-Baracke«. Nach
Kriegsende wurde K. in Potsdam als erste
Frau in Deutschland Regierungsbaumeiste-
rin. Seit ihrer Heirat 1922 war sie als freie
Architektin tätig und lebte 1927–38 mit
ihrem Mann in Boston.

Königsmarck, (Marie) Aurora Gräfin von
28.4. od. 8.5.1662 (Schloss Agathenburg
b. Stade) – 16.2.1728 (Quedlinburg)
Aus einer schwedisch-deutschen Adelsfamilie stammend, verlebte K. ihre Jugend in
Hamburg und Stockholm. Nach dem rät-
selhaften Verschwinden ihres Bruders Philipp Christoph 1694, der wahrscheinlich
ermordet wurde, weil er ein Liebesverhält-

nis mit →Sophie Dorothea, der Frau Georg Ludwigs von Hannover, hatte, bat sie August den Starken, Kurfürst von Sachsen, um Hilfe bei der Suche nach ihrem Bruder. August verliebte sich in K., und für zwei Jahre wurde sie seine Mätresse. Ihr gemeinsamer Sohn war der spätere Feldherr Moritz von Sachsen. Als August die Beziehung 1698 beendete, ernannte er K. zur Koadjutorin des Stiftes Quedlinburg. 1700 wurde sie Pröbstin, und 1703–18 war sie stellvertretende Leiterin des Stiftes, obwohl sie sich nur selten in Quedlinburg aufhielt. K. verfasste geistliche und weltliche Gedichte sowie das Libretto zu W. Francks Oper »Die drey Töchter Cecrops«.

Lit.: Delau, R., M. A. v. K. Mätresse und Diplomatin Augusts des Starken, Taucha 1997

Körber, Hilde
Schauspielerin
3.7.1906 (Wien) – 31.5.1969 (Berlin)
Ihre Ausbildung erhielt K. an der Wiener

Akademie für Darstellende Kunst und Musik. 1922 debütierte sie in Oldenburg und trat seit 1924 an fast allen Berliner Theatern auf. 1928/29 gehörte sie zum Ensemble des Münchner Schauspielhauses und brillierte als Lulu. Zu ihren erfolgreichsten Bühnenrollen zählten Lady Macbeth sowie Agnes Bernauer in C. F. Hebbels gleichnamigem Stück. In den 30er und 40er Jahren erhielt sie auch Filmrollen, u.a. in »Kreutzersonate« und »Ohm Krüger«. 1951 wurde K. Leiterin der Berliner Max-Reinhardt-Schauspielschule, wo

sie 1965 eine Professur erhielt. 1969 zog sie sich von der Bühne zurück. Verheiratet war K. mit dem Regisseur V. Harlan. 1946 veröffentlichte sie den Gedichtband »Du meine Welt«.

Körber, Lilli (Ps. Agnes Muth)
Schriftstellerin
25.2.1897 (Moskau) – 11.10.1982 (New York)
Nach der Emigration aus Russland, wo die Tochter eines Österreichers und einer Polin aufgewachsen war, studierte sie ab 1917 in Wien und Frankfurt a. M. Literaturgeschichte. 1925 wurde sie promoviert und war bis 1938 vor allem in Wien als Schriftstellerin und Journalistin tätig. Mehrere Reisen führten sie nach Russland, China und Japan. Mit ihrem 1934 veröffentlichten Roman »Eine Jüdin erlebt das neue Deutschland«, einer Schilderung des deutschen Antisemitismus, erregte K. großes Aufsehen. 1938 emigrierte sie aus Wien über die Schweiz nach Paris und 1941 nach New York und arbeitete dort neben ihrer Haupttätigkeit als Krankenschwester weiterhin journalistisch.

Körner, Hermine, geb. Stader
Schauspielerin
30.5.1878 (Berlin) – 14.2.1960 (ebd.)
Am Wiesbadener Konservatorium absolvierte K. 1890–96 bei dem Komponisten

M. Reger ein Klavierstudium. Obwohl sie nicht als Schauspielerin ausgebildet war, bewarb sie sich nach ihrer Heirat mit dem Österreicher Franz Ferdinand K. 1898 er-

folgreich um ein erstes Engagement am
Wiener Burgtheater. Über das Stadttheater
in Wien und das Berliner Residenztheater
kam sie 1905 an L.→Dumonts Düsseldorfer Schauspielhaus. Dort brillierte sie u.a.
in der Titelrolle der »Minna von Barnhelm«
und in Schnitzler-Stücken. 1909–15 spielte
sie am Dresdner Hoftheater, anschließend
unter dem Regisseur M. Reinhardt am
Deutschen Theater in Berlin. Als Theaterleiterin wirkte sie 1919–25 am Münchner
Schauspielhaus und 1925–29 am Albert-
Theater in Dresden. Nach Gastspielreisen
mit einem eigenen Ensemble Anfang der
30er Jahre trat sie 1934–44 unter der Regie
von G. Gründgens am Berliner Staatstheater auf. Triumphe feierte sie als Elisabeth
in »Maria Stuart« und als Lady Macbeth.
Nach Kriegsende war K. als Schauspielerin
und Regisseurin am Stuttgarter Staatstheater (1945–49) und am Deutschen Schauspielhaus in Hamburg (1951–53) tätig. In
ihren letzten Lebensjahren wurde sie auf
Gastspielreisen vor allem in »Der Besuch
der alten Dame« und »Die Irre von Chaillot« begeistert gefeiert.

Köth, Erika
Sängerin
15.9.1925 (Darmstadt) – 20.2.1989 (Speyer)
Während des Zweiten Weltkriegs wurde K.,
die eine kaufmännische Lehre absolviert
hatte, zur Arbeit in einer Munitionsfabrik
verpflichtet. Nach Kriegsende studierte sie
an der Landesmusikschule in Darmstadt.
1948 debütierte sie in »Mignon« in Kaisers-
lautern, war dann in Karlsruhe und seit
1953 an der Staatsoper München engagiert. Von 1961 bis zu ihrem Abschied von
der Bühne 1978 gehörte sie zum Ensemble
der Deutschen Oper Berlin. Zu K.s Glanzrollen zählten die Titelpartie in »Lucia di

Lammermoor« und die Königin der Nacht
in »Die Zauberflöte«. Die hervorragende
Koloratursopranistin gab zahlreiche internationale Gastspiele, unternahm 1961 eine
erfolgreiche Tournee durch die Sowjetunion und sang bei den Festspielen in
Salzburg und Bayreuth. 1956 wurde sie in
Bayern und 1970 in Berlin zur Kammersängerin ernannt. Seit 1973 unterrichtete
sie an der Musikhochschule in Köln und
seit 1980 auch in Mannheim. Verheiratet
war K. mit dem Regisseur und Schauspieler
E. Dorn.
Lit.: Werner, G., E. K. Ihr Herz ist voll Musik,
Landau 1984

Kolb, Annette (eigtl. Anna Mathilde)
Schriftstellerin
3.2.1870 (München) – 3.12.1967 (ebd.)
Als Tochter einer französischen Konzertpianistin und eines deutschen Gartenbau-
architekten wuchs K. zweisprachig in einer
musischen Umgebung auf. 1899 veröffentlichte sie ihren ersten Prosaband »Kurze
Aufsätze«. 1913 erschien ihr Roman »Das
Exemplar«, der sie berühmt machte und für
den sie den Fontane-Preis erhielt. Die
überzeugte Pazifistin emigrierte während
des Ersten Weltkriegs in die Schweiz und
freundete sich dort mit dem elsässischen
Dichter R. Schickele an. 1919 kehrte sie
nach Deutschland zurück, lebte in Berlin
und München und schließlich für einige
Zeit in Badenweiler bei Schickele. Mit
zahlreichen Veröffentlichungen nahm sie
kritisch zu politischen und kulturellen Themen Stellung. 1933 emigrierte K. über die
Schweiz nach Paris und erhielt 1936 die
französische Staatsbürgerschaft. 1940 floh
sie vor den deutschen Besatzungstruppen
nach New York. Nach Kriegsende lebte sie
in Paris und München. Die überzeugte Eu-

ropäerin stand mit vielen berühmten Zeitgenossen in Kontakt, darunter die Schriftsteller H. v. Hofmannsthal, H. Hesse, K. Tucholsky und F. Werfel sowie der Friedensnobelpreisträger C. v. Ossietzky, und setzte sich besonders für die deutsch-französische Versöhnung ein. Sie erhielt zahlreiche Ehrungen, u.a. 1951 den Kunstpreis der Stadt München, 1955 den Goethe-Preis der Stadt Frankfurt a. M. und 1966 den Orden Pour le mérite für Wissenschaft und Künste. Zu K.s bekanntesten Veröffentlichungen zählen die teilweise autobiografischen Werke »Daphne Herbst« (1928), »Die Schaukel. Eine Jugend in München« (1934) und »Zeitbilder 1907–1964«. 80-jährig veröffentlichte sie ihre Erinnerungen unter dem Titel »Memento«.
Lit.: Lemp, R., A. K. Leben und Werk einer Europäerin, Mainz 1970
Bauschinger, S. (Hg.), Ich habe etwas zu erzählen. A. K. 1870–1967, München 1993

Kollwitz, Käthe, geb. Schmidt
Grafikerin, Bildhauerin
8.7.1867 (Königsberg – heute Kaliningrad/Russland) – 22.4.1945 (Moritzburg b. Dresden)
Schon früh wurde K. von ihren Eltern gefördert und erhielt ab dem 14. Lebensjahr Zeichenunterricht. Eine Ausbildung an der Akademie blieb ihr als Frau jedoch verwehrt. So ging sie als 18-Jährige für ein Jahr nach Berlin an die Künstlerinnenschule, ließ sich dann in Königsberg weiter als Zeichnerin ausbilden und besuchte 1888–89 die Künstlerinnenschule in München. Nach ihrer Heirat mit dem Arzt Karl K. 1891, mit dem sie zwei Söhne hatte, zog sie in das Berliner Arbeiterviertel Prenzlauer Berg. Die großen Stilströmungen der Zeit, der Im- und Expressionismus, hatten

keinen Einfluss auf K.s Kunst. Auf möglichst realistische Art wollte sie das Elend der Armen und Unterdrückten darstellen. Inspiriert durch die Uraufführung von G. Hauptmanns Drama »Die Weber« (1893), entstand 1894–98 die sechsteilige Bilderfolge »Ein Weberaufstand«. 1902–08 schuf K. ihr zweites großes Werk, den aus sieben Radierungen bestehenden »Bauernkrieg«.

In diesen Zyklen stehen leidgeprüfte Menschen – häufig Mütter und Kinder – im Mittelpunkt. 1898 wurde K. Mitglied der Berliner Künstlervereinigung »Secession«, 1916 deren einziges weibliches Jurymitglied. Für ein Jahr hielt sie sich 1904 in Paris auf und studierte an der Académie Julian Bildhauerei. 1907 erhielt sie den Villa-Romana-Preis, der ihr die Einrichtung eines eigenen Ateliers in Florenz ermöglichte. Nach ihrer Rückkehr nach Berlin zeichnete sie vor allem Plakate, Aufrufe und Flugblätter für humane und politische Zwecke und schuf zahlreiche Plastiken. Als ihr jüngerer Sohn zu Beginn des Ersten Weltkriegs fiel, setzte K. sich in ihren Werken zunehmend mit Krieg und Tod auseinander. Die Plastik der trauernden Eltern, die 1932 auf dem Soldatenfriedhof Roggevelde in Belgien, auf dem ihr Sohn begraben liegt, aufgestellt wurde, die Holzschnittfolge »Der Krieg« (1922/23) sowie die Plakate »Die Überlebenden« (1923) und »Nie wieder Krieg« (1924) sind bewegende Werke einer überzeugten Pazifistin. 1919 wurde K. als erste Frau Mitglied der Preußischen Akademie der Kün-

ste, außerdem erhielt sie den Professorentitel. Die Nationalsozialisten zwangen sie
1933 zum Austritt aus der Akademie und
verhängten 1936 ein indirektes Ausstellungsverbot, weil ihre Arbeiten als »entartet« galten. Als ihre Wohnung in Berlin
1943 von Bomben getroffen wurde, zog K.
nach Moritzburg.
Lit.: Bohnke-Kollwitz, J. (Hg.), K. K. Die Tagebücher, Berlin 1989
Kleberger, I., Eine Gabe ist eine Aufgabe. K. K.
– eine Biographie, Berlin 1990
Fischer, H. (Hg.), K. K. Meisterwerke der Zeichnung, Köln 1995

Kolman, Trude (eigtl. Gertrude Kohlmann)
Kabarettistin
15.9.1904 (Nürnberg) – 31.12.1969
(München)
Von T.→Durieux erhielt die ausgebildete
Buch- und Kunsthändlerin Schauspielunterricht. In den 20er Jahren trat sie bei
mehreren Berliner Kabaretts auf. 1931
eröffnete sie ihre eigene Bühne »Casa-
nova«. 1935 emigrierte K. nach Wien und
1939, nach dem so genannten Anschluss
Österreichs, nach London. Nach dem Ende
des Zweiten Weltkriegs kehrte sie nach
Deutschland zurück und gründete 1951 in
München das politische Kabarett »Die
kleine Freiheit«, für das auch der Schriftsteller E. Kästner Texte verfasste. In den
60er Jahren arbeitete K. für Boule-
vardtheater.

Kolmar, Gertrud Käthe (eigtl. Chodziesner)
Dichterin
10.12.1894 (Berlin) – 1943 (vermutlich
KZ Auschwitz)
Die Tochter des jüdischen Strafverteidigers
L. Chodziesner, dessen Vorfahren aus der
polnischen Stadt Chodziez b. Posen

stammten, nannte sich »Kolmar« nach dem
deutschen Namen dieser Stadt. Nach
Sprachstudien in Englisch, Französisch
und Russisch arbeitete sie als Dolmetscherin, Lehrerin und Erzieherin taubstummer
Kinder. Seit 1928
pflegte K. ihre
kranke Mutter in
Finkenkrug, ei-
nem Vorort Ber-
lins. Nach deren
Tod 1930 be-
treute sie ihren
Vater bis zu des-
sen Deportation
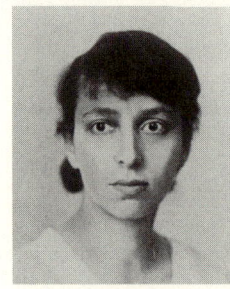
nach Theresienstadt im September 1942.
1941 wurde sie zur Zwangsarbeit in einer
Fabrik verpflichtet und Anfang 1943 im
Verlauf der so genannten »Fabrik-Aktion«
festgenommen. Sie wurde in das Konzentrationslager Auschwitz verschleppt
und höchstwahrscheinlich dort ermordet.
K. schrieb vor allem Gedichte, von denen
zu ihren Lebzeiten jedoch nur die Sammlungen »Gedichte« (1917), »Preußische
Wappen« (1934) und »Die Frau und die
Tiere« (1938) gedruckt wurden. Den 1933
entstandenen Gedichtzyklus »Das Wort der
Stummen« mit zahlreichen Gedichten, die
die jüdische Selbstbestimmung zum Thema
haben, wagte sie nicht zu veröffentlichen,
sondern vertraute ihn H.→Benjamin an,
mit deren Mann sie verwandt war. Aus K.s
Gedichten spricht oft Verzweiflung, Ein-
samkeit und Todesnähe. Sie behandeln die
Gegensätzlichkeit von Mann und Frau, die
Mutterschaft und ihre eigene ungewollte
Kinderlosigkeit (während des Ersten Weltkriegs hatte K. eine unglückliche Liebesbeziehung – die von den Eltern erzwungene
Abtreibung konnte sie nicht verwinden).
1955 wurden erstmals unveröffentlichte

Werke der bedeutenden Lyrikerin herausgegeben.
Lit.: Woltmann, J., G. K. Leben und Werk, Göttingen 1995

Konstanze
Kaiserin, Regentin
1154 – 27.9. od. 11.1198 (Palermo/Italien)
Die Tochter des Königs Roger II. von Sizilien wurde 1186 mit dem elf Jahre jüngeren deutschen König Heinrich VI. verheiratet, das Paar erhielt 1191 in Rom die Kaiserkrone. Nach dem Tod ihres Neffen Wilhelm II. von Sizilien 1189 erhob K. Anspruch auf das normannische Königreich Sizilien und weigerte sich – unterstützt von ihrem Mann –, den von den sizilianischen Baronen gewählten und vom Erzbischof von Palermo mit päpstlicher Zustimmung gekrönten Gegenkönig Tancred von Lecce anzuerkennen. Seit 1194, nach der Geburt ihres Sohnes, des späteren Kaisers Friedrich II., führte sie in ihren Urkunden den Titel »regina Siciliae« und verteidigte entschieden die Sonderrechte Siziliens gegen den Papst. Nach Heinrichs Tod verlieh sie Pfingsten 1198 ihrem dreijährigen Sohn den normannischen Königstitel und erhob ihn zum Mitregenten. Kurz vor ihrem Tod ein halbes Jahr später erkannte K. jedoch unter dem Druck der Verhältnisse testamentarisch die Lehnsherrschaft des Papstes Innozenz III. über das Königreich an, ernannte ihn zum Vormund ihres Sohnes und damit zum Regenten Siziliens.

Kortzfleisch, Ida von (Ps. Ida Pillau)
Pädagogin
10.10.1850 (Pillau – heute Baltijsk/Russland) – 7.10.1915 (Fredeburg b. Schmallenberg)
Durch ihre Arbeit als wirtschaftliche Leiterin eines Lazaretts in Anklam während des deutsch-französischen Krieges 1870/71 sowie durch Besuche auf den Gütern ihrer Verwandten in Ostpreußen gewann K. die Überzeugung, dass wirtschaftliche Schulen für Frauen auf dem Land unbedingt notwendig seien. Nachdem sie ihre Ideen in Zeitungen veröffentlicht hatte, richtete sie 1897 in Niederofleiden in Hessen die erste Schule ein. Nach dem Umzug der Schule nach Reifenstein in Thüringen gründete K. den »Reifensteiner Verband für haus- und landwirtschaftliche Frauenbildung«, dem bald zahlreiche Schulen in ganz Deutschland angehörten und der heute noch besteht.
Lit.: Brehmer, I., Ehrich, K. (Hgg.), Mütterlichkeit als Profession?, Pfaffenweiler 1993

Kräftner, Hertha
Dichterin
26.4.1928 (Wien) – 13.11.1951 (ebd.)
Nach dem Germanistik- und Anglistikstudium wurde K. 1949 mit der Dissertation »Die Stilprinzipien des Surrealismus, nachgewiesen an Franz Kafka« promoviert. Beeinflusst von der Lyrik G. Trakls und R. M. Rilkes sowie von philosophischen und psychologischen Schriften, verfasste sie ab 1946 volksliedhaft melancholische Gedichte, u.a. »Einem Straßengeiger« (1948), und Prosastücke von großer sprachlicher Intensität, z.B. »Pariser Tagebuch« (1950). K. zählt zu den bedeutendsten österreichischen Lyrikerinnen der Nachkriegszeit. Sie nahm sich das Leben.
Lit.: Weigel, H., In memoriam H. K., Graz 1979

Krafft, Barbara, geb. Steiner
Malerin
1.4.1764 (Iglau – heute Jihlava/Tschechien) –
28.9.1825 (Bamberg)
Als Schülerin ihres Vaters, eines angesehenen Malers, wurde K. schon früh in die Portraitmalerei eingeführt. 1786 ging sie nach Wien, stellte ihr erstes Portrait aus und wurde daraufhin Mitglied der Akademie der bildenden Künste. Im selben Jahr heiratete sie den Apotheker Joseph K., mit dem sie einen Sohn hatte. Ab 1794 arbeitete K. in Salzburg, dann in Mähren und in Prag, wo sie vor allem Kirchenbilder, Portraits und Genrebilder malte. 1803–21 lebte die inzwischen hochangesehene Künstlerin wieder in Salzburg und schuf zahlreiche Portraits für das Bürgertum sowie den Adel. Die letzten vier Jahre ihres Lebens verbrachte K. in Bamberg, in dieser Zeit soll sie über 140 Portraits gemalt haben.

Krahl, Hilde (eigtl. Kolacny)
Schauspielerin
17.1.1917 (Brod a.d. Save/Bosnien-Herzegowina) – 28.6.1999 (Wien)
Nach dem Abitur studierte K. zunächst an der Wiener Musikakademie, wechselte jedoch bald zur Schauspielschule, die sie 1936 abschloss. Im selben Jahr debütierte sie an einem Wiener Kabarett und wurde kurz darauf an das Theater in der Josefstadt engagiert, dessen Ensemble sie bis 1966 angehörte. Gleichzeitig war sie 1938–44 Mitglied des Deutschen Theaters in Berlin. Unter der Intendanz von H. Hilpert, der beide Theater leitete, brillierte sie u.a. als Luise in »Kabale und Liebe«. Nach dem Zweiten Weltkrieg war K. bis 1954 an den Hamburger Kammerspielen engagiert und begeisterte z.B. als »Maria Stuart«.

Eine ihrer Glanzrollen war die Titelfigur in »Mutter Courage und ihre Kinder«, in der sie auch bei den Bad Hersfelder Festspielen auftrat. Zudem spielte sie in über 50 Filmen mit, oft unter der Regie ihres Mannes W. Liebeneiner, mit dem sie seit 1944 verheiratet war und eine Tochter hatte. K.s größter Leinwanderfolg war »Das Glas Wasser« unter der Regie von H. Käutner und mit G. Gründgens als Partner. Neben zahlreichen anderen Auszeichnungen erhielt sie 1961 und 1980 das Filmband in Gold und 1966 den Hersfeld-Preis.

Krahwinkel, Hilde
Sportlerin
26.3.1908 (Essen) – 7.3.1981
(Helsingborg/Schweden)
Mit 21 Jahren wurde K. deutsche und ungarische Meisterin im Damentennis. 1933 gewann sie in Wimbledon das gemischte Doppel mit G. v. Cramm, 1935–37 die internationalen Meisterschaften in Paris im Dameneinzel. Mit 123 Titeln in 16 Ländern war sie bis zum Ende ihrer Karriere 1952 die erfolgreichste Tennisspielerin der Welt. Verheiratet war K. mit dem Dänen S. Sperling.

Kröller-Müller, Helene, geb. Müller
Kunstsammlerin
11.2.1869 (Essen) – 14.12.1939 (Den Haag)
Nach ihrer Heirat mit dem Schiffsmakler A. G. Kröller zog die Industriellentochter 1888 in die Niederlande. Ab 1908 begann K.-M., Kunst zu sammeln, wobei sie sich hauptsächlich auf das Werk des Malers V. van Gogh konzentrierte. 1928 wurde ein großer Teil der Sammlung in eine Stiftung überführt, für die der Architekt H. C. van de Velde 1938 in Otterlo bei Arnheim das »Rijksmuseum Kröller-Müller« errichtete.

Krüdener, Barbara Juliane von, geb. v. Vietinghoff gen. Scheel
11.11.1764 (Riga) – 13. od. 25.12.1824
(Karassubasar – heute Belogorsk/Ukraine)
Die Tochter eines wohlhabenden Gutsbesitzers erhielt eine umfassende Ausbildung, sprach mehrere Sprachen und unternahm mit ihren Eltern ausgedehnte Reisen durch ganz Europa. Als 18-Jährige heiratete sie den 16 Jahre älteren Diplomaten in russischen Diensten Burchard v. K., mit dem sie u.a. in Venedig und Kopenhagen lebte. In Italien malte A.→Kauffmann K. mit ihrer Tochter. Nach siebenjähriger Ehe und der Geburt zweier Kinder verließ sie 1789 ihren Mann wegen eines jungen französischen Offiziers. Nach dem unglücklichen Ende der Romanze lebte sie in Frankreich, Deutschland und der Schweiz. 1803 erschien ihr autobiografischer Roman »Valérie«, in dem sie sich mit ihrer Untreue auseinander setzte. Das Buch wurde zunächst in Frankreich und 1804 auch in Deutschland ein großer Erfolg. 1804 trat K., die bis dahin ein ausschweifendes Gesellschaftsleben geführt hatte, der Herrnhuter Brüdergemeinde bei. Ihre Predigten und Flugschriften erregten in ganz Europa großes Aufsehen. Als religiöse Ratgeberin hatte sie starken Einfluss auf Königin →Luise, und Zar Alexander I. ließ sich von ihr bei seinem Entwurf für das Bündnis »Heilige Allianz« beraten. 1818 wurde K., nachdem sie sich an der Gründung von schwärmerisch-religiösen Gemeinschaften beteiligt hatte, aus Deutschland nach Russland ausgewiesen. Dort setzte sie sich für Bedürftige ein und gründete zahlreiche religiöse Kommunen.
Lit.: Zimmerling, P., Starke fromme Frauen, Gießen 1996

Krull, Germaine
Fotografin
29.1.1897 (Wilna b. Posen – heute Poznań/ Polen) – 30.7.1985 (Wetzlar)
Bereits ein Jahr nach Abschluss ihrer Ausbildung 1915–17 an der Bayerischen Staatslehranstalt für Lichtbildwesen eröffnete K., die ihre Jugend in Paris verbracht hatte, ein eigenes Atelier. Sie arbeitete als Portrait-, Mode-, Industrie-, Architektur- und Werbefotografin und unternahm zahlreiche Reisen im Auftrag von mehreren Zeitschriften. Seit 1920 lebte sie in Berlin, später in Holland und von 1924 an in Paris. 1927 erschien ihr Bildband »Métal«, der großes Aufsehen erregte und als Schlüsselwerk der Fotografie gilt, 1929 »Hundertmal Paris«. K. beteiligte sich an Ausstellungen und veröffentlichte zahlreiche Bildreportagen, u.a. aus Griechenland und Siam. 1946 ging sie als Kriegsberichterstatterin nach Indochina und eröffnete 1947 ein Hotel in Bangkok, das sie bis 1965 leitete. Während dieser Zeit unternahm sie ausgedehnte Reisen nach Indien, über die sie in Fotoreportagen berichtete. 1965 zog sie ganz nach Nordindien und schloss sich den Anhängern des Dalai-Lama an. 1983 kehrte sie nach Deutschland zurück.
Lit.: Sichel, K., G. K. Avantgarde als Abenteuer. Leben und Werk der Photographin, 1999

Krumme, Elisabeth
Juristin
6.10.1897 – 11.2.1984
Nach dem Jurastudium wurde K. 1923 Richterin. Seit 1929 war sie als Land- und Amtsrichterin am Landgericht Essen tätig, 1948 wurde sie zur Obergerichtsrätin befördert und an das Obergericht in Hamm versetzt. 1950 wurde K. als erste Frau in der Bundesrepublik Deutschland zur Bun-

desrichterin ernannt. Am Bundesgerichts-
hof in Karlsruhe wirkte sie als Strafrichte-
rin in der Revisionsinstanz im 4. Strafse-
nat.

Krupp, Bertha
29.3.1886 (Essen) – 21.9.1957 (ebd.)
Die älteste Tochter des Industriellen Friedrich Alfred K. war 1902 Alleinerbin des
Familienunternehmens. 1903–05 besuchte
sie eine Haushaltsschule in Baden-Baden,
anschließend einen Kurs für Bilanzkunde
und Buchführung. 1906 heiratete sie den
Legationsrat G. v. Bohlen und Halbach, mit
dem sie acht Kinder hatte. Gemäß könig-

lich-preußischem
Erlass führte das
Paar den Namen
Krupp v. Bohlen
und Halbach.
Nach dem Tod
ihrer Mutter
Margarethe 1931
widmete sich
auch K. dem
Krupp'schen Sozialwerk, das aus Kranken-
anstalten, Wohnsiedlungen, Alters- und
Erholungsheimen für die Mitarbeiter des
Unternehmens bestand. 1945 wurde das
Vermögen der Firma, die der größte Rüs-
tungslieferant des NS-Regimes gewesen
war, von den Alliierten beschlagnahmt.
K.s Sohn Alfried musste eine mehrjährige
Haftstrafe abbüßen, ihr Mann wurde
wegen mehrerer Schlaganfälle für haft-
unfähig erklärt und mit K. auf dem
Krupp'schen Familiengut bei Salzburg unter militärische Bewachung gestellt. Nach
der Begnadigung ihres Sohnes 1951 und
der Rückerstattung des Familienvermögens
öffnete K., seit 1950 verwitwet, den Park
des Essener Familiensitzes »Villa Hügel«

für die Bevölkerung und baute das Sozialwerk durch Schenkungen weiter aus. Von
den Arbeitern des Unternehmens wurde sie
als »Mutter des Ruhrgebiets« verehrt.
Lit.: Rheinische Lebensbilder, Nekrologe, Düsseldorf-Köln 1961ff.

Krupp, Helene Amalie, geb. Ascherfeld
Unternehmerin
10.7.1732 (Essen) – 9.5.1810 (ebd.)
Mit 19 Jahren heiratete die Kaufmannstochter den 24 Jahre älteren Witwer Friedrich Jodocus K., mit dem sie zwei Kinder
hatte. Nach seinem Tod 1757 übernahm sie
das von ihm begründete Kolonialwaren-
geschäft und führte es unter dem Namen
»Firma Wittib Krupp« weiter. Die geschickte
Kauffrau erweiterte das bestehende Lebens-
mittel- und Gewürzsortiment, nahm den
Handel mit Tuchen, Leinwänden und Por-
zellan dazu, baute die bereits bestehenden
Handelsbeziehungen in den Niederlanden
aus und knüpfte neue zu Lieferanten in
Norddeutschland und England. 1759–1800
betrieb sie auch eine Schnupftabakspro-
duktion. Das erwirtschaftete Vermögen
nutzte K. zum Erwerb von Ländereien, deren Verpachtung eine weitere Einkom-
mensquelle darstellte, sowie zum Kauf von
Zechen und Bergwerksanteilen. 1799 erwarb sie die Eisenhütte »Gute Hoffnung« in
Sterkrade, die sich jedoch als – einziger –
unternehmerischer Missgriff erwies: Sie
hatte die Hütte zu teuer erworben, bei der
Produktion traten immer wieder technische
und personelle Schwierigkeiten auf, und
die Qualität der Produkte war nicht befrie-
digend. 1808 verkaufte sie die Hütte mit allem Zubehör. Insgesamt stand K. 53 Jahre,
bis zu ihrem Tod, an der Spitze ihrer Firma.
Ihr Enkel Friedrich K. begründete die Guss-
stahlproduktion, und unter dem Urenkel

Alfr(i)ed K. wurde in der 2. Hälfte des 19. Jhs. aus dem Unternehmen der größte deutsche Stahl- und Rüstungskonzern.
Lit.: Probst, A., H. A. K.-A., Zeitschrift für Unternehmensgeschichte, Beiheft 33, Stuttgart 1985

Krupp, (Eva Franziska Charlotte) Margarethe, geb. v. Ende
15.3.1854 (Breslau – heute Wrocław/Polen) – 24.2.1931 (Essen)
Einige Jahre verbrachte die Tochter eines preußischen Oberpräsidenten als Erzieherin am Herzoglich Anhaltinischen Hof in Dessau. 1882 heiratete sie Friedrich Alfred K., den Erben der Firma Krupp, mit dem sie zwei Kinder hatte. Nach seinem Tod 1902 wandelte sie, entsprechend seinen testamentarischen Bestimmungen, das Unternehmen in eine Aktiengesellschaft um und nahm vier Jahre als Vormund ihrer ältesten Tochter Bertha deren Funktion als Inhaberin wahr. 1906, nach Hochzeit und Volljährigkeit Berthas, ging die Firmenleitung an ihren Schwiegersohn G. v. Boh-

len und Halbach über. Engagiert setzte K. das schon von ihrem Schwiegervater begonnene Sozialwerk fort. Durch ihre Initiative und Finanzierung entstanden Stiftungen für Pensionärs- und Erholungsheime für Mitarbeiter, u.a. die »Margarethenheime« in Hasserode und Baden-Lichtental, sowie die Siedlung »Margarethenhöhe« in Essen. Die Stadt Essen ernannte K. als erste Frau zur Ehrenbürgerin.

Kruse, Käthe, geb. Simon
Unternehmerin
17.9.1883 (Breslau – heute Wrocław/Polen) – 19.7.1968 (Murnau, Staffelsee)
Nach dem Abschluss der Mittelschule nahm die uneheliche Tochter einer Schneiderin und eines Buchhalters Schauspielunterricht. Seit 1900 spielte sie unter dem

Künstlernamen Hedda Somin am Lessing-Theater in Berlin und gab zahlreiche Gastspiele. 1902 lernte sie den fast 30 Jahre älteren, verheirateten Bildhauer Max K. kennen, der sich ihretwegen scheiden ließ. 1909 heiratete das Paar, nachdem bereits zwei der gemeinsamen sieben Kinder geboren waren. 1905 begann K., für ihre Kinder Puppen aus Nesselstoff und Watte anzufertigen. Die Puppenköpfe bestrich sie mit einer Lacklösung und malte sie an. 1910 beteiligte sie sich mit den Puppen an der Ausstellung »Spielzeug aus eigener Hand« im Berliner Warenhaus Tietz und erhielt sofort zahlreiche Aufträge, u.a. einen aus den USA über 150 Puppen. 1912 verlegte K. ihren Betrieb von Berlin nach Bad Kösen a. d. Saale. Schon bald beschäftigte sie 120 Mitarbeiterinnen, die bis zum Beginn des Ersten Weltkriegs jährlich zwischen 15 000 und 18 000 Puppen anfertigten. Nach Kriegsende nahm sie die Produktion wieder auf und stellte ab 1928 für ein Münchner Kaufhaus auch Schaufensterpuppen her. 1945 wurden die Kruse-Werkstätten ein Volkseigener Betrieb (VEB), und K. floh 1950 unter Zurücklassung ihrer gesamten Habe mit einigen Mitarbeitern aus der DDR nach Donauwörth, wo ihre Söhne bereits einen Zweigbetrieb aufgebaut hatten. Bis zu ihrem Tod blieb K. aktiv im Unternehmen. 1951 veröffentlichte sie unter dem Titel »Das große Puppenspiel« ihre Erinnerungen.

Lit.: Reinelt, S., K. K. Auf dem Höhepunkt ihres Schaffens, Duisburg 1997

Kuckhoff, Greta (eigtl. Maria Gertrud), geb. Lorke
Politikerin
14.12.1902 (Frankfurt a. d. O.) – 11.11.1981

1924–29 studierte die Arbeitertochter Volkswirtschaft und Jura in Berlin, Würzburg und Madison/USA. Danach arbeitete sie in einer Anwaltskanzlei, unterrichtete amerikanisches Wirtschaftsrecht in Berlin und war als Assistentin an der Universität Frankfurt a. M. tätig. Seit 1933 arbeitete K. als Dolmetscherin im rassenpolitischen Amt der NSDAP. 1935 trat sie mit ihrem Mann, dem Schriftsteller Adam K., der illegalen KPD und der Widerstandsorganisation »Rote Kapelle« um A. Harnack und H. und L.→Schulze-Boysen bei. 1942 wurde sie verhaftet und zum Tode verurteilt, jedoch zu einer zehnjährigen Zuchthausstrafe begnadigt. Nach Kriegsende trat K. in die SED ein und war 1949–58 Mitglied der Volkskammer. 1950 wurde sie Präsidentin der Deutschen Notenbank mit Sitz und Stimmrecht im Ministerrat. Nach ihrem Rücktritt 1958 wirkte sie als Vizepräsidentin des »Friedenrats« der DDR und als Mitglied des »Weltfriedensrats«, 1963–75 als Präsidentin der »Deutsch-Britischen Gesellschaft« der DDR. 1972 veröffentlichte K. ihre Autobiografie »Vom Rosenkranz zur Roten Kapelle«.

Kühl, Kate (eigtl. Elfriede Katharina)
Kabarettistin
16.12.1894 (Köln) – 29.1.1970 (Berlin)

Nach dem Besuch einer höheren Töchterschule nahm die Tochter eines Tierarztes Gesangsunterricht und wurde von R.→Valetti für ihr Berliner Kabarett »Rampe« engagiert. Wie auch später in T.→Hesterbergs Kabarett »Wilde Bühne«, W. Fincks »Katakombe« und Valettis »Larifari«, sang K. dort eigens für sie geschriebene Lieder, die von so bekannten Autoren wie K. Tucholsky, E. Kästner und J. Ringelnatz stammten. 1927 trat sie mit Chansons von W. Mehring in E. Tollers Bühnenstück »Hoppla – wir leben« auf. Während der NS-Zeit arbeitete sie als Rundfunksprecherin und spielte kleine Filmrollen. In den 60er Jahren wurden Schallplattenaufnahmen von ihr veröffentlicht. K. zählt zu den hervorragenden Interpretinnen politisch-satirischer Chansons.

Küsel, Johanna Sibylla
Kupferstecherin
um 1650 (Augsburg) – 15.1.1717 (ebd.)

Zunächst arbeitete die Tochter des Kupferstechers Melchior K. und Nichte der M. S.→Merian in der väterlichen Werkstatt. Hier stach sie 1672 das aus elf Radierungen bestehende Werk »Nouveau Testament fait par Jacques Callot« nach. Diese minuziös und technisch perfekt ausgeführte Arbeit machte sie schnell bekannt. K.s beste Werke sollen jedoch – heute verschollene – Stiche nach Gemälden A. Elsheimers gewesen sein, u.a. »Venus und Amor in einer Landschaft«. 1685 heiratete sie den Gehilfen ihres Vaters, den Kupferstecher und Verleger J. U. Krauß, und signierte fortan mit »Kraussin«. In Zusammenarbeit mit ihm entstanden zahlreiche

weitere Arbeiten. K. arbeitete jedoch auch weiter selbstständig und gab ihre Kupferstiche auch bei anderen Verlegern heraus. Nach eigenen Entwürfen scheint sie keine Stiche angefertigt zu haben, allerdings sind von ihr einige Rötelzeichnungen bekannt, darunter vermutlich ein Selbstbildnis.
Lit.: Das verborgene Museum I., Neue Gesellschaft für Bildende Kunst e. V. (Hg.), Berlin 1987

Kurt, Melanie
Sängerin
8.1.1880 (Wien) – 11.3.1941 (New York)
K. wurde in Wien und Berlin sowohl als Pianistin als auch als Sängerin ausgebildet. 1897–1900 gab sie Klavierkonzerte, 1902 debütierte sie in Lübeck als Sopranistin.

Nach Engagements in Leipzig und Braunschweig wurde sie 1908 Ensemblemitglied der Berliner Hofoper, 1912–15 war sie Mitglied der Deutschen Oper in Berlin-Charlottenburg. Gastspiele führten sie an fast alle großen europäischen Opernbühnen sowie an die Metropolitan Opera in New York. Überall wurde sie als Wagner-Sängerin, u.a. in den Partien der Senta, Brünnhilde und Isolde, begeistert gefeiert. 1916 sang sie in New York die Titelrolle in der amerikanischen Erstaufführung von »Iphigenie auf Tauris«. Nach der Kriegserklärung der USA an Deutschland 1917 und dem darauffolgenden Wagner-Bann trat K. nur noch in Deutschland und Österreich auf. Ab 1919 wirkte sie als Gesangslehrerin in Berlin und Wien und war 1923–24 Mitglied der Berliner Volksoper. 1938 emigrierte sie und ließ sich als Gesangslehrerin in New York nieder.
Lit.: Kesting, J., Die großen Sänger des 20. Jhs., Düsseldorf 1993

Kurz, Gertrud, geb. Hohl
15.3.1890 (Lutzenberg, Kt. Appenzell) – 26.2.1972 (Bern)
1931 trat K. der Organisation der »Kreuzritter« bei, die sich für Versöhnung zwischen den ehemaligen Gegnern des Ersten Weltkriegs einsetzte und aus der sich der »Internationale Christliche Friedensdienst« (CFD) entwickelte. Sie wurde Generalsekretärin des CFD, den sie 1932 der »Schweizerischen Zentralstelle für Flüchtlingshilfe« anschloss. Nach der Regierungsübernahme durch die Nationalsozialisten in Deutschland bemühte sie sich vor allem um Hilfe für jüdische und politische Flüchtlinge. Sie organisierte Geld- und Kleiderspenden, verschaffte den Flüchtlingen Unterkünfte und drängte die zuständigen Behörden, den Flüchtlingen – abweichend von der offiziellen Einreisepolitik – Aufenthaltsbewilligungen für die Schweiz auszustellen. Nach Kriegsende setzte K. ihr Engagement für Versöhnung und Flüchtlingshilfe in vielen Ländern fort. Sie erhielt 1958 von der Universität Zürich den Ehrendoktortitel, 1965 den internationalen Albert-Schweitzer-Preis und 1966 die Ehrenmitgliedschaft des »Schweizerischen Friedensrats«. 1977 erschien ihre Autobiografie »Unterwegs für den Frieden«. K. war verheiratet und hatte drei Kinder.
Lit.: Große Schweizer und Schweizerinnen, Stäfä 1990

Kurz, Isolde Maria Klara
Schriftstellerin
21.12.1853 (Stuttgart) – 5.4.1944 (Tübingen)
K. war die Tochter des Schriftstellers Hermann K. und der Marie v. Brunow, einer engagierten Demokratin, die sich für die Revolution von 1848/49 eingesetzt hatte. Sie erhielt von ihrer Mutter eine gründliche Ausbildung in Literatur und Sprachen, so dass sie ab 1879 in München ihren Lebensunterhalt als Übersetzerin verdienen konnte. Seit 1880 lebte sie abwechselnd in München und in der Toskana, wo sie u.a. mit den Malern H. v. Marées und A. Böcklin Kontakt hatte. 1912 unternahm sie mit ihrem Lebensgefährten E. v. Mohl eine Reise durch Griechenland. 1888 veröffentlichte K. ihre ersten Gedichte, berühmt wurde sie 1890 mit dem Prosaband »Florentiner Novellen«. Starkes Formgefühl und eine zeittypische Vorliebe für die Renaissance prägen ihr Werk. Während der NS-Zeit gehörte K., die mit dem Regime sympathisierte, zu den gern gelesenen Autoren. 1938 veröffentlichte sie ihre Lebenserinnerungen »Meine Pilgerfahrt nach dem Unerreichlichen«.
Lit.: Walter, E., I. K. und ihre Familie, Mühlacker 1996

Kurz, Selma
Sängerin
15.10.1874 (Bielitz – heute Bielsko-Biała/Polen) – 10.5.1933 (Wien)
Der jüdische Kantor ihres Heimatortes entdeckte das Talent K.s, die aus einer armen Familie stammte. Ihre Gesangsausbildung in Wien wurde von einem Mäzen, dem Fürsten Esterhazy, finanziert, und 1896 debütierte sie in Frankfurt a. M. als Elisabeth in »Tannhäuser«. 1899 verpflichtete der Komponist und Dirigent G. Mahler die Sopranistin an die Wiener Staatsoper, wo sie bis 1929 Ensemblemitglied war. 1903–07 gab sie mehrere Gastspiele in London und 1921 ein umjubeltes Konzert in der Carnegie Hall in New York. Berühmt wurde ihre Koloraturstimme durch den so genannten »endlosen Kurz-Triller«, z.B. in den Partien der Königin der Nacht in »Die Zauberflöte« und des Pagen in »Die Hugenotten«. Der Komponist R. Strauss schrieb für sie die Rolle der Zerbinetta in »Ariadne auf Naxos«. Verheiratet war K. seit 1910 mit dem Gynäkologieprofessor J. v. Halban.
Lit.: Kesting, J., Die großen Sänger des 20. Jhs., Düsseldorf 1993

Kuyper, Elisabeth Johanna Lamina
Dirigentin
13.9.1877 (Amsterdam) – 26.2.1953 (Muzzano b. Lugano)
In Amsterdam bestand K. 1895 das Abschlussexamen an der Maatschappij tot Bevordering de Toonkunst mit Auszeichnung und setzte ihre Ausbildung anschließend in Berlin an der Hochschule für Musik fort. Ab 1901 besuchte sie die Meisterklasse der Akademie der Künste bei dem Komponisten M. Bruch. Dank ihrer Initiative wurde 1910 das anspruchsvolle Berliner Tonkünstlerinnen-Orchester gegründet, das sie als Dirigentin leitete. 1912 erhielt K. einen Lehrauftrag an der Hochschule für Musik. Auf Grund von Intrigen verließ sie 1920 Deutschland, obwohl sie inzwischen eingebürgert war, und gründete u.a. in Holland und den USA Frauenorchester. 1939 zog sie sich in die Schweiz zurück und lebte in bescheidenen Verhältnissen.
Lit.: Brand, B. u.a. (Hgg.), Komponistinnen in Berlin, Berlin 1987

L

La Barberina (eigtl. Barberina Campanini)
Tänzerin
1721 (Parma/Italien) – 7.6.1799 (Barschau
b. Lüben – heute Lubin/Polen)
1739 debütierte B. an der Pariser Oper. Als
man sie während eines Gastspiels in Lon-

don an die Kö-
nigliche Oper in
Berlin abwerben
wollte, brach B.
die Verhandlun-
gen ab, da ihr die
Gage zu niedrig
war, und reiste
nach Venedig.
Der preußische
König Friedrich II. ersuchte den venezianischen Senat, die Primaballerina auszulie-
fern, und verlieh seiner Forderung durch
die Verhaftung des venezianischen Botschafters in Berlin Nachdruck. Daraufhin
kam B. nach Berlin und wurde dort ab
1744 begeistert gefeiert. Sie erhielt zahlreiche Privilegien, war jedoch laufend in
Skandale verwickelt, so dass sie 1748 in
Ungnade fiel. 1749 heiratete sie den Sohn
des preußischen Großkanzlers C. v. Cocceji.
Nach ihrer Scheidung 1788 zog sie sich
auf ihr schlesisches Gut zurück und wandelte es in ein Damenstift um, dem sie als
Äbtissin vorstand.
Lit.: Burk, P., Des Grossen Friedrich Primaballerina B., 1922

Lachmann, Hedwig
Dichterin
29.8.1865 (Stolp – heute Słupsk/Polen) –
21.2.1918 (Krumbach, Württemberg)
Nach dem Examen als Sprachlehrerin, das
sie bereits als 15-Jährige bestand, ging die
Tochter eines jüdischen Kantors 1882 als
Erzieherin nach England, 1885 nach Dresden und 1887 nach Budapest. Seit 1889
lebte sie in Berlin und begann, ermutigt
durch R. und P.→Dehmel, ungarische,
französische und englische Lyrik ins Deutsche zu übersetzen. Außerdem schrieb L.
Artikel für Zeitschriften und dichtete
selbst. 1891 veröffentlichte sie ihre »Ungarischen Gedichte«, 1902 »Im Bilde. Eigenes
und Nachdichtungen« mit Übersetzungen
von Werken A. C. Swinburnes, P. Verlaines,
E. A. Poes und O. Wildes sowie mit eigener
Lyrik. Der Komponist R. Strauss verwandte
ihre 1903 erschienene Übersetzung von
Wildes »Salomé« als Textbuch für seine
gleichnamige Oper. 1903 heiratete L. den
radikalsozialistischen Politiker und Schriftsteller G. Landauer und übersetzte gemeinsam mit ihm weitere Werke von O. Wilde.
Ein Jahr nach L.s Tod gab Landauer unter
dem Titel »Gesammelte Gedichte. Eigenes
und Nachdichtungen« ihr Gesamtwerk heraus.
Lit.: Walz, A., Ich will ja gar nicht auf der logischen Höhe meiner Zeit stehen. H. L.-L. – eine
Biographie, 1993
Seemann, B., H. L.-L. Dichterin, Antimilitaristin, deutsche Jüdin, Frankfurt a. M. 1998

Landowska, Wanda Alexandra
Musikerin
5.7.1879 (Warschau) – 16.8.1959
(Lakeville/USA)
Nach der Ausbildung zur Pianistin am
Warschauer Konservatorium studierte L.
Komposition in Berlin. 1900 emigrierte sie
nach Paris, heiratete den Schriftsteller H.
Lew und arbeitete bis 1913 an der Schola
Cantorum. Sie engagierte sich dafür, dass
alte Musik auch auf alten Instrumenten

gespielt wurde, nicht auf modernen Konzertflügeln, und gab ab 1903 Konzerte als Cembalistin. Mit ihrem Mann verfasste sie das Buch »Die alte Musik« (1909). 1913–19 war sie an der Königlichen Hochschule für Musik in Berlin tätig und erhielt die erste Professur für Cembalo. 1920 ließ sie sich wieder in Paris nieder und gründete 1925 in Saint-Leu-la-Forêt eine eigene Schule für alte Musik. Vor den deutschen Besatzungstruppen floh sie 1940 über Südfrankreich in die USA. L.s Konzerte und wissenschaftliche Veröffentlichungen machten sie zu einer Autorität für alte Musik.

Lit.: Dick, J., Sassenberg, M. (Hgg.), Jüdische Frauen im 19. und 20. Jh., Reinbek 1993

Lange, Helene Henriette Elisabeth
Frauenrechtlerin
9.4.1848 (Oldenburg) – 13.5.1930 (Berlin)
L. wuchs nach dem frühen Tod ihrer Eltern in einem Pfarrhaus in Reutlingen und in einem Mädchenpensionat im Elsass auf. Da ihr Vormund ihr eine Lehrerinnenausbildung verweigerte, bildete sie sich im Selbststudium weiter und arbeitete als Erzieherin in der Nähe von Osnabrück, bevor  sie 1872 in Berlin die Lehrerinnenprüfung ablegen konnte. Seit 1874 unterrichtete sie an privaten höheren Mädchenschulen in Berlin und leitete ein Lehrerinnenseminar. 1888 forderte L. mit anderen Frauen in einer Petition an den preußischen Reichstag die wissenschaftliche Ausbildung für Lehrerinnen und die berufliche Gleichstellung mit den männlichen Kollegen. Im folgenden Jahr richtete sie »Realkurse« (ab 1893 »Gymnasialkurse«) für Frauen ein, in denen u.a. die Bildungsvoraussetzungen für ein Studium vermittelt wurden – das damals allerdings nur in der Schweiz möglich war. 1890 gründete sie mit M. Loeper-Housselle und A.→Schmidt den »Allgemeinen Deutschen Lehrerinnenverein«, dessen Vorsitz sie 31 Jahre inne hatte. Seit 1893 war sie außerdem Vorstandsmitglied und 1902–06 erste Vorsitzende des »Allgemeinen Deutschen Frauenvereins« und wurde 1894 auch Vorstandsmitglied des Dachverbandes »Bund Deutscher Frauenvereine«. L. gründete 1893 die Zeitschrift »Die Frau«, das wichtigste Organ der bürgerlich-gemäßigten Frauenbewegung, das bis 1944 erschien. Mit ihrer Arbeits- und Lebensgefährtin G.→Bäumer gab sie 1901–06 das fünfbändige »Handbuch der Frauenbewegung« heraus. Als sie 1906 von der preußischen Kultusverwaltung zu Beratungen über eine Mädchenschulreform hinzugezogen wurde, die zwei Jahre später in Kraft trat, fand ihr Engagement für Frauenbildung auch offizielle Anerkennung. 1908 wurde sie Parteimitglied der Freisinnigen Vereinigung (ab 1919 Deutsche Demokratische Partei – DDP). Für die DDP kam sie 1919 als Abgeordnete in die Hamburger Bürgerschaft, die sie als Alterspräsidentin eröffnete. 1917–20 unterrichtete sie in Hamburg an der von Bäumer gegründeten Sozialen Frauenschule, danach kehrte sie nach Berlin zurück. L., die als die bedeutendste Führerin der bürgerlichen deutschen Frauenbewegung gilt, veröffentlichte zahlreiche Schriften, u.a. ihre »Lebenserinnerungen« (1921) und die zweibändige Aufsatzsammlung »Kampfzeiten« (1928).

Lit.: Frandsen, D., H. L. Ein Leben für das volle

Bürgerrecht der Frau, Freiburg i. Br.-Basel-Wien 1980

Langgässer, Elisabeth
Schriftstellerin
23.2.1899 (Alzey) – 25.7.1950 (Rheinzabern b. Germersheim)

In Darmstadt legte L. das Abitur ab, ließ sich zur Lehrerin ausbilden und unterrichtete seit 1922 an Volksschulen. 1924 erschien der erste ihrer insgesamt drei Gedichtzyklen »Der Wendekreis des Lammes. Ein Hymnus der Erlösung«. Nach der Geburt ihrer nichtehelichen Tochter C. Edvardson, deren Vater der jüdische Staatswissenschaftler H. Heller war, wurde L. aus dem Schuldienst entlassen, zog nach Berlin und war für ein Jahr als Dozentin für Pädagogik tätig. Anschließend arbeitete sie als freie Schriftstellerin sowie als Hörspielautorin und schloss sich dem Kreis um die Zeitschrift »Kolonne« an. 1935 veröffentlichte sie »Die Tierkreisgedichte« und heiratete im selben Jahr den Philosophen W. Hoffmann, mit dem sie drei weitere Töchter hatte. 1936 erhielt sie als so genannte »Halbjüdin« – ihr Vater war bei seiner Hochzeit vom jüdischen Glauben zum Katholizismus konvertiert – Publikationsverbot. Ihre älteste Tochter, die als »Volljüdin« galt, wurde nach dem vergeblichen Versuch L.s, sie adoptieren zu lassen, 1943 über Theresienstadt nach Auschwitz verschleppt, überlebte jedoch und lebt seit 1973 als Schriftstellerin in Israel. Anonym arbeitete L. daraufhin als Werbetexterin und schrieb an ihrem Roman »Das unauslöschliche Siegel«, der 1946 erschien und sie zur bekanntesten Dichterin der Nachkriegszeit machte. Eine beginnende multiple Sklerose bewahrte sie 1944 nicht vor der Zwangsarbeit in einer Rüstungsfabrik.

1948 verließ sie Berlin und kehrte nach Rheinhessen zurück, wo ihr letzter großer Roman »Märkische Argonautenfahrt« (1950) entstand. L.s umfangreiches Werk, zu dem neben Gedichten und Romanen auch zahlreiche Erzählungen und Hörspiele gehören, steht in der Tradition von A. v.→Droste-Hülshoff. Obwohl der Erlösungsgedanke ein wichtiger Aspekt ihres Werks ist und sie sich selbst als »christliche Dichterin« sah, war L. vor allem in christlichen Kreisen nicht akzeptiert. In ihrem Todesjahr wurde ihr postum der Georg-Büchner-Preis verliehen.

Lit.: Hetmann, F., Schlafe meine Rose. Die Lebensgeschichte der E. L., Weinheim 1987
Müller, K., E. L., eine biographische Skizze, Darmstadt 1990
El-Akramy, U., Wotans Rabe. E. L., ihre Tochter Cordelia und die Feuer von Auschwitz, Frankfurt a. M. 1997

Langner, Ilse
Schriftstellerin
21.5.1899 (Breslau – heute Wrocław/Polen) – 16.1.1987 (Darmstadt)

Ihren ersten Gedichtband »Tautropfen« veröffentlichte L. schon mit 14 Jahren, danach folgten Essays und Novellen. 1928 wurde – als erstes Antikriegsdrama einer Frau – ihr Bühnenstück »Frau Emma kämpft im Hinterland« im Berliner Theater Unter den Linden uraufgeführt. Ihren größten Erfolg hatte sie mit der dramatisierten Biografie der Gründerin der Christian-Science-Bewegung, M. Baker-Eddy, »Die Heilige aus USA«, die 1931 unter der Regie von M. Reinhardt Premiere im Theater am Kurfürstendamm hatte. Ab 1933 unternahm L. zahlreiche Reisen durch Europa, in die USA und nach Ostasien und verarbeitete ihre Erlebnisse in vielen

Büchern und Bühnenstücken, die während der NS-Zeit wegen ihrer pazifistischen und antinationalistischen Themen jedoch nicht aufgeführt werden durften. Nach Kriegsende hielt L. im In- und Ausland, u.a. in Stockholm, Paris und Amsterdam, Vorträge über das Berlin der Nachkriegszeit. Außerdem verfasste sie zahlreiche weitere Erzählungen, Reiseberichte, Hörspiele und Bühnenwerke. Sie erhielt u.a. die Willibald-Pirckheimer-Medaille und den Eichendorff-Literaturpreis. Verheiratet war sie seit 1929 mit dem Fabrikanten W. Siebert.

Lanner, Katharina
Tänzerin, Choreografin
14.9.1829 (Wien) – 15.11.1908 (London)
Nach der Tanzausbildung debütierte die Komponistentochter 1845 am Wiener Kärntnertor-Theater und gehörte dort bis 1856 zum Ensemble. Bis 1868 war sie Primaballerina in Hamburg, danach folgten zahlreiche, auch internationale Gastspiele. 1873 gründete L. in New York ein Kinderballett. Seit 1876 leitete sie in London die National Training School of Dancing, und 1877–81 war sie Ballettdirektorin und Choreografin am Her Majesty's Theatre. Bis kurz vor ihrem Tod arbeitete L., die zu den bekanntesten Tänzerinnen ihrer Zeit zählt, am Londoner Empire Theatre und schuf zahlreiche Ballette. Verheiratet war sie seit 1864 mit dem Tänzer und Regisseur J. B. Geraldini.

La Roche, (Marie) Sophie von, geb. Gutermann v. Gutershofen
Schriftstellerin
6.12.1730 (Kaufbeuren) – 18.2.1807 (Offenbach a. M.)
Aufgewachsen in einem großbürgerlich-protestantischen Elternhaus, erhielt L. eine zeittypische Mädchenerziehung mit Unterricht in Literatur, Französisch, Zeichnen, Klavierspielen und Haushaltsführung. Nach zwei gelösten Verlobungen (mit dem katholischen Italiener Bianconi und dem in bescheidenen Verhältnissen lebenden Dichter C. M. Wieland) wurde sie 1754 mit dem kurmainzischen Hofrat Georg M. F. v. L. verheiratet, mit dem sie acht Kinder hatte. Eine ihrer Enkelinnen war B. v. →Arnim. Während ihrer Ehe bildete L. sich selbst weiter und nahm auch mit Wieland, der sie schon früher zum Schreiben ermuntert hatte, wieder Verbindung auf. 1771 veröffentlichte sie mit »Die Geschichte des Fräuleins von Sternheim« den ersten Unterhaltungsroman einer Frau. Das Buch machte sie berühmt und als erste Schriftstellerin in Deutschland finanziell unabhängig. Es wurde in 15 Jahren achtmal aufgelegt und in mehrere Sprachen übersetzt. Nachdem sie Anfang der 1770er Jahre mit ihrem Mann an den Kurfürstenhof Ehrenbreitstein bei Trier übergesiedelt war, wurde L.s Haus zu einem Literatentreffpunkt, wo neben Wieland auch J. W. v. Goethe verkehrte, der ihr seinen »Werther« zur Beurteilung gab. Nach der Entlassung ihres Mannes als kurfürstlicher Kanzler 1780 folgte sie ihm nach Speyer und später nach Offenbach a. M. Auch dort wurde ihr Haus, die »Grillenhütte«, wieder ein intellektueller und literarischer Anziehungspunkt, zu dessen Besuchern u.a. ihr Enkel C. v. Brentano und A. v. Arnim zählten. Seit dieser Zeit verdiente L. mit ihren Büchern den Lebensunterhalt für die Familie. Sie veröffentlichte zahlreiche weitere Bücher, darunter auch Reisebeschreibungen der Auslandsreisen, die sie ab 1784 in die Schweiz, die Niederlande, nach Frank-

reich und England unternahm. 1783 gründete sie die pädagogische Wochenschrift »Pomona für Teutschlands Töchter«, von der aus Kostengründen nur 24 Hefte erschienen. 1798 veröffentlichte L. mit »Erscheinungen am See Oneida« einen Roman über das Schicksal französischer Emigranten in der Neuen Welt, der wiederum ein großer Erfolg war. Als ihr letztes Werk erschien 1806 »Melusinens Sommernachtstraum«, dem sie eine Autobiografie beifügte.

Lit.: Maurer, M. (Hg.), Ich bin mehr Herz als Kopf. S. v. L. – ein Lebensbild in Briefen, München 1983
Feyl, R., Die profanen Stunden des Glücks, Köln 1996

Lasch, Agathe
Germanistin
4.7.1879 (Berlin) – 1942 ?
1909 wurde L. nach dem Studium in Halle a. d. Saale und Heidelberg mit der Dissertation »Die Kanzleien der brandenburgischen Herrscher«, dem ersten Teil ihrer umfangreichen Forschungsarbeit »Geschichte der Schriftsprache in Berlin bis zur Mitte des 16. Jhs.«, promoviert. Auf Grund dieser Leistung erhielt sie 1910 einen Lehrauftrag am Bryn Mawr College in Pennsylvania. Dort entstand auch ihr Hauptwerk »Mittelniederdeutsche Grammatik« (1914). 1917 kehrte L. nach Deutschland zurück und habilitierte sich 1919. 1923 wurde sie von der Hamburger Universität als erste Frau zur Professorin ernannt und erhielt 1926 einen Lehrstuhl für Niederdeutsche Philologie. Nach der Regierungsübernahme durch die Nationalsozialisten wurde die Jüdin 1934 aus dem Staatsdienst entlassen. Seit ihrer Verhaftung 1942 ist sie verschollen, wahrscheinlich wurde sie ermordet.

Lask, Berta (Ps. Gerhard Wieland)
Schriftstellerin
17.11.1878 (Wadowice b. Krakau/Polen) – 28.3.1967 (Berlin)
L. wuchs in Galizien auf, wo ihr Vater eine Fabrik besaß. Sie besuchte eine höhere Töchterschule und heiratete 1901 den Arzt L. Jacobsohn, mit dem sie nach Berlin zog und vier Kinder hatte. Konfrontiert mit dem sozialen Elend in der Großstadt und erschüttert durch die Ereignisse des Ersten Weltkriegs, trat sie 1923 in die KPD ein und wurde Mitbegründerin des »Bundes proletarisch-revolutionärer Schriftsteller«. Ihre revolutionären Dramen, u.a. »Thomas Münzer« (1925) und »Leuna 1921« (1926), die als Reportagestücke mit Filmeinschnitten und Diaprojektionen konzipiert waren, erregten großen Anstoß und wurden verboten. Nach der Ermordung ihres Sohnes durch die Nationalsozialisten und mehreren Monaten Haft floh L. 1933 in die Sowjetunion und arbeitete dort für Zeitschriften und den Rundfunk. 1953 ließ sie sich in der DDR nieder. 1955 veröffentlichte sie die autobiografische Romantrilogie »Stille und Sturm«. Sie erhielt u.a. die Clara-Zetkin-Medaille und den Vaterländischen Verdienstorden der DDR.

Lasker-Schüler, Else (eigtl. Elisabeth), geb. Schüler
Schriftstellerin
11.2.1869 (Elberfeld – heute zu Wuppertal) – 22.1.1945 (Jerusalem)
L.-S. stammte aus einer jüdischen Bankiersfamilie. Nach ihrer Heirat mit dem Arzt B. Lasker 1894 zog sie nach Berlin und begann mit dem Studium der Malerei. Kurze Zeit später richtete sie sich ein eigenes Atelier ein, in dem sie eine Vielzahl von Gemälden und Zeichnungen schuf,

mit Fotografie experimentierte und Gedichte schrieb. Freunde ermutigten sie, diese Gedichte 1899 in der Zeitschrift »Die Gesellschaft« zu veröffentlichen. Im selben Jahr wurde L.-S.s Sohn geboren, dessen Vater nach ihren eigenen Angaben jedoch nicht ihr Mann war. Nach ihrer Scheidung 1903 heiratete sie den Musiker und Schriftsteller H. Walden (eigtl. G. Levin). Nach ihrem ersten Gedichtband »Styx«, den sie 1902 veröffentlichte, erschien 1906 ihr erstes Prosawerk, das »Peter-Hille-Buch«, eine Erinnerung an einen verstorbenen Freund, und 1909 ihr erstes Schauspiel »Die Wupper«, das zehn Jahre später am Deutschen Theater in Berlin uraufgeführt wurde. Ab 1910 publizierte sie in Waldens Zeitschrift »Der Sturm«. L.-S. gilt als Repräsentantin des literarischen Expressionismus und verband in ihrem Werk jüdische Themen mit einer exotisch-orientalischen Märchenwelt in einzigartiger Weise. Zu ihrem Freundeskreis gehörten Maler und Schriftsteller des Expressionismus und der Dada-Bewegung, u.a. O. Kokoschka, G. Grosz, F. Marc, J. Heartfield, M.→Steger und G. Benn, mit dem sie eine Liebesbeziehung verband. Viele ihrer Freunde spielten wichtige Rollen in ihren Romanen, z.B. in »Mein Herz« (1912) und »Der Malik« (1919). Nach dem Tod ihres Sohnes 1927 reiste L.-S. nach Italien, kam jedoch zu einer Ausstellung ihrer Bilder in einer Berliner Galerie 1928 zurück. 1932 wurde ihr der Kleist-Preis verliehen, doch bereits im April 1933 musste sie in die Schweiz emigrieren. Von hier aus unternahm sie eine ausgedehnte Reise nach Palästina, die sie in dem Buch »Das Hebräerland« (1937), das sie auch illustrierte, verarbeitete. Von 1939 an lebte sie ständig in Jerusalem und veröffentlichte noch den Gedichtband »Mein blaues Klavier« (1943). Ihr Schauspiel »Ichundich« blieb unvollendet. Nach ihrem Tod wurde L.-S. auf dem Ölberg beigesetzt.

Lit.: Hessing, J., E. L.-S. Biographie einer deutsch-jüdischen Dichterin, Karlsruhe 1985
Klüsener, E., Pfäfflin, F., E. L.-S. 1869–1945, Marbach 1995
Müller, U., Auch wider dem Verbote. E. L.-S. und ihr eigensinniger Umgang mit Weiblichkeit, Judentum und Mystik, Frankfurt a. M. 1997

Lassen, Käthe
Malerin
7.2.1880 (Flensburg) – 22.12.1956 (ebd.)
Die Tochter eines Goldschmieds wurde von ihren Eltern in ihrem Wunsch, Malerin zu werden, unterstützt. 1897 erhielt sie Zeichenunterricht an der Hamburger Gewerbeschule und studierte 1898–1904 an der Damen-Akademie des Künstlerinnenvereins in München, wo sie u.a. G.→Münter kennen lernte. Der Münchner Impressionist H. v. Habermann erteilte L. 1902–04 Privatunterricht. Nach Beendigung ihres Studiums lebte sie für ein Jahr in Kopenhagen und ließ sich dann als freischaffende Malerin in Flensburg nieder. Die Sommermonate verbrachte sie jedes Jahr im Nordwesten Jütlands. Abgesehen von einem halbjährigen Studienaufenthalt in Paris (1908/09) und mehreren Arbeitsaufenthalten in Berlin (1919–28), blieb sie bis zu ihrem Lebensende in Flensburg. L. malte eine große Anzahl impressionisti-

scher Freilichtbilder, auf denen fast immer einsame, einfache Menschen erscheinen, u.a. »Drei Frauen am Strand« (1910), sowie Interieurs und sozialkritische Themen, z.b. »Hafenarbeiter am Kai in Flensburg« (1930). Viele ihrer Bilder, vor allem ihre Portraits mit Titeln wie »Nordisches Volk«, waren ganz im Sinne der nationalsozialistischen Rassenideologie. Einen Großteil ihres Werks machen Fresken und Glasmalereien für Kirchen aus, u.a. das Fresko in der Heilandskirche in Flensburg-Weiche (1910–12) sowie die Fenster für die Kirchen in Harrislee (1928) und St. Marien in Flensburg (1952–55).
Lit.: Evers, U.. Deutsche Künstlerinnen des 20. Jhs.: Malerei – Bildhauerei – Tapisserie, Hamburg 1983

Laube, Iduna, geb. Budens
Frauenrechtlerin
13.12.1808 (Altenburg, Sachsen) – 19.8.1870 (Wien)
In erster Ehe war L., die aus einer Juristenfamilie stammte, mit einem Leipziger Universitätsprofessor verheiratet, in zweiter Ehe mit dem Schriftsteller und Theaterdirektor Heinrich L., mit dem sie seit 1850 in Wien lebte und einen Literatursalon führte. Dort gründete sie 1866 nach dem Vorbild des »Lette-Vereins« den »Wiener Frauen-Erwerbsverein«. L. leitete zwei Jahre diese erste große wirtschaftliche Frauenorganisation Österreichs, die sich für bessere Bildungs- und Erwerbsmöglichkeiten von Frauen einsetzte.
Lit.: Weiland, D., Geschichte der Frauenemanzipation in Deutschland und Österreich, Düsseldorf 1983

Lauber, Cécile, geb. Dietler
Schriftstellerin
13.7.1887 (Luzern) – 16.4.1981 (ebd.)
L., die in begüterten Verhältnissen aufgewachsen war, wurde als Musikerin und Malerin ausgebildet, entschied sich dann aber zu schreiben. Ihr erstes Theaterstück »Der Inquisitor« (1908) blieb unveröffentlicht. 1911 erschienen erste Erzählungen, doch erst in den 20er Jahren gelang ihr der künstlerische Durchbruch. Sie publizierte zahlreiche Gedichte, Dramen und Jugendbücher sowie heimatverbundene Erzählungen und Romane. Zu den bekanntesten gehören die mehrfach neu aufgelegte Romantrilogie »Die Wandlung« (1929) – »Stumme Natur« (1939) – »In der Gewalt der Dinge« (1961), in der sie die Verbundenheit des Menschen mit der Natur behandelte, sowie das vierbändige Jugendbuch »Land deiner Mutter« (1946–57), das als der schweizerische »Nils Holgerson« bezeichnet wird. L. erhielt u.a. 1964 den Großen Preis der Schweizer Schiller-Stiftung.

Lavant, Christine (eigtl. Habernig), geb. Thonhauser
Dichterin
4.7.1915 (Groß-Edling, Kärnten) – 8.6.1973 (Wolfsberg, Kärnten)
Nach dem Besuch der Volksschule bildete sich L., die aus einer kinderreichen Bergarbeiterfamilie stammte, autodidaktisch weiter. Als Strickerin musste sie den Lebensunterhalt verdienen. In ihren teilweise autobiografischen Erzählungen, z.B. in »Das Kind« (1948) und »Die Rosenkugel« (1956), spiegeln sich ihre Jugenderfahrungen, die von Krankheit und Armut geprägt waren, wider. 1956 erschien ihr Gedichtband »Die Bettlerschale«, der große Beach-

tung fand. L., die ihr Pseudonym nach dem Fluss ihres Heimattales wählte, schrieb eine formenstrenge Lyrik, in der sie sich mit körperlichem und seelischem Leid auseinander setzte sowie die Frage nach Gott und der Möglichkeit einer Erlösung stellte. Sie erhielt u.a. 1954 und 1964 den Trakl-Preis und 1970 den Österreichischen Staatspreis für Literatur.

Lit.: Teuffenbach, I., C. L. Zeugnis einer Freundschaft, 1989

Lavater-Sloman, Mary, geb. Sloman
Schriftstellerin
14.12.1891 (Hamburg) – 5.12.1980 (Zürich)
Die Tochter eines Hamburger Reeders lebte nach dem Besuch eines Lyzeums mit ihren Eltern einige Jahre in St. Petersburg. Nach ihrer Heirat mit dem Schweizer Ingenieur E. Lavater, mit dem sie vier Kinder hatte, zog sie 1914 nach Moskau, floh nach der russischen Revolution unter abenteuerlichen Umständen in die Schweiz und wohnte 1920–22 in Athen. Nach der Rückkehr der Familie in die Schweiz begann L.-S. zu schreiben. Sie verfasste historische Romane, u.a. »Der Schweizerkönig« (1935), sowie Romanbiografien, z.B. »Katharina und die russische Seele« (1941). Ihre Werke wurden wiederholt neu aufgelegt und in zahlreiche Sprachen übersetzt. Sie war Mitglied des PEN-Clubs und erhielt u.a. den Preis der Schweizer Schiller-Stiftung und die Medaille für Kunst und Wissenschaft des Hamburger Senats.

Leander, Zarah Stina, geb. Hedberg
Schauspielerin
15.3.1907 (Karlstad/Schweden) – 23.6.1981 (Stockholm)
Die Schwedin debütierte 1929 als Chansonsängerin an einer Provinzbühne, nach-

dem sie in Riga und Paris Musik und Sprachen studiert hatte. Es folgten Engagements in Revuen, Operetten und Lustspielen an Stockholmer Theatern. Seit 1935 wurde L. in Wien als Operettendiva begeistert gefeiert. Während der NS-Zeit drehte sie in Berlin zahlreiche Filme, u.a. »Zu neuen Ufern« (1937), die sie zu einem der bestbezahlten Filmstars in Deutschland machten. Ihre Lieder, z.B. »Ich weiß, es wird einmal ein Wunder gescheh'n«, die sie mit ihrer unverwechselbaren dunklen Stimme vortrug, wurden millionenmal auf Schallplatten verkauft. 1943 lehnte L. das Angebot des nationalsozialistischen Propaganda-

ministers J. Goebbels ab, die deutsche Staatsangehörigkeit sowie den Titel »Staatsschauspielerin« und einen Villenbesitz anzunehmen, und zog sich nach Schweden zurück. Daraufhin durften in Deutschland ihre Filme nicht mehr gezeigt und ihre Lieder nicht mehr gesendet werden. In ihrem Heimatland wurde L. ebenso wie im Nachkriegsdeutschland jahrelang geächtet. 1947 versuchte sie ein Comeback, war jedoch nicht sehr erfolgreich. 1972 veröffentlichte sie ihre Erinnerungen »Es war so wunderbar: Mein Leben«. Verheiratet war sie in erster Ehe mit dem Schauspieler N. Leander, in zweiter Ehe mit V. Forsell, und in dritter Ehe mit dem Kapellmeister A. Huelpers, sie hatte zwei Kinder.

Lit.: Seiler, P., Z. L. Ich bin eine Stimme, Berlin 1997

Le Beau, Luise Adolpha
Komponistin, Musikerin
25.4.1850 (Rastatt) – 17.7.1927
(Baden-Baden)
L. studierte Violine, Gesang und Klavier in
Karlsruhe und ab 1874 in München.
1885–90 lebte sie in Wiesbaden, zog dann
für drei Jahre nach Berlin und ließ sich
anschließend in Baden-Baden nieder. Neben der Oper »Der verzauberte Kalif« komponierte sie die dramatischen Kantaten
»Ruth op. 27« und »Hadumoth« sowie zahlreiche Orchester- und Kammermusikwerke,
zwei Klavierkonzerte und eine Vielzahl
von Klavierstücken und Liedern. L. galt
außerdem als eine der besten Pianistinnen
ihrer Zeit. 1910 veröffentlichte sie ihre »Lebenserinnerungen einer Komponistin«.
Lit.: Keil, U. B., L. A. L. und ihre Zeit, Frankfurt
a. M. 1996

Leber, Annedore, geb. Rosenthal
Publizistin
18.3.1904 (Berlin) – 28.10.1968 (ebd.)
Nach dem Abbruch eines Jurastudiums in
München absolvierte L. eine Schneider-
lehre in ihrer Geburtsstadt. 1927 heiratete

sie den Journa-
listen und SPD-
Reichstagsabge-
ordneten Julius
L., mit dem sie
einige Jahre in
Lübeck lebte und
zwei Kinder
hatte. Im selben
Jahr wurde sie
auch Mitglied der SPD. Als ihr Mann nach
der Regierungsübernahme durch die Nationalsozialisten mehrmals verhaftet wurde,
verdiente sie den Lebensunterhalt für die
Familie als Schneiderin. Im Januar 1945

wurde Julius L. als Mitglied des Widerstands gegen das Regime hingerichtet und
L. mit ihren Kindern in Sippenhaft genommen. In den Nachkriegsjahren leitete sie
das Frauensekretariat der SPD in Berlin
und war Mitglied der ersten Stadtverordnetenversammlung. 1949 gründete sie den
»Mosaik-Verlag«, in dem sie 1954 das Buch
»Das Gewissen steht auf. 64 Lebensbilder
aus dem deutschen Widerstand« veröffentlichte, das sie gemeinsam mit dem Polito-
logen K. D. Bracher und dem Politiker W.
Brandt erarbeitet hatte. Wenig später erschien »Das Gewissen entscheidet – Bereiche des deutschen Widerstandes von
1933–45 in Lebensbildern«.
Lit.: Dertinger, A., Frauen der ersten Stunde:
Aus den Gründerjahren der Bundesrepublik,
Bonn 1989

**Le Fort, Gertrud Auguste Lina Elsbeth
Mathilde Petrea von**
(Pse. Gerta v. Stark, Petrea Vallerin)
Schriftstellerin
11.10.1876 (Minden) – 1.11.1971
(Oberstdorf, Allgäu)
Als Kind wechselte die Tochter eines
preußischen Majors mit ihrer Familie häufig den Wohnort und besuchte erst mit 14
Jahren eine öffentliche Schule. Sie unternahm ausgedehnte Reisen durch Italien
und war besonders von Rom nachhaltig
beeindruckt. Seit 1908 studierte L. Geschichte, Philosophie und Evangelische
Theologie in Heidelberg, Marburg a. d.
Lahn und Berlin. 1922 zog sie nach Baier-
brunn bei München, seit 1939 lebte sie in
Oberstdorf. Die katholische Kirche übte
große Anziehungskraft auf die Protestantin
aus, und sie beschäftigte sich intensiv mit
religionsphilosophischen Studien. 1924
veröffentlichte sie den Gedichtzyklus

»Hymnen an die Kirche«, eine Huldigung an den Katholizismus; 1926 konvertierte sie in Rom. Ihr erster Roman »Das Schweißtuch der Veronika« erschien 1928, 1931 veröffentlichte sie die Erzählung »Die Letzte am Schafott«, die sowohl dramatisiert als auch vertont und verfilmt wurde. Dem Nationalsozialismus stand L. ablehnend gegenüber. Ende der 50er Jahre engagierte sie sich gegen die Nuklearrüstung. Unter dem Titel »Die Hälfte des Lebens« erschienen 1965 ihre Erinnerungen. L., deren zentrales Thema der christliche Glaube ist, gilt als eine der bedeutendsten katholischen Schriftstellerinnen des 20. Jhs. Sie erhielt zahlreiche Ehrungen, darunter den Droste-Hülshoff-Preis (1948), den Gottfried-Keller-Preis (1952), das Große Bundesverdienstkreuz (1953) und den Ehrendoktortitel in Theologie der Universität München (1956).
Lit.: Heinen, N., G. v. L. F. Einführung in Leben, Kunst und Gedankenwelt der Dichterin, Luxemburg (2)1960

Lehmann, Lilli (eigtl. Elisabeth Marie)
Sängerin
24.11.1848 (Würzburg) – 17.5.1929 (Berlin)
1865 gab L., die von ihrer Mutter, der Sängerin M. T. Lehmann-Löw, ausgebildet worden war, ihr Debüt in Prag. Es folgten Auftritte in Danzig, Leipzig und an der

Berliner Hofoper, wo sie bis 1910 als erste Koloratursängerin engagiert war. 1876 sang sie auf Einladung des Komponisten R. Wagner in der ersten Gesamtauf-

führung des »Ring des Nibelungen« die Partien der Woglinde, Helmwige und des Waldvogels. 1885–92 und 1898/99 feierte sie Triumphe an der New Yorker Metropolitan Opera. Das Repertoire L.s, die auch zahlreiche Gastspiele, u.a. in London, Paris und Wien, gab, umfasste 170 Rollen. 1901 regte sie die Gründung der Salzburger Mozartfeste an, die bis 1910 stattfanden und bei denen sie als Sängerin und Regisseurin mitwirkte. Seit 1916 unterrichtete sie am Mozarteum in Salzburg. L. veröffentlichte ihre Erinnerungen »Mein Weg« (1913) und das gesangspädagogische Werk »Meine Gesangskunst« (1922). Verheiratet war sie seit 1888 mit dem Tenor P. Kalisch.
Lit.: Kesting, J., Die großen Sänger des 20. Jhs., Düsseldorf 1993

Lehmann, Lotte (eigtl. Charlotte)
Sängerin
27.2.1888 (Perleberg) – 26.8.1976 (Santa Barbara/USA)
L. wurde an der Berliner Hochschule für Musik ausgebildet und erhielt nach ihrem Debüt 1910 ihr erstes Engagement an der Hamburgischen Staatsoper. 1916 holte der Komponist R. Strauss die Sopranistin an die Wiener Hofoper, wo sie u.a. in den Uraufführungen seiner Opern »Frau ohne Schatten« (1919), »Intermezzo« (1924) und »Arabella« (1933) brillierte. Ihre Interpretation der Leonore in »Fidelio«, zuerst 1927 in Wien, danach zehn Jahre lang in Salzburg, galt als eine der hervorragendsten Leistungen ihrer Karriere. Eine weitere ihrer Paraderollen war die Marschallin in »Der Rosenkavalier«, womit sie bei ihren regelmäßigen Gastspielen an der Londoner Covent Garden Opera 1924–36 weltberühmt wurde. Nach der Regierungsübernahme durch die Nationalsozialisten 1933

emigrierte L. in die USA und nahm die amerikanische Staatsbürgerschaft an. Seit ihrem Auftritt 1934 an der Metropolitan Opera in New York als Sieglinde in der »Walküre« war sie die führende Sopranistin an allen amerikanischen Opernhäusern. 1945 zog sie sich von der Opernbühne zurück, trat aber noch als Konzertsängerin auf und gab Gesangsunterricht. Sie veröffentlichte u. a. die Autobiografien »Anfang und Aufstieg« (1937) und »My many lives« (1948) sowie das gesangspädagogische Werk »More than singing. The interpretation of songs« (1945). Neben zahlreichen anderen Ehrungen erhielt L. die Ehrenmitgliedschaft der Wiener Staatsoper und war Inhaberin des Ehrenrings der Wiener Philharmoniker. Verheiratet war sie mit O. Krause.
Lit.: Jefferson, A., L. L., Zürich 1991 Wessling, B. W., Sie sang, daß es Sterne rührte. Eine Biographie, Köln 1995

Lehmus, Emilie
Medizinerin
30.8.1841 (Fürth) – 17.10.1932 (Gräfenberg b. Erlangen)
Die Pfarrerstochter arbeitete nach einem Sprachstudium in Paris zunächst als Lehrerin. 1870 immatrikulierte sie sich als erste deutsche Medizinstudentin an der Universität Zürich und wurde dort 1875 mit Auszeichnung promoviert. Mit F.→Tiburtius, die sie in Zürich kennen gelernt hatte, eröffnete L. 1876 im Norden Berlins eine Poliklinik für Patientinnen. Daraus entstand die »Klinik weiblicher Ärzte«, in der vor allem sozial schwache Frauen und Mütter medizinisch versorgt wurden. 1900 musste L. ihren Beruf aus gesundheitlichen Gründen aufgeben.

Leichter, Käthe, geb. Pick
Widerstandskämpferin
20.8.1895 (Wien) – 1942 (KZ Ravensbrück)
L. wuchs in einem intellektuellen jüdischen Elternhaus in Wien auf. 1914 begann sie in Wien mit dem Studium der Staatswissenschaften und wechselte später an die Universität Heidelberg, wo sie 1917 promoviert wurde. Im selben Jahr wurde die engagierte Pazifistin zeitweise aus Deutschland ausgewiesen. Nach dem Ende des Ersten Weltkriegs trat sie der Sozialdemokratischen Partei Österreichs bei und leitete 1925–34 das Referat für Frauenarbeit der Wiener Arbeiterkammer. L. war Mitarbeiterin zahlreicher Zeitschriften, u. a. bei »Der Kampf«, »Arbeiter-Zeitung« und »Arbeit und Wirtschaft«. Mit ihrem Mann Otto L. gehörte sie zu den Gründern der illegalen Organisation »Revolutionäre Sozialisten«, deren Informations- und Nachrichtendienst sie ab 1937 leitete. Während ihrem Mann und ihren beiden Söhnen 1938 nach dem so genannten Anschluss Österreichs die Flucht über Frankreich in die USA gelang, wurde L. von der Gestapo verhaftet. Seit 1940 wurde sie im Konzentrationslager Ravensbrück gefangen gehalten und zwei Jahre später ermordet. L. veröffentlichte u. a. »100 000 Kinder auf einen Hieb. Die Frau als Zuchtstute im Dritten Reich« (1933).
Lit.: Steiner, H. (Hg.), K. L. Leben, Werk und Sterben einer österreichischen Arbeitnehmerin, Wien 1997

Leider, Frida Anna
Sängerin
18.4.1888 (Berlin) – 4.6.1975 (ebd.)
Bereits während ihrer Ausbildung an einer Handelsschule und einer einjährigen Banktätigkeit nahm L. Gesangsunterricht. 1915

debütierte sie in Halle a. d. Saale als Venus in »Tannhäuser«. Es folgten Engagements an den Opernhäusern von Rostock, Königsberg und Hamburg. 1923–38 war L. Ensemblemitglied der Berliner Staatsoper, erhielt den Titel »Kammersängerin« und gab zahlreiche internationale Gastspiele. Seit 1928 trat die dramatische Sopranistin bei den Bayreuther Festspielen auf und wurde als eine der bedeutendsten Wagner-Sängerinnen ihrer Zeit – vor allem in ihrer Glanzrolle als Isolde – begeistert gefeiert. 1938 beendete L. ihre Bühnenlaufbahn, als ihr jüdischer Mann, der Konzertmeister der Berliner Oper R. Deman, in die Schweiz emigrieren musste. Während der Kriegsjahre trat sie als Liedersängerin auf, ihr letztes Konzert gab sie 1946. Nach Kriegsende wirkte sie in Berlin als Opernregisseurin, u.a. inszenierte sie »Tristan und Isolde« (1947). 1948 wurde sie zur Professorin an der Musikhochschule in Berlin-Charlottenburg ernannt. 1958 zog sie sich aus dem Musikleben zurück und veröffentlichte 1959 ihre Erinnerungen »Das war mein Teil«.

Lit.: Kesting, J., Die großen Sänger des 20. Jhs., Düsseldorf 1993

Leitner, Maria
Publizistin
19.1.1892 (Varaždin/Kroatien) – März 1941 (Südfrankreich)

Die Tochter deutschsprachiger jüdischer Eltern wuchs in Budapest auf und studierte 1910–13 in der Schweiz. Anschließend arbeitete sie als Auslandskorrespondentin verschiedener Budapester Zeitungen. Gegen Ende des Ersten Weltkriegs war L. Mitbegründerin des kommunistischen Jugendverbandes und wurde 1919 Mitglied der Kommunistischen Partei Ungarns. Nach dem Sturz der Räteregierung 1920 floh sie über Wien nach Berlin. Für Zeitschriften des Ullstein-Verlags, u.a. den »Uhu«, reiste sie 1925–30 durch Nord- und Südamerika und schickte Reportagen nach Deutschland, die sie im Stil des Journalisten E. E. Kisch verfasste und in den Büchern »Hotel Amerika« (1930) und »Eine Frau reist durch die Welt« (1932) veröffentlichte. 1933 floh sie über Prag nach Frankreich und wurde 1940 in Südfrankreich interniert. Seit dem 4.3.1941 gilt sie als verschollen.

Lemke, Lotte (eigtl. Charlotte)
28.1.1903 (Königsberg – heute Kaliningrad/Russland) – 19.4.1988

L. absolvierte eine Handelsschule und organisierte zunächst als Sachbearbeiterin im Staatsdienst in Königsberg u.a. Erholungs-

aufenthalte für Kinder aus dem notleidenden Ruhrgebiet. Nach einer Zusatzausbildung als Fürsorgerin wurde sie von M.→Juchacz in Berlin als stellvertretende Geschäftsführerin des Hauptausschusses der »Arbeiterwohlfahrt« angestellt. 1933 wurde L., inzwischen hauptamtliche Geschäftsführerin, von den Nationalsozialisten Berufsverbot erteilt. Unter dem Decknamen »Gerda« war sie im Widerstand tätig, organisierte illegale Geldtransporte für die »Arbeiterwohlfahrt« und unterstützte Verhaftete und deren Familien. Nach Kriegsende wurde sie von K. Schumacher mit dem Wiederaufbau der von den Nationalsozialisten zerschlagenen

»Arbeiterwohlfahrt« beauftragt. Sie änderte die Organisationsstruktur des Verbandes und erweiterte seinen Aufgabenbereich, u.a. mit Altenpflege, Betreuung ausländischer Arbeiter und Entwicklungshilfe. 1965–71 amtierte L. als Bundesvorsitzende und wurde anschließend, wie vor ihr nur Juchacz, zur Ehrenvorsitzenden der »Arbeiterwohlfahrt« ernannt.

Lit.: Dertinger, A., Frauen der ersten Stunde: Aus den Gründerjahren der Bundesrepublik, Bonn 1989

Lemnitz, Tiana (eigtl. Albertine)
Sängerin
26.10.1897 (Metz/Frankreich) – 5.2.1994 (Berlin)
Ihr Debüt gab L. 1921 in Heilbronn in »Undine«, nachdem sie in Metz und Frankfurt a. M. die Gesangsausbildung abgeschlossen hatte. Es folgten Engagements in Aachen, Hannover und an der Dresdner Staatsoper. 1934 holte der Dirigent L. Blech die Sopranistin an die Berliner Staatsoper, wo sie bis 1957 Ensemblemitglied blieb. Ihre größten Erfolge feierte sie in Mozart- und Wagner-Opern und gastierte u.a. in London und Buenos Aires. 1938 wurde mit L. als Pamina die erste Schallplattenaufnahme der »Zauberflöte« eingespielt. Wegen des weichen, lyrischen Schmelzes ihrer Stimme erhielt L., die mit den Nationalsozialisten sympathisierte, von ihren begeisterten Anhängern den Namen »Piano-Lemnitz«. Ab 1953 leitete sie das Opernstudio an der Berliner Staatsoper, die sie zum Ehrenmitglied ernannte. Seit Ende der 50er Jahre lebte sie mit ihrem Mann unter dem Namen A. Scheuer zurückgezogen in Berlin.

Lit.: Kesting, J., Die großen Sänger des 20. Jhs., Düsseldorf 1993

Lenya, Lotte (eigtl. Karoline Wilhelmine Charlotte Blamauer)
Schauspielerin, Sängerin
18.10.1898 (Wien) – 27.11.1981 (New York)
L., die aus einfachen Verhältnissen stammte, verbrachte eine entbehrungsreiche Jugend. Verwandte vermittelten ihr 1914 am Züricher Stadttheater eine Ausbildung als Tänzerin, und bereits 1916 wurde sie Mitglied des Corps de Ballet. 1920 zog sie nach Berlin und trat als Schauspielerin und Sängerin auf. 1923 lernte sie den Komponisten K. Weill kennen, den sie 1926 heiratete. Fast alle Stücke B. Brechts, die Weill vertonte, interpretierte L. als Sängerin, darunter »Die Dreigroschenoper« (1928), in der sie als Seeräuber-Jenny gefeiert wurde, und »Aufstieg und Fall der Stadt Mahagonny« (1930). 1933 ließ sie sich von ihrem Mann scheiden, folgte ihm aber ins Exil nach Frankreich und brillierte in Paris in der Uraufführung von Weills »Die sieben Todsünden«. 1935 emigrierten beide in die USA, heirateten 1937 erneut und nahmen 1943 die amerikanische Staatsangehörigkeit an. Nach Weills Tod 1950 überwachte und förderte L. die Wiederaufnahme seiner Werke. Erst ab 1955 trat sie wieder in Deutschland auf, u.a. in »Mutter Courage und ihre Kinder«, behielt aber ihren Wohnsitz in New York. In dritter Ehe war sie mit G. Davis, in vierter Ehe mit dem Maler R. Detwiler verheiratet. L. wurde mit dem Großen Bundesverdienstkreuz geehrt und veröffentlichte 1960 ihre Erinnerungen unter dem Titel »Das waren Zeiten«.

Lit.: Spoto, D., Die Seeräuber-Jenny: Das bewegte Leben der L. L., München 1990
Rosteck, J., Zwei auf einer Insel. L. L. und Kurt Weill, Berlin 1999

Leodolter, Ingrid, geb. Zechner
Politikerin
14.8.1919 (Wien) – 17.11.1986 (ebd.)

Nachdem L. 1937 die Matura-Prüfung mit Auszeichnung bestanden hatte, begann sie in Wien mit dem Medizinstudium, das sie 1943 mit der Promotion abschloss. Als Fachärztin für Innere Medizin wurde sie 1962 Leiterin des Wiener Sophienspitals. 1971 wurde L., seit 25 Jahren Mitglied der Sozialdemokratischen Partei Österreichs, als Ministerin für Gesundheitspolitik und Umweltschutz in die Regierung von B. Kreisky berufen. Sie führte den »Mutter-Kind-Pass« ein, der mit regelmäßigen, eintragungspflichtigen Untersuchungen der Neugeborenen nachhaltig zur Senkung der Säuglingssterblichkeit beitrug. Nach Kritik aus der eigenen Partei und aus der Opposition, u.a. wegen Verschwendung von Steuergeldern, trat sie 1979 von ihrem Amt zurück. Bis 1985 arbeitete sie wieder als Chefärztin am Sophienspital. Verheiratet war sie mit dem Wiener Krankenhausreferenten Josef L., mit dem sie zwei Kinder hatte.

Leopoldine
Kaiserin
22.1.1797 (Wien) – 11.12.1826
(Rio de Janeiro)

1817 wurde die Tochter des Kaisers Franz

I. mit dem portugiesischen Kronprinzen Pedro verheiratet, mit dem sie sechs Kinder hatte. Pedro lebte seit 1808 in Brasilien, denn nach der Besetzung Portugals durch die Truppen Napoleons hatte sein Vater, König João VI., die Residenz der »Vereinigten Königreiche von Portugal, Brasilien und Algarve« nach Rio de Janeiro verlegt. L. war ihrem Mann geistig weit überlegen und beriet ihn in allen Regierungsangelegenheiten. Als 1821, nach dem Abzug der französischen Truppen aus Portugal, Lissabon erneut Hauptstadt des Königreiches Portugal wurde und Brasilien wieder in den untergeordneten Rang einer Kolonie zurückgestuft werden sollte, forderte sie ihren Mann auf, in Brasilien zu bleiben und eine selbstständige Monarchie auszurufen. Doch Pedro war unentschlossen. So traf L. 1922, als sich ihr Mann auf einer längeren Reise befand und sie zu seiner Regierungsvertreterin in Rio de Janeiro ernannt hatte, eigenständig die Entscheidung, Brasiliens Unabhängigkeit von Portugal zu erklären. Daraufhin ließ sich Pedro per Akklamation zum Kaiser ernennen, krönen und salben. Als Kaiserin rief L. zahlreiche Naturwissenschaftler und Künstler an ihren Hof, und ihre Naturaliensammlung wurde zur Keimzelle des Nationalmuseums in Rio de Janeiro. Mitte der 1820er Jahre verschlechterte sich ihre Beziehung zu ihrem Mann, der sie wiederholt körperlich misshandelte, zahlreiche Affären hatte und schließlich eine seiner Geliebten zur »ersten Hofdame der Kaiserin« ernannte. L. starb nach einer Fehlgeburt.

Lit.: Oberacker, C. H. jr., L. – Habsburgs Kaiserin von Brasilien, Wien 1988

Lepsius, Sabine, geb. Graef
Malerin
15.1.1864 (Berlin) – 29.11.1942 (Bayreuth)

Die Tochter einer Malerin und eines Malers wollte zunächst Musikerin werden. Trotz

mangelhafter Schulbildung bestand sie als 15-Jährige die Aufnahmeprüfung der Königlichen Hochschule für Musik, wurde jedoch als Frau nicht in die Kompositionsklasse aufgenommen. 1884 entschloss sie sich, Malerin zu werden, und wurde Schülerin von C. Gussow in Berlin. 1887–88 lebte L. in Italien, 1890–91 studierte sie an der Académie Julian in Paris. Nach ihrer Heirat mit dem Maler Reinhold L. 1892, mit dem sie vier Kinder hatte, führte sie in Berlin einen Salon, in dem sich Gelehrte und Künstler trafen. Eine enge Freundschaft verband sie mit dem Dichter S. George, die sie 1935 in dem Buch »S. G., Geschichte einer Freundschaft« beschrieb. L., die 1898 Gründungsmitglied der Berliner Künstlervereinigung »Secession« war und ab 1900 eine eigene Malklasse betrieb, malte überwiegend Auftragsportraits, die den Einfluss des französischen Impressionismus zeigen. Erst 1972 erschienen ihre Lebenserinnerungen »Ein Berliner Künstlerleben um die Jahrhundertwende«.
Lit.: Das verborgene Museum I., Neue Gesellschaft für Bildende Kunst e. V. (Hg.), Berlin 1987

Lewald, Fanny
(Pse. Adriana, Iduna, Gräfin H...H...)
Schriftstellerin, Frauenrechtlerin
24.3.1811 (Königsberg – heute Kaliningrad/Russland) – 5.8.1889 (Dresden)
Aufgewachsen in einer jüdischen Kaufmannsfamilie, konvertierte L., knapp 20-jährig, mit Einwilligung ihres Vaters zum Protestantismus. Erfolgreich widersetzte sie sich den elterlichen Bemühungen, sie vorteilhaft zu verheiraten. Sie beschäftigte sich mit fortschrittlicher Literatur, u.a. den Schriften George Sands und L. Börnes sowie den Briefen R.→Varnhagens, knüpfte

Kontakte zu politisch engagierten Schriftstellern und Künstlern des so genannten »Vormärz« und schloss Freundschaften mit vielen bedeutenden Frauen der damaligen Zeit, darunter B. v.→Arnim, F.→Hensel und H.→Herz. 1842/43 veröffentlichte sie – anonym – ihre ersten beiden Romane »Clementine« und »Jenny«, in denen sie sich mit der Konvenienzehe und der Unterdrückung von Frauen und Juden auseinandersetzte. Nachdem L. 1844 – mit 32 Jahren endlich unabhängig von ihrer Familie – eine eigene Wohnung in Berlin beziehen konnte, folgten die Bücher »Eine Lebensfrage« (1845), ein Plädoyer für die Ehescheidung, und »Der dritte Stand« (1846), eine Parteinahme für die Armen. 1847 veröffentlichte sie den Roman »Diogena«, eine Persiflage auf die Erfolgsromane der I.→Hahn-Hahn, mit dem sie großes Aufsehen erregte. L.s schriftstellerischer Erfolg – ihre Werke erreichten die damals erstaunliche Auflagenhöhe von 4000 Exemplaren – ermöglichte es ihr, ein selbstständiges Leben zu führen. Sie unternahm zahlreiche Auslandsreisen, die sie literarisch verarbeitete. Mit ihren politischen Schriften »Osterbriefe für die Frauen« (1863) und »Für und Wider die Frauen« (1870), in denen sie sich für das Recht der Frauen auf bessere Ausbildungsmöglichkeiten und Arbeitsbedingungen einsetzte, wurde sie zu einer Wortführerin der ersten Generation der Frauenbewegung. Ihre Erinnerungen veröffentlichte L. in »Meine Lebensgeschichte« (1863) und in »Zwölf Bilder aus meinem Leben« (1888). Verheiratet war sie seit 1855 mit dem Gelehrten und Autor der »Halleschen Jahrbücher« A. Stahr, den sie 1845 auf einer Italienreise kennen gelernt hatte.
Lit.: Venske, R., Ach Fanny! Vom jüdischen

Mädchen zur preußischen Schriftstellerin: F. L., Berlin 1988
Rheinberg, B. v., F. L. Geschichte einer Emanzipation, Frankfurt a. M. 1990
Marci-Boehncke, G., F. L. Jüdin, Preußin, Schriftstellerin, Stuttgart 1998

Lex-Nerlinger, Alice, geb. Lex
Malerin
29.10.1893 (Berlin) – 17.7.1975 (ebd.)
Während ihres Studiums 1911–16 an der Unterrichtsanstalt des Kunstgewerbemuseums in Berlin lernte L.-N. den Maler O. Nerlinger kennen, den sie 1919 heiratete. Soziale und politische Missstände veranlassten sie während des Ersten Weltkriegs zu ihren ersten politischen Grafiken. Seit 1918 gehörte sie mit ihrem Mann zum »Sturm«-Kreis um H. Walden, dem Mann von E.→Lasker-Schüler. Innerhalb dieses Kreises bildete sich der linke Flügel »Die Zeitgemäßen«, dem sich das Ehepaar anschloss. 1928 trat L.-N. der KPD sowie der »Assoziation Revolutionärer Bildender Künstler« (ASSO) bei und schuf vor allem Arbeiten, die ihre politische Einstellung widerspiegeln, darunter die Fotomontagen »Arbeiten, arbeiten, arbeiten!« und »Gaskrieg«. Das Bild »§ 218« – eine Gruppe von Frauen stürzt ein Kreuz mit der Aufschrift »§ 218« um –, das sie 1931 auf der »Großen Berliner Kunstausstellung« ausstellte, wurde von der Polizei beschlagnahmt. 1933 wurde L.-N. aus dem »Reichsverband Bildender Künstler« ausgeschlossen und erhielt Malverbot. Nach 1945 setzte sie sich in der DDR für eine Erneuerung der Kunst ein und erhielt u.a. zahlreiche Aufträge vom Ministerium für Kultur.

Lichnowsky, Mechthilde Fürstin von, geb. Gräfin v. Arco-Zinneberg
Schriftstellerin
8.3.1879 (Schloss Schönburg, Niederbayern) – 4.6.1958 (London)
L. wurde in einem Kloster erzogen und heiratete 1904 den schlesischen Fürsten Karl Max v. L., der 1912–14 deutscher Bot-

schafter in England war. Durch ihr Engagement wurde die deutsche Botschaft zu einem geistigen und kulturellen Mittelpunkt Londons. 1912 veröffentlichte sie ihr erstes Buch, das ägyptische Reisetagebuch »Götter, Könige und Tiere in Ägypten«. Nach dem Tod ihres Mannes 1928 lebte L. vorübergehend an der Riviera und ab 1935 in Deutschland. In zweiter Ehe heiratete sie 1937 den Engländer R. H. Peto. Da sie sich als Gegnerin des NS-Regimes weigerte, der »Reichsschrifttumskammer« beizutreten, durfte sie fast zehn Jahre nicht publizieren. Zu ihren Werken gehören neben zahlreichen, z.T. autobiografischen Romanen, z.B. »Kindheit« (1934), auch gesellschaftskritische Satiren und Schauspiele. Ihren Lebensabend verbrachte L. in London.

Lieven, Dorothea Fürstin von, geb. v. Benkendorf
Salondame
30.12.1784 (Riga) – 27.1.1857 (Paris)
Verheiratet mit einem deutsch-baltischen Diplomaten in russischen Diensten, führte L. 1810–12 in Berlin, 1812–32 in London und ab 1837 in Paris Salons, die zum

Treffpunkt von Diplomaten und Politikern wurden. Sie war die Geliebte des Fürsten K. W. v. Metternich, des späteren englischen Königs Georg IV., des englischen Premierministers C. Earl of Grey und auch des französischen Ministerpräsidenten F. Guizot. Wegen ihrer umfassenden Verbindungen galt L. als »Europas Fürstin der Diplomatie«. Ihre Tagebücher und ihr Briefwechsel stellen eine aufschlussreiche Quelle für die Geschichte der europäischen Politik ihrer Zeit dar.

Linden, Maria Gräfin von
Bakteriologin
18.7.1869 (Burgberg b. Heidenheim) –
26.8.1936 (Schaan/Liechtenstein)
1892 begann L. in Tübingen als erste Frau an einer deutschen Universität das Studium der Naturwissenschaften (Mathematik, Physik, Mineralogie und Zoologie) – mit einer Sondergenehmigung als Gasthörerin. Zuvor war sie, ebenfalls mit Sondergenehmigung, als erstes Mädchen in Württemberg zur Reifeprüfung zugelassen worden. Im Dezember 1895 wurde sie promoviert. Nach einer mehrjährigen Tätigkeit als Assistentin an den Zoologischen Instituten der Universitäten Tübingen und Halle a. d. Saale wechselte sie 1899 an das Hygiene-Institut der Universität Bonn, 1908 wurde sie Leiterin der Parasitologischen Abteilung des Instituts. Zwei Jahre später erhielt L. an der Universität Bonn als erste Frau im preußischen Staat eine außerordentliche Professur. Ihre Forschungsgebiete waren Bakteriologie, Parasitologie, Chemotherapie und Infektionskrankheiten, besonders Tuberkulose. 1933 fiel sie in politische Ungnade und wurde von den Nationalsozialisten ihres Amtes enthoben. Die Wissenschaftlerin erhielt

zahlreiche Ehrungen, u.a. war sie seit 1902 Mitglied der Deutschen Akademie der Naturforscher Leopoldina, und 1903 wurde ihr der Da-Gama-Machado-Preis der französischen Akademie der Wissenschaften verliehen. Zu ihren bekanntesten Veröffentlichungen zählt »Parasitismus im Tierreich« (1915).
Lit.: Junginger, G. (Hg.), M. v. L.: Erinnerungen der ersten Tübinger Studentin, Tübingen 1991

Lips, Eva, geb. Wiegandt
Ethnologin
6.2.1906 (Leipzig) – 24.6.1988 (ebd.)
Durch ihren Mann, den Ethnologen Julius L., wurde L.s Interesse für die Völkerkunde geweckt. Nach der Heirat 1924 wurde sie seine Gehilfin, u.a. bei seiner Tätigkeit als Direktor des Kölner Rautenstrauch-Joest-Museums, obwohl sie nicht einmal die Hochschulreife erworben hatte. 1934 emigrierte sie mit ihm über Paris in die USA. Dort arbeitete sie als seine wissenschaftliche Mitarbeiterin an der Columbia University und der New School for Social Research in New York. Schwerpunkt ihrer Forschungen waren indianische Wirtschaftsformen und indianisches Recht. Nach ihrer Rückkehr nach Deutschland 1948 begann L. in Leipzig das Studium der Ethnologie, das sie 1951 mit der Promotion abschloss. 1954 habilitierte sie sich mit einer Arbeit über »Die Reisernte der Ojibwa-Indianer« und arbeitete als Privatdozentin für Ethnologie und Vergleichende Rechtssoziologie. 1960 wurde sie zur Professorin berufen und erhielt 1966 als erste Frau einen Lehrstuhl an der Universität Leipzig. L. veröffentlichte zahlreiche Werke über die Indianer Nordamerikas und war Mitglied des Schriftstellerverbandes der DDR sowie des PEN-Clubs.

Lit.: Bodeit, F. (Hg.), Ich muß mich ganz hingeben können. Frauen in Leipzig, Leipzig 1990

Lipsius, Marie (Ps. La Mara)
Musikwissenschaftlerin
30.12.1837 (Leipzig) – 2.3.1927 (Schmölen
b. Wurzen)
L., die aus einer Gelehrtenfamilie stammte,
erhielt eine gründliche musikalische Ausbildung und gehörte seit 1856 dem Kreis
um den Komponisten F. Liszt an. Nachdem
sie einige Aufsätze für »Westermanns Mo-
natshefte« geschrieben hatte, veröffentlichte sie 1868 das Lexikon »Musikalische
Studienköpfe«, das – von 1875–82 auf fünf
Bände erweitert – mehrfach neu aufgelegt
wurde und bis heute wegen seiner historischen Genauigkeit eine verlässliche
Quelle zur Musikgeschichte ist. Zu ihren
zahlreichen Veröffentlichungen gehören
u.a. »Musikerbriefe aus fünf Jahrhunderten« (1886). Anlässlich ihres 80. Geburtstags erhielt L., die auch zahlreiche Lieder
komponierte, den Professorentitel. 1917
erschien ihre zweibändige Autobiografie
»Durch Musik und Leben im Dienste des
Ideals«.

Lohse-Wächtler, Elfriede, geb. Wächtler
Malerin
1899 (Dresden) – 31.7. od. 1.8.1940
(b. Brandenburg a. d. Havel)
Bereits als 17-Jährige verließ L.-W. ihr
gutbürgerliches Elternhaus und begann ein
Kunststudium an der Dresdner Kunstgewerbeschule. Ihren Lebensunterhalt verdiente sie u.a. mit Gebrauchsgrafiken und
Batiken. 1921 heiratete sie den Opernsänger und Maler K. Lohse und zog mit ihm
1927 nach Hamburg. Dort entstanden ihre
wichtigsten Arbeiten: Großstadtszenen,
Landschaften, Tierdarstellungen und vor

allem Portraits, die eine deutliche Nähe
zum Expressionismus und Realismus zeigen. Nach einem Nervenzusammenbruch
verbrachte L.-W. zwei Monate in einer
Nervenheilanstalt und kehrte 1931 zu
ihren Eltern nach Dresden zurück. Wegen
ihrer Krankheit, die als Schizophrenie diagnostiziert wurde, lebte sie ab Mitte 1932
in der »Heilanstalt« Arnsdorf b. Dresden,
wo sie in den ersten Jahren noch künstlerisch arbeitete. 1935 wurde sie von ihrem
Mann geschieden, erhielt einen Vormund
und wurde zwangssterilisiert. Ende Juli
1940 wurde sie im Rahmen der von den
Nationalsozialisten initiierten Tötungsak-
tion »T 4« in der Landesheil- und -pflege-
anstalt Pirna-Sonnenstein deportiert und
vergast. Zu ihren Lebzeiten wurden L.-W.s
Bilder mehrfach ausgestellt, u.a. in der
Hamburger Kunsthalle. Ab 1959 bemühte
sich ihr Bruder H. Wächtler um ihre künstlerische Rehabilitation und erreichte, dass
ihre wenigen noch erhaltenen Bilder in
zahlreichen Ausstellungen gezeigt wurden.
Lit.: Küster, B. (Hg.), Malerinnen des XX. Jhs.,
Bremen 1995
Reinhardt, G. u.a. (Hgg.), Im Mahlstrom des
Lebens versunken … E. L.-W. 1899–1940. Leben und Werk, Köln 1996

Lomnitz, Marie Louise, geb. Klamroth
Blindenschriftexpertin
14.12.1863 (Moskau) – 17.5.1946 (Leipzig)
L., die am Konservatorium in Leipzig zur
Organistin ausgebildet worden war, beteiligte sich 1894 an der Gründung der Deutschen Zentralbücherei für Blinde in Leipzig
und wurde deren Leiterin. Sie richtete eine
zentrale Auskunfts- und Beratungsstelle
ein, ein Archiv für Blindenbibliografie sowie eine Lehrmittelwerkstatt. Außerdem
entwickelte sie auf der Basis der Blinden-

schrift L. Brailles eine systematische Punktschrift-Typografie, wozu sie 1930 auch ein Lehrbuch verfasste. In Anerkennung ihrer Verdienste um die Aus- und Weiterbildung von Blinden wurde L. 1925 zur Ehrenbürgerin der Stadt Leipzig und 1928 zur Ehrensenatorin der Universität ernannt.

Loos, Cécile Ines (eigtl. Ines Cäcilia)
Schriftstellerin
4.2.1883 (Basel) – 21.1.1959 (ebd.)
Nach dem frühen Tod der Eltern wuchs L. bei Pflegeeltern und in einem Armenwaisenhaus auf. Ab 1902 arbeitete sie als Erzieherin in der Schweiz, in England und Irland. Nach der Geburt ihres nichtehelichen Sohnes 1911 geriet sie in eine schwere Lebenskrise und musste sich psychiatrisch behandeln lassen. Mit dem Schreiben versuchte sie, diese Krise zu überwinden. 1925 nahm sie mit dem Märchen »Schivagrudel« an einem literarischen Wettbewerb teil und erhielt den ersten Preis. Durch ihren Erfolg motiviert, schrieb sie den Roman »Matka Boska«, der 1929 erschien und sie im gesamten deutschen Sprachraum bekannt machte. L.s weitere Romane und Erzählungen fanden kaum noch Leser, so dass ihr Verlag ihr kündigte und sie ihren Lebensunterhalt mit Gelegenheitsarbeiten, Übersetzungen und als Astrologin verdienen musste. Bis ins hohe Alter veröffentlichte sie auch Skizzen und Feuilletons in Zeitschriften. Als 1983 L.s Romane, u.a. »Der Tod und das Püppchen« (1939), neu aufgelegt wurden, fanden sie große Beachtung.
Lit.: Linsmayer, C., Ich fand nirgends eine Heimat außer bei mir selbst. Leben und Werk der Schriftstellerin C. I. L., Frankfurt a. M. 1990

Lorentz, Lore, geb. Schirmer
Kabarettistin
12.9.1920 (Mährisch-Ostrau – heute Ostrava/Tschechien) – 22.2.1994 (Düsseldorf)
Obwohl L. schon während der Schulzeit Schauspielunterricht nahm, begann sie nach dem Abitur mit dem Studium der Geschichte, Philosophie und Germanistik in Wien und Berlin. Während des Krieges lernte sie den Politikstudenten Kay L. kennen, den sie 1944 heiratete und mit dem sie vier Kinder hatte. 1947 gründete das Paar in Düsseldorf das politisch-literarische Kabarett

»Das Kom(m)ödchen« (»Kleine Literaten-, Maler- und Schauspielerbühne«). »Positiv dagegen« war der Titel des ersten Programms – und auch Motto des »Kom(m)ödchens« bis in die Gegenwart. Schon kurz nach Kriegsende war die Kabaretttruppe auf Gastspielreisen im Ausland willkommen: 1949 in Zürich, 1951 in London und 1952 in Den Haag. Als Vortragskünstlerin und Chansonsängerin war L., die Selbstironie und eine liebevoll-kritische Distanz zur deutschen Vergangenheit und Gegenwart auszeichneten, Star des Ensembles. Zu den erfolgreichsten Darbietungen der »Prinzipalin« zählten die Programme »Es geht um den Kopf« (1969), »Das gestrichene M« (1977), »Marschmusik für Eingänger« (1986) sowie ihr Soloauftritt »Denk' ich an Deutschland« (1990). Treffend charakterisierte sie noch in den 80er Jahren ihre ungebrochene Motivation mit dem Chanson »Die Wut ist jung, so können sie nicht mit mir verfahren. Ich schenke ihnen nach all den Jahren doch nicht mein Schweigen.« L. und ihr Mann erhielten zahlreiche Ehrungen, u.a. den Jacques-Offenbach-Preis der Stadt Köln, den nordrhein-westfälischen Staatspreis, die Ehrengabe der Düsseldorfer Heinrich-Heine-Gesellschaft und den Ehrenpreis zum Deutschen Kleinkunstpreis. 1978 wurde L. zur Professorin für Chanson, Song und Musical an der Folkwang-Schule in Essen ernannt.

Lit.: Dertinger, A., Frauen der ersten Stunde: Aus den Gründerjahren der Bundesrepublik, Bonn 1989
Wenn es dem Kom(m)ödchen nicht gefällt ... Ein Kabarett in Deutschland, Düsseldorf 1999

Loth, Katharina, geb. Gottbill
Unternehmerin
vor 1700 (Saarland) – 12.12.1762 (St. Ingbert)
Die Tochter eines Hüttenmeisters heiratete 1729 den Schmiedemeister und Hüttenpächter Joseph L., mit dem sie fünf Kinder hatte. Nach dem Tod ihres Mannes 1743 übernahm sie die Leitung des von ihm gepachteten Eisenwerks in St. Ingbert, das aus zwei Hochöfen sowie einem Hammer- und Walzwerk bestand. Nach einigen schwierigen Jahren ohne ausreichende Holz- und Eisenerzversorgung und mit Absatzproblemen gelang es ihr, das Werk zu einem so blühenden Unternehmen auszubauen, dass der Besitzer des Werkes, die Grafschaft Blieskastel, einen höheren Pachtzins forderte. Daraufhin errichtete L. auf nassau-saarbrückischem Territorium in Rentrisch ein neues Hammerwerk, den so genannten »Lottenhammer«, und erwarb die Konzession für eine neue Hütte bei Illingen, mit der sie die Roheisenversorgung sicher stellte. Zusätzlich pachtete sie die Fischbacher Schmelze von den benachbar-

ten saarbrückischen Werken. Die Loth'sche Werksgruppe wurde nach L.s Tod von ihren Söhnen weitergeführt, bis sie 1779 in einem Prozess gegen die fürstliche Regierung in Saarbrücken die Pachtrechte verloren.

Louise Henriette von Brandenburg
27.11.1627 (Den Haag) – 18.6.1667 (Berlin)
Auf Drängen ihrer ehrgeizigen Mutter →Amalie von Solms-Braunfels wurde die Tochter des Prinzen Frederik Hendrik von Oranien 1646 mit Friedrich Wilhelm von Brandenburg, dem »Großen Kurfürsten«, verheiratet, mit dem sie sechs Kinder hatte. Das Paar lebte zunächst in Kleve und zog erst 1648 in das vom 30-jährigen Krieg verheerte Brandenburg. L. H. setzte ihre große Mitgift von 120.000 Talern gezielt zum Aufbau des Landes ein. Aus ihrer niederländischen Heimat warb sie Kanalbauer an, die Feuchtgebiete trocken legten, und Bauern, die in dem nördlich von Berlin gelegenen Amt Bötzow ein landwirtschaftliches Mustergut mit Meierei und Viehzucht aufbauten. In Bötzow, das ihr Mann ihr schenkte und das ihr zu Ehren den Namen »Oranienburg« erhielt, wurde ein Schloss errichtet, in dem L. H. das erste Porzellankabinett in Deutschland einrichtete. Die Aussöhnung mit Polen 1657, die Voraussetzung für die Anerkennung der brandenburgischen Souveränität des Hauses Hohenzollern über das Herzogtum Preußen war, wird auf ihre Initiative zurückgeführt.

Lit.: Onder den Oranje Boom, Ausstellungskatalog, Oranienburg 1999

Ludwig, Paula
Dichterin
5.1.1900 (Altenstadt, Vorarlberg) – 27.1.1974 (Darmstadt)

L. wuchs in Linz und ab 1914 in Breslau auf, wo sie in einer Malschule als Dienstmädchen arbeitete und gleichzeitig die Breslauer Dichterschule besuchte. Nach der Geburt ihres nichtehelichen Sohnes zog sie nach München und verdiente ihren Lebensunterhalt als Malermodell und Souffleuse. Sie fand Zugang zum Kreis um den Dichter S. George und befreundete sich u.a. mit E.→Lasker-Schüler, K. und E.→Mann sowie H. Kasack, der 1919 ihr erstes Buch »Die selige Spur« herausgab. Nach ihrem Umzug 1923 nach Berlin erschien u.a. der Gedichtband »Der himmlische Spiegel« (1927). 1933 emigrierte L. nach Österreich und 1938 über die Schweiz und Frankreich nach Brasilien, wo sie als Malerin und Kunsthandwerkerin tätig war. Erst 1953 kehrte sie nach Deutschland zurück und lebte ab 1958 in Darmstadt. Im selben Jahr erschien eine Auswahl ihrer Gedichte aus den Jahren 1920–58, 1986 die Gesamtausgabe ihres Werks. Ihre Gedichte werden dem Umfeld des Expressionismus zugerechnet. 1962 wurde sie mit dem Georg-Trakl-Preis und 1972 mit dem Preis des österreichischen Schriftstellerverbandes ausgezeichnet.

Lüders, Marie-Elisabeth
Politikerin
25.6.1878 (Berlin) – 23.3.1966 (ebd.)

Zunächst unterrichtete L., die eine höhere Töchterschule und eine Wirtschaftsfrauenschule besucht hatte, an einem Mädchenpensionat in Weimar. 1909 wurde die Beamtentochter als eine der ersten Studentinnen an der Friedrich-Wilhelm-Universität

in Berlin im Fach Staatswissenschaften zugelassen. Nach der Promotion 1912 war L. als Wohnungspflegerin (1912–14), Leiterin der Kriegsfürsorgestelle (1914–15) in Berlin-Charlottenburg sowie als Leiterin der Sozialen Hilfsstelle für Belgische Frauen in Brüssel (1915–16) und im Verein für Säuglings- und Mütterfürsorge in Düsseldorf tätig. 1916 übernahm sie die Leitung der Frauenarbeitszentrale im Kriegsministerium in Berlin. 1918–21 arbeitete sie als Studiendirektorin an der Niederrheinischen Frauenakademie in Düsseldorf, war 1919 Abgeordnete der Deutschen Demokratischen Partei in der Verfassunggebenden Nationalversammlung und 1920–1932 Mitglied des Reichstags. 1933 wurde sie ihrer Ämter enthoben. 1937 wurde L. von der Gestapo vorübergehend festgenommen und mit Arbeits- und Publikationsverbot belegt. Während des Zweiten Weltkriegs übernahm sie Hilfsarbeiten in der Wissenschaft und im sozialen Bereich. Nach Kriegsende lehrte sie zunächst an der Universität in Berlin. 1948 war sie für die Freie Demokratische Partei Stadtverordnete in Berlin und 1953–61 Mitglied des Bundestages, dessen Alterspräsidentin sie seit 1957 war. Besonderes Anliegen L.s, die sich auch in der gemäßigten Frauenbewegung engagierte, war eine Reform des Jugendwohlfahrts-, Familien- und Strafrechts. Der rechtliche Status deutscher Frauen, die mit Ausländern verheiratet sind, wurde nach einem Gesetz geregelt, das nach ihr »Lex Lüders« ge-

nannt wurde. Die Stadt Berlin ernannte L. zur Ehrenbürgerin. 1963 erschien ihre Autobiografie »Fürchte dich nicht. Persönliches und Politisches aus mehr als 80 Jahren«.
Lit.: Huffmann, U. u.a. (Hgg.), Frauen in Wissenschaft und Politik, Düsseldorf 1987

Luise Auguste Wilhelmine Amalie von Preußen
Königin
10.3.1776 (Hannover) – 19.7.1810 (Schloss Hohenzieritz b. Neustrelitz)
Die Tochter des Herzogs Karl II. von Mecklenburg-Strelitz wurde 1793 mit dem preußischen Kronprinzen, ab 1797 König Friedrich Wilhelm III., verheiratet. Mit ihm hatte sie zehn Kinder, von denen drei früh starben. Nach der Niederlage Preußens gegen die Truppen Napoleons 1806 bei Jena und Auerstedt floh L. mit ihren Kindern über Königsberg nach Memel. Im Sommer 1807 versuchte sie in Tilsit, auf Wunsch ihres Mannes und mit Instruktionen des Außenministers K. A. v. Hardenberg versehen, von Napoleon mildere Friedensbedingungen für Preußen zu erreichen, was jedoch vergeblich blieb. Ende 1809 kehrte sie an den Hof nach Berlin zurück, ein halbes Jahr später starb sie an einer Lungenentzündung. Ein politischer Einfluss L.s auf ihren Mann oder die Reformer um Hardenberg und A. v. Stein ist nicht nachzuweisen, zumal sie nur über geringe Bildung verfügte. Dennoch verklärten ihr früher Tod, ihre Schönheit und ihr Bittgang zum »Erzfeind« Napoleon, der als Aufopferung für die Nation gefeiert wurde, ihr Bild in der Bevölkerung. L. wurde als Engel der Freiheitskriege verherrlicht, als Idealbild einer tugendreichen Frau und Mutter sowie als Märtyrerin, »deren Herz

über dem Schicksal Preußens brach«. Die »Luisen-Legende« wurde in zahllosen Biografien und Romanen bis in die NS-Zeit wach gehalten.
Lit.: Gersdorff, D. v., Königin L. und Friedrich Wilhelm III. Eine Liebe in Preußen, Berlin 1996
Ohff, H., Ein Stern in Wetterwolken. Königin L. v. Preußen, München (4)1998

Luksch-Makowsky, Elena, geb. Makowsky
Malerin, Bildhauerin
13.11.1878 (St. Petersburg/Russland) – 15.8.1967 (Hamburg)
Als 16-Jährige begann die Tochter eines Malers ihr Studium der Malerei bei I. Repin in St. Petersburg und studierte gleichzeitig Bildhauerei. 1898 erhielt sie ein Stipendium zum Studium in München, wo sie den Wiener Bildhauer R. Luksch kennen lernte, den sie 1900 heiratete und mit dem sie nach Wien zog. L.-M. nahm an den Ausstellungen der »Wiener Secession« teil und wurde 1901 deren erstes weibliches Mitglied, verließ die Gruppe jedoch 1905 gemeinsam mit G. Klimt. 1907 folgte sie ihrem Mann, der Professor an der Kunstgewerbeschule wurde, nach Hamburg. Dort schuf sie zahlreiche Plastiken, Reliefs, Gemälde, Aquarelle und kunstgewerbliche Arbeiten, wie z.B. Postkarten. L.-M., eine Vertreterin des Jugendstils, behandelte in vielen ihrer Werke, etwa in der lebensgroßen Plastik »Frauenschicksal« (1910–12), den Zwiespalt zwischen traditioneller Frauenrolle und Künstlerinnenberuf, ein Konflikt, der auch ihr eigenes Leben bestimmte. Anfang der 20er Jahre ließ sie sich scheiden, künstlerisch tätig war sie bis in die 50er Jahre. 1954 wurde ihr in Hamburg eine große Einzelausstellung gewidmet. 1989 wurden ihre »Kindheits- und Jugenderinnerungen« veröffentlicht.

Luxemburg, Rosa
Politikerin
5.3.1870 od. 1871 (Zamość/Polen) – 15.1.1919 (Berlin)

Aufgewachsen in einer aufgeklärten jüdischen Kaufmannsfamilie, legte L. an einem Warschauer Mädchengymnasium das Abitur ab. Wegen eines Hüftleidens war sie leicht gehbehindert. Schon als Schülerin beschäftigte sie sich mit den Schriften von K. Marx, und als ihr wegen der Mitarbeit  in einer polnischen Sozialistengruppe die Verhaftung drohte, floh sie 1889 in die Schweiz. In Zürich begann sie mit dem Studium der Naturwissenschaften, die damals an der Phil. Fakultät gelehrt wurden. Dann wechselte sie zu Öffentlichem Recht und Nationalökonomie und wurde 1897 mit einer Dissertation über die industrielle Entwicklung Polens promoviert. Während ihrer Studienjahre beteiligte sich L. mit ihrem Freund, dem emigrierten polnischen Sozialisten L. Jogiches, an der Gründung der Partei »Sozialdemokratie des Königreichs Polen« und einer Zeitung, der »Sache der Arbeiter«. 1898 war sie Chefredakteurin der »Sächsischen Abendzeitung«. Im selben Jahr ging sie eine Scheinehe mit G. Lübeck, dem Sohn einer Freundin ein, um sich als deutsche Staatsangehörige in der führenden sozialistischen Partei Europas, der SPD, engagieren zu können. Sie wurde Mitarbeiterin der Parteipresse, Delegierte bei internationalen Konferenzen und lehrte an der zentralen Parteischule in Berlin. Im so genannten »Revisionismusstreit« innerhalb der SPD bezog die brillante Rhetorikerin seit 1899 entschieden Position gegen den gemäßigten Parteitheoretiker E. Bernstein und forderte die gewaltsame Eroberung der Macht durch das Proletariat. Als überzeugte Internationalistin und Antimilitaristin war L. empört, als die SPD-Reichstagsabgeordneten Anfang August 1914 für die Bewilligung der Kriegskredite stimmten. Im Januar 1915 wurde L. wegen »Aufwiegelung einer Menschenmenge zum Ungehorsam« inhaftiert, während ihres einjährigen Gefängnisaufenthaltes entstand die »Junius-Broschüre« (»Die Krise der Sozialdemokratie«, 1915), mit der sie die offizielle Parteiversion eines legitimen Verteidigungskrieges widerlegte. Bereits im Herbst 1914 gründete L. gemeinsam mit K. Liebknecht die »Gruppe Internationale«, eine Gruppierung innerhalb der SPD (später Spartakusbund, 1917 der neu gegründeten USPD angeschlossen), an deren »Politischen Briefen« (»Spartakusbriefe«) sie nach Ende ihrer Haft im Januar 1916 mitarbeitete. Bereits im Sommer 1916 wurde L. erneut verhaftet, im Gefängnis verfasste sie die Schrift »Die Russische Revolution« mit dem berühmten Satz »Freiheit ist immer Freiheit der Andersdenkenden.« Nach ihrer Entlassung am 9.9.1918 vereinigten L. und Liebknecht die Linke im »Spartakusbund«, der die treibende Kraft der Novemberrevolution wurde und aus dem zum Jahreswechsel 1918/19 eine eigenständige kommunistische Partei (KPD) hervorging. Inzwischen tobten in Berlin blutige Auseinandersetzungen revolutionärer Arbeiter und Matrosen gegen Freikorps- und Regierungstruppen, die Mitte Januar 1919 mit der Niederlage der Aufständischen endeten. L. und Liebknecht wurden von Offizieren des ehemaligen kaiserlichen Militärs gefangen genommen, misshandelt und ermordet. L.s Leichnam wurde in den Landwehrkanal geworfen und in der Nacht vom 31.5. zum 1.6.1919 entdeckt. Die Beisetzung fand am 13.6.1919 statt.

Lit.: Ettinger, E., R. L. Ein Leben, Bonn 1990
Bergmann, T. u.a. (Hgg.), Die Freiheit der Andersdenkenden. R. L. und das Problem der Demokratie, Hamburg 1995
Laschitza, A., Im Lebensrausch trotz alledem. R. A. Eine Biographie, Berlin 1996
Hetmann, F., Eine Kerze, die an beiden Enden brennt. Das Leben der R. L., Freiburg i. Br. 1998

M

Märten, Lu (eigtl. Louise Charlotte)
Publizistin
24.9.1879 (Berlin) – 12.8.1970 (ebd.)
M. verbrachte eine unglückliche Kindheit, die von Armut und Krankheit geprägt war. Autodidaktisch bildete sie sich in Geschichte, Philosophie, Volkswirtschaft und Kunstgeschichte und war seit 1902 publizistisch tätig. Sie engagierte sich für die Bodenreform und die Frauenbewegung, veröffentlichte aber auch Märchen, Gedichte und Schauspiele. In den 20er Jahren konzentrierte sich ihre Arbeit auf kunsttheoretische Fragen. 1924 erschien ihr Hauptwerk »Wesen und Veränderung der Formen (Künste)«, das heute als ein wichtiger Beitrag zur materialistischen Ästhetik gilt, jedoch weitgehend auf Unverständnis stieß, als es veröffentlicht wurde. Von den Nationalsozialisten wurde M., die 1903 der SPD und 1920 der KPD beigetreten war, mit Publikationsverbot belegt und musste unter ärmlichsten Bedingungen leben. Nach 1945 arbeitete sie – obwohl sie in Westberlin wohnte – für Ostberliner Verlage, u.a. für »Volk und Wissen« und den »Akademie Verlag«.

Lit.: Kambas, C., Die Werkstatt als Utopie.
L. M.s literarische Arbeit und Formästhetik seit 1900, Tübingen 1988

Mahler-Werfel, Alma Maria Margarethe, geb. Schindler
31.8.1879 (Wien) – 11.12.1964 (New York)
Die Tochter des Wiener Malers Emil S. wurde als Pianistin und Komponistin ausgebildet. 1902 heiratete sie den 19 Jahre älteren Komponisten und Dirigenten G. Mahler, mit dem sie zwei Töchter hatte. Er untersagte seiner Frau, die bereits zahlreiche Lieder kom-

poniert hatte, jede weitere Tätigkeit als Komponistin, was sie zeitlebens befolgte. Nach dem Tod ihres Mannes 1911 hatte M.-W. eine dreijährige leidenschaftliche Beziehung zu dem Maler O. Kokoschka, der sie 1914 als »Windsbraut« malte. 1915 heiratete sie den Architekten W. Gropius, ihre beiden gemeinsamen Töchter starben früh. 1920 ließ M.-W. sich scheiden und heiratete 1929 den Schriftsteller F. Werfel, mit dem sie bereits eine fast zehnjährige Liebesbeziehung verband. Gemeinsam emigrierten sie 1938 über Frankreich und Spanien in die USA. Nach Werfels Tod 1945 lebte M.-W. bis 1952 in Beverly Hills und zog dann nach New York. Sie verwaltete sowohl Mahlers als auch Werfels künstleri-

sches Erbe. Ihre 1960 erschienenen Erinnerungen »Mein Leben« sind ein wichtiges Dokument zur Zeit- und Musikgeschichte.
Lit.: Wessling, B. W., Alma. Gefährtin von Gustav Mahler, Oskar Kokoschka, Walter Gropius, Franz Werfel, Düsseldorf (2)1984
Giroud, F., A. M.-W. oder die Kunst geliebt zu werden, Wien–Darmstadt 1989

Mallinckrodt, Pauline von
Ordensgründerin
3.6.1817 (Minden) – 30.4.1881 (Paderborn)
M. besuchte in Aachen eine höhere Töchterschule und sorgte nach dem Tod der Mutter 1834 für ihre jüngeren Geschwister. Seit dem Umzug der Familie nach Paderborn 1839 arbeitete sie als Krankenpflegerin, vor allem für Kinder. 1840 gründete sie ein Kinderheim und 1842 eine Ausbildungsstätte für blinde Kinder. Auf Anraten eines Kölner Bischofs erwarb sie 1849 mit ihrem eigenen Vermögen Grundbesitz und gründete die »Kongregation der Schwestern der christlichen Liebe«, deren Oberin sie wurde. Der Orden widmete sich vor allem pädagogischen und karitativen Aufgaben. 1870 bestanden 20 Niederlassungen der Kongregation, in denen 250 Schwestern tätig waren. Als während des so genannten »Kulturkampfes« ab 1871 viele Klöster geschlossen wurden, zogen sich die Schwestern in das Mutterhaus nach Paderborn zurück. M. reiste 1873 nach Amerika und fand Möglichkeiten, viele Schwestern dort anzusiedeln. Sie selbst zog 1877, als auch das Paderborner Kloster geschlossen wurde, mit einigen Schwestern nach Belgien, konnte jedoch 1880 nach Paderborn zurückkehren. 1881 gehörten 45 Häuser mit 402 Schwestern zum Orden, davon 26 Häuser in den USA und acht in Chile. 1985 wurde M. selig gesprochen.

Lit.: Sander-Wietfeld, K., P. v. M. Ein Lebensbild, (2)1992

Maltzan, Maria Helene Françoise Izabel Gräfin von
Widerstandskämpferin
25.3.1909 (Militsch – heute Milicz/Polen) – 12.11.1997 (Berlin)
Nach dem Lyzeumsbesuch und dem Abitur in Berlin begann M., die auf einem schlesischen Schloss aufgewachsen war, 1928 mit dem Studium der Naturwissenschaften in Breslau und wurde 1933 in München promoviert. 1935 heiratete sie den Kabarettisten W. V. Hillbring, zog nach Berlin und schrieb Zeitungsartikel und Hörspiele. Nach der Scheidung nahm sie 1940 das Studium der Veterinärmedizin auf, das sie 1943 mit der Approbation als Tierärztin abschloss. Während der NS-Zeit stand M. in engem Kontakt zur Schwedischen Kirche in Berlin und half zahlreichen politisch und rassisch Verfolgten zur Flucht aus Deutschland, indem sie sie versteckte – zeitweise sogar in ihrer eigenen Wohnung –, ihnen gefälschte Ausweise verschaffte oder sie nachts über die Grenze schleuste, einmal sogar schwimmend durch den Bodensee. Nach Kriegsende eröffnete sie eine Tierarztpraxis in Berlin und heiratete ihren Lebensgefährten, den Juden H. Hirschel, den sie 1942–45 in ihrer Wohnung in einem Hohlraum in ihrem Sofa vor der Gestapo verborgen hatte. Die Ehe hielt nur kurze Zeit, aber 1972 heiratete das Paar ein zweites Mal. Als Tierärztin reiste M. jahrelang mit Zirkusunternehmen umher, bis sie wegen Medikamentenabhängigkeit ihre Zulassung verlor. 1963, nach einer Therapie, erwarb sie erneut die Zulassung als Tierärztin und eröffnete eine Praxis in Berlin-Kreuzberg. Unter dem Ti-

tel »Versteckt« wurde ihr Leben verfilmt. 1986 veröffentlichte M. ihre Erinnerungen »Schlage die Trommel und fürchte dich nicht«.

Lit.: Silver, E., Sie waren stille Helden, München 1994

Mammen, Jeanne
(eigtl. Gertrud Johanna Louise)
Malerin
21.11.1890 (Berlin) – 22.4.1976 (ebd.)
Seit 1895 lebte M. mit ihrer wohlhabenden Familie in Paris. 1906–07 besuchte sie dort die Académie Julian, 1908–10 die Académie Royale des Beaux Arts in Brüssel und 1911 für ein Jahr die Scuola Libera Accademia Villa Medici in Rom. Nach Beginn des Ersten Weltkriegs floh die Familie 1914 über Amsterdam nach Berlin, wo M. sich 1919 ein eigenes Atelier einrichtete und 1924–33 als Illustratorin für die Zeitschriften »Die Jugend«, »Simplicissimus« und »Uhu« arbeitete. Ihre Werke aus den 20er Jahren gehören zum Umfeld der »Neuen Sachlichkeit« und zeigen häufig junge Frauen, die sich zärtlich umarmen. Nach der Regierungsübernahme durch die Nationalsozialisten erhielt M., die Mitglied der illegalen KPD war, Ausstellungsverbot und wandte sich demonstrativ dem französischen Kubismus zu. Nach 1945 arbeitete sie wieder als Grafikerin und entwarf außerdem Kostüme und Bühnenbilder für das Kabarett »Die Badewanne«. Nachdem die Berliner Akademie der Künste bereits 1960 ihr Gesamtwerk präsentiert hatte, wurden Anfang der 70er Jahre vor allem ihre Bilder aus den 20er Jahren, dem Höhepunkt ihrer künstlerischen Schaffenszeit, ausgestellt.

Lit.: Lütgens, A., Nur ein Paar Augen sein … J. M. (1890–1976), eine Künstlerin in ihrer Zeit, Diss. Berlin 1991

Mann, Erika Julia Hedwig
Schauspielerin, Schriftstellerin
9.11.1905 (München) – 27.8.1969 (Zürich)
Die älteste Tochter des Schriftstellers Thomas M. begann nach dem Abitur 1924 eine Ausbildung als Schauspielerin in Berlin, die sie jedoch nicht beendete. Einen ersten Bühnenerfolg feierte sie 1925 in dem Stück »Anja und Esther« ihres Bruders Klaus M. in München. 1926 heiratete sie den Schauspieler G. Gründgens, von dem sie sich drei Jahre später wieder scheiden ließ. Als »Literary Mann-Twins« unternahmen M. und ihr Bruder Klaus 1927 eine Welttournee, die sie vor allem in den USA bekannt machte. Anfang 1933 gründeten sie zusammen mit T.→Giehse in München das antifaschistische Kabarett »Die Pfeffermühle«, das schon kurz darauf verboten wurde. Nach der Flucht in die Schweiz im März 1933 gastierte das Kabarett mit großem Erfolg in ganz Europa. Um einen englischen Pass zu erhalten, heiratete M. 1935 den Dichter W. H. Auden. 1936 emigrierte sie in die USA und hielt in vielen Städten Vorträge, um die Amerikaner zu einem Engagement gegen das nationalso-

zialistische Regime in Deutschland zu bewegen. Zum selben Zweck veröffentlichte sie 1938 das politische Lehrbuch »School for Barbarians. Education under the Nazis« und 1940 »Wahre Geschichten aus dem Dritten Reich: the lights go down«. Seit Beginn des Zweiten Weltkriegs arbeitete M. als Kriegsberichterstatterin für amerikanische Zeitungen und berichtete

1945/46 als einzige Frau über die Nürnberger Kriegsverbrecherprozesse. Nach dem Freitod ihres Bruders Klaus 1949 verwaltete sie dessen literarischen Nachlass und assistierte ihrem Vater, worüber sie das Buch »Das letzte Jahr. Bericht über meinen Vater« (1956) verfasste. Neben Erzählungen, Essays und Biografien schrieb M. auch Kinder- und Jugendbücher. Gemeinsam mit ihren Eltern zog sie 1952 in die Nähe von Zürich.

Lit.: Kaiser-Hayne, H., Beteiligt Euch, es geht um Eure Erde. E. M.s politisches Kabarett ›Die Pfeffermühle‹ 1933–37, München 1990 Lühe, I. v. d., E.M. Eine Biographie, Frankfurt a. M. 1993

Mannheim, Lucie
Schauspielerin
30.4.1899 (Berlin) – 18.7.1976 (Braunlage)
M. besuchte die Berliner Hochschule für dramatische Kunst und spielte nach Engagements in Libau und Königsberg 1918–33 an Berliner Bühnen. Erfolg hatte sie in tragischen, aber auch komischen Rollen, z.B. in »Nora« und als »Göttliche Jette«. Außerdem wirkte sie in zahlreichen Filmen, u.a. »Die Hose« (1927), mit. Wegen ihrer jüdischen Herkunft erhielt sie nach der Regierungsübernahme durch die Nationalsozialisten keine Engagements mehr. 1934–47 lebte M. mit ihrem Mann M. Goring in London und war als Schauspielerin und Rundfunksprecherin tätig. 1947 kehrte sie nach Deutschland zurück und spielte 1949–58 an zahlreichen deutschen Bühnen.

Lit.: Lehnhardt, R., Die L. M.-Story. Geschichte eines Schauspielerlebens, Remagen 1973

Marenholtz-Bülow, Bertha von
Pädagogin
5.3.1816 (Schöppenstedt-Küblingen b. Wolfenbüttel) – 9.1.1893 (Dresden)
Die Mitarbeiterin des Pädagogen F. Fröbel hielt in ganz Deutschland und im Ausland Vorträge über Fröbels Erziehungslehre. Damit erreichte sie, dass sich Fröbels Gedankengut weit verbreitete. Sie gründete zahlreiche Kindergärten und Seminare für die Ausbildung von Kindergärtnerinnen. 1871–93 entstanden in Dresden unter ihrer Leitung die größten Kindergartenzentren des 19. Jhs. In zahlreichen Schriften erläuterte M.-B. Fröbels Lehre der frühkindlichen Erziehung in einer Gemeinschaft außerhalb des Hauses, die vor allem in der Frauenbewegung viele Anhänger fand. Ihr Hauptwerk ist das zweibändige »Theoretische und praktische Handbuch der Fröbelschen Erziehungslehre« (1886).

Margarete Maultasch (eigtl. M. v. Tirol)
Herzogin
um 1318 – 3.10.1369 (Wien)
Als einziges erbberechtigtes Kind des Herzogs von Kärnten und Grafen von Tirol Heinrich VI. war M. eine begehrte Heiratskandidatin, um deren Hand drei Fürstenhäuser warben: die Luxemburger, die Wittelsbacher und die Habsburger. 1330 wurde sie mit dem erst achtjährigen Luxemburger Johann Heinrich, dem Sohn des Königs Johann von Böhmen, verheiratet. Nach Heinrichs Tod 1335 versuchten die Wittelsbacher und die Habsbur-

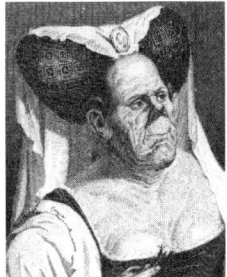

ger, M.s Erbländer zu besetzen und unter sich aufzuteilen. Während Kärnten kampflos fiel, wehrten sich die Tiroler erfolgreich. M. nutzte die kriegerischen Wirren, sich von der luxemburgischen Vorherrschaft zu lösen: 1341 verstieß sie ihren ungeliebten, angeblich körperlich und geistig stark zurückgebliebenen Mann, indem sie ihm den Zugang zum Schloss Tirol mit Waffengewalt versperrte. Doch nach nur einem Jahr als Alleinherrscherin wurde M. von Kaiser Ludwig dem Bayern, einem Wittelsbacher, gedrängt, seinen Sohn, den Markgrafen Ludwig von Brandenburg, zu heiraten. Die Trauung fand Anfang 1342 statt. Zuvor hatte Kaiser Ludwig M.s erste Ehe wegen angeblichen Nichtvollzugs anulliert, woraufhin Papst Benedikt XII. das Paar exkommunizierte. Auf diese De-facto-Übernahme Tirols durch die Wittelsbacher reagierte der inzwischen zum Gegenkaiser gewählte Luxemburger Karl IV. mit einem Kriegszug gegen Tirol. Im Frühjahr 1347 gelang es M., deren Mann sich in Brandenburg aufhielt, die Burg Tirol zu verteidigen und damit die Rückeroberung ihres Landes durch die Luxemburger zu vereiteln. Nach jahrelangen Auseinandersetzungen, in denen M. und ihr Mann die Herrschaft über Tirol erfolgreich verteidigten, wurde 1359 auf Vermittlung des Habsburger Herzogs Albrecht II. der 17-jährige Kirchenbann gegen das Paar aufgehoben. Dafür mussten sie allerdings ihren Sohn Meinrad, das einzige überlebende von wahrscheinlich fünf Kindern, mit Albrechts Tochter verloben, damit Tirol nach dem Aussterben der Familie M.s endgültig an das Haus Habsburg fiele. Nach dem Tod ihres Mannes 1361 wurde M. noch einmal für kurze Zeit alleinige Herrscherin über Tirol. Doch das Land litt unter den Folgen der zahlreichen

Kriege, es herrschten Hungersnöte und Krankheiten, und die Bevölkerung lehnte sich auf. Als 1363 auch M.s Sohn Meinrad starb, gab sie dem Druck der Habsburger nach, verzichtete auf ihre Herrschaftsrechte und trat Tirol an Albrechts Sohn, Rudolf IV. von Habsburg, ab, der ihr einen Wohnsitz in Wien zuwies. Das Andenken der kämpferischen Frau wurde vor allem durch ihre Gegner im Haus Luxemburg und in der päpstlichen Kurie überaus negativ geprägt. Ihr wurden brutale Gewalttätigkeiten und sexuelle Ausschweifungen angedichtet. Der Beiname »Maultasch«, ein Schimpfwort mit der Bedeutung »Hure«, entstand erst nach M.s Tod Ende des 14. Jhs., später wurde damit auch noch eine Missbildung ihres Gesichts verbunden, obwohl M. nach zeitgenössischen Berichten »pulchra nimis« (»überaus schön«) gewesen sein soll. Seit 1780 galt ein auf eine Groteskzeichnung aus dem 16. Jh. zurückgehendes Bildnis eines hässlichen Weibes als ihr Portrait. In der Literatur wurde M.s Leben mehrfach beschrieben, darunter von L. Feuchtwanger in dem Roman »Die häßliche Herzogin« (1923).

Lit.: Baum, W., M. M. – Erbin zwischen den Mächten, Graz-Wien 1994

Margarete von Österreich
Statthalterin
10.1.1480 (Brüssel) – 1.12.1530
(Mechelen/Belgien)
Dreimal wurde die Tochter des Kaisers Maximilian I. und der Maria von Burgund aus politischen Gründen verheiratet: als Dreijährige mit dem zwölfjährigen französischen Thronfolger – die Kinderehe wurde nach zehn Jahren aufgelöst; 1497 mit dem spanischen Thronfolger, der im selben Jahr starb; und 1501 mit dem verwitweten Her-

zog Philibert II. von Savoyen, mit dem sie drei Jahre eine glückliche Ehe führte, bis er tödlich verunglückte. Mit 24 Jahren bereits einmal geschieden und zweifache Witwe, weigerte sich M. daraufhin, noch einmal für das Haus Habsburg eine Ehe zu schließen. Da sie als zeitweilige Regentin für ihren jagdbegeisterten Mann Philibert in Savoyen politische Erfahrungen gesammelt hatte, ließ sie sich von Maximilian 1507 zur Statthalterin der burgundischen Niederlande ernennen. Mit diplomatischem Geschick vermittelte sie erfolgreich zwischen den Autonomiebestrebungen der Niederländer und der Machtpolitik ihres Vaters. An ihrem Regierungssitz in Mechelen trafen sich zahlreiche Künstler und Gelehrte, die sie förderte. Dort leitete sie auch die Erziehung der Kinder ihres verstorbenen Bruders Philipp des Schönen, darunter die spätere Königin →Maria von Ungarn und der spätere Kaiser Karl V. Als Karl 1519 Kaiser des Deutschen Reiches wurde, bestätigte er M. in ihrem Statthalteramt. Ihre politische Glanzleistung erbrachte sie 1529 mit dem »Damenfrieden von Cambrai«, der einen fast zehnjährigen Krieg mit Frankreich beendete. Begraben wurde sie in der Kirche von Brou bei Bourg-en-Bresse, die sie über dem Grab ihres dritten Mannes errichten ließ und die als Meisterwerk der Spätgotik gilt. M.s Schriften und Reden wurden von J. Le Maire 1547 unter dem Titel »Couronne Margueritique« herausgegeben.

Lit.: Tamussino, U., M. v. Ö. Diplomatin der Renaissance, Graz-Wien 1995

Margarete von Parma
Statthalterin
Juli od. August 1522 (Pamele b. Oudenaarde/Belgien) – 18.1.1586 (Ortona/Italien)
M. war eine nichteheliche Tochter des Kaisers Karl V. und der Niederländerin J. van den Gheynst. 1529 erkannte Karl sie als seine Tochter an und gab sie 1536 Alessandro de' Medici zur Frau. Nach der Ermordung Alessandros wurde M. 1538 in zweiter – unglücklicher – Ehe mit Ottavio Farnese, Herzog von Parma und Piacenza, verheiratet, mit dem sie zwei Söhne hatte. 1559 ließ sie sich von ihrem Halbbruder, König Philipp II. von Spanien, zur Statthalterin der Niederlande ernennen. Ihr zur Seite gestellt wurde der Kardinal A. P. de Granvelle, der – im Gegensatz zu ihren Vermittlungsbemühungen – unnachsichtig die spanische Machtpolitik gegen die Autonomiewünsche des niederländischen Adels vertrat. Obwohl M. 1564 Granvelles Entlassung durchsetzte und der protestantischen Adelsopposition, darunter W. v. Oranien, L. v. Nassau und die Grafen Egmont und Hoorne, religionspolitische Zugeständnisse machte, scheiterte ihr Versuch, einen Modus Vivendi für die verfeindeten Parteien zu finden. Als Philipp 1567 spanische Truppen unter dem Kommando des Herzogs von Alba in die Niederlande sandte, gab sie ihr Amt auf und zog sich nach Italien zurück. 1580 übernahm sie auf Wunsch Philipps zusammen mit ihrem Sohn Alessandro, der ein erfolgreicher Feldherr geworden war, noch einmal die Statthalterschaft in den Niederlanden. Nach drei Jahren ohne Erfolg gegen die

Aufständischen legte M. das Statthalteramt endgültig nieder.

Maria Anna
Königin
28.10.1667 (Düsseldorf) – 16.7.1740 (Guadalajara/Spanien)

1689 wurde M. A., die Tochter des Kurfürsten Philipp Wilhelm von Pfalz-Neuburg, mit dem verwitweten, wegen körperlicher und geistiger Schwächen zu keiner aktiven, eigenständigen Politik fähigen spanischen König Karl II. verheiratet. Die Ehe blieb kinderlos. Als »Prinzipalminister« ihres Mannes gewann sie großen Einfluss auf die spanische Politik. Sie setzte die Entlassung des Ministers Graf Oropesa durch und hatte nach dem Tod ihres Mannes Sitz und Stimme im Regentschaftsrat. Allerdings machten ihre Günstlingswirtschaft – sie umgab sich mit zahlreichen deutschen Beratern –, ihre Feindschaft zu ihrer Schwiegermutter und ihre Unfruchtbarkeit M. A. zunehmend unpopulär. Sie konnte ihren älteren Bruder als Kandidaten für das Statthalteramt in den Niederlanden nicht durchsetzen und musste im Spanischen Erbfolgekrieg sogar außer Landes fliehen. Erst 1738 durfte sie mit Erlaubnis des bourbonischen Königspaares aus Frankreich nach Spanien zurückkehren.
Lit.: Hamann, B. (Hg.), Die Habsburger. Ein biographisches Lexikon, Wien 1988

Maria Anna (gen. Marianne)
Kupferstecherin
6.10.1738 (Wien) – 19.11.1789 (Klagenfurt)
Die älteste Tochter des Kaiserpaares →Maria Theresia und Franz I. Stefan zeigte schon früh Interesse für Kunst und Wissenschaft, u.a. Mineralogie und Numismatik. Sie erhielt eine »männliche« Erziehung

und bald den Beinamen »gelehrte Erzherzogin«. M. A., die infolge einer Krankheit von Kindheit an verwachsen und bucklig war, blieb unverheiratet. Nach dem Tod ihres Vaters 1765 zog sie sich vom Wiener Hof zurück. 1766 wurde sie Äbtissin eines Damenstifts auf dem Prager Hradschin, widmete sich naturwissenschaftlichen Forschungen und arbeitete mit dem berühmtesten Mineralogen ihrer Zeit, I. v. Born, zusammen. Außerdem betätigte sie sich als Genremalerin und Kupferstecherin. 1767 wurde M. A. Mitglied der Kaiserlichen Kupferstecher-Akademie in Wien und 1769 Mitglied der Akademie der Künste in Florenz. 1781 zog sie nach Klagenfurt, förderte das Kloster der Elisabethinerinnen, finanzierte die Ausgrabungen von Virunum in Kärnten und engagierte sich für die Freimaurerei. Zu ihren Ehren wurde 1783 die Freimaurerloge »Zur wohltätigen Marianne« in Klagenfurt gegründet.
Lit.: Hamann, B. (Hg.), Die Habsburger. Ein biographisches Lexikon, Wien 1988

Maria Christina (gen. Christa)
Königin, Regentin
21.7.1858 (Groß-Seelowitz, Mähren – heute Židlochovice/Tschechien) – 6.2.1929 (Madrid)
1879 wurde M. C., die Tochter des österreichischen Erzherzogs Karl Ferdinand, mit dem verwitweten spanischen König Alfons XII. verheiratet, der 1885 starb. Sie übernahm die Regentschaft für den erst im Frühjahr 1886 geborenen Thronfolger – ihre beiden älteren Töchter waren nicht erbberechtigt. Während ihrer 17-jährigen Regierungszeit nutzte M. C. geschickt die politische Macht, die ihr die spanische Verfassung von 1876 zustand. In enger Zusammenarbeit mit den beiden dominierenden Parteien, den Liberalen und den Kon-

servativen, setzte sie Reformen im Rechtswesen (Schaffung des Bürgerlichen Gesetzbuches 1889) und in der Verwaltung durch, auch wenn diese Zentralisierungsmaßnahmen in den Regionen Baskenland und Katalonien auf Widerstand stießen. Im Streit mit Deutschland um die Inselgruppe der Karolinen 1885 sicherte M. C. die spanische Souveränität und verkaufte die Inseln 1899 für 17 Millionen Mark an das Deutsche Reich. Eine große politische Niederlage stellte allerdings die Dezimierung des spanischen Kolonialreichs durch die Unabhängigkeit Kubas und die Abtretung der Philippinen, Puerto Ricos und Guams an die USA dar. 1902 übergab M. C. die Regierung an ihren Sohn Alfons XIII., stand ihm aber noch zwei Jahrzehnte beratend zur Seite, als das Land von schweren Krisen geschüttelt wurde. Die Neutralität Spaniens während des Ersten Weltkriegs wird auf ihren Einfluss zurückgeführt.
Lit.: Hamann, B. (Hg.), Die Habsburger. Ein biographisches Lexikon, Wien 1988

Maria Karolina (eigtl. Marie Charlotte)
Königin
13.8.1753 (Wien) – 8.9.1814 (Hetzendorf b. Wien)
M. K. war das 13. Kind aus der Ehe der Kaiserin →Maria Theresia mit Kaiser Franz I. Stefan. 1768 wurde sie an Stelle ihrer verstorbenen älteren Schwester Maria Josepha mit König Ferdinand IV. von Neapel und Sizilien verheiratet, mit dem sie 17 Kinder hatte. Von ihrer Mutter wurde sie sorgfältig auf die Übernahme der Herrschaft vorbereitet, denn Ferdinand war geistig behindert und widmete sich vor allem der Jagd und seinen Geliebten. 1776 entließ M. K. den spanienfreundlichen leitenden Minister B. Tanucci und berief

stattdessen den Engländer Lord J. Acton. Sie nahm an Staatsratssitzungen teil und gründete in Neapel die Akademie der Wissenschaften. Nach der Hinrichtung ihrer Schwester →Marie-Antoinette 1793 wurde sie zu einer erbitterten Gegnerin Frankreichs und verstärkte mit Hilfe des englischen Admirals H. Nelson und seiner Geliebten E. Hamilton, der Frau des englischen Botschafters in Neapel, die politischen Bindungen zu England. Als sie 1798 bei dem Versuch, mit ihren Truppen den von Napoleon besetzten Kirchenstaat zu befreien, eine Niederlage erlitt, musste sie mit ihrer Familie nach Sizilien fliehen. Ihre Rückkehr nach Neapel 1802 war nur von kurzer Dauer, denn die Loyalität der Neapolitaner zum Königshaus war stark erschüttert. M. K.s maßlose Prunksucht hatte zum finanziellen Ruin des Staates beigetragen, die Bevölkerung litt unter der französischen Bedrohung und war durch einen Ausbruch des Vesuvs zusätzlich beunruhigt. Der Tod Nelsons in der Schlacht von Trafalgar 1805 schwächte M. K.s politische Position weiterhin, so dass sie ihren Herrschaftssitz Neapel endgültig aufgeben und sich nach Sizilien zurückziehen musste. 1813 verlor sie nach vielen Auseinandersetzungen auch die Unterstützung der Engländer, musste Sizilien verlassen und nach Wien zurückkehren, während ihr entmachteter Mann mit einer seiner Geliebten in Palermo bleiben durfte.
Lit.: Corti, E. C., Ich, eine Tochter Maria Theresias, München 1950

Maria Kunigunde
Fürstäbtissin
1740 (Dresden) – 1826 (ebd.)
Die Tochter des sächsischen Kurfürsten August III. soll wegen ihrer ausgeprägten

Hässlichkeit nicht zu verheiraten gewesen sein und erhielt deshalb für ihren Lebensunterhalt den Äbtissinnenstuhl des Reichsstifts Essen zugewiesen. Sie bemühte sich erfolgreich um die wirtschaftliche Entwicklung ihres Stiftes, indem sie Verordnungen gegen übertriebenen Luxus erließ und die Arbeitsleistung durch eine Verminderung der Feiertage steigerte. Pionierarbeit leistete M. K. als Unternehmerin im Bereich des neuen Wirtschaftszweiges Hüttenwesen. Vorbild war ihr dabei ihr Bruder, der Trierer Erzbischof C. Wenzeslaus. Als Äbtissin war sie Inhaberin des so genannten »Bergregals« und konnte Schürfrechte in den Ländereien des Reichsstifts verpachten. Aus den daraus gewonnenen Erträgen erwarb M. K. 1791/92 die Hütte Neu-Essen und kaufte 1793 die St. Anthony's Hütte dazu. Damit leistete sie einen bedeutenden Beitrag zur Bergbauindustrie im Ruhrgebiet. In den politischen Wirren nach der Französischen Revolution wurde das Essener Stift aufgelöst, und M. K. zog sich nach Dresden zurück.

Maria Leopoldine
Kurfürstin
10.12.1776 (Mailand) – 23.6.1848
(b. Wasserburg a. Inn)
1795 wurde die Tochter des Erzherzogs Ferdinand mit dem 50 Jahre älteren Kur-

fürsten Karl Theodor von Pfalz-Sulzbach verheiratet. Der Wiener Hof wollte mit der Geburt eines Kindes aus dieser Verbindung die Nachfolge des nur entfernt verwandten, aber erbberechtigten Wittelsbachers Maximilian Joseph von Pfalz-Zweibrücken auf den bayerischen Thron verhindern. Die selbstbewusste M. L., die diesen Plan missbilligte, verleugnete 1799 beim Tode ihres Mannes ihre Schwangerschaft, die wahrscheinlich aus einem Verhältnis mit dem Grafen Taufkirchen stammte, und unterstützte damit die Thronbesteigung von Maximilian I. Joseph als bayerischer König. Sein Sohn und Nachfolger, König Ludwig I., erklärte später, nur M. L. sei es »zu verdanken, dass Wittelsbacher noch in Bayern herrschen«. 1804 heiratete M. L. in zweiter, unstandesgemäßer Ehe Graf L. v. Arco, den Führer der ständischen Opposition, mit dem sie zwei Kinder hatte. Mit teilweise gewagten Finanzgeschäften erwarb sie sich ein großes Vermögen. Sie starb bei einem Unfall mit ihrer Kutsche.

Lit.: Krayss, S., Das Enfant terrible des Königshauses. M. L., Bayerns letzte Kurfürstin (1776–1848), Regensburg 1997

Maria Theresia
Kaiserin
13.5.1717 (Wien) – 29.11.1780 (ebd.)
Kaiser Karl IV. hatte 1713 in der »Pragmatischen Sanktion« neben der Unteilbarkeit der habsburgischen Länder auch die weibliche Erbfolge bei Fehlen eines männlichen Erben festgelegt. Dennoch ließ er seiner ältesten Tochter M. T. weder eine außergewöhnliche Ausbildung zukommen noch bereitete er sie auf Regierungsaufgaben vor. 1736 heiratete sie aus Liebe – und gegen den Willen ihres Vaters – Franz Stefan von Lothringen, mit dem sie in 29 Ehejahren 16 Kinder hatte. Nach dem Tod Karls IV. trat M. T. 1740 die Königsherrschaft über die österreichischen Länder an und

wurde 1741 zur Königin von Ungarn gekrönt. Bei ihrem Regierungsantritt war das Land innenpolitisch zerrüttet, die Staatskasse leer und die Armee in schlechtem Zustand. Die 23-Jährige war den Problemen, mit denen sie konfrontiert wurde, kaum gewachsen: Bayern, Frankreich und Spanien erkannten die Erbfolge einer Frau in Wien nicht an, und König Friedrich II. von Preußen, mit Frankreich verbündet, nutzte die Situation zum Angriff auf Schlesien, das reichste der habsburgischen Länder. Während der folgenden militärischen Auseinandersetzungen (Österreichischer Erbfolgekrieg, Schlesische Kriege 1740–48) gewann M. T. jedoch an Selbstbewusstsein und Tatkraft. Mit ihrem Feldmarschall L. v. Daun eroberte sie das besetzte Böhmen zurück und setzte 1745 die Wahl ihres Mannes zum Kaiser durch. 1756 schloss sie, auf Anraten ihres Staatskanzlers W. A. v. Kaunitz, mit Frankreich eine Allianz gegen das inzwischen mit England verbündete Preußen. Im Siebenjährigen Krieg (1756–63) ging zwar der größte Teil Schlesiens endgültig an Preußen verloren, aber M. T.s Österreich blieb eine respektierte Großmacht. In West- und Südeuropa gelang es ihr, durch geschickte Heiratspolitik den Frieden zu sichern, indem sie ihre Kinder Joseph, Maria Amalia, →Maria Karolina und →Marie-Antoinette mit Nachkommen aus dem Haus Bourbon vermählte. Innenpolitisch zeigte sich M. T. als absolutistische Herrscherin mit aufklärerischen Ansätzen.

Unterstützt von ihrem Berater F. W. v. Haugwitz, setzte sie eine große Staats- und Verwaltungsreform durch und schuf eine zentralisierte Bürokratie, in der neben Adligen auch zunehmend bürgerliche Räte beschäftigt wurden. In einer Steuerreform musste der Adel auf sein Steuerbewilligungsrecht verzichten und wie die Geistlichkeit Abgaben entrichten. Außerdem ließ M. T. die Rechtsprechung vereinheitlichen, die Folter abschaffen (1776) und eine unabhängige oberste Justizstelle einrichten. Das Zollsystem wurde vereinfacht, das Straßennetz ausgebaut und eine merkantilistische Förderung von Handwerk, Gewerbe, Manufaktur und Handel eingeführt. Auf den Krongütern und Staatsdomänen lockerte M. T. die Erbuntertänigkeit der Bauern, indem sie die Zwangsarbeit in Geld- oder Naturalzins umwandelte. Das Schulwesen wurde der Oberaufsicht der Kirche entzogen und landesweit wurden Volksschulen eingerichtet. Nach dem Tod ihres Mannes 1765, der sie sehr erschütterte, ernannte M. T. ihren ältesten Sohn, den sie seit seinem 15. Lebensjahr an Staatsratssitzungen teilnehmen ließ, zum Mitregenten und ließ ihn als Joseph II. zum Kaiser krönen, obwohl zwischen beiden grundsätzliche Meinungsverschiedenheiten bestanden: Die strenggläubige Katholikin lehnte die religiöse Toleranz ab, die Joseph, ein Bewunderer Friedrichs II. von Preußen, forderte, und die Aufteilung Polens an Preußen, Russland und Österreich, die ihr Sohn unterstützte, war ihr aus moralischen Gründen zuwider, auch wenn dadurch Österreich Galizien gewann. Wegen ihrer Leistungen als Herrscherin wurde M. T. von vielen Zeitgenossen bewundert, die Liebe und Verehrung der Bevölkerung ließ jedoch in ihrem letzten Lebensjahrzehnt nach, als der Absolutismus europaweit in Frage gestellt wurde. Erst im 19. Jh., als die Völker der Habsburger Monarchie um die Nationalstaatlichkeit rangen und Preußen und Österreich um die Vorherrschaft in Deutschland kämpften, wurde die »mütterliche Herrscherin« zum Mythos.

Lit.: Berglar, P., M. T., Reinbek 1980
Wandruszka, A., M. T., die große Kaiserin, Göttingen 1980
Hamann, B., Ein Herz und viele Kronen. Das Leben der Kaiserin M. T., Wien (2)1998

Maria von Jever

5.9.1500 (Jever) – 20./21.2.1575 (ebd.)
Nach dem Tod ihres Bruders Christoph 1517 waren M. und ihre beiden Schwestern die Erben des so genannten »Häuptlings« von Jever. Graf Edzard von Ostfriesland machte ihnen mit einer gefälschten kaiserlichen Lehnsurkunde die Herrschaft streitig, besetzte Jever und verlangte, dass eines der Mädchen innerhalb von sieben Jahren einen seiner drei Söhne heiratete, damit Jever auch erbrechtlich an Ostfriesland fiele. Als die ostfriesischen Grafen nach einigen Jahren das Interesse an einer Heirat verloren, weil sie glaubten, Jever ohnehin in Besitz zu haben, warb M., die tatkräftigste der Schwestern, mit ihrem Lebensgefährten Boing von Oldersum Soldaten an, vertrieb die ostfriesischen Besatzungstruppen und übernahm 1531 die Alleinherrschaft. Nach Verhandlungen mit →Maria von Ungarn, der Statthalterin der Niederlande, entschloss sie sich 1532, ihr Land unter den Schutz Kaiser Karls V. zu stellen, indem sie selbst dem Kaiser den Lehnseid leistete. Nach dem Tod Boings 1540 widmete M. sich ganz der Entwicklung ihres Landes: Sie ließ den Hafen aus-

bauen, förderte den Seehandel und den Deichbau, führte ein neues Stadtrecht ein, entmachtete die so genannten Dorfhäuptlinge, schuf eine professionelle Verwaltung und gründete eine Lateinschule. In ihrem Schloss ließ sie eine geschnitzte Renaissancedecke, eine der schönsten in Deutschland, einbauen. Nach 44 Jahren Herrschaft hinterließ M. einen frühmodernen Territorialstaat. In ihrem Testament übergab sie das Jeverland an die Grafen von Oldenburg und schloss damit eine Vereinigung mit Ostfriesland endgültig aus.

Lit.: Petri, W., Fräulein M. von Jever. Studien zu Persönlichkeit und Herrschaftspraxis, Aurich 1994

Maria von Ungarn

Königin, Statthalterin
17.9.1505 (Brüssel) – 18.10.1558 (Cigales/Spanien)
Noch nicht ein Jahr alt, wurde die Tochter der spanischen Königin Johanna und Philipps des Schönen von ihrem Großvater Kaiser Maximilian I. aus dynastischen Gründen mit dem neugeborenen ungarischen Thronfolger Ludwig verlobt. Einen Teil ihrer Kindheit verbrachte sie in der Obhut ihrer Tante →Margarete von Österreich. 1515 fand die Hochzeit in Wien unter der Auflage statt, die Ehe erst nach Volljährigkeit beider Partner zu vollziehen. 1521 wurde M. zur Königin von Ungarn, 1522 zur Königin von Böhmen gekrönt. Nach dem Tod ihres Mannes in der Schlacht von Mohács 1526 weigerte sie sich, eine weitere Ehe zu schließen. Stattdessen unterstützte sie die Wahl ihres Bruders Ferdinand zum König von Ungarn und führte als seine Statthalterin zwei Jahre die Regierung. 1531 ernannte ihr ältester Bruder, Kaiser Karl V., sie als Nach-

folgcrin ihrer verstorbenen Tante Margarete zur Statthalterin der Niederlande. In den 24 Jahren ihrer Herrschaft bewies M. großen politischen Scharfsinn und strategisches Geschick. Es gelang ihr, die 17 Provinzen zu einem zentral regierten, relativ unabhängigen Staatswesen zusammenzufassen, ohne die Interessen des Hauses Habsburg zu vernachlässigen. Erfolgreich organisierte sie eine wirksame Landesverteidigung, vor allem gegen französische Truppen, indem sie u.a. die Forts von Mariembourg, Charlemont und Philippeville errichten ließ. Wirtschaftlich und kulturell erlebten die Niederlande unter ihrer Regierung eine Blütezeit: In Antwerpen wurden 50 Prozent des Welthandels umgeschlagen, dort befand sich die größte Börse Europas. M. förderte Handwerk und Kunst, u.a. ließ sie eine Gemäldegalerie an ihren Brüsseler Palast anbauen und holte den italienischen Maler Tizian an ihren Hof. Als Karl V. 1555 abdankte, legte auch sie ihr Statthalteramt nieder und begleitete ihren Bruder nach Spanien.

Lit.: Tamussino, U., M. v. Ungarn. Ein Leben im Dienst der Casa de Austria, Graz-Wien 1998

Marie-Antoinette (eigtl. Maria Antonia)
Königin
2.11.1755 (Wien) – 16.10.1793 (Paris)
1770 verheiratete Kaiserin →Maria Theresia ihre jüngste Tochter M.-A. mit dem späteren französischen König Ludwig XVI., um das 1756 geschlossene Versöhnungsbündnis mit Frankreich zu festigen. Das Paar hatte vier Kinder. Wegen ihrer Verschwendungssucht, ihrer angeblichen Verwicklung in die »Halsbandaffäre«, ihrer Einmischung in Staatsgeschäfte zum Vorteil Österreichs und wegen ihrer Unterstützung der reaktionären rechtsradikalen Partei war M.-A. bei der französischen Bevölkerung verhasst. Nach dem Sturm auf die Tuilerien im August 1792 wurde sie mit ihrem Mann und ihren Kindern gefangen genommen. Neun Monate nach der Hinrichtung Ludwigs XVI. wurde M.-A. vom Revolutionstribunal wegen Landesverrats und Verschwörung zum Tode verurteilt und enthauptet. Ihre Hinrichtung rief in Österreich große Empörung hervor und hatte eine entschlossene Fortsetzung des Krieges gegen Frankreich zur Folge.

Lit.: Haslip, J., M.-A. Ein tragisches Leben in stürmischer Zeit, München 1987
Lever, E., M.-A., Zürich 1992

Marie Louise (eigtl. Maria Ludovica)
Kaiserin
12.12.1791 (Wien) – 17.12.1847 (Parma/Italien)
Obwohl die Tochter des Kaisers Franz II. am Wiener Hof in einer antifranzösischen Atmosphäre aufgewachsen war, wurde sie 1810 auf Drängen des österreichischen Staatskanzlers K. W. v. Metternich die zweite Frau Napoleons I. 1811 gebar sie ihm den erwünschten Erben, der den Titel »König von Rom« erhielt. Während der Feldzüge ihres Mannes 1812 und 1813/14 wurde M. L. die Regentschaft übertragen, da sie aber politisch völlig uninteressiert war, ließ sie die Staatsgeschäfte vom Regentschaftsrat führen. Nach Napoleons Niederlage kehrte sie nach Wien zurück und hatte nur noch brieflichen Kontakt mit ihrem Mann. Auf dem Wiener Kongress 1814–15 erhielt sie die Herzogtümer Parma, Piacenza und Guastalla zugewiesen, die sie wirtschaftlich und kulturell unerwartet gut verwaltete. 1822 heiratete M. L. ihren Lebensgefährten A. A. Graf Neipperg, mit dem sie schon vor der Ehe-

schließung zwei Kinder hatte. In dritter Ehe war sie seit 1834 mit C.-R. de Bombelles verheiratet.

Lit.: Schiel, I., M. L. Eine Habsburgerin für Napoleon, Stuttgart 1983

Marlitt, Eugenie (eigtl. Friederike Christiane Henriette John)
Schriftstellerin
5.12.1825 (Arnstadt, Thüringen) – 22.6.1887 (ebd.)
Nach der musikalischen Ausbildung am Wiener Konservatorium 1844–46 wollte die Tochter eines Buchhändlers zunächst Opernsängerin werden. Wegen einer Gehörerkrankung musste sie 1853 ihre Karriere jedoch aufgeben und arbeitete fortan  als Vorleserin und Reisebegleiterin einer Fürstin. 1865 schrieb M. ihre erste Novelle »Die zwölf Apostel«, die in der illustrierten Wochenzeitschrift »Die Gartenlaube« abgedruckt wurde. In derselben Zeitschrift veröffentlichte sie ein Jahr später den Roman »Goldelse«, mit dem ihr der schriftstellerische Durchbruch gelang. Die Vorabdrucke ihrer folgenden Romane in »Die Gartenlaube«, »Das Geheimnis der alten Mamsell« (1867) und »Reichsgräfin Gisela« (1869), ließen die Auflage der Zeitschrift von 100 000 auf 375 000 in die Höhe schnellen. Auch M.s Buchausgaben, u.a. »Das Heideprinzeßchen« (1872) und »Im Hause des Kommerzienrates« (1880), erzielten hohe Auflagen. Fast alle ihre Romane wurden in zahlreiche Sprachen übersetzt und bis in die jüngste Zeit immer wieder

neu aufgelegt. 1888–90 erschien die zehnbändige Gesamtausgabe ihres Werks. M.s Romane sind der Trivialliteratur zuzurechnen, soziale Themen werden klischeehaft und verharmlosend behandelt.

Lit.: Schenk, H., Die Rache der alten Mamsell: E. M.s Lebensroman, Hildesheim 1986
Arens, H., E. M. Eine kritische Würdigung, Trier 1994

Martienssen-Lohmann, (Carolina Wilhelmine) Franziska, geb. Meyer-Estorf
Musikpädagogin
6.10.1887 (Bromberg – heute Bydgoszcz/ Polen) – 2.2.1971 (Düsseldorf)
In Bromberg, Leipzig und Berlin absolvierte M.-L. eine Klavier- und Gesangsausbildung und debütierte 1914 als Konzertsängerin. 1927 erhielt sie eine Professur an der Akademie der Tonkunst in München. 1930–34 lehrte sie an der Staatlichen Akademie für Kirchen- und Schulmusik in Berlin, 1945–49 an der Staatlichen Musikhochschule in Weimar und seit 1950 am Robert-Schumann-Konservatorium in Düsseldorf. Zu M.-L.s bedeutendsten Veröffentlichungen zählen »Die echte Gesangskunst« (1914), »Berufung und Bewährung des Opernsängers« (1940) sowie das Begriffslexikon »Der wissende Sänger«. Verheiratet war sie in erster Ehe mit dem Musikpädagogen C. A. Martienssen, in zweiter Ehe mit dem Musikpädagogen P. Lohmann.

Martin, Marie Clementine
Unternehmerin
5.5.1775 (Brüssel) – 9.8.1843 (Köln)
Im Alter von acht Jahren kam M. mit ihrer Familie nach Deutschland und trat mit 18 Jahren in das Annunziatenkloster St. Anna in Coesfeld ein. Dort wurde sie u.a. in

Krankenpflege ausgebildet. Seit 1803, als das Kloster infolge der Säkularisierung von Kirchenbesitz unter napoleonischer Herrschaft aufgelöst wurde, war sie als Krankenschwester tätig. Für ihren aufopferungsvollen Einsatz während der Schlacht bei Waterloo 1815 erhielt sie vom preußischen König Friedrich Wilhelm III. eine lebenslange Pension. 1825 zog M. nach Köln und stellte dort Naturarzneimittel, vor allem Heil- und Duftwasser, her. Die von ihr gegründete Firma »M. C. Martin, Klosterfrau« produzierte und vertrieb mit großem Erfolg »Klosterfrau Melissengeist« und »Klosterfrau Kölnisch Wasser Doppelt«. M. vermachte das Unternehmen ihrem Adoptivsohn P. G. Schaeben.

Marx, Eleanor (gen. Tussy)
Publizistin
16.1.1855 (London) – 31.3.1898 (ebd.)

Die Tochter des Schriftstellers und Politikers Karl M. erhielt Privatunterricht in Französisch, Italienisch, Zeichnen und Gesang sowie Klavierstunden und besuchte aus finanziellen Gründen nur unregelmäßig ein privates College. Bereits als junges Mädchen arbeitete sie als Sekretärin ihres Vaters, den sie auch auf Reisen begleitete und der seine hochbegabte Lieblingstochter als Assistentin und wissenschaftliche Hilfskraft ausbildete. Eine Heirat mit dem französischen Journalisten H. P. O. Lissagaray, den sie 1872 kennenlernte, verbot er ihr. 1873 versuchte M., sich von ihrem Vater

zu lösen, und nahm eine Stelle als Lehrerin in einem Mädchenpensionat an. Doch auf Grund einer Nervenkrankheit sowie Magersucht konnte sie diese Aufgabe nicht ausführen, und auch längere Kuraufenthalte brachten keine Heilung. Nach dem Tod ihres Vaters 1883 engagierte M. sich aktiv für die sozialistische Bewegung, nahm an Streiks und Demonstrationen teil, begleitete den Politiker W. Liebknecht 1886 nach New York und wirkte am Aufbau einer sozialistischen Partei mit. 1890 nahm sie als Vertreterin der englischen Arbeiterbewegung an dem ersten Parteitag der deutschen Sozialdemokraten teil. Sie war an der Gründung der »Zweiten Internationale« beteiligt, auf deren zweiten Kongress 1891 in Brüssel sie eine flammende Rede für den Achtstundentag hielt. Seit 1889 arbeitete M. als Korrespondentin für das Parteiblatt »Vorwärts« sowie eine Vielzahl englischer sozialistischer Presseorgane und war als Übersetzerin tätig. So übersetzte sie u.a. G. Flauberts »Madame Bovary« ins Englische. Seit 1884 lebte sie mit dem englischen Sozialisten E. Aveling zusammen, der sie jedoch – obwohl seine Frau 1892 starb – nie heiratete. Als sie 1898 erfuhr, dass er ein Jahr zuvor heimlich mit einer jungen Schauspielerin die Ehe geschlossen hatte, nahm sie sich das Leben.

Lit.: Tsuzuki, C., E. M. Geschichte ihres Lebens, Berlin 1981

Massary, Fritzi
(eigtl. Friederike Massarik)
Sängerin
21.3.1882 (Wien) – 30.1.1969
(Los Angeles/USA)

Bereits als junges Mädchen erhielt die Tochter eines jüdischen Kaufmanns Gesangsunterricht, debütierte als 17-Jährige am Landestheater in Linz und trat in kleinen Rollen in Hamburg und Wien auf. Aus ihrer ersten Ehe mit einem Augenarzt, während der sie zum Protestantismus konvertierte, bekam M. 1903 eine Tochter. 1904 feierte sie im Berliner Metropol-Theater, einem Revuetheater, schon bei ihrem ersten Auftritt als Soubrette einen sensationellen Erfolg. Zum Star wurde sie jedoch erst 1911 in der »Schönen Helena« bei den Münchner Festspielen. In den folgenden Jahren erhielt sie an mehreren Berliner Bühnen die Hauptrollen in allen großen Operetten von J. Strauss, J. Offenbach, F. Lehar und L. Fall und wurde eine der berühmtesten Revue- und Operettensängerinnen ihrer Zeit. Nach dem Tod ihres zweiten Mannes, des Schauspielers M. Pallenberg, den sie 1916 geheiratet hatte, nahm M. 1934 zunächst Abschied von der Bühne. Von den Nationalsozialisten bedroht, emigrierte sie über die Schweiz und England in die USA zu ihrer dort lebenden Tochter. 1938 wurde M. noch einmal bei ihrem letzten Auftritt bejubelt: in der Revue »Operette«, die der Komponist N. Coward für sie geschrieben hatte und die in Manchester uraufgeführt wurde.

Lit.: Stern, C., Die Sache, die man Liebe nennt. Das Leben der F. M., Reinbek 1998

Mata Hari
(eigtl. Margaretha Geertruida Zelle)
Tänzerin
7.8.1876 (Leeuwarden/Niederlande) –
15.10.1917 (Vincennes b. Paris)
M. H. wuchs in einer kleinbürgerlichen Familie auf und heiratete nach einer abgebrochenen Kindergärtnerinnenausbildung 17-jährig den 20 Jahre älteren holländi-

schen Kolonialoffizier R. MacLeod, mit dem sie zwei Kinder hatte. Bis 1902 lebte sie mit ihm auf Java und Sumatra, dann wurde die unglückliche Ehe geschieden. Sie ging nach Paris, erfand für sich eine indische Biografie und trat als orientalische Tänzerin mit großem Erfolg auf – weniger wegen ihrer Tanzkunst als wegen ihrer erotischen Ausstrahlung und der Tatsache, dass sie unter ihren Schleiern fast unbekleidet war. Von 1906 an lebte sie in Berlin auf Kosten zahlreicher wohlhabender Liebhaber unterschiedlicher Staatsangehörigkeit. Zu Beginn des Ersten Weltkriegs zog M. H.

sich zunächst in die neutralen Niederlande zurück, doch bald darauf nahm sie das finanziell attraktive Angebot eines deutschen Geheimdienstagenten an, in Frankreich für die Deutschen zu arbeiten. In Paris ließ sie sich zusätzlich für angeblich eine Million Francs vom französischen Geheimdienst anwerben. An beide Geheimdienste lieferte sie allerdings lediglich einige Klatschinformationen. Als im Frühjahr 1916 die französische Offensive gegen die deutschen Truppen in Nordfrankreich blutig scheiterte, behauptete die nationalistische Presse in Frankreich Verrat als Ursache, um von der Unfähigkeit der Militärs abzulenken, und schürte die Spionagehysterie. Im Oktober wurde M. H. verhaftet und neun Monate später der »Weitergabe von Informationen und Dokumenten über geplante Operationen der Armee an die feindliche Macht Deutschland« für schuldig befunden, obwohl es keine Beweise gab. Im Schlossgarten von Vincennes wurde sie erschossen.

Lit.: Wencker-Wildberg, F., M. H. *Roman ihres Lebens*, Leipzig 1994

Mataja, Emilie (Ps. Emil Marriot)
Schriftstellerin
20.11.1855 (Wien) – 5.5.1938 (ebd.)
Schon früh begann M., die aus einer Kaufmannsfamilie stammte, Erzählungen zu schreiben, in denen sie vor allem Fragen der bürgerlichen Moral und der Religion sowie die Problematik des Priesterzölibats behandelte. Ihre Werke wurden u.a. in den Zeitschriften »Wiener Allgemeine Zeitung«, »Neues Wiener Tageblatt« und »Die Zukunft« veröffentlicht. M. setzte sich in vielen Artikeln auch mit Frauenfragen auseinander und trat engagiert für bessere Ausbildungs- und Berufsmöglichkeiten für Mädchen und Frauen ein. 1912 wurde sie mit dem Ebner-Eschenbach-Preis ausgezeichnet. Ihre Erinnerungen »Mein Werdegang« erschienen 1914, ihr letzter Roman »Das Sündengesetz« 1920.

Matern, Jenny, geb. Pickeroth
Politikerin
11.4.1904 (Hannover) – 22.9.1960 (Berlin)
Bereits als 19-Jährige wurde M., die nach der Handelsschule als Sekretärin arbeitete, Mitglied der Kommunistischen Partei Deutschlands (KPD). 1925–28 gehörte sie der Bezirksleitung Niedersachsen der »Roten Hilfe« an und arbeitete anschließend im Büro der KPD-Bezirksleitung sowie in der Redaktion des Zentralorgans »Tribunal«. 1933 wurde sie im Konzentrationslager Moringen interniert, konnte jedoch fliehen. Sie emigrierte über Prag in die Sowjetunion und wurde Mitarbeiterin von

Radio Moskau. Nach dem Zweiten Weltkrieg kehrte M. nach Deutschland zurück und war zunächst Staatssekretärin in der Landesverwaltung Sachsen. Nach ihrem Eintritt in die Sozialistische Einheitspartei Deutschlands (SED) arbeitete sie 1946–49 in der Zentralverwaltung für Arbeit und Sozialfürsorge. 1950–59 war sie Staatssekretärin und stellvertretende Ministerin für Gesundheitswesen und wurde dann Vorsitzende des Zentralausschusses für Volkssolidarität. Verheiratet war sie mit dem SED-Funktionär und Mitglied des Politbüros Hermann M.

Mathilde
Statthalterin
um 955 – 7. od. 8.2.999 (Quedlinburg)
Die Tochter des Kaiserpaares →Adelheid und Otto I. wurde in dem von ihrem Vater gegründeten Servatiusstift in Quedlinburg erzogen und mit elf Jahren dort zur ersten Äbtissin geweiht. Die gebildete M. war politische Beraterin ihres Bruders, Kaiser Otto II., und wurde von ihrem Neffen, Kaiser Otto III., 997 als Reichsverweserin (»matricia«) mit der Statthalterschaft in Deutschland betraut, als er seinen zweiten Italienfeldzug führte. Dieses Amt übte sie bis zu ihrem Tod aus. Widukind von Corvey widmete ihr die drei Bücher seiner »Sachsengeschichte«.

Lit.: Ennen, E., *Frauen im Mittelalter*, München 1983

Mathilde von Tuszien
Markgräfin
um 1046 – 24.7.1115 (Bondeno di Roncore b. Reggio Emilia/Italien)
M. war die Tochter der Markgräfin →Beatrix von Tuszien und deren erstem Mann Bonifaz, der 1052 starb. Etwa 1069 wurde

sie mit ihrem Stiefbruder, Gottfried dem Buckligen von Niederlothringen, verheiratet, verließ ihn 1071 nach dem Tod ihres einzigen Kindes, und kehrte zu ihrer Mutter nach Italien zurück, die dort Statthalterin war. Nach dem Tod von Beatrix übernahm M. 1076 als Alleinerbin die reiche Markgrafschaft, zu der u.a. die Toskana, die Emilia und die Lombardei gehörten. Die gebildete und fromme M. wurde eine enge Beraterin des Reformpapstes Gregor VII. und seiner Nachfolger, die sie auch finanziell und militärisch unterstützte. Ihr größter politischer Erfolg war die Vermittlung zwischen dem Papst und Kaiser Heinrich IV. im Investiturstreit, auf ihrer Burg Canossa wurde Heinrich 1077 vom Kirchenbann gelöst. Um 1080 vermachte M. dem Heiligen Stuhl ihren gesamten Besitz, behielt sich aber die lebenslange Eigennutzung vor. Um 1089 heiratete sie auf Anraten des Papstes Urban II. in einer Scheinehe den erst 17-jährigen Herzog Welf V. von Bayern, um die Fürstenopposition gegen den Kaiser im Deutschen Reich zu stärken. 1111 setzte sie, trotz ihrer Schenkung an die Kirche von 1080, den neuen Kaiser Heinrich V. als Erben ein, was einen lang andauernden Streit zwischen dem Papsttum und den deutschen Herrschern um ihr Erbe, die so genannten »Mathildischen Güter«, auslöste, der erst durch den formellen Verzicht des Kaisers Friedrich II. 1213 beigelegt werden konnte. M.s Gebeine wurden im Petersdom in Rom bestattet – eine Ehrung, die nur wenigen Frauen zuteil wurde.

Lit.: Schnith, K. (Hg.), Frauen des Mittelalters in Lebensbildern, Graz-Wien-Köln 1997

Mauermeyer, Gisela
Sportlerin
24.11.1913 (München) – 9.1.1995 (ebd.)
Die Leichtathletin gewann 20 nationale Titel und stellte 13 Weltrekorde auf, u.a. 1934 im Kugelstoßen und 1936 bei den Olympischen Spielen in Berlin im Diskuswerfen, wofür sie auch die Goldmedaille erhielt. Nach Kriegsende absolvierte M. ein Studium der Biologie und Zoologie, das sie mit der Promotion abschloss. Anschließend ließ sie sich zur Bibliothekarin ausbilden und leitete bis 1975 die Bibliothek der Zoologischen Staatssammlung in München.

Maurina, Zenta
Literaturwissenschaftlerin
15.12.1897 (Lejasciems/Lettland) – 25.4.1978 (Basel)
M., die seit ihrem sechsten Lebensjahr gelähmt war, wurde nach dem Studium der Philosophie und Baltischen Philologie in Riga und Heidelberg, Studienaufenthalten in Italien und Frankreich sowie einer Tätigkeit als Dozentin an der Volkshochschule in Riga 1938 mit summa cum laude promoviert. Sie erhielt als erste Frau an der Universität Riga den Doktortitel. Die Wissenschaftlerin war Mitbegründerin einer lettischen Volksuniversität sowie des Instituts für Literatur und Philosophie in Riga und arbeitete an einem deutsch-lettischen Wörterbuch mit. 1944 emigrierte sie nach Deutschland, ging 1946 als Gastprofessorin an die Universität Uppsala und ließ sich 1965 in Bad Krozingen nieder. M. schrieb in lettischer und nach 1945 überwiegend in deutscher Sprache. Zu ihrem Werk zählen Biografien, Erzählungen und Romane sowie Essays über Literaturfragen, z.B. »Die Aufgabe des Dichters in unserer Zeit« (1965). Außerdem verfasste sie zwei

Autobiografien: »Denn das Wagnis ist schön« (1953) und »Die eisernen Riegel zerbrechen« (1957). Sie erhielt zahlreiche Auszeichnungen, darunter 1971 den Konrad-Adenauer-Preis.
Lit.: Dietrich, M. (Hg.), Z. M. Bilder aus ihrem Leben, Memmingen 1983

Mayer, Helene
Sportlerin
20.12.1910 (Offenbach a. M.) – 15.10.1953 (Heidelberg)
Bereits als 14-Jährige wurde die Tochter eines Arztes deutsche Meisterin im Florettfechten. 1928 gewann sie bei den Olympischen Spielen in Amsterdam die Goldmedaille, und 1929 und 1931 wurde sie Weltmeisterin. Ab 1929 studierte sie in Frankfurt a. M. internationales Recht, wechselte 1930 an die Sorbonne in Paris und setzte ihr Studium von 1932 an in Kalifornien fort. Als der Halbjüdin 1936 auf Grund der nationalsozialistischen Rassengesetze die Teilnahme an den Olympischen Spielen in Berlin verwehrt werden sollte, intervenierte das Internationale Olympische Komitee. M., die bereits aus der Mitgliederliste ihres Verbandes gestrichen worden war, konnte daraufhin teilnehmen, ohne sich in den Ausscheidungskämpfen qualifizieren zu müssen, und errang die Silbermedaille. 1937 gewann sie noch einmal die Weltmeisterschaft und emigrierte dann in die USA. Dort wurde sie amerikanische Staatsbürgerin und 1941 amerikanische Meisterin im Florettfechten. Anschließend widmete sie sich ganz ihrer Arbeit als Hochschullehrerin. 1952 kehrte M. nach Deutschland zurück und heiratete den Ingenieur E. Falkner von Sonnenburg.
Lit.: Dick, J., Sassenberg, M. (Hgg.), Jüdische Frauen im 19. und 20. Jh., Reinbek 1993

Mayreder, Rosa, geb. Obermayer (Ps. Franz Arnold)
Frauenrechtlerin
30.11.1858 (Wien) – 19.1.1938 (ebd.)
Die Tochter eines wohlhabenden Gastwirts betätigte sich seit ihrer Jugend als Malerin und Schriftstellerin und verfasste u.a. nach der spanischen Novelle »Der Dreispitz« das Libretto zu H. Wolfs Oper »Der Corregidor«. 1881 heiratete sie ihren Jugendfreund, den Architekten und späteren Rektor der Technischen Hochschule Wien Karl M. Im Haus der Frauenrechtlerin M. Lang lernte M. Anfang der 1890er Jahre M.→Hainisch kennen, trat 1893 dem neugegründeten »Allgemeinen Österreichischen Frauenverein« bei, der die radikale Richtung der österreichischen Frauenbewegung vertrat, und wurde bald Vorstandsmitglied und Vizepräsidentin. Gemeinsam mit Lang und A.→Fickert gab sie ab 1899 die Zeitschrift »Dokumente der Frauen« heraus. Während des Ersten Weltkriegs engagierte sich M. in der Friedensbewegung und war von 1919 an Vorsitzende der »Internationalen Frauenliga für Frieden und Freiheit« (IFFF). In ihrem Hauptwerk, der zweibändigen Essaysammlung »Zur Kritik der Weiblichkeit« (1905) und »Geschlecht und Kultur« (1923), das eine weite Verbreitung fand und auch ins Englische übersetzt wurde, kritisierte sie die Diskriminierung von Frauen, ihre Herabwürdigung zum Sexualobjekt sowie die bestehende Doppelmoral. 1948 erschien der erste Teil ihrer Erinnerungen mit dem Titel »Das Haus in der Landskrongasse«, der zweite Teil »Mein Pantheon« wurde erst zu ihrem 50. Todestag 1988 veröffentlicht.
Lit.: Schnedl-Bubenicek, H. (Hg.), R. M. oder wider die Tyrannei der Norm, Wien 1986

Mechthild von Hackeborn
Mystikerin
1241 od.1242 – 19.11.1291 (Kloster Helfta
b. Eisleben)

Als Siebenjährige kam M. in das Zisterzienserinnenkloster Rodersdorf, das ihre
Schwester Gertrud von Hackeborn als Äbtissin leitete. Nach der Übersiedlung des
Konvents nach Helfta 1258 wurde die musikalisch begabte M. Leiterin der Klosterschule und Vorsängerin des Chors. Ab
1261 unterrichtete sie die damals fünfjährige →Gertrud von Helfta. Erst nach
1291 berichtete sie von ihren mystischen
Erlebnissen, die sie bis dahin aus Beschei-
denheit verschwiegen hatte. Da sie bereits
schwer leidend und bettlägerig war,
schrieb Gertrud v. Helfta in lateinischer
Sprache unter dem Titel »Liber specialis
gratiae« ihre Offenbarungen auf. Das sie-
benteilige Werk, in dessen Mittelpunkt die
Leidensgeschichte Jesu steht, wurde mehrfach ins Deutsche übersetzt und durch ca.
250 Handschriften sowie zahlreiche Drucke
in ganz Europa verbreitet. Neben Gertrud
v. Helfta ist M. eine der berühmtesten
deutschen Mystikerinnen und wurde bereits kurz nach ihrem Tod als Heilige
verehrt.

Mechthild von Magdeburg
Mystikerin
um 1210 (b. Magdeburg) – 1282 od. 1294
(Kloster Helfta b. Eisleben)

Als 20-Jährige verließ M. ihre wohlhabende Familie – ihre Eltern waren wahrscheinlich angesehene Ministerialen –, zog
sich als Begine in das Kloster St. Agnes bei
Magdeburg zurück und lebte dort nach
den Regeln der Dominikaner. Bereits mit
zwölf Jahren erlebte sie mystische Erfahrungen, die sie seit 1250 niederschrieb und

die ihr Beichtvater, der Dominikaner Heinrich von Halle, sammelte. 1268 übersiedelte sie in das Zisterzienserinnenkloster
Helfta, das unter der Äbtissin Gertrud von
Hackeborn zu einem Zentrum der deutschen Frauenmystik geworden war, und
trat kurze Zeit später dem Orden bei. Unter
dem Titel »Das fließende Licht der Gott-
heit« verfasste M. in Hymnen und Versen
ein aus sieben Büchern bestehendes Werk,
in dem sie die Geschichte einer »minnen-
den sele« (»liebenden Seele«) beschrieb, die
einerseits von einer überwältigenden Got-
teserfahrung beherrscht, andererseits durch
ihre Gottesferne gequält wird. Leben und
Werk verknüpfen sich bei M. zu einer Einheit, die es vorher in der deutschsprachigen Literatur nicht gab. Formal lehnte sie
sich an das biblische »Hohelied« und den
Minnesang an. Ursprünglich in Niederdeutsch geschrieben, ist dieses Werk in
einer lateinischen und einer alemanni-
schen Bearbeitung überliefert. Der italienische Dichter D. Alighieri setzte M. in seiner »Göttlichen Komödie« als die »schöne
Frau Matelda« ein literarisches Denkmal.

Meerbaum-Eisinger, Selma
Dichterin
5. od.14.8.1924 (Czernowitz – heute
Cernivci/Ukraine) – 16.12.1942
(Michailowka/Ukraine)

M.-E. stammte aus einer deutsch-jüdischen
Familie und besuchte eine rumänische
Schule. Schon früh beschäftigte sie sich
mit deutscher Literatur und übersetzte
Texte aus dem Französischen, Rumänischen und Jiddischen ins Deutsche. Als
15-Jährige begann sie, Lyrik zu schreiben,
die ihre außerordentliche Begabung zeigt
und geprägt ist von Sehnsucht nach Leben,
Glück und Liebe. Seit 1941 lebte sie mit

ihren Eltern im Ghetto von Czernowitz und wurde 1942 in das SS-Arbeitslager Michailowka deportiert, wo sie an Flecktyphus starb. Ihr Klassenlehrer rettete ihre Gedichte nach Israel und ließ sie drucken. Die Veröffentlichung in Deutschland 1980 unter dem Titel »Ich bin in Sehnsucht eingehüllt. Gedichte eines jüdischen Mädchens an seinen Freund« wurde ein großer Erfolg. M.-E. wurde mit A.→Frank verglichen.

Meinhof, Ulrike Marie
Publizistin
7.10.1934 (Oldenburg) – 9.5.1976 (Stuttgart)
Nach dem frühen Tod ihrer Eltern wuchs M. bei ihrer Tante, der Historikerin R. Riemeck, auf. Während des Studiums der Philosophie, Soziologie und Germanistik in Marburg und Münster protestierte sie gegen die atomare Aufrüstung und war Mitglied im Sozialistischen Deutschen Studentenbund (SDS). 1959 wurde sie Redakteurin der Zeitschrift »Konkret« in Hamburg, die sie 1960–64 gemeinsam mit ihrem Mann K. R. Röhl, mit dem sie zwei Töchter hatte, leitete. In den 60er Jahren protestierte sie u.a. gegen den Krieg in Vietnam und den Springer-Verlag, vor allem gegen die Berichterstattung der »Bild-Zeitung«. M. schrieb zahlreiche Film- und Fernsehbeiträge, u.a. »Bambule« (1971). Nach der Trennung von Röhl nahm sie 1968 einen Lehrauftrag am Institut für Publizistik der Freien Universität Berlin an und arbeitete als freie Journalistin. 1968–70 baute sie mit A. Baader eine terroristische Gruppe auf, die »Rote-Armee-Fraktion« (RAF), die auch »Baader-Meinhof-Gruppe« genannt wurde. 1970 war sie an Baaders gewaltsamer Befreiung aus dem Gefängnis beteiligt und lebte fortan im Untergrund. 1972 wurde M. verhaftet und 1974 zu acht Jahren Gefängnis verurteilt. In strenger Einzelhaft in der Haftanstalt Stuttgart-Stammheim nahm sie sich das Leben.
Lit.: Krebs, M., U. M. – ein Leben im Widerspruch, Reinbek 1988

Meitner, Lise (eigtl. Elise)
Physikerin
7.11.1878 (Wien) – 27.10.1968 (Cambridge/Großbritannien)
Die Tochter eines wohlhabenden jüdischen Rechtsanwalts wurde protestantisch erzogen. Nach dem Examen als Französischlehrerin bereitete sie sich zusätzlich in Privatkursen auf das Abitur vor, das sie 1901  als Externe bestand. Im selben Jahr begann M. an der Universität Wien mit dem Studium der Mathematik und Physik und wurde 1906 promoviert. Bereits während ihres Studium interessierte sie sich, angeregt von ihrem Lehrer L. Boltzmann, für die Atomlehre. Nach ersten Veröffentlichungen auf dem Gebiet der Radioaktivität wechselte sie 1907 nach Berlin, um bei M. Planck weiterzustudieren. Im Labor des Instituts für Experimentalphysik arbeitete sie mit dem Chemiker O. Hahn zusammen, mit dem sie auch gemeinsam Untersuchungsergebnisse veröffentlichte. 1912 wurde sie Plancks Assistentin und ab 1913 zusätzlich wissenschaftliches Mitglied des neu gegründeten Kaiser-Wilhelm-Instituts für Chemie. Während des Ersten Weltkriegs arbeitete sie ab 1915 als Röntgenschwester, kehrte aber auf Drängen Hahns 1917 an das Institut zurück.

1922 hielt sie ihre Antrittsvorlesung und wurde 1923 außerordentliche Professorin – ihre Ernennungsurkunde erhielt sie allerdings erst 1926. 1933 wurde der Jüdin die Lehrbefugnis entzogen, dennoch arbeitete sie bis 1938 weiter am Kaiser-Wilhelm-Institut, dann floh sie über Holland nach Schweden. In Stockholm war sie zunächst am Nobel-Institut tätig, bis ihr 1947 eine Forschungsprofessur an der Technischen Hochschule bewilligt wurde. Ihren Lebensabend verbrachte sie von 1960 an bei ihrem Neffen O. R. Frisch in England. M.s Hauptforschungsgebiete waren die Kernphysik und die Radioaktivität. Während ihrer über 30-jährigen Arbeit mit Hahn entdeckte sie u.a. das Element Protaktinium sowie mehrere radioaktive Isotope. Angeregt durch ihre Arbeiten, entwickelten Hahn und F. Strassmann 1938 das Kernspaltungsverfahren, für das M. mit ihrem Neffen die theoretische Erklärung verfasste. 1946 wurde Hahn allein der Nobelpreis für Chemie verliehen, obwohl M. wesentlich an der Entdeckung der Kernspaltung beteiligt war. M. erhielt u.a. 1949 die Goldene Max-Planck-Medaille und 1966 den Enrico-Fermi-Preis.

Lit.: Kerner, C., Lise, Atomphysikerin. Die Lebensgeschichte der L. M., Weinheim–Basel 1986
Rife, P., L. M. Ein Leben für die Wissenschaft, Düsseldorf 1990

Menshausen-Labriola, Frieda, geb. Menshausen
Malerin
9.12.1861 (Stendahl) – 1939 (Assisi/Italien)
Ausgebildet wurde M.-L. in Kassel, München, Weimar, Paris und Berlin. Schon früh spezialisierte sie sich auf Portraits und wurde Ende des 19. Jhs. eine der gefragtesten Portraitmalerinnen in Berlin. Nach ihrer Heirat mit einem italienischen Diplomaten lebte sie zunächst in Rom, später in Bern, wo sie 1930 an der Ausstellung »Künstler des Neuen Italien« teilnahm. Die Künstlerin, die auch Stillleben und Genres malte, wurde mit zahlreichen Medaillen und Ehrendiplomen ausgezeichnet.

Mereau, Sophie, geb. Schubart
Schriftstellerin
28.3.1770 (Altenburg, Sachsen) – 31.10.1806 (Heidelberg)
M. erhielt eine sorgfältige Ausbildung in musischen Fächern und Sprachen. Seit 1791 veröffentlichte sie Gedichte, u.a. in F. v. Schillers Zeitschriften »Thalia« und »Horen«, und begann, z.T. im Auftrag Schillers, literarische Texte aus dem Englischen, Spanischen, Italienischen und Französischen zu übersetzen, darunter die Memoiren der Madame de Staël und die Briefe der N. de Lenclos. 1793 heiratete sie den Juraprofessor Friedrich Ernst Karl M., mit dem sie in Jena lebte. In ihrem Haus verkehrten u.a. Jean Paul, J. G. Fichte, J. G. Herder und D.→Schlegel. M. begann eine rege literarische Tätigkeit – sie veröffentlichte zahlreiche

Gedichte, Erzählungen sowie einen Roman – und gab den »Göttinger Roman-Calender von 1799, 1800, 1801«, den »Berlinischen Damencalender von 1800, 1801« sowie die Frauenzeitschrift »Kalathiskos« (1801) heraus. Außerdem war sie von 1803 an als Redakteurin des »Göttinger Musenalmanachs«

tätig. Nach der Trennung (1800) und Scheidung (1801) von ihrem Mann, mit dem sie zwei Kinder hatte, konnte sie mit ihrer Arbeit als Schriftstellerin und Herausgeberin ihren Lebensunterhalt bestreiten. M. gilt als eine der ersten deutschen Berufsschriftstellerinnen. In ihren für die damalige Zeit revolutionären Schriften forderte sie das Recht der Frau auf freie Partnerwahl und eine Liebesbeziehung ohne Ehe. 1803 heiratete sie den Dichter C. v. Brentano, den sie bereits seit 1798 kannte, lebte mit ihm kurze Zeit in Marburg und Jena und ließ sich dann in Heidelberg nieder. Die konfliktreiche Ehe und die Geburt zweier weiterer Kinder ließen ihr kaum noch Zeit zum Arbeiten. M. starb bei der Geburt ihres fünften Kindes.
Lit.: Gersdorff, D. v., Dich zu lieben kann ich nicht verlernen. Das Leben der S. Brentano-M., Frankfurt a. M. 1984
Fleischmann, U., Zwischen Aufbruch und Anpassung. Untersuchungen zu Werk und Leben der S. M., Bern-Frankfurt a. M. 1989
Hammerstein, K. v., S. M.-Brentano Freiheit – Liebe – Weiblichkeit. Trikolore sozialer und individueller Selbstbestimmung um 1800, Heidelberg 1994

Merian, Maria-Sibylla
Kupferstecherin, Naturforscherin
2.4.1647 (Frankfurt a. M.) – 13.1.1717 (Amsterdam)

Als M. drei Jahre alt war, starb ihr Vater, der berühmte Kupferstecher und Verleger Matthäus M. d. Ä. Ersten Malunterricht erhielt sie von ihrem Stiefvater, dem holländischen Stilllebenmaler J. Marell. 1665 heiratete sie seinen Schüler J. A. Graff, mit dem sie nach Nürnberg zog und gemeinsam arbeitete. Dort gründete sie auch eine Mal- und Stickschule für junge Mädchen.

1675 erschien ihr erstes druckgrafisches Werk »Florum Fasciculus Primus« mit zwölf Kupferstichen von Blumen, dem noch zwei weitere Teile 1680 und 1717 (kurz nach ihrem Tod von ihrer Tochter herausgegeben) folgten. Den ersten Teil ihrer umfangreichsten Veröffentlichung »Der Raupen wunderbare Verwandlung und sonderbare Blumennahrung« mit Kupferstichen des Lebenszyklus' zahlreicher Insekten gab sie 1679 heraus, den zweiten 1683. Mit diesem Werk, das sie nach gründlichen Naturbeobachtungen zusammengestellt hatte, machte sich M. auch als Naturforscherin einen Namen. 1681 verließ sie ihren Mann, mit dem sie zwei Töchter hatte, und kehrte zu ihrer Mutter nach Frankfurt zurück. Beeinflusst von ihrem Stiefbruder, schloss sie sich 1685 den pietistischen Labadisten an und lebte bis 1691 in deren Gemeinschaft auf Schloss Walta in Westfriesland. Danach zog M. mit ihren Töchtern nach Amsterdam und verdiente ihren Lebensunterhalt durch den Handel mit gefärbten Stoffen und selbst hergestellten Malfarben. Angeregt von exotischen Objekten aus Übersee, die in Amsterdam ausgestellt waren, reiste sie 1669 mit ihrer jüngeren Tochter nach Surinam. Während ihres zweijährigen Aufenthaltes beobachtete und zeichnete sie u.a. Schmetterlinge, Amphibien, Muscheln und Spinnen. Ihr daraus entstandenes Buch »Metamorphosis Insectorum Surinamensium« (1705) war die erste wissenschaftliche Arbeit über Surinam. M. war bereits bei ihren Zeitgenossen als Kupferstecherin und Forscherin höchst anerkannt. Der russische Zar Peter der Große kaufte eine große Anzahl ihrer Werke und begründete damit in St. Petersburg die heute umfangreichste Merian-Sammlung.

Lit.: Kerner, C., Seidenraupe, Dschungelblüte.
Die Lebensgeschichte der M.-S. M., Weinheim–Basel 1988
Kaiser, H., M.-S. M. Eine Biographie, Darmstadt 1997

**Mertens-Schaaffhausen, Sibylle,
geb. Schaaffhausen**
Kunstsammlerin
29.1.1797 (Köln) – 20.10.1857 (Rom)
Die Tochter des Kölner Privatbankiers
J. A. A. Schaaffhausen erhielt eine fundierte Ausbildung. Im hochgebildeten Elternhaus wurde ihr Interesse für Kunst und
Wissenschaft geweckt – ihr Vater sammelte
Gemälde von Italienern und Niederländern
und war eng mit dem berühmten Kunstsammler F. F. Wallraf befreundet. M.-S.
heiratete den 16 Jahre älteren L. Mertens,
einen Teilhaber ihres Vaters, mit dem sie
sechs Kinder hatte. 1827 begann sie –
durch ihr Erbe finanziell unabhängig –,
eine Antikensammlung anzulegen, sie
sammelte vor allem Gläser, Münzen, Klein-
plastiken und Gemmen. Mitte des 19. Jhs.
besaß sie eine der größten Gemmensamm-
lungen Deutschlands und stellte sie in
zahlreichen wissenschaftlichen Publikatio-
nen und Vorträgen vor. Außerdem betätigte sie sich während mehrerer Reisen
nach Italien als Archäologin und machte
einige Aufsehen erregende Funde. Ihr Haus
in Bonn wurde Treffpunkt von Intellektuellen aus ganz Deutschland, darunter
die Autorinnen J. und A.→Schopen-
hauer, die von 1828 an bei ihr wohnten,
O. v.→Goethe, die sie finanziell unterstützte, sowie A. v.→Droste-Hülshoff und
H.→Paalzow. Nach dem Tod ihres Mannes
1842 musste sie wegen Erbstreitigkeiten
mit ihren Kindern Teile ihrer Sammlung
verkaufen. Sie zog nach Rom, die Stadt,
die sie als ihre zweite Heimat bezeichnete,
und auch dort traf sich in ihrer Wohnung
im Palazzo Poli ein internationaler Kreis
von Gelehrten. M.-S., die in Deutschland ·
»Rheingräfin«, in Italien »Principessa
Tedesca« genannt wurde, liegt auf dem
deutschen Friedhof bei St. Peter in Rom
begraben. Bereits ein Jahr nach ihrem Tod
ließen ihre Erben fast ihre gesamte Sammlung versteigern.
Lit.: Houben, H. H., Die Rheingräfin. Das Leben
der Kölnerin S. M.-S., Essen 1935

Metzger, Ottilie
Sängerin
15.7.1878 (Frankfurt a. M.) – 1943
(KZ Auschwitz)
Nach der Gesangsausbildung am Stern'-
schen Konservatorium in Berlin debütierte

die Altistin 1898
in Halle a. d.
Saale. Es folgten
Engagements in
Köln (1900–03)
und Hamburg
(1903–15). Bei
den Bayreuther
Festspielen
1901–04 und
1912 wurde M. u.a. als Erda begeistert gefeiert, und 1910/11 brillierte sie an der
Londoner Covent Garden Opera als Hero-
dias in »Salomé« sowie als Klytämnestra in
»Elektra«. 1915–21 war sie Ensemblemitglied der Dresdner Oper. Mit der German
Opera Company unter L. Blech gastierte sie
1922–23 in den USA. 1935 emigrierte die
Jüdin nach Brüssel. Dort wurde sie 1942
von den Nationalsozialisten aufgespürt,
nach Auschwitz deportiert und ermordet.
Lit.: Kesting, J., Die großen Sänger des 20. Jhs.,
Düsseldorf 1993

Meyer, Selma
Medizinerin
9.6.1881 (Essen) – 11.11.1958 (New York)
Die jüdische Kaufmannstochter studierte
am Stern'schen Konservatorium Musik und
legte 1908 ihr Musiklehrerexamen ab. Von
1908–1910 holte sie ihr Abitur nach, begann mit dem Medizinstudium und wurde
1917 promoviert. Seit 1922 war sie als
Oberärztin an der Infektionsklinik von
A. Schlossmann in Düsseldorf tätig, habilitierte sich dort im selben Jahr und spezialisierte sich auf Infektionskrankheiten bei
Kindern, vor allem Scharlach. 1927 wurde
M. zur außerordentlichen Professorin ernannt – damit war sie die erste Professorin
für Kinderheilkunde in Deutschland. Zwei
Jahre später eröffnete sie eine eigene Praxis. 1933 wurde ihr von den Nationalsozialisten die Lehrbefugnis, 1938 auch die Approbation entzogen. Sie emigrierte in die
USA und arbeitete dort 1941–58 als nieder-
gelassene Ärztin, nachdem sie das amerikanische Staatsexamen abgelegt hatte.

Meysenbug, (Amelie) Malwida Wilhelmina Tamina Freiin von (eigtl. Rivalier v. M.)
Schriftstellerin, Frauenrechtlerin
28.10.1816 (Kassel) – 26.2.1903 (Rom)
M. stammte aus einer einflussreichen Hugenottenfamilie, der Vater und zwei Brüder
waren Minister. Ausgebildet wurde sie von

ihrer Mutter, die
sie in Musik, Li-
teratur und Ma-
lerei unterrich-
tete. Bereits als
junges Mädchen
zeigte sie politi-
sches Interesse,
und setzte sich,
angeregt durch

die Beziehung zu dem Schriftsteller und
Theologen T. Althaus, intensiv mit freiheit-
lich-demokratischen Ideen auseinander. Ihr
soziales Engagement wurde durch die
Lektüre der Schriften B. v.→Arnims und
R.→Varnhagens geweckt. 1850 entzweite
sich die begeisterte Anhängerin der Revolution von 1848 mit ihrer adligen Familie
und zog nach Hamburg. Dort unterrichtete
sie zwei Jahre an der Frauenhochschule,
bis diese geschlossen wurde. Als ihr wegen
ihres Briefwechsels mit im Ausland lebenden Revolutionsführern die Verhaftung
drohte, emigrierte M. nach London und
wurde dort zunächst von J.→Kinkel aufgenommen. 1853–56 lebte sie im Haus des
russischen Publizisten und Sozialisten A.
Herzen, dessen Töchter sie erzog. Nach einem über zehnjährigen Aufenthalt in Paris
ließ sie sich 1870 in Rom nieder. Neben
ihrem Engagement für die Arbeiterbewegung setzte sich M. für die ökonomische
Unabhängigkeit der Frau ein. Eine sexuelle
Emanzipation lehnte sie dagegen ab. Sie
veröffentlichte zahlreiche Erzählungen und
war als Übersetzerin tätig. Als ihr Hauptwerk gelten ihre dreibändigen »Memoiren
einer Idealistin« (1876) und deren Nachtrag
»Der Lebensabend einer Idealistin« (1898).
Lit.: Leisner, A., Unabhängig sein ist mein
heißester Wunsch. M. v. M., München 1998

Miegel, Agnes
Dichterin
9.3.1879 (Königsberg – heute
Kaliningrad/Russland) – 26.10.1964
(Bad Salzuflen)
Nach dem Abschluss der höheren
Mädchenschule in Königsberg besuchte M.
1895–96 ein Pensionat in Weimar.
1900–07 wurde sie in Berlin und Bristol
zur Säuglingsschwester sowie zur Lehrerin

ausgebildet und reiste nach Frankreich und Italien. Bereits als 17-Jährige hatte sie begonnen, Gedichte zu schreiben. Erstmalig wurden ihre Balladen 1901 von ihrem Freund, dem Dichter B. v. Münchhausen, im »Göttinger Musenalmanach« veröffentlicht. Bis 1920 schrieb M. ausschließlich Lyrik und wandte sich dann, nachdem sie eine Stelle im Feuilleton der »Ostpreußischen Zeitung« in Königsberg angenommen hatte, der Prosa zu. Seit 1926 arbeitete sie als freie Schriftstellerin und beschrieb in zahlreichen Erzählungen, z.b. »Die schöne Malone« (1920), ihre ostpreußische Heimat, deren Sagen und Geschichte. 1945 musste sie nach Niedersachsen fliehen. Ihre Werke machten sie zur Identifikationsfigur ihrer heimatvertriebenen Landsleute, die sie als die »Mutter Ostpreußens« bezeichneten. M. trug entscheidend zur Erneuerung der Ballade bei, ist jedoch durch ihre Verklärung der ostpreußischen Heimat sowie ihre Nähe zur sogenannten »Blut-und-Boden-Literatur«, die Sympathie für nationalsozialistische Ideen erkennen lässt, umstritten.
Lit.: Piorrek, A., A. M., München 1990

Milchsack, Lilo, geb. Duden
27.5.1905 (Frankfurt a. M.) – 7.8.1992 (Düsseldorf)
M., deren Großvater der Verfasser des Standardwerkes der deutschen Rechtschreibung war, studierte nach dem Abitur Geschichte in Frankfurt a. M., Amsterdam und Genf, bis sie den Reeder Hans M. heiratete, mit dem sie zwei Kinder hatte. Das Ehepaar M., das während der NS-Zeit jüdischen Freunden zur Flucht verholfen, nie der NSDAP angehört und seine geschäftlichen und privaten Verbindungen, vor allem nach England, aufrechterhalten hatte, setzte sich nach Kriegsende verstärkt für eine Verbesserung der deutsch-britischen Beziehungen ein: M.s Mann wurde von den britischen Besatzungsbehörden zum Bürgermeister der nördlichen Gemeinden Düsseldorfs ernannt, und M. selbst gründete im März 1949 die »Deutsch-Englische Gesellschaft« (DEG), deren Vorsitz sie bis 1982 führte. Um das gegenseitige Verständnis der Bürger beider Länder füreinander zu fördern, organisierte sie einmal jährlich für die DEG einen Gesprächsaustausch zwischen Vertretern aus Kultur und Wirtschaft beider Länder, bei dem Politiker absichtlich nicht die führende Rolle spielen sollten. Nach dem ersten Tagungsort 1950 wurden diese Treffen »Königswinter-Konferenz« genannt. Sie finden weiterhin jedes Jahr statt – alternierend in Deutschland und Großbritannien. Wegen ihrer Verdienste um die deutsch-englische Verständigung wurde M. 1968 von Königin Elizabeth II. als erste Nicht-Engländerin in den »Order of St. Michael and St. George« aufgenommen. In Deutschland erhielt sie das Große Bundesverdienstkreuz und die Theodor-Heuss-Medaille.

Milder-Hauptmann, Anna Pauline
Sängerin
13.12.1785 (Istanbul) – 29.5.1838 (Berlin)

1803 debütierte M.-H. im Theater an der Wien und kam 1807 an das Kärntnertor-Theater. Der Komponist L. van Beethoven schrieb für sie die Partie der Leonore in »Fidelio«, die sie 1814 in der Uraufführung sang. 1816–29 gehörte sie zum Ensemble der Berliner Hofoper, anschließend gastierte sie bis zu ihrem Abschied von der Bühne 1836 an vielen Opernhäusern in Deutschland, Dänemark, Schweden und Russland. M.-H. war eine der gefeiertsten Sängerinnen ihrer Zeit.

Milow, Margarethe Elisabeth, geb. Hudtwalcker

1748 (Hamburg) – 1794 (ebd.)

Die Tochter eines wohlhabenden Kaufmanns wurde 1769 gegen ihren Willen mit dem Pastor Johann Nikolaus M. verheiratet, mit dem sie zwölf Kinder hatte, von denen acht überlebten. 1778 begann sie ihre autobiografischen Aufzeichnungen »Mein Leben. Ein Vermächtnis für meinen Mann und meine Kinder«, die sie bis kurz vor ihrem Tod weiterführte. Die Originalhandschrift tauchte erst 1990 in Privatbesitz auf und wurde mit dem Titel »Ich will aber nicht murren« 1993 veröffentlicht. M.s Lebensbetrachtungen vermitteln einen aufschlussreichen Einblick in die Kultur- und Sozialgeschichte des 18. Jhs.

Lit.: Wunder, H., Er ist die Sonn', sie ist der Mond. Frauen in der Frühen Neuzeit, München 1992

Modersohn-Becker, Paula, geb. Becker

Malerin

8.2.1876 (Dresden) – 20.11.1907 (Worpswede)

Im Kreis ihrer großen Familie – sie war das dritte von sieben Kindern – lebte M.-B. ab 1888 in Bremen, wo ihr Vater als Baurat tätig war. Nach dem Besuch der London School of Arts fasste sie 1892 den Entschluss, Künstlerin zu werden. Doch auf Wunsch ihrer Eltern studierte sie zunächst 1893–95 am Lehrerinnenseminar in Bre-

men und besuchte erst ab 1896 die Malschule des Vereins Berliner Künstlerinnen. 1897 kam sie in die von F. Mackensen gegründete Malerkolonie im Teufelsmoor in Worpswede bei Bremen. 1898/99 war sie Mackensens Schülerin und freundete sich u.a. mit der Bildhauerin C.→Westhoff an. Ihre erste und einzige Ausstellung zu Lebzeiten in Bremen 1899 wurde von der Kritik verrissen. 1900 reiste M.-B. erstmalig nach Paris und studierte an der Privatakademie Cola Rossi. Nach einem kurzen Aufenthalt in Berlin 1901, wo sie auf Wunsch ihrer Eltern das Kochen lernen sollte, kehrte sie nach Worpswede zurück und heiratete den Maler O. Modersohn. 1903 und 1905 lebte sie für mehrere Monate in Paris und studierte an der Académie Julian. 1906 trennte M.-B. sich von ihrem Mann, um endgültig nach Paris zu ziehen. Er holte sie jedoch zurück, sie wurde schwanger und starb kurze Zeit nach der Geburt ihrer Tochter an einer Lungenembolie. In weniger als acht Jahren schuf M.-B. fast 400 Gemälde und etwa 1000 Zeichnungen. Studien vor Originalen Cézannes, der italienischen Malerei des 14. Jhs. und der ägyptischen Plastik im Pariser Louvre beeinflussten ihren Stil. Themen ihrer Bilder waren bäuerliche Menschen, Alte, Frauen und Kinder, die ländliche Natur und Stillleben. Anerkennung fand M.-B. erst nach ihrem Tod. Große Retrospektiven und umfangreiche Ausstellungen trugen zu ihrer Popularität bei. Während der NS-Zeit wurden ihre Bilder als »entartet« aus den Museen verbannt.

Lit.: Reinken, L. v., P. M.-B., Reinbek 1983
Murken-Altrogge, C., P. M.-B., Köln 1991
Bohlmann-Modersohn, M., P. M.-B. Eine Biographie mit Briefen, München 1995

Mohr, Erna Wilhelmine

Zoologin

11.7.1894 (Hamburg) – 10.9.1968 (ebd.)

M. besuchte ein Lehrerinnenseminar und war 1914–34 an Hamburger Volks- und Sonderschulen tätig. Nebenher beschäftigte sie sich mit wissenschaftlicher Zoologie und arbeitete in der fischereibiologischen Abteilung, seit 1923 in der Abteilung für niedere Wirbeltiere des Naturhistorischen Museums in Hamburg. Ihr besonderes Interesse galt Zootieren. Sie besuchte regelmäßig die Zoologischen Gärten Deutschlands und veröffentlichte zahlreiche Arbeiten über Gefangenschaftsbeobachtungen an Säugetieren, u.a. Paarhufern, Fledermäusen und kleinen Nagetieren. Außerdem setzte sie sich für die Erhaltung aussterbender Arten ein, wie der Wisente und der Przewalskiwildpferde. Seit 1946 war M. Mitglied der Deutschen Akademie der Naturforscher Leopoldina und Kustodin des Hamburger Naturhistorischen Museums.

Moll, Marg (eigtl. Margarethe), geb. Häffner

Bildhauerin

2.8.1884 (Mulhouse/Frankreich) – 15.3.1977 (München)

Nach dem Studium der Malerei und Plastik in Wiesbaden und Frankfurt a. M. wurde M. 1905 Schülerin des Malers Oskar M., den sie 1906 heiratete und mit dem sie nach Berlin zog. Dort richtete sie sich ein eigenes Atelier ein und nahm Unterricht bei L. Corinth, der sie auch portraitierte. 1907–08 lebte sie mit ihrem Mann in Paris, lernte die Schriftstellerin G. Stein und P. Picasso kennen und studierte als einzige Frau und Plastikschülerin an der Académie Matisse. Ihre erste Ausstellung hatte sie – gemeinsam mit anderen Künstlern – 1914 in Berlin, anschließend nahm sie regelmäßig an den Ausstellungen der Berliner Künstlervereinigung »Secession« teil. 1919 folgte M. – inzwischen Mutter von zwei Töchtern – ihrem Mann nach Breslau, der dort zunächst Professor und später Leiter der Akademie wurde. Eine längere Studienreise führte sie 1928 nach Paris, wo sie Unterricht bei F. Léger nahm und sich der abstrakt arbeitenden Künstlergruppe »Groupe 1940« anschloss, an deren Ausstellungen sie auch bis 1937 teilnahm. 1933 wurden die Werke ihres Mannes als »entartet« diffamiert, und er erhielt Ausstellungs- und Lehrverbot. Die M.s zogen nach Berlin und konnten dort weitgehend unbehelligt weiter arbeiten. 1943 wurde ihr Haus mit vielen Bildern und Plastiken durch einen Bombenangriff völlig zerstört. 1947, nach dem Tod ihres Mannes, zog M. zu ihrer Tochter nach England und hatte u.a. Kontakt zu H. Moore. Sie ging 1952 nach Düsseldorf und ließ sich ab 1965 in München nieder. Anlässlich ihres 85. Geburtstags wurde ihr 1969 das Große Bundesverdienstkreuz verliehen, 1970 erhielt sie die Preismedaille auf der XVI. Kunstausstellung in Köln. M. war eine der ersten Bildhauerinnen in Deutschland und eine Wegbereiterin der abstrakten Skulptur.

Lit.: Evers, U., Deutsche Künstlerinnen des 20. Jhs.: Malerei – Bildhauerei – Tapisserie, Hamburg 1983

Moller, Meta (eigtl. Margareta)

16.3.1728 (Hamburg) – 28.11.1758 (ebd.)

In ihrem Elternhaus erhielt M. eine gründliche Ausbildung. Nach dem frühen Tod ihres Vaters und der zweiten Heirat ihrer Mutter zog sie zu ihrer Schwester. 1751 lernte sie den Dichter F. G. Klopstock kennen, den sie drei Jahre später heiratete und mit dem sie einen umfangreichen Briefwechsel führte. Ihre Briefe gelten wegen ihrer beispiellosen Lebendigkeit und Gefühlsstärke als Literatur von hohem Rang, die teilweise J. W. v. Goethes Werther-Prosa gleichzusetzen ist. M. starb bei ihrer dritten Fehlgeburt.

Moníková, Libuše
Schriftstellerin
30.8.1945 (Prag) – 12.1.1998 (Berlin)
1970, nach dem Studium der Anglistik und Germanistik in Prag, wurde M. mit einer Arbeit über Shakespeare und Brecht promoviert. Das Scheitern des »Prager Frühlings« veranlasste sie 1971, nach Deutschland zu emigrieren. Zunächst war sie als Dozentin für Literatur an der Gesamthochschule Kassel und seit 1977 an der Universität Bremen tätig. Von 1987 an arbeitete M. als freie Schriftstellerin, war 1988 Stadtschreiberin von Graz und lebte zuletzt in Berlin. 1987 erhielt sie für den Roman »Die Fassade« den Alfred-Döblin-Preis, 1989 wurde ihr der Franz-Kafka-Preis verliehen, und 1997 wurde sie mit dem Masaryk-Preis geehrt. Ihre letzte Veröffentlichung »Verklärte Nacht« erschien 1996.

Monte, Hilda (eigtl. Hilde Meisel)
Widerstandskämpferin
31.7.1914 (Wien) – 17.4.1945 (Feldkirch)
Schon als junges Mädchen schloss sich M., die aus einer jüdischen Kaufmannsfamilie stammte und in Berlin aufgewachsen war, dem »Internationalen Sozialistischen Kampfbund« (ISK) an. 1932 ging sie als Korrespondentin des ISK-Organs »Der Funke« nach Paris, später nach London. Nach der Regierungsübernahme durch die Nationalsozialisten warb sie in Großbritannien für den Aufbau eines internationalen Widerstandsbündnisses gegen das NS-Regime. Unter ihrem Pseudonym reiste sie mehrmals illegal nach Deutschland ein und leistete Kurierdienste für das ISK. Während der Kriegsjahre arbeitete M. in London für die deutschsprachigen Sendungen der BBC und veröffentlichte u.a. die Novelle »Where Freedom Perishes«. 1944 nahm sie in der Schweiz Verbindung zu österreichischen Widerstandsgruppen auf. Bei einer illegalen Überquerung der schweizerisch-österreichischen Grenze wurde sie von einer SS-Patrouille erschossen.
Lit.: Leber, A. (Hg.), Das Gewissen steht auf, Mainz 1984

Montez, Lola
(eigtl. Maria Dolores Eliza Rosanna Gilbert)
Tänzerin
1818, 1819 od. 1820 (Limerick/Irland od. Montrose, Schottland) – 17.1.1861 (New York)
Die Tochter eines Iren und vermutlich einer Kreolin wuchs in Indien und England auf und heiratete mit 16 Jahren. Als sie  nach dem Scheitern ihrer Ehe ihren Lebensunterhalt selbst verdienen musste, erfand sie sich einen adligen spanischen Vater, nannte sich Maria de los Dolores Porris y Montez und zog als Tänzerin durch Europa. Nach Gastspielen in London, Brüssel, Warschau, St. Petersburg, Berlin, Dresden und Paris sowie zahlreichen Affären und Skandalen kam sie 1846 nach München und erhielt die Erlaubnis,

am königlichen Hoftheater aufzutreten. Der 60-jährige König Ludwig I. war so begeistert, dass er ihr Schmuck, eine Equipage und eine Villa schenkte. Als er ihr, gegen den Rat seiner Ministerialbeamten, außerdem die bayerische Staatsangehörigkeit sowie den Titel einer Gräfin Landsfeld verlieh, kam es Anfang 1848 zu Protesten in der Bevölkerung und Tumulten an der Universität. Die zeitweilige Schließung der Universität durch Ludwig führte zu Demonstrationen von Bürgern und Studenten, die eine Ausweisung M.s forderten. Als der König nicht reagierte und die Protestaktionen zunahmen, erzwang der Landtag die Aberkennung der bayerischen Staatsangehörigkeit M.s sowie ihre Ausweisung aus Bayern. Im März 1848 dankte Ludwig zu Gunsten seines Sohnes Maximilian ab. M. kehrte nach England zurück, heiratete dort einen jungen Mann und wurde, weil ihre erste Ehe nie geschieden worden war, der Bigamie angeklagt. 1851 floh sie in die USA, trat wieder als Tänzerin auf und heiratete ein drittes Mal. Kurz vor ihrem Tod schloss sie sich der methodistischen Kirche an und widmete sich wohltätigen Aufgaben.

Lit.: Seymour, B., L. M. Eine Biographie, Düsseldorf–Zürich 1998

Morata, Olympia Fulvia
Gelehrte
1526 (Ferrara/Italien) – 26.10.1555 (Heidelberg)

Am Hof der Fürstenfamilie Este in Ferrara wuchs die Tochter des Rhetorik- und Poetikprofessors Pellegrino M. als Gesellschafterin der Herzogstochter auf. Gemeinsam erhielten die Mädchen von dem deutschen Humanisten K. Sinapius (eigtl. Senf) Unterricht in Latein, Griechisch, Philosophie und Literatur. Schon früh zeigte sich M.s überragende Intelligenz. Mit 15 Jahren hielt sie eine Vorlesung über Ciceros »Paradoxa Stoicorum«, die von zeitgenössischen Gelehrten als humanistische Sensation bewundert wurde. Im Verlauf der Römischen Inquisition musste M., die zum protestantischen Glauben übergetreten war, den Hof von Ferrara verlassen. Mit dem deutschen Arzt und Humanisten A. Grundler, den sie 1550 heiratete, zog sie in dessen Heimatstadt Schweinfurt und verfasste auf Latein zwei umfangreiche Dialoge, in denen Frauen über Bildung und die menschliche Bestimmung diskutieren. Nach der Eroberung und Zerstörung der Stadt durch kaiserliche Truppen 1554 flohen M. und ihr Mann nach Heidelberg. Dort wurde Grundler zum Professur für Medizin ernannt, und auch M. sollte einen Lehrauftrag erhalten. Nur ihr früher Tod verhinderte ihre offizielle, bereits in die Wege geleitete Ernennung zur ersten Universitätslehrerin für Griechisch. Die Werke der gefeierten »poeta docta« – neben Dialogen zahlreiche Gedichte, Traktate und Briefe – erschienen 1558 unter dem Titel »Latina et Graeca, quae haberi potuerant, monumenta«.

Lit.: O. F. M. – Stationen ihres Lebens: Ferrara – Schweinfurt – Heidelberg, Ausstellungskatalog Heidelberg 1998

Morgenstern, Lina, geb. Bauer
Schriftstellerin, Frauenrechtlerin
25.11.1830 (Breslau – heute Wrocław/Polen) – 16.12.1909 (Berlin)

M., eine jüdische Fabikantentochter, gründete mit 18 Jahren zusammen mit Freundinnen den »Pfennigverein zur Bekleidung armer Schulkinder«. Nach einem kurzen Literatur- und Musikstudium heiratete sie 1854 den Kaufmann Theodor M., zog mit ihm nach Berlin und setzte sich dort vor allem für Kinderschutz und Frauenbildung ein. Als ihr Mann einen Teil seines Vermögens verlor, begann sie zu schreiben, um zum Lebensunterhalt beizutragen. 1861

verfasste sie »Das Paradies der Kindheit«, das erste deutsche Handbuch für Kindergärtnerinnen. 1866 gründete sie den »Verein der Berliner Volksküchen«, der Speiseanstalten einrichtete, in denen die Armen Berlins zum Selbstkostenpreis eine warme Mahlzeit erhielten. Diese Initiative brachte ihr den Beinamen »Suppenlina« ein. Zu M.s zahlreichen weiteren Gründungen zählten u.a. der »Kinderschutzverein« (1868) und der »Berliner Hausfrauenverein mit Kochschule« (1873). Zu Beginn des deutsch-französischen Krieges 1870/71 übernahm sie mit ihren Volksküchen die Verpflegung der ausrückenden und durchziehenden Truppen – innerhalb weniger Monate wurden ca. 300000 Mahlzeiten ausgegeben. Großen Anstoß erregte dabei die Tatsache, dass sie auch französische Kriegsgefangene verpflegte. 1874–1905 gab M. die »Deutsche Hausfrauenzeitung« heraus und organisierte 1896 den ersten Internationalen Frauenkongress in Berlin. Zu ihren Veröffentlichungen zählen u.a. das dreibändige Werk »Die Frauen des 19. Jhs. Biographische und culturhistorische Zeit- und Charaktergemälde« (1888–91) sowie »Frauenarbeit in Deutschland« (1893).
Lit.: Weiland, D., Geschichte der Frauenemanzipation in Deutschland und Österreich, Düsseldorf 1983

Morgner, Irmtraud
(eigtl. I. Elfriede Schreck)
Schriftstellerin
22.8.1933 (Chemnitz) – 6.5.1990 (Berlin)
Die Tochter eines Lokomotivführers studierte 1952–56 Germanistik und Literaturwissenschaften in Leipzig, u.a. bei E. Bloch. Anschließend war sie als Redaktionsassistentin bei der Literaturzeitschrift »neue deutsche literatur« in Ost-Berlin tätig und arbeitete als freie Schriftstellerin. Nach konventionellen Anfängen mit Romanen und Erzählungen, die Probleme der jungen sozialistischen Gesellschaft behandelten, gelang M. 1968 mit dem phantastisch-ironischen Roman »Hochzeit in Konstantinopel«, der sie auch im Westen bekannt machte, der schriftstellerische Durchbruch.

Auch ihrem erfolgreichsten Buch »Leben und Abenteuer der Trobadora Beatriz, nach Zeugnissen ihrer Spielfrau Laura« verlieh sie märchenhafte Züge – für M. ein Ausdruck spezifisch weiblicher Ästhetik. Mit ihren Werken wollte sie zur Frauenemanzipation beitragen, was in der DDR jedoch ignoriert wurde. 1975 erhielt sie den Heinrich-Mann-Preis der Akademie der Künste in Berlin (Ost) und 1989 den Kassler Literaturpreis.
Lit.: Gerhardt, M., I. M.: Texte, Daten, Bilder, Frankfurt a. M. 1990

Mory, Carmen Maria

Agentin

2.7.1906 (Bern) – 9.4.1947 (Hamburg)

Ihre Jugend verlebte die Tochter eines Arztes in Adelboden, bereiste dann ganz Europa und begann 1932 in München mit dem Gesangsstudium. Nach einer Mandeloperation musste sie ihr Studium aufgeben, zog nach Berlin und arbeitete als Journalistin. 1933 wurde sie von der Gestapo als freie Mitarbeiterin angeworben. Sie bespitzelte vor allem illegal arbeitende Mitglieder der Sozialdemokratischen Partei, denunzierte aber auch Freunde und Bekannte. Als offizielle Mitarbeiterin der Gestapo ging sie mit ihrem Verlobten F. Erler 1937 nach Paris. Dort wurden beide 1938 verhaftet und im April 1940 von einem französischen Militärgericht zum Tode verurteilt. Während Erler hingerichtet wurde, kam M. frei, als sie sich verpflichtete, für den französischen Nachrichtendienst zu arbeiten. Nach dem deutschen Einmarsch in Frankreich im Juni 1940 verhaftete die Gestapo die Schweizerin unter dem Verdacht der Doppelspionage und deportierte sie 1941 in das Konzentrationslager Ravensbrück. Nach Kriegsende unterstützte M. zunächst die britische »Field Security« bei der Suche nach nationalsozialistischen Kriegsverbrechern, wurde jedoch enttarnt und in Hamburg vor ein britisches Gericht gestellt. Ihr wurde vorgeworfen, als »Blockälteste« psychisch kranke Mithäftlinge in Ravensbrück misshandelt und getötet zu haben. Obwohl M. dies abstritt und mehrere Zeugen für sie aussagten, wurde sie zum Tode verurteilt. Vor der Urteilsvollstreckung nahm sie sich in ihrer Gefängniszelle das Leben.

Lit.: Hartmann, L., Die Frau im Pelz. Leben und Tod der C. M., Frauenfeld 1999

Moser, Mentona

19.10.1874 (Badenweiler) – 10.4.1971 (Berlin)

Nach ihrer Erziehung in einem englischen Mädchenpensionat arbeitete die Schweizerin in London als Sozialhelferin. 1903 kehrte sie in die Schweiz zurück, engagierte sich für die Einrichtung von Arbeitersiedlungen, richtete eine Fürsorgestelle für Tuberkulosekranke ein und war Mitbegründerin der ersten Schule für soziale Arbeit. Außerdem setzte sie sich für das Frauenwahlrecht, mehr Rechte für Arbeiterinnen und die Liberalisierung des Schwangerschaftsabbruchs ein. Nachdem M. 1917 von der sozialistischen zur kommunistischen Partei gewechselt war, lebte sie überwiegend in der Sowjetunion und in Deutschland und war Mitarbeiterin der »Roten Hilfe«. 1950 zog sie nach Ostberlin und wurde Ehrenbürgerin der DDR. Nach ihrem Tod wurden ihre Erinnerungen unter den Titeln »Unter den Dächern von Morcote. Meine Lebensgeschichte« (1985) und »Ich habe gelebt« (1986) veröffentlicht.

Mosheim, Grete (eigtl. Mohsheim)

Schauspielerin

8.1.1905 (Berlin) – 29.12.1986 (New York)

Ausgebildet an der Schauspielschule des Deutschen Theaters, debütierte M. 1922 als Wendla in »Frühlings Erwachen«. Bis 1934 war sie an mehreren Berliner Bühnen engagiert und trat in sehr unterschiedlichen Rollen auf, u.a. als Gretchen in »Faust«, aber auch als Eliza Doolittle in der deutschen Uraufführung von »Pygmalion«. Außerdem spielte sie das schwangere Mädchen in der Verfilmung des Dramas »Cyankali«, das sich gegen das Abtreibungsverbot richtete. 1934 emigrierte die Jüdin über Klagenfurt und London nach New York. Dort trat sie am Broadway auf und gründete 1942 mit anderen deutschen Schauspielern eine deutschsprachige Theatergesellschaft. Seit 1952 stand sie wieder auf deutschen Bühnen, obwohl ihr Wohnsitz New York blieb. 1963 wurde sie Mitglied der Berliner Akademie der Künste. M. war dreimal verheiratet, u.a. mit dem amerikanischen Eisenbahnkönig H. Gould.

Muchow, Martha
Psychologin
25.9.1892 (Hamburg) – 29.9.1933 (ebd.)
1916 wurde M., die einige Zeit als Volksschullehrerin gearbeitet hatte, Mitarbeiterin am Philosophischen Seminar des Allgemeinen Vorlesungswesens in Hamburg. Seit 1919 studierte sie an der Universität Hamburg Psychologie, Philosophie und Germanistik und begann nach der Promotion 1923 mit wissenschaftlichen Untersuchungen der Entwicklungspsychologie des Kinder- und Jugendalters sowie der pädagogischen Psychologie. Sie beschäftigte sich mit vorschulischer Erziehung und veröffentlichte ihre Forschungsergebnisse in der Schrift »Psychologische Probleme der frühen Erziehung« (1929). M. gilt außerdem als Pionierin der ökologischen Psychologie. Ihr Werk »Der Lebensraum des Großstadtkindes« (1935 postum hg. von ihrem Bruder Hans Heinrich M.) ist eine der ersten Arbeiten auf diesem Gebiet. Als nach der Regierungsübernahme durch die Nationalsozialisten ihr jüdischer Lehrer W. Stern entlassen wurde und auch sie wegen ihrer regimekritischen Äußerungen mit ihrer Entlassung aus dem Universitätsdienst rechnen musste, nahm sie sich das Leben.
Lit.: Fries, M., Mütterlichkeit und Kinderseele. Zum Zusammenhang von Sozialpädagogik, bürgerlicher Frauenbewegung und Kinderpsychologie zwischen 1899 und 1933. Ein Beitrag zur Würdigung M. M.s, Frankfurt a. M. 1996

Mühlbach, Luise
(eigtl. Klara Mundt, geb. Müller)
Schriftstellerin
2.1.1814 (Neubrandenburg) – 26.9.1873 (Berlin)
Die Tochter eines Bürgermeisters genoss eine unbeschwerte Kindheit in einem gebildeten und musisch interessierten Elternhaus. Ihre ersten literarischen Versuche sandte sie dem von ihr verehrten, so genannten »jungdeutschen« Schriftsteller T. Mundt, der sie zur weiteren Arbeit ermunterte. 1839 heiratete sie Mundt, das Paar hatte zwei Kinder. M. verfasste zahlreiche frauenemanzipatorische Romane, in denen sie die konservative Gesellschaft der Restaurationszeit und die Unterdrückung der Frauen anprangerte, u.a. »Aphra Behn« (1849), eine Biografie der ersten englischen Berufsschriftstellerin. Nach dem Scheitern der Revolution von 1848/49 führte M. zunächst in Breslau, danach in Berlin einen literarischen Salon und schrieb literarisch wenig anspruchsvolle, aber sehr erfolgreiche Historienromane, die die Haupteinnahmequelle der Familie bildeten, nachdem ihr Mann seinen Lehrstuhl für Literaturgeschichte verloren hatte. Mit insgesamt 290 Romanen war sie die produktivste der Autorinnen des »Jungen Deutschlands«. Viele ihrer Werke wurden ins Englische übersetzt und fanden besonders in den USA begeisterte Leser. Nach

dem Tod ihres Mannes 1861 unternahm M.
zahlreiche Reisen, die sie bis nach Ägypten
führten und deren Eindrücke sie schriftstellerisch verarbeitete.
Lit.: Tönnesen, C., Die Vormärz-Autorin L. M.:
Vom sozialkritischen Frühwerk zum historischen Roman, Neuss 1997

Mülinen, Helene von
Frauenrechtlerin
27.11.1850 (Bern) – 11.3.1924 (ebd.)
M. war Gasthörerin an der Theologischen
Fakultät der Universität Bern – ein Stu-
dium ließen ihre Eltern nicht zu. Seit 1890
engagierte sie sich, angeregt von ihrer
späteren Lebensgefährtin und engsten
Mitarbeiterin, der Medizinstudentin E.
Pieczynska-Reichenbach, in der Schweizer
Frauenbewegung. Sie war Mitbegründerin
sozialer Einrichtungen und 1896 Mitorga-
nisatorin des ersten Frauenkongresses in
Genf. Dort wurde auch die Gründung des
»Bundes Schweizer Frauenorganisationen«
(BSF) eingeleitet, an der M. 1899 maßgeblich beteiligt war. Bis 1904 war sie Vor-
standsvorsitzende des BSF. 1897 hielt sie
auf Einladung der »Christlich-sozialen Gesellschaft« den Vortrag »Die Stellung der
Frau zur sozialen Aufgabe«. Er wurde in
12 000 Exemplaren gedruckt und gilt als
ihr Hauptwerk. M. setzte sich für eine bessere Berufsausbildung für Mädchen sowie
den Kinderschutz ein. Außerdem stellte sie
Forderungen für die Verbesserung der Stellung der Frau beim Entwurf des Schweizer
Zivilgesetzes und trat vehement für das
Frauenstimmrecht in der Schweiz ein. Sie
gilt als Vorkämpferin der schweizerischen
Frauenbewegung.

Müller, Clara
Dichterin
5.2.1860 (Lenzen b. Belgard – heute
Białogard/Polen – 4.11.1905 (Wilhelmshagen
b. Berlin)
Die Pastorentochter arbeitete nach dem
Besuch der Handelsschule als Büroangestellte und als Volksschullehrerin. 1889
wurde sie Redakteurin einer Provinzzei-
tung. 1900 erschien der erste Band ihrer
Gedichte »Mit roten Kressen«, 1901 der
zweite Band »Sturmlieder vom Meer«, die
beide von ihrem Engagement für die Arbeiterbewegung Zeugnis geben. M. galt als
führende sozialistische Dichterin ihrer Zeit,
C.→Zetkin nannte sie in der Zeitschrift
»Die Gleichheit« eine »Dichterin der Freiheit«. Ihre Lebenserfahrungen legte M. in
ihrer Autobiografie »Geschichte einer Frau.
Ich bekenne« (1904) dar. Zwei Jahre nach
ihrem frühen Tod gab ihr Mann, der Maler
O. Jahnke, ihren Nachlass »Gesammelte
Gedichte« heraus.

Müller, Elisabeth
Schriftstellerin
21.9.1885 (Lagnau, Emmental) – 22.6.1977
(Hilterfingen b. Bern)
Nach ihrer Ausbildung zur Volksschullehrerin arbeitete M. bis 1913 in diesem Beruf.
Während einer fünfjährigen Erkrankung
an Tuberkulose schrieb sie die Jugendbücher »Vreneli. Eine Geschichte für Kinder und alle, welche sich mit ihnen freuen
können« (1916) und »Thersli« (1918), die
hohe Auflagen erzielten. Nach ihrer Gene-
sung führte sie zunächst mit ihrer Schwester eine Privatschule und unterrichtete Methodik am Lehrerinnenseminar, anschließend arbeitete sie als freie Schriftstellerin
und veröffentlichte weitere Jugendbücher.
Außerdem verfasste M. Heimatgeschichten

z.T. in Berner Mundart, u.a. »Heilegi Zyt«
(1933). 1946 erhielt sie den Schweizerischen Jugendbuchpreis, und 1954 wurde
ihr die Ehrendoktorwürde der Universität
Bern verliehen.
Lit.: Geiser, S., E. M. Leben und Werk, Zürich–
Stuttgart 1978

Müller, Inge, geb. Meyer
(Ps. Ingeborg Schwenkner)
Schriftstellerin
13.3.1925 (Berlin) – 1.6.1966 (ebd.)
Bis 1942 besuchte M. eine Handelsschule,
danach war sie als Sekretärin tätig. Nach
dem Krieg heiratete sie und bekam 1946
einen Sohn. Eine zweite Ehe schloss sie
mit dem Verwaltungsdirektor des Zirkus
Busch, Schwenkner, und heiratete 1954 in
dritter Ehe den Schriftsteller H. Müller.
Mitte der 50er Jahre begann sie zu schreiben. Nach der Veröffentlichung von Kinderbüchern und des Hörspiels »Die Weiber-
brigade« (1960) verfasste sie gemeinsam
mit ihrem Mann mehrere Stücke, darunter
»Der Lohndrücker« (1959) und »Die Korrektur« (1959), wofür beide 1959 mit dem
Heinrich-Mann-Preis ausgezeichnet wurden. M.s Lyrik, z.B. »Neue Texte 65«
(1965), mit der sie, ohne Wert auf Form-
schönheit zu legen, die Menschen zur Ei-
genverantwortlichkeit ermuntern wollte
und das Recht auf freie Entfaltung für jeden forderte, blieb erfolglos. Sie nahm sich
mit einer Überdosis Schlaftabletten das
Leben.
Lit.: Storch, W., I. und Heiner M. 1953–1966,
Frankfurt a. M. 1999

Müller, Maria
Sängerin
29.1.1898 (Theresienstadt – heute
Terezin/Tschechien) – 13.3.1958 (Bayreuth)
1919 debütierte M. als Elsa in »Lohengrin«,
nachdem sie die Gesangsausbildung in
Prag und Wien abgeschlossen hatte. Es
folgten Engagements in Brünn, Prag und
München. 1924 wurde die Sopranistin Ensemblemitglied der New Yorker Metropolitan Opera und begeisterte als Wagner-Sängerin ebenso wie in italienischen Opern.
Neben Gastspielen an allen großen europäischen Opernhäusern sang sie seit
1930 auch regelmäßig bei den Bayreuther
Festspielen sowie 1931 und 1934 in Salzburg. Zu ihren Glanzrollen zählten Sieglinde in »Die Walküre« und Elisabeth in
»Tannhäuser«. 1952 beendete M. ihre Bühnenlaufbahn.
Lit.: Kesting, J., Die großen Sänger des 20. Jhs.,
Düsseldorf 1993

Müller, Renate (eigtl. Maria Renata)
Schauspielerin
26.4.1906 (München) – 7.10.1937 (Berlin)
M. wurde an der Max-Reinhardt-Schule in
Berlin ausgebildet und debütierte 1925 am
Harzer Bergtheater in Thale. Nach mehreren Engagements in Berlin wurde sie 1929
für den Film entdeckt. Ihr künstlerischer
Durchbruch gelang ihr 1931 mit dem Film
»Die Privatsekretärin«, in dem sie den
Schlager »Ich bin ja heut' so glücklich«
sang. Die englische Synchronisation des
Films mit dem Titel »Sunshine Susie« verhalf ihr zu internationalem Ruhm. Ihre
weiteren Filme, u.a. »Viktor und Viktoria«,
machten sie in den 30er Jahren zum deutschen Publikumsliebling. 1934 erkrankte
M. schwer und konnte ihre Arbeit nicht
fortsetzen. Sie nahm sich das Leben.

Müller-Otfried, Paula, geb. Müller
7.6.1865 (Hoya a. d. Weser) – 8.1.1946
(Einbeck)
1899 trat M.-O., die Kunstgeschichte studiert und ihren Mädchennamen um den Vornamen ihres Großvaters erweitert hatte, in den »Deutsch-Evangelischen Frauenbund« ein. 1901–34 war sie Vorsitzende des Bundes und außerdem ab 1904 Herausgeberin der »Evangelischen Frauenzeitschrift«. Ihr Engagement galt der »Sittlichkeitsbewegung«, die sich die Abschaffung der Prostitution zum Ziel gesetzt hatte, und dem Stimmrecht für Frauen in den Kirchengemeinden. 1911 gehörte sie zu den Mitbegründerinnen der »Vereinigung konservativer Frauen« und leitete während des Ersten Weltkriegs den »Nationalen Frauendienst« in Hannover. 1919 wurde M.-O. Mitglied des »Deutschen Evangelischen Kirchentags« und 1926 Mitglied des »Deutschen Evangelischen Kirchenausschusses«. Als Reichstagsabgeordnete für die Deutschnationale Volkspartei 1920–32 setzte sie sich für Jugend- und Frauenschutz sowie die Interessen von Kleinrentnern ein. 1930 wurde ihr von der Theologischen Fakultät der Universität Göttingen die Ehrendoktorwürde verliehen.
Lit.: Weiland, D., Geschichte der Frauenemanzipation in Deutschland und Österreich, Düsseldorf 1983

Münter, Gabriele
Malerin
19.2.1877 (Berlin) – 19.5.1962 (Murnau, Staffelsee)
Nach einem kurzen, enttäuschenden Besuch einer Damenkunstschule in Düsseldorf 1897 und einer zweijährigen Amerikareise begann M. 1901 mit dem Studium der Malerei an der Schule des Künstlerin-

nenvereins in München. Seit 1902 studierte sie Bildhauerei an der Schule der Künstlervereinigung »Phalanx«. Dort lernte sie den russischen Maler W. Kandinsky kennen, der sie unterrichtete, förderte und mit dem sie sich 1903, obwohl er zu diesem Zeitpunkt noch verheiratet war, verlobte und bis 1917 eine »Gewissensehe« führte. Gemeinsam reisten sie u.a. nach Italien und Tunesien und lebten 1906–07 in Paris, wo M. an einer privaten Kunstschule Unterricht nahm und 1907 im Salon d'Automne ausstellte. 1908 kam das Paar mit den Malern A. Jawlensky und M. →Werefkin zum ersten Mal nach Murnau, 1909 erwarb M. dort das so genannte »Russenhaus«. Im selben Jahr war sie Mitbegründerin der »Neuen Künstlervereinigung«, aus der die Künstlergruppe »Blauer Reiter« hervorging. An den Ausstellungen dieser Gruppe nahm sie 1911/12 teil. Nach Beginn des Ersten Weltkriegs zog M. mit Kandinsky zunächst in die Schweiz und dann nach Stockholm, wo beide erfolgreiche Einzelausstellungen hatten. 1917 trennte sich Kandinsky von ihr und heiratete eine Russin. Seelisch tief verletzt, unternahm M. ab 1920 ausgedehnte Reisen durch Deutschland und Westeuropa und lebte seit 1931 mit ihrem neuen Lebensgefährten und späteren Biografen J. Eichner wieder in Murnau. Als Vertreterin der Avantgarde durfte sie während der NS-Zeit nicht ausstellen und musste heimlich malen. 1949 wurden ihre Bilder, die sich durch eine flächige, umrissbetonte Mal-

weise sowie durch expressive Farbigkeit auszeichnen, wieder entdeckt. 1957 vermachte M. ihre eigenen sowie Kandinskys Bilder, die er bei ihr zurückgelassen hatte, der Städtischen Galerie Lenbachhaus in München. Seit ihrem Tod war ihr Werk in mehreren Retrospektiven zu sehen.
Lit.: Kleine, G., G. M. und Wassily Kandinsky. Biographie eines Paares, Frankfurt a. M. 1990 Windecker, S., G. M. Eine Künstlerin aus dem Kreis des Blauen Reiter, Berlin 1991

Muhr, Caroline (eigtl. Charlotte Puhl)
Schriftstellerin
20.5.1925 (Essen) – 13.1.1978 (Bonn)
Im Anschluss an ihr Studium in Marburg a. d. Lahn und Köln, das sie 1954 mit der Promotion abschloss, war M. in der politischen Meinungsforschung tätig. Danach arbeitete sie in Bonn als freie Autorin und veröffentlichte 1970 ihr Tagebuch »Depressionen. Tagebuch einer Krankheit«, das auch verfilmt wurde. In ihrem ersten Roman »Freundinnen« (1974) setzte sich M., die sich aktiv in der Frauenbewegung engagierte, mit den schlechten Entwicklungsmöglichkeiten von Frauen in einer von Männern dominierten Gesellschaft auseinander und legte die Ideen der »Neuen Frauenbewegung« dar. Kurz vor ihrem Freitod erschien ihr Werk »Huberts Reise oder kein Übel ist größer als die Angst davor« (1978), das von Todesangst und -sehnsucht handelt.

Munk, Marie
Juristin
4.7.1885 (Berlin) – 17.1.1978 (Cambridge/USA)
M., die aus einer Juristenfamilie stammte, besuchte eine höhere Mädchenschule, H.→Langes Lehrerinnenseminar und die Soziale Frauenschule in Berlin. Ab 1907 studierte sie in Berlin, Freiburg i. Br., Bonn und Heidelberg Rechtswissenschaften, Philosophie, Psychologie und Logik und wurde 1911 promoviert. Anschließend arbeitete sie in einer Rechtsanwaltskanzlei und bei einer Organisation, die Frauen juristisch beriet. Während des Ersten Weltkriegs war sie beim Roten Kreuz, beim Sozialamt in Berlin und im »Nationalen Frauendienst« tätig. 1919 wurde M. Referentin des Reichsjustizministers, 1924 als erste Frau Gerichtsassessorin am Kammergericht und 1930 als Amts- und Landgerichtsrätin in Berlin-Charlottenburg die erste Richterin in Deutschland. Wegen ihrer jüdischen Herkunft von den Nationalsozialisten 1933 aus dem Justizdienst entlassen, emigrierte sie 1936 in die USA, wo sie bereits seit 1933 mehrmals in Jugendgefängnissen und Heimen für straffällig gewordene oder schwer erziehbare Jugendliche gearbeitet hatte. In Amerika war sie – nachdem sie 1943 die amerikanische Staatsbürgerschaft erlangt hatte – als Rechtsanwältin, Gastprofessorin und ab 1953 noch mit 68 Jahren als außerordentliche Professorin an der Universität Harvard tätig. M., die 1920–33 Vorstandsmitglied und Vizepräsidentin des »Deutschen Juristinnenvereins« und 1930–33 Präsidentin des »Deutschen Vereins berufstätiger Frauen« war, veröffentlichte zahlreiche Aufsätze zum Familienrecht und gab 1945 unter dem Titel »Reminiscences of a Pioneer Woman Judge in Pre-Hitler-Germany« ihre Erinnerungen heraus.

Munsky, Maina Miriam
Malerin
24.9.1943 (Wolfenbüttel) – Okt. 1999 (Berlin)
M. begann ihre Ausbildung 1960 an der

Hochschule für Bildende Künste in Braunschweig. Ab 1964 studierte sie an der Accademia di Belli Arti in Florenz, ab 1967 an der Hochschule für Bildende Künste in Berlin und hatte dort 1971 ihre erste Einzelausstellung. Sie malte vor allem fotografisch genaue Szenen aus Operationssälen, meist von gynäkologischen Eingriffen und Entbindungen. Ihre hyperrealistischen Bilder, in kühlen Farben gehalten, mit denen sie das Ausgeliefertsein der Frau an die Medizin dokumentieren wollte, schockierten die Betrachter. M. erhielt mehrere Lehraufträge, u.a. in Hamburg und Braunschweig. Sie war mit dem Zeichner P. Sorge verheiratet, mit dem sie einen Sohn hatte.
Lit.: Das verborgene Museum I., Neue Gesellschaft für Bildende Kunst e. V. (Hg.), Berlin 1987

N

Nadig, Frieda (eigtl. Friederike)
Politikerin
11.12.1897 (Herford) – 14.8.1970
1922 wurde N. Jugendfürsorgerin in der Stadtverwaltung Bielefeld. Seit 1916 Mitglied der Sozialdemokratischen Partei, saß sie 1929–33 als Abgeordnete im Westfälischen Landtag. 1948 wurde sie als eine von nur vier Frauen neben E.→Selbert, H.→Weber und H.→Wessel Mitglied des 65-köpfigen Parlamentarischen Rates, der das Grundgesetz der Bundesrepublik Deutschland erarbeitete. Diesen Frauen gelang es, die Aufnahme des so genannten Gleichheitssatzes »Männer und Frauen sind gleichberechtigt« durchzusetzen. N. engagierte sich darüber hinaus für Kinder- und

Mutterschutz, für die Gleichstellung nichtehelicher Kinder mit ehelichen Kindern sowie für die Erhaltung der deutschen Staatsangehörigkeit für Frauen nach der Heirat mit einem Ausländer. Sie gehörte dem Bundestag für drei Legislaturperioden als Abgeordnete an.

Nagel, Hanna
Grafikerin
10.6.1910 (Heidelberg) – 15.3.1975 (Karlsruhe)
N. absolvierte nach dem Schulabschluss eine Buchbinderlehre. Obwohl sie als Linkshänderin in der Schule Schwierigkeiten mit dem Zeichnen gehabt hatte, begann sie 1925 mit dem Studium an der Karlsruher Kunstschule und besuchte dort ab 1928 das Meisteratelier für Grafik. Ein Jahr später zog sie mit dem Grafiker H. Fischer, den sie 1931 heiratete, nach Berlin und wurde Meisterschülerin des Malers und Grafikers E. Orlik. 1933–36 hielt sie sich zu Studienzwecken in Rom auf. 1938, nach der Geburt ihrer Tochter, der späteren Lyrikerin I. Fischer-Nagel, trennte sie sich von ihrem Mann. Seit 1945 lebte sie mit ihrer Mutter und Tochter in Karlsruhe und verdiente ihren Lebensunterhalt mit Gebrauchsgrafik, Illustrationen und Kursen an der Volkshochschule. Von 1956 an war sie durch eine schwere Erkrankung in ihrer Arbeit sehr eingeschränkt. Die Themen von N.s Zeichnungen wurden durch Probleme ihres eigenen Lebens bestimmt: das Verhältnis zwischen Mann und Frau, die Schwierigkeiten der berufstätigen Mutter sowie weibliche Identitätskrisen. Ihr Werk, das der »Neuen Sachlichkeit« zugerechnet wird, zeigt auch Verwandtschaft mit dem Symbolismus und dem Surrealismus. Sie erhielt zahlreiche Auszeichnungen, darun-

ter den Rom-Preis (1933) und die Silbermedaille für Grafik auf der Weltausstellung
in Paris 1937. 1977 gab ihre Tochter ihre
Erinnerungen mit dem Titel »Ich zeichne,
weil es mein Leben ist« heraus.
Lit.: Evers, U., Deutsche Künstlerinnen des
20. Jhs.: Malerei – Bildhauerei – Tapisserie,
Hamburg 1983

Nathusius, Marie Karoline Elisabeth Luise, geb. Scheele
Schriftstellerin
10.3.1817 (Magdeburg) – 21./22.12.1857
(Neinstedt, Harz)
Die Pfarrerstochter erhielt nur eine geringe
Schulbildung und führte ab 1834 ihrem
Bruder in Magdeburg den Haushalt. 1841
heiratete sie den Fabrikanten Philipp N.,
mit dem sie Reisen durch Italien, die
Schweiz, Frankreich und England unternahm, bis sich das Paar 1850 auf Gut
Neinstedt bei Thale niederließ. N. gründete
und leitete mehrere Kinder- und Jugend-
heime, u.a. ein »Knabenrettungs- und Bru-
derhaus«. Außerdem veröffentlichte sie
zahlreiche pietistische Erzählungen für
Kinder und Erwachsene. Hohe Auflagen
erzielte die volkstümliche Autorin 1854
mit dem anonym erschienenen »Tagebuch
eines armen Fräuleins«. Von N., die auch
komponierte, stammt das Lied »Alle Vögel
sind schon da«.

Naubert, Christiane Benedikte Eugenia, geb. Hebenstreit
Schriftstellerin
13.9.1756 (Leipzig) – 12.1.1819 (ebd.)
Autodidaktisch eignete sich N. umfangreiche Kenntnisse in Geschichte und Literatur
an. 1779 veröffentlichte sie ihren ersten
Roman »Heerfort und Klärchen. Etwas für
empfindsame Seelen«. Es folgten über

50 weitere Werke – mehr als jede andere
Autorin des 18. Jhs. geschrieben hat. Ne-
ben Märchen, Erzählungen und Gedichten
verfasste sie vor allem historische Romane.
Bis 1818 erschienen ihre Werke anonym.
Verheiratet war N. in erster Ehe mit L.
Holderieder, mit dem sie in Naumburg
lebte, in zweiter Ehe heiratete sie Johann
Georg N.

Nebgen, Elfriede
Gewerkschafterin
11.4.1890 (Hildesheim) – 22.10.1983
Nach dem Besuch einer höheren Mädchenschule absolvierte die Tochter eines
Mühlenbauers eine Lehrerinnenausbildung
und unterrichtete an einer katholischen
Mädchenschule in Posen. Seit 1916 studierte sie Nationalökonomie in Münster,
Straßburg und Berlin und wurde 1921 promoviert. Danach arbeitete N. zunächst als
Referentin für den Gesamtverband der
christlichen Gewerkschaften in Berlin. Sie
gründete den »Zentralwohlfahrtsausschuss
der christlichen Arbeitnehmerschaft« (die
spätere »Christliche Arbeiterhilfe«) und
wurde Redaktionsleiterin des »Zentralblat-
tes der Christlichen Gewerkschaften
Deutschlands«. In einer 1923 veröffentlichten und 1928 von ihr erweiterten Schrift
formulierte sie »Geistige Grundlagen der
christlichen Arbeiterbewegung«. 1933 legte
N. ihr Amt nieder und schloss sich mit
ihrem Lebensgefährten J. Kaiser, Gewerk-
schaftsführer und später erster Minister
für gesamtdeutsche Fragen in der Regierung Adenauer, den Regimegegnern um
W. Leuschner an. Nach dem gescheiterten
Attentat auf Hitler am 20. Juli 1944 gelang
es ihr, Kaiser vor der Gestapo zu verstecken. Mit Kaiser, den sie 1953 heiratete,
gründete N. 1945 die Christlich-Demokra-

tische Union Deutschlands (CDUD) für Berlin und die Sowjetzone und übernahm den Vorsitz der CDUD-Frauenorganisation, bis die Partei 1947 aufgelöst wurde. Als die Bestrebungen zur Schaffung einer deutschen Einheitsgewerkschaft gescheitert waren, übernahm sie 1949 in Königswinter die Redaktionsleitung der »Sozialen Ordnung«, des Zentralorgans der Sozialausschüsse der Christlich-Demokratischen Arbeitnehmerschaft (CDA). 1967 veröffentlichte sie die Biografie ihres Mannes »Jakob Kaiser – der Widerstandskämpfer«.

Lit.: Schneider, D. (Hg.), Sie waren die ersten: Frauen in der Arbeiterbewegung, Frankfurt a. M. 1988

Nef, Clara
Frauenrechtlerin
26.6.1885 (Herisau b. St. Gallen) – 19.8.1983 (ebd.)
Die Hotelfachfrau gründete 1918 die Appenzeller Sektion von »Pro Juventute« und das Appenzeller Komitee für Schulkinderfürsorge. 1929 baute sie die Appenzeller Frauenzentrale auf. 1932 wurde N. Vorstandsmitglied des »Bundes Schweizerischer Frauenorganisationen«, dessen Präsidentschaft sie 1935–44 innehatte. 1945–55 war sie Präsidentin des Schweizer »Bundes abstinenter Frauen«. 1972 veröffentlichte sie ihre Lebenserinnerungen mit dem Titel »Im Fluge unserer Zeiten«.

Negri, Pola
(eigtl. Barbara Apolonia Chałupiec)
Schauspielerin
31.12.1894 od. 3.1.1897, bzw. 1898 od. 1899 (Lipno b. Włocławek/Polen) – 1.8.1987 (San Antonio/USA)
Die Tochter eines Klempners wuchs in einfachen Verhältnissen auf, dennoch durfte sie Ballettunterricht nehmen. Aus gesundheitlichen Gründen gab sie die Ballettausbildung auf und besuchte die Schauspielschule in Warschau. 1912 gab sie ihr Bühnen-, 1914 ihr Filmdebüt in Polen. Ihren Künstlernamen wählte N., die ihr Geburtsdatum geheim zu halten versuchte, nach der von ihr verehrten italienischen Dichterin A. Negri. 1916 wurde sie von dem Regisseur M.

Reinhardt nach Berlin geholt und wirkte seitdem in zahlreichen deutschen Stummfilmen mit, u.a. in »Anna Karenina« (1919) und »Sumurun« (1920). 1923 folgte sie dem Regisseur E. Lubitsch nach Hollywood. Dort erhielt sie für Filme wie »Shadows of Paris« und »Three Sinners« überaus hohe Gagen und führte ein affärenreiches Leben. 1935–38 feierte N. ein erfolgreiches Comeback in deutschen Tonfilmen, u.a. in »Mazurka«. Seit Kriegsbeginn lebte sie an der Riviera, kehrte 1943 in die USA zurück und war dort als Immobilienmaklerin tätig, weil ihr keine Rollen mehr angeboten wurden. 1970 veröffentlichte sie ihre Lebenserinnerungen »Memoirs of a Star«. Sie war zweimal verheiratet.

Lit.: Cossart, A. v. (Hg.), P. N. – Leben eines Stars, Köln 1988

Neher, Carola
Schauspielerin
2.11.1900 (München) – 28.6.1942 (Sol-Ilezk b. Orenburg/Russland)
Mit einer Banklehre finanzierte die Musikertochter ihren Schauspielunterricht. Ihr Debüt gab sie 1920 in Baden-Baden, es folgten Engagements an den Münchner Kammerspielen unter dem Regisseur O. Falckenberg, am Münchner Schauspielhaus, in Breslau, Berlin und Wien. 1925 heiratete N. den expressionistischen Dichter Klabund (eigtl. A. Henschke), der 1928 starb. In seinem in Berlin uraufgeführten Stück »Der Kreidekreis« spielte sie mit  großem Erfolg die Haitang. Gefeiert wurde die begabte und temperamentvolle Schauspielerin auch als Wedekinds »Lulu« und als Marianne in der Uraufführung der »Geschichten aus dem Wiener Wald«. 1933 emigrierte N. mit ihrem zweiten Mann, dem Ingenieur und überzeugten Kommunisten A. Becker, mit dem sie einen Sohn hatte, über Prag nach Moskau. Aus materieller Not gab sie ihr Kind in Pflege, verfasste kleine Zeitungsartikel und arbeitete gelegentlich als Rundfunksprecherin. 1936 wurden sie und Becker unter dem Verdacht, konterrevolutionäre Terrorakte geplant zu haben, verhaftet. Ihr Mann wurde erschossen, N. zu zehn Jahren Haft verurteilt. Im Gefängnis starb sie vermutlich an Typhus.
Lit.: Gaehme, T., Dem Traum folgen. Das Leben der Schauspielerin C. N. und ihre Liebe zu Klabund, Berlin 1996

Neiendorff, Emmy
Sängerin
18.3.1888 (Berlin) – 2.4.1962 (Hechendorf, Bayern)
Die Altistin debütierte nach der Gesangsausbildung in Berlin 1914 am Opernhaus in Breslau und erhielt Engagements in Straßburg und Freiburg i. Br. 1920–38 war sie Ensemblemitglied des Landestheaters in Dessau. Zahlreiche Gastspiele an in- und ausländischen Bühnen machten sie international bekannt, u.a. brillierte sie 1930 als Fricka im »Ring des Nibelungen« während des Wagner-Festivals in Paris. N. war auch eine gefeierte Konzert-, Oratorien- und Liedsängerin, z.B. mit Liedern von H. Pfitzner, der sie häufig auf dem Klavier begleitete. Nach dem Ende ihrer Bühnenlaufbahn leitete sie eine eigene Opernschule in Dessau.

Nelken, Dinah (eigtl. Bernhardina), geb. Schneider
Schriftstellerin
16.5.1900 (Berlin) – 14.1.1989 (ebd.)
Mit 17 Jahren veröffentlichte die Tochter eines Schauspielers ihre ersten Kurzgeschichten in Berliner Zeitschriften, u.a. im »Uhu« und in »Die Dame«. 1928 gründete sie mit ihrem Bruder R. G. Schneider das Kabarett »Die Unmöglichen«. 1936 emigrierten N. und ihr späterer Mann H. Ohlenmacher nach Wien. Dort veröffentlichte sie 1938 ihren erfolgreichsten Roman »Ich an Dich«, den ihr Bruder illustrierte und der sich über 500 000-mal verkaufte. Er wurde 1939 mit dem Titel »Eine Frau wie Du« verfilmt. Nach dem so genannten Anschluss Österreichs floh N. auf die dalmatinische Insel Korčula und 1943 weiter nach Italien. Erst 1950 kehrte sie nach Deutschland zurück. Neben weiteren Ro-

manen, darunter den teilweise autobiografischen Werken »Spring über deinen Schatten, spring« (1956) und »Das angstvolle Heldenleben einer gewissen Fleur Lafontaine« (1971), verfasste N. auch Hörspiele und Drehbücher.

Lit.: Budke, P., Schulze, J., Schriftstellerinnen in Berlin 1871–1945, Berlin 1995

Németh, Maria
Sängerin
13.3.1897 od. 1899 (Körmend/Ungarn) –
28.12.1967 (Wien)

Nach dem Abschluss einer Handelsschule nahm M. seit 1921 Gesangsunterricht. 1923 debütierte sie an der Budapester Volksoper in »Ein Maskenball« und erhielt 1924 ein Engagement an der Wiener Staatsoper, deren Ensemble sie bis 1942 angehörte. Sie begeisterte vor allem in den Titelrollen der Opern »Turandot«, »Norma« und »Tosca«. Gastspiele führten die gefeierte Sopranistin an viele europäische Opernhäuser. Bei den Salzburger Festspielen 1926/27 und 1929/30 sang sie die Donna Anna in »Don Giovanni«. 1932 erhielt sie den Titel einer Kammersängerin, 1955 wurde sie Ehrenmitglied der Wiener Staatsoper. Seit 1953 unterrichtete sie Gesang in Wien.

Neuber, Friederike Caroline, geb. Weißenborn (gen. Neuberin)
Schauspielerin, Theaterleiterin
9.3.1697 (Reichenbach, Vogtland) –
30.11.1760 (Laubegast – heute zu Dresden)

N. erhielt von ihrer hochgebildeten Mutter Unterricht im Lesen, Schreiben und in Französisch. Nach deren frühem Tod 1705 lebte sie allein mit ihrem Vater, einem Advokaten und Gerichtsinspektor, in Zwickau. Der tyrannische Mann, der bereits seine Frau geschlagen hatte, misshandelte das ungeliebte Kind. Von einem Peitschenschlag behielt sie zeitlebens eine Narbe im Gesicht. Ihren ersten Fluchtversuch unternahm N. als 15-Jährige, wurde

jedoch gefangen, des Ungehorsams und Diebstahls angeklagt und zu 13 Monaten Haft verurteilt. Fünf Jahre später floh sie mit Johann N., einem Gehilfen ihres Vaters, den sie kurz darauf heiratete, zu einer Wanderschauspieltruppe, der »Spiegelberg'schen Komödiantentruppe«. Binnen kürzester Zeit avancierte N. zur beliebtesten Schauspielerin der Truppe. 1725 wechselte sie zur angesehenen »Haak-Hofmann'schen Gesellschaft«, die jedoch in finanzielle Schwierigkeiten geriet. 1727 gründete N. ihre eigene Truppe, die »Neuber'sche Theatergesellschaft«, deren Prinzipalin sie wurde. Im selben Jahr erhielt sie das sächsische Hofprivileg, in Leipzig ein fest stehendes Theater zu errichten. Sie achtete streng auf die Disziplin der Schauspieler, bildete sie künstlerisch aus, mietete Unterkünfte an und zahlte feste Gehälter. Damit trug sie maßgeblich zur Anerkennung des Berufsstandes der Schauspieler bei, die bis dahin als sittenloses, unehrliches Gesindel galten. Unterstützt von dem Literaturprofessor und Aufklärer J. C. Gottsched, den sie 1724 kennen gelernt hatte, verbannte sie den »Hanswurst« sowie die bis dahin üblichen »Haupt- und Staatsaktionen« von der Bühne und ließ Dramen in deutscher Hochsprache aufführen. Im Gegensatz zum französischen Theater, das an

Höfen gespielt wurde und viele Ballettein-
lagen hatte, führte N. ein bürgerliches
Theater ein, in dem vorwiegend Themen
des Bürgertums behandelt wurden, und
regte damit eine der wichtigsten Reformen
der deutschen Theatergeschichte an. N. trat
auch selbst als Schauspielerin auf und
schrieb zahlreiche Vorspiele sowie Dramen,
von denen allerdings nur wenige erhalten
sind. Seit 1734 ging sie, nachdem sie in
einem Prozess das sächsische Hofprivileg
verloren hatte und ihr Theater dem Harle-
kin J. F. Müller überlassen musste, wieder
auf Tournee. Sie gab zahlreiche erfolgreiche Gastspiele im deutschen Sprachraum,
u.a. in Hamburg, Frankfurt a. M. und
Straßburg, und reiste 1740 auf Einladung
der Zarin →Anna Leopoldowna nach St.
Petersburg. Da die Zarin jedoch kurz nach
ihrer Ankunft gestürzt wurde, war das
Gastspiel ein finanzieller Misserfolg. 1741
entzweite N. sich mit dem pedantischen
und besserwisserischen Gottsched und
führte die Theaterreform allein weiter, bis
sie 1750 wegen finanzieller Probleme ihre
Truppe auflösen musste. Ihre letzten Lebensjahre verbrachte sie in bitterster Armut. Als »Madame de Retti« setzte ihr J. W.
v. Goethe in »Wilhelm Meister« ein literarisches Denkmal.
Lit.: Oelker, P., Nichts als eine Komödiantin.
Die Lebensgeschichte der F. C. N., Weinheim
1993
Mechtel, A., Die Prinzipalin, Frankfurt a. M.
1994

Neumann, Therese (gen. T. v. Konnersreuth)
9.4.1898 (Konnersreuth, Oberpfalz) –
18.9.1962 (ebd.)
Die Tochter eines Schneiders wuchs in
ärmlichen Verhältnissen auf und arbeitete
seit ihrem 16. Lebensjahr als Magd. 1918

zog sie sich beim Löschen eines Brandes
eine Verletzung zu, die eine Lähmung,
Krampfanfälle und Erblindung zur Folge
hatte. Fünf Jahre später, am Tag der Seligsprechung der Mystikerin Therese vom
Kinde Jesu, konnte N. wieder sehen, am
Tag ihrer Heiligsprechung 1926 ver-
schwand auch ihre Lähmung. Seit der Fas-
tenzeit 1926 hatte sie jeden Freitag, vor
allem am Karfreitag, Visionen vom Leiden
Christi, und es zeigten sich Stigmata.
Außer der täglichen Kommunion und
einem Schluck Wasser soll sie seit 1927
keine Nahrung zu sich genommen haben.
Eine wissenschaftliche Untersuchung dieses Phänomens fand nie statt.
Lit.: Steiner, J., Theres N. von Konnersreuth,
1988

Ney, Elisabeth Franziska Bernardina Wilhelmina
Bildhauerin
26.1.1833 (Münster) – 29.6.1907 (Austin/USA)
N. war die Tochter des Lothringer Bildhau-
ers Johann Adam N. Ihre künstlerische
Ausbildung erhielt sie 1852–54 an Privatschulen in München und ab 1855 in Berlin
bei dem klassizistischen Bildhauer C. D.
Rauch. Nach dessen Tod 1857 übernahm
sie seine Aufträge und fertigte u.a. Portraitbüsten an. Von 1860 an hatte N. ein Bild-
haueratelier in Münster, lebte 1866 für ein
Jahr in Tirol und arbeitete seit 1867 als
Hofbildhauerin für Ludwig II. in München.
Eine Intrige veranlasste sie 1871, mit ihrem
Mann, dem schottischen Arzt E. Montgo-
mery, den sie 1863 geheiratet und mit dem
sie zwei Kinder hatte, in die USA auszu-
wandern. 1873 erwarb sie in Austin, Texas,
eine Plantage, auf der sie sich, nachdem sie
1890 ihren ersten Auftrag erhalten hatte,
1891–92 ein Atelier einrichtete, das sie

»Formosa« nannte. Dort befindet sich heute das E. N.-Museum. N.s Versuche, in Texas eine Kunstakademie zu gründen, schlugen fehl. Einen Teil ihrer Werke besitzt das Deutsche Historische Museum in Berlin.
Lit.: Ammers-Küller, J. van, Diana – Lebensgeschichte der E. N., Zürich 1960

Ney, Elly
Musikerin
27.9.1882 (Düsseldorf) – 31.3.1968 (Tutzing)
Schon mit zehn Jahren besuchte die begabte N. das Kölner Konservatorium, mit 15 Jahren gab sie ihr erstes Klavierkonzert, 18-jährig gewann sie in Berlin den Mendelssohn-Preis. 1904–07 leitete sie die Meisterklasse am Kölner Konservatorium und gründete 1914 mit F. Reiß und dem Geiger und Dirigenten W. van Hoogstraaten, seit 1911 ihr Ehemann, das Elly-Ney-Trio. N. gastierte an allen großen europäischen Konzerthäusern und 1921–30 auch in den USA. Besonders mit ihren eigenwilligen Beethoven-Interpretationen feierte sie Triumphe. 1937 wurde sie von A. Hitler zur Professorin ernannt und unterrichtete 1939–45 am Mozarteum in Salzburg. 1950 untersagte ihr der Bonner Stadtrat, der ihr 1928 die Ehrenbürgerschaft verliehen hatte, öffentliche Auftritte, weil er ihr vorwarf, eine »prononcierte Nationalsozialistin« gewesen zu sein. Erst 1952 versöhnte sich die Stadt Bonn mit der Künstlerin. Im selben Jahr veröffentlichte N. »Ein Leben für die Musik« und 1957 »Erinnerungen und Betrachtungen. Mein Leben aus der Musik«. Aus ihrer ersten, geschiedenen Ehe hatte sie ein Kind, in zweiter Ehe war sie seit 1928 mit dem Bergwerksdirektor P. Allais aus Chicago verheiratet.
Lit.: Herzfeld, F., E. N., Genf 1962

Nicklass-Kempner, Selma, geb. Kempner
Sängerin
2.4.1849 (Breslau – heute Wrocław/Polen) – 22.12.1928 (Berlin)
Von ihrem sechsten Lebensjahr an wuchs N.-K. in einem Waisenhaus auf. Nachdem ihr Talent als Sängerin bei einem Wohltätigkeitskonzert entdeckt worden war, absolvierte sie eine Gesangsausbildung in Berlin und debütierte dort 1870. Die Koloratursopranistin erhielt Engagements in Augsburg, Aachen und Leipzig und wurde 1873 an das Deutsche Opernhaus in Rotterdam verpflichtet. 1883 heiratete sie in Wien den Fabrikanten G. Nicklass und unterrichtete Gesang am Wiener Konservatorium. Seit 1895 war sie als Gesangspädagogin am Stern'schen Konservatorium in Berlin tätig, zu ihren Schülern gehörte u.a. F.→Hempel.

Niehaus, Ruth
Schauspielerin, Regisseurin
11.7.1928 (Krefeld) – 24.9.1994 (Hamburg)
Nach dem Abitur und dem Besuch der Schauspielschule in Düsseldorf debütierte N. 1947 am Krefelder Stadttheater. Es folgten Engagements u.a. am Deutschen Schauspielhaus in Hamburg, am Düsseldorfer Schauspielhaus und am Wiener Burgtheater, bis sie 1964 an das Hamburger Schauspielhaus zurückkehrte. Zu N.s größten Erfolgen zählen die Rollen der Luise in »Kabale und Liebe«, der Euridice in Cocteaus »Orpheus« und die Titelrolle in »Der Prozess der Jeanne d'Arc«. 1951 wurde sie für den Film entdeckt und spielte in zahlreichen Kino- und Fernsehfilmen. Seit 1968 arbeitete sie als freie Schauspielerin und begann in den 80er Jahren mit eigener Regiearbeit. Ihre Inszenierung des Romans »Rebecca« (1987)

brachte ihr große Anerkennung, ebenso wie der Dokumentarfilm »Jeffrey zwischen Leben und Tod«, für den sie 1994 den Filmpreis der Deutschen Aids-Stiftung erhielt. N. war seit 1950 mit dem Schriftsteller I. Lissner verheiratet, mit dem sie eine Tochter hatte.

Nielsen, Asta

Schauspielerin

11.9.1881 od. 1885 (Kopenhagen) – 25.5.1972 (Frederiksberg/Dänemark)

Nach der Schauspielausbildung debütierte N., die aus einer Arbeiterfamilie stammte, am Kopenhagener Dagmar-Theater. 1910 drehte sie mit ihrem späteren Mann U. Gad ihren ersten Stummfilm »Abgründe«, der sie berühmt machte. Seit 1911 lebte sie in Berlin und spielte in über 70 deutschen Stummfilmen. Mit ihrer dramatischen Begabung war sie weltweit die erste Darstellerin, der es gelang, den Stummfilm auf das Niveau des ernsthaften künstlerischen Schauspiels zu erheben. Ihre eigens für die Titelrolle in dem Film »Hamlet« (1920) kreierte Bubikopffrisur wurde zur Symbolfrisur emanzipierter Frauen. 1920 gründete N. eine eigene Filmgesellschaft, die u.a. »Hedda Gabler« herausbrachte, aber infolge der Inflation schließen musste. Ihre größten Erfolge waren die Filme »Fräulein Julie« (1922), »Die freudlose Gasse« (1925) und »Die Büchse der Pandora« (1928). Mit der Entwicklung des Tonfilms, den sie ablehnte, endete ihre Karriere. Als sie 1937 nach Dänemark zurückkehrte, wurde ihr zunächst Kollaboration mit dem NS-Regime in Deutschland vorgeworfen. 1949 veröffentlichte N., die dreimal verheiratet war, ihre Lebenserinnerungen unter dem Titel »Die schweigende Muse«.

Lit.: Seydel, R., Hagedorff, A. (Hgg.), A. N. Ihr Leben in Fotodokumenten, Selbstzeugnissen und zeitgenössischen Betrachtungen, München 1981

Niese, Charlotte (Ps. Lucian Bürger)

Schriftstellerin

7.6.1854 (Burg, Fehmarn) – 8.12.1935 (Altona – heute zu Hamburg)

Ausgebildet als Lehrerin, arbeitete N. zunächst einige Jahre in diesem Beruf. Anschließend unternahm sie ausgedehnte Reisen nach Italien, in die Schweiz und die USA und ließ sich 1881 als freie Schriftstellerin in Plön, 1888 in Hamburg-Altona nieder. Sie schrieb vor allem historische Romane, z.B. »Cajus Rungholt. Roman aus dem 17. Jh.« (1886), aber auch Volks- und Jugenderzählungen, die meist in Hamburg und Umgebung oder in Holstein spielen. Sehr erfolgreich war ihr Jugendbuch »Das Lagerkind. Geschichte aus dem deutschen Krieg« (1941), das zur Zeit des 30-jährigen Kriegs spielt. N. war bis zu ihrem Tod eine sehr produktive und nicht nur in Norddeutschland sehr beliebte Autorin. 1924 veröffentlichte sie unter dem Titel »Von Gestern und Vorgestern« ihre Lebenserinnerungen.

Noack, Ursula

Kabarettistin

7.4.1918 (Halle a. d. Saale) – 13.2.1988 (München)

1937 gab die Pfarrerstochter ihr Schauspieldebüt am Theater in Erfurt. Nach dem Zweiten Weltkrieg trat sie zunächst kurze Zeit als Kabarettistin in der damaligen sowjetisch besetzten Zone auf, ging dann jedoch an das Leipziger Schauspielhaus. Ende der 40er Jahre kam sie nach Westdeutschland und spielte auf Hamburger und Bremer Theaterbühnen, bis sie sich

Anfang der 50er Jahre endgültig dem Kabarett zuwandte. Nach Auftritten bei den »Globetrottern« und den »Amnestierten« wurde sie 1957 als einzige Frau Ensemblemitglied der Münchner »Lach- und Schießgesellschaft«. 1973 zog sie sich von der Bühne zurück. N. war zweimal verheiratet und hatte eine Tochter.

Noddack, Ida Eva, geb. Tacke
Chemikerin
23. od. 25.2.1896 (Lackhausen – heute zu Wesel) – 24.9.1978 od. 1980 (Bad Neuenahr)

N., deren Vater eine Lackfabrik besaß, begann nach dem Abitur 1915 mit dem Chemiestudium an der Technischen Hochschule in Berlin-Charlottenburg. 1919 bestand sie die Diplomingenieur-Prüfung, 1921 wurde sie promoviert. Bis 1925 arbeitete sie in der Industrie und danach bis 1935 bei der Physikalisch-Technischen Reichsanstalt Berlin. 1925 entdeckte sie mit dem Chemiker W. Noddack, den sie 1926 heiratete, die chemischen Elemente 75 und 43, die sie Rhenium und Masurium nannten. Die Rhenium-Entdeckung brachte ihnen 1932–37 fünf Nominierungen für den Chemie-Nobelpreis, die Masurium-Entdeckung wurde lange Zeit von der Fachwelt bestritten. 1934 sagten N. und ihr Mann eine Uran-Kernspaltung in mehrere Bruchstücke voraus, die damals selbst von dem späteren Nobelpreisträger O. Hahn für unmöglich gehalten wurde. 1935–42 war N. an der Universität Freiburg i. Br. und 1942–45 an der Universität Straßburg tätig. Nach dem Zweiten Weltkrieg arbeitete sie bis 1968 als freie Mitarbeiterin an dem von ihrem Mann geleiteten Staatlichen Forschungsinstitut für Geochemie in Bamberg. N. erhielt zahlreiche Ehrungen, darunter die Liebig-Gedenkmünze des Vereins Deutscher Chemiker (1931) und die Scheele-Medaille der Schwedischen Chemischen Gesellschaft (1934). Seit 1937 war sie Mitglied der Deutschen Akademie der Naturforscher Leopoldina. Sie veröffentlichte u.a. »Das Rhenium« (1933, mit ihrem Mann) und »Entwicklung und Aufbau der chemischen Wissenschaft« (1942).
Lit.: Fölsing, U., Geniale Beziehungen. Berühmte Paare in der Wissenschaft, München 1999

Nörenberg, Marie (Ps. Proßnitz)
Bibliothekarin
29.4.1872 (Gut Proßnitz, Rügen) – 1962
Die Tochter eines Gutsbesitzers wuchs auf Rügen, in Stettin und Berlin auf und veröffentlichte unter ihrem Pseudonym zwei Romane. Nach dem Tod ihres Vaters in finanziellen Schwierigkeiten, begann sie 34-jährig, in der Volksbücherei in Berlin-Charlottenburg zu arbeiten. 1910 wurde sie Bibliotheksassistentin, 1920, nach einigen Semestern Studium der Nationalökonomie, als erste Frau in Deutschland wissenschaftliche Bibliothekarin. 1926 übernahm sie die Leitung der Bibliothek, gründete eine Jugendwanderbücherei für erwerbslose männliche Jugendliche und das erste Blindenlesezimmer. 1927 wurde N. zur Stadtbibliotheksrätin ernannt und richtete eine Kinderlesehalle sowie eine Jugendleihbücherei ein. Nach der Regierungsübernahme durch die Nationalsozialisten schied sie aus politischen Gründen freiwillig aus ihrem Amt aus.

Lit.: Lüdtge, H. (Hg.), Leidenschaft und Bildung. Zur Geschichte der Frauenarbeit in Bibliotheken, Berlin 1992

Noether, Emmy (eigtl. Amalie)
Mathematikerin
23.3.1882 (Erlangen) – 14.4.1935 (Bryn Mawr, Penn./USA)
1903 begann die Tochter des Mathematikers Max N. als erste Frau an der Universität Erlangen mit dem Mathematikstudium, nachdem sie zuvor zwei Jahre Sprachen studiert hatte. 1908 wurde sie promoviert und begann, unentgeltlich am Mathematischen Institut der Universität zu arbeiten. Ihre Vorträge vor der Deutschen Mathematikervereinigung erregten großes Aufsehen. 1915 holte der Mathematiker D. Hilbert N. nach Göttingen, wo sie Vorlesungen und Übungen unter seinem Namen abhielt und 1919 ihre Habilitationsschrift verfasste. 1922 wurde sie zur außerordentlichen Professorin ernannt und erhielt im Jahr darauf einen Lehrauftrag für Algebra. Zu ihren Hörern zählten schon bald neben deutschen auch viele ausländische Mathematiker, vor allem Japaner, Russen und Amerikaner. Nach zwei Gastprofessuren in Moskau (1928–29) und Frankfurt a. M. (1930) wurde N. von den Nationalsozialisten 1933 wegen ihrer jüdischen Herkunft die Lehrerlaubnis entzogen. Sie emigrierte in die USA und nahm eine Professur am Bryn Mawr College sowie einen Lehrauftrag am Institute for Advanced Studies in Princeton an. N. starb an den Folgen einer Tumoroperation. Die Wissenschaftlerin gilt als Begründerin der abstrakten Algebra, ihre Leistungen spiegeln sich in zahlreichen Fachbegriffen wider: Noether'sche Ringe, Noether'sches Theorem, Noether'sche Gruppen, Noether'sche Gleichungen, Noether'sche Moduln etc. Für A. Einstein war sie das »schöpferischste mathematische Genie, seit das Hochschulstudium der Frauen existiert«.
Lit.: Feyl, R., Der lautlose Aufbruch. Frauen in der Wissenschaft, Frankfurt a. M. 1983

Noll-Hasenclever, Eleonora, geb. Hasenclever
Sportlerin
4.8.1880 – 18.8.1925 (b. Zermatt/Schweiz)
N.-H., die vom Niederrhein stammte, verbrachte ihre Schulzeit in einem Pensionat in Lausanne und begeisterte sich schon früh für das Bergsteigen. Auf einer ihrer zahlreichen Touren lernte sie den berühmten Bergführer A. Burgener kennen, der sie in die Klettertechniken einwies und mit dem sie 21 Viertausender bestieg. N.-H. bezwang achtmal das Matterhorn, mehrmals den Mont Blanc und durchkletterte 1924 die Nordwand des Breithorns. 1914 heiratete sie ihren Tourengefährten J. Noll, mit dem sie in Frankfurt a. M. ein Zentrum für Berg- und Kunstfreunde einrichtete. Beim Abstieg vom Bishorn im Wallis geriet sie 1925 in eine Lawine, konnte nicht rechtzeitig geborgen werden und erfror. Für ihre Leistungen erhielt sie einen Eintrag im »Guinness-Buch der weiblichen Rekorde«. Ihre Erfahrungen legte N.-H. in »Den Bergen verfallen. Alpenfahrten« (erst 1942 erschienen) dar.

Nostitz-Wallwitz, Helene von, geb. v. Beneckendorff und Hindenburg
Schriftstellerin
18.11.1878 (Berlin) – 17.7.1944 (Bassenheim b. Koblenz)
Ihre Jugend verbrachte N.-W. überwiegend in Paris bei ihrem Großvater, der dort deutscher Botschafter war. In seinem Haus

lernte sie zahlreiche Intellektuelle kennen, mit denen sie einen regen Briefwechsel führte, darunter die Dichter R. M. Rilke und H. v. Hofmannsthal sowie der Bildhauer A. Rodin, dem sie ihr Buch »Rodin in Gesprächen und Briefen« (1927) widmete. Sie erwarb sich auch Verdienste als Mäzenin und führte nach ihrer Heirat mit dem sächsischen Staatsminister Alfred v. N.-W. einige kleinere literarische Salons. N.-W.s größter Erfolg waren ihre Memoiren mit dem Titel »Aus dem alten Europa. Menschen und Städte« (1924), eine Schilderung der europäischen Gesellschaft vor 1918. Nachdem sie Anfang der 30er Jahre zunächst noch öffentlich gegen die nationalsozialistische Kulturpolitik protestiert hatte, legte sie kurz darauf mit zahlreichen weiteren Schriftstellern das »Gelöbnis treuester Gefolgschaft« zu A. Hitler ab.

Lit.: Nostitz, O. v., Muse und Weltkind. Das Leben meiner Mutter H. v. N., München 1991

O

Oelfken, Tami (eigtl. Marie Wilhelmine), (Ps. Gina Teelen)
Pädagogin, Schriftstellerin
25.6.1888 (Blumenthal b. Bremen) – 7.4.1957 (München)
1919 trat die Lehrerin dem »Spartakusbund« bei und nahm 1920 in Gotha am Barrikadenkampf gegen den »Kapp-Putsch« teil. In den 20er Jahren war sie als Referentin für das Mädchenschulwesen in Thüringen sowie als Lehrerin an Reformschulen in Hellerau bei Dresden und in Berlin tätig. Ihre 1928 gegründete, von Eltern mitbestimmte Privatschule, deren Konzept auf reformpädagogischen und so-

zialistischen Ideen basierte, wurde 1934 von den Nationalsozialisten geschlossen. Nach drei Jahren in London, Paris und Südfrankreich kehrte O. 1939 nach Deutschland zurück und arbeitete als Redakteurin für einen Berliner Verlag. Neben Kinderbüchern veröffentlichte sie Novellen und Gedichte. Einige ihrer Bücher wurden von der nationalsozialistischen Zensur verboten, außerdem wurde sie aus der so genannten »Reichsschrifttumskammer« ausgeschlossen. Als ihr Hauptwerk gilt ihr Tagebuchbericht »Fahrt durch das Chaos. Logbuch von Mai 1939 bis Mai 1945« (1946).

Oertzen, Luise
3.3.1897 (Detmold) – 16.11.1965 (Wiesbaden)
Die Tochter eines königlich-preußischen Regierungspräsidenten absolvierte eine Ausbildung zur Krankenschwester und war 1918–29 in diesem Beruf in Weimar tätig. Anschließend besuchte sie die Werner-Schule, um sich für eine leitende Position im Dienst des Deutschen Roten Kreuzes zu qualifizieren, und wurde 1933 Leiterin des Clementinenhauses in Hannover. 1935 übernahm O. das Amt der Generaloberin des DRK. 1952 wurde sie Präsidentin des vom DRK gegründeten Verbandes deutscher Mutterhäuser.

Ohe, Adele aus der
Musikerin
11.12.1864 (Hannover) – 7.12.1937 (Berlin)
Bereits mit sieben Jahren gab O. öffentliche Klavierkonzerte und war nach der Ausbildung an der Neuen Akademie der Tonkunst in Berlin 1876–86 Schülerin des Pianisten und Komponisten F. Liszt in Weimar. Nach Konzertreisen durch das In- und Ausland wurde sie 1900 zur Groß-

herzoglich Sächsischen, 1905 zur Anhaltinischen und 1907 zur Königlich Preußischen Hofpianistin ernannt. O. machte sich auch als Komponistin von Klavierstücken und Liedern einen Namen.

Ohnesorge, Lena
Politikerin
17.7.1898 (Prenzlau) – 12.8.1987 (Lübeck)
Nach dem Medizinstudium in Kiel wurde O. 1923 promoviert und eröffnete 1924 eine Praxis in Prenzlau, die sie bis Kriegsende führte. 1945 ließ sie sich in Lübeck nieder und schloss sich der Partei Block der Heimatvertriebenen und Entrechteten (BHE) an, für die sie 1950 Abgeordnete im schleswig-holsteinischen Landtag wurde. 1957 übernahm sie das Ministeramt für Arbeit, Soziales und Vertriebene in der schleswig-holsteinischen Landesregierung. Auch nach ihrem Parteiwechsel 1959 in die Christlich Demokratische Union blieb O. Ministerin bis 1967.

Olbreuse, Eleonore Desmier d'
Herzogin
3.1.1639 (Schloss Olbreuse, Poitou/Frankreich) – 5.2.1722 (Celle)
1665 wurde O., die aus einer hugenottischen Adelsfamilie stammte und als Hoffräulein am Celler Hof lebte, die Geliebte des Herzogs Georg Wilhelm von Braunschweig-Lüneburg. Der Herzog setzte 1674 bei Kaiser Leopold I. ihre Ernennung zur Reichsgräfin von Harburg und Wilhelmsburg durch, zwei Jahre später, nachdem er auf sein Erbe verzichtet hatte, wurde sie als seine rechtmäßige Frau anerkannt. Durch ihre 1666 geborene Tochter →Sophie Dorothea wurde O. zur Stammmutter der hannoveranischen und englischen Königshäuser.

Lit.: Flake, O., Große Damen des Barock, Frankfurt a. M. 1981

Olfers, Marie von
(Pse. Werner Maria, M. Werner)
Schriftstellerin
27.10.1826 (Berlin) – 8.1.1924 (ebd.)
Die Tochter des Generaldirektors der Königlichen Museen in Berlin wuchs in einem hochkultivierten Elternhaus auf. Sie bildete sich selbst und betätigte sich als Malerin, Buchillustratorin und Kunsthandwerkerin. Seit 1860 veröffentlichte sie im Selbstverlag Kinderbücher, z.B. »Die Höhlenkinder«, sowie Novellen in den Zeitschriften »Salon«, »Deutsche Rundschau« und »Illstri(e)rte Frauen-Zeitung«. Ihre »Briefe und Tagebücher«, die 1928/30 von ihrer Nichte M. v. Olfers herausgegeben wurden, sind eine wichtige Quelle zum Kulturleben der Oberschicht Berlins jener Zeit. 1906 wurde zu Ehren der beliebten Autorin die »Marie-von-Olfers-Stiftung« zur Prämierung künstlerisch wertvoller Kinderbücher gegründet.

Olszewska, Maria (eigtl. Berchtenbreitner)
Sängerin
12.8.1892 (Ludwigsschwaige b. Donauwörth) – 17.5.1969 (Klagenfurt)
O. debütierte nach der Gesangsausbildung in München 1915 in Krefeld. Nach Engagements in Leipzig und Hamburg sang sie ab 1921 an der Wiener und ab 1923 an der Münchner Staatsoper. 1925 kehrte sie nach Wien zurück und begeisterte dort das Publikum. Zahlreiche Gastspiele führten sie u.a. nach London, und sie brillierte in der Covent Garden Opera vor allem als Wagner-Interpretin. 1928–32 gehörte sie zum Ensemble des Opernhauses in Chicago, 1932–35 zum Ensemble der New Yorker

Metropolitan Opera. Von 1947 an lehrte O. an der Wiener Musikakademie und an der Wiener Staatsoper.

Ondra, Anny (eigtl. Ondráková)
Schauspielerin
15.5.1903 (Tarnow b. Krakau – heute Kraków/Polen) – 28.2.1987 (Hollenstedt b. Hamburg)

Mit ihren österreichischen Eltern lebte O. viele Jahre in Prag und absolvierte eine

Schauspielerausbildung. 1919 wurde sie für den Film entdeckt und spielte in zahlreichen Unterhaltungsfilmen des Regisseurs C. Lamac. Seit 1928 wirkte sie auch in deutschen und englischen Spielfilmen mit, u.a. in A. Hitchcocks »Blackmail«. 1930 gründete sie mit Lamac die Ondra-Lamac-Filmgesellschaft, die die Arbeit einstellte, als Lamac emigrierte. Bis Kriegsende war O. in Deutschland ein gefeierter Publikumsliebling. Verheiratet war sie seit 1933 mit dem Boxer M. Schmeling.

Onégin, (Elisabeth Elfriede) Sigrid Emilie, geb. Hoffmann
Sängerin
1.6.1889 od. 1891 (Stockholm) – 16.6.1943 (Magliaso, Tessin)

O. wuchs in Paris und Wiesbaden als Tochter eines französischen Diplomaten und einer Deutschen auf. Nach Gesangsunterricht in Frankfurt a. M., München und Mailand, den sie sich durch Sekretariatsarbeiten und Übersetzungen finanzierte, ließ sie sich von ihrem späteren Mann, dem russischen Komponisten und Pianisten E. B. Lhwoff-Onégin, weiter ausbilden. 1911 debütierte sie als Konzertsängerin, 1912 als Carmen an der Stuttgarter Hofoper. Während des Ersten Weltkrieges versteckte O. ihren Mann, bis er denunziert und verhaftet wurde. Da sie bereits berühmt und einflussreich war, erreichte sie seine Freilassung, doch er starb bald darauf. In zweiter Ehe heiratete sie den Arzt F. Penzoldt. 1919–22 war sie Ensemblemitglied der Bayerischen Staatsoper in München. 1922 wurde O., deren Altstimme als eine der vollendetsten des 20. Jhs. galt und die in Europa höchste Gagen erhielt, an die Metropolitan Opera in New York verpflichtet. Sie debütierte dort als Amneris in »Aida« und wurde begeistert gefeiert. 1926–31 sang sie an der Berliner Städtischen Oper, 1931–35 hatte sie ein Engagement in Zürich. 1931–32 brillierte sie bei den Salzburger Festspielen in der Titelpartie von »Orpheus«, außerdem gastierte sie bei den Bayreuther Festspielen. Auch als Liedersängerin feierte O. Triumphe – zu ihrem Repertoire zählten über 500 Lieder in 13 Sprachen. Seit 1931 lebte sie in der Schweiz, unternahm bis 1939 mehrere Tourneen durch die USA und trat bis 1940 auch noch in Deutschland auf.

Lit.: Penzoldt, F. (Hg.), Alt-Rhapsodie, S. O., Leben und Werk, Neustadt a.d. Aisch (3)1953

Oppenheim, Meret
Malerin
6.10.1913 (Berlin) – 15.11.1985 (Basel)

Ihre Jugend verbrachte O., die Tochter eines deutschen Arztes und einer Schweizerin, bei ihren Großeltern in der Schweiz. 1932 zog sie nach Paris, um an der Académie de la Grande Chaumière zu studieren. Sie schloss sich dem Kreis um den Surrealisten A. Breton an und war u.a. mit den Bildhauern Alberto Giacometti und H. Arp befreundet, mit denen sie gemeinsam ausstellte. 1933 war sie für kurze Zeit mit dem Maler M. Ernst liiert, der 1936 ein Vorwort für ihre erste Ausstellung schrieb. Dem amerikanischen Fotografen und Filmemacher M. Ray stand sie 1933 für seine berühmte Fotoserie »érotique voilée« Modell. 1936 entstand das bekannteste ihrer zahlreichen Objekte, in denen sie Alltagsgegenstände durch veränderte Materialien verfremdete, das »Frühstück im Pelz«. Die pelzbesetzte Tasse mit Untertasse und Teelöffel wurde sofort vom New Yorker Museum of Modern Art gekauft. Bis 1937 verdiente O. ihren Lebensunterhalt mit Entwürfen für Schmuck und Accessoires für die Modehäuser Schiaparelli und Ro-

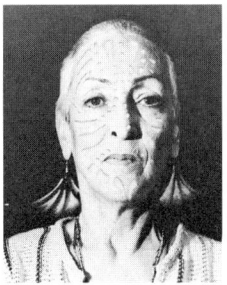

chas, kehrte dann in die Schweiz zurück, studierte bis 1939 an der Kunstgewerbeschule in Basel und arbeitete als Restauratorin. Auf Grund einer psychischen Krise war sie bis Anfang der 50er Jahre nicht in der Lage, künstlerisch zu arbeiten. 1959 beteiligte sie sich an der Surrealistenausstellung in Paris und seit Anfang der 70er Jahre wurde ihr Werk in zahlreichen Museums-Retrospektiven ausgestellt und gewürdigt. 1975 erhielt sie den Kunstpreis der Stadt Basel und 1982 den Großen Kunstpreis der Stadt Berlin. Seit 1949 war O. mit W. La Roche verheiratet.
Lit.: Curiger, B., M. O. Spuren durchstandener Freiheit, Zürich 1982

Helfenstein, J., M. O. und der Surrealismus, Stuttgart 1993

Orelli, Susanna von, geb. Rinderknecht
27.12.1845 (Oberstrass b. Zürich) – 12.1.1939 (Zürich)
Nach dem Tod ihres Mannes setzte sich O. engagiert für die Einrichtung alkoholfreier Restaurants, Volkshäuser und Gemeindestuben ein. 1894 gründete sie den »Verein für Mäßigkeit und Volkswohl«, der ab 1919 in »Zürcher Frauenverein für alkoholfreie Wirtschaften« umbenannt wurde. Sie selbst stand dem Verein als Präsidentin vor. Außerdem bemühte sie sich um die Verbesserung der sozialen Stellung von Wirtshausangestellten. 1919 wurde ihr als erster Frau die medizinische Ehrendoktorwürde der Universität Zürich verliehen.
Lit.: Große Schweizer und Schweizerinnen. Erbe als Auftrag, Stäfä 1990

Orgéni, Aglaja (eigtl. Anna Maria A. von Görger St. Jörgen)
Sängerin
17.12.1841 (Rima Szombat/Ungarn) – 15.3.1926 (Wien)
Die Koloratursopranistin hatte 1865 bei ihrem ersten Auftritt in Berlin so großen Erfolg, dass sie sofort an die Königliche Oper engagiert wurde. Dort blieb sie bis 1886 Ensemblemitglied und gab Gastspiele an allen großen europäischen Opernhäusern. Nach ihrem Abschied von der Bühne war sie als Gesangspädagogin am Dresdner Konservatorium tätig. 1908 wurde O. dort als erster Frau der Titel einer Professorin der Musik verliehen.

Orloff, Ida (eigtl. I. Margarethe Weißbeck)
Schauspielerin
16.2.1889 (St. Petersburg/Russland) –
9.4.1945 (Tullnerbach b. Wien)
Nach dem Besuch der Theaterschule in
Wien wurde O. 1905 nach einer Privatvor-
stellung an das Berliner Lessingtheater für
G. Hauptmanns »Hanneles Himmelfahrt«
engagiert. Hauptmann war so begeistert
von ihr, dass sie ihm 1906 als Vorbild für
die Hauptfigur in seinem Stück »Und Pippa
tanzt« diente. O. wurde in dieser Rolle
berühmt. 1907 heiratete sie ihren Jugendfreund K. Satter, mit dem sie 1910 nach
Wien zog. Bis 1913 spielte sie am Wiener
Burgtheater, bekam dann aber nur noch
Rollen an zweitrangigen Theatern. Nach
ihrer Scheidung 1919 kehrte sie nach Berlin zurück, arbeitete 1923–33 beim Berliner Rundfunk und fertigte literarische
Übersetzungen aus dem Russischen an.
Nach der Regierungsübernahme durch die
Nationalsozialisten emigrierte sie über
Florenz nach London. Einsam, in Armut
lebend und von einer Krankheit stark
geschwächt, beschloss sie jedoch, nach
Deutschland zurückzukehren. Nach Kriegs-
ausbruch war ihr eine erneute Emigration
nicht mehr möglich. Unheilbar krank zog
sie sich 1943 in ein Sanatorium, dann zu
Verwandten in den Erholungsort Tullnerbach bei Wien zurück. Nach dem Einmarsch der sowjetischen Truppen nahm sie
sich das Leben.
Lit.: Satter, H., I. O. und Gerhart Hauptmann,
Berlin 1996

**Orska, Maria (eigtl. Rahel Blindermann),
gen. Daisy**
Schauspielerin
16.3.1893 (Nikolajew – heute
Mykolajiv/Ukraine) – 16.5.1930 (Wien)
Über O.s Herkunft ist wenig bekannt, da
sie selbst widersprüchliche Angaben
machte. 1910 erhielt sie ein Engagement in
Mannheim, 1911 wechselte sie nach Hamburg, 1914 nach Berlin und wurde in Dramen von A. Strindberg, O. Wilde und F.
Wedekind berühmt. Vom Publikum wie
von Theaterkritikern wurde sie 1916 in
»Kameraden« als »Berlins modernste
Schauspielerin« gefeiert. Ebenso brillant
war ihre Interpretation der Lulu in »Erd-
geist«. 1922 unterbrach O., die unglücklich
mit dem Bankier H. v. Bleichröder verheiratet war, ihre Bühnenlaufbahn. Bereits
morphiumsüchtig, versuchte sie 1925 ein
Comeback. Sie starb an einer Überdosis
Schlaftabletten.
Lit.: Dick, J., Sassenberg, M., (Hgg.), Jüdische
Frauen im 19. und 20. Jh., Reinbek 1993

**Otto-Peters, Luise, geb. Otto
(Ps. Otto Stern)**
Schriftstellerin, Frauenrechtlerin
26.3.1819 (Meißen) – 13.3.1895 (Leipzig)
Die Tochter eines Gerichtsdirektors erhielt
– ebenso wie ihre drei Schwestern – eine
hervorragende Ausbildung. Der liberal

gesinnte Vater
diskutierte mit
seinen Töchtern
sogar über poli-
tische Themen.
Als O.-P. mit 16
Jahren beide El-
tern verlor, aber
finanziell un-
abhängig war,

begann sie zu schreiben. 1843 veröffentlichte sie den ersten ihrer insgesamt 26 Romane, das zweibändige Werk »Ludwig der Kellner«. Außerdem erschienen unter ihrem Pseudonym in zahlreichen Zeitschriften, u.a. in »Planet« und »Sächsische Vaterlandsblätter«, Artikel, in denen sie sich mit Erziehung und Frauenbildung auseinander setzte sowie soziale und demokratische Forderungen stellte. 1846 kam ihr dreibändiger Roman »Schloss und Fabrik« über das Elend des Industrieproletariats heraus, der zunächst von der Zensur beschlagnahmt worden war. O.-P.s 1848 in fast allen deutschen Zeitungen abgedruckte »Adresse eines jungen Mädchens«, mit der sie als erste deutsche Frau Stellung zur Arbeiterinnenfrage nahm, richtete sich gegen den proletarischen Antifeminismus. Im April 1849 gründete sie die »Frauen-Zeitung«, der sie das Motto »Dem Reich der Freiheit werb' ich Bürgerinnen« voranstellte, und schuf damit das wichtigste Forum der frühen Frauenbewegung. Ende 1850 musste die »Frauen-Zeitung« eingestellt werden, da ein neues sächsisches Pressegesetz forderte, dass verantwortliche Redakteure einer Zeitschrift nur Männer sein durften. Bis Mitte 1853 konnte die Zeitung jedoch noch in Gera erscheinen. 1858 heiratete O.-P. den aus der Arbeiterschicht stammenden Journalisten und Schriftsteller A. Peters, der bis 1856 wegen seiner Beteiligung an der Revolution 1848/49 zu Zuchthausstrafen verurteilt worden war. 1860 zog sie mit ihm nach Leipzig. Gemeinsam gaben sie die »Mitteldeutsche Volks-Zeitung« heraus, deren Feuilleton O.-P. bis zum Tod ihres Mannes 1864 leitete. 1865 gründete sie mit A.→Schmidt den »Leipziger Frauenbildungsverein«, aus dem im selben Jahr der

»Allgemeine Deutsche Frauenverein« (ADF) hervorging und dessen erste Vorsitzende sie bis zu ihrem Tod blieb. Außerdem war sie Mitherausgeberin des Vereinsorgans »Neue Bahnen«. In zahlreichen Schriften, u.a. »Das Recht der Frauen auf Erwerb« (1866), legte O.-P. dar, dass sie die Frauen zwar »aus dem beschränkten Raume des Hauses« hinaus in »die größeren Kreise des wirklichen Lebens« treiben wolle, in der Ehe jedoch den wahren Beruf einer Frau sehe. Sexuelle Freiheit lehnte sie ab. 1893 erschienen unter dem Titel »Mein Lebensgang« ihre Erinnerungen. O.-P. gilt als die »Mutter der deutschen Frauenbewegung«.
Lit.: Koepcke, C., L. O.-P. Die rote Demokratin, Freiburg i. Br. 1981
Boetcher-Joeres, R.-E., Die Anfänge der deutschen Frauenbewegung: L. O.-P., Frankfurt a. M. 1983
Ludwig, J., Jorek, R. (Hgg.), L. O.-P. Ihr literarisches und publizistisches Werk, Leipzig 1995

Overbeck, Gerta
Malerin
16.1.1898 (Dortmund) – 3.2.1977 od. 1979 (Cappenberg b. Lünen)
O. wuchs in einer großbürgerlichen Familie auf, von der ihre künstlerischen Neigungen gefördert wurden. 1915–18 studierte sie in Düsseldorf, anschließend an der Kunstgewerbeschule in Hannover. Sie wurde Mitglied der »Hannover'schen Neusachlichen« und nahm mit G.→Jürgens, mit der sie lebenslang befreundet war, an allen wichtigen Ausstellungen der »Neuen Sachlichkeit« teil. 1922–31 war O. an verschiedenen Dortmunder Gymnasien als Zeichenlehrerin tätig. Danach kehrte sie nach Hannover zurück und ließ sich als freie Malerin nieder. Gemeinsam mit ihrem Mann, dem Dichter G. Schenk, und Jürgens gab sie

1931–32 die Zeitschrift »Wachsbogen« heraus. Während der NS-Zeit beschäftigte sie sich vorwiegend mit Glasmalerei und lebte seit 1938 in völliger Abgeschiedenheit in Cappenberg. 1958–61 belegte sie noch einmal Malkurse an der Kunstgewerbeschule in Braunschweig. O. malte vor allem nüchterne Portraits sowie Industrie- und Baubilder, auf denen sie die Menschen in den Hintergrund stellte und auf überflüssige Details verzichtete.
Lit.: Evers, U., Deutsche Künstlerinnen des 20. Jhs.: Malerei – Bildhauerei – Tapisserie, Hamburg 1983

P

Paalzow, Henriette von, geb. v. Wach (Ps. C. Friebe)
Schriftstellerin
Ende 1788 (Berlin) – 30.10.1847 (ebd.)
P. erhielt nur eine mangelhafte Ausbildung, denn ihr Vater, ein preußischer Kriegsrat, lehnte die Bildung von Frauen ab. Auf Wunsch der Eltern heiratete sie 1816 Major v. P. und zog mit ihm nach Westfalen, später ins Rheinland. 1821 ließ sie sich scheiden und lebte fortan im Haus ihres Bruders, des klassizistischen Malers W. v. Wach. Dort verkehrten u.a. die Familie W. v. Humboldts und F.→Lewald. 1836 erschien – anonym – P.s erster Roman, »Godwie Castle. Aus den Papieren der Herzogin von Nottingham«, der ihr bekanntester wurde, und dessen neunte Auflage 1892 erschien. Ihre historischen Romane gehörten zur Lieblingslektüre des preußischen Königshauses.

Paczka-Wagner, Cornelia, geb. Wagner
Malerin, Bildhauerin
1864 (Göttingen) – nach 1930
Die Tochter des Volkswirtschaftlers A. Wagner erhielt nur kurz Malunterricht von K. Stauffer-Bern, bei dem auch K.→Kollwitz studiert hatte. 1888 zog sie nach Rom, um sich dort selbst weiterzubilden. Mit ihrem Mann, dem ungarischen Maler F. Paczka, ging sie 1894 nach Madrid und 1895 nach Berlin. P.-W., die sich in ihren Werken an den Jugendstil anlehnte, schuf vor allem Portraits, Allegorien und Genrebilder. Erst später wandte sie sich der Bildhauerei zu und stellte 1926 auf der Großen Berliner Kunstausstellung ihr bekanntestes Werk, den »Großen Frauenbrunnen«, aus. Heute fast in Vergessenheit geraten, war P.-W. zu ihrer Zeit mit ihren gefälligen Arbeiten sehr erfolgreich. Zahlreiche Zeichnungen und Entwürfe für Plastiken der Künstlerin befinden sich heute in den Kupferstichkabinetten in Berlin und Dresden.
Lit.: Das Verborgene Museum I., Neue Gesellschaft für Bildende Kunst e. V. (Hg.), Berlin 1987

Palmer, Lilli (eigtl. L. Maria Peiser)
Schauspielerin, Schriftstellerin
24.5.1914 (Posen – heute Poznań/Polen) – 27.1.1986 (Los Angeles/USA)
Bereits während der Schulzeit erhielt die Tochter eines Arztes und einer Schauspielerin, die seit 1917 mit ihrer Familie in Berlin lebte, Schauspielunterricht, u.a. bei L.→Höflich. Nach ihrem Debüt 1932 in Berlin spielte sie am Landestheater in Darmstadt, bis sie 1933 wegen ihrer jüdischen Herkunft entlassen wurde. P. emigrierte nach Paris und trat dort gemeinsam mit ihrer Schwester Irene als »Les sœurs Viennoises« in Kabaretts und Nachtlokalen

auf. Ihren ersten Film »Crime unlimited«, dem weitere kleinere Filmrollen folgten, drehte sie 1934 in London. 1943 heiratete sie den englischen Schauspieler R. Harrison und nahm die britische Staatsangehörigkeit an.

Mit ihrem Mann spielte sie 1945 in dem Film »The Rake's Progress«, der ein so großer Erfolg wurde, dass das Ehepaar Verträge in Hollywood erhielt. 1949 trat P. mit großem Erfolg am Broadway in der Titelrolle von G. B. Shaws »Cäsar und Cleopatra« auf. Nach ihrer Scheidung 1954 kehrte sie nach Deutschland zurück und erhielt 1955 für den Film »Teufel in Seide« die Auszeichnung »beste deutsche Schauspielerin des Jahres«. 1957 heiratete sie den argentinischen Schauspieler C. Thompson, mit dem sie in der Schweiz lebte. P. wirkte noch in zahlreichen weiteren Filmen mit, u.a. in »Lotte in Weimar« (1975), betätigte sich als Malerin und veröffentlichte mehrere Romane sowie zwei Autobiografien, »Dicke Lilli – gutes Kind« (1974) und »Der rote Rabe« (1977). 1974 wurde ihr das Große Bundesverdienstkreuz verliehen, 1978 erhielt sie den Deutschen Filmpreis in Gold für ihr Gesamtwerk.
Lit.: Huebner, M. O., L. P. Ihre Filme – ihr Leben, München 1986

Palucca, Gret
Tänzerin, Choreografin
8.1.1902 (München) – 22.3.1993 (Dresden)
Ihre Kindheit verbrachte P. in München, Kalifornien und in Dresden. 1914–16 und 1918–1920 erhielt sie Ballettunterricht von

dem Ballettmeister der Bayerischen Staatsoper H. Kröller. Anschließend wurde sie eine der ersten Schülerinnen M.→Wigmans in Dresden und 1923 Mitglied der Wigman-Tanzgruppe. Nach zahlreichen Tourneen im In- und Ausland gründete sie 1925 die Palucca-Schule in Dresden, die später um Nebenschulen in Berlin (1928) und Stuttgart (1931) erweitert wurde. Noch 1936 wirkte P. an der Eröffnungsfeier der Olympischen Spiele in Berlin mit, erhielt jedoch 1939 wegen ihrer politischen Gesinnung Auftrittsverbot für staatliche Veranstaltungen. Nach der Wiedereröffnung 1945 in Dresden wurde ihre Schule zur führenden Ausbildungsstätte für künstlerischen Tanz in der DDR. 1950 gab P. ihre letzte Vorstellung und wirkte fortan als Lehrerin an der Akademie der Künste der DDR, deren Vizepräsidentin sie 1965–70

war, sowie in Stockholm, Bern und Leningrad. Neben zahlreichen Auszeichnungen, die sie in der DDR erhielt, darunter der Vaterländische Verdienstorden in Gold (1972), der Stern der Völkerfreundschaft (1980) und der Nationalpreis erster Klasse (1981), wurde P. 1983 mit dem Deutschen Tanzpreis der Stadt Essen ausgezeichnet und erhielt 1992 das Große Bundesverdienstkreuz. Erst ein Jahr vor ihrem Tod gab sie ihre Lehrtätigkeit auf.
Lit.: Schumann, G. (Hg.), P.: Portrait einer Künstlerin, Berlin 1972
Jarchow, P., Stabel, R., P. Aus ihrem Leben – Über ihre Kunst, Berlin 1997

Pankok, Hulda, geb. Droste
(Pse. Anna Sasse, Henriette Reiser)
Verlegerin
20.2.1895 (Bochum) – 8.9.1985 (Wesel)
Während des Ersten Weltkriegs ließ sich P.,
die Kunstgeschichte, Philosophie und Nationalökonomie studiert hatte, in Essen zur
Bibliothekarin ausbilden und richtete in
Bochum die erste Kinderbibliothek ein.
1919 wurde sie Mitarbeiterin ihres Bruders
H. Droste, der den »Düsseldorfer Stadt-An-
zeiger« (später »Mittag«) herausgab. Sie leitete die Frauenbeilage und verfasste Thea-
ter- und Buchbesprechungen. In der
Kunstgalerie von J.→Ey lernte sie den Maler und Grafiker Otto P. kennen, den sie
1921 heiratete und mit dem sie ein Kind
hatte. In den 20er Jahren gründete P. die
Kulturbeilage des »Mittag«, »Das geistige
Leben«, und gehörte dem Vorstand des
»Bundes der Mütter und Erzieherinnen« an,
der 1934 verboten wurde. 1933 erhielt ihr
Mann von den Nationalsozialisten Malverbot, seit 1937 durfte auch P. nicht mehr
journalistisch tätig sein. Unter ihren
Pseudonymen schrieb sie für Kirchenzei-
tungen und arbeitete als Lektorin für den
von ihrem Bruder gegründeten Droste-Ver-
lag. Bis Kriegsende lebte P. mit ihrer Familie in einem Bauernhaus in der Eifel und
versteckte dort jüdische Freunde. 1945
gründete sie in Düsseldorf den Drei-Eulen-
Verlag, in dem sie antifaschistische Autoren, aber auch Klassiker und Kunstbände,
u.a. Otto P.s »Zigeuner«, veröffentlichte.
1951 gründete die überzeugte Pazifistin die
Deutsche Frauenpartei, mit der sie sich
1953 der von H.→Wessel und G. Heinemann gegründeten »Deutschen Volkspartei« anschloss, um die Wiederaufrüstung
zu verhindern. Im selben Jahr wurde P. als
erste Deutsche offiziell nach Jugoslawien

eingeladen, als Dank für ihre mutige Hal-
tung während der NS-Zeit. Über diese
Reise veröffentlichte sie 1961 das Buch
»Jugoslawische Erinnerungen«. 1968, zwei
Jahre nach dem Tod ihres Mannes, eröff-
nete P. das Otto-Pankok-Museum in Dre-
venack, in dem sie regelmäßig Führungen
veranstaltete.
Lit.: Der eigene Blick: Frauen-Geschichte und
-Kultur in Düsseldorf, Neuss 1990

Paoli, Betty, auch Branitz
(eigtl. Barbara Elisabeth Glück)
Dichterin
30.12.1814 (Wien) – 5.7.1894 (Baden b. Wien)
1832 veröffentlichte P., die sich nach dem
Tod der Eltern schon früh ihren Lebensunterhalt als Erzieherin in Polen und Russland verdienen musste, ihre ersten Gedichte in Prager und Wiener Zeitungen.
Seit 1835 arbeitete sie in Wien als Sprachlehrerin sowie als Übersetzerin von A.
Puschkin und I. Turgenjew. In den 1840er
Jahren war sie als Gesellschafterin, u.a. bei
der Fürstin zu Schwarzenberg, tätig. Seit
1852 schrieb P. Theater- und Literaturkritiken für die »Österreichische Zeitung« und
den »Wiener Lloyd«. Die treffsichere Kri-
tikerin förderte A. v.→Droste-Hülshoff,
L. v.→François und M. v.→Ebner-Eschen-
bach. Sie veröffentlichte zahlreiche Novellen und Biografien sowie Lyrik, z.B. den
B. v.→Arnim gewidmeten Gedichtband
»Romanzero« (1845).
Lit.: Wozonig, K. S., Die Literatin B. P. Weibliche Mobilität im 19. Jh., Wien 1999

Papier, Rosa
Sängerin
18.9.1858 (Baden b. Wien) – 9.2.1932 (Wien)
Nach einer Gesangsausbildung in Wien
und Unterricht in Musiktheorie durch ihren

Mann, den Dirigenten H. Paumgartner, debütierte P. 1881 am Theater an der Wien. Im selben Jahr wurde sie Ensemblemitglied der Wiener Hofoper. Die Mezzosopranistin brillierte vor allem als Wagner-Interpretin und war eine gefeierte Liedsängerin. Gastspiele führten sie an viele deutsche Opernhäuser und in die Niederlande. Wegen einer Krankheit musste sie ihre Bühnenlaufbahn 1891 beenden. 1892 wurde P., die 1889 zur Kammersängerin ernannt worden war, Professorin am Konservatorium der Wiener Gesellschaft der Musikfreunde und unterrichtete u.a. A.→Bahr-Mildenburg.

Pappenheim, Bertha (Ps. Paul Berthold)
Sozialarbeiterin, Frauenrechtlerin
27.2.1859 (Wien) – 28.5.1936 (Neu-Isenburg)
Trotz ihrer überdurchschnittlichen Begabung erhielt P., die aus einer wohlhabenden jüdisch-orthodoxen Familie stammte, nur eine kurze Ausbildung und musste ihren kranken Vater pflegen. Sie flüchtete

sich in Tagträume und bei ihr wurde Hysterie diagnostiziert. Ihr Arzt, der Internist J. Breuer, der sie ab 1880 behandelte, schilderte ihren Fall seinem Kollegen S. Freud. In ihrer bahnbrechenden Arbeit »Studien über Hysterie« (1885) veröffentlichten die Wissenschaftler P.s Krankengeschichte unter dem Titel »Der Fall der Anna O.« und gaben ihr somit einen Platz in der Geschichte der Psychoanalyse. Nach mehreren Sanatoriumsaufenthalten zog P. 1888 nach Frankfurt a. M., engagierte sich in der Frauenbewegung und im Sozial-

wesen und leitete ab 1895 ein jüdisches Waisenhaus. 1902 gründete sie den »Israelitischen Mädchenclub«, initiierte 1904 den »Jüdischen Frauenbund« (JFB), dessen Vorsitzende sie 20 Jahre war, errichtete 1907 ein Erziehungsheim für gefährdete Mädchen, dem sie 29 Jahre vorstand, und baute 1917 die »Zentralwohlfahrtsstelle der deutschen Juden« auf. 1914–24 war sie Vorstandsmitglied des »Bundes Deutscher Frauenvereine« (BDF). Auf Studienreisen nach Osteuropa und Palästina informierte sie sich über die soziale Situation der Juden und veröffentlichte die Ergebnisse u.a. in »Sisyphus-Arbeit – Reisebriefe aus den Jahren 1911 und 1912« (1930).
Lit.: Edinger, D., B. P. Leben und Schriften, Frankfurt a. M. 1963
Leitner, T., Fürstin, Dame, Armes Weib, München 1994

Pappenheim, Eugenie
Sängerin
1849 (Wien) – Juni 1924 (Los Angeles)
P. debütierte 1866 als Valentine in »Die Hugenotten« in Linz. Es folgten Engagements an zahlreichen deutschen und österreichischen Opernhäusern, bis sie 1875 in New York mit der Wachtel Opera Company ihren ersten Auftritt in den USA hatte. Als Senta in der amerikanischen Erstaufführung von »Der fliegende Holländer« in Philadelphia 1876 wurde sie begeistert gefeiert. 1877 gründete sie ihre eigene Operntruppe, die Adams-Pappenheim Opera Company, mit der sie eine erfolgreiche Tournee durch die USA unternahm. Gastspiele führten P. zurück nach Europa, u.a. nach Berlin. Nach dem Ende ihrer Bühnenlaufbahn war sie in New York und Los Angeles als Gesangspädagogin tätig.

Pappritz, Anna
Frauenrechtlerin
9.5.1861 (Gut Radach, Brandenburg) –
8.7.1939 (ebd.)
1884 zog die Gutsbesitzerstochter nach
Berlin und schloss sich der Frauenbewegung an. 1899 gründete sie den ersten
deutschen Zweigverein der »Internationalen Abolistischen Föderation zur Abschaffung der Prostitution«, den sie auch leitete.
Mit F. Duensing richtete sie eine Gefährde-
ten- und Gefangenenfürsorge für Frauen
ein und war 1903 Mitgründerin der »Gesellschaft zur Bekämpfung von Geschlechtskrankheiten«. Von K. Scheven
übernahm P. 1905 die Leitung der Zeitschrift »Der Abolitionist«, die sie bis 1933
herausgab. Sie veröffentlichte u.a. die
Schrift »Die wirtschaftlichen Ursachen der
Prostitution« (1902) sowie Romane.
Lit.: Weiland, D., Geschichte der Frauenemanzipation in Deutschland und Österreich,
Düsseldorf 1983

Paretti, Sandra
(eigtl. Irmgard Schneeberger)
Schriftstellerin
5.2.1935 (Regensburg) – 12.3.1994 (Meilen
b. Zürich)
Nach dem Studium der Germanistik und
Musik in München, Paris und Rom wurde
P. 1960 promoviert. Anschließend arbeitete
sie als Journalistin und ab 1967 als freie
Autorin. Im selben Jahr erschien ihr erster
Roman »Rose und Schwert«, der wie viele
ihrer späteren Bücher ein großer internationaler Erfolg wurde. Die Werke der Unterhaltungsschriftstellerin erreichten insgesamt eine Auflage von 30 Millionen. Unheilbar an Krebs erkrankt, schied sie
freiwillig aus dem Leben. Verheiratet war

P. mit dem Schriftsteller H. Herlin, mit dem
sie seit 1969 in der Schweiz lebte.

Parlaghy, Vilma (eigtl. v. P.–Brachfeld)
Malerin
15.5.1863 (Haju-Dorogh/Ungarn) – 4.4.1924
(New York)
Die Tochter eines ungarischen Staatsbeam-
ten erhielt bereits als Kind privaten Zeichenunterricht und besuchte als Zehnjährige die Budapester Akademie. 1880 zog
die Familie nach München, wo P. u.a. bei
F. v. Lenbach studierte und sich auf Portraitmalerei spezialisierte. Nach einer Studienreise durch Italien und mehreren erfolgreichen Ausstellungen, u.a. in Berlin,
Paris und München, gehörte sie zu den
gefragtesten Portraitmalerinnen ihrer Zeit
und malte z.B. die Reichskanzler L. Caprivi
und O. v. Bismarck sowie Kaiser Wilhelm
II. Als erste Frau wurde sie 1902 Jurymitglied der Großen Berliner Kunstausstellung. P. erhielt zahlreiche hohe Auszeichnungen, darunter 1899 von Kaiser Franz
Joseph I. die Goldene Medaille für Kunst
und Wissenschaft und 1912 in Berlin als
einzige Frau die Große Goldene Staatsme-
daille. Ab 1905 lebte und arbeitete sie
überwiegend in Amerika und portraitierte
dort u.a. Präsident T. Roosevelt. In erster
Ehe war sie mit K. Krüger und nach ihrer
Scheidung 1905 mit Fürst Lhwoff verheiratet.
Lit.: Das verborgene Museum I., Neue Gesellschaft für Bildende Kunst e. V. (Hg.), Berlin
1987

Paul, Elfriede
Medizinerin
14.1.1900 (Köln) – 30.8.1981 (Ahrenshoop)
Die ausgebildete Lehrerin begann 1926 mit
dem Medizinstudium in Hamburg und Ber-

lin, wurde 1936 promoviert und eröffnete ein Praxis in Berlin. Seit 1921 KPD-Mitglied, schloss sie sich 1936 der Widerstandsorganisation »Rote Kapelle« um A. Harnack und H. und L.→Schulze-Boysen an. 1942 wurde P. verhaftet und zu sechs Jahren Zuchthaus verurteilt. Nach Kriegsende saß sie ab 1946 für ein Jahr als KPD-Abgeordnete im hessischen Landtag und wurde zur Ministerin für Aufbau und Wohlfahrt ernannt. 1947 zog sie nach Ost-Berlin, arbeitete am Institut für Sozialhygiene, habilitierte sich und war 1956–64 Professorin für Sozialhygiene an der medizinischen Akademie in Magdeburg. Sie veröffentlichte ihre Erinnerungen unter dem Titel »Ein Sprechzimmer der Roten Kapelle« (1981).

Pauline Christine Wilhelmine zur Lippe-Detmold
Regentin
23.2.1769 (Schloss Ballenstedt, Harz) –
29.12.1820 (Detmold)
1796 wurde die Tochter des Fürsten Friedrich Albrecht von Anhalt-Bernburg mit dem geistig behinderten Erbgrafen Leopold I. zur Lippe verheiratet, mit dem sie zwei Kinder hatte. Nach seinem Tod 1802 übernahm sie für 18 Jahre die Regentschaft. Die gebildete P. hatte bereits Regierungserfahrung gesammelt, als ihre Tante, Zarin →Katharina II., sie und ihren Vater 1793 mit der Verwaltung der Herrschaften Anhalt-Zerbst und Jever beauftragte. Während ihrer Regentschaft förderte die aufgeklärte Fürstin den Straßenbau, reformierte die Landwirtschaft, indem sie verbot, Land brachliegen zu lassen, und hob die Leibeigenschaft auf (1809). Sie errichtete ein Kinderheim mit Schule (»Paulinenanstalt«) in Detmold und eine Heil- und

Pflegeanstalt für geistig Behinderte bei Brake. 1806 schloss sie ihr Land dem Rheinbund an und erhielt damit die Selbstständigkeit des Fürstentums. 1816 führte P. eine neue Landgerichtsverfassung ein.
Lit.: Brünink, A., Grubitzsch, H. (Hgg.), Was für eine Frau – Portraits aus Ostwestfalen-Lippe, Bielefeld 1992

Paulus, Käthchen (eigtl. Katharina)
Ballonfahrerin, Fallschirmspringerin
22.12.1868 (Zellhausen, Kr. Offenbach) –
26.7.1935 (Berlin)
Nach Abschluss der Schule und einer Lehre arbeitete P. zunächst als Näherin. Durch

ihren späteren Mann, den Fallschirmspringer und Berufsluftschiffer H. Lattemann, den sie um 1890 kennenlernte und der vermutlich der Vater ihres 1891 geborenen Sohnes war, kam sie zum Fallschirmsport. Vor über 100 000 Zuschauern sprang sie im Juli 1893 in der Nähe von Nürnberg aus einer Höhe von 1200 m aus einem Freiballon. 1894 musste P. mit ansehen, wie ihr Mann sich zu Tode stürzte, als sein Fallschirm sich nicht öffnete. Sie selbst unternahm fast 150 weitere, z.T. waghalsige Sprünge. 1913/14 entwickelte sie den modernen zusammenlegbaren Fallschirm, das »Fallschirmpaket«. In einer Werkstatt in Berlin-Reinickendorf stellte sie über 7000 dieser Pakete her und rettete damit vielen Fliegern im Ersten Weltkrieg das Leben. Außerdem fertigte sie in ihrem Unternehmen Ballonhüllen und entwickelte auf Grund ihrer Erfahrungen

zahlreiche Sicherheitsverbesserungen so-
wohl für die Ballonfahrt als auch für den
Fallschirmsprung.
Lit.: Walsh, G., Bemerkenswerte Frauen in
Homburg, Frankfurt a. M. 1995

Pauly, Charlotte Elfriede
Malerin
6.12.1886 (Berlin) – 24.3.1981 (ebd.)
P. studierte 1909–14 in Breslau, Heidelberg, Berlin und Freiburg i. Br. Kunstgeschichte, Archäologie und Literatur. 1915
wurde sie im Fach Kunstgeschichte promoviert und besuchte anschließend Kunstschulen in Stuttgart, München, Paris und
Madrid. Nach erfolgreichen Ausstellungen
in Breslau (1930/31) und Paris (1931) wurden ihre Bilder ab 1933 von den Nationalsozialisten als »Zigeunermalerei« und
»entartet« diffamiert. P. ließ sich in Agne-
tendorf in Niederschlesien nieder und
unternahm ausgedehnte Studienreisen,
vor allem in den Mittelmeerraum. Ihren
Lebensunterhalt verdiente sie mit dem
Schreiben von Reiseerzählungen und Romanen. Seit 1953 lebte sie in Ost-Berlin
und wurde Mitglied im Verband der Bildenden Künstler der DDR, an dessen Ausstellungen sie regelmäßig teilnahm. 1977
erhielt sie für ihr Werk die Johannes-R.-
Becher-Medaille des Kulturbundes der
DDR.
Lit.: Staatliche Museen zu Berlin, Katalog
C. E. P., Ausstellung zum 100. Geburtstag,
Berlin 1986

**Penzel, Barbara Juliana, geb. Müllner
(gen. Penzlin)**
Dichterin
getauft 20.10.1636 (Nürnberg) – 1674
(Pfedelbach b. Heilbronn)
Bereits in frühester Jugend schrieb die
Tochter des Nürnberger Ratsschreibers J. C.
Müllner Gelegenheitsgedichte und Lieder
und setzte sich mit den Veröffentlichungen
von M. Opitz, dem großen Literaturtheore-
tiker des Barock, auseinander. 1668 wurde
P. von dem Dichter S. v. Birken in den
Nürnberger Dichterkreis, den »Pegnesi-
schen Blumenorden«, aufgenommen und
zur Dichterin gekrönt. Ihre Gedichte und
Lieder veröffentlichte sie gemeinsam mit
dem Dichterkreis. Verheiratet war sie seit
1667 mit dem Diakon Conrad P.
Lit.: Woods, J. M., Fürstenwald, M., Schriftstellerinnen, Künstlerinnen und gelehrte Frauen
des deutschen Barock, Stuttgart 1984

**Perin-Gradenstein, Karoline von,
geb. v. Pasqualati**
Frauenrechtlerin
1808 (Wien) – 10.12.1888 (ebd.)
P., eine der Pionierinnen der österreichischen Frauenbewegung, stammte aus einer
wohlhabenden Familie. Nach dem Tod ihres Mannes, den sie 1832 geheiratet und
mit dem sie drei Kinder hatte, lernte sie
etwa 1845 den Musikkritiker A. J. Becher
kennen, einen der Führer der Wiener Radikalen während der Revolution von 1848,
und wurde seine Geliebte. Als Reaktion auf
die gewaltsame Niederschlagung der Wiener Demonstration der Arbeiterinnen am
23.8.1848 gründete sie den »Wiener demokratischen Frauenverein«, den ersten politischen Frauenverein Österreichs. Nach der
Erstürmung Wiens wurden auch P. und
Becher gefangen genommen. Während
Becher erschossen wurde, durfte P. im
April 1849 nach München emigrieren, aber
sie verlor das Sorgerecht für ihre Kinder
und ihr Vermögen wurde konfisziert, was
zu einer schweren psychischen Erkrankung
führte. Um wieder nach Wien zurückkeh-

ren zu dürfen, widerrief P. ihre politischen Aussagen. Sie eröffnete ein Stellenvermittlungsbüro, das ihr ein bescheidenes Auskommen ermöglichte.

Lit.: Weiland, D., Geschichte der Frauenemanzipation in Deutschland und Österreich, Düsseldorf 1983

Petersen, Johanna Eleonora,
geb. von und zu Merlau
Pietistin
25.4.1644 (Frankfurt a. M.) – 19.3.1724 (Gut Thymer b. Zerbst)

Mit Abscheu beobachtete P. den barocken Lebensstil an den Grafenhöfen in Hessen und Sachsen, an denen sie nach dem Tod der Mutter als Hoffräulein lebte. Deshalb wandte sich um 1672 der pietistischen Bewegung zu, kehrte 1675 nach Frankfurt a. M. zurück und machte ihr Haus, den Saalhof, zu einem Zentrum der Pietisten. 1678 konnte sie sich erfolgreich gegen eine Ausweisung aus der Stadt wehren. Mit ihrem Mann, dem Theologen und Schriftsteller Johann Wilhelm P., den sie 1680 heiratete, lebte sie in Eutin und Lüneburg. Als er wegen seiner radikalpietistischen Einstellung sein Amt als Pfarrer aufgeben musste und beide des Landes verwiesen wurden, ließen sie sich in der Nähe von Magdeburg nieder. P., die als die bedeutendste Vertreterin des frühen Pietismus gilt, verfasste religiöse Schriften, u.a. »Gespräche des Herzens mit Gott« (1689) sowie Bibelauslegungen und ihre Autobiografie »Leben Frauen J. E. P. … von ihr selbst … aufgesetzt« (1718).

Lit.: Luft, S., Leben und Schreiben für den Pietismus. Der Kampf des pietistischen Ehepaares J. E. und Johann Wilhelm P. gegen die lutherische Orthodoxie, Herzberg 1994

Petersen, Leiva
Verlegerin
28.11.1912 (Berlin) – 17.4.1992 (Weimar)

P. studierte Klassische Philologie, Geschichte und Archäologie in Frankfurt a. M., München, Kiel und Würzburg und wurde 1937 promoviert. Nach einer Bildungsreise durch Italien arbeitete sie für kurze Zeit als Hauslehrerin in Dänemark und absolvierte ab 1939 eine Verlagsbuchhändlerlehre im Verlag Hermann Böhlaus Nachf. in Weimar. Seit 1942 war sie Teilhaberin und Leiterin des Verlags. Trotz Neugründungen in Wien und Köln blieb der Verlag nach dem Krieg weiter in Weimar bestehen; P. wurde 1947 persönlich haftende Gesellschafterin und leitete ihn auch noch nach dem Verkauf an die Akademie der Wissenschaften der DDR bis 1987. Sie gab vor allem wissenschaftliche Werkausgaben zur deutschen Klassik und Reformationszeit heraus. Außerdem war sie Mitglied im Vorstand der Shakespeare-Gesellschaft und im Verlegerausschuss des Börsenvereins der deutschen Buchhändler.

Petznek, Elisabeth Marie
2.9.1883 (Laxenburg b. Wien) – 16.3.1963 (Wien)

Nach dem Selbstmord ihres Vaters, des österreichischen Kronprinzen Rudolf, wuchs P., die den Titel einer Erzherzogin trug, bei ihrem Großvater, Kaiser Franz Joseph I., auf. 1902 heiratete sie in nicht standesgemäßer Ehe Prinz Otto Windisch-Graetz, mit dem sie vier Kinder hatte. Die unglückliche Ehe wurde 1924 geschieden. Es folgten jahrelange Auseinandersetzungen um die Kinder mit Entführungen und Polizeieinsätzen. In dieser Zeit schloss sich P. dem sozialdemokratischen Politiker Leopold P. an. Sie wurde Mitglied der SPÖ, be-

gleitete ihren Lebensgefährten zu Parteiversammlungen und Aufmärschen und
heiratete ihn 1948. Als Erbin ihres großen
Vermögens, das aus dem Nachlass des Kaisers und seiner Frau →Elisabeth (Sisi)
stammte, setzte P. die Gemeinde Wien ein.
Lit.: Weissensteiner, F., Die rote Erzherzogin.
Das ungewöhnliche Leben der Tochter des
Kronprinzen Rudolf, Wien (6)1987

Peutinger, Margarethe, geb. Welser
1481 (Augsburg) – 1552 (ebd.)
1498 heiratete die Tochter A. Welsers d. Ä.,
des Gründers der größten Warenhandels-
und Reedereigesellschaft des 15. Jhs., den
Doktor der Rechte und Humanisten Conrad
P., mit dem sie zehn Kinder hatte. Die
hochgebildete P., die fließend Latein sprach
und Rhetorik sowie Poesie beherrschte,
nahm großen Anteil an den Studien ihres
gelehrten Mannes und soll ihm bei der
Herausgabe seiner Inschriftensammlung
»Inscriptiones romanae« geholfen haben. In
Humanistenkreisen trug sie den Ehrentitel
»uxor docta« (»gelehrte Frau«). 1551 veröffentlichte sie in lateinischer Sprache unter
dem Titel »Epistola Margaritae Velseriae«
eine Beschreibung und Interpretation antiker römischer Kaisermünzen, die wahrscheinlich mit Beteiligung ihres Mannes
entstanden war. Auch P.s Töchter Juliana
und Konstanze, beide hochbegabt, erhielten eine humanistische Ausbildung und
sprachen bereits als Kinder fließend Latein.

Pfannes, Fini (eigtl. Josefine), geb. Proper
Hauswirtschafterin
8.12.1894 (Braila/Rumänien) – 20.12.1967
(Frankfurt a. M.)
Die gelernte Sekretärin begann nach ihrer
Heirat 1918, Kochrezepte in Zeitschriften
zu veröffentlichen, und veröffentlichte ein
»Wirtschaftsbuch für die Hausfrau«. Sie
gehörte zu den Begründern des »Bundes
für Volksernährung« und war für die
Frankfurter Gaswerke als Kochvorführerin
tätig. Als Jüdin wurde sie in den 30er Jahren von den Nationalsozialisten ihrer Ämter enthoben. Nach Kriegsende gründete P.
einen Werbedienst, gab die Zeitschrift »Das
Frauenjournal« heraus und zählte zu den
Begründerinnen des »Deutschen Hausfrau-
enbundes«, dessen Präsidentin sie 1952–56
war.

Pfeiffer, Ida Laura, geb. Reyer
Schriftstellerin
14.10.1797 (Wien) – 27.10.1858 (ebd.)
P. stammte aus einer wohlhabenden Fabrikantenfamilie, ihr Hauslehrer weckte ihr
Interesse für Reise- und Abenteuerliteratur.
1820 wurde sie mit dem 24 Jahre älteren
Advokaten Mark Anton P. verheiratet, mit
dem sie zwei Kinder hatte. Nach einigen
Jahren unglücklicher Ehe trennte sie sich
von ihrem Mann, und nach der Volljährigkeit ihrer Söhne unternahm sie 1842 eine
erste, langersehnte Reise, die sie bis Istanbul und Palästina führte. Wann immer es

möglich war, be-
nutzte P. – auch
auf ihren späte-
ren Reisen – bil-
lige einheimische
Transportmittel,
wie Ochsenkar-
ren oder Boote,
um Geld zu spa-
ren. Mit dem Ho-
norar für die Veröffentlichung ihres Reise-
tagebuchs konnte sie ihre nächste Reise
1845 nach Skandinavien und Island finanzieren, über die sie ebenfalls einen Bericht
schrieb. 1846 trat P. ihre erste Weltreise an

– mit dem Schiff über den Südatlantik um Kap Horn, über den Pazifik zu den Gesellschaftsinseln bis nach Indien und zurück auf dem Landweg durch Persien und Kleinasien. Diese Reise schilderte sie in dem 1850 in drei Bänden erschienenen Werk »Eine Frauenfahrt um die Welt«. Die »Zweite Weltreise« (so der Titel ihres 1856 veröffentlichten vierbändigen Reiseberichts) führte sie 1851–55 am Kap der Guten Hoffnung vorbei zu den Sunda-Inseln und zurück über Nordamerika. Eine weitere Reise 1856–58 nach Madagaskar wurde P. zum Verhängnis: Zusammen mit einer Gruppe politischer Abenteurer wurde sie auf Befehl der madegassischen Königin gefangen genommen und im Dschungel ausgesetzt. Fieberkrank gelang ihr die Flucht nach Mauritius und die Heimreise nach Wien. Dort starb sie an den Folgen der Infektion. Auf ihren Reisen legte P. etwa 300 000 km zurück. Zu den Bewunderern der Weltreisenden zählte u.a. der Forscher A. v. Humboldt, auf dessen Initiative ihr die Goldene Medaille für Wissenschaft und Kunst des preußischen Königs verliehen wurde. Von den Geographischen Gesellschaften in Berlin und Paris wurde sie zum Ehrenmitglied ernannt.
Lit.: Donner, E., Und nirgends eine Karawane. Die Weltreisen der I. P. 1797–1858, Düsseldorf 1997
Habinger, G., Eine Wiener Biedermeierdame erobert die Welt. Die Lebensgeschichte der I. P., Wien 1997

Pfülf, Toni (eigtl. Antonie)
Politikerin
14.12.1877 (Metz/Frankreich) – 8.6.1933 (München)
Gegen den Willen ihrer Eltern absolvierte die Offizierstochter in München eine Leh-

rerinnenausbildung, die sie sich selbst finanzieren musste. Zunächst war sie als Hilfslehrerin in Südbayern, ab 1910 als Volksschullehrerin in München tätig. Etwa 1902, noch bevor Frauen die Mitgliedschaft in politischen Vereinigungen erlaubt wurde, trat P. in die SPD ein und besuchte Parteiversammlungen in Männerkleidung. Während des Ersten Weltkriegs war sie ehrenamtlich als »Armen- und Waisenrätin« tätig. 1919 wurde sie Mitglied der Verfassunggebenden Nationalversammlung, 1920 Reichstagsabgeordnete. Als Schriftführerin des Rechtsausschusses engagierte P. sich für eine Reform des Strafrechts, besonders für die Abschaffung der Todesstrafe, und eine Änderung des Ehescheidungsrechts. In den Reichstagsdebatten um eine Schulreform forderte sie Chancengleichheit für Arbeiterkinder. Als ihr Versuch scheiterte, die SPD-Fraktion zum Protest gegen die so genannte »Friedensresolution« zu bewegen, die A. Hitler am 17.5.1933 dem Reichstag vorlegte, nahm sie sich aus Verzweiflung das Leben. P. starb an einer Überdosis Schlaftabletten.
Lit.: Dertinger, A., Dazwischen liegt nur der Tod: Leben und Sterben der Sozialistin A. P., Berlin-Bonn 1984
Schröder, M., T. P. 1877–1933, München 1984

Pichler, Karoline, geb. v. Greiner
Schriftstellerin
7.9.1769 (Wien) – 9.7.1843 (ebd.)
In ihrem Elternhaus erhielt die Tochter eines Hofrats schon früh künstlerische Anre-

gungen sowie eine gründliche Ausbildung. Sie lernte mehrere Sprachen und nahm Gesangs- und Klavierunterricht bei den Komponisten W. A. Mozart und J. Haydn. Nach ihrer Heirat mit dem Regierungsrat Andreas P. 1796 führte sie den Salon ihrer Eltern weiter und machte ihn zum bedeutendsten literarischen Salon Wiens sowie zu einem künstlerischen Mittelpunkt der Stadt. Bereits ihr erstes Buch »Gleichnisse« (1799) war sehr erfolgreich. Es folgten zahlreiche Romane mit historischem Hintergrund sowie Novellen, Balladen und Dramen, die größtenteils im Burgtheater aufgeführt wurden. Vor allem P.s »Denkwürdigkeiten aus meinem Leben«, 1844 postum erschienen, sind eine wichtige Quelle für das geistige Leben ihrer Zeit.

Piëch–Porsche, Louise, geb. Porsche
Unternehmerin
1904 (Wien) – 2.10.1999 (Zell am See)
Die Tochter des Konstrukteurs F. Porsche besuchte die Mittelschule und studierte anschließend in Wien Zeichnen und Malerei. 1928 heiratete sie den Wiener Rechtsanwalt A. Piëch, mit dem sie vier Kinder hatte. In den dreißiger Jahren nahm die

begeisterte Fahrerin an zahlreichen Autorennen teil. 1947 gründete P.-P. gemeinsam mit ihrem Bruder F. Porsche in Gmünd, Kärnten, die Porsche Konstruktionen GmbH, in der ab 1948 die ersten Sportwagen gefertigt wurden. 1948 wurde die Firma Porsche zusätzlich Generalimporteurin für den Volkswagen »Kä-

fer«, der eine Konstruktion von P.-P.s Vater war, für Österreich. Die Firma wurde nach Salzburg verlegt und wuchs schon bald zu einem der größten Privatunternehmen Österreichs. 1952, nach dem Tod ihres Mannes, übernahm P.-P. die Leitung des Unternehmens und führte die Geschäfte bis 1971. Sie erhielt zahlreiche Auszeichnungen, u.a. 1959 den Titel »Kommerzialrat«, 1979 das Große Bundesverdienstkreuz und 1994 das Große Goldene Ehrenzeichen für Verdienste um die Republik Österreich.

Pinner, Erna
Zeichnerin
27.1.1893 (Frankfurt a. M.) – 5.3.1987 (London)
Nach ihrer Ausbildung in Berlin bei L. Corinth und in Paris lebte P. ab 1927 in Frankfurt a. M. Dort war sie mit ihren filigranen Zeichnungen, die in bekannten Galerien ausgestellt wurden, sehr erfolgreich. 1935 musste die Jüdin nach England emigrieren. Sie war mit G. Benn befreundet und begleitete ihren Lebensgefährten, den expressionistischen Dichter K. Edschmid, auf seinen Weltreisen. Die Künstlerin zeichnete meist Menschen, Tiere oder Landschaften, die sie auf ihren Reisen gesehen hatte, und illustrierte auch zahlreiche Bücher, darunter ihre eigenen, z.B. »Das Schweinebuch« (1922), »Ich reise durch die Welt« (1931) und »Curious Creatures« (1951), das in vier Sprachen übersetzt wurde, sowie »Unglaublich und doch wahr« (1964). Außerdem fertigte sie überlebensgroße, groteske Puppen an. Zehn Jahre nach ihrem Tod wurde P. in Bonn eine große Ausstellung gewidmet.
Lit.: Weidle, B., Ich reise durch die Welt – die Zeichnerin und Publizistin E. P., Bonn 1997

Edschmid, U., Wir wollen nicht mehr darüber reden … E. P. und Kasimir Edschmid: Eine Geschichte in Briefen, München 1999

Pir(c)kheimer, C(h)aritas (eigtl. Barbara)
Gelehrte
21.3.1467 (Eichstätt) – 19.8.1532 (Nürnberg)
P. stammte aus einer wohlhabenden, humanistisch gebildeten Patrizierfamilie. Mit ihren neun Geschwistern, darunter der bedeutende Humanist und Freund des Malers A. Dürer Willibald P., erhielt sie eine hervorragende Ausbildung. Zwölfjährig kam sie in das Klarissenkloster St. Klara in Nürnberg, das für sein hohes intellektuelles Niveau berühmt war. Um 1483 wurde P. Nonne, bald darauf Novizenmeisterin und wegen ihrer Lateinkenntnisse und Führungsqualitäten Leiterin der Klosterschule. 1503 übernahm sie das Amt der Äbtissin, das sie bis zu ihrem Tod inne hatte. Seit etwa 1496 führte P. einen regen Briefwechsel mit den berühmtesten Humanisten ihrer Zeit, u.a. S. Tucher, Erasmus von Rotterdam und K. Celtius, und wurde von ihnen wegen ihrer vollendeten lateinischen Prosa mit der Bezeichnung »virgo docta« (»gelehrte Jungfrau«) geehrt und damit als Nachfolgerin →Hrotsvits von Gandersheim anerkannt. 1524–28 verfasste sie das Werk »Denkwürdigkeiten«, das einen Teil ihrer Briefe und Erinnerungen enthält sowie eine detaillierte Darstellung der religiösen Auseinandersetzungen in Nürnberg während der Reformationszeit. Trotz ihrer humanistischen Bildung war P. eine Gegnerin der Reformation, die ihr Kloster zu schließen drohte. Mit Hilfe ihres Bruders und des Reformators P. Melanchton konnte sie die Säkularisierung des Klosters durch den protestantischen Rat der Stadt Nürnberg verhindern. Allerdings durften nach 1525 keine Novizinnen mehr aufgenommen werden, so dass das Kloster zum Aussterben verurteilt war.
Lit.: Kist, J., C. P. Ein Frauenleben im Zeitalter des Humanismus und der Reformation, Bamberg 1948
Kuras, L. (Hg.), C. P. 1467–1532, Ausstellungskatalog, München 1982

Ploennies, Louise von, geb. Leisler
Übersetzerin
7.11.1803 (Hanau) – 22.1.1872 (Darmstadt)
Nach dem Tod ihrer Eltern wuchs P. bei ihrem Großvater auf, der sie u.a. in Fremdsprachen unterrichtete. 1824 heiratete sie den Arzt August v. P., mit dem sie neun Kinder hatte. Eine Reise nach Belgien weckte ihr Interesse für flämische und niederländische Literatur, und sie begann, diese zu übersetzen. In Anerkennung ihrer Leistungen wurde sie in die Königliche Akademie in Brüssel sowie in die Literarischen Akademien von Gent und Antwerpen aufgenommen. Nach dem Tod ihres Mannes 1847 begann P., auch Gedichte und geistliche Dramen zu schreiben, z.B. »Abälard und Heloise. Ein Sonettenkranz« (1851). 1864 gab sie zudem »Englische Lyriker des 19. Jhs.« heraus.

Plothow, Anna, geb. Schwerdt
Publizistin
4.2.1853 (Berlin) – 16.12.1925 (ebd.)
In der väterlichen Handschuhfabrik ausgebildet, übernahm P. nach dem Tod des Vaters für vier Jahre die Leitung des Unternehmens. 1883 heiratete sie den Komponisten Paul P., der nach einjähriger Ehe starb. Sie begann zu schreiben und wurde 1898 als erste Frau Mitglied in der Redaktion des »Berliner Tageblatts«. Außerdem engagierte sie sich in der Frauenbewegung,

war Mitbegründerin der gemeinnützigen Stellenvermittlung für Dienstboten in Berlin und seit 1900 Mitglied des »Berliner Frauenclubs«. P. veröffentlichte u.a. das Buch »Die Begründerinnen der deutschen Frauenbewegung« (1906).

Pockels, Agnes
Physikerin
14.2.1862 (Venedig) – 1935 (Braunschweig)
Die Tochter eines Offiziers besuchte die Mädchenoberschule in Braunschweig, verzichtete aber auf ein Studium, um ihre nach jahrelangen Aufenthalten in italienischen Malaria-Gebieten kränklichen Angehörigen zu pflegen. Seit der Schulzeit naturwissenschaftlich interessiert, bildete P. sich im Selbststudium in Mathematik und Physik weiter. Sie experimentierte in der Familienküche, u.a. mit fettigem Spülwasser, und untersuchte dessen Oberflächenspannung. Dabei erfand sie die »Schieberinne«, die lange Zeit von Chemikern zur Untersuchung von Flüssigkeitsoberflächen benutzt wurde. Auf Drängen ihres Bruders, der Professor in Heidelberg war, teilte sie 1891 ihre Forschungsergebnisse dem englischen Physiker J. W. S. Rayleigh mit, der sie in der Zeitschrift »Nature« veröffentlichte und damit die Fachwelt auf P. aufmerksam machte. Daraufhin erhielt sie Arbeitsmöglichkeiten am Physikalischen Institut in Braunschweig und wurde zu Tagungen und Gastvorlesungen in andere Städte eingeladen. 1931 wurde ihr der Laura-Leonhard-Preis für ihre »Quantitativen Untersuchungen der Eigenschaften von Oberflächenschichten und -filmen« zugesprochen. Zu ihrem 70. Geburtstag 1932 erhielt sie den Ehrendoktortitel der Technischen Universität Braunschweig.

Lit.: Armenat, G., Frauen aus Braunschweig, Braunschweig 1986

Polko, Elise, geb. Vogel
Schriftstellerin
31.1.1823 (Wackerbarthruhe b. Dresden) – 15.5.1899 (München)
P. wurde von ihrem Vater, einem Lehrer, sorgfältig unterrichtet. Vor allem förderte er ihr musikalisches Talent. Nach einer Ausbildung als Sängerin und Konzertpianistin sang sie zunächst in Leipzig und in mehreren anderen Städten, gab ihre Karriere jedoch nach ihrer Heirat 1849 auf und veröffentlichte mit großem Erfolg Anthologien und Ratgeber für Frauen, z.B. »Dichtergrüße« (1860) und »Unsere Pilgerfahrt von der Kinderstube bis zum eigenen Herd« (1863). Außerdem verfasste sie Erzählungen, die in der Welt der Musik spielen, u.a. »Musikalische Märchen, Phantasien und Skizzen« (1852), sowie Jugend- und Kinderbücher. Die geschäftstüchtige P., deren Werk der Unterhaltungsliteratur zuzuordnen ist, vermarktete ihre Bücher u.a. durch Vorabdrucke in der Zeitschrift »Gartenlaube«.

Lit.: Häntzschel, G. (Hg.), Bildung und Kultur bürgerlicher Frauen 1850–1918, Tübingen 1986

Popp, Adelheid, geb. Dworak
Frauenrechtlerin
11.2.1869 (Inzersdorf b. Wien) – 7.3.1939 (Wien)
Schon mit zehn Jahren musste P. die Schule verlassen, um als Dienstmädchen und später als Fabrikarbeiterin zum Familienunterhalt beizutragen. Ihr Vater, ein Weber, war Alkoholiker, die Mutter war nach der Geburt von 15 Kindern früh gealtert. In den 1880er Jahren schloss sich P.

der Sozialdemokratischen Partei Österreichs (SPÖ) an und hielt 17-jährig auf einer Parteiversammlung ihre erste flammende Rede über die unerträgliche Situation der Arbeiterinnen. 1892–1934 war sie Redakteurin der Wiener »Arbeiterinnenzeitung«, die sie mitbegründet hatte. 1902 gründete sie außerdem den »Verein sozialdemokratischer Frauen und Mädchen«. 1918 wurde sie in den Parteivorstand der SPÖ und in den Wiener Gemeinderat gewählt, 1919–34 war sie Mitglied des österreichischen Parlaments. Zeit ihres Lebens kämpfte P. für die Rechte der Frauen, für eine Verbesserung der Situation der Arbeiterinnen und Dienstmädchen, für Wahlrecht sowie für Gleichberechtigung in der Ehe.

Mit der anonymen Veröffentlichung ihrer Kindheitserinnerungen »Die Jugendgeschichte einer Arbeiterin« (1909) motivierte sie viele Arbeiterfrauen, sich der Sozialdemokratie anzuschließen. Schon im Erscheinungsjahr wurde das Buch dreimal aufgelegt, es folgten zahlreiche weitere Auflagen und Übersetzungen in viele europäische Sprachen. Zu P.s weiteren Veröffentlichungen zählen »Frauenarbeit in der kapitalistischen Gesellschaft« (1922) und »Der Weg zur Höhe. Die sozialdemokratische Frauenbewegung Österreichs« (1929). Verheiratet war sie seit 1893 mit dem Parteifunktionär Julius P., mit dem sie zwei Kinder hatte.
Lit.: Leitner, T., Fürstin, Dame, Armes Weib, München 1994

Popp, Lucia
Sängerin
12.11.1939 (Uhorská Ves/Slowakei) – 16.11.1993 (München)
Nach der Gesangsausbildung in Bratislava und Prag 1959–63 wurde die Sopranistin von dem Dirigenten H. v. Karajan an die Wiener Staatsoper verpflichtet. Dort debütierte sie als Barbarina in »Die Hochzeit des Figaro« und begeisterte wenige Wochen später als Königin der Nacht in »Die Zauberflöte« Publikum und Kritiker. Danach folgte eine Weltkarriere: P. sang an allen großen Opernhäusern im In- und Ausland und trat bei den Münchner und Salzburger Festspielen auf. Sie sang die bedeutenden Partien aller Mozart-Opern, brillierte aber auch in »Fidelio« und »Der Rosenkavalier«. Neben Koloraturpartien beherrschte sie das lyrische und dramatische Fach und feierte zusätzlich als Lied- und Oratoriensängerin große Erfolge. Sie war mit dem Dirigenten G. Fischer verheiratet.
Lit.: Kesting, J., Die großen Sänger des 20. Jhs., Düsseldorf 1993

Porten, Henny Frieda Ulrike
Schauspielerin
7.1.1890 (Magdeburg) – 15.10.1960 (Berlin)
Schon als Kind stand die Tochter eines Sängers und Regisseurs, die seit 1895 mit ihrer Familie in Berlin lebte, auf der Bühne und trat auch in kleinen Stummfilmrollen auf. Obwohl sie nie eine Schauspielausbildung erhielt, wurde P. ab etwa

1913 zum Publikumsliebling. Sie drehte triviale und anspruchsvolle Filme, insgesamt etwa 200, stellte alle Sparten des filmischen Frauenlebens vom süßen Mädel bis zur aufopferungsvollen Mutter dar und arbeitete mit den berühmtesten Regisseuren und Schauspielern ihrer Zeit zusammen, daunter L. Jessner, E. Lubitsch, E. Jannings und F. Kortner. Zu P.s großen Erfolgen zählen die Filme »Kohlhiesels Töchter« (1920) und »Die Geierwally« (1921). Der expressionistische Film »Hintertreppe« (1921), den sie mit ihrer eigenen Produktionsfirma drehte, die bis 1932 bestand, wurde von der Kritik gelobt, war aber kein Publikumserfolg. Auch als Tonfilmstar war P. im Unterschied zu vielen ihrer Kolleginnen erfolgreich, aber während der NS-Zeit erhielt sie nur wenige Rollen, weil sie sich weigerte, ihren zweiten Mann, den jüdischen Arzt W. v. Kaufmann-Asser, zu verlassen. Das erhoffte Comeback nach Kriegsende gelang ihr nicht. Sie lebte mit ihrem Mann bis 1957 in Ratzeburg und kehrte dann mit ihm nach Berlin zurück.
Lit.: Belach, H., H. P. Der erste deutsche Filmstar 1890–1960, Berlin 1986

Possanner von Ehrenthal, Gabriele
Medizinerin
27.1.1860 (Ofen – heute zu Budapest) – 14.3.1940 (Wien)
Nach der Lehrerinnenausbildung in Wien war P. zunächst als Volksschullehrerin tätig. 1887 bestand sie als Externe die Maturaprüfung, begann mit dem Medizinstudium in Zürich und wurde 1894 promoviert. Drei Jahre später, nach zahlreichen Anträgen, u.a. Bittschreiben an den österreichischen Kaiser, wurde ihr Examen auch in Österreich anerkannt, und P. durfte als erste promovierte Ärztin Österreichs eine

Praxis eröffnen. 1904 wurde sie als erste Frau in die Wiener Ärztekammer aufgenommen, 1928 erhielt sie den Titel einer Medizinalrätin.

Povórina, Alexandra
Malerin
13.2.1885 (St. Petersburg/Russland) – 1963 (Berlin)
Die gebürtige Russin kam durch Vermittlung von M.→Werefkin mit 18 Jahren nach München und studierte an der Kunstschule des Malers F. Hollósy. 1911–13 lebte sie in Paris, leitete dann für ein Jahr Kunstkurse in Wjatka/Russland und ließ sich 1914 in Hamburg nieder. Nach ihrer Heirat mit dem Maler F. Ahlers-Hestermann schloss sich P. dem Hamburger Künstlerkreis an, zu dem auch G.→Wohlwill und A.→Rée gehörten. Von 1918 an war sie regelmäßig an den Ausstellungen der »Hamburger Sezession« beteiligt. Ihre produktivste Phase begann 1928 in Köln. Sie wandte sich dem Kubismus zu, wurde Mitglied der Pariser Gruppe »Abstraction-Création« und war 1932 Mitbegründerin der deutschen »Imaginisten«. 1934 erhielt sie von den Nationalsozialisten Ausstellungsverbot, ihre Bilder wurden z.T. vernichtet. Nach dem Zweiten Weltkrieg arbeitete P. bis 1952 an der Kunstschule in Berlin-Weißensee. 1966 zeigte die Hamburger Kunsthalle eine Retrospektive ihrer Arbeiten.
Lit.: Das verborgene Museum I., Neue Gesellschaft für Bildende Kunst e. V. (Hg.), Berlin 1987

Prellwitz, Gertrud
Schriftstellerin
5.4.1869 (Tilsit – heute Sovetsk/Russland) –
13.9.1942 (Oberhof, Thüringen)
P. arbeitete zunächst als Lehrerin und studierte dann Philosophie und Theologie.
1898 veröffentlichte sie ihr erstes Werk,
die Tragödie »Ödipus oder das Rätsel der
Welt«. In zahlreichen weiteren Dramen,
Gedichten und Essays – sie war bis Anfang
der 30er Jahre literarisch tätig – sowie in
ihrer Vortragsreihe »Der religiöse Mensch
und die moderne Geistesentfaltung« (1905)
vertrat sie die Kantische Weltanschauung
und bekannte sich gleichzeitig zum Christentum. 1930 erschien unter dem Titel
»Lebensanfänge« ihre Autobiografie.

Preradović, Paula von
Dichterin
12.10.1887 (Wien) – 25.5.1951 (ebd.)
Ihre Kindheit verbrachte P. in Pula an der
istrischen Adriaküste und besuchte dann
ein Internat der Englischen Fräulein in St.
Pölten. 1916 heiratete sie den Chefredakteur der Wiener Zeitung »Die Presse« E. H.
Molden. Seit 1929 schrieb sie Gedichte,
u.a. »Südlicher Sommer« (1929) und »Dalmatinische Sonette« (1933), in denen sie
Istrien, das sie als ihre Heimat ansah, ver-
herrlichte. Auch ihr einziger, aber sehr erfolgreicher Roman »Pave und Pero« (1939)
spielt in Kroatien. Da ihr Sohn F. Molden
Mitglied des österreichischen Widerstands
gewesen war, wurden P. und ihr Mann
kurz vor Kriegsende von der Gestapo verhaftet. Nach Gründung der Zweiten Österreichischen Republik verfasste sie den Text
zur Nationalhymne »Land der Berge, Land
am Strome, Land der Dome …«.
Lit.: Molden, E., Portrait einer Dichterin,
Innsbruck 1955

Preuschen, Hermione von (eigtl. Hermine)
Malerin
7.8.1854 (Darmstadt) – 12.12.1918 (Berlin)
Nach dem Malstudium in Karlsruhe richtete sich P. in München ein eigenes Atelier ein. 1882 heiratete sie den Arzt O.
Schmidt, ließ sich kurze Zeit später aber
wieder scheiden und setzte ihr Studium in
Rom und Paris fort. Großes Aufsehen erregte die Künstlerin, die sich »Erfinderin
des historischen Stillebens« nannte, 1887
mit ihrem Bild »Mors Imperator«, das die
Jury der Akademie-Ausstellung in Berlin
wegen Majestätsbeleidigung ablehnte und
das von P. daraufhin selbst ausgestellt
wurde. 1891 heiratete sie den Schriftsteller
K. Telmann, mit dem sie in Italien lebte.
Nach seinem Tod 1897 verbrachte sie mehrere Monate in Kairo und ließ sich dann in
Berlin nieder. 1905–07 unternahm sie mo-
natelange Reisen durch Asien, Afrika und
Amerika. Anschließend begann sie, Kunst-
ausstellungen mit literarischem und musi-
kalischem Rahmenprogramm zu organisieren, die sie ab 1908 in ihrer eigenen Aus-
stellungshalle, dem »Tempio Hermione« in
Berlin-Lichtenrade, abhielt. Zwischen 1888
und 1911 veröffentlichte P. außerdem zahlreiche Novellen, Gedichte und Reiseberichte. 1926 gab ihre Tochter H. Gericke
unter dem Titel »Der Roman meines Lebens
– ein Frauenleben um die Jahrhundertwende« die Erinnerungen ihrer Mutter heraus.
Lit.: Berger, R., Und ich sehe nichts als die
Malerei, Frankfurt a. M. 1987

Probst, Maria, geb. Mayer
Politikerin
1.7.1902 (München) – 1.5.1967 (Bonn)
Nach dem Studium der Germanistik und
Geschichte in Freiburg i. Br., Zürich und

München wurde P. 1930 promoviert und heiratete den bayerischen Landtagsabgeordneten Alfred P. Nach dem Zweiten Weltkrieg, in dem ihr Mann als Soldat gefallen war, arbeitete sie als Lehrerin und als Redakteurin der »Bayerischen Rundschau«. 1946 wurde sie für die Christlich Soziale Union Landtags-, 1949 Bundestagsabgeordnete und 1965 Vizepräsidentin des Bundestags. P., die seit 1958 auch Mitglied des Europäischen Parlaments war, übernahm 1963 die Präsidentschaft der Europäischen Frauenunion.

Prochaska, (Marie Christine) Eleonore
Soldatin
11.3.1785 (Potsdam) – 5.10.1813 (Dannenberg)
Die Tochter eines preußischen Gardeoffiziers wuchs nach dem frühen Tod ihrer Mutter in einem Waisenhaus auf und arbeitete später als Hausangestellte. Die Patriotin begeisterte sich für die Befreiungskriege gegen Napoleon und trat 28-jährig im Sommer 1813 in Männerkleidung unter dem Namen »August Renz« in das 1. Jägerbataillon des Lützow'schen Freikorps ein. Ihre erste Schlacht gegen die französischen Truppen erlebte P. am 17./18. August bei Nauen. Erst nach der tödlichen Verwundung in einem Gefecht in der Göhrde bei Dannenberg am 15. September wurde ihre Identität bekannt. Der Komponist L. van Beethoven widmete ihr einen Trauermarsch.

Proft, Gabriele
Politikerin
20.2.1879 (Troppau – heute Opava/Tschechien) – 6.4.1941 (Bad Ischl)
P. stammte aus einfachen Verhältnissen und kam als Dienstmädchen nach Wien.

1896 trat sie der Sozialdemokratischen Partei Österreichs (SPÖ) und der Gewerkschaft bei. 1919 wurde sie Gemeinderätin in Wien und Mitglied der Konstituierenden Nationalversammlung, und seit 1920 war sie Nationalratsabgeordnete, bis sie 1934 verhaftet wurde. Nach ihrer Freilassung schloss sich P. den Revolutionären Sozialisten an. 1944 wurde sie von den Nationalsozialisten in das Konzentrationslager Lanzendorf deportiert und bis Kriegsende festgehalten. 1945–53 saß sie wieder als Abgeordnete im Nationalrat und war stellvertretende Vorsitzende der SPÖ.

Pross, Helge
Soziologin
14.7.1927 (Düsseldorf) – 3.10.1984 (Gießen)
Das Studium der Soziologie, Neuen Geschichte und Literaturgeschichte in Heidelberg schloss P. 1950 mit der Promotion ab. 1952 setzte sie ihre Studien an der Stanford Universität in Kalifornien und 1953–54 an der Columbia Universität in New York fort. Anschließend arbeitete sie als Assistentin am Institut für Sozialforschung in Frankfurt a. M. und habilitierte sich 1963. Im selben Jahr wurde sie Dozentin und ab 1965 ordentliche Professorin an der Universität Gießen. 1976 übernahm sie den Lehrstuhl für Soziologie an der Gesamthochschule Siegen. Schwerpunkte der wissenschaftlichen Arbeit P.s waren gesellschafts- und wirtschaftspolitische Fragen der 60er Jahre sowie die Situation der Frau in Beruf und Gesellschaft. Sie veröffentlichte dazu u.a. »Über die Bildungschancen von Mädchen in der Bundesrepublik« (1969) und »Gleichberechtigung im Beruf?« (1973). 1969–72 gehörte sie der Eherechtskommission des Justizministeriums und 1974–76 der Enquete-Kommission des

Bundestags »Frau und Gesellschaft« an. Seit 1972 war sie in zweiter Ehe mit K. W. Boetticher verheiratet.

Puttkamer, (Anna Lucie Karoline) Alberta von, geb. Weise
Dichterin
5.5.1849 (Glogau – heute Głogów/Polen) – 19.4.1923 (Baden-Baden)
Mit 18 Jahren heiratete P., die aus einer großbürgerlichen schlesischen Familie

stammte, Max von P., der 1871 Staatssekretär in Elsass-Lothringen wurde. In ihrem Salon in Straßburg und mit ihren Veröffentlichungen, u.a. »Aus Vergangenheiten. Ein elsässisches Balladenbuch« (1899) und »Die Ära Manteuffel« (1904), warb die leidenschaftlich deutschnational gesinnte P. im Elsass für die deutsche Kultur. Auch in ihren Dramen und Essays stand das Deutschtum immer im Vordergrund, u.a. in »Kaiser Otto III.«. Von der oberen Gesellschaftsschicht, deren Leben sie in zahlreichen Büchern beschrieb, wurde ihr Werk begeistert aufgenommen.

Puttkamer, Ellinor von
Diplomatin
1910 (Versin – heute Wirszyno/Polen) – 1999 (Bonn)
P. studierte in Köln, Marburg a. d. Lahn, Innsbruck und Berlin Rechtswissenschaft und Geschichte, wurde promoviert und habilitierte sich anschließend. Sie war am Kaiser-Wilhelm-Institut für Völkerrecht in Berlin tätig, an den Universitäten Mainz und Heidelberg, am Rechtsamt des Vereinigten Wirtschaftsgebietes und im Bundesjustizministerium. Seit 1953 war sie Angehörige des Auswärtigen Dienstes der Bundesrepublik und zuständig für Internationale Institutionen. 1963 erhielt P. eine Professur für Verfassungsgeschichte und Osteuropäische Geschichte an der Universität Bonn. 1969 wurde sie Leiterin der deutschen Mission beim Europarat in Straßburg und wurde als erste Frau in Deutschland zur Botschafterin ernannt.

Puttkamer, Gertrud Marie Madeleine von, geb. Günther
(Pse. Marie Madeleine, Sünderin)
Schriftstellerin
4.4.1881 (Eydtkuhnen – heute Tschernyschewskoje, Russland) – 30.9.1944 (Katzenelnbogen, Taunus)
P., die als Frau eines Generalmajors in Berlin lebte, veröffentlichte mit 19 Jahren den schwülstig-erotischen Lyrikband »Auf Kypros«. Er enthielt Gedichte mit Titeln wie »Aus dem Tagebuch einer demi-vierge« und erreichte bis 1911 46 Auflagen. Auch P.s Novellen, unter ihren Pseudonymen veröffentlicht, z.B. »Der süße Rausch« (1916), waren außergewöhnlich erfolgreich. Noch 1977 wurden einige ihrer Werke unter dem Titel »Rote Rose Leidenschaft« wieder aufgelegt. Nach dem Tod ihres Mannes 1914 wurde P. morphiumabhängig und lebte an der Riviera und in Baden-Baden.

Q

Querner, Ursula
Bildhauerin
10.5.1921 (Dresden) – 23.6.1969 (Hamburg)
Nach dem Abitur absolvierte Q. eine Holz-
bildhauerlehre und studierte 1946–49 an
der Landeskunstschule in Hamburg. 1952
erhielt sie den Lichtwark-Preis, ein damit
verbundenes Stipendium erlaubte ihr Studienreisen nach Italien und Frankreich, wo
sie an der Ecole Grande Chaumière Kurse
besuchte. 1959 wurde ihr der Villa-Mas-
simo-Preis, der ihr einen einjährigen Studienaufenthalt in Rom ermöglichte, verliehen. An der italienischen Westküste, in der
Nähe von Ponza, richtete sich die begeisterte Taucherin 1961 ein Sommeratelier
ein, u.a. um Taucher zu beobachten und
ihre schwebenden Körper zu modellieren.
Q.s fragile, lang gestreckte Figuren, die sie
anfangs aus Holz oder Terrakotta, später in
Bronze schuf, sind auf einfache Formen
reduziert. In zahlreichen Arbeiten, z.B. in
der »Orpheus Gruppe« (1957) und der
»Pietà« (1959), setzte sie sich mit dem Tod
auseinander. Noch lange nach ihrem
frühen Tod – Q. starb an Krebs – wurden
ihr zahlreiche Ausstellungen gewidmet.
Seit 1953 war sie mit dem Maler C. Wall-
ner verheiratet, mit dem sie zwei Töchter
hatte.
Lit.: Sello, G., Jörgens-Landrum, H., Die Bildhauerin U. Q., Hamburg 1991

R

Rabinowitsch-Kempner, Lydia,
geb. Rabinowitsch
Bakteriologin
22.8.1871 (Kaunas/Litauen) – 3.8.1935 (Berlin)
1894 wurde R.-K. nach dem Studium der
Naturwissenschaften in Zürich und Bern
promoviert. Anschließend wurde sie die
erste und einzige Schülerin R. Kochs an
dessen Institut für Infektionskrankheiten
in Berlin. Ein Lehrauftrag am Medical Women's College in Philadelphia (1896–99)
und eine Studienreise nach Odessa zur Erforschung der Pest (1902) waren weitere
Stationen ihres Berufslebens. 1903–20 arbeitete R.-K. am Pathologischen Institut
der Klinik Charité in Berlin und wurde
1920 Leiterin des Bakteriologischen Laboratoriums des Berliner Krankenhauses Mo-
abit. Als erste Frau erhielt sie 1912 den ordentlichen preußischen Professorentitel.
R.-K., deren Spezialgebiet die Tuberkulose-
forschung war, gab ab 1913 die »Zeitschrift
für Tuberkulose« und die »Tuberkulose-
Bibliothek« heraus. Außerdem gründete sie
1899 den »Verein zur Gewährung zinsfreier
Darlehen an studierte Frauen«. 1933 wurde
die gebürtige Russin von den Nationalsozialisten aller ihrer Ämter enthoben.

Rantzau-Essberger, Liselotte von,
geb. Essberger
Unternehmerin
9.10.1918 (Kiel) – 21.1.1993
(Mammern/Schweiz)
R.-E.s Vater, der Reeder J. T. Essberger,
hatte 1941 die Deutschen Afrika-Linien,
die größte deutsche Reederei, die den See-
verkehr mit Afrika betrieb, übernommen
und ab 1948 wieder aufgebaut. Nach sei-

nem Tod 1959 leitete R.-E. das Unternehmen, zu dem auch eine Tankschiffreederei gehörte. Sie war langjähriges Präsidiumsmitglied des Verbandes Deutscher Reeder und 1988–90 »Vorsitzende des Afrika-Vereins«, eines Verbandes, der die wirtschaftlichen Beziehungen zwischen Deutschland und Afrika fördert.

Rappard, Clara von
Malerin
19.5.1862 (Wabern b. Bern) – 12.1.1912 (Bern)

R. entstammte einer Hugenottenfamilie, ihre Eltern flohen nach der gescheiterten Revolution von 1848/49 aus Westfalen in die Schweiz. Sie erhielt bereits als Kind Malunterricht, studierte später in Rom, Hannover und Berlin und wurde von den Malern A. Menzel und A. Böcklin künstlerisch beraten. 1889–1900 wurden ihre Bilder auf zahlreichen internationalen Ausstellungen in Deutschland und der Schweiz sowie in Chicago und London gezeigt. In London erhielt sie 1892 und 1900 Auszeichnungen für ihre Werke. R., die vor allem Landschaften und Portraits malte, versah auch das Haus ihrer Eltern in Interlaken mit Fresken und illustrierte Kinderbücher ihrer Mutter. Die meisten ihrer Werke hängen heute im Kunstmuseum in Bern.
Lit.: Coulin, J., C. v. R. Das Leben einer Malerin, Basel 1920

Rappoldi, Laura, geb. Kahrer
Musikerin
14.1.1853 (Mistelbach, Niederösterreich) – 2.8.1925 (Dresden)

Schon im frühen Kindesalter erhielt R. Klavierunterricht und verfasste bereits als Elfjährige eigene Kompositionen. 1866–69

studierte sie am Wiener Konservatorium der Gesellschaft der Musikfreunde, 1870–73 war sie Schülerin des Komponisten und Pianisten F. Liszt in Weimar, und seit 1874 lernte sie bei H. v. Bülow, dem damaligen Direktor der Königlichen Musikschule in München. Nach zahlreichen Konzertreisen ließ sie sich 1886 in Dresden nieder. Dort gab sie ab 1890 am Konservatorium Klavierunterricht und leitete seit 1921 die Meisterklasse für Klavierspiel. Nach der Ernennung zur »Königlich Sächsischen Kammervirtuosin« wurde R. 1911 der Professorentitel verliehen. Verheiratet war sie mit dem Musiker Eduard R., mit dem sie einen Sohn, Adrian, hatte, der ebenfalls Musiker wurde.

Rasche, Thea
Pilotin
12.8.1899 (Unna) – 25.2.1971 (Essen)

Nach dem Besuch einer Töchterschule und einer landwirtschaftlichen Frauenschule wurde R. 1925 Kunstfliegerin und nahm

an zahlreichen Flugwettbewerben teil. 1929 war sie die Siegerin des ersten »Frauen-Luftderbys«, das durch ganz Amerika führte. 1932 erwarb sie als erste Frau in Deutschland den Pilotenschein für Verkehrsmaschinen. 1942 errang sie den 2. Platz im Luftrennen England-Australien, das über 20 000 km führte. R. war Vizepräsidentin der »Women's International Association of Aeronautic« und veröffentlichte ihre Erinnerungen »Start in

Amerika« (1928) sowie »... und über uns die Fliegerei« (1940).

Raschke, Marie
Juristin, Frauenrechtlerin
29.1.1850 (Gaffert b. Stolp – heute Słupsk/Polen) – 15.3.1935 (Berlin)
1880 bestand R. die Lehrerinnenprüfung und unterrichtete in Berlin an einer höheren Mädchenschule. 1896 begann sie in Berlin als Gasthörerin mit dem Studium der Rechtswissenschaften, das sie 1899 in Bern mit der Promotion abschloss. Unter ihrer Leitung schlossen sich 1900 zahlreiche städtische Rechtsschutzstellen, die auf Anregung von M.→Stritt entstanden waren und Frauen unentgeltlich rechtlich berieten, zur »Centralstelle für Rechtsschutz« in Berlin zusammen. 1908 wurde R. Aufsichtsratsvorsitzende der »Frauenbank«, und 1918 gehörte sie zu den Gründerinnen des »Juristinnenbundes«. Außerdem gab sie die »Zeitschrift für populäre Rechtskunde« heraus und war Schriftleiterin der Zeitschrift »Frauenkapital«.
Lit.: Weiland, D., Geschichte der Frauenemanzipation in Deutschland und Österreich, Düsseldorf 1983

**Rebay von Ehrenwiesen, Hilla
(eigtl. Hildegard Anna Augusta Elisabeth)**
Malerin, Museumsdirektorin
31.5.1890 (Straßburg) – 27.9.1967 (New York)
Ihre wohlhabende und gebildete Familie ermutigte R., Künstlerin zu werden. Als 19-Jährige ging sie an die Académie Julian nach Paris und setzte dann ihr Studium an der Düsseldorfer Akademie fort. 1912 hatte sie ihre erste Ausstellung im Kölner Kunstverein, 1914 in der »Freien Sezession« in Berlin und 1915 in der Galerie »Der Sturm«. Nachdem R. anfänglich gegen-

ständlich gemalt hatte, setzte sich in ihrer Kunst ab etwa 1917 der abstrakte Stil durch. 1927 wanderte sie in die USA aus und lernte dort den Unternehmer und Kunstsammler S. R. Guggenheim kennen. Sie überzeugte ihn, abstrakte europäische Kunst zu sammeln sowie die »Guggenheim-Foundation« zur Förderung abstrakter Kunst zu gründen, der sie dann als Kuratorin vorstand. Ab 1929 reiste sie mit Guggenheim mehrmals nach Europa, um Bilder zu kaufen. 1939 wurde die Sammlung in einem provisorischen Museum untergebracht, als dessen Direktorin R. den Bau des heutigen Guggenheim-Museums durch den Architekten F. L. Wright einleitete. 1947 reiste sie noch einmal nach Europa, um im Pariser Palais des Beaux Arts die erste große Ausstellung abstrakter Kunst zu organisieren. Nach dem Tod Guggenheims 1949 kam es zwischen R., die weiterhin nur abstrakte Kunst sammeln wollte, und den Treuhändern des Museums, die auch andere Werke des 20. Jhs. ausstellen wollten, zum Streit. 1952 musste sie als Direktorin zurücktreten. Bis kurz vor ihrem Tod hatte R. noch zahlreiche eigene Ausstellungen.
Lit.: Lukach, J. M., H. R.: in search of the spirit of Art, New York 1983

**Recke, Elisa(beth) Charlotte Konstantia von der, geb. Reichsgräfin v. Medem
(Pse. Elisa/e)**
Schriftstellerin
1.6.1754 (Schloss Schönburg b. Mitau – heute Jelgava/Lettland) – 13.4.1833 (Dresden)
Mit 17 Jahren wurde die literarisch gebildete Gutsbesitzerstochter mit dem Baron Georg P. M. v. d. R. verheiratet. Die unglückliche Ehe, aus der ein Kind stammte, wurde 1781 geschieden. Wie viele kurlän-

dische Adlige geriet auch R. unter den Einfluss des Hypnotiseurs und Hochstaplers Cagliostro, von dem sie sich jedoch befreien konnte – angeblich durch die Lektüre von G. E. Lessings »Nathan der Weise«. 1787 veröffentlichte sie die Schrift »Nachricht von des berüchtigten Cagliostro Aufenthalte in Mitau, im Jahre 1779, und von dessen dortigen magischen Operationen«. Auf zahlreichen Reisen, u.a. nach Königsberg und Weimar, durch Italien und Russland, befreundete sich R. mit Dichtern und Gelehrten, darunter J. H. Jung-Stilling und J. K. Lavater, die sie auf dem Gut ihrer Schwester Dorothea, der Herzogin von Kurland, um sich versammelte. Zu ihren Veröffentlichungen zählen neben empfindsamen Gedichten (»Geistliche Lieder«, 1780) auch Reisebeschreibungen, z.B. »Tagebuch einer Reise durch einen Teil Deutschlands und durch Italien« (1815–17).

Rée, Anita
Malerin
9.2.1885 (Hamburg) – 15.12.1933
(Kampen, Sylt)
R. stammte aus einer jüdischen Kaufmannsfamilie, wurde jedoch protestantisch erzogen. 1904 begann sie mit dem Malstudium bei A. Siebelist in Hamburg. Nach mehreren Studienaufenthalten in Paris, wo sie u.a. bei F. Léger Aktzeichnen lernte, schloss sie sich in Hamburg dem Künstlerkreis um F. Ahlers-Hestermann an, dem auch A.→Povórina und G.→Wohlwill angehörten. Die Künstlerinnen arbeiteten oft am selben Modell und portraitierten sich gegenseitig. 1919 war R. Gründungsmitglied der »Hamburger Sezession«. Nach mehreren erfolgreichen Ausstellungen lebte sie 1922–25 im italienischen Positano und wandte sich der »Neuen Sachlichkeit«

zu, obwohl ihr Werk bis dahin vom französischen Impressionismus bestimmt wurde. Nach ihrer Rückkehr nach Hamburg erhielt die Künstlerin, die hauptsächlich Landschaften und Portraits gemalt hatte, zwei große Wandmalerei-Aufträge, die ihr für kurze Zeit aus finanzieller Not halfen. 1932 zog sie nach Sylt, lebte in ärmlichen Verhältnissen und vereinsamte. Verzweifelt über die politischen und gesellschaftlichen Veränderungen in Deutschland, nahm sie sich das Leben.
Lit.: Bruhns, M., A. R.: Leben und Werk einer Hamburger Malerin 1885–1933, Hamburg 1986

Rehor, Grete (eigtl. Margarethe), geb. Daurer
Politikerin
30.6.1910 (Wien) – 28.1.1987 (ebd.)
Nach dem Besuch einer Handelsschule arbeitete R. als kaufmännische Angestellte. 1927 wurde sie Sekretärin des Zentralverbandes der Christlichen Textilarbeiter. Nach dem Krieg war sie 1949–70 für die Österreichische Volkspartei Abgeordnete im Nationalrat, 1966 wurde sie als erste Frau in Österreich Ministerin. Sie hatte das Ressort Soziale Verwaltung inne. Verheiratet war sie seit 1935 mit dem Gewerkschafter Karl R.

Reichard, (Johanne) Wilhelmine Siegmundine, geb. Schmidt
Ballonfahrerin
2.4.1788 (Braunschweig) – 22.2.1848
(Döhlen b. Dresden)
Seit ihrer Eheschließung 1806 mit dem Buchdrucker J. C. Gottfried R., der ein großer Verehrer der französischen Luftschiffer war, begeisterte sich auch R. für Heißluftballons. 1810 half sie ihrem Mann

bei der Planung und dem Bau seines ersten Ballons, mit dem er in Berlin startete. Am 16. April 1811 unternahm sie selbst als erste deutsche Frau eine Ballonfahrt: 30 Minuten schwebte sie mit einem Ballon von 10.000 Kubikfuß Fassungsvermögen über Berlin. Bis 1820 folgten weitere 17 Luftfahrten, bei denen sie dreimal abstürzte, ohne sich jedoch ernstlich zu verletzen. Das Ehepaar R., das acht Kinder hatte, verdiente mit seinen Luftreisen, die als Attraktion für zahlende Zuschauer galten, genug Geld, um 1821 eine chemische Fabrik aufzubauen. Nach dem Tod ihres Mannes 1844 leitete R. das Unternehmen noch vier Jahre.

Lit.: Monjau, H., W. R. – erste deutsche Ballonfahrerin 1788 bis 1848, Düsseldorf 1998

Reiche, Maria
Forscherin
1903 (Dresden) – 8.6.1998 (Lima)

Als 29-Jährige reiste die abenteuerlustige R. nach Peru, um dort die Kinder des deutschen Konsuls zu unterrichten. Der amerikanische Wissenschaftler P. Kosok zeigte ihr 1941 Erdzeichnungen von riesigen Ausmaßen in der Wüstenebene zwischen Nazca und Palpa im Süden Perus, die nur aus der Höhe vollständig zu erkennen waren. R. legte in jahrelanger Arbeit die teilweise verschütteten Linien und Tierzeichnungen frei, zeichnete sie auf und deutete sie als Hilfsmittel zur Gestirnsbeobachtung, als astronomische Kalender sowie als Totem- oder Sternbilder. Ihre Untersuchungen veröffentlichte sie in der Schrift »Geheimnis der Wüste. Vorbericht für eine wissenschaftliche Deutung der vorgeschichtlichen Bodenzeichnungen von Nazca, Peru« (5)1985.

Reichmann, Eva Gabriele, geb. Jungmann
Historikerin
16.1.1897 (Lublinitz – heute Lubliniec/Polen) – 15.9.1998 (London)

Seit 1917 studierte R. in Breslau, München, Berlin und Heidelberg Nationalökonomie und wurde 1921 promoviert. Nach mehreren Jahren in der Industrie wurde sie 1924 kulturpolitische Referentin des »Central Vereins deutscher Staatsbürger jüdischen Glaubens«, einer Organisation national gesinnter Juden. 1933–38 gab sie die Kulturzeitschrift des Vereins »Der Morgen« heraus. Mit ihrem Mann Hans R. emigrierte sie 1939 nach London und engagierte sich dort in der jüdischen Gemeinde. 1942/43 arbeitete sie für den Abhördienst der BBC und begann 1943 mit einem Zweitstudium an der London School of Economics, das sie 1945 ebenfalls mit der Promotion abschloss. Ihre Dissertation »Hostages of Civilization. The Social Sources of National-Socialist Antisemitism«, die 1956 unter dem deutschen Titel »Flucht in den Hass« erschien, ist ihre bekannteste Veröffentlichung. R., die in London u.a. als Vorstandsmitglied des Leo Baeck Instituts tätig war, setzte sich nach Kriegsende engagiert für den Dialog zwischen Juden und Deutschen, für Toleranz und Versöhnung ein. Sie erhielt zahlreiche Ehrungen, darunter das Große Bundesverdienstkreuz, die Buber-Rosenzweig-Medaille und den Moses-Mendelssohn-Preis.

Lit.: Dick, J., Sassenberg, M. (Hgg.), Jüdische Frauen im 19. und 20. Jh., Reinbek 1993

Reicke, Ilse
Schriftstellerin
4.7.1893 (Berlin) – 14.1.1989 (Fürth)
R., deren Vater Bürgermeister von Berlin war, studierte Philosophie, Geschichte und Germanistik in Berlin, Heidelberg und Greifswald, wurde 1915 promoviert und war anschließend als Dozentin an der Lessing-Hochschule in Berlin tätig. Während des Ersten Weltkriegs arbeitete sie auch als Kriegsberichterstatterin. 1919–21 war sie Schriftleiterin der »Neuen Frauen-Zeitung«, die als erste Frauenzeitung täglich erschien. R. veröffentlichte Gedichte, Essays und Romane, in denen sie sich mit der Frauenbewegung und der Jugenderziehung auseinander setzte. Außerdem schrieb sie Biografien bedeutender Frauengestalten, u.a. die B. v.→Suttners (1952). Zu ihren Hauptwerken zählt »Die großen Frauen der Weimarer Republik« (1984). Seit 1915 war sie mit dem Schriftsteller H. v. Hülsen verheiratet.

Reimann, Brigitte
Schriftstellerin
21.7.1933 (Burg b. Magdeburg) – 20.2.1973 (Berlin)
Nach verschiedenen beruflichen Tätigkeiten, u.a. als Lehrerin, war die Tochter eines Journalisten als freie Schriftstellerin tätig. Sie trat der SED bei und wurde 1956 in den Schriftstellerverband der DDR aufgenommen. 1960 zog R., dem so genannten »Bitterfelder Weg«, der Annäherung der Schriftsteller an die Arbeitswelt, entsprechend, in die Industriestadt Hoyerswerda, 1966 ließ sie sich in Neu-Brandenburg nieder. Ihre frühen Arbeiten, z.B. »Die Frau am Pranger« (1956), gelten als typische Beispiele sozialistischer »Ankunftsliteratur«. In dem Buch »Die Geschwister« (1963)

setzte sie sich mit der Republikflucht auseinander. Ihr postum publizierter Roman mit dem Titel »Franziska Linkerhand« (1974) wurde in der DDR zum Kultbuch und war bald vergriffen. Unter den Titeln »Ich bedaure nichts« und »Alles schmeckt nach Abschied« wurden 1998 ihre Tagebücher aus den Jahren 1955–70 veröffentlicht. R. war viermal verheiratet, u.a. mit dem Schriftsteller S. Pitschmann. Sie starb an Krebs.
Lit.: Gottlieb, M., ... als wär jeder Tag der letzte – B. R., München 1999

Reiniger, Lotte
Filmkünstlerin
2.6.1899 (Berlin) – 19.6.1981 (Dettenhausen b. Tübingen)
Nach dem Besuch der Max-Reinhardt-Schauspielschule wandte sich R. dem Filmen zu. Angeregt durch das chinesische Schattenrisstheater, entwickelte sie die Technik der so genannten Silhouettenfilme. Sie fertigte Figuren aus Pappe und Blei, machte ihre Glieder durch Drähte beweglich, legte sie

auf eine von unten beleuchtete Glasplatte und fotografierte sie mit einer darüber aufgehängten Kamera. Für eine Bewegung von einer Sekunde Spieldauer benötigte sie 24 Aufnahmen. Ihr erster Kurzfilm »Das Ornament des verliebten Herzens« entstand 1919. Das Märchen »Die Abenteuer des Prinzen Achmed« (1923–26) war der erste lange Zeichentrickfilm der Filmgeschichte. 1935–39 lebte R. in London und anschließend bis

1945 in Rom. Nach vierjährigem Aufenthalt in Berlin kehrte sie 1949 nach London zurück. Bei den Filmfestspielen von Venedig 1955 erhielt sie für den Kurzfilm »Das tapfere Schneiderlein« einen ersten Preis. Ende der 60er Jahre wurden ihre Filme wieder entdeckt und begeistert gefeiert. Über ihre Filmtechnik und ihre Arbeit veröffentlichte sie 1970 die Abhandlung »Shadow Theatres and Shadow Films«. R. war mit dem Filmautor und Regisseur C. Koch verheiratet.

Reining, Maria
Sängerin
7.8.1903 (Wien) – 11.3.1991 (Deggendorf)
Ausgebildet als Bankangestellte, begann R. 1928 mit dem Gesangsunterricht und debütierte 1931 an der Wiener Staatsoper. Es folgten Engagements in Darmstadt und München, bis sie 1937 nach Wien zurückkehrte. Die Sopranistin, die vor allem als Strauss-Interpretin gefeiert wurde – eine ihrer Glanzrollen war die Marschallin in »Der Rosenkavalier« –, gab zahlreiche internationale Gastspiele und trat 1937–53 regelmäßig bei den Salzburger Festspielen auf. 1962–72 unterrichtete sie Gesang am Salzburger Mozarteum. R. wurde zum Ehrenmitglied der Wiener Staatsoper ernannt.

Reiske, Ernestine Christine, geb. Müller
2.4.1735 (Kemberg b. Wittenberg) – 27.7.1798 (ebd.)
Im elterlichen Pastorenhaus erhielt R. eine umfassende Bildung. Nach dem Tod ihres Vaters um 1749 musste sie mit Näharbeiten zum Unterhalt der Familie beitragen. Mit fast 30 Jahren heiratete sie den 48-jährigen Orientalisten Johann Jakob R., der sie in Griechisch, Latein und Islamkunde unterrichtete und sie zu seiner Mitarbeite-

rin ausbildete. Sie half ihm bei Übersetzungen und war während der gemeinsamen zehn Ehejahre an jeder seiner wissenschaftlichen Ausgaben beteiligt. Nach seinem Tod 1774 übergab sie seinen Nachlass an den Dichter G. E. Lessing, mit dem sie eine enge Freundschaft verband, die allerdings nicht zu der von R. erhofften Eheschließung führte. Stattdessen zog sie mit einem 20 Jahre jüngeren Lebensgefährten auf ein Gut bei Braunschweig, publizierte – finanziell sehr erfolgreich – Neuausgaben der Werke ihres Mannes und veröffentlichte Jahre nach seinem Tod seine Autobiografie. Als ihr Freund eine jüngere Frau heiratete, zog sich die wohlhabende R. in ihren Geburtsort zurück.
Lit.: Bennholt-Thomsen, A., Guzzoni, A., Gelehrsamkeit und Leidenschaft. Das Leben der E. R., München 1992

Reitsch, Hanna
Pilotin
29.3.1912 (Hirschberg – heute Jelenia Gora/Polen) – 24.8.1979 (Frankfurt a. M.)
Nach dem Abitur 1931 besuchte die Tochter eines Augenarztes die Koloniale Frauenschule in Rendsburg und begann auf Wunsch ihrer Eltern 1932 mit dem Medizinstudium in Berlin, das sie später in Kiel fortsetzte. Gleichzeitig erwarb sie den Segel- und Motorflugschein und stellte einen Dauersegelflug-  rekord von $5\frac{1}{2}$ Stunden auf. 1933 unterbrach R. ihr Studium und arbeitete als Fluglehrerin. Für die Teilnahme an einer Segelflugexpedition durch

Brasilien und Argentinien gab sie 1934 ihr Studium endgültig auf. Im selben Jahr wurde sie Testpilotin bei der Deutschen Forschungsanstalt für Segelflug in Darmstadt, erwarb 1935 den Pilotenschein für Verkehrsmaschinen und wurde 1937 der weltweit erste weibliche Flugkapitän. Als Versuchspilotin bei der Flugerprobungsstelle der Luftwaffe erhielt sie als erste und einzige Frau das Eiserne Kreuz I. Klasse. R. nahm außerdem erfolgreich an vielen Segelflugwettbewerben teil und erzielte fast alle Frauen-Segelflug-Weltrekorde. Ab Mai 1945 verbrachte sie 15 Monate in amerikanischer Gefangenschaft. Anschließend setzte sie ihre Karriere als Fliegerin fort und war ab 1954 bei der Deutschen Versuchsanstalt für Luftfahrt tätig. 1962–66 leitete sie ihre eigene Segelflugschule in Ghana und schilderte ihre Erlebnisse in dem Buch »Ich flog für Kwame Nkrumah« (1968). Unter den Titeln »Fliegen – mein Leben« (1951) und »Das Unzerstörbare in meinem Leben« (1975) veröffentlichte R. ihre Lebenserinnerungen. 1978 erschien ihr heftig kritisiertes Buch »Höhen und Tiefen«, in dem sich die erfolgreichste deutsche Fliegerin, die u.a. 1972 von der amerikanischen Fliegervereinigung zum »Pilot of the Year« ernannt wurde, zu ihrer loyalen Haltung gegenüber dem NS-Regime und seinen Führern bekannte.

Remak, Fanny
Malerin
9.7.1883 (Berlin) – 1970 (London)
Ihre künstlerische Ausbildung erhielt R. an der Zeichen- und Malschule des Verbands der Berliner Künstlerinnen, in Paris und an der Kunstgewerbeschule in München. 1921 wurde sie Mitglied der »Freien Secession« in Berlin und erteilte ab 1931 Unterricht im Malen und Zeichnen. Die Künstlerin, die vor allem Portraits, Landschaften und Stadtansichten malte, gehörte ab 1927 zum Präsidium des Verbands der Berliner Künstlerinnen und war 1928–33 dessen Vorsitzende. 1933 erhielt sie von den Nationalsozialisten Berufsverbot und emigrierte 1939 nach England. 1944–50 gab sie in Cambridge Malunterricht.

Rethberg, Elisabeth (eigtl. Sättler)
Sängerin
22.9.1894 (Schwarzenberg, Erzgebirge) – 6.6.1976 (Yorktown Heights b. New York)
Nach dem Klavier- und Gesangsstudium am Dresdner Konservatorium debütierte R. 1915 als Arsena in »Der Zigeunerbaron« an der Dresdner Hofoper. Dort war sie bis 1927 Ensemblemitglied und sang 106 Partien. 1920 verzauberte sie das Publikum zum ersten Mal als Aida – für viele Jahre ihre Glanzrolle. Seit 1922 trat die Sopranistin an der Metropolitan Opera in New York auf und feierte dort als einzige deutsche Sängerin mit deutschem und italienischem Repertoire triumphale Erfolge. Bis 1942 sang sie an der Met 30 Partien in 270 Aufführungen. Sie gab Gastspiele an allen großen europäischen und amerikanischen Opernhäusern und brillierte auch als Konzertsängerin. 1929 erhielt R. die Goldmedaille der »New York Guild of Vocal Teachers« als »vollkommenste Gesangskünstlerin der Welt«.
Lit.: Kesting, J., Die großen Sänger des 20. Jhs., Düsseldorf 1993

Rettich, Julie, geb. Gley
Schauspielerin
17.4.1809 (Hamburg) – 11.4.1866 (Wien)
1825 debütierte R. am Dresdner Hoftheater. Es folgten Auftritte in Prag, Hamburg und

in Wien, wo sie als Gretchen in »Faust« begeistert gefeiert wurde. Seit 1830 war sie Ensemblemitglied des Wiener Burgtheaters. Dort galt sie neben S.→Schröder und C.→Wolter als bedeutendste Darstellerin des Jahrhunderts und wurde 1835 zum Burgtheatermitglied auf Lebenszeit ernannt. In ihrem Salon trafen sich u.a. die Schriftsteller A. Stifter, F. Hebbel und F. Grillparzer.

Reuss-Belce, Luise, geb. Baumann

Sängerin, Regisseurin
24.10.1862 (Wien) – 5.3.1945 (Aichach b. Augsburg)
Die Sopranistin debütierte 1881 als Elsa in »Lohengrin« in Karlsruhe. Es folgten Engagements in München, Wiesbaden und

Dresden. 1882–1912 trat R.-B. bei den Bayreuther Festspielen auf und wurde u.a. als Fricka gefeiert. Außerdem sang sie an der Londoner Covent Garden Opera und 1901–03 an der Metropolitan Opera in New York. Nach ihrem Rücktritt von der Bühne war R.-B. seit 1912 als Gesangspädagogin tätig und wirkte 1916–33 als Regisseurin an der Deutschen Oper in Berlin. Verheiratet war sie mit Franz R.-B.

Reuter, Gabriele

Schriftstellerin
8.2.1859 (Alexandria/Ägypten) – 16.11.1941 (Weimar)
Die Kaufmannstochter wuchs in Ägypten und Deutschland auf. Nach dem Tod des Vaters 1872 zog sie mit der pflegebedürftigen Mutter in die Nähe von Magdeburg, später lebte sie vorwiegend in Weimar. Bereits 1875 veröffentlichte die »Magdeburger Zeitung« ihre »Ägyptischen Erinnerungsblätter«. In München lernte R. 1889 den Schriftsteller H. Ibsen kennen, dessen Werk sie nachhaltig beeindruckte. 1895–99, bei mehreren Aufenthalten in München, verkehrte sie im Kreis der »Freien Bühne«, einer naturalistischen Literatengruppe. Ihren ersten großen Erfolg hatte sie 1895 mit dem Roman »Aus guter Familie. Leidensgeschichte eines Mädchens«. R., die der bürgerlichen Frauenbewegung nahe stand, veröffentlichte zahlreiche Romane und Novellen, in denen sie sich mit Frauenproblemen ihrer Zeit, z.B. nichtehelichen Schwangerschaften, auseinander setzte. Ihre Bücher fanden viele Leser. 1921 erschien ihre Autobiografie »Vom Kinde zum Menschen«.

Reventlow, Franziska Liane Wilhelmine Sophie Auguste Adrienne Gräfin zu

Schriftstellerin
18.5.1871 (Husum) – 27.7.1918 (Muralto, Tessin)
Nach der Pensionierung ihres Vaters als Landrat in Husum zog R. 1889 mit ihrer Familie nach Lübeck. Dort besuchte sie das Lehrerinnenseminar, aber auch heimlich den »Ibsen-Club«, der sie mit Emanzipationsliteratur, z.B. dem Stück »Nora«, bekannt machte. 1893 begann sie in München gegen den Willen ihrer Eltern mit dem Kunststudium. Sie brach mit ihrer Familie und heiratete 1894 in Hamburg den Assessor W. E. Lübke, der ihr ein Jahr ihres Studiums finanzierte. Dennoch verließ sie ihn bald, um wieder unabhängig in München zu leben. 1897 wurde ihr Sohn gebo-

ren, dessen Vater sie nie bekannt gab. Mit Übersetzungen aus dem Französischen bemühte sie sich, den Lebensunterhalt für sich und ihr Kind zu verdienen. Außerdem versuchte sie sich als Malerin, Sängerin und Schauspielerin, führte kurzzeitig ein Milchgeschäft und war als Animierdame tätig. In der Schwabinger Bohème wurde R., die auch literarisch das Recht der Frauen auf freie Liebe forderte (u.a. in »Das Männerphantom der Frau«, 1898), zum Mittelpunkt von Künstlerfesten und Literaturzirkeln. Befreundet war sie u.a. mit dem Dichter R. M. Rilke, liiert u.a. mit dem Philosophen L. Klages, der sie in den Kreis der so genannten »Kosmiker« um den Schriftsteller K. Wolfskehl und den Dichter S. George einführte. Klages ermunterte sie auch zum Schreiben ihres autobiografischen Romans »Ellen Olestjerne«, der 1903 ihr erster schriftstellerischer Erfolg wurde. Nach der Trennung von Klages im selben Jahr entwickelte sich R. zur Schriftstellerin mit großer satirischer Begabung. Mit spitzer Feder schrieb sie über bürgerliche Borniertheit, künstlerische Exzentrik und die arischen Träumereien der »Kosmiker«, z.B. in »Herrn Dames Aufzeichnungen oder Begebenheiten aus einem merkwürdigen Stadtteil« (1913). Seit 1909 lebte sie in der Schweiz. Auf Anregung des Schriftstellerkollegen E. Mühsam heiratete sie einen baltischen Baron – der ihr die Hälfte seines Vermögens nur dafür schenkte, dass er seiner Familie eine standesgemäße Ehefrau präsentieren konnte. Doch R. verlor dieses Vermögen beim Zusammenbruch der Bank, bei der sie das Geld deponiert hatte. Nach einer Operation starb sie fast mittellos. Erst in den 70er Jahren wurden ihre zahlreichen Briefe und Tagebücher herausgegeben.

Lit.: Fritz, H., Die erotische Rebellion. Das Leben der F. G. z. R., Frankfurt a. M. 1980
Kubitschek, B., F. G. z. R. Leben und Werk. Eine Biographie und Auswahl zentraler Texte, München 1998

Rewald, Ruth Gustave
Schriftstellerin
5.6.1906 (Berlin) – 1942 (KZ Auschwitz)
R. studierte nach dem Abitur zunächst Jura, brach das Studium jedoch ab und begann, Kurzgeschichten für Kinder und Jugendliche in sozialdemokratischen Tageszeitungen zu veröffentlichen. 1932 erschien der sehr erfolgreiche Jugendroman »Müllerstraße. Jungens von heute«. Nach der Regierungsübernahme durch die Nationalsozialisten musste die Jüdin, die seit 1929 mit dem Rechtsanwalt H. Schaul verheiratet war, nach Frankreich emigrieren. Ihr 1934 im Exil erschienenes Buch mit dem Titel »Janko. Der Junge aus Mexiko« machte sie auch international bekannt. Im Sommer 1942 wurde R. von der Gestapo verhaftet und in das Konzentrationslager Auschwitz deportiert. Erst 1987 erschien ihr Buch über den Spanischen Bürgerkrieg »Vier spanische Jungen«, das auf einer wahren Begebenheit beruht und das sie bereits 1938 in Paris geschrieben hatte.
Lit.: Krüger, D., Die deutsch-jüdische Kinder- und Jugendbuchautorin R. R. und die Kinder- und Jugendbuchliteratur im Exil, Frankfurt a. M. 1990

Reyländer, Ottilie
Malerin
19.10.1882 (Wesselburen, Holstein) – 1965 (Berlin)
Seit 1898 nahm R. Malunterricht bei F. Mackensen in Worpswede und befreundete sich u.a. mit P.→Modersohn-Becker. Zur

weiteren Ausbildung ging sie nach Paris und Berlin. Seit 1907 lebte sie in München und gehörte dem Kreis um F. v.→Revent-low an. Studienreisen führten sie nach Italien, Spanien und 1910 nach Mexiko, wo sie bis 1927 blieb. Sie setzte ihre künstlerische Arbeit in Berlin fort und erteilte auch Malunterricht. Die Werke R.s, die heute u.a. in der Kunsthalle Bremerhaven hängen, wurden, teilweise gemeinsam mit den Worpsweder Künstlern, bis in die 50er Jahre immer wieder gezeigt.

Lit.: Doppagne, B., O. R. – Stationen einer Malerin, Worpswede 1994

Rhoden, Emmy Henriette Auguste Karoline von (eigtl. Kühne)
Schriftstellerin
15.11.1829 (Magdeburg) – 17.4.1885 (Dresden)
1854 heiratete die Tochter eines Bankiers den Schriftsteller H. Friedrich-Friedrich, mit dem sie zwei Kinder hatte. Sie lebte ab 1867 in Berlin, später in Eisenach und Leipzig und in ihrem letzten Lebensjahr in Dresden. Im »Familienbuch des Österreichischen Lloyd« und in der Berliner Zeitschrift »Victoria« veröffentlichte sie ihre ersten Erzählungen. Ihr erst postum erschienenes Buch »Der Trotzkopf« gehört zu den erfolgreichsten Mädchenbüchern in deutscher Sprache, bis 1897 wurde es 25-mal aufgelegt.

Richter, Elise
Romanistin
2.3.1865 (Wien) – 21.6.1943 (KZ Theresienstadt)
R. erhielt Privatunterricht, war ab 1891 Gasthörerin an der Wiener Universität und legte 1897 als Externe das Abitur ab. 1901 schloss sie ihr Studium der Klassischen Philologie und Germanistik mit der Promotion ab und habilitierte sich 1907 als erste Frau in Österreich für Romanische Philologie. Im selben Jahr erhielt sie an der Universität Wien eine unbezahlte Dozentur. 1921 wurde sie zur außerordentlichen Professorin ernannt und erhielt einen Lehrauftrag für Romanische Sprachwissenschaften, Literatur und Phonetik. 1922 gründete sie den »Verband der akademischen Frauen Österreichs«, dessen Vorsitzende sie bis 1930 blieb. R. forschte hauptsächlich auf dem Gebiet der Sprachwissenschaften, wobei sie die Psychologie zum Verständnis sprachlicher Vorgänge hinzuzog, und veröffentlichte u.a. »Die Entwicklung der Phonologie« (1930). 1938 wurde ihr als Jüdin die Lehrerlaubnis entzogen, 1943 wurde sie in das Konzentrationslager Theresienstadt deportiert.

Richter, Liselotte
Philosophin
7.6.1906 (Berlin) – 16.1.1968 (ebd.)
Ihre Kindheit verbrachte die Tochter eines Bankangestellten in Ruhleben. 1928 begann sie mit dem Studium der Philosophie, Geschichte, Germanistik und Theologie in Berlin, Freiburg i. Br. und Marburg a. d. Lahn und wurde 1932 promoviert. Wegen ihrer Mitgliedschaft in einer kommunistischen Studentengruppe wurde R. 1933 für kurze Zeit verhaftet. Ab 1936 arbeitete sie als wissenschaftliche Mitarbeiterin an der Leibniz-Ausgabe der Preußischen Akademie der Wissenschaften mit. 1946 habilitierte sie sich und wurde 1947 an der Humboldt-Universität zur ersten Professorin für Philosophie in Deutschland ernannt. 1951 wurde sie auch im Fach Theologie promoviert und lehrte anschließend als Professorin an der Theologischen Fakultät.

Lit.: Wenzel, C., Von der Leidenschaftlichkeit des Religiösen. Leben und Werk der L. R. (1906–1968), Köln 1999

Richter, Trude (eigtl. Erna Barnick)
Literaturwissenschaftlerin
19.11.1899 (Magdeburg) – 4.1.1989 (Leipzig)
Nach dem Studium der Philosophie, Germanistik und Theologie in Berlin und Frankfurt a. M. wurde R. 1924 promoviert und war als Lehrerin tätig. 1931 trat sie der KPD bei und wurde 1932 Erste Sekretärin des »Bundes proletarisch-revolutionärer Schriftsteller«. Mit ihrem Lebensgefährten H. Günther emigrierte sie 1934 in die Sowjetunion und stellte dort ihre Habilitationschrift fertig. 1936 wurde sie verhaftet und in ein Arbeitslager deportiert. Seit ihrer Entlassung 1956 lehrte sie am Johannes-R.-Becher-Literaturinstitut in Leipzig. 1987 wurde R. als Ehrenmitglied in den Vorstand des Schriftstellerverbandes der DDR aufgenommen. Der erste Teil ihrer Lebenserinnerungen »Die Plakette« erschien 1972, die Gesamtausgabe »Totgesagt« postum 1989.

Rittmeyer-Iselin, Dora Julia
Musikwissenschaftlerin
6.3.1902 (Basel) – 8.8.1974 (St. Gallen)
Nach dem Studium der Musikwissenschaften sowie der Französischen und Englischen Philologie in Basel, München und Berlin wurde R.-I. 1928 promoviert. 1929 zog sie nach St. Gallen und schrieb dort bis 1936 für die Zeitschrift »Garbe« musikwissenschaftliche Beiträge. Anschließend war sie Dozentin für Musikwissenschaften an der Handelshochschule St. Gallen. 1931 schloss sie sich der Schweizer Frauenbewegung an, war Mitbegründerin des »Schweizer Verbandes der Akademikerinnen« und

1959–65 Präsidentin des »Bundes Schweizer Frauenorganisationen«. R.-I., die 1961 auch das »Centre européen du conseil international des femmes« (CECIF) mitbegründete, nahm als dessen Delegierte seit 1969 an den Sitzungen des Europarats in Straßburg teil.

Roeder, Emy (eigtl. Emilie)
Bildhauerin
30.1.1890 (Würzburg) – 7.2.1971 (Mainz)
R. absolvierte eine zweijährige Lehre bei einem Steinbildhauer in Würzburg und begann 1910 mit dem Kunststudium in München, das sie jedoch nach einem Jahr abbrach. Seit 1910 nahm sie Unterricht bei dem Bildhauer B. Hoetgers in Darmstadt. 1915 zog sie nach Berlin, trat 1918 der »Neuen Secession« bei und war 1919 Gründungsmitglied der »Novembergruppe«. Als Meisterschülerin des Bildhauers H. Lederer bildete sie sich 1920–25 an der Kunstakademie weiter. Mit dem Bildhauer H. Garbe, mit dem sie seit 1920 verheiratet war, reiste sie nach 1933 nach Paris und Rom und lebte ab 1937, als ihr der Villa-Romana-Preis verliehen worden war, in Florenz und Rom. Damit entzog sie sich der nationalsozialistischen Kulturpolitik. Ihre Skulptur »Die Schwangere« (1919) wurde 1937 in der Ausstellung »Entartete Kunst« gezeigt. 1944–45 war R. in Salerno interniert und kehrte 1949 nach Deutschland zurück. Sie ließ sich in Mainz nieder und unterrichtete dort 1950–53 an der Landeskunstschule. R., die eine der ersten deutschen Bildhauerinnen war, schuf vor allem Mädchenköpfe und -büsten, darunter zahlreiche Portraitbüsten, z.B. von L.→Meitner, sowie Tierskulpturen. Ihr Werk gilt als wichtiger Beitrag zur expressionistischen Plastik. Sie erhielt zahlreiche Auszeichnungen, darunter

den Preis der Preußischen Akademie (1920) und das Große Bundesverdienstkreuz. 1962 wurde R. Ehrenbürgerin der Stadt Mainz.

Lit.: Muth, H., E.R. 1890–1971. Eine Bildhauerin aus Würzburg, Würzburg 1978

Roederstein, Ottilie Wilhelmine
Malerin
22.4.1859 (Zürich) – 26.11.1937 (Hofheim, Taunus)

Nach dem Kunststudium in Zürich, Berlin und Paris ließ sich R. in Hofheim nieder. Dort wurde sie mit ihren meisterhaften Portraits, Genrebildern und Landschaften schnell berühmt. Studienreisen führten sie nach Italien, Spanien und Afrika. 1882 hielt sie sich für längere Zeit in Paris auf und gehörte dort zum Freundeskreis von K.→Kollwitz. R., die neben L.→Breslau als die bedeutendste Schweizer Malerin ihrer Zeit gilt, erhielt zahlreiche Auszeichnungen, darunter 1929 die Ehrenplakette der Stadt Frankfurt a. M.

Lit.: Kunstverein Hofheim, Katalog O. W. R. 1859–1937 – Eine Malerin in Hofheim, Hofheim 1980

Rösler, Louise
Malerin
10.4.1907 (Berlin) – 26.6.1993 (ebd.)

Bereits als 16-Jährige besuchte die Tochter eines Malers und einer Malerin in München eine private Kunstschule. 1925–27 studierte sie an der Hochschule für Bildende Künste in Berlin und anschließend bis 1930 in Paris, u.a. bei F. Léger an der Académie Moderne. Von 1930 an unternahm sie Studienreisen nach Südfrankreich, Spanien und Italien. R. nahm mehrfach an den Ausstellungen der Berliner Künstlervereinigung »Secession« sowie der

Akademie der Künste teil. Während der NS-Zeit wurde ihre erste Einzelausstellung 1938 in einer Galerie von der so genannten Reichskulturkammer geschlossen. Sie erhielt Ausstellungsverbot und ein Jahr später sogar Mal- und Farbenverbot. 1943 wurden ihr Atelier und viele ihrer Bilder durch einen Bombenangriff zerstört. Bis 1959 lebte sie in Königstein im Taunus und kehrte dann nach Berlin zurück. R. malte zunächst gegenständliche Stadtlandschaften in trüben, meist dunklen Farben, ab Mitte der 40er Jahre abstrakt in helleren Tönen, und fertigte Collagen an. Verheiratet war sie mit dem Maler W. Kröhnke, mit dem sie eine Tochter hatte.

Lit.: Das Verborgene Museum I., Neue Gesellschaft für Bildende Kunst e. V. (Hg.), Berlin 1987

Roten, Iris von, geb. Meyer
Frauenrechtlerin
2.4.1917 (Basel) – 11.9.1990 (ebd.)

Nach dem Jurastudium in Bern, Genf und Zürich, das sie 1941 mit der Promotion abschloss, arbeitete die Enkelin von M. v. →Salis-Marschlins als Journalistin. 1946 erwarb sie das Anwaltspatent und wurde die erste Anwältin im Kanton Wallis. 1957 erstritt R. mit ihrem Mann, dem Juristen und Politiker Peter v. R., mit dem sie eine Tochter hatte, für die Frauen von Unterbäch im Wallis – als erste Frauen in der Schweiz – das kommunale Wahlrecht. Ihr Buch »Frauen im Laufgitter. Offene Worte zur Stellung der Frau« löste 1958 einen Skandal aus. Die Publikation zählt heute zu den Standardwerken des internationalen Feminismus, stieß aber zunächst wegen seiner radikal feministischen Position auch bei Frauenorganisationen auf Widerspruch. R. wurde von ihnen fortan geächtet, ihre

Artikel wurden von Zeitschriften und Zeitungen zurückgewiesen. Daraufhin zog sie sich aus der Öffentlichkeit zurück und nahm sich schließlich das Leben.
Lit.: Köchli, Y.-D., Eine Frau kommt zu früh. Das Leben der I. v. R., Zürich 1992

Rotermund, Gerda (eigtl. Rosenthal)
Grafikerin
26.3.1902 (Berlin) – 21.10.1982 (ebd.)
R. besuchte die Kunstgewerbeschule und wurde 1922 Meisterschülerin des Malers und Grafikers E. Orlik in Berlin. Von K.→Kollwitz, an die sie sich stilistisch und thematisch anlehnte, ließ sich die junge Künstlerin beraten. Auf zahlreichen Reisen, die sie zwischen 1926 und 1939 nach Frankreich, Schweden, Italien und Jugoslawien unternahm, entstanden ihre Landschaftszeichnungen, die bereits früh von Museen erworben wurden. 1934 änderte die Nichtjüdin ihren Namen, da sie Repressionen fürchtete. In der Folgezeit wurden ihre Bilder u.a. von NS-Ministerien gekauft, und sie konnte ungestört arbeiten. Nach dem Krieg hielt R. Vorträge an der Volkshochschule Berlin-Wilmersdorf und war 1948–73 dort als Dozentin für Druckgrafik tätig. Sie erfand mehrere neue Drucktechniken, u.a. die Kaleidoskopie, mit der sie vor allem Landschaftsimpressionen schuf. 1940 wurde ihr in Nürnberg der Dürer-Preis verliehen, 1952 erhielt sie den Kunstpreis der Stadt Berlin.
Lit.: Sauer, G., Weström, H., G. R. – Leben und Werk, Berlin 1985

Rothe, Margarethe
Widerstandskämpferin
13.6.1919 (Hamburg) – 15.4.1945
Die Medizinstudentin R. gehörte zu einer Gruppe von Studenten in Hamburg, die entschiedene Gegner der Nationalsozialisten waren. Mit einem Kinderdruckkasten stellte die Gruppe Flugzettel mit Aufrufen zum Sturz des Regimes her und brachte sie in der S-Bahn und in Telefonzellen an. Seit 1942 hatten die Studenten engen Kontakt zu der Münchner Widerstandsgruppe »Weiße Rose« um H. und S.→Scholl. Anfang 1943 wurden 30 Mitglieder der »Weißen Rose Hamburg« verhaftet, darunter auch R. Nach qualvollen Verhören während ihrer zweijährigen Haft starb sie auf dem Transport in das Gefängnis Leipzig-Moisdorf.
Lit.: Elling, H., Frauen im deutschen Widerstand 1933–1945, Frankfurt a. M. 1978

Rotten, Elisabeth
Pädagogin
15.2.1882 (Berlin) – 2.5.1964 (London)
Ihr Philologiestudium schloss R. 1913 mit der Promotion ab. Seit 1914 engagierte sie sich in der Friedensbewegung und setzte sich besonders für Völkerverständigung und eine humanitäre Erziehung ein. 1921 war sie Mitbegründerin des »Weltbundes für Erneuerung der Erziehung« und ab 1922 Mitherausgeberin der internationalen Erziehungsrundschau »Das werdende Zeitalter«. 1933 emigrierte sie in die Schweiz und arbeitete dort für das »Internationale Erziehungsbüro« in Genf, die schweizerische Europahilfe und die »Schweizerspende«. Nach dem Zweiten Weltkrieg war sie im Rahmen der UNESCO u.a. am Aufbau von Kinderdörfern beteiligt.

Rubiner, Fri(e)da, geb. Ichak
Publizistin
28.4.1879 (Marijampole/Litauen) – 21.1.1952 (Kleinmachnow b. Frankfurt a. d. O.)
Als Autodidaktin gelang es der gelernten

Schneiderin, 1900 das Studium der Philologie in Zürich aufzunehmen, das sie 1903 mit der Promotion abschloss. 1906 trat sie der SPD, später der KPD bei. 1918 wurde R. zu einer 18-monatigen Haftstrafe verurteilt, weil sie der gescheiterten Münchner Räterepublik als Mitglied der Verkehrskommission und des Propagandaausschusses angehört hatte. Bis zu ihrer Emigration 1930 in die Sowjetunion schrieb sie für kommunistische Zeitschriften. Nach dem Ende des Zweiten Weltkriegs wurde sie Dekanin der Fakultät für Grundlagen des Marxismus an der SED-Parteihochschule in Berlin. Zu ihren Veröffentlichungen zählt u.a. »Hitlers Worte und Hitlers Taten« (1944). Verheiratet war sie mit dem expressionistischen Schriftsteller Ludwig R.

Ruckstuhl-Thalmessinger, Lotti, geb. Ruckstuhl
Juristin, Frauenrechtlerin
2.5.1901 (Ulm) – 8.6.1988 (Wil, Kt. St. Gallen)
Nach dem Jurastudium in Zürich und der Promotion 1930 trat R.-T. dem »Verband der Akademikerinnen« bei und engagierte sich in der Frauenbewegung. 1933 erhielt sie die Zulassung als Anwältin und wurde Mitglied im »Schweizer Katholischen Frauenbund«, dessen juristische Kommission sie 1948 mitbegründete. R.-T., die sich besonders für die Rechtsgleichheit und die Gleichberechtigung der Frauen sowie deren staatsbürgerliche Schulung einsetzte, wurde 1957 Präsidentin der »Vereinigung für Frauenstimmrecht« in St. Gallen, war 1960–68 Präsidentin des »Schweizer Verbandes für das Frauenstimmrecht« und saß seit 1964 im Vorstand der »International Alliance of Women«. Sie publizierte u.a. »Die Schweizer Frau – ein Chamäleon«

(1976) und »Frauen sprengen Fesseln« (1986).

Rudel-Zeyneck, Olga
Politikerin
28.1.1871 (Olmütz – heute Olomouc/ Tschechien) – 25.8.1948 (Graz)
Durch ihr Engagement in katholischen Frauenorganisationen in Graz, wo sie seit 1911 lebte, fand R.-Z. Kontakt zur Frauenbewegung. Sie setzte sich für das Frauenstimmrecht ein und wurde 1919 als erste Frau Landtagsabgeordnete in der Steiermark für die Christsoziale Partei. 1920 wurde sie in den Nationalrat und 1927 in den Bundesrat gewählt. 1927–28 und 1932 war R. Vorsitzende des Bundesrats, dem sie bis 1937 angehörte. 1925 wurde unter ihrer Mitwirkung das Gesetz über den Unterhaltsanspruch allein erziehender Frauen verabschiedet, das nach ihr »Lex Rudel-Zeyneck« genannt wurde.

Rudolphi, Karoline Christiane Louise
Pädagogin
24.8.1754 (Magdeburg) – 15.4.1811 (Heidelberg)
Nach dem frühen Tod des Vaters, eines Lehrers, musste R. von 1763 an für sich und ihre Mutter den Lebensunterhalt mit Handarbeiten verdienen. Sie bildete sich autodidaktisch und begann schon früh, Gedichte, Lieder und Fabeln zu schreiben, die in literarischen Journalen veröffentlicht wurden und 1781, 1787 und 1796 gesammelt erschienen. Nach jahrelanger Tätigkeit als Erzieherin gründete sie 1785 in Hamburg und Umgebung mehrere Mädchenpensionate und leitete ab 1803 ein Mädchenpensionat in Heidelberg. Ihre Erfahrungen als Lehrerin legte R. in dem Briefroman »Gemälde weiblicher Erzie-

hung« (1807) nieder. Ihre Lebenserinnerungen erschienen 1835 unter dem Titel »Aus meinem Leben«.

Rupp-von Brünneck, (Emmi Agathe Karola Margarete) Wiltraut, geb. v. Brünneck
Juristin
7.8.1912 (Berlin) – 18.8.1977 (Karlsruhe)
Nach dem Studium der Rechtswissenschaften in Berlin, Königsberg, Göttingen und Heidelberg wurde R.-v. B. zum so genannten »Reichsarbeitsdienst« eingezogen und musste 1939–41 als Flugmelderin in der Wehrmacht arbeiten. Danach kehrte sie als wissenschaftliche Angestellte an die Universität Berlin zurück und war ab 1943 im Reichsjustizministerium als Referentin und Regierungsrätin tätig. 1945–46 amtierte sie als Richterin und kam 1947 ins hessische Justizministerium. 1953 zur Ministerialrätin und zehn Jahre darauf zur Ministerialdirigentin in der Hessischen Staatskanzlei befördert, wurde R.-v. B. 1963 zur Richterin in den Ersten Senat des Bundesverfassungsgerichts in Karlsruhe, der für die Wahrung der Grundrechte zuständig ist, gewählt. Ihre gesammelten Schriften erschienen 1983 unter dem Titel »Verfassung und Verantwortung«. Verheiratet war sie mit dem Juristen H. Rupp, ebenfalls Richter am Bundesverfassungsgericht.

Rysanek, Leonie
Sängerin
14.11.1926 (Wien) – 8.3.1998 (ebd.)
1949 debütierte R. in Innsbruck als Agathe in »Der Freischütz«, obwohl sie das Gesangsstudium in Wien noch nicht abgeschlossen hatte. Es folgten Engagements in Saarbrücken und ab 1952 in München. 1954 erhielt sie ein Engagement an der Wiener Staatsoper und gehörte dort über 30 Jahre zum Ensemble. Die lyrische Sopranistin gab zahlreiche in- und ausländische Gastspiele und sang seit 1951 bei den Bayreuther sowie bei den Salzburger Festspielen. Begeistert gefeiert wurde sie als Wagner- und Strauss-Interpretin, u.a. in den Partien der Sieglinde und der Kaiserin in »Die Frau ohne Schatten«. 1959 von der New Yorker Metropolitan Opera für das italienische Fach engagiert, feierte sie einen triumphalen Erfolg, als sie für M. Callas in der Rolle der Lady Macbeth einsprang. R., die seit 1950 mit dem Sänger und Regisseur R. Großmann verheiratet war, hatte ihren letzten Auftritt 1996 als Klytämnestra in Salzburg.
Lit.: Kesting, J., Die großen Sänger des 20. Jhs., Düsseldorf 1993

S

Saalfeld, Martha
Dichterin
15.1.1898 (Landau) – 14.3.1976
(Bad Bergzabern)
Nach dem Studium der Philosophie in Heidelberg, u.a. bei K. Jaspers, veröffentlichte S. 1925 ihre ersten Gedichte in der »Neuen Rundschau«. 1928 heiratete sie den Grafiker W. vom Scheidt und absolvierte Anfang der 30er Jahre eine Apothekerlehre. Nachdem ihr Drama »Beweis für Kleber« noch 1932 erfolgreich in Mannheim aufgeführt worden war, wurden ihre Werke während der NS-Zeit von keinem größeren Verlag mehr angenommen. In den Folgejahren erschienen ihre Gedichte, in denen sie die Natur präzise und anschaulich beschrieb, lediglich in bibliophilen Ausgaben,

illustriert mit Holzschnitten ihres Mannes. Bis Kriegsende arbeitete S. in Apotheken. 1946 wurde ihr Gedichtband »Deutsche Landschaft« veröffentlicht, dem in den 50er und 60er Jahren weitere folgten, darunter »Herbstmond« (1958). S. erhielt u.a. 1953 den Literaturpreis der Akademie der Schönen Künste in München und 1963 den Kunstpreis Rheinland-Pfalz.
Lit.: Roland, B. (Hg.), M. S.: Die Gedichte. Biographischer Anhang von W. vom Scheidt, Blieskastel 1998

Sacher, Anna, geb. Fuchs
Unternehmerin
2.1.1859 (Wien) – 25.2.1930 (ebd.)
1880 heiratete S., deren Vater Metzgermeister war, den Wiener Hotelbesitzer

Eduard S. Nach dem Tod ihres Mannes 1892 übernahm sie die Leitung des Hotels und Restaurants, das noch heute zu den besten in Wien zählt. Unter ihrer Führung wurde das »Sacher« zu einer gesellschaftlichen Institution und gewann zahlreiche Auszeichnungen. 1929 zog sich S., die zahlreiche Preise bei Kochkunstausstellungen erhielt, aus dem Unternehmen zurück.

Sachs, Nelly (eigtl. Leonie)
Dichterin
10.12.1891 (Berlin) – 12.5.1970 (Stockholm)
S., die aus einer jüdischen Fabrikantenfamilie stammte, wuchs in Berlin auf und besuchte bis 1908 Privatschulen. 1907 begann sie einen Briefwechsel mit der von ihr sehr bewunderten schwedischen Schriftstellerin S. Lagerlöf. Als 17-Jährige lernte sie ihre große Liebe kennen, doch ihr Vater verbot ihr die Ehe mit dem geschiedenen Mann. Dennoch dauerte die Beziehung bis Ende der 30er Jahre. 1921 erschien S.s erstes Prosabuch »Legenden und Erzählungen«, und bis Ende der 20er Jahre wurden einige ihrer Gedichte in populären Zeitungen, u.a. in der »Vossischen Zeitung« und im »Berliner Tageblatt«, gedruckt. 1939 wurde sie gemeinsam mit ihrem »Bräutigam« verhaftet und tagelang verhört. Während sie freikam, wurde der Mann, dessen Namen sie nie preisgab, in ein Konzentrationslager deportiert und 1943 ermordet. Auf Vermittlung Lagerlöfs erhielten S. und ihre Mutter 1940 – der Vater war 1930 gestorben – ein Visum für Schweden. Dort übersetzte sie schwedische Lyrik ins Deutsche und veröffentlichte die Gedichtbände »In den Wohnungen des Todes« (1947) und »Sternverdunklung« (1949). Nach dem Tod ihrer Mutter 1950 erlitt sie einen Nervenzusammenbruch und musste bis in die 60er Jahre immer wieder in Nervenkliniken behandelt werden. In Deutschland war S. seit Ende der 50er Jahre mit ihren Werken erfolgreich. Nach

dem Gedichtzyklus »Und niemand weiß weiter« (1957) erschien fast jährlich ein Buch von ihr. Außer Gedichten verfasste S. auch Erzählungen und ein Hörspiel. Sie beschrieb in ihrer gefühlsbetonten, reimlosen Lyrik ohne jegliche Rachegedanken das leidvolle Schicksal des jüdischen Volkes, dabei verwandte sie Stilmittel altjüdischer Quellen sowie christlicher Mystik. Sie erhielt zahlreiche Auszeichnungen, darunter 1960 den Meersburger Droste-Preis, 1961 den von der Stadt Dortmund gestifteten Literaturpreis, der nach ihr – seiner ersten Trägerin – »Nelly-Sachs-Preis« genannt wurde, und 1965 den Friedenspreis des Deutschen Buchhandels. 1966 wurde ihr als erster Frau gemeinsam mit S. J. Agnon der Nobelpreis für Literatur verliehen.

Lit.: Bahr, E., N. S., München 1980
Dinesen, R., N. S. Eine Biographie, Frankfurt a. M. 1992
Fritsch-Vivié, G., N. S., Reinbek 1993

Sack, Erna Dorothea Luise
Sängerin
6.2.1898 (Spandau – heute zu Berlin) – 2.3.1972 (Mainz)
In Prag und Berlin zur Sängerin ausgebildet, begann S. 1928 mit kleinen Rollen an der Berliner Staatsoper. Es folgten Engagements in Bielefeld, Wiesbaden und Breslau. 1935–41 war sie Mitglied des Ensembles der Dresdner Staatsoper und brillierte dort u.a. mit der Partie der Isotta in der Uraufführung von »Die schweigsame Frau«. Bei zahlreichen Gastspielen im In- und Ausland wurde die Koloratursopranistin, deren Stimme die Tonhöhe des viergestrichenen »c« erreichte, begeistert gefeiert. Einen Höhepunkt ihrer Karriere bildete eine Gastspielreise durch Nordamerika 1936. Während des Zweiten Weltkriegs trat S., die den Beinamen »deutsche Nachtigall« erhielt, vorwiegend im neutralen Ausland auf. 1947–52 unternahm sie eine fünfjährige Welttournee.

Lit.: Kutsch, K. J., Riemens, L., Unvergängliche Stimmen, Bern-München 1975

Sänger-Bredt, Irene Reinhild Agnes Elisabeth, geb. Bredt
Physikerin
24.4.1911 (Bonn) – 20.10.1983 (Stuttgart)
1930 begann S.-B. mit dem Studium der Naturwissenschaften in Köln, das sie später in Freiburg i. Br. und Bonn fortsetzte, und wurde 1938 promoviert. Seit 1941 war sie am Raketenflugtechnischen Institut in Trauen in der Lüneburger Heide zusammen mit ihrem späteren Mann E. Sänger tätig, 1942 wechselte sie mit ihm an die Deutsche Forschungsanstalt für Segelflug in Ainring. Nach Kriegsende arbeitete sie in Paris für die französische Luftfahrtforschung, bis sie 1954 die stellvertretende Leitung des Forschungsinstituts für Physik der Strahlenantriebe in Stuttgart übernahm, die sie sechs Jahre innehatte. S.-B. war Vorstandsmitglied der Deutschen Gesellschaft für Raketentechnik und Raumfahrt sowie der Deutschen Gesellschaft für Luft- und Raumfahrt.

Sais, Tatjana, geb. Hofler
Kabarettistin
28.1.1910 (Frankfurt a. M.) – 26.2.1981 (Berlin)
Nach der Ausbildung zur Balletttänzerin und Schauspielerin sowie Engagements in Frankfurt a. M. und Berlin wurde S. 1934 von W. Finck für sein Kabarett »Katakombe« entdeckt, das 1935 verboten wurde. Mit B. Fritz und ihrem späteren Mann G. Neumann gründete sie 1935 das Kabarett »Tatzelwurm« und spielte seit 1937 in den Kabarettrevuen ihres Mannes. 1948–67 war S. Mitglied des Rundfunkkabaretts »Die Insulaner«, und in dem Film »Berliner Ballade« (1948) spielte sie eine Hauptrolle. Seit 1970 war sie mit dem britischen Offizier H. C. Greene verheiratet.

Salis-Marschlins, Meta Barbara Freiin von

Schriftstellerin

1.3.1855 (Schloss Marschlins, Graubünden) – 1. od. 11.3.1929 (Basel)

Bevor sie 1883 mit dem Universitätsstudium begann, war S.-M. als Erzieherin tätig und reiste auf Einladung von M. v. →Meysenbug nach Italien, später nach Deutschland, England und Irland. 1887 wurde sie als erste Frau von der Philosophischen Fakultät der Züricher Universität promoviert. Mit ihren Veröffentlichungen setzte S.-M. sich in den folgenden Jahren engagiert für die Frauenrechtsbewegung ein. 1904 zog sie sich mit ihrer Freundin, der Lyrikerin H. Kym, nach Capri zurück, bis sie 1910 in die Schweiz zurückkehrte. Zu ihrem literarischen Werk zählen neben Gedichten, u.a. »Die Zukunft der Frau. Dichtungen« (1886), auch Romane und Essays. 1897 erschien ihre Studie »Philosoph und Edelmensch. Ein Beitrag zur Charakteristik Friedrich Nietzsches«.

Lit.: Stump, D., Sie töten uns – nicht unsere Ideen. M. v. S.-M. (1855–1929), Schweizer Schriftstellerin und Frauenrechtskämpferin, Thalwil 1986

Salomon, Alice

Frauenrechtlerin

19.4.1872 (Berlin) – 30.8.1948 (New York)

Bereits als junges Mädchen wollte S. Lehrerin werden, doch ihr Vater, ein konservativer jüdischer Kaufmann, verbot ihr die Ausbildung, da sie ihrem Stand nicht entspreche. 1893 trat sie daher in die »Mädchen- und Frauengruppe für soziale Arbeit« in Berlin ein, arbeitete eng mit J.→Schwerin zusammen und übernahm nach deren Tod 1899 die Leitung der Gruppe. Ohne Abitur, mit einer Sondergenehmigung, begann sie 1902 in Berlin als

Gasthörerin mit dem Studium der Nationalökonomie, u.a. bei dem Soziologen M. Weber, und wurde 1906 promoviert. 1900–20 war sie Schriftführerin und stellvertretende Vorsitzende des »Bundes deutscher Frauenvereine« (BDF), ab 1909 Schriftführerin des »Internationalen Frauenbundes« (ICW). S., die als Begründerin des sozialen Frauenberufs in Deutschland gilt, war außerdem 1908 Mitbegründerin und Leiterin der »Sozialen Frauenschule« in Berlin und 1925 Gründerin der »Deutschen Akademie für soziale und pädagogische Frauenberufe«. Als sich der BDF 1920 weigerte, eine Jüdin zur Präsidentin zu wählen, trat sie von allen Ämtern zurück. Neben vielen anderen Ehrungen erhielt S. 1932 von der Berliner Universität die Ehrendoktorwürde für Medizin. 1933 verlor sie alle öffentlichen Ämter, 1937 emigrierte sie in die USA. Dort verdiente sie ihren Lebensunterhalt mit Vorträgen und Zeitungsartikeln zu historischen und aktuellen Themen und nahm 1944 die amerikanische Staatsbürgerschaft an. Ihre bereits 1938 geschriebenen Lebenserinnerungen »Charakter ist Schicksal« erschienen erst 1983.

Lit.: Wieler, J., Erinnerungen eines zerstörten Lebensabends. A. S. während der NS-Zeit (1933–37) und im Exil (1937–48), Darmstadt 1987

Berger, M., A. S. Pionierin der sozialen Arbeit und der Frauenbewegung, Frankfurt a. M. 1997

Salomon, Charlotte
Malerin
16.4.1917 (Berlin) – 10. od. 12.10.1943
(KZ Auschwitz)
S. wuchs in einem kultivierten jüdischen
Elternhaus auf. Nach der Regierungsüber-
nahme durch die Nationalsozialisten muss-
te sie das Gymnasium verlassen und be-
gann ein Studium an der Kunsthochschule.
1938 floh sie zu ihren Großeltern nach
Südfrankreich. Dort malte sie – nach dem
Selbstmord der Großmutter 1940 seelisch
aufgewühlt – ihre Autobiografie mit dem
Titel »Leben – oder Theater?«. Vor ihrer
Festnahme und Deportation nach
Auschwitz 1943, zusammen mit ihrem
Mann A. Nagler, übergab sie die Bilder
ihrem Arzt zur Aufbewahrung. Der Zyklus
von über 1000 Gouachen und Text-
seiten, der häufig mit dem Tagebuch der
A.→Frank verglichen wird, ist das einzige
heute erhaltene Werk S.s. Er befindet sich
im Jüdischen Historischen Museum in Amsterdam und gilt als wichtiges Zeitdoku-
ment.
Lit.: Lindberg-Salomon, P., Mein ›C'est la vie‹-
Leben in einer bewegten Zeit. Der Lebensweg
der jüdischen Künstlerin C. S., Berlin 1992

Sandrart, Susanne Maria von
Radiererin
10.8.1658 (Nürnberg) – 20.12.1716 (ebd.)
Die Tochter des Kupferstechers Jacob v. S.
fertigte schon als junges Mädchen Zeichnungen, später auch Kupferstiche, Radierungen und Holzschnitte an. Ihr Vater förderte ihre außerordentlichen Fähigkeiten
und ließ sie im Lesen und Schreiben unterrichten. Nach ihrer Heirat mit dem Maler
J. P. Auer, mit dem sie zwei Kinder hatte,
stellte S. ihre künstlerische Tätigkeit ein
und nahm sie erst nach seinem Tod 1687

wieder auf. Auch nach ihrer zweiten Heirat
1695 mit dem Buchhändler W. M. Endter,
der sechs Töchter mit in die Ehe brachte,
widmete sie sich überwiegend der Familie.
Trotzdem hinterließ S. ein Werk von mehr
als 300 Radierungen, die größtenteils im
Verlag ihres Vaters erschienen sind.
Lit.: Lessmann, S., S. M. v. S., Hildesheim 1991

Sandrock, Adele
Schauspielerin
19.8.1863 od. 1864 (Rotterdam) – 30.8.1937
(Berlin)
Als S. in Berlin eine Aufführung der Meininger Theatertruppe gesehen hatte,
bemühte sie sich um eine Anstellung bei
diesem Ensemble, wurde aber nur als Sta-
tistin eingestellt. 1879 debütierte sie, ohne
Schauspielunterricht genommen zu haben,
bei der privaten Theatergesellschaft »Ura-

nia« in Berlin,
mit der sie in
mehreren osteu-
ropäischen Städ-
ten Gastspiele
gab. Erst 1889
gelang ihr der
erste Publikums-
und Kritikerer-
folg im Theater
an der Wien als Iza in »Der Fall Clemen-
ceau«. 1895–98 feierte sie am Wiener Hofburgtheater Triumphe als Tragödin und
»erste Heroine«. Sie brillierte u.a. in den
Stücken ihres Liebhabers A. Schnitzler, denen sie zum Durchbruch verhalf, z.B. als
Christine in »Liebelei«. Als S. mit Mitte 30
keine jungen Liebhaberinnenrollen mehr
erhielt, kündigte sie ihren Vertrag. Ab
1905 trat sie am Deutschen Theater in Berlin unter dem Regisseur M. Reinhardt auf,
wegen ihres Alters und ihres inzwischen

überholten schauspielerischen Pathos' war
sie jedoch wenig erfolgreich. Nach Jahren
der Resignation gelang ihr seit 1919 eine
zweite Karriere in etwa 70 Stumm- und
über 80 Tonfilmen als »komische Alte«, u.a.
in »Die englische Heirat« (1934) und »Am-
phitryon« (1935). 1940 erschien postum
ihre Autobiografie »Mein Leben«.
Lit.: Ahlemann, J., Ich bleibe die große Adele.
Die Sandrock, Düsseldorf 1988
Rothe, F., Arthur Schnitzler und A. S. Theater
über Theater, Berlin 1997

Sanzara, Rahel (eigtl. Johanna Bleschke)
Schriftstellerin
9.2.1894 (Jena) – 8.2.1936 (Berlin)
Nach dem Besuch einer höheren Töchterschule, einer Buchbinderlehre und einer
Ausbildung zur Krankenschwester begann
S. 1914, Tanzunterricht zu nehmen. 1918
wurde sie Schauspielschülerin bei O.
Falckenberg in München und nahm ihren
Künstlernamen an. 1919 debütierte sie in
Prag und erhielt 1921 ein Engagement am
Theater in Darmstadt. 1924 zog sie sich
von der Bühne zurück und begann zu
schreiben. Ihr Roman »Das verlorene Kind«
(1926) über den Sexualmord an einem
vierjährigen Mädchen erregte großes Aufsehen, wurde mehrfach aufgelegt und in
elf Sprachen übersetzt. 1927 heiratete S.
den jüdischen Geschäftsmann W. David-
sohn, dem sie jedoch 1933 nicht ins französische Exil folgte, obwohl sie wegen
ihres jüdisch klingenden Künstlernamens
Schreibverbot erhielt. 1936 wurde postum
ihr Roman »Die glückliche Hand« veröffentlicht.
Lit.: Orendi-Hinze, D., R. S. – eine Biographie,
Frankfurt a. M. 1981

Sara
Medizinerin
Um 1385 – 1445
Bei dem jüdischen Arzt Salkmann in
Würzburg lernte S., deren Eltern sie im Lesen und Schreiben unterrichtet hatten, die
Heilmethoden ihrer Zeit. Nach einigen Jahren praktischer und theoretischer Ausbildung wurde sie von einer Kommission des
Würzburger Stadtrates zu Salkmanns offizieller Gehilfin ernannt. Am 2.5.1419 erhielt sie vom Würzburger Bischof Johannes II. als Nachfolgerin Salkmanns die Ernennungsurkunde zur Leibärztin und war
damit die erste jüdische Ärztin in Deutschland. Als der Bischof 1422 die Mitglieder
der jüdischen Gemeinde verhaften ließ und
sie erst gegen Zahlung eines hohen Löse-
geldes freiließ, um auf diese Weise seine
Finanzprobleme zu lösen, stellte S. ihr ge-
samtes erworbenes Vermögen für die Freilassung zur Verfügung und verließ Würzburg.
Lit.: Hoffer, G., Zeit der Heldinnen, München
1999

Schaefer, Oda, geb. Kraus
Schriftstellerin
21.12.1900 (Berlin) – 5.9.1988 (München)
S. studierte zunächst Musik und besuchte
dann die Kunstgewerbeschule in Berlin.
Mit ihrem ersten Mann, dem Maler A.
Schaefer-Ast, lebte sie 1926–31 im schlesischen Liegnitz, wo sie journalistisch tätig
war und in Zeitungen Gedichte veröffentlichte. Nach ihrer Rückkehr nach Berlin
lebte sie mit dem Schriftsteller H. Lange
zusammen, den sie 1933 heiratete. S.
schloss sich dem Kreis um die Literaturzeitschrift »Die Kolonne« an und veröffentlichte Lyrik sowie Erzählungen und Hörspiele. Unter den Titeln »Auch wenn du

träumst, gehen die Uhren« (1970) und »Die leuchtenden Feste über der Trauer« (1976) erschienen ihre Lebenserinnerungen. S., die seit 1950 in München wohnte, erhielt zahlreiche Auszeichnungen, darunter den Preis der Mainzer Akademie der Wissenschaften und den Schwabinger Kunstpreis für Literatur.

Schanz, Frida
Schriftstellerin
16.5.1859 (Dresden) – 17.6.1944 (Bad Warmbrunn – heute Cieplice Śląskie Zdrój/Polen)
Nach der Ausbildung zur Lehrerin in Dresden arbeitete S. für kurze Zeit in diesem Beruf. 1885 heiratete sie den Schriftsteller L. Soyaux, mit dem sie bis 1891 in Leipzig und dann in Berlin lebte. Angeregt durch die Tätigkeit ihres Mannes, begann auch sie, schriftstellerisch tätig zu werden. Sie schrieb überwiegend Kindergedichte und Jugenderzählungen, die hohe Auflagen erzielten. Außerdem gab sie 1895–1904 den Almanach »Junge Mädchen« und bis 1905 das Jahrbuch »Kinderlust« heraus. 1920 erschienen unter dem Titel »Fridel« ihre Jugenderinnerungen.

Schapire, Rose
Kunsthistorikerin
9.9.1874 (Brody/Ukraine) – 1.2.1954 (London)
S. wuchs in einer galizischen Kleinstadt auf. Ihr Studium der Kunstgeschichte absolvierte sie in Zürich, Leipzig, Berlin und Heidelberg und wurde mit einer Arbeit über den Frankfurter Maler J. L. E. Morgenstern (1738–1819) promoviert. Anschließend veröffentlichte sie in Zeitungen kunsthistorische Beiträge, vor allem über zeitgenössische Kunst. Einer ihrer ersten Aufsätze, der 1901 erschien, behandelte den damals umstrittenen Schweizer Maler F. Hodler. Die Künstlergruppe »Die Brücke«, der u.a. E. Nolde, E. Heckel und K. Schmidt-Rottluff angehörten, fand in S. eine begeisterte Fürsprecherin. Sie trat der Künstlergemeinschaft als passives Mitglied bei, hielt Ansprachen bei Ausstellungseröffnungen, veröffentlichte zahlreiche Aufsätze über die Kunst der »Brücke«-Maler und trug erheblich dazu bei, dass ihre Arbeiten verkauft wurden. Besonders setzte sich S. für Schmidt-Rottluff ein und veröffentlichte 1923 das Werkverzeichnis seiner druckgrafischen Blätter. Neben ihrer Arbeit als Kunsthistorikerin übersetzte S., die dreisprachig – Deutsch, Polnisch, Französisch – aufgewachsen war, Werke von E. Zola und H. de Balzac ins Deutsche. 1939 musste die Jüdin nach London emigrieren und hielt auch dort Vorträge und veröffentlichte Aufsätze, vor allem über die »Brücke«-Maler. Sie starb in der Londoner Tate-Gallery, in einem Raum, in dem drei Bilder von Schmidt-Rottluff hingen.

Scharrer, Berta, geb. Vogel
Medizinerin
1.12.1906 (München) – 23.7.1995 (New York)
1930 wurde S. nach dem Studium der Naturwissenschaften in München promoviert. Während ihrer anschließenden Assistentinnentätigkeit am Untersuchungsinstitut der Psychiatrie in München und am Neurologischen Institut in Frankfurt a. M. erarbeitete sie zusammen mit ihrem Mann Ernest Albert S. das für die moderne Neuroendokrinologie grundlegende Konzept der Neurosekretion. 1937 emigrierte S. in die USA und war dort bis 1954 in der medizinischen Forschung an den Universitäten Chicago, Cleveland und Denver sowie am Rockefeller Institut für Medizinische Forschung in New York tätig. 1955 erhielt sie

eine Professur am Albert Einstein College of Medicine in New York, die sie bis 1977 inne hatte. Seit 1972 war sie Mitglied der Deutschen Akademie der Naturforscher Leopoldina.

Schaubert, Else Constanze Wilhelmine von
Anglistin
24.7.1886 (Tomaszew b. Posen – heute Poznań/Polen) – 19.7.1977 (Jugenheim)
Nach dem Studium der Anglistik in Breslau und Freiburg i. Br. wurde S. 1920 promoviert und habilitierte sich 1922 mit der Schrift »Der englische Ursprung von Sir Gawayn and the Greene Knight«. Nach mehreren Jahren als Dozentin ernannte sie die Universität Breslau 1929 zur außerordentlichen Professorin. 1939 wechselte sie an die Universität Posen und war dort bis 1945 als außerplanmäßige Professorin und Vertreterin des Ordinarius tätig. 1946 erhielt S. eine Professur in Göttingen und im selben Jahr eine Professur in Frankfurt a. M., die sie bis 1955 inne hatte. Ihre Lehr- und Forschungsgebiete waren Alt- und Mittelenglische Sprache und Literatur sowie die Shakespeare-Forschung. Zu ihren Veröffentlichungen zählt die »Vollständige Neugestaltung von Heyne-Schückings Beowulf-Ausgabe« (1940).

Schaumann, Ruth
Schriftstellerin, Grafikerin
24.8.1899 (Hamburg) – 13.3.1975 (München)
1918–20 besuchte S. die Kunstgewerbeschule in München. 1920 erschien ihr erster Gedichtband »Die Kathedrale«. Kurz vor ihrer Heirat mit F. Fuchs, dem Redakteur der katholischen Zeitschrift »Hochland«, mit dem sie fünf Kinder hatte, konvertierte sie zum Katholizismus. Neben Gedichten verfasste sie auch Märchen, Novellen, Erzählungen und Romane. Viele ihrer Bücher illustrierte sie selbst. Ihre Lyrik und Prosa sind geprägt von tiefer katholischer Frömmigkeit. S. veröffentlichte zwei Autobiografien: »Amei. Eine Kindheit« (1932) und »Das Arsenal« (1968). 1931 erhielt sie den Dichterpreis der Stadt München. Außerdem war sie als Bildhauerin und Grafikerin tätig, schuf Glasfenster und Mosaiken und entwarf Modelle für die Staatliche Porzellanmanufaktur in Berlin. Auch ihre künstlerischen Werke haben meist religiöse Themen und waren häufig Auftragsarbeiten für Kirchen, u.a. für die Frauen-Friedenskirche in Frankfurt a. M.

Schebest, Agnese
Sängerin
10.2.1813 (Wien) – 22.12.1869 (Stuttgart)
Schon als Kind erhielt S. in Wien eine Gesangsausbildung und wurde mit elf Jahren Chorsängerin an der Dresdner Hofoper. 1833 wurde sie an die Budapester Oper engagiert und brillierte dort u.a. als Agathe in »Der Freischütz«. Die Mezzosopranistin gab gefeierte Gastspiele an allen großen deutschen Bühnen. 1841 reiste sie nach Italien, heiratete den Theologen D. F. Strauß und beendete ihre Opernkarriere. Anschließend war sie als Gesangslehrerin tätig. 1857 veröffentlichte sie ihre Erinnerungen mit dem Titel »Aus dem Leben einer Künstlerin«. Außerdem verfasste sie das Lehrbuch »Rede und Gebärden. Studien über mündlichen Vortrag und plastischen Ausdruck« (1862).

Scheel, Mildred, geb. Wirtz
Medizinerin
31.12.1932 (Köln) – 13.5.1985 (ebd.)
Die Tochter eines Röntgenologen studierte nach dem Abitur Medizin in München, Re-

gensburg und Innsbruck. Nach der Promotion 1956 wurde sie Röntgenfachärztin und spezialisierte sich auf Mammografie. 1969 heiratete sie den damaligen verwitweten Parteivorsitzenden der FDP, Walter S., der 1974 Bundespräsident wurde. Als Bundespräsidentengattin übernahm S. zahlreiche öffentliche Aufgaben. Sie war

Schirmherrin des »Deutschen Komitees für UNICEF«, Vorsitzende des von E.→Heuss-Knapp gegründeten »Müttergenesungswerkes« und Gründerin (1974) sowie Vorsitzende (ab 1979) der »Deutschen Krebshilfe«. Außerdem initiierte sie die »Deutsche Stiftung für Krebsforschung«, die 1982 nach ihr »Dr. M. S.-Stiftung« genannt wurde. Ihr engagiertes Eintreten für Krebsvorsorgeuntersuchungen stieß bei manchen Ärzten auf Kritik, die ihr vorwarfen, falsche Hoffnungen auf Heilungschancen zu erwecken. S. erhielt zahlreiche Ehrungen, darunter den Dag-Hammerskjöld-Preis der Stiftung Pax Mundi, den Lifeline-Preis der amerikanischen Health Foundation, das Große Bundesverdienstkreuz und die Ehrendoktorwürde der Universität von Maryland. Sie starb selbst an einem Krebsleiden und hinterließ drei Kinder.

Scheffler, Erna, geb. Friedenthal

Juristin
21.9.1893 (Breslau – heute Wrocław/Polen) – 22.5.1983 (London)
Nach dem Abitur, das sie 1910 als Externe an einem Jungengymnasium in Ratibor

bestand, studierte S. Rechtswissenschaften in Heidelberg, München, Berlin und Breslau und wurde 1914 promoviert. Zunächst war sie als Anwältin, ab 1916 als Hilfsreferentin in der Zivilverwaltung des von den Deutschen besetzten Belgien tätig. 1921 absolvierte sie das Referendar- und 1925 das Assessorexamen. 1928 wurde sie in den preußischen Justizdienst übernommen und 1932 zur Amtsgerichtsrätin in Berlin-Mitte ernannt. Als so genannte »Halbjüdin« verlor S. 1933 nach der Regierungsübernahme durch die Nationalsozialisten ihr Amt. 1945 wurde sie Landgerichtsdirektorin in Berlin, 1948 Verwaltungsgerichtsdirektorin in Düsseldorf, und 1951 wurde sie als erste Frau in das Bundesverfassungsgericht in Karlsruhe gewählt. Dort gehörte sie, 1959 wieder gewählt, bis 1963 dem 1. Senat an, der für die Wahrung der Grundrechte zuständig ist. Als Verfassungsrichterin setzte sich die parteilose S. engagiert für die Gleichberechtigung ein. Bereits 1950 hatte sie auf dem Deutschen Juristentag in Frankfurt a. M. das viel beachtete Hauptreferat über die nach Art. 117 des Grundgesetzes vorgeschriebene Änderung aller dem Art. 3.2 (»Männer und Frauen sind gleichberechtigt«) entgegenstehenden Gesetze gehalten. Obwohl die Umsetzung ihrer Forderungen nach Gleichberechtigung ein langwieriger Prozess war – erst 1957 brachte z.B. das so genannte »Gleichberechtigungsgesetz« die Anerkennung der Familienarbeit der Frau, noch später erfolgten Änderungen im Sozialrecht –, konnte S. bei ihrer Pensionierung feststellen: »Mit dem Grundgesetz in der Rechtsprechung des Bundesverfassungsgerichts ist in Deutschland die Diskriminierung der Frau im Recht nahezu beseitigt.« Verheiratet war S. in erster Ehe

mit dem Juristen F. Haslacher, mit dem sie eine Tochter hatte. 1945 schloss sie eine zweite Ehe mit dem Juristen Georg S., mit dem sie seit den 30er Jahren befreundet war, den sie jedoch wegen der »Nürnberger Gesetze« nicht früher heiraten durfte.
Lit.: Huffmann, U. u.a. (Hgg.), Frauen in Wissenschaft und Politik, Düsseldorf 1987

Schenk von Stauffenberg, Melitta Gräfin, geb. Schiller
Pilotin
9.1. od. 11.1903 (Krotoszyn/Polen) – 8.4.1945 (b. Straubing)

1927 schloss S. das Physikstudium an der Münchner Technischen Hochschule als Diplom-Ingenieurin ab und wechselte nach einer kurzen Tätigkeit bei der Hamburgischen Schiffbau-Versuchsanstalt zur Deutschen Versuchsanstalt für Luftfahrt. Dort erwarb sie von 1929 an in kurzer Zeit fast alle Flugscheine für Motor- und Segelflugzeuge. 1936 musste S., deren Großvater assimilierter Jude war, das staatliche Unternehmen verlassen und übernahm mathematisch-technische sowie fliegerische Aufgaben bei den Askania-Werken in Berlin. Dazu zählten u.a. die Entwicklung sowie Erprobung von Bombenzielgeräten und Sturzflugvisieren. 1937 von dem nationalsozialistischen Minister H. Göring zum »Flugkapitän« ernannt, war S. während des Zweiten Weltkriegs in der Erprobung von Sturzkampfbombern tätig und führte als Testpilotin mehr als 900 so genannte »Zielstürze« von 5000 m auf 1000 m Höhe durch. 1944 wurde sie mit ihrem Mann, dem Althistoriker Alexander S., mit dem sie seit 1937 verheiratet war, verhaftet, nachdem das Attentat auf Hitler am 20. Juli durch Claus S., den Bruder ihres Mannes, gescheitert war. Auf so genannte »höhere Weisung« kam sie nach sechs Wochen wieder frei, um an ihren Flugversuchen weiterzuarbeiten, aber ihr Mann blieb in Haft. Auf der Suche nach ihm, den sie in einem süddeutschen Lager vermutete, wurde sie kurz vor Kriegsende mit ihrem Flugzeug von einem US-amerikanischen Jagdflieger abgeschossen.
Lit.: Bracke, G., M. Gräfin S. v. S., München 1990

Schepeler-Lette, Anna, geb. Lette
10.12.1827 (Soldin – heute Myślibórz/Polen) – 17.9.1897 (Berlin)

Seit 1872 leitete S.-L. den 1866 von ihrem Vater W. A. Lette gegründeten »Verein zur Förderung der Erwerbsfähigkeit des weiblichen Geschlechts« (Lette-Verein). 1878 war sie Mitbegründerin der ersten von Frauen geleiteten Fortbildungsschule für Mädchen und eröffnete 1886 eine Haushaltungsschule. Unter ihrem Vorsitz war der Lette-Verein 1894 an der Gründung des »Bundes Deutscher Frauenvereine«, des Dachverbands der bürgerlichen Frauenorganisationen, beteiligt. S.-L. wurde zweite Vorsitzende des Bundes. Außerdem setzte sie sich für die Zulassung von Frauen zum Hochschulstudium sowie zu Staatsprüfungen ein.
Lit.: Weiland, D., Geschichte der Frauenemanzipation in Deutschland und Österreich, Düsseldorf 1983

Scheper, Lou, geb. Berkenkamp
Malerin
1901 (Wesel) – 1976 (Berlin)

S. absolvierte nach dem Abitur 1920 eine Lehre in der Werkstatt für Wandmalerei am Bauhaus in Weimar und belegte gleichzeitig Kurse in Malerei bei W. Kandinsky und P. Klee. Nach der Meisterprüfung war sie

freiberuflich tätig, schuf Bildergeschichten und Zeichnungen und arbeitete an Aufträgen mit, die die Bauhauswerkstatt für Wandmalerei erhielt. 1922 heiratete sie ihren Lehrer am Bauhaus, den Maler Hinnerk S., mit dem sie 1925 an das neue Bauhaus nach Dessau ging. Hier wirkte sie an der Bauhausbühne mit und beteiligte sich an den Ausstellungen der Bauhausmaler. 1929–31 hielt sie sich mehrfach in Moskau auf und war dort für die deutschsprachige »Moskauer Rundschau« journalistisch tätig. Nachdem das Bauhaus 1933 von den Nationalsozialisten geschlossen worden war, lebte S. zurückgezogen in Berlin. Nach Kriegsende war sie an zahlreichen Bauvorhaben im Bereich Farbe und Architektur beteiligt, u.a. übernahm sie die Farbgestaltung an der neuen Berliner Philharmonie sowie bei verschiedenen Bauten des Architekten W. Gropius. S. veröffentlichte mehrere Schriften zur Architektur, zum Denkmalschutz sowie zum Ausstellungswesen und war 1952–70 Vorstandsmitglied des »Berufsverbands Bildender Künstler« (BBK).
Lit.: Neumann, E., Bauhaus und Bauhäusler – Erinnerungen und Bekenntnisse, Köln 1985

Schervier, Franziska
Ordensgründerin
3.1.1819 (Aachen) – 14.12.1876 (ebd.)
Streng katholisch erzogen, u.a. von der Dichterin L.→Hensel, widmete sich die Fabrikantentochter seit 1840 der Krankenpflege. Dennoch verweigerten die Eltern ihre Zustimmung, als S. dem Dritten Orden der Franziskaner beitrat. 1845 gründete und leitete sie als Generaloberin die »Genossenschaft der Armen Schwestern vom Heiligen Franziskus«, die – wie der Franziskanerorden – auf jeden persönlichen Besitz verzichtete. Aufgabe der »Genossenschaft« war vor allem die Seelsorge und Krankenpflege von weiblichen Strafgefangenen. 1858 gründete S. eine Niederlassung des Ordens in den USA. 1974 wurde sie selig gesprochen.

Scheyer, Galka (eigtl. Emilie Esther)
Kunsthändlerin
1889 (Braunschweig) – 1945 (Hollywood/USA)
Bereits als 16-Jährige verließ die Tochter eines jüdischen Fabrikanten ihr Elternhaus, ging nach England, Frankreich, Belgien, in die Schweiz und schließlich nach München. Sie studierte Malerei, Bildhauerei und Musik, gab ihr Studium jedoch auf und wurde Vermittlerin von Kunst, weil sie andere Künstler, z.B. den Maler A. Jawlensky, für begabter hielt. Als Jawlensky ihr erzählte, dass er sie im Traum als Dohle – russisch: Galka – gesehen hatte, war S. so begeistert, dass sie ihren Vornamen änderte. Kurz nach dem Ersten Weltkrieg organisierte sie mehrere Ausstellungen für ihn. Da in den 20er Jahren durch die Inflation der Kunsthandel in Deutschland kaum noch möglich war, übersiedelte S. 1924 in die USA, wo sie als erste die europäische Avantgarde, vor allem die Künstler des »Blauen Reiter«, bekannt machen wollte. Nach anfänglichen Misserfolgen an der Ostküste zog sie 1929 nach Los Angeles und machte dort Sammler und Galeristen auf sich aufmerksam. Nach 1933 war ihr Haus Anlaufstelle für zahlreiche Maler, die aus Deutschland emigrieren mussten. Bis kurz vor ihrem frühen Tod organisierte S. Verkaufsausstellungen und hielt Vorträge. Ihren Nachlass, vor allem Bilder von Jawlensky, L. Feininger, W. Kandinsky und P. Klee, die sich in Amerika die »Blauen Vier« nannten, vermachte sie einem Institut. Seit

1953 sind sie im Norton Simon Museum in Pasadena ausgestellt.

Lit.: Armenat, G., Frauen aus Braunschweig, Braunschweig 1986

Schick, Margarete, geb. Hamel
Sängerin
26.4.1773 (Mainz) – 29.4.1809 (Berlin)
1788 debütierte S. in Mainz. Bei der Krönung des Kaisers Leopold II. in Frankfurt a. M. 1790 trat sie als Sängerin unter der Leitung von W. A. Mozart auf. 1793 gastierte sie in Hamburg und erhielt im selben Jahr ein Engagement an die Königliche Oper Berlin. Die dramatische Sopranistin feierte Triumphe in Mozart- und Gluck-Opern und gilt neben A. P.→Milder-Hauptmann als die bedeutendste deutsche Sängerin ihrer Zeit. Verheiratet war sie seit 1791 mit dem Musiker Ernst S.

Schickedanz, Grete, geb. Lachner
Unternehmerin
20.10.1911 (Fürth) – 23.7.1994 (ebd.)
Mit 15 Jahren begann S. eine Lehre in der Großhandlung für Kurz-, Weiß- und Wollwaren von Gustav S. Als er 1927 das Versandgeschäft »Quelle« gründete, gehörte sie zu den ersten Angestellten. Nach Ende der Lehrzeit arbeitete sie im Einkauf und übernahm nach einigen Jahren dessen Leitung. 1942 heiratete sie den Firmenchef und blieb seine engste Mitarbeiterin. Nach Kriegsende förderte sie den Neuaufbau des stark zerstörten Unternehmens, indem sie mit einem Textilladen in Hersbruck bei Nürnberg die Kontakte zu den Textilproduzenten wieder aufnahm. 1954 wurde S. Generalbevollmächtigte der Schickedanz-Gruppe, 1975 neben ihrem Mann persönlich haftende Gesellschafterin der Holding. 1977, nach dem Tod ihres Mannes, mit

dem sie zwei Töchter hatte, übernahm sie mit ihren beiden Schwiegersöhnen die Geschäftsleitung, deren Vorsitz sie erst 1987, mit 75 Jahren, abgab. Auch ihre Aufsichtsratsmandate behielt sie bis kurz vor ihrem Tod. S. erhielt zahlreiche Auszeichnungen, darunter das Große Bundesverdienstkreuz und die Ehrenbürgerschaft der Stadt Fürth.

Lit.: Böhmer, C., G. S. Vom Lehrmädchen zur Versandhauskönigin, Berlin 1996

Schieber, Anna
Schriftstellerin
12.12.1867 (Esslingen, Neckar) – 7.8.1945 (Tübingen)
S. arbeitete bis zur erfolgreichen Veröffentlichung ihres Erzählbandes »Warme Herzen« 1899 als Buchhändlerin und widmete sich anschließend ganz der Schriftstellerei. Sie veröffentlichte über 50 Erzählbände, Romane und Jugendbücher, die meist soziale und religiöse Themen haben und geprägt sind von ihrer tiefen Bindung an ihre schwäbische Heimat. Außerdem engagierte sie sich in der württembergischen Jugend- und Volksbildung und schloss sich 1930 dem evangelischen »Bund der Kögener« an. 1932 veröffentlichte sie unter dem Titel »Doch immer behalten die Quellen das Wort« ihre Kindheitserinnerungen, 1935 erschien das Buch »Wachstum und Wandlung«, in dem sie ihren literarischen und religiösen Werdegang beschrieb.

Lit.: Schönfeldt, S., A. S. – Autorin meiner Kindheit, Stuttgart 1995

Schiemann, Elisabeth
Botanikerin
15.8.1881 (Viljandi/Estland) – 3.1.1972 (Berlin)
Die Tochter eines Historikers studierte Naturwissenschaften in Berlin und wurde

1912 promoviert. 1924 habilitierte sie sich mit der Schrift »Zur Genetik des Sommer- und Winter-Typus bei Gerste« und erhielt 1931 eine außerordentliche Professur an der Universität Berlin, die sie bis 1949 innehatte. S., die zahlreiche grundlegende Aufsätze zur Geschichte der Kulturpflanzen verfasste und sowohl systematisch-pflanzengeografische als auch experimentell-genetische Untersuchungen betrieb, leitete ab 1949 die »Forschungsstelle für Geschichte der Kulturpflanzen« in der Max-Planck-Gesellschaft. 1956 wurde sie Mitglied der Deutschen Akademie der Naturforscher Leopoldina.

Schirmacher, Käthe
Frauenrechtlerin
6.8.1858 (Danzig – heute Gdansk/Polen) –
18.11.1930 (Meran/Italien)
In Danzig zur Lehrerin ausgebildet, studierte die Kaufmannstochter 1885–87 in Paris Französisch und unterrichtete einige Jahre in Liverpool, bis sie an Tuberkulose erkrankte. 1893 begann sie in Zürich mit dem Studium der Romanistik und Philosophie, das sie 1895 mit der Promotion abschloss. Bis 1910 lebte S. vorwiegend in Paris, arbeitete an einer Biografie über Voltaire und verfasste Artikel für deutsche und französische Zeitungen. Außerdem engagierte sie sich in der deutschen und französischen Frauenbewegung für Gleichberechtigung und Frauenstimmrecht, u.a. als Mitbegründerin des »Verbands fortschrittlicher Frauenvereine« und des »Deutschen Vereins für Frauenstimmrecht« (1902). Wegen ihrer nationalistischen und antidemokratischen Einstellung geriet S., die eine erklärte Antisemitin war, zunehmend mit A.→Augsburg, L. G.→Heymann und M.→Cauer in Auseinandersetzungen,

so dass sie schon 1903 nicht mehr in den Vorstand des »Deutschen Vereins für Frauenstimmrecht« gewählt wurde und 1909 auch ihr Vorstandsmandat im »Weltbund für Frauenstimmrecht« verlor. Seit 1910 lebte sie mit ihrer Freundin K. Schleker in Mecklenburg, wo sich beide für die preußische Ostmarkpolitik engagierten und 1914 ihr Vermögen für Kriegsanleihen ausgaben. 1919 wurde S. für die Deutschnationale Volkspartei als Abgeordnete für Westpreußen in die Nationalversammlung gewählt.
Lit.: Walzer, A., K. S., Eine deutsche Frauenrechtlerin auf dem Weg vom Liberalismus zum konservativen Nationalismus, Pfaffenweiler 1991

Schlegel, Dorothea (seit 1815 »von«), geb. Brendel Mendelssohn
Übersetzerin
24.10.1764 (Berlin) – 3.8.1839 (Frankfurt a. M.)
Zwar sorgte S.s Vater, der Philosoph M. Mendelssohn, dafür, dass seine älteste Tochter Brendel eine gute Ausbildung erhielt, dennoch verlangte er 1783 ihre Eheschließung mit dem ungeliebten jüdischen Bankier S. Veit. Aus dieser Ehe stammten vier Kinder, von denen zwei früh starben. Da S. die bürgerliche Atmosphäre ihrer Ehe als einengend empfand, besuchte sie die intellektuell-literarischen Salons ihrer Freundinnen H.→Herz und R.→Varnhagen, begeisterte sich für die Ideen der Französischen Revolution und nannte sich

Dorothea. Im Herz'schen Haus lernte sie 1797 den Philosophen Friedrich S. kennen. Sie trennte sich von ihrer Familie und ließ sich Anfang 1799 scheiden, um mit dem sieben Jahre Jüngeren zusammenzuleben. Als Friedrich S. nach ihr die Hauptfigur seines als Pornografie verunglimpften Romans »Lucinde« schuf, in dem er die freie Liebe propagierte, wurde die jüdische und geschiedene »Dorothea-Lucinde« gesellschaftlich geächtet. Im Herbst 1799 zog sie mit Friedrich S. und einem ihrer Söhne nach Jena. Dort lebten sie bis 1801 bei seinem Bruder August Wilhelm S. und seiner Frau C.→Schlegel-Schelling und bildeten gemeinsam mit ihren Gastgebern sowie den Dichtern L. Tieck und F. v. Hardenberg (Novalis), dem Philosophen F. W. J. v. Schelling u.a. den »Frühromantikerkreis«. 1802 begleitete S. ihren Lebensgefährten nach Paris, weil er hoffte, dort eine Anstellung zu finden. Das Paar heiratete 1804, nachdem S. sich hatte protestantisch taufen lassen, und zog nach Köln. 1808 konvertierten beide zum Katholizismus. S. wurde eine überzeugte Katholikin, auch wenn sie sich in Wien zeitweise den »Redemptoristen«, einer Gruppe fanatischer katholischer Sektierer, anschloss und sich als militante Gottesstreiterin aufführte. Ihre Jahre in Wien (Herbst 1808–1830) wurden von einem fast zweijährigen Aufenthalt in Italien (1818–20) unterbrochen, den sie bei ihren beiden Söhnen, die Maler geworden waren, verbrachte. Danach lebte sie als Witwe – Friedrich S. starb 1829 – bei einem Sohn in Frankfurt a. M. Seit ihrer Scheidung 1799 hatte S. Übersetzungen angefertigt, zunächst aus dem Französischen, z.B. Mme. de Staëls »Corinne ou l'Italie« (1807), später auch aus dem Spanischen, um für sich und ihren Mann

einen Teil des Lebensunterhalts zu verdienen. Alle ihre Veröffentlichungen erschienen allerdings unter dem Namen ihres Mannes, ebenso ihr Romanfragment »Florentin« (1801). Sie beklagte sich nie darüber, nur als ihre Übersetzungen in seine Werkausgabe aufgenommen werden sollten, protestierte sie – jedoch vergeblich.

Lit.: Stern, C., Ich möchte mir Flügel wünschen – das Leben der D. S., Reinbek 1990

Schlegel-Schelling, (Dorothea) Caroline Albertina, geb. Michaelis
Schriftstellerin
2.9.1763 (Göttingen) – 7.9.1809 (Maulbronn)

20-jährig wurde S.-S., die Tochter eines Professors für Orientalistik und Theologie, mit dem Mediziner J. F. W. Böhmer verheiratet, mit dem sie in Clausthal-Zellerfeld lebte und drei Kinder hatte, von denen nur eins überlebte. Nach dem Tod ihres Mannes 1788 zog sie über Göttingen und Marburg a. d. Lahn nach Mainz. Unter dem Einfluss von G. F. Forster, dem Mann ihrer Freundin T.→Huber-Forster, begeisterte sie sich für die Französische Revolution, was ihr 1793 eine mehrmonatige Haft in Königstein im Taunus eintrug. Auf Intervention ihres Bruders kam sie frei, hochschwanger mit einem nichtehelichen Kind, dessen Geburt sie zu verheimlichen suchte und das kurz darauf starb. 1796 heiratete S.-S. aus Vernunft und Dankbarkeit den Literaturhistoriker A. W. Schlegel, der ihr nach der Niederkunft geholfen hatte, und lebte mit ihm in Jena. Dort war sie wie ihre Schwägerin D.→Schlegel Mitglied des »Frühromantikerkreises« um die Brüder Schlegel und die Dichter L. Tieck und F. v. Hardenberg (Novalis). Sie verfasste Literaturrezensionen und half ihrem Mann bei seinen Shakespeare-Übersetzungen sowie der Herausgabe der Zeitschrift »Athenaeum«. 1803 ließ sich S.-S. von Schlegel scheiden und heiratete den zwölf Jahre jüngeren Philosophen F. W. J. v. Schelling, mit dem sie nach München zog. Bekannt als Schriftstellerin wurde sie durch ihre Briefe, die die Geistesgeschichte der Romantik dokumentieren.

Lit.: Kleßmann, E., Caroline. Das Leben der C. Michaelis-Böhmer-Schlegel-Schelling, München 1975
Dischner, G., Caroline und der Jenaer Kreis. Ein Leben zwischen bürgerlicher Vereinzelung und romantischer Geselligkeit, Berlin 1979
Damm, S., C. S.-S. in ihren Briefen, Darmstadt-Neuwied 1980

Schlei, Marie, geb. Stabenow
Politikerin
26.11.1919 (Reetz – heute Recz/Polen) –
21.5.1983 (Berlin)
Nach der Mittleren Reife arbeitete S., die aus einer Arbeiterfamilie stammte, als Verkäuferin und Postangestellte. 1943 wurde sie Aushilfslehrerin und ließ sich nach ihrer Flucht in den Westen ab 1947 in Berlin zur Lehrerin ausbilden. Nach ihrem Examen war sie in Berlin-Wedding tätig, wurde dort 1957 Schulleiterin und 1964 in Reinickendorf Schulrätin. S., die 1949 in die Sozialdemokratische Partei eingetreten

war, war 1969–81 Mitglied des Bundestages und 1974–76 unter Bundeskanzler H. Schmidt Parlamentarische Staatssekretärin im Bundeskanzleramt. 1976

wurde sie Bundesministerin für wirtschaftliche Zusammenarbeit. Wegen heftiger Kritik an ihrer Amtsführung trat sie 1978 von ihrem Ministerposten zurück. 1980–81 war sie als erste Frau stellvertretende Vorsitzende der SPD-Fraktion. Nachdem ihr erster Mann im Zweiten Weltkrieg gefallen war, heiratete sie 1947 den Lehrer W. Schlei, mit dem sie zwei Kinder hatte. Die Ehe wurde 1957 geschieden. S. starb an Krebs.

Lit.: Michalski, B., Louise Schroeders Schwestern, Bonn 1996

Schlesinger, Therese, geb. Eckstein
Politikerin
6.6.1863 (Wien) – 5.6.1940 (Blois/Frankreich)
Früh verwitwet, engagierte sich S. seit 1894 im »Allgemeinen Österreichischen Frauenverein« (AÖF) und trat für Wahl- und Studienrecht der Frauen ein. 1897 wurde sie Mitglied der Sozialdemokratischen Partei Österreichs (SPÖ), in deren Vorstand sie 1919 gewählt wurde. Sie war Mitglied der konstituierenden Nationalversammlung und 1920–23 Nationalrats- sowie 1923–30 Bundesratsmitglied. In sozialdemokratischen Zeitschriften veröffentlichte S. zahlreiche Beiträge, u.a. »Was wollen Frauen in der Politik?« (1909). Von ihr stammen auch die Frauenfragen betreffenden Punkte im »Linzer Programm« der SPÖ von 1926. 1938, nach dem so genannten Anschluss Österreichs, floh sie nach Frankreich.

Lit.: Niggemann, H., Frauenemanzipation und Sozialdemokratie, Frankfurt a. M. 1981

Schleusner, Thea
Malerin
30.4.1879 (Wittenberg a.d. Elbe) – 1964 (Berlin)
S. studierte zunächst in Paris an den Akademien Colarossi und Carrière und dann an der Akademie der Künste in Berlin. Anschließend war sie in Kochstedt b. Quedlinburg, in London sowie in Berlin tätig und lebte einige Zeit in Indien. Seit 1901 hatte sie in Berlin ein eigenes Schüleratelier. S. malte hauptsächlich Portraits, war aber auch als Glasmalerin und Illustratorin tätig. Sie illustrierte eine Ausgabe von O. Wildes »Märchen« sowie Gedichte von A. v.→Droste-Hülshoff. Im Zweiten Weltkrieg wurden ihre Werke fast völlig vernichtet, einige wenige befinden sich im Musée d'Orsay in Paris.

Schlözer, Dorothea
Gelehrte
10.8.1770 (Göttingen) – 12.7.1825 (Avignon/Frankreich)
Von ihrem ehrgeizigen Vater, dem Historiker und Universitätsprofessor August Ludwig S. (geadelt 1804), erhielt S. schon als Kleinkind eine ungewöhnlich umfassende Ausbildung, über deren Fortschritte er sich ständig Notizen machte. Mit 15 Monaten konnte sie 87 Wörter sprechen, mit 32 Monaten beherrschte sie Plattdeutsch und wurde am holländischen und schwedischen Hof als Wunderkind vorgeführt. Vierjährig schrieb und las sie fließend Hochdeutsch. Als S. 17 Jahre alt war, beherrschte sie sieben Sprachen, darunter Griechisch und Latein, und besaß fundierte Kenntnisse in Mathematik, Mineralogie, Geschichte, Kunstgeschichte, Altertumswissenschaft und Philosophie. Von der Universität Göttingen wurde sie am

25.8.1787 als erste Frau in Deutschland zum Doktor der Philosophie promoviert. Allerdings durfte sie, weil sie eine Frau war, an der feierlichen Verleihung des Doktortitels nicht selbst teilnehmen und auch keine akademische Laufbahn einschlagen. Stattdessen erreichte sie das Erziehungsziel ihres Vaters, der für seine Tochter nie eine aktive Berufstätigkeit, sondern nur eine vorteilhafte Heirat angestrebt hatte: 1792 heiratete S. auf seinen Wunsch den 15 Jahre älteren wohlhabenden Lübecker Kaufmann und Senator M. Rodde. Nach dessen Konkurs 1810 musste S. aus ihrem kleinen ererbten Vermögen den Lebensunterhalt für sich, Rodde und ihre drei Kinder bestreiten.
Lit.: Küssner, M., D. S. – ein Göttinger Gedenken, Göttingen-Frankfurt a. M.–Zürich 1976
Kern, B. und H., Madame Doctorin S. Ein Frauenleben in den Widersprüchen der Aufklärung, München 1988
Eberhard, L. J., D. S. Eine Sammlung von Bildern und historischen Texten, Lübeck 1995

Schmi(e)dl, (Theresie) Marianne
Ethnologin
3.8.1890 (Berchtesgaden) – vor 9.5.1945
Das Studium der Mathematik und Physik ab 1910 und ab 1913 auch der Ethnografie, Anthropologie, Urgeschichte und Volkskunde an der Universität Wien schloss S. 1916, als erste Österreicherin in dieser Disziplin, mit der Promotion ab. Zunächst arbeitete sie in der Afrikanischen Abteilung des Museums für Länder- und Völkerkunde in Berlin, danach war sie am Stuttgarter Lindenmuseum und am Museum für Kunst und Gewerbe in Weimar beschäftigt. Ab 1921 ließ sie sich an der Österreichischen Nationalbibliothek in Wien als Bibliothekarin ausbilden und wurde 1938 zum

»Staatsbibliothekar« erster Klasse ernannt. S., die sich durch zahlreiche wissenschaftliche Veröffentlichungen als Völkerkundlerin einen Namen gemacht hatte, wurde wegen ihrer jüdischen Herkunft 1942 in das Lager Izbica im heutigen Polen verschleppt.

Schmidt, Auguste
Frauenrechtlerin
3.8.1833 (Breslau – heute Wrocław/Polen) – 10.6.1902 (Leipzig)

Mit 17 Jahren bestand die Tochter eines preußischen Offiziers das Lehrerinnenexamen und arbeitete zunächst an einer Privatschule, später an einer höheren Schule in Breslau. 28-jährig wurde sie in Leipzig Schulleiterin einer privaten Töchterschule und unterrichtete dort u.a. C.→Zetkin. Seit 1864 war S. mit L.→Otto-Peters befreundet, mit der sie 1865 den »Leipziger Frauenbildungsverein« gründete, aus dem im selben Jahr der »Allgemeine

Deutsche Frauenverein« (ADF) hervorging. Gemeinsam mit Otto-Peters gab sie die Zeitschrift »Neue Bahnen« heraus, die sie ab 1895 leitete. 1869 gründete sie mit M.→Calm den »Verein Deutscher Lehrerinnen und Erzieherinnen« und 1890 mit H.→Lange und M. Loeper-Housselle den »Allgemeinen Deutschen Lehrerinnenverein« (ADLV). S., die eine Vertreterin der gemäßigten Frauenbewegung war, war 1894–99 erste Vorsitzende des »Bundes Deutscher Frauenvereine« (BDF). Neben der Gleichberechtigung der Frau engagierte sie sich vor allem für die Mädchenbildung.

Lit.: Weiland, D., Geschichte der Frauenemanzipation in Deutschland und Österreich, Düsseldorf 1983

Schmidt-Pauli, Elisabeth von
Schriftstellerin
10.10.1889 (Hamburg) – 26.7.1956

S.-P., die als erste Frau in Deutschland an der Universität Bonn katholische Theologie studierte, schrieb viel gelesene Heiligenbiografien, vor allem für Kinder und Jugendliche. 1919 erschien ihr erstes Buch »Elisabeth von der Wartburg«. Außerdem veröffentlichte sie Lebensbeschreibungen bedeutender katholischer Persönlichkeiten, u.a. »Missa Solemnis eines Lebens« (1949), die Biografie des Münchner Kardinals M. v. Faulhaber, der sich während der NS-Zeit entschieden gegen Rassismus und Kirchenfeindlichkeit gewandt hatte. In den USA warb S.-P. nach dem Ersten Weltkrieg in gleichgesinnten religiösen Kreisen erfolgreich für die »Ostpreußenhilfe« und konnte nach dem Zweiten Weltkrieg durch ihre Verbindungen Reisen für Jugendliche dorthin vermitteln. Ihren Lebensabend verbrachte sie in einem Kloster.

Schmitt, Charlotte
Juristin
1909 (Berlin) – 1989 (ebd.)

S. stammte aus einer Juristenfamilie und begann – nach einigen Semestern Biologie- und Philosophiestudium – ebenfalls Rechtswissenschaften zu studieren. 1936 absolvierte sie das Referendar-, 1940 das Assessorexamen und arbeitete in einer Berufsgenossenschaft. Nach dem Krieg war sie in einer Rechtsanwaltskanzlei in Berlin-Weißensee tätig, bis sie nach Westdeutschland übersiedelte. Dort erhielt sie 1952 eine Anstellung als Landgerichtsrätin und wurde 1953 zur ersten Richterin am Bundesverwaltungsgericht ernannt. 1958 wurde S. als erste Frau in Deutschland Senatspräsidentin. Sie war mit dem Richter R. Schmitt verheiratet und hatte ein Kind.

Schmitz, Sybille Maria Christine
Schauspielerin
2.12.1909 (Reinscheidt b. Düren) – 13.4.1955 (München)
Nach dem Besuch der Schauspielschule in Köln erhielt S. 1927 ihr erstes Engagement am Deutschen Theater in Berlin, 1930 spielte sie am Hessischen Landestheater. Seit 1931 wirkte sie in zahlreichen Filmen mit, u.a. in »F. P. 1 antwortet nicht« (1932). Als Charakterdarstellerin war sie einer der bekanntesten Stars des deutschen Films der 30er Jahre. Wegen Streitigkeiten mit dem nationalsozialistischen Propagandaminister J. Goebbels, den sie verabscheute, wurde ihr schließlich die weitere Filmarbeit verboten. S. zog sich nach Österreich zurück und wurde alkohol- und drogenabhängig. Ein Comeback nach Kriegsende gelang ihr nicht. Sie nahm sich das Leben. Der Regisseur R. W. Fassbinder verfilmte ihr Leben unter dem Titel »Die Sehnsucht der Veronika Voß«.
Lit.: Beyer, F., Schöner als der Tod. Das Leben der S. S., München 1998

Schnack, Ingeborg
Bibliothekarin
9.7.1896 (Hanikenfähr, Emsland) – 3.11.1997 (Marburg a. d. Lahn)
1920 wurde S. in Marburg a. d. Lahn mit einer Dissertation über Kirchengeschichte promoviert und arbeitete anschließend in der Universitätsbibliothek. 1923 kam sie

als erste Frau in den höheren Bibliotheksdienst und veranlasste den Erwerb der Handschriften aus dem Nachlass des Juristen und preußischen Staatsministers F. C. v. Savigny durch die Marburger Bibliothek. Angeregt durch ihre Bekanntschaft mit dem Verlegerehepaar A. und K.→Kippenberg, beschäftigte sie sich eingehend mit Leben und Werk des Dichters R. M. Rilke. U.a. gab S. Teile seines Nachlasses heraus und veröffentlichte »R. M. Rilke. Chronik seines Lebens und seines Werkes« (1975).

Schneider, Luise, geb. Meier
Verlegerin
20.8.1894 (Berlin) – 30.10.1964 (München)
S. absolvierte eine kaufmännische Lehre und war einige Jahre als Sekretärin im Büro des Kaufhausbesitzers H. Tietz tätig. 1924 heiratete sie den Verleger Franz S. und wurde seine Mitarbeiterin. Nach seinem Tod übernahm sie den Verlag, den sie 1947 mit einer britischen Lizenz neu aufbaute. Ausschließlich auf Kinder- und Jugendbücher, die »Schneiderbücher«, spezialisiert, wurde der Franz-Schneider-Verlag unter S.s Leitung einer der bekanntesten deutschen Verlage. Nach ihrem Tod führte ihr Sohn Franz das Unternehmen weiter.

Schneider, Magda (eigtl. Magdalena Maria)
Schauspielerin
17.5.1909 (Augsburg) – 30.7.1996 (Schönau, Königssee)
Nach kurzer Tätigkeit als Stenotypistin absolvierte S. eine Gesangsausbildung am Konservatorium in Augsburg. Es folgten Engagements in Ingolstadt, Augsburg, München und Wien. Ihren ersten Film »Zwei in einem Auto« drehte sie 1931. Bis 1961 wirkte sie als Schauspielerin und Sängerin in etwa 70 Filmen mit, häufig zu-

sammen mit ihrem ersten Mann, dem Schauspieler W. Albach-Retty, mit dem sie eine Tochter, Romy →S., hatte. Ihre herausragendste Rolle war die Christine in der Verfilmung von A. Schnitzlers Bühnenstück »Liebelei« (1932/33) unter der Regie von M. Ophüls. In zweiter Ehe war S. mit dem Gastronomen H. Blatzheim verheiratet. 1990 veröffentlichte sie unter dem Titel »Wenn ich zurückschau …« ihre Lebenserinnerungen.

Schneider, Romy
(eigtl. Rosemarie Magdalena Albach)
Schauspielerin
23.9.1938 (Wien) – 28./29.5.1982 (Paris)
Durch ihre Eltern, die Schauspieler M.→Schneider und W. Albach-Retty, kam S. bereits als junges Mädchen zum Film. Ihren ersten Film »Wenn der weiße Flieder wieder blüht« (1953) drehte sie gemeinsam mit ihrer Mutter. 1955–57 spielte sie die Titelrolle in der dreiteiligen Verfilmung des Lebens der →Elisabeth von Österreich, die »Sissi«. Die Filme waren große Publikumserfolge, machten S. berühmt, legten sie aber zunächst auf einen bestimmten Typ fest. 1958 zog sie nach Paris und drehte dort mit dem französischen Schauspieler A. Delon, ihrem langjährigen Lebensgefährten, mehrere Filme, u.a. »Die Halbzarte« (1958). In den 60er Jahren spielte sie in mehreren Hollywoodfilmen mit, u.a. »Der Kardinal« (1963). 1965 heiratete S. den Regisseur H. Meyen, mit dem sie einen Sohn hatte. Auf dem Höhepunkt ihrer Karriere drehte sie ab 1969 mehrere Filme mit dem französischen Regisseur C. Sautet, u.a. »Die Dinge des Lebens« (1970). Nach der Scheidung von ihrem zweiten Mann, ihrem Sekretär D. Biasini, und dem Tod ihres Sohnes 1981 litt S. unter Depressionen. Ihr

letzter Film war »Die Spaziergängerin von Sanssouci« (1982). Neben zahlreichen anderen Auszeichnungen erhielt S., die zu den bekanntesten Schauspielerinnen des europäischen Films gehörte, für die Rolle der Leni in der Verfilmung von H. Bölls Roman »Gruppenbild mit Dame« (1976) das Filmband in Gold.
Lit.: Jürgs, M., Der Fall R. S. Eine Biographie, München–Leipzig 1991
Schwarzer, A., R. S. – Mythos und Leben, Köln 1998

Schneider-Kainer, Lene (eigtl. Helene), geb. Schneider (Ps. Elena Aleska)
Malerin
16.5.1885 (Wien) – 15.6.1971 (Cochabamba/Bolivien)
Die Tochter des jüdischen Malers S. Schneider absolvierte ihre Malausbildung in Wien, Paris, München und Amsterdam. Mit ihrem Mann, dem Grafiker L. Kainer, lebte sie seit 1910 in Berlin, stellte u.a. 1917 in der Künstlervereinigung »Secession« aus und schuf Illustrationen für Zeitschriften. Nach ihrer Scheidung unternahm S.-K. 1926–28 mit dem Schriftsteller B. Kellermann eine Expedition durch Persien, Tibet, Indien, Siam und China, auf der sie sich als Fotografin betätigte. Sie illustrierte zahlreiche Bücher und schuf Lithografien, die in Mappen, u.a. im Gurlitt-Verlag, erschienen. Außerdem war sie 1928 Mitproduzentin des Films »Im Reiche des Silbernen Löwen«, betrieb einen Mode-Kunst-Salon und arbeitete im Verlag »Kunst der

Zeit« mit. 1932 kehrte sie nach einem Aufenthalt in Spanien nicht mehr nach Deutschland zurück und lebte auf Mallorca und Ibiza. Nach Beginn des Spanischen Bürgerkriegs 1936 emigrierte S.-K. nach New York und gab dort unter ihrem Pseudonym Kinderbücher heraus. 1954 übersiedelte sie nach Bolivien, leitete in Cochabamba eine Mission und förderte die Textilherstellung nach indianischen Mustern.

Schnitzler, Lilly Bertha Dorothea, geb. v. Mallinckrodt
Kunstsammlerin, Mäzenin
25.6.1889 (Köln) – 26.6.1981 (Murnau, Staffelsee)
1922 lernte S. den Maler M. Beckmann kennen, begann seine Bilder zu sammeln und förderte den Künstler, indem sie u.a. 1931 eine Ausstellung seiner Bilder in Paris vorbereitete. Während der NS-Zeit bemühte sie sich vergeblich, zwischen Kulturpolitikern und modernen Künstlern zu vermitteln. Nach dem Zweiten Weltkrieg gründete sie die »Beckmann-Gesellschaft«, die u.a. junge Künstler unterstützt, und beteiligte sich finanziell am Wiederaufbau des Frankfurter Städel-Museums. Außerdem war S. 1924 Mitbegründerin und Redakteurin der literarischen Monatszeitschrift »Europäische Revue« und engagierte sich auf sozialen Gebieten. Ihre umfangreiche Beckmann-Sammlung stellte sie 1979 dem Kölner Wallraf-Richartz-Museum als Dauerleihgabe zur Verfügung.

Schöne, Lotte (eigtl. Charlotte Bodenstein)
Sängerin
15.12.1891 (Wien) – 22.12.1977 (Paris)
Nach der Gesangsausbildung in Wien, ihrer Heirat und der Geburt eines Kindes debütierte S. 1915 als Brautjungfer in »Der Freischütz« an der Wiener Volksoper und war 1917–26 Mitglied des Ensembles der Wiener Hofoper. Als Cherubino in »Figaros Hochzeit« und Zerlina in »Don Giovanni« begeisterte die Koloratursopranistin seit 1922 bei den Salzburger Festspielen. Auch an der Städtischen Oper in Berlin, wo sie seit 1927 unter dem Dirigenten B. Walter auftrat, und bei einem Gastspiel an der Londoner Covent Garden Opera als Liù in »Turandot« feierte sie Triumphe. Nach der Regierungsübernahme durch die Nationalsozialisten 1933 musste die Jüdin Deutschland verlassen. Bis 1938 gab sie Gastspiele an Opernhäusern in Frankreich, Belgien, Holland und der Schweiz und gastierte danach vor allem als Konzertsängerin. Seit 1953 unterrichtete S. Gesang in Paris.
Lit.: Kesting, J., Die großen Sänger des 20. Jhs., Düsseldorf 1993

Schönerer, Alexandrine von
Theaterleiterin
15.6.1850 (Wien) – 28.11.1919 (ebd.)
In Wien zur Schauspielerin ausgebildet, trat S. fast 20 Jahre an verschiedenen

österreichischen und deutschen Bühnen auf. 1884 kaufte sie von ihrem Erbe – ihr Vater war Unternehmer – das Theater an der Wien, das sie zunächst für fünf Jahre verpachtete. Seit 1889 leitete sie das Theater selbst und machte daraus die bekannteste Wiener Operettenbühne, an der u.a. die Uraufführungen von »Der Zigeunerbaron« und »Der Vogelhändler« stattfanden. 1900 verkaufte S. ihr Theater.

Scholl, Sophie
Widerstandskämpferin
9.5.1921 (Forchtenberg b. Künzelsau) –
22.2.1943 (München)

Nach dem Abitur in Ulm 1940 absolvierte S. eine Ausbildung als Kindergärtnerin. 1941 wurde sie zum nationalsozialistischen »Reichsarbeitsdienst« eingezogen, danach erhielt sie 1942 die Zulassung zum Biologie- und Philosophiestudium an der Universität München. Dort schloss sie sich dem studentischen Widerstandskreis »Die

 weiße Rose« an, zu dem auch ihr drei Jahre älterer Bruder Hans gehörte. Seit Herbst 1942 verteilte »Die weiße Rose« Flugblätter in München, seit Anfang 1943 auch in anderen süddeutschen Städten, in denen zum Widerstand gegen das nationalsozialistische Regime aufgerufen und der Rassismus sowie die verantwortungslose Kriegführung angeprangert wurde. Bei dem Abwurf von Flugblättern im Lichthof der Münchner Universität am 18.2.1943 wurde S. mit ihrem Bruder von der Gestapo verhaftet und vier Tage darauf, zusammen mit ihrem Studienfreund C. Probst, vom nationalsozialistischen Volksgerichtshof zum Tode verurteilt und hingerichtet. Zum Gedenken heißt heute der Platz vor der Münchner Universität »Geschwister-Scholl-Platz«. 1982 drehte der Regisseur M. Verhoeven den Film »Die weiße Rose«.

Lit.: Hanser, R., Deutschland zuliebe: Leben und Sterben der Geschwister S., München 1980

Vincke, H., Das kurze Leben der S. S., Ravensburg 1980
Jens, J. (Hg.), Hans S. – S. S.: Briefe und Aufzeichnungen, Frankfurt a. M. 1984

Scholz, Elfriede, geb. Remark
Widerstandskämpferin
25.3.1903 (Osnabrück – 12.1943 (Berlin)

Die Schwester des Schriftstellers E. M. Remarque wuchs in Osnabrück auf, lebte dann in verschiedenen Städten Deutschlands und in Holland. Nach ihrer Heirat mit dem Musiker Hans S. ließ sie sich in Dresden nieder und arbeitete dort als Damenschneiderin und Verkäuferin in einem Modegeschäft. Wie ihr Bruder, der seit 1932 in der Schweiz lebte, war auch sie überzeugte Pazifistin und lehnte die nationalsozialistische Ideologie ab. 1943 wurde S. verhaftet, da sie gegenüber einer Kundin Zweifel am Sieg Deutschlands geäußert habe und zudem wehrkraftzersetzende Parolen von sich gegeben habe. Trotz eines Gnadengesuchs mit Hinweis auf ihren schlechten Gesundheitszustand wurde sie zum Tode verurteilt und im Gefängnis Berlin-Plötzensee hingerichtet.

Schopenhauer, Adele
(eigtl. Luise Adelaide Lavinia)
(Ps. A. van der Venne)
Schriftstellerin
12.6.1797 (Hamburg) – 25.8.1849 (Bonn)

Die Tochter der Schriftstellerin Johanna →S. und Schwester des Philosophen Arthur S. zog nach dem Tod ihres Vaters 1806 mit ihrer Mutter nach Weimar und setzte sich dort auf Anregung der im Haus der Mutter verkehrenden Künstler und Gelehrten schon früh mit Literatur und Malerei auseinander. 1828 zog sie nach Unkel bei Bonn und freundete sich u.a.

mit S.→Mertens-Schaaffhausen und
A. v.→Droste-Hülshoff an. Nach dem Tod
der Mutter gab S. unter dem Titel »Jugendleben und Wanderbilder« (1839) deren
Nachlass heraus. Sie selbst schrieb Märchen, Gedichte, Romane und Tagebücher,
u.a. »Anna« (1845) und »Eine dänische Geschichte« (1848) und fertigte außerdem
meisterhaft Scherenschnitte an. Seit 1844
lebte sie wegen eines Lungenleidens in Italien und kehrte erst kurz vor ihrem Tod
nach Deutschland zurück.
Lit.: Lütkehaus, L. (Hg.), Die Schopenhauers.
Der Familien-Briefwechsel von A., Arthur,
Heinrich Floris und Johanna S., Zürich 1991

**Schopenhauer, Johanna Henriette,
geb. Trosiener**
Schriftstellerin
9.7.1766 (Danzig – heute Gdansk/Polen) –
16. od.17.4.1838 (Jena)
Gerne wäre die Senatorentochter Malerin
geworden, was ihre Eltern jedoch unter-
sagten. 1785 heiratete sie den 20 Jahre älteren wohlhabenden Kaufmann Heinrich
Floris S., mit dem sie zahlreiche Reisen
durch Europa unternahm, zwei Kinder
hatte und seit 1793 in Hamburg lebte.
Nach dem Tod ihres Mannes (vermutlich
Selbstmord) verkaufte S. sein Handelsgeschäft und zog 1806 mit ihrer Tochter
A.→Schopenhauer nach Weimar. Dorthin
kam gegen ihren Willen auch ihr Sohn Arthur S., zu dem sie eine distanzierte Beziehung hatte. In Weimar begann S. mit dem
Schreiben von Reisebüchern und führte
einen literarischen Salon, in dem u.a.
J. W. v. Goethe verkehrte. Seit 1819, als die
Bank, bei der sie ihr Vermögen angelegt
hatte, in Konkurs ging, war sie darauf angewiesen, mit ihren Büchern ihren Lebensunterhalt zu verdienen. Zu ihren Verö-

fentlichungen aus dieser Zeit zählen Frauenromane, u.a. »Gabriele« (1819/20), und
Erzählungen. 1828–37 lebte S., die inzwischen einen Schlaganfall erlitten hatte, bei
ihrer Tochter in Unkel bei Bonn. Dank
einer Ehrenpension des Großherzogs von
Weimar konnte sie ihren Lebensabend
ohne finanzielle Sorgen in Jena verbringen. 1839 erschienen ihre Lebenserinnerungen unter dem Titel »Jugendleben und
Wanderbilder«.
Lit.: Schleucher, K., Das Leben der A. Schoppe
und J. S., Darmstadt 1978

**Schoppe, (Emerentia Catharina) Amalia
Sophia, geb. Weise
(Pse. Adalbert v. Schonen, Marie)**
Schriftstellerin
9.10.1791 (Burg auf Fehmarn) – 25.9. od.
1.10.1858 (Schenectady/USA)
Seit dem Tod ihres Vaters 1798 lebte S. mit
ihrer Mutter in Hamburg. 1814 heiratete
sie einen Juristen, mit dem sie drei Kinder
hatte. Die unglückliche Ehe endete 1829,
als ihr Mann starb. Um den Lebensunterhalt für sich und ihre Kinder zu verdienen,
begann S. zu schreiben. Sie verfasste
ca. 200 Bücher, vor allem Kinder- und
Jugendbücher sowie Erzählungen, von
denen einige auch ins Englische und Französische übersetzt wurden. Zeitweise leitete sie auch mit F.→Tarnow in Hamburg eine Mädchenschule. 1827–46 gab
sie die »Pariser Modeblätter«, 1831–39 die
Jugendzeitschrift »Iduna« heraus. 1835
entdeckte S. das Talent des Dramatikers
F. Hebbel, dem sie ermöglichte, die höhere
Schulbildung nachzuholen. 1851 zog sie
zu einem ihrer Söhne in die USA.
Lit.: Schleucher, K., Das Leben der A. S. und
J. Schopenhauer, Darmstadt 1978

Schottmüller, Oda
Widerstandskämpferin
9.2.1905 (Posen – heute Poznań/Polen) –
5.8.1943 (Berlin)
Ihre Kindheit verbrachte S. in Posen und
Danzig, bis sie 1919 nach dem Tod ihres
Vaters mit ihrer Mutter nach Berlin zog.
Nach dem Abitur 1924 ließ sie sich zur Sil-
berschmiedin in Pforzheim ausbilden und
studierte anschließend an der Kunstgewerbeschule in Frankfurt a. M. und an der
Hochschule für Bildende Künste in Berlin,
u.a. Plastik bei M.→Steger. Außerdem
nahm sie Tanzunterricht und trat als Aus-
druckstänzerin auf. Mitte der 30er Jahre
schloss sie sich der Widerstandsorganisation »Rote Kapelle« um A. Harnack und H.
und L.→Schulze-Boysen an und stellte
ihre Wohnung für Funkkontakte mit der

Sowjetunion zur
Verfügung. Im
September 1942
wurde S. verhaf-
tet, wegen »Bei-
hilfe zur Vorbe-
reitung eines
hochverräteri-
schen Unterneh-
mens« vom
Reichskriegsgericht zum Tode verurteilt
und im Gefängnis Berlin-Plötzensee hingerichtet.
Lit.: Molkenbuhr, N., Hörhold, K., O. S., Tänzerin, Bildhauerin, Antifaschistin. Eine Dokumentation, Berlin 1983

Schrader-Breymann, (Johanne Juliane)
Henriette, geb. Breymann
Pädagogin
14.9.1827 (Mahlum b. Braunschweig) –
25.8.1899 (Schlachtensee – heute zu Berlin)
Von 1848 an besuchte S.-B. die Erziehungsanstalt ihres Onkels, des Pädagogen
F. Fröbel, und ließ sich zur Kindergärtnerin
und Lehrerin ausbilden. 1854 gründete sie
nach Fröbels Prinzipien ein eigenes Erziehungsheim, das »Watzumer Institut« für
Mädchen. Ihre pädagogischen Erfolge
brachten ihr auch im Ausland Anerkennung, so wurde sie in Belgien, Schottland
und der Schweiz zu Vorträgen über Kindergärten und Frauenbildung eingeladen.
1872 heiratete sie den Juristen K. Schrader,
mit dem sie nach Berlin zog. Dort gründete
sie den »Verein für Volkskindergärten und
Volkserziehung« und das »Pestalozzi-Fröbel-Haus«, eine Einrichtung, die u.a. ein
Seminar für Kindergärtnerinnen sowie eine
Haushaltungs- und Kochschule umfasste.
Für die Weltausstellung in Chicago 1893
organisierte S.-B. innerhalb der deutschen
Wohlfahrtsausstellungen die Bereiche
Kleinkinderfürsorge und Frauenbildung.
Sie veröffentlichte u.a. »Der Volkskinder-
garten« (1885).
Lit.: Berger, M., H. S.-B. Leben und Wirken
einer Pionierin der Mädchenbildung und des
Kindergartens, Frankfurt a. M. 1999

Schratt, (Maria) Katharina
Schauspielerin
11.9.1853 (Baden b. Wien) – 17.4.1940 (Wien)
Ausgebildet wurde S., die aus einer wohlhabenden Kaufmannsfamilie stammte, an
einer privaten Theaterakademie in Wien,
spielte nach Auftritten in Baden und in
Wien 1872 eine Saison am Hoftheater in
Berlin und war anschließend bis 1881 am
Wiener Stadttheater engagiert. Die Ehe mit
dem ungarischen Diplomaten M. Kiss de
Ittebe, mit dem sie einen Sohn hatte, hielt
nur kurz. Nach Gastspielen in New York
und St. Petersburg gehörte S. 1883–1900
zum Ensemble des Wiener Burgtheaters.

Zu ihren Glanzrollen zählten die Katharina in »Der Widerspenstigen Zähmung« und die Elise in »Der Geizige«. Seit 1883 war S. Vorleserin der Kaiserin →Elisabeth. Mit deren Mann, Kaiser Franz Joseph I., verband sie eine jahrzehntelange enge Freundschaft. Kurz vor seinem Tod ging sie mit ihm im erzbischöflichen Palais in Wien eine so genannte »Gewissensehe« ein, die geheim gehalten wurde.
Lit.: Markus, G., K. S., die heimliche Frau des Kaisers, München-Berlin-Wien 1988
Hamann, B. (Hg.), Meine liebe gute Freundin. Briefe von Kaiser Franz Joseph an K. S., München 1991

Schreiber-Krieger, Adele, geb. Schreiber
Frauenrechtlerin
29.4.1872 (Wien) – 18.2.1957 (Zürich)
Die Tochter eines assimilierten jüdischen Arztes erhielt eine umfassende Ausbildung. Nach dem Besuch der London School of Economics hörte sie in Berlin fünf Semester Nationalökonomie und arbeitete dann als Journalistin. S.-K., die zum radikalen Flügel der bürgerlichen Frauenbewegung gehörte, setzte sich für die Friedensbewegung ein und befürwortete eine Erziehungs- und Sexualreform. 1904 war sie Mitbegründerin des »Weltbundes für Frauenstimmrecht und staatsbürgerliche Mitarbeit« und wurde dessen Vizepräsidentin. Außerdem war sie Herausgeberin der Zeitschrift »Die Staatsbürgerin«, des Presseorgans des »Deutschen Reichsverbands für Frauenstimmrecht«. Ihr besonderes Engagement galt dem Mutter- und Kinderschutz. Dazu veröffentlichte S.-K. u.a. »Mutterschaft« (1912) und schrieb das Drehbuch zu dem Stummfilm »Die im Schatten leben« (1917). 1918 trat sie in die SPD ein und war 1920–24 und 1928–32

Abgeordnete im Reichstag. Nach der Regierungsübernahme durch die Nationalsozialisten emigrierte sie in die Schweiz und 1939 nach England, wo sie im Auftrag des britischen Informationsministeriums deutschen Kriegsgefangenen Unterricht in Demokratie erteilte. Seit Kriegsende lebte sie in der Schweiz und wurde 1947 Vizepräsidentin der »International Women Alliance«. S.-K. war seit 1903 mit dem Arzt R. Krieger verheiratet.
Lit.: Huber, A. (Hg.), Frauen in der Politik – Die Sozialdemokratinnen, Stuttgart-Herford 1984

Schroeder, Louise Dorothea Sophie
Politikerin
2.4.1887 (Altona – heute zu Hamburg) – 4.6.1957 (Berlin)
S., die aus einer sozialdemokratischen Arbeiterfamilie stammte, besuchte eine Gewerbeschule und war seit 1902 als kaufmännische Angestellte bei einer Versicherung tätig. Seit 1918 arbeitete sie am Altonaer Fürsorgeamt, dessen Leitung sie 1923–25 inne hatte. Von 1910 an war sie Mitglied der SPD, 1915–18 im Vorstand des Ortsvereins Altona-Ottensen und anschließend bis 1933 im Bezirksvorstand Schleswig-Holstein. 1919 wurde S. Mitglied der Verfassunggebenden Nationalversammlung und saß 1920–33 als Abgeordnete im Reichstag. Außerdem war sie 1929–33 Stadtverordnete

in Altona. Sie befasste sich besonders mit sozialpolitischen Themen, u.a. dem Jugend- und Mütterschutz, der Gleichbe-

handlung lediger Mütter, der Erhaltung des Achtstundentages sowie der Bekämpfung der Arbeitslosigkeit und des Alkoholismus. 1933 verlor S. alle Ämter und wurde arbeitslos. Zunächst eröffnete sie in Hamburg einen kleinen Brotladen, zog aber dann nach Berlin und arbeitete in der Sozialabteilung einer Baufirma. Nach Kriegsende übernahm sie zahlreiche Ämter in der SPD, u.a. war sie Mitherausgeberin der Theoriezeitschrift »Das Sozialistische Jahrhundert« und als erste Frau in Deutschland stellvertretende Landesvorsitzende. 1946 wurde sie in die Stadtverordnetenversammlung von Berlin gewählt. Da der gewählte Oberbürgermeister E. Reuter wegen einer sowjetischen Intervention von den Alliierten Behörden nicht bestätigt wurde, amtierte S. von Mai 1947 bis Dezember 1948 als Oberbürgermeisterin von Berlin und wurde anschließend Stellvertreter des Oberbürgermeisters. Als Oberbürgermeisterin hatte die resolute Politikerin maßgeblichen Anteil an der Aufhebung der Berliner Blockade. 1948–49 war sie Präsidentin des Deutschen Städtetages, 1948–56 Mitglied im Parteivorstand der SPD, 1949 deutsche Delegierte für den Europarat in Straßburg und 1949–57 Bundestagsabgeordnete. Kurz vor ihrem Tod wurde ihr die Ehrenbürgerschaft der Stadt Berlin verliehen.
Lit.: Koerfer, M., L. S., Berlin 1987
Michalski, B., L. S.s Schwestern, Bonn 1996

Schröder, Sophie Antoniette, geb. Bürger
Schauspielerin
1.3.1781 (Paderborn) – 25.2.1868 (München)
Bereits als Zehnjährige trat S., die aus einer Schauspielerfamilie stammte, in Kinderrollen auf. Mit 14 Jahren heiratete sie den Schauspieler J. Stollmer und nach ih-

rer Scheidung 1804 den Schauspieler und Sänger Friedrich S. Ihr erstes Engagement hatte sie 1801–13 in Hamburg und spielte ab 1803 mit großem Erfolg tragische Rollen. 1814–15 war sie am Deutschen Theater in Prag engagiert und anschließend bis 1829 am Hofburgtheater in Wien. Danach wirkte sie fünf Jahre am Hoftheater in München, bis sie 1836 ans Hofburgtheater nach Wien zurückkehrte, wo sie 1839 ihre letzte Vorstellung gab. Als Interpretin tragischer Rollen, vor allem als Medea, Lady Macbeth und Maria Stuart, erlangte S. große Berühmtheit. Sie galt als die größte Tragödin ihrer Zeit. S. war die Mutter von W.→Schröder-Devrient.

Schröder-Devrient, Wilhelmine, geb. Schröder
Sängerin
6.12.1804 (Hamburg) – 26.1.1860 (Coburg)
Die Tochter der Schauspielerin S.→Schröder debütierte nach dem Gesangsunterricht in Wien 1821 als Pamina in »Die Zauberflöte« im Wiener Kärntnertor-Theater. 1822 brillierte sie als Leonore in »Fidelio« und wurde zu einer der gefeiertsten Sängerinnen Europas. Die dramatische Sopranistin begeisterte nicht nur mit ihrer Stimme, sondern auch mit ihrer Darstellungskunst. 1823–47 war sie Ensemblemitglied der Dresdner Hofoper und feierte dort vor allem bei den Uraufführungen der Wagner-Opern »Rienzi« (als Adriano), »Der fliegende Holländer« (als Senta) und »Tannhäuser« (als Venus) große Erfolge. 1849 wurde S.-D. aus Dresden ausgewiesen, weil sie sich am Maiaufstand beteiligt hatte. Seit 1856 gab sie als Liedsängerin Konzerte in Berlin. Verheiratet war sie in erster Ehe 1823–28 mit dem Schauspieler K. A. Devrient, in zweiter Ehe 1847–48 mit ei-

nem Offizier und in dritter Ehe seit 1850
mit einem Gutsbesitzer.
Lit.: Hagemann, K., W. S.-D., Wiesbaden 1947

Schröter, Corona Elisabeth Wilhelmine
Schauspielerin
14.1.1751 (Guben, Oder) – 23.8.1802
(Ilmenau)
In Leipzig zur Sängerin und Schauspielerin
ausgebildet, debütierte S. dort 1765 bei einem Gewandhauskonzert und wurde zehn
Jahre lang begeistert gefeiert. 1776 kam
sie als »Hofsängerin auf Lebenszeit« an das
Weimarer Hoftheater der Herzogin →Anna
Amalia von Sachsen-Weimar-Eisenach
und wurde zu einer der bedeutendsten Persönlichkeiten am dortigen so genannten
»Musenhof«, einem Kreis aus Künstlern
und Gelehrten. Ihren größten Erfolg feierte
sie in der Titelrolle von »Iphigenie auf Tauris« 1779 bei der Uraufführung. S., die aus
Standesgründen großen Wert darauf legte,
nicht als »Berufsschauspielerin« zu gelten,
zog sich von der Bühne des Weimarer
Hoftheaters zurück, als es seinen Status als
»Liebhabertheater« aufgab. Als Freundin
der Herzogin blieb sie am Weimarer Hof,
trat als Kammersängerin auf, komponierte
Lieder sowie das Singspiel »Die Fischerin«
nach einem Goethe-Text und malte. 1798
zog sie sich aus gesundheitlichen Gründen
nach Ilmenau zurück.
Lit.: Hecker, J., Corona: Das Leben der Schauspielerin C. S., Arnstadt 1996

Schroth, Hannelore Emilie Käthe Grete
Schauspielerin
10.1.1922 (Berlin) – 7.7.1987 (München)
Nach der Schauspielausbildung trat die
Tochter der Schauspielerin K.→Haack 1930
zum ersten Mal in einem Film auf. Es folgten zahlreiche weitere Filmrollen, meist in
Unterhaltungsfilmen. 1938 debütierte sie
auf der Theaterbühne in Bremen, später
war sie u.a. am Theater in der Josefstadt in
Wien, an den Münchner Kammerspielen,
an der Berliner Schaubühne und am Hamburger Thalia-Theater engagiert. Große Erfolge feierte sie als Jenny in »Die Dreigroschenoper« und in der Titelrolle von »Der
Besuch der alten Dame«. S. war mit dem
Unterwasserforscher H. Hass verheiratet.

Schütz-Wolff, Johanna
Malerin, Teppichweberin
20.7.1896 (Halle a. d. Saale) – 30.8.1965
(Söcking b. Starnberg)
S.-W. begann ihre Studien an der Kunstschule in Halle und übernahm dort
1920–25, nach Abschluss der Münchner
Akademie, eine Lehrtätigkeit. Seit Anfang
der 30er Jahre lebte sie in Hamburg. Die
erste Sonderausstellung ihrer expressionistischen Bilder hatte die Künstlerin 1931
im Essener Folkwang-Museum. Nach
Kriegsende schuf S.-W. vor allem surrea-
listische Bildteppiche, wobei sie den Faden
während des Webens färbte und keine far-
bigen Kartons zu Hilfe nahm. Ihre Teppiche wurden von vielen großen Museen
gekauft, u.a. vom Museum für Kunst und
Gewerbe in Hamburg.

Schulhoff, Esther
Münzmeisterin
1649 (vermutlich Bacharach) – 1714 (Berlin)
Die Tochter eines jüdischen Kaufmanns
aus Prag, der sich nach dem 30-jährigen
Krieg mit seiner Familie im Westen
Deutschlands niedergelassen hatte, be-
suchte einige Jahre die jüdische Schule.
Als junges Mädchen wurde sie mit
I. Aarons verheiratet, der für Friedrich
Wilhelm von Brandenburg, den »Großen

Kurfürsten«, Steuern eintrieb sowie Zwangsanleihen aufnahm und dafür die Sondererlaubnis erhalten hatte, sich in Berlin anzusiedeln. 1665 wurde Aarons in den Beamtenstand aufgenommen und führte als so genannter »Hofjude« alle Finanzgeschäfte des Kurfürsten durch. Als Aarons, mit dem S. drei Kinder hatte, Anfang der 1670er Jahre starb, wurde sie vom Kurfürsten zu seiner Nachfolgerin ernannt, denn sie war mit der Geschäftstätigkeit ihres verstorbenen Mannes genauestens vertraut. Mit etwa 25 Jahren heiratete S. den verwitweten Juwelenhändler J. Liebmann, der sie in den Edelsteinhandel einführte. Gemeinsam beriet das Paar den Kurfürsten bei umfangreichen Investitionen in Juwelen. 1668 wurde Liebmann zum Hofjuwelier ernannt, und Ende des Jahrhunderts zählte das Ehepaar als so genannte »Finanzjuden« zu den Reichsten Deutschlands. Nach dem Tod Liebmanns 1702 setzte S. bei König Friedrich I., dem Nachfolger des 1688 verstorbenen Kurfürsten, durch, dass sie wiederum das Amt ihres verstorbenen Mannes übernehmen durfte und zur »Hofjuwelierin« ernannt wurde. Damit war sie für alle königlichen Finanzen zuständig und beschaffte u.a. durch Transaktionen an den Börsen von London und Amsterdam Geld für die aufwendige Hofhaltung und die ehrgeizigen Baupläne Friedrichs I. Schließlich wurde S. – auf ihren eigenen Vorschlag – vom König zur Münzmeisterin Preußens ernannt und war damit zuständig für den Gold- und Silbergehalt der Münzen. Als erste Frau in Europa bestimmte S. den Währungswert und die Finanzpolitik eines ganzen Landes. Unter Friedrichs I. Sohn, Friedrich Wilhelm I., der den höfischen Prunk seines Vaters als Geldverschwendung verurteilte, verlor S.

1713 ihre Machtposition. Sie wurde unter Hausarrest gestellt, Vorwürfe der Unehrlichkeit erwiesen sich allerdings als haltlos.
Lit.: Hoffer, G., Zeit der Heldinnen, München 1999

Schulze-Boysen, Libertas, geb. Haas-Heye
Widerstandskämpferin
20.11.1913 (Paris) – 22.12.1942 (Berlin)
1931 legte die Tochter eines Kunstprofessors das Abitur an einem Lyzeum in Zürich ab. Nach einem Aufenthalt in England war sie seit 1933 als Pressereferentin bei der Filmgesellschaft Metro-Goldwyn-Mayer in Berlin beschäftigt. 1936 heiratete sie Harro S.-B., einen Mitarbeiter in der Nachrichtenabteilung des Reichsluftfahrtministeriums, der bereits einen kleinen Widerstandskreis führte und Informationen an die Sowjetbotschaft in Berlin weitergab. S.-B., die seit 1933 Mitglied der NSDAP war, trat aus der Partei aus und schloss sich der Widerstandsgruppe ihres Mannes an, die ab 1938 mit A. und M.→Harnack zusammenarbeitete und unter dem Namen »Rote Kapelle« bekannt wurde. U.a. sammelte S.-B. Bilddokumente über nationalsozialistische Verbrechen, die sie aus der Kulturfilmzentrale des Propagandaministeriums entwendete, und half bei der Herstellung antifaschistischer Flugblätter. Im Sommer 1942 wurde die »Rote Kapelle« enttarnt und mehr als 130 ihrer Mitglieder wurden verhaftet, darunter Anfang September 1942 auch S.-B. und ihr Mann. Beide wurden wegen »Vorbereitung zum Hochverrat« vom Reichskriegsgericht zum Tode verurteilt und im Gefängnis Berlin-Plötzensee hingerichtet.
Lit.: Coppi, H. u.a. (Hgg.), Die Rote Kapelle im Widerstand gegen den Nationalsozialismus, Berlin 1994

Schumacher, Elisabeth, geb. Hohenemser
Widerstandskämpferin
28.4.1904 (Darmstadt) – 22.12.1942 (Berlin)
Nach der Ausbildung zur Grafikerin in
Berlin arbeitete S. im Deutschen Arbeits-
schutzmuseum als freie Mitarbeiterin. Sie
schloss sich der Widerstandsorganisation
»Rote Kapelle« um H. und L.→Schulze-
Boysen und A. und M.→Harnack an und
beschaffte u.a. Dokumente der Reichsstelle
für Arbeitsschutz in Berlin, die Kriegsziele
aufdeckten. Dieses Material diente zum
Verfassen antifaschistischer Schriften.
Außerdem hatten S. und ihr Mann, der
Bildhauer Kurt S., seit Beginn des Krieges
gegen die Sowjetunion 1941 Kontakt zu
einem sowjetischen Diplomaten und ver-
steckten einen sowjetischen Agenten. 1942
wurde das Ehepaar S. verhaftet, zum Tode
verurteilt und im Gefängnis Berlin-Plötzensee hingerichtet.
Lit.: Elling, H., Frauen im deutschen Widerstand 1933–1945, Frankfurt a. M. 1978

Schumann, Clara, geb. Wieck
Musikerin
13.9.1819 (Leipzig) – 20.5.1896 (Frankfurt
a. M.)
Ab dem fünften Lebensjahr wurde S. von
ihrem Vater, einem Klavierpädagogen, als
Pianistin ausgebildet und in Musiktheorie
unterrichtet. 1830 trat sie im Leipziger Ge-

wandhaus zum
ersten Mal öf-
fentlich auf und
wurde als »Wun-
derkind« gefeiert.
Es folgten Kon-
zertreisen durch
Deutschland,
nach Paris
(1832), Prag,

Wien und Budapest (1837–38). Als erste
Ausländerin wurde sie vom österreichischen Kaiser zur »k. u. k. Kammervirtuosin« ernannt. Zum eigenen Gebrauch komponierte sie bereits um diese Zeit virtuose
Klavierstücke. 1840 heiratete sie gegen den
Willen ihres Vaters den Komponisten
Robert S., mit dem sie bis 1844 in Leipzig,
dann in Dresden und ab 1850 in Düsseldorf lebte. Auch nach ihrer Heirat und obwohl sie bis 1854 acht Kinder bekam,
setzte S. ihre Karriere als Konzertpianistin
fort. Zudem komponierte sie zahlreiche
Lieder, ein Klaviertrio (1846), drei Roman-
zen für Violine und Klavier (1853) sowie
mehrere Klavierstücke. Ein Jahr nach dem
Tod ihres Mannes 1856 zog sie nach Berlin, lebte ab 1863 für zehn Jahre in Baden-
Baden und ab 1873 wieder in Berlin. 1878
übersiedelte sie nach Frankfurt a. M. und
hatte dort eine Professur für Klavier am
Hoch'schen Konservatorium inne. Mit Unterstützung des Komponisten J. Brahms,
mit dem sie bis an ihr Lebensende eng befreundet blieb, veröffentlichte sie den
Nachlass ihres Mannes. Bis ins hohe Alter
gab S., die eine hervorragende Interpretin
der Werke ihres Mannes sowie L. van
Beethovens, F. Chopins und J. Brahms'
war, Konzerte.
Lit.: Borchard, B., C. S. – ihr Leben, Berlin 1991
Reich, N. B., C. S. Romantik als Schicksal, eine
Biographie, Reinbek 1991
Held, W., Manches bleibt in Nacht verloren.
Die Geschichte von C. und Robert S., Frankfurt
a. M. 1998

Schumann-Heink, Ernestine, geb. Rössler
Sängerin
15.6.1861 (Lieben b. Prag) – 17.11.1936
(Hollywood/USA)
Ihr Debüt gab die Tochter einer Altistin

nach dem Gesangsunterricht 1878 an der Hofoper in Dresden – ebenfalls als Altistin. Dort erhielt sie auch ihr erstes Engagement, wurde aber nach vier Jahren entlassen, weil sie ohne Zustimmung der Theaterleitung den Theatersekretär E. Heink geheiratet hatte. Nach Auftritten in Berlin an der Kroll-Oper war S.-H. 1883–99 Ensemblemitglied der Hamburger Oper und absolvierte dort im Monat bis zu 20 Auftritte. Unter dem Dirigenten G. Mahler feierte sie seit 1892 Triumphe an der Londoner Covent Garden Opera in Wagner-Opern, ebenso wie 1896–1914 bei den Bayreuther Festspielen. 1897 wurde sie an die Metropolitan Opera in New York verpflichtet und trat dort bis 1932 auf. In den USA, deren Staatsangehörigkeit sie 1908 annahm, war sie zudem als Konzert- und Recitalsängerin sehr erfolgreich. S.-H. hatte sieben Kinder und war in zweiter Ehe mit dem Regisseur P. Schumann verheiratet.
Lit.: Kesting, J., Die großen Sänger des 20. Jhs., Düsseldorf 1993

Schurman, Anna Maria van
Gelehrte
5.11.1607 (Köln) – 14.5.1678 (Wieuwert/ Niederlande)
Die Tochter einer flämischen Protestantenfamilie wurde im katholischen Köln geboren und lebte später in Utrecht. Neben einer intensiven religiösen Erziehung erhielt sie gemeinsam mit ihren Brüdern Lateinunterricht und bildete sich nach dem damaligen Ideal des Polyhistorismus weiter: Sie lernte etwa zehn Fremdsprachen, darunter Arabisch, Syrisch, Griechisch und Hebräisch und beschäftigte sich intensiv mit den philosophisch-theologischen Disziplinen, Mathematik und Naturwissenschaften sowie bildender Kunst und Musik.

Dabei wurde S. vor allem von ihrem Vater unterstützt, der ihr noch kurz vor seinem Tod 1623 abriet, zu heiraten und die Wissenschaft aufzugeben. Als 1636 die Universität von Utrecht ausgebaut wurde, erhielt S., die als beste Latinistin der Stadt galt und auch »zehnte Muse« und »holländische Sappho« genannt wurde, den Auftrag, das Festgedicht zu verfassen. Doch als sie mit dem Studium der protestantischen Theologie beginnen wollte, erhielt sie als Frau keine Zulassung. Stattdessen wurde eine Sonderregelung gefunden: In einer verdeckten Loge im Vorlesungssaal des alten Domes durfte S. Vorlesungen und Disputationen, u.a. von Descartes, anhören. 1638 veröffentlichte einer ihrer zahlreichen gelehrten Briefpartner ihre lateinische Abhandlung »Amica dissertatio inter A. M. Schurmanniam et Andream Rivetum de capacitate ingenii muliebris ad scientias« (»Freundschaftliche Disputation zwischen A. M. S. und Andreas Rivet über die Eignung des weiblichen Verstandes zur Gelehrsamkeit«). Darin, wie auch in späteren Veröffentlichungen, führte S. mit logischen Argumenten den Beweis dafür, dass auch Frauen Wissenschaft betreiben sollten. In den 1660er Jahren schloss sie sich dem zum Calvinismus konvertierten Jesuiten J. de Labadie und seiner frühpietistischen Sekte an, mit der sie – immer wieder verfolgt – in Amsterdam, in der protestantischen Reichsabtei Herford bei →Elisabeth von der Pfalz, in Altona und Westfriesland lebte. In ihrer Autobiografie »Eukleria oder die Erwählung des besten Theils« (1673–78) distanzierte sich S. zum Entsetzen ihrer gelehrten Zeitgenossen vom »nichtigen« intellektuellen Bildungsstreben.
Lit.: Franken, I., Kling-Mathey, C., Köln der Frauen, Köln 1992

Schwarz, Sibylla

Dichterin

14.4.1621 (Greifswald) – 31.7.1638 (ebd.)

S., die aus einer wohlhabenden Familie stammte, erhielt eine umfassende Ausbildung. Unterstützt von ihrem Bruder sowie ihrem Lehrer S. Gerlach, begann sie bereits als Zehnjährige, Gedichte zu schreiben, zunächst Gelegenheitsgedichte zu Festtagen, später auch Sonette und Oden. Auch das Fragment eines »Susanna«-Dramas sowie die Schäfererzählung »Faunus« sind überliefert. S.s Vorbild war der Dichter M. Opitz. Als sie nur 17-jährig an einer Darminfektion starb, hinterließ sie ein umfangreiches Werk. Es wurde 1650 unter dem Titel »Deutsche Poetische Gedichte« von ihrem Lehrer herausgegeben.

Lit.: Ziefle, H., S. S. Leben und Werk, Bonn 1975

Schwarzenbach, Annemarie

Publizistin

23.5.1908 (Zürich) – 15.11.1942 (Sils-Baselgia b. St. Moritz)

Nach dem Studium in Paris, Berlin und Zürich und der Promotion im Fach Geschichte 1931 lebte die Tochter eines Textilfabrikanten in Berlin und arbeitete als Journalistin und Fotoreporterin. Seit 1933 bereiste sie die Sowjetunion, den Vorderen Orient, Afghanistan und Afrika. Ihre Reiseberichte erschienen u.a. in der »Neuen Zürcher Zeitung«. Seit 1930 verband sie eine enge Freundschaft mit Klaus und E.→Mann, die sie sowohl in ihrem antifaschistischen Engagement als auch finanziell unterstützte. 1935 heiratete S., die sich zu Frauen hingezogen fühlte, einen homosexuellen französischen Diplomaten und reiste mit ihm nach Persien. Dort schrieb sie ihren besten und sehr erfolgrei-

chen Roman »Das glückliche Tal« (1940). 1940 zog sie in die USA, gründete die Exilzeitschrift »Die Sammlung« und engagierte sich im »Emergency Rescue Committee«. Nach einem Jahr kehrte S., die seit Anfang der 30er Jahre morphiumsüchtig war und mehrere Selbstmordversuche unternommen hatte, in die Schweiz zurück. Sie starb an den Folgen eines Fahrradunfalls. Nach ihrem Tod verbrannte ihre Mutter einen Großteil ihres Nachlasses. Ende der 80er Jahre wurde ihr Werk wieder entdeckt und neu aufgelegt.

Lit.: Georgiadou, A., Das Leben zerfetzt sich mir in tausend Stücke. A. S., eine Biografie, Frankfurt a. M. 1995

Müller, N., Grente D., Der untröstliche Engel. Das ruhelose Leben der A. S., München 1995

Schwarzhaupt, Elisabeth

Politikerin

7.1.1901 (Frankfurt a. M.) – 29.10.1986 (ebd.)

Die Tochter eines Pädagogen studierte Jura, arbeitete 1930–32 in Frankfurt a. M. in der Rechtsauskunftstelle und Rechtsschutzstelle für Frauen und anschließend als Hilfsrichterin am Amts- und Landgericht. Ab 1933 war sie für den »Deutschen Rentnerbund« in Berlin und ab 1936 für die Deutsche Evangelische Kirche tätig. Nach dem Zweiten Weltkrieg trat S., die 18-jährig Mitglied der Deutschen Volkspartei geworden war, in die CDU ein, für die sie 1953–69 dem Bundestag angehörte. 1957 wurde sie in den Fraktionsvorstand gewählt und leitete 1961–63 als erste weibliche Ministerin der Bundesrepublik das Gesundheitsministerium. S. setzte sich vor allem für Fraueninteressen und die Reform des Eherechts ein. 1970–72 war sie Vorsitzende des »Deutschen Frauenrats«.

Lit.: Hellwig, R. (Hg.), Frauen in der Politik –

Die Christdemokratinnen, Stuttgart-Herford 1984

Schwerin, Jeanette, geb. Abarbanell
Frauenrechtlerin
21.11.1852 (Berlin) – 14.7.1899 (ebd.)
S. stammte aus einer jüdischen Arztfamilie. Seit 1888 war sie Vorstandsmitglied des »Vereins Frauenwohl«, rief mit M.→Cauer die »Mädchen- und Frauengruppen für soziale Hilfsarbeit« ins Leben, die sie auch leitete, und legte damit den Grundstein für professionelle Sozialarbeit in Deutschland. Seit 1896 war sie im Vorstand des »Bundes Deutscher Frauenvereine« (BDF) tätig und führte mit M.→Stritt dessen »Kommission für Arbeiterinnenschutz«, die Arbeiterinnen Hilfe zur Selbsthilfe anbot. 1899, noch kurz vor ihrem Tod, übernahm S. die Leitung des neu gegründeten »Centralblatts des BDF«. Mit ihrem Mann gründete sie 1892 die »Gesellschaft für Ethische Kultur«, die u.a. Hilfsbedürftigen Informationen über Wohlfahrtseinrichtungen zukommen ließ.
Lit.: Weiland, D., Geschichte der Frauenemanzipation in Deutschland und Österreich, Düsseldorf 1983

Schwichtenberg, Martel
Grafikerin
5.6.1896 (Hannover) – 31.7.1945 (Sulzburg i. Breisgau)
Nach Privatunterricht in Hannover besuchte S. 1913–16 eine Kunstschule in Düsseldorf und anschließend die Kunstgewerbeschule. 1917–18 war sie zusammen mit dem Bildhauer und Architekten B. Hoetger in Hannover für die Keksfabrik Bahlsen tätig und entwarf Werbeprospekte und Verpackungen. Außerdem schuf sie Glasfenster und Wandmalereien für die Fabrik. Während der Sommermonate hielt sie sich in Worpswede auf. Nach ihrer Heirat mit dem Maler W.-R. Huth 1919 zog sie 1920 nach Berlin, Studienreisen führten sie nach Italien, Spanien, Dänemark, Nordafrika und Frankreich. 1933 emigrierte S. über Italien nach Südafrika und betrieb dort eine Töpferei. 1939 lebte sie für kurze Zeit in New York, später im Schwarzwald. Ihre Werke befinden sich heute in zahlreichen Museen Norddeutschlands.
Lit.: Oedekoven-Gerischer, A. u.a. (Hgg.), Frauen im Design. Berufsbilder und Lebenswege seit 1900, Ausstellungskatalog, Stuttgart 1989

Schwimmer, Eva Lizzie Toni, geb. Goetze
Grafikerin
19.3.1901 (Gut Kalkstein b. Fischhausen – heute Primorsk/Russland) – 20.5.1986 (Berlin)
1918–21 studierte S., die aus einer Landwirtsfamilie stammte, an der Akademie für Grafik und Buchgewerbe in Leipzig. 1922 heiratete sie den Grafiker Max S., mit dem sie ein Jahr in Berlin lebte und dann nach Leipzig zurückkehrte. Von den Nationalsozialisten wurde das Paar, das zwei Kinder hatte, nach 1933 mit Arbeitsverbot belegt. Nach der Scheidung lebte S. in Berlin und schuf neben ihrer Arbeit als Malerin Entwürfe für Plakate und Schmuck. Nach dem Zweiten Weltkrieg war sie an der Hochschule für angewandte Kunst in Berlin-Weißensee als Professorin für Illustration tätig, wurde jedoch 1950 aus politischen Gründen entlassen und siedelte nach West-Berlin über. Dort arbeitete sie als Illustratorin für Zeitungen und Zeitschriften, für die sie auch Erzählungen und Gedichte schrieb. 1953–60 entwarf sie die Plakate für die Berliner Festwochen. S. erhielt

zahlreiche Auszeichnungen, darunter den Kunstpreis für Grafik der Stadt Berlin.

Seebach, Marie
Schauspielerin
24.2.1829 (Riga) – 3.8.1897 (St. Moritz)
S., die schon früh in Kinderrollen aufgetreten war, debütierte 1846 in Nürnberg und war anschließend in Kassel, Hamburg, Wien und Hannover engagiert. 1867–87 unternahm sie Gastspielreisen, u.a. durch Amerika und Russland, und gehörte danach bis kurz vor ihrem Tod zum Ensemble des Königlichen Schauspielhauses in Berlin. Sie spielte vor allem klassische, naiv-sentimentale und tragische Rollen. Trotz einer schweren Erkrankung 1894 trat sie weiter auf. Unterstützt und gepflegt wurde S. von ihrer Schwester Wilhelmine S. (1832–1911), die ebenfalls Schauspielerin war und die nach S.s Tod das von ihr 1897 in Weimar gegründete »Marie-Seebach-Stift« für alte, hilfsbedürftige Schauspieler weiterführte.

Seefried, Irmgard
Sängerin
9.10.1919 (Apfeltrach-Köngetried, Allgäu) – 24.11.1988 (Wien)
Nach dem frühen Tod ihres Vaters musste sich S. ihre Gesangsausbildung durch Darbietungen bei Feiern und Kirchenkonzerten verdienen. 1940 wurde sie in Aachen bei einer Aufführung von dem Dirigenten H. v. Karajan entdeckt. 1943 debütierte sie als Eva in »Die Meistersinger von Nürnberg« unter dem Dirigenten K. Böhm an der Wiener Staatsoper, deren Ensemble sie bis zu ihrem Abschied von der Bühne angehörte. Die lyrische Sopranistin begeisterte als gefühlvolle Interpretin in Mozart- und Strauss-Opern, u.a. als Pamina und

Ariadne. Auch als Liedsängerin der Werke von F. Schubert, J. Brahms, B. Bartók und P. Hindemith wurde sie gefeiert. Seit 1946 gastierte sie bei den Salzburger Festspielen, trat bei den Festspielen in Aix-en-Provence sowie an den Opernhäusern von London und New York auf. Verheiratet war S. mit dem Geiger W. Schneiderhan.
Lit.: Fassbind, F., Wolfgang Schneiderhan – I. S., eine Künstler- und Lebensgemeinschaft, Bern 1960

Seele, Gertrud
Widerstandskämpferin
22.9.1917 (Berlin) – 12.1.1945 (ebd.)
Mit 18 Jahren, nach Abschluss der Oberrealschule, begann S., die aus einer Arbeiterfamilie stammte, eine Krankenschwesternausbildung und arbeitete in der Krankenpflege. Während der NS-Zeit versteckte sie verfolgte Juden, ohne entdeckt zu werden. Im Januar 1944 wurde sie wegen regimefeindlicher »defätistischer« und wehrkraftzersetzender« Äußerungen denunziert und verhaftet. Im Dezember 1944 wurde sie zum Tode verurteilt und einen Monat später im Gefängnis Berlin-Plötzensee hingerichtet. S. hinterließ eine dreijährige Tochter.
Lit.: Elling, H., Frauen im deutschen Widerstand 1933–1945, Frankfurt a. M. 1978

**Seghers, Anna (eigtl. Netty Radványi),
geb. Reiling**
Schriftstellerin
19.11.1900 (Mainz) – 1.6.1983 (Berlin)
Die Tochter eines wohlhabenden jüdischen
Kunst- und Antiquitätenhändlers studierte
in Köln und Heidelberg Kunstgeschichte,
Geschichte und Sinologie und wurde 1924
promoviert. Im folgenden Jahr heiratete sie
den ungarischen Schriftsteller und Soziologen L. Radványi, der die »Marxistische
Arbeiterschule« in Berlin leitete. Die sozial
engagierte S. trat 1928 der KPD bei und
1929 dem »Bund proletarisch revolutionärer Schriftsteller«. Für eine ihrer ersten Erzählungen, »Der Aufstand der Fischer von
St. Barbara« (1928), erhielt sie im selben
Jahr den Kleist-Preis. Nachdem sie von
den Nationalsozialisten für kurze Zeit inhaftiert worden war, floh sie 1933 nach
Frankreich und 1941 über Spanien nach
Mexiko. Im Exil engagierte sie sich gegen
das Hitlerregime, war Mitbegründerin der
Zeitschrift »Freies Deutschland« und wurde
Präsidentin des »Heinrich-Heine-Clubs«. In
ihren späteren Romanen, u.a. »Das siebte
Kreuz. Roman aus Hitlerdeutschland«
(1942) – 1944 in Hollywood verfilmt – und
»Transit« (1948), setzte sie sich mit der NS-
Zeit und dem Exil auseinander. 1947
kehrte S. nach Deutschland zurück und
war 1952–78 in Ost-Berlin Vorsitzende des
Schriftstellerverbandes. Obwohl sie als
Kulturfunktionärin dem DDR-Regime stets
loyal gegenüberstand, war ihr Verhältnis
zum sozialistischen Realismus sowie zur
doktrinären DDR-Wirklichkeit nicht span-
nungsfrei. 1947 erhielt S. in Darmstadt den
Georg-Büchner-Preis, 1951, 1969 sowie
1971 den Nationalpreis der DDR, 1981
wurde sie Ehrenbürgerin der Stadt Mainz.
Lit.: Batt, K., A. S., Leipzig 1980

Schrade, A., A. S., Stuttgart 1993
Zehl Romero, C., A. S., Reinbek 1993

Seidel, Ina, geb. Seidel
Schriftstellerin
15.9.1885 (Halle a. d. Saale) – 2.10.1974
(Schäftlarn b. München)
Ihre Kindheit verbrachte S. in Braunschweig, dann lebte sie in Marburg a. d.
Lahn und später in München. 1907 heiratete sie dort ihren Vetter, den Pfarrer und
Schriftsteller Heinrich Wolfgang S., mit
dem sie bis 1914 in Berlin lebte, danach
neun Jahre auf dem Land in Eberswalde
und seit 1923 wieder in Berlin. 1934 zog
das Paar nach Starnberg. Seit der Geburt
ihrer Tochter 1908 war S. gehbehindert.
Ihre ersten Gedichtbände veröffentlichte
sie 1914 und 1915, 1922 erschien ihr
Roman »Das Labyrinth«, 1930 ihr bekanntester und erfolgreichster Roman
»Das Wunschkind«, an dem sie 16 Jahre
gearbeitet hatte. S.s Lyrik ist geprägt von
religiöser Mystik und Patriotismus. In
ihren von Schicksalspathos bestimmten
Prosawerken stehen »das Mütterliche«, das
»Geheimnis des Blutes« sowie »Vererbung
und Eigenleben« im Vordergrund. Hitler
widmete sie anlässlich seines 50. Geburtstags zwei ihn verherrlichende Gedichte.
Obwohl sie dies später als Irrtum bedau-
erte, kommt ihre Nähe zum Nationalsozialismus vor allem in ihrem Roman »Michaela« (1959) zum Ausdruck. S. gehörte nach
1945 zu den meistgelesenen deutschen
Schriftstellerinnen. 1935 erschien ihre
Autobiografie »Meine Kindheit und Jugend. Ursprung, Erbteil und Weg«, 1970
der »Lebensbericht 1885–1923«.
Lit.: Horst, K. A., I. S. Wesen und Werk, 1956
Wagner, F. u.a. (Hgg.), I. S. Eine Biografie in
Bildern, Berlin-Weimar 1994

Seidl, Franziska

Physikerin

1.7.1892 (Wien) – 23.6.1983 (ebd.)

1923 wurde S. nach dem Studium der Physik in Wien promoviert und arbeitete anschließend als Assistentin am Physikalischen Institut der Universität Wien. 1933 habilitierte sie sich, erhielt jedoch erst 1942 eine ordentliche Professur. Ihre Forschungsgebiete waren Ultraschall, Schalloptik sowie elektrisches Verhalten von Isolatoren und Schwingkristall. Sie war die Erfinderin des membranlosen Telefons.

Seidler, Alma

Schauspielerin

18.6.1899 (Leoben) – 8.12.1977 (Wien)

Die Tochter eines kaiserlichen Ministerpräsidenten wurde nach ihrem Debüt 1917 am Volkstheater in Wien 1918 als Hofschauspielerin an das Burgtheater engagiert und trat mit großem Erfolg in klassischen und modernen sowie in tragischen und komischen Rollen auf. S. begeisterte das Publikum durch ihre starke Ausdruckskraft und große Wandlungsfähigkeit. Besonders überzeugte sie als Hedwig in »Die Wildente« und als Hannele in »Hanneles Himmelfahrt«. Zuletzt spielte sie überwiegend Mutterrollen. Ihr zu Ehren wurde 1979 der »Alma-Seidler-Ring« für die bedeutendste Bühnenschauspielerin gestiftet. Verheiratet war sie mit K. Eidlitz.

Seidler, Louise Caroline Sophie

Malerin

15.5.1786 (Jena) – 7.10.1866 (Weimar)

S. verdiente sich ihr Studium durch Nähen, Stricken und Sticken. Ein Stipendium, das sie auf Empfehlung von J. W. v. Goethe ab 1817 von Großherzog Karl August von Sachsen-Weimar-Eisenach erhielt, ermöglichte ihr den Besuch der Akademie in München sowie ab 1818 einen fünfjährigen Italienaufenthalt. Seit 1823 war sie Zeichenlehrerin der Prinzessinnen am Weimarer Hof, wurde 1824 mit der Aufsicht über die Weimarer Gemäldegalerie betraut und 1837 zur großherzoglich-sächsischen Hofmalerin ernannt. S. malte vor allem Portraits und Genrebilder und fertigte Kopien von klassizistischen Kunstwerken an. Aus ihrem handschriftlichen Nachlass wurde 1874 das Buch »Erinnerungen und Leben der Malerin L. S.« (1874) zusammengestellt, das ein wichtiges Dokument der Goethe-Zeit darstellt.

Lit.: Sello, G., Malerinnen aus vier Jhn., Hamburg (3)1997

Seinemeyer, Meta

Sängerin

5.9.1895 (Berlin) – 19.8.1929 (Dresden)

Nach der Gesangsausbildung debütierte S. 1918 am Deutschen Opernhaus in Berlin als Eurydike. 1925 wurde sie Ensemblemitglied der Dresdner Staatsoper und brillierte dort u.a. als Herzogin von Parma in »Doktor Faustus« und als Maddalena in »Andrea Chenier«. Begeistert gefeiert wurde die Sopranistin auch bei Gastspielen in ganz Europa und in den USA. Kurz vor ihrem frühen Tod heiratete sie den Dirigenten F. Weißmann.

Lit.: Kesting, J., Die großen Sänger des 20. Jhs., Düsseldorf 1993

Selbert, Elisabeth, geb. Rohde

Politikerin

22.9.1896 (Kassel) – 9.6.1986 (ebd.)

S. besuchte eine höhere Handelsschule und arbeitete anschließend als Auslandskorrespondentin bei einer Exportfirma und als Beamtenanwärterin im Postdienst. 1920 heiratete sie den gelernten Buchdrucker und späteren Leiter des Kasseler Sozialamtes Adam S., 1921 und 1922 wurden ihre beiden Söhne geboren. Als 30-Jährige legte sie als Externe das Abitur ab und be-

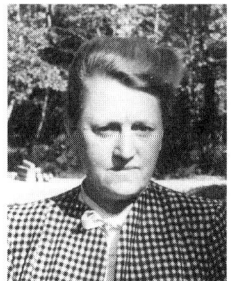

gann mit dem Jura-Studium, zunächst in Marburg a. d. Lahn, dann in Göttingen. Nach dem Referendarexamen 1929 und der Promotion mit einer Arbeit über die »Zerrüttung der Ehe als Scheidungsgrund« legte sie 1934 das Assessorexamen ab. Ende desselben Jahres erhielt sie die Zulassung zur Anwältin. Da ihr Mann aus politischen Gründen als Kommunalbeamter entlassen worden war, ernährte sie während der NS-Zeit mit ihrer Kanzlei die Familie. 1946 wurde S., die 1918 der SPD beigetreten war, in die Verfassunggebende Landesversammlung für Groß-Hessen, in den Parteivorstand der SPD, dem sie zehn Jahre angehörte, sowie in den hessischen Landtag gewählt. Außerdem betrieb sie ihr auf Familienrecht spezialisiertes Anwaltsbüro weiter. 1948 wurde sie in den Parlamentarischen Rat, die Verfassunggebende Versammlung, nach Bonn berufen, in dem 61 Männer und nur vier Frauen vertreten waren. Neben F.→Nadig, H.→Weber und H.→Wessel war sie eine der »Mütter des Grundgesetzes«. In monatelangen kontroversen Diskussionen erstritt S. die Formulierung des Artikels 3.2 »Männer und Frauen sind gleichberechtigt« an Stelle von »Männer und Frauen haben die gleichen staatsbürgerlichen Rechte und Pflichten« sowie die Aufnahme von Artikel

117 »Alle dem neuen Gleichheitsprinzip widersprechenden Gesetze sollen bis Ende März 1953 angepasst werden«, dessen Umsetzung jedoch erst 1963 von E.→Scheffler mit Einschränkungen bestätigt werden konnte. Bis 1958 gehörte S. dem hessischen Landtag an, bis zu ihrem 87. Lebensjahr leitete sie ihre Anwaltskanzlei.

Lit.: Dertinger, A., E. S. – Eine Kurzbiographie, Wiesbaden 1986
Böttger, B., Das Recht der Frauen auf Gleichheit und Differenz. E. S. und der Kampf der Frauen um Art. 3.2 Grundgesetz, Münster 1991

Selinko, Annemarie
Schriftstellerin
1.9.1914 (Wien) – 28.7.1986 (Kopenhagen)
Nach dem Sprach- und Geschichtsstudium an der Universität Wien arbeitete die Tochter eines Großindustriellen zunächst als Journalistin. Ihr erster Roman »Ich war ein häßliches Mädchen« erschien 1937. 1938 heiratete S. den dänischen Diplomaten E. Kristiansen, mit dem sie in Kopenhagen, Stockholm, Paris und London lebte. Während der deutschen Besetzung Dänemarks engagierte sie sich in der dänischen Widerstandsbewegung. Ihr Roman »Desirée« (1951), die Geschichte der Marseiller Seidenhändlerstochter und späteren Königin von Schweden D. Clary, wurde in 25 Sprachen übersetzt und 1956 in Hollywood verfilmt.

Lit.: Wall, R., Verbrannt, verboten, vergessen. Kleines Lexikon deutschsprachiger Schriftstellerinnen 1933–1945, Köln 1988

Sender, Tony (od. Toni)
(eigtl. Sidonie Zippora)
Politikerin
29.11.1888 (Biebrich a. Rhein) – 26.6.1964
(New York)

Bereits als Dreizehnjährige verließ S., deren Vater Kaufmann sowie Vorsteher der jüdischen Gemeinde war, das Elternhaus und besuchte eine Handelsschule in Frankfurt a. M. Sieben Jahre arbeitete sie für eine Frankfurter Metallfirma als kaufmännische Angestellte und zog dann nach Paris. Dort schloss sie sich der Sozialistischen Partei (SFIO) an und fand Kontakt zu J. Jaurès, dem Chefredakteur der Zeitschrift »L'Humanité«. 1915 kehrte sie über die Schweiz nach Deutschland zurück. S., seit 1906 Mitglied der Sozialdemokratischen Partei (SPD), war 1917 Gründungsmitglied der Unabhängigen Sozialdemokratischen Partei Deutschlands (USPD) und wurde 1919 während der Novemberrevolution Generalsekretärin des Vorstands des Arbeiter- und Soldatenrats in Frankfurt a. M.

 Wie ihr Lebensgefährte, der sozialistische Gewerkschaftsführer R. Dissmann, wurde sie dort im selben Jahr auch Stadtverordnete. Außerdem war sie ab 1919 Chefredakteurin der USPD-Zeitung »Volksrecht« und gab ab 1927 auch die »Frauenwelt« heraus. Seit 1920 saß sie für die USPD und seit 1922 für die SPD als Abgeordnete im Reichstag und plädierte als Vertreterin des linken Flügels u.a. 1932 für einen Generalstreik. 1933 emigrierte S. in die Tschechoslowakei, später nach Belgien und 1935 in die USA. Dort war sie journalistisch tätig und arbeitete in jüdischen Organisationen und im »German Council for the Liberation of Germany from Nazism«, dessen Vorstandsmitglied sie 1941 wurde, und in der »Association of Free Germans«. 1943 erhielt sie die amerikanische Staatsbürgerschaft und war ab 1944 Mitglied in der Kommission für die Rechtsstellung der Frau sowie der Menschenrechtskommission der UNO. Nach Kriegsende vertrat sie den Gewerkschaftsdachverband »American Federation of Labour« (AFL) und den »Internationalen Bund Freier Gewerkschaften« (IBFG) bei den Vereinten Nationen. S. veröffentlichte mehrere sozialistische Schriften, darunter »Die Frauen und das Rätesystem« (1919), sowie ihre Erinnerungen unter dem Titel »Autobiography of a German Rebel« (1939).

Lit.: Brinker-Gabler, G. (Hg.), T. S. Autobiographie einer deutschen Rebellin, Frankfurt a. M. 1981

Hild-Berg, A., T. S. (1888–1964). Ein Leben im Namen der Freiheit und der sozialen Gerechtigkeit, Köln 1994

Senfter, Johanna
Komponistin
27.11.1879 (Oppenheim) – 11.8.1961 (ebd.)

Am Hoch'schen Konservatorium in Frankfurt a. M. studierte S. 1895–1903 Kompositionslehre, Klavier, Orgel und Violine, am Konservatorium Leipzig ließ sie sich 1908–09 bei dem Komponisten M. Reger weiterbilden. Sie komponierte vor allem Orchester- und Kammermusik, darunter neun Symphonien. 134 ihrer Werke sind zahlenmäßig erfasst. Kennzeichen ihrer Kompositionen sind kontrapunktische Formen und chromatische Melodieführung.

1948 berief E. Reger S. in das Kuratorium des Max-Reger-Instituts.
Lit.: Olivier, A., Weingartz-Perschel, K., Komponistinnen von A–Z, Düsseldorf 1988

Siebold, Regina Josepha von, geb. Henning
Hebamme
14.12.1771 (Geismar) – 28.2.1849 (Darmstadt)
In erster Ehe war S. mit dem Regierungsrat G. Heiland, dem Vater ihrer Tochter H.→Heidenreich von Siebold, verheiratet. Nach seinem Tod heiratete sie 1795 den Hof- und Medizinalrat Johann Theodor Damian v. S. Von ihm und seinem Bruder erhielt sie 1806–07 eine Ausbildung in Geburtshilfe, so dass sie nach ihrem Examen den Beruf einer Hebamme ausüben durfte. 1813 wurde ihr außerdem die Genehmigung erteilt, Pockenschutzimpfungen zu verabreichen und gemeinsam mit ihrem Mann Hebammen auszubilden. Auf Grund hervorragender Leistungen wurde S. 1819 von der Universität Gießen zur Doktorin »honoriae artis obstetriciae« ernannt.

Siefkes, Wilhelmine (Ps. Wilmke Anners)
Schriftstellerin
4.1.1890 (Leer, Ostfriesland) –
28.8.1984 (ebd.)
S., die den Ideen der Reformpädagogik nahe stand, war seit 1910 als Lehrerin tätig und trat nach dem Ersten Weltkrieg der SPD bei. Seit 1920 veröffentlichte sie Erzählungen sowohl in Hoch- als auch in Niederdeutsch. Als sie sich weigerte, eine Loyalitätserklärung für Hitler zu unterschreiben, wurde sie 1933 aus dem Schuldienst entlassen und erhielt Schreibverbot. Ihr sozial engagierter, in niederdeutscher Mundart geschriebener Roman »Keerlke« erschien 1941 unter ihrem Pseudonym. S. veröffentlichte außerdem Lyrik sowie ihre

zeitgeschichtlich aufschlussreichen »Erinnerungen« (1979).
Lit.: Braukmüller, H., W. S. Über ihr Leben und ihre Arbeit, Leer 1996

Siegemund, Justine, geb. Dittrich
Hebamme
um 1650 (Rohnstock b. Jauer – heute Jawor/Polen) – 1705
Die Pfarrerstochter heiratete mit 19 Jahren. Ein Jahr später wurde sie wegen einer vermeintlichen Schwangerschaft 14 Tage von Hebammen falsch behandelt. Diese Erfahrung festigte in ihr den Entschluss, selbst Hebamme zu werden. Aus Büchern und in der Praxis eignete sie sich im Selbststudium ein umfassendes Wissen an. Fast zwölf Jahre half sie Bäuerinnen bei der Entbindung, wurde dann »Stadt-Wehemutter« in Liegnitz und anschließend von Kurfürst Friedrich Wilhelm als »Hof-Wehemutter« nach Berlin geholt. Ihre Erfahrungen bei der Geburtshilfe legte S. in dem Werk »Die Kur-Brandenburgische Hof-Wehe-Mutter« nieder, reichte es bei der medizinischen Fakultät der Universität Frankfurt a. d. O. ein und erhielt die offizielle Berechtigung zur Berufsausübung. Das Buch, das mit zahlreichen Abbildungen versehen ist, den Geburtsverlauf schildert sowie verschiedene Kindslagen und deren Behandlung beschreibt, erschien 1690, wurde mehrfach aufgelegt und auch ins Holländische übersetzt. Es ist ein wichtiges Dokument der Medizingeschichte.

Siemsen, Anna (Ps. Friedrich Mark)
Pädagogin
18.1.1882 (Mark b. Hamm) – 22.1.1952 (Hamburg)
Nach dem Studium der Germanistik und Philosophie in München, Bonn und Müns-

ter wurde die Pfarrerstochter 1909 promoviert. Zehn Jahre arbeitete sie als Lehrerin, wurde dann ins preußische Volksbildungsministerium nach Berlin berufen und war ab 1923 Honorarprofessorin an der Universität Jena. 1919 trat S. der USPD bei, wechselte 1922 zur SPD, für die sie 1928–30 dem Reichstag angehörte, und wurde 1931 Mitglied der Sozialistischen Arbeiterpartei (SAP). Bereits während des Ersten Weltkriegs war sie dem Bund »Neues Vaterland« beigetreten, aus dem sich später die »Liga für Menschenrechte« entwickelte. Dem Präsidium der deutschen Sektion der Liga gehörte sie bis 1929 an; ebenso war sie im Vorstand der »Deutschen Friedensgesellschaft« und der »Internationalen Frauenliga für Frieden und Freiheit« (IFFF). Nach der Regierungsübernahme durch die Nationalsozialisten emigrierte S. in die Schweiz und erhielt dort durch ihre Heirat mit dem Schweizer W. Vollenweider Aufenthalts- und Arbeitserlaubnis. Nach Kriegsende kehrte sie nach Deutschland zurück und übernahm eine Professur für Literatur und Pädagogik an der Hamburger Universität. Zu ihren Veröffentlichungen zählt u.a. das Werk »Literarische Streifzüge durch die Entwicklung der europäischen Geschichte« (1925).
Lit.: Schneider, D. (Hg.), Sie waren die ersten: Frauen in der Arbeiterbewegung, Frankfurt a. M. 1988

Sieveking, Amalie Wilhelmine
Krankenpflegerin
25.7.1794 (Hamburg) – 1.4.1859 (ebd.)
S. stammte aus einer angesehenen Kaufmanns- und Senatorenfamilie, war aber nach dem frühen Tod der Eltern auf die Wohltätigkeit von Verwandten angewiesen. Einen Beruf zu erlernen wurde ihr nicht

gestattet. Tief in der evangelischen Kirche verwurzelt, setzte sie sich mit religiösen Fragen auseinander und wollte eine »evangelische barmherzige Schwesternschaft« gründen, deren Mitglieder sich der Armenpflege widmen sollten. Als 1831 in Hamburg eine Choleraepidemie ausbrach, rief sie junge Mädchen dazu auf, sich zur Pflege der Kranken zu melden. Doch ihr Aufruf blieb ungehört. Sie selbst begann,

 in einem Krankenhaus als Pflegerin zu arbeiten und erhielt, nach anfänglichem Misstrauen der Ärzte, die Aufsicht über das gesamte Pflegepersonal. 1832 gründete sie mit zwölf Frauen den »Weiblichen Verein für Armen- und Krankenpflege« – damit war sie die Begründerin der weiblichen Vereinstätigkeit in der Armenpflege. S. leitete 27 Jahre den Verein, dem sich schon bald viele Frauen anschlossen und der durch Spenden, u.a. der Königinnen von Dänemark und Preußen, unterstützt wurde.
Lit.: Walter, K. (Hg.), Sanft und rebellisch: Mütter der Christenheit – von Frauen neu entdeckt, Freiburg-Basel-Wien 1990

Simanowi(t)z, Kunigunde Sophie Ludovika, geb. Reichenbach
Malerin
21.2.1759 (Schorndorf b. Stuttgart) – 2.9.1827 (Ludwigsburg)
Durch Vermittlung des Herzogs Carl Eugen von Württemberg, der S.s Talent erkannt hatte, konnte die Tochter eines Militärarztes an der Akademie in Stuttgart studieren.

Mit einem herzoglichen Stipendium vervollständigte sie ihre Ausbildung ab 1789 in Paris. 1791 kehrte sie nach Ludwigsburg zurück und erhielt den Auftrag, die herzogliche Familie zu portraitieren. Einen weiteren Parisaufenthalt brach sie wegen der Revolutionswirren schon bald ab. Seit 1793 lebte sie in Ludwigsburg und malte dort F. v. Schiller und seine Familie. Obwohl S. zahlreiche berühmte Zeitgenossen, u.a. die französische Malerin E. Vigée-Lebrun gemalt hat, ist sie bis heute wegen ihrer Portraits der Schiller-Familie bekannt geblieben. Ab Mitte der 1790er Jahre musste sie ihre Karriere abbrechen, um ihren kranken Mann zu pflegen, mit dem sie seit 1791 verheiratet war. Den Lebensunterhalt verdiente sie durch Malunterricht.

Lit.: Sello, G., Malerinnen aus vier Jhn., Hamburg (3)1997

Simons, Anna
Schriftkünstlerin
8.6.1871 (Mönchengladbach) – 2.4.1951 (Prien, Chiemsee)
Seit 1896 studierte S. an der Königlichen Hochschule für Kunst in London, bestand dort das Zeichenlehrerinnenexamen und ging anschließend an die Düsseldorfer Akademie. 1903 erhielt sie Lehraufträge an der Düsseldorfer Kunstgewerbeschule und an der Akademie für angewandte Kunst in München. Seit 1913 entwarf sie Buchtitel und Initialen für die »Bremer Presse«, einer Druckwerkstatt, in der im Handsatz und auf der Handpresse Bücher hergestellt wurden, die zu den vollkommensten Druckwerken des 20. Jhs. gehören. Im Bereich der Schriftkunst gilt S. als eine der bedeutendsten Gebrauchsgrafikerinnen ihrer Zeit.

Sinjen, Sabine
Schauspielerin
18.8.1942 (Itzehoe) – 18.5.1995 (Berlin)
Bereits als 14-Jährige spielte S. in dem Film »Die Frühreifen«. Es folgten Rollen in zahlreichen weiteren Filmen, u.a. in »Mädchen in Uniform« (1958) und »Es« (1965). 1961 debütierte sie als Bühnenschauspielerin in »Frühlings Erwachen« in der Werkstatt des Berliner Schillertheaters. Seit 1963 war sie u.a. am Theater in der Josefstadt in Wien, am Thalia-Theater in Hamburg und an den Staatlichen Schauspielbühnen in Berlin sowie 1972–74 bei den Salzburger Festspielen engagiert. S., die vor allem als Charakterdarstellerin große Erfolge feierte, spielte auch häufig in Fernsehspielen und -serien. Sie war mit dem Regisseur P. Beauvais verheiratet.

Sintenis, Renée (eigtl. Renata Alice)
Bildhauerin
20.3.1888 (Glatz – heute Kłodzko/Polen) – 22.4.1965 (Berlin)
Ersten Zeichenunterricht erhielt S. an der Kunstschule in Stuttgart und studierte 1908–11 an der Kunstgewerbeschule in Berlin. Auf Wunsch der Eltern musste sie eine Sekretärinnenausbildung absolvieren, bevor sie ihr Studium fortsetzen konnte. Bereits mit ihren ersten Arbeiten war sie sehr erfolgreich. 1914 stellte sie in der Berliner Künstlervereinigung »Secession« aus und verkaufte zahlreiche Skulpturen. Nach dem Ersten Weltkrieg heiratete sie den Grafiker E. R. Weiss, mit dem

sie sich ein gemeinsames Atelier einrichtete. 1929 wurde S. Mitglied der Preußischen Akademie der Künste, aus der sie 1934 von den Nationalsozialisten ausgeschlossen wurde. Einige ihrer Werke wurden 1937 in der Münchner Ausstellung »Entartete Kunst« gezeigt. 1947 wurde S. zur ordentlichen Professorin an der Hochschule für Bildende Künste in Berlin ernannt. Ihr bildhauerisches Werk umfasst weibliche Torsi, Portraitbüsten, u.a. von den Schriftstellern A. Gide und J. Ringelnatz, sowie zahlreiche Selbstportraits, Sportlerfiguren und Tierplastiken. Für ihre Skulptur des Läufers P. Nurmi erhielt sie 1932 den Olympia-Preis, in ihrem Spätwerk sind Tiere vorherrschend. 1948 erhielt S. den Kunstpreis der Stadt Berlin, 1952 wurde sie Mitglied des Ordens »Pour le Mérite«, und 1953 wurde ihr das Große Bundesverdienstkreuz verliehen.
Lit.: Kiel, H., R. S., Berlin 1956
Buhlmann, B. E., R. S. – Werkmonographie der Skulpturen, Darmstadt 1987

Slavona, Maria
(eigtl. Marie Dorette Caroline Schorer)
(Ps. Carl-Maria Pavlona)
Malerin
14.3.1865 (Lübeck) – 10.5.1931 (Berlin)
S., die aus einer angesehenen Lübecker Familie stammte, besuchte 1882–86 die Unterrichtsanstalt des Königlichen Kunstgewerbemuseums, ab 1887 die Schule des Vereins der Berliner Künstlerinnen und studierte 1888–89 in München. 1890 zog sie nach Paris und beteiligte sich unter ihrem Pseudonym an zahlreichen Ausstellungen. Dort heiratete sie 1900 den Schweizer Kunstsammler O. Ackermann. In ihrem Pariser Haus verkehrten Maler, Schriftsteller und Politiker, u.a. K.→Kollwitz, R. M. Rilke, B. v.→Suttner und T. Heuss. 1906 kehrte S. mit ihrer Familie nach Lübeck zurück und lebte ab 1909 in Berlin. Bereits seit 1902 war sie korrespondierendes Mitglied der Berliner Künstlervereinigung »Secession« und wurde 1913 ordentliches Mitglied der »Freien Secession«. Sie schuf vor allem Portraits, Landschaften und Blumenbilder. Zu ihrer Zeit war sie sehr erfolgreich; ihre impressionistischen Gemälde wurden von vielen Sammlern und Museen gekauft. Nach ihrem Tod geriet sie in Vergessenheit und wurde erst in jüngster Zeit wieder entdeckt.
Lit.: Bröhan, M., M. S. 1865–1931, eine deutsche Impressionistin, Lübeck-Berlin 1981

Solar, Lola
Politikerin
13.5.1904 (Brunn am Gebirge, Niederösterreich) – 20.5.1989 (Mödling, Niederösterreich)
Die ausgebildete Zeichenlehrerin unterrichtete seit 1926 an einer Privatschule und seit dem Examen als Hauptschullehrerin 1933 an einer staatlichen Schule in Niederösterreich. Ihr Engagement in der »Vaterländischen Front« führte 1938, nach dem so genannten Anschluss Österreichs, zu ihrer Entlassung aus dem Schuldienst. Nach Kriegsende übernahm S. in Mödling die Landesleitung der Frauenbewegung in der Österreichischen Volkspartei (ÖVP), 1950 die Bundesleitung. 1949–70 war sie Nationalratsabgeordnete der ÖVP. Auf ihre Initiative fand 1953 der erste Kongress christlich-demokratischer Frauen Europas in Salzburg statt. Daraus entwickelte sich die »Europäische Frauenunion«, deren Präsidentin S. 1955–59 war. 1969 gehörte sie zudem zu den Gründerinnen des »Österreichischen Frauenrings«.

Solf, Hanna (eigtl. Johanna), geb. Dotti
Widerstandskämpferin
14.11.1887 (Neuenhagen b. Berlin) –
4.11.1954 (Starnberg)
Mit ihrem Mann, dem Politiker und Diplomaten Wilhelm Heinrich S. lebte S. u.a. auf Samoa und in Tokio. 1928 kehrten beide nach Berlin zurück. Während der NS-Zeit bildeten sie den Mittelpunkt eines Widerstandskreises, zu dem vor allem Mitarbeiter des Auswärtigen Amtes zählten und der Kontakte in die Schweiz unterhielt. S. leistete Fluchthilfe für Verfolgte des Nationalsozialismus, bis sie im Januar 1944 denunziert und mit anderen, darunter auch E. v. →Thadden, verhaftet wurde. Sie überlebte eineinhalb Jahre Haftzeit in den Konzentrationslagern Sachsenhausen und Ravensbrück.

Somazzi, Ida
Pädagogin
17.12.1882 (Bern) – 31.7.1963 (ebd.)
Nach der Ausbildung an einem Lehrerinnenseminar war S. seit 1907 in diesem Beruf tätig. Zusätzlich studierte sie an der Universität Bern und wurde 1919 zum Dr. phil. promoviert. Wegen ihres Engagements für Pädagogik und die Frauenbewegung wurde sie 1921 in den Vorstand der »Schweizerischen Völkerbundsvereinigung« (später »Schweizerische Gesellschaft für die UNO«) berufen, deren Erziehungskommission sie bis 1947 leitete. 1949 übernahm sie das Präsidium der 1. Sektion für Erziehung und Wiederaufbau der nationalen UNESCO-Kommission und den Vorsitz der »Schweizerischen Arbeitsgemeinschaft Frau und Demokratie«. Im selben Jahr wurde sie auch Leiterin der Studienkommission für Frauenfragen der UNO und der UNESCO. 1964 wurde die »Ida-Somazzi-Stiftung für Menschen- und Frauenrechte« gegründet.

Sontag, Henriette Gertrude Walpurgis
Sängerin
3.1.1806 (Koblenz) – 17.6.1854 (Mexico City)
Schon als Sechsjährige trat S., deren Mutter und Schwester ebenfalls bekannte Sängerinnen waren, in Kinderrollen auf der Bühne auf. Nach der Gesangsausbildung und ihrem Debüt in Prag 1821 erhielt sie 1822 ein Engagement in Wien. Mit ihren Soli in der Uraufführung von L. van Beethovens 9. Symphonie 1824 begeisterte sie das Publikum. Auch bei Gastspielen in Berlin, Paris und London sowie bei der Uraufführung von »Euryanthe« im Wiener Kärntnertor-Theater 1832 feierte sie Triumphe. Zu den Glanzrollen der »göttlichen Jette« zählten darüber hinaus die Sopranpartien in Mo-

zart-Opern. Nach ihrer Heirat mit dem Diplomaten Graf C. Rossi unterbrach sie ihre Karriere, bis sie nach den politischen Unruhen 1848/49, in denen ihre Familie ihr Vermögen verlor, aus finanziellen Gründen wieder auftreten musste. Sie gab Gastspiele an europäischen Opernhäusern, trat seit 1852 in Amerika auf und wurde dort begeistert gefeiert. S. starb während einer Cholera-Epidemie.
Lit.: Pirchan, E., H. S. – die Sängerin des Biedermeier, Wien 1946

Sophie
27.1.1805 (München) – 28.5.1872 (Wien)
1824 wurde die Tochter des Königs Maximilian I. von Bayern mit dem österreichischen Erzherzog Franz Karl verheiratet, mit dem sie fünf Kinder hatte. Ehrgeizig, intelligent und durchsetzungsfähig, nahm sie starken politischen Einfluss, zumal ihr Mann ihr intellektuell weit unterlegen und ihr Schwager, Kaiser Ferdinand I., krank und geistesschwach war. So hielt sie ihren Mann nach der Abdankung Ferdinands davon ab, selbst die Krone anzunehmen, und setzte die Thronbesteigung ihres damals 18-jährigen Sohnes Franz Joseph durch. Jahrelang galt S. als heimliche Herrscherin hinter dem jungen unsicheren Kaiser. Die Hinrichtungen der Revolutionäre von 1848 und der Sturz des Fürsten Metternich, die widerrechtliche Aufhebung der Verfassung sowie die enge Bindung Österreichs an die Kirche sollen auf ihre Initiative durchgeführt worden sein. Mit ihrer Herrschsucht, u.a. bestimmte sie allein über die Erziehung der Enkelkinder, trieb sie ihre Schwiegertochter →Elisabeth von Österreich in Opposition zum Wiener Hof. Erst nach dem gewaltsamen Tod ihres zweiten Sohnes Maximilian, des Kaisers von Mexiko, 1867 zog sie sich aus der Politik zurück.
Lit.: Hamann, B. (Hg.), Die Habsburger. Ein biographisches Lexikon, Wien 1988

Sophie Charlotte
Königin
30.10.1668 (Iburg) – 1.2.1705 (Hannover)
Die Tochter der →Sophie von der Pfalz und des Kurfürsten Ernst August von Hannover erhielt eine umfangreiche Ausbildung in Sprachen und Literatur. 1684 wurde sie mit dem preußischen Kronprinzen Friedrich von Brandenburg, dem späteren König Friedrich I., verheiratet, mit dem sie drei Kinder hatte. Die gebildete S. C., die sehr an Wissenschaft und Kunst interessiert war, holte den Philosophen G. W. Leibniz nach Berlin und initiierte mit ihm die Gründung der »Kurfürstlich-Brandenburgischen Societät der Wissenschaften« (seit 1700 »Deutsche Akademie der Wissenschaften zu Berlin«). Das Lustschloss Lützenburg (od. Lietzenburg) b. Berlin, das seit ihrem Tod »Charlottenburg« heißt, machte sie zu einem Zentrum geistiger und kultureller Strömungen ihrer Zeit.
Lit.: Baer, W. u.a. (Hg.), S. C. und ihr Schloss. Ein Musenhof des Barock in Brandenburg-Preußen, München 1999

Sophie Dorothea (gen. Prinzessin v. Ahlden)
15.9.1666 (Celle) – 13. od. 23.11.1726 (Schloss Ahlden b. Celle)
S., die nichteheliche Tochter der E. d'→Olbreuse und des Herzogs Georg Wilhelm von Braunschweig-Lüneburg, war seit 1676 durch die Heirat ihrer Eltern als Erbprinzessin legitimiert. 1684 wurde sie mit ihrem Vetter Georg Ludwig von Hannover verheiratet, der 1714 als Georg I. den englischen Thron bestieg. Die Ehe war trotz der Geburt zweier Kinder, →Sophie Dorothea, später Königin von Preußen, und des späteren englischen Königs Georg II., von Anfang an unglücklich. Etwa 1690 begann S. D. eine Liebesbeziehung zu dem Offizier P. C. v. Königsmarck, für den sie sich scheiden lassen wollte, was ihr jedoch ihre Eltern verboten. Im Juli 1694 wurde Königsmarck ermordet, und die Briefe des Liebespaares wurden gefunden. Auf Drängen ihrer Schwiegermutter →Sophie v. d. Pfalz wurde S. D.s Ehe mit Georg Ludwig

geschieden, und sie wurde bis zu ihrem Tod in die Lüneburger Heide verbannt.
Lit.: Lehr, H., S. D., Die verhängnisvolle Liebe der Prinzessin von Hannover, München 1994

Sophie Dorothea von Preußen
Königin
27.3.1687 (Hannover) – 28.6.1757 (Berlin)
1706 wurde die Tochter der →Sophie Dorothea und des Georg Ludwig von Hannover, später König Georg I. von England,

mit dem späteren König Friedrich Wilhelm I. von Preußen verheiratet. Mit ihm hatte sie 14 Kinder, darunter →Wilhelmine von Bayreuth und den späteren preußischen König Friedrich II. S. D. versuchte, durch eine Doppelheirat ihrer beiden ältesten Kinder mit den Kindern ihres Bruders, des englischen Königs Georg II., die Beziehungen Preußens zu England zu intensivieren. Da ihr Mann die Verbindung ablehnte, kam es zu heftigen Auseinandersetzungen des Paares, in deren Folge S. D. sich nach Schloss Monbijou zurückziehen musste.

Sophie Elisabeth
Komponistin
20.8.1613 (Güstrow) – 12.7.1676 (Lüchow)
Während des 30-jährigen Krieges musste die Tochter des Herzogs Johann Albrecht von Mecklenburg-Güstrow aus ihrer Geburtsstadt fliehen. Sie fand Aufnahme am Kasseler Hof und wurde dort in Dichtkunst und Musik ausgebildet. Mit 21 Jahren wurde sie die dritte Frau des 35 Jahre älte-

ren Herzogs August d. J. von Braunschweig-Wolfenbüttel. Intensiv förderte S. E. das Musik- und Theaterleben am Wolfenbütteler Hof, ließ sich von dem Komponisten H. Schütz in musikalischen Fragen beraten, verfasste selbst Gedichte, Romane, Dramen sowie Libretti und vertonte geistliche Lieder. 1642 komponierte sie zum bevorstehenden Kriegsende (ihr Mann schloss einen Separatfrieden mit Kaiser Ferdinand III.) ein »Neuerfundenes Freudenspiel, genannt Friedenssieg«, das in der Musikgeschichte mit Harsdörffer/Stadens »Seelewig« als älteste erhaltene deutsche Oper gilt.
Lit.: Geck, K. W., S. E. Herzogin zu Braunschweig und Lüneburg (1613–1676) als Musikerin, Saarbrücken 1992

Sophie von der Pfalz (od. v. Hannover)
14.10.1630 (Den Haag) – 8.6.1714 (Herrenhausen – heute zu Hannover)
S. wuchs im niederländischen Exil ihrer Eltern →Elisabeth Stuart und Kurfürst Friedrich V. von der Pfalz und bei ihrem Bruder Karl Ludwig in Heidelberg auf. Nach Lösung ihrer Verlobung mit Herzog Georg Wilhelm von Hannover wurde sie 1658 mit dessen Bruder, dem Bischof von Osnabrück und späteren Kurfürsten Ernst August von Hannover, verheiratet. Aus der Ehe stammten sieben Kinder. Mit Geschick und Intrigen setzte S. die Interessen ihrer Familie durch: So verheiratete sie ihre Tochter →Sophie Charlotte mit dem späteren preußischen König Friedrich I. und verbannte ihre Schwiegertochter →Sophie Dorothea vom Hof, um wegen des Skandals um deren Liebesaffäre nicht ihren Anspruch auf die englische Thronfolge zu verlieren, den sie als Enkelin des protestantischen englischen Königs Jakob I.

Stuart erhob. 1701 bestätigte das englische Parlament S.s Anrecht auf den englischen Thron, den 1714 ihr einziger überlebender Sohn Georg Ludwig als Georg I. bestieg. Die gebildete Fürstin führte einen intensiven Briefwechsel mit dem Philosophen G. W. Leibniz und machte Schloss Herrenhausen zu einem Zentrum französischer Kultur. 1879 wurden ihre Memoiren und Briefe herausgegeben.
Lit.: Knoop, M., Kurfürstin S. von Hannover, Hildesheim 1964

Sorma, Agnes
(eigtl. A. Maria Caroline Zaremba)
Schauspielerin
17.5.1865 (Breslau – heute Wrocław/Polen) –
10.2.1927 (Crownsend/USA)
Als 15-Jährige gab S. ihr Debüt am Breslauer Stadttheater, es folgten Engagements in Görlitz, Posen und Weimar. Seit 1883 spielte sie am Deutschen Theater in Berlin, u.a. unter den Regisseuren O. Brahm und M. Reinhardt. 1890–94 wirkte sie am Berliner Theater, kehrte dann aber wieder an das Deutsche Theater zurück. Ab 1898 gab sie Gastspiele an vielen europäischen Bühnen. Zu S.s größten Erfolgen zählten die Titelrollen in »Das Käthchen von Heilbronn« und »Minna von Barnhelm«.
Lit.: Redslob, E. (Hg.), Berliner Frauen: Selbstzeugnisse und dokumentarische Berichte, Berlin 1957

Spaur, Maria Clara Gräfin von
Äbtissin
gest. 14.1.1644 (Köln)
Um 1610 trat die in Tirol geborene S. in das Essener Stift ein und wurde 1614 zur Fürstäbtissin gewählt. 1616 verlangte sie mit einem Erlass, dass alle Einwohner des Essener Landes zum katholischen Glauben zurückkehrten, dafür holte sie sogar spanische Truppen zu Hilfe. 1624 stellte sie in einer verschärften Religionsordnung die Teilnahme an evangelischen Gottesdiensten unter Strafe. Ihre Unterstützung der Jesuiten und des Kapuzinerordens, denen sie das Niederlassungsrecht und Vermögen verschaffte, führte zu mehreren Prozessen mit dem Rat der Stadt Essen.

Specht, Minna
Pädagogin
22.12.1879 (Reinbek b. Hamburg) – 3.2.1961 (Bremen)
Im Seminar einer Klosterschule in Hamburg wurde S. zur Lehrerin ausgebildet. Nach einigen Jahren Berufstätigkeit studierte sie Geschichte, Geografie, Philosophie, später auch Mathematik in Göttingen. Dort lernte sie den Philosophen L. Nelson kennen, der eine wissenschaftliche Pädagogik und Prinzipien für eine sozialistische Gesellschaft entwickelt hatte. S. wurde seine Mitarbeiterin und unterstützte den Aufbau seines »Internationalen Jugendbundes«

(später »Internationaler Sozialistischer Kampfbund« – ISK). Darüber hinaus war sie Mitgründerin und ab 1925 Leiterin des Landerziehungsheims Walkemühle bei Melsungen, in dem eine demokratische Erziehung im Mittelpunkt stand und es weder hierarchische Strukturen noch Zensuren gab. Als das Internat 1933 von den Nationalsozialisten geschlossen wurde, emigrierte S. nach Dänemark und baute die Schule für Kinder von deutschen Emigranten neu auf. 1938, als der Druck des NS-Regimes auf Dänemark zunahm, übersiedelte sie mit ihren Schülern nach England. 1946–51 leitete sie die Odenwaldschule bei Heppenheim und schuf dort das für die deutsche Nachkriegspädagogik bahnbrechende Modell einer integrierten, differenzierten Gesamtschule. S. gründete außerdem mit M. Friedländer die pädagogische Schriftenreihe »Kindernöte« und war 1952–59 am UNESCO-Institut für Pädagogik in Hamburg tätig.

Lit.: Dertinger, A., Frauen der ersten Stunde: Aus den Gründerjahren der Bundesrepublik, Bonn 1989

Spiegel, Magda
Sängerin
3.11.1887 (Prag) – 1.9.1942 (KZ Auschwitz)
Unter dem Namen Felici S. debütierte die Altistin 1907 am Deutschen Theater in Prag. Es folgten Engagements in Mährisch-Ostrau und Düsseldorf. 1917 wurde sie an das Opernhaus in Frankfurt a. M. verpflichtet und brillierte dort u.a. in der Uraufführung von P. Hindemiths »Sancta Susanna«. Auch bei ihren zahlreichen europäischen Gastspielen war sie sehr erfolgreich – vor allem in Wagner-Opern sowie als Lied- und Konzertsängerin. Als Jüdin durfte S. nach 1935 nicht mehr auftreten. 1942 wurde sie verhaftet, über das KZ Theresienstadt nach Auschwitz deportiert und dort ermordet.

Lit.: Neuhaus-Koch, A. u.a. (Hgg.), Dem Vergessen entgegen, Neuss 1989

Spiel, Hilde Maria Eva
(Pse. Grace Hanshaw, Jean Lenoir)
Schriftstellerin
19.10.1911 (Wien) – 30.11.1990 (ebd.)
Nach dem Abitur 1930 studierte S., deren Eltern assimilierte Juden waren, in Wien Philosophie und Psychologie, ihre Lehrer waren u.a. Karl und C.→Bühler. 1933–35

war sie an der Wirtschaftspsychologischen Forschungsstelle der Universität Wien tätig und veröffentlichte 1933 und 1935 ihre ersten beiden Romane »Kati auf der Brücke« und »Verwirrung am Wolfgangsee«. Nach der Promotion 1936 heiratete sie den Journalisten und Schriftsteller P. de Mendelssohn, mit dem sie zwei Kinder hatte, und emigrierte mit ihm nach London. Dort war sie als Journalistin u.a. für die Zeitschrift »New Statesman« tätig. 1946–48 lebte S. als Theaterkritikerin in Berlin, ging dann wieder nach London, arbeitete als Kulturberichterstatterin für mehrere deutsche und österreichische Zeitungen und kehrte erst 1963 nach Wien zurück. 1965 bis zu ihrem Austritt 1972 war sie Generalsekretärin und Vizepräsidentin des österreichischen PEN-Clubs. Ihr umfangreiches Werk umfasst Literaturkritiken und Essays, Romane, Dramen und Filmdrehbücher sowie Übersetzungen aus dem Englischen. Zu ihren größten Erfolgen zählt »Lisas Zimmer«, ein Roman über Emigranten in New York nach dem Zweiten Weltkrieg, der in viele Sprachen übersetzt wurde. Unter den Titeln »Rückkehr nach Wien« (1968), »Die

hellen und die finsteren Zeiten« (1989) und
»Welche Welt ist meine Welt?« (1990) veröffentlichte sie ihre Tagebücher und Erinnerungen. Seit 1971 war S. in zweiter Ehe
mit dem Schriftsteller und Journalisten H.
Flesch-Brunningen verheiratet. Sie erhielt
zahlreiche Auszeichnungen, darunter 1962
den Professorentitel, 1972 das Österreichische Ehrenkreuz für Kunst und Wissenschaft und 1976 den Preis der Stadt Wien
für Publizistik.
Lit.: Strickhausen, W., Die Erzählerin H. S. oder
der weite Wurf in die Finsternis, Frankfurt
a. M. 1996
Reich-Ranicki, M., Über H. S., München 1998
Neunzig, H. A., Schramm, I. (Hgg.), H. S. Welt-
bürgerin der Literatur, Wien 1999

Spira, Camilla
Schauspielerin
1.3.1906 (Hamburg) – 25.8.1997 (Berlin)
Ihren künstlerischen Durchbruch hatte S.,
die in der Max-Reinhardt-Schauspielschule
in Berlin ausgebildet worden war, 1930 als
Josepha Vogelhuber in das »Weiße Rössl«.
Anschließend spielte sie auf allen namhaf-
ten Berliner Bühnen, u.a. neben E. Deutsch
und A. Hörbiger, sowie in mehreren Filmen, z.B. in »Dr. Mabuse« (1932). 1933 erhielt S. als so genannte »Halbjüdin« Spiel-
verbot und emigrierte 1938 über die Niederlande in die USA. 1947 nach Berlin
zurückgekehrt, feierte sie an mehreren Berliner Theatern große Erfolge. Außerdem
spielte sie in über 50 Kinofilmen mit, u.a.
in »Des Teufels General« (1952). Ihren letzten Bühnenauftritt hatte S. als 90-Jährige.

Sponer, Hertha Dorothea, geb. Franck
Physikerin
1.9.1895 (Neisse – heute Nysa/Polen) –
17.2.1968 (Ilten b. Hannover)
1921 wurde S. nach dem Studium der Phy-
sik in Tübingen und Göttingen promoviert.
Nach der Habilitation 1925 erhielt sie ein
Stipendium der University of California in
Berkeley, 1932 wurde sie außerordentliche
Professorin in Göttingen. 1934 emigrierte
sie nach Norwegen, hatte eine Gastprofes-
sur in Oslo inne und zog 1936 in die USA.
Bis zu ihrer Emeritierung 1965 lehrte S.,
die seit ihrer Studienzeit in Göttingen mit
M.→Goeppert-Mayer befreundet war, an
der Duke University in Durham, North
Carolina.
Lit.: Maushart, M. A., Um mich nicht zu ver-
gessen. H. S. – Ein Frauenleben für die Physik
im 20. Jh., Diepholz 1997

Spyri, Johanna, geb. Heusser
Schriftstellerin
12.6.1827 (Hirzel b. Zürich) – 7.7.1901
(Zürich)
Die Tochter der Schriftstellerin M. Heusser-
Schweizer und eines Landarztes besuchte
die Dorfschule, erhielt Zusatzunterricht in
Musik und Französisch und verbrachte ein
Jahr in einem Pensionat. 1852 heiratete sie
den Anwalt und Redakteur der »Eidgenössischen Zeitung« Johann Bernhard S., der
für ein Jahr das Amt eines Kantonsrates
inne hatte. Das Paar lebte in Zürich und
bekam einen Sohn. In ihrem Haus verkehrten u.a. der Komponist R. Wagner und
der Schriftsteller C. F. Meyer, mit dem S.
lebenslang befreundet war. Als ihr Mann
1868 zum »Stadtschreiber« gewählt wurde,
begann auch sie zu schreiben. Nach ihrem
anonym erschienenen Erstlingswerk »Ein
Blatt auf Vronys Grab« veröffentlichte sie

zahlreiche weitere Bücher, u.a. 1878 »Heimatlos«. Berühmt wurde S. mit den Jugendbüchern »Heidis Lehr- und Wanderjahre« (1880) und »Heidi kann brauchen, was es gelernt hat« (1881), die zahlreiche Neuauflagen erlebten, in viele Sprachen übersetzt und verfilmt wurden.
Lit.: Schindler, R., J. S. – Spurensuche. Ein Lebensbild in Fragmenten, Zürich 1997 Villain, J., Der erschriebene Himmel. J. S. und ihre Zeit, Frauenfeld 1997

Stach, Ilse von (eigtl. Stach v. Golzheim)
Schriftstellerin
17.2.1879 (Haus Pröpsting b. Coesfeld) – 25.4.1941 (Münster)
Bereits als 19-Jährige veröffentlichte S., die in Berlin aufgewachsen war, ihren ersten Gedichtband. Ihr 1906 erschienenes Weihnachtsmärchen »Das Christ-Elflein« wurde von dem Komponisten H. Pfitzner vertont und in München uraufgeführt. 1905 zog sie nach Rom und konvertierte dort 1908 zum Katholizismus. Anschließend lebte sie in Leipzig und ab 1920 in Münster. S. schrieb vor allem Romane, Novellen, Bühnenstücke sowie Gedichte und Meditationen, in denen sie sich mit religiösen Problemen auseinander setzte, u.a. »Der Rosenkranz« (1929). Seit 1911 war sie mit dem Kunsthistoriker M. Wackernagel verheiratet.

Stadelmann, Li (eigtl. Maria Elisabeth)
Musikerin
2.2.1900 (Würzburg) – 17.1.1993 (Gauting b. München)
Ausgebildet als Pianistin und Cembalistin, gab S. zahlreiche Konzerte in Deutschland und dem europäischen Ausland und galt als hervorragende Interpretin barocker Meister auf Originalinstrumenten. Seit 1921 bis in die 60er Jahre unterrichtete sie an der Münchner Musikhochschule und spezialisierte sich u.a. seit 1954 auf das Spiel des Hammerklaviers.

Staegemann, Pauline, geb. Schuch
Frauenrechtlerin
1838 (b. Oderberg, Brandenburg) – 5.5.1909 (Berlin)
Schon in jungen Jahren musste S. als Dienstmädchen in Berlin arbeiten. Nach dem frühen Tod ihres Mannes, eines Maurerpoliers, verdiente sie den Lebensunterhalt für sich und ihre vier Kinder mit einem Gemüseladen, der sich zum heimlichen Treffpunkt von Mitgliedern der frühen Arbeiterbewegung entwickelte. Sie schloss sich der Frauenbewegung an und setzte sich vor allem für höhere Löhne und bessere Arbeitsbedingungen der Arbeiterinnen ein. Als sich 1873 vom »Verein zur Fortbildung und geistigen Anregung von Arbeiterfrauen«, der von L.→Morgenstern geleitet wurde, der »Berliner Arbeiterfrauen- und Mädchenverein« abspaltete, übernahm S. dessen Vorsitz. Der Verein richtete einen Fonds zur Unterstützung Not leidender Mitglieder ein und unterstützte die Sozialdemokraten während ihrer Wahlkampagnen. Nach dem Verbot des Vereins 1877 wurde S. wegen angeblicher Indoktrinierung von Kindern inhaftiert. 1885–87 war sie zweite Vorsitzende des »Vereins zur Wahrung der Interessen der Arbeiterinnen«. Als auch dieser verboten wurde, wurde S. erneut verhaftet. Ungebrochen kämpfte sie nach ihrer Freilassung für die Rechte der Heimarbeiterinnen.
Lit.: Juchacz, M., Sie lebten für eine bessere Welt: Lebensbilder führender Frauen des 19. und 20. Jhs., Hannover 1971

Stagel, Elsbeth
Mystikerin
um 1300 (Zürich) – um 1360 (Töss
b. Winterthur)
Die Tochter eines Züricher Ratsherrn trat
als junges Mädchen in das Dominikanerinnenkloster in Töss ein und erhielt eine umfassende Bildung. S. gilt als die Verfasserin
des »Tösser Schwesternbuchs«, einer
Sammlung von Biografien, Visionsberich-
ten und Gnadenerlebnissen ihrer Mitschwestern. Um 1336/37 lernte sie den Dominikaner und Mystiker H. Seuse kennen,
der ihr Seelsorger wurde und der sie als
seine geistliche Tochter bezeichnete. S. soll
seine »Vita« angeregt haben und sogar
Mitautorin gewesen sein. Außerdem stellte
sie seine Seelsorgebriefe, die er später für
das »Große Briefbuch« bearbeitete, zusammen.
Lit.: Peters, U., Religiöse Erfahrung als literarisches Faktum, Tübingen 1988

**Starhemberg, Fanny (eigtl. Franziska) von,
geb. Larisch v. Moennich**
Politikerin
24.10.1875 (Wien) – 27.4.1943 (Bad Darkau –
heute Darkov/Tschechien)
Nachdem sie eine sorgfältige Ausbildung
erhalten hatte, betätigte sich S. auf karita-
tivem Gebiet, was sie auch nach ihrer Heirat mit Rüdiger v. S. 1898 fortsetzte. Sie
bekleidete mehrere hohe Ämter beim Roten
Kreuz und war Delegierte bei dessen Welt-
kongress in Genf 1921. Seit 1914 war sie
über 20 Jahre Präsidentin der »Katholischen Frauenorganisation« Österreichs sowie Vorstandsmitglied der »Internationalen
Frauenliga« und Vertreterin Österreichs für
Frauen- und Jugendschutz im Völkerbund.
Als Abgeordnete der Christlichsozialen
Partei war S. 1920–31 Mitglied im Bundes-

rat und gehörte ab 1936 dem Führerrat der
»Vaterländischen Front« an. Nach dem so
genannten Anschluss Österreichs und
vorübergehender Inhaftierung zog sie auf
eines ihrer Güter nach Oberschlesien.

Staritz, Katharina Helene Charlotte
Theologin
25.7.1903 (Breslau – heute Wrocław/Polen) –
3.4.1953 (Frankfurt a. M.)
Das Studium der Germanistik und Theologie in Breslau und Marburg a. d. Lahn
schloss die Tochter eines Studienrats 1928
mit der Promotion ab und war anschließend Vikarin in Breslau. Seit 1938 leitete
sie die Hilfsstelle für evangelische Nicht-
arier in Schlesien. Als S. 1941 in einem
Rundschreiben alle Pfarrämter in Breslau
aufforderte, assimilierte Juden nicht aus
den Gemeinden auszuschließen, wurde
sie vom Konsistorium zwangsbeurlaubt.
1942–43 wurde sie im Konzentrationslager
Ravensbrück gefangen gehalten und
anschließend von der Gestapo beaufsich-
tigt, bei der sie sich zweimal wöchentlich
melden musste. Nach Kriegsende arbeitete
sie als Pastorin.
Lit.: Schwöbel, G., Ich aber vertraue K. S.,
Eine Theologin im Widerstand, Frankfurt a. M.
1992

Steffin, Grete (eigtl. Margarete Charlotte)
Schriftstellerin
21.3.1908 (Berlin) – 4.6.1941 (Moskau)
S. stammte aus einer Arbeiterfamilie, nach
dem Besuch der Handelsschule hatte sie
eine Stelle als Sekretärin und Buchhalterin
in Berlin. Sie war Mitglied des Kommunistischen Jugendverbandes und später der
KPD. Durch Agitprop-Spielgruppen, in denen sie mitwirkte, lernte sie an der »Jungen Volksbühne« den Autor B. Brecht ken-

nen. 1933 wurde sie seine Sekretärin und folgte ihm ins Exil nach Dänemark. Dort ging sie eine Scheinehe mit dem Dänen S. J. Juul ein, um die dänische Staatsbürgerschaft zu erlangen. Als Brecht 1939 Dänemark verließ, folgte sie ihm bis nach Moskau. S. war als Brechts engste Mitarbeiterin u.a. an dem Stück »Der gute Mensch von Sezuan« nicht unerheblich beteiligt. Sie schrieb auch Kindergeschichten und das Stück »Wenn er einen Engel hätte« (1934/35). Als »Steffinische Sammlung« veröffentlichte Brecht seine Gedichte an S.
Lit.: Budke, P., Schulze, J., Schriftstellerinnen in Berlin 1871–1945, Berlin 1995

Steger, Milly
Bildhauerin
15.6.1881 (Rheinberg b. Moers) – 31.10.1948 (Berlin)
Nach dem Besuch der Kunstgewerbeschule in Elberfeld erwarb sich S. die handwerklichen Kenntnisse der Bildhauerei ab 1905 bei Steinmetzen, Stukkateuren und Formern sowie in den Ateliers von G. Kolbe, A. Rodin und A. Maillol. Nach Studienaufenthalten in Florenz, Paris und Belgien war sie 1910–17 »Stadtbildhauerin« in Hagen. Dort schuf sie u.a. vier überlebensgroße Frauenakte als Bauplastik für die Fassade des Stadttheaters und löste damit einen Skandal aus. 1917 übersiedelte sie nach Berlin und fertigte dort mehrere lebensgroße Freiplastiken. Der Regisseur M. Reinhardt beauftragte sie Ende der 20er Jahre, Portraitbüsten der Schauspielerinnen G.→Eysoldt und H.→Thimig herzustellen, die im Foyer des Deutschen Theaters aufgestellt wurden. Seit 1929 leitete S. die Bildhauerklasse an der Zeichen- und Malschule des »Vereins der Bildenden Künstlerinnen Berlins«. Obwohl 1937 ihre Plastik »Schreitendes Mädchen« als »entartet« beschlagnahmt wurde, konnte die Künstlerin, die dem Expressionismus nahestand, während der NS-Zeit ungestört arbeiten. 1945 wurde sie zum Ehrenmitglied des »Deutschen Demokratischen Frauenbunds« ernannt und kurz vor ihrem Tod ins Ehrenpräsidium berufen.
Lit.: Das Verborgene Museum I., Neue Gesellschaft für Bildende Kunst (Hg.), Berlin 1987
Schulte, B., M. S. 1881–1948. Die Grenzen des Frauseins aufheben, Hagen 1998

Steiff, Margarethe
Unternehmerin
24.7.1847 (Giengen a. d. Brenz) – 9.5.1909 (ebd.)
Mit eineinhalb Jahren erkrankte S. an Kinderlähmung und war seitdem an den Rollstuhl gefesselt. Nach der Volksschule be-

suchte sie eine Nähschule, erlernte das Zitherspiel und verdiente anschließend ihren Lebensunterhalt mit Näharbeiten und Zither-Unterricht. 1877 eröffnete sie im Haus ihrer Eltern ein Konfektionsgeschäft für Filzwaren. Dort begann sie 1879, mit Werg gefüllte Elefanten aus Filz herzustellen, die sie zunächst an Nichten und Neffen verschenkte, später auch verkaufte. Die Idee, Bären herzustellen, hatte ihr Neffe Richard S., ein Kunstgewerbeschüler. Nach seinen Zeichnungen fertigte S. aus Mohairplüsch 3000 Bären, die er 1903 auf der Leipziger Messe an einen Amerikaner verkaufte. In den USA waren seit 1902 durch eine Karikatur in der Zeitung »Washington Post«, auf der Präsident Theodore (»Teddy«) Roosevelt sich weigerte, einen Jungbären zu erschießen, »Teddybären« zu Kultfiguren geworden. Bis 1907 wurden unter S.s Anleitung in einer Fabrik in Giengen fast eine Million Bären hergestellt. Heute erzielen Teddybären aus dieser Zeit auf Auktionen außergewöhnlich hohe Preise. Als S. starb, hinterließ sie ein blühendes Unternehmen, das heute jährlich etwa 1,5 Millionen Stofftiere produziert.

Lit.: Völker-Kraemer, S., Wie ich zur Teddymutter wurde. Das Leben der M. S. nach ihren eigenen Aufzeichnungen, Stuttgart 1996

Stein, Charlotte Albertine Ernestine von, geb. v. Schardt
Dichterin
25.12.1742 (Eisenach) – 6.1.1827 (Weimar)
Die Tochter eines Hofmarschalls wurde mit 16 Jahren Hofdame der Herzogin →Anna Amalia in Weimar. Seit 1764 war sie unglücklich mit dem herzoglichen Stallmeister Gottlob Ernst Josias v. S. verheiratet, mit dem sie sieben Kinder hatte. Ein enges Freundschaftsverhältnis verband sie 1775–88 mit J. W. v. Goethe. S. beeinflusste Goethe, der heftig in sie verliebt war und ihr über 1600 Briefe schrieb, entscheidend in seinem dichterischen Schaffen. Als er eine Verbindung mit C. Vulpius einging, forderte sie die Briefe, die sie ihm geschrieben hatte, zurück und verbrannte sie. Goethes Briefe an sie blieben dagegen erhalten und wurden 1848–51 veröffentlicht. S. schrieb mehrere Dramen, darunter »Dido« (1794), in dem sie ihre Enttäuschung über die Trennung verarbeitete und Goethe heftig angriff.

Lit.: Maurer, D., C. v. S. Ein Frauenleben in der Goethezeit, Bonn 1985

Stein, Edith
(Ordensname Teresia Benedicta a Cruce)
Philosophin
12.10.1891 (Breslau – heute Wrocław/Polen) – 9.8.1942 (KZ Auschwitz)
S. stammte aus einer orthodoxen jüdischen Kaufmannsfamilie. Nach dem Abitur studierte sie zunächst in Breslau Philosophie, Psychologie und Geschichte und setzte ihre Studien dann in Göttingen bei dem Philosophen E. Husserl, zu dessen Schülern auch H.→Conrad-Martius gehörte, fort. Während des Ersten Weltkriegs arbeitete sie als Krankenschwester in einem Lazarett, ging dann nach Freiburg i. Br. zu Husserl, der dort inzwischen einen Lehrstuhl hatte, und schloss ihr Studium 1916 mit dem Staatsexamen und der Promotion mit Auszeichnung ab. Als erste Frau war sie 1916–18 Assistentin an einem philosophischen Institut in Deutschland. 1922 bekannte sich S., wie auch andere Schüler Husserls, zum Katholizismus und arbeitete bis 1931 in Speyer als Lehrerin. Sie betrieb weiter philosophische Studien, beschäftigte sich wissenschaftlich mit Pädagogik und Frauenthemen und veröffentlichte 1931 »Das Ethos der Frauenberufe«. Nach dem vergeblichen Versuch, sich zu habilitieren – mehrere Professoren lehnten ihre Arbeit ab –, nahm sie 1932 eine Stelle als Dozentin am Deutschen Institut für wissenschaftliche Pädagogik in Münster an. Nach der Entlassung aus dem Staatsdienst 1933 durch die Nationalsozialisten trat sie in ein Kölner Karmeliterinnenkloster ein. Dort entstand ihr philosophisches Hauptwerk »Endliches und ewiges Sein. Versuch eines Aufstiegs zum Sinn des Seins« (1950 erschienen), in dem sie eine Verbindung zwischen dem Denken Thomas von Aquins und der Philosophie Husserls, der den Be-

griff der Phänomenologie – der Einheit des Bewusstseins – neu definiert hatte, herzustellen versuchte. 1938 floh S. in das Kloster Echt in den Niederlanden. Nachdem die katholischen Bischöfe der Niederlande 1942 eine öffentliche Erklärung gegen die Judendeportation abgegeben hatten, verschleppte die SS in einem Vergeltungsschlag gegen die Bischöfe S. sowie viele andere katholische Juden in Konzentrationslager. 1987 wurde S. selig gesprochen; die Heiligsprechung erfolgte 1998.

Lit.: Feldmann, C., Liebe, die das Leben kostet – E. S., Jüdin, Philosophin, Ordensfrau, Freiburg i. Br. 1987
Gerl, H.-B., Unerbittliches Licht : E. S. – Philosophie, Mystik, Leben, Mainz 1991
Herbstrith, W., E. S. Jüdin und Christin. Ein Porträt, München (2)1998

Stein, Nannette
Klavierbauerin
3.1.1769 (Augsburg) – 16.1.1833 (Wien)
Der Klavier- und Orgelbauer Johann Andreas S. bildete seine musikalische Tochter schon als Kind zur Pianistin aus, so dass sie bereits als Achtjährige Konzerte gab. Nach seinem Tod 1792 übernahm sie mit ihren Brüdern die väterliche Werkstatt. 1794 heiratete S. den Pianisten und Orgelbauer J. A. Streicher, zog mit ihm nach Wien und erhielt dort eine eigene Konzession für den Klavierbau. Ihr Unternehmen »Nannette Streicher, née Stein«, das sie gemeinsam mit ihrem Mann führte, zählte zu den bedeutendsten Werkstätten Wiens. Als bekannte Persönlichkeiten im Wiener Musikleben unterhielt das Paar einen Salon und war u.a. mit L. van Beethoven befreundet.

Stern-Täubler, Selma, geb. Stern
Historikerin
24.7.1890 (Kippenheim b. Lahr) – 17.8.1981 (Basel)
S.-T. studierte seit 1909 in Heidelberg und München Geschichte und wurde 1914 promoviert. Von 1920 an war sie an der Hochschule für die Wissenschaft des Judentums in Berlin tätig. Dort begann sie mit der Arbeit an ihrem vierbändigen Hauptwerk »Der Preußische Staat und die Juden«, dessen erste beiden Bände sie 1925–38 noch in Deutschland fertigstellen konnte. Den dritten und vierten Band schrieb sie 1962–75 in der Schweiz. 1933 wurde S.-T. von den Nationalsozialisten entlassen und zog mit ihrem Mann E. Täubler nach England. 1935 kehrte sie nach Berlin zurück und emigrierte 1941 in die USA, wo sie 1947–57 als Archivarin tätig war. Seit 1960 lebte sie in Basel.

Lit.: Dick, J., Sassenberg, M. (Hgg.), Jüdische Frauen im 19. und 20. Jh., Reinbek 1993

Stöbe, Ilse
Widerstandskämpferin
17.5.1911 (Berlin) – 22.12.1942 (ebd.)
Die zur Sekretärin ausgebildete S. arbeitete in den 30er Jahren als Auslandskorrespondentin für deutsche und schweizerische Zeitungen in Warschau. Über ihren Freund, den Korrespondenten R. Herrnstadt, fand  sie Kontakt zu Gegnern des NS-Regimes in Deutschland. 1939 kehrte sie nach Berlin zurück, fand eine Anstellung in der Informationsabteilung des Aus-

wärtigen Amtes und nahm in Zusammenarbeit mit dem Legationsrat R. v. Scheliha und ihrem Lebensgefährten, dem Journalisten C. Helfrich, an Widerstandsaktionen der Gruppe »Rote Kapelle« um A. Harnack und H. und L.→Schulze-Boysen teil. Unter dem Decknamen »Alta« übermittelte sie im Frühjahr 1941 Informationen über die deutschen Angriffspläne auf die Sowjetunion nach Moskau. Im September 1942 wurde S. verhaftet, vom Reichskriegsgericht zum Tode verurteilt und im Gefängnis Berlin-Plötzensee hingerichtet.
Lit.: Coppi, H. u.a. (Hgg.), Die Rote Kapelle im Widerstand gegen den Nationalsozialismus, Berlin 1994

Stöcker, (Hulda Caroline Emilie) Helene
Frauenrechtlerin
13.11.1869 (Elberfeld – heute zu Wuppertal) – 23.2.1943 (New York)
S. stammte aus einer religiösen Kaufmannsfamilie und absolvierte eine Lehrerinnenausbildung. Seit 1896 studierte sie in Berlin und Glasgow Germanistik, Nationalökonomie und Philosophie und wurde 1901 in Bern promoviert. Ab 1903 hielt sie an der Berliner Lessing-Hochschule Vorlesungen und gab die »Frauen-Rundschau« heraus. 1905 gründete sie mit L.→Braun und H.→Fürth den »Bund für Mutterschutz und Sexualreform«, dessen Zeitschrift »Mutterschutz« (später »Die neue Generation«) sie bis 1932 herausgab. S.s Ziel war eine »Neue Ethik« der Geschlechterbeziehungen. Mit ihren Forderungen, u.a. Frauenstimmrecht, Lohn für Hausarbeit und Kindererziehung, aber auch Sexualaufklärung, Gleichstellung von ehelichen und nichtehelichen Kindern und Freigabe von Abtreibung, geriet S. in grundsätzlichen Gegensatz zur bürgerlichen Frauenbewegung. Ausgegrenzt wurde sie auch wegen der konsequenten praktischen Umsetzung ihrer Forderung nach »freier Liebe«: Seit 1905 lebte sie ohne Trauschein mit dem Rechtsanwalt B. Springer zusammen. 1915 wurde die überzeugte Pazifistin, die schon 1892 zu den Begründern der »Deutschen Friedensgesellschaft« um B. v.→Suttner und F. Küster gehört hatte, Delegierte des »Internationalen Frauenkongresses« in Den Haag, und 1921 war sie neben A. T. Wegner und K. Hiller Mitgründerin des »Bundes der Kriegsdienstgegner«. Darüber hinaus engagierte sie sich in zahlreichen anderen Friedensorganisationen. 1933 emigrierte S. nach Zürich, 1938 nach London. Zu Beginn des Zweiten Weltkriegs hielt sie sich auf dem PEN-Kongress in Stockholm auf. Nach der deutschen Besetzung Dänemarks 1940 floh sie aus Schweden über die Sowjetunion und Japan in die USA. Sie veröffentlichte den Roman »Liebe« (1922) und zahlreiche Aufsätze, darunter den Sammelband »Erotik und Altruismus« (1924). Ihre Autobiografie blieb unvollendet.
Lit.: Bockel, R. v., Philosophin einer neuen Ethik: H. S. (1869–1943), Hamburg 1991 Wickert, C., H. S. (1869–1943). Frauenrechtlerin, Sexualreformerin und Pazifistin, Bonn 1991

Stoecklin, Franziska von
Dichterin
11.6.1894 (Basel) – 1.9.1931 (ebd.)
Als 20-Jährige ging S. zum Kunststudium nach Deutschland, lebte längere Zeit in München, später in Frankfurt a. M. und dann wieder in München. Nach der Trennung von ihrem Mann ließ sie sich im Tessin nieder. Hier befreundete sie sich u.a. mit E.→Ball-Hennings und R. M. Rilke, der

sie literarisch förderte. S. veröffentlichte ihre Lyrik, die Nähe zum Expressionismus aufweist, zunächst in Zeitschriften. Ihre Gedichtbände »Gedichte« (1920) und »Die singende Muschel. Neue Gedichte« (1925) versah sie mit eigenen Zeichnungen und Aquarellen. Außerdem schrieb sie Novellen und arbeitete als Malerin. S. starb an einer schweren Herzerkrankung.

Straub, Agnes Josephine
Schauspielerin
2.4.1890 (München) – 8.7.1941 (Berlin)
Mit 15 Jahren trat S. auf einer Freilicht-bühne in Dachau auf, nahm dann Schau-spielunterricht und spielte anschließend u.a. am Königsberger Stadttheater, am

Staatstheater und am Deutschen Theater in Berlin. 1929–35 unter-nahm sie Tourneen durch ganz Europa. Sie glänzte vor allem in herben Frau-enrollen, sowohl in klassischen als auch in zeitgenössischen Dramen, darunter in den Titelrollen von »Penthesilea« und »Hedda Gabler«. 1935/36 leitete sie das von ihr gegründete Agnes-Straub-Theater in Berlin. Ein Jahr nach ihrem Tod wurde unter dem Titel »Im Wir-bel des neuen Jahrhunderts« ihre Autobio-grafie veröffentlicht.

Straub, Harriet (eigtl. Hedwig Luitgardis)
Schriftstellerin
20.1.1872 (Emmendingen b. Freiburg i. Br.) – 20.6.1945 (Meersburg)
Ihr Medizinstudium in Berlin und Paris schloss S. mit der Promotion ab. Im An-schluss arbeitete sie zehn Jahre als Ärztin in der Sahara. Ihre dort gesammelten Er-fahrungen schrieb sie in dem Buch »Wüs-tenabenteuer. Frauenleben« (1991 erschie-nen) nieder. 1906 kehrte sie nach Deutsch-land zurück und studierte Philosophie an der Universität Freiburg i. Br. Ab 1910 lebte sie in Meersburg. 1990 wurde ihr Buch »Zerrissene Briefe« herausgegeben.
Lit.: Hahn, B., Unter falschem Namen. Von der schwierigen Autorschaft der Frauen, Frankfurt a. M. 1991

Strauch, Hertha Adrienne (Ps. Adrienne Thomas)
Schriftstellerin
24.6.1897 (St. Avold, Lothringen/Frankreich) – 7.11.1980 (Wien)
Ihre Jugend verlebte S. in St. Avold und Metz. Während des Ersten Weltkriegs zog sie mit ihren Eltern nach Berlin und absol-vierte nach Kriegsende eine Gesangs- und Schauspielausbildung. 1930 erschien ihr Antikriegsroman »Die Katrin wird Soldat«, der in 16 Sprachen übersetzt wurde und sie über Nacht berühmt machte. Nach 1933 wurden ihre Bücher verbrannt, und S. emi-grierte zunächst nach Österreich, dann nach Frankreich und 1940, nachdem sie aus einem Internierungslager geflohen war, in die USA. Dort heiratete sie 1941 den österreichischen Politiker J. Deutsch und zog 1947 mit ihm nach Wien. In ihren Romanen und Erzählungen behandelte sie vor allem persönlich Erlebtes, u.a. ihre Emigration und das Leben im Exil.
Lit.: Budke, P., Schulze, J., Schriftstellerinnen in Berlin 1871–1945, Berlin 1995

Strauß und Torney, Lulu (eigtl. Luise) von
Schriftstellerin
20.9.1873 (Bückeburg) – 19.6.1956 (Jena)
Die Tochter eines Generalmajors wuchs
behütet auf und unternahm nach dem Besuch der höheren Schule Reisen durch
ganz Europa. Nachdem sie sich dem
Göttinger Schriftstellerkreis, dem auch
B. v. Münchhausen und A.→Miegel angehörten, angeschlossen hatte, wandte sie
sich der Dichtkunst zu und veröffentlichte
ihren ersten Gedichtband 1898. In ihren
sehr populären Balladen, die neben denen
von Münchhausen als die besten der Zeit
gelten und die zunächst im »Göttinger Musenalmanach« erschienen, sowie in ihren
naturalistischen Romanen, u.a. »Judas«
(1911) und »Der jüngste Tag« (1922), behandelte S. vor allem historische Stoffe.
Mit ihrem Pathos und der Heroisierung
von Führergestalten nahm sie die spätere
so genannte »Blut- und Boden-Dichtung«
des Nationalsozialismus vorweg. Deshalb
wurden ihre Werke nach 1933 mehrfach
neu aufgelegt. 43-jährig heiratete S. den
Verleger E. Diederichs, der in erster Ehe
mit H.→Voigt-Diederichs verheiratet war.
Sie lebte mit ihm in Jena und arbeitete für
seinen Verlag als Lektorin und Übersetzerin.

Strauß-Wohl, Jeanette, geb. Wohl
16.10.1783 – 27.11.1861
S.-W. wuchs in einer gebildeten jüdischen
Familie auf und erhielt eine gute Ausbildung. Mit 22 Jahren wurde sie auf Wunsch
ihrer Eltern verheiratet, die Ehe wurde aber
bald wieder geschieden. 1816 lernte sie
den Publizisten L. Börne kennen, der als
Jude 1814 aus seiner Stellung als Polizei-
aktuar entlassen worden war, und wurde
seine unentbehrliche Beraterin. Resolut
und praktisch veranlagt, half sie ihm bei
Vertragsabschlüssen und ordnete seine Finanzen. Großen Anteil hatte sie an Börnes
Werk »Briefe aus Paris« (1832–34), das wegen seiner polemischen Kritik an deutschen Zuständen und Persönlichkeiten als
wirkungsvollstes Agitationswerk zur Revolution von 1848–49 in Deutschland galt.
Das Buch entstand aus dem Briefwechsel
zwischen Börne, der seit 1830 in Frankreich lebte, und S.-W. Sie redigierte die
Briefe, entschied, was zur Veröffentlichung
geeignet war, und schrieb die Texte als
Manuskript ab. Seit 1832 in zweiter Ehe
mit dem Bankier S. Strauß verheiratet,
pflegte sie in dessen Haus Börne bis zu seinem Tod 1837. Der Dichter H. Heine verunglimpfte diesen »Haushalt zu dritt« öffentlich, und S.-W. wurde eine seiner erbit-
tertsten Feindinnen. Börne setzte sie als
Erbin seines literarischen Nachlasses ein.
Sie war an der Herausgabe seiner »Nachge-
lassenen Schriften« (1844–55) maßgeblich
beteiligt.
Lit.: Böttger, F. (Hg.), Frauen im Aufbruch,
Darmstadt-Neuwied 1979

Streich, Rita
Sängerin
18.12.1920 (Barnaul/Russland) – 20.3.1987
(Wien)
Die Tochter einer Russin und eines deutschen Kriegsgefangenen erhielt ihre Gesangsausbildung in Berlin, u.a. bei
E.→Berger und M.→Ivogün. 1943 debütierte sie im Stadttheater in Aussig als
Zerbinetta in »Ariadne auf Naxos«, einer
ihrer späteren Glanzrollen. 1946 wurde S.
an die Berliner Staatsoper, 1950 an die
Städtische Oper Berlin engagiert. 1953–72
war sie Ensemblemitglied der Wiener
Staatsoper. Die Koloratursopranistin feierte

ihre größten Erfolge als Mozart- und Strauss-Interpretin. Sie begeisterte vor allem in den Partien der Königin der Nacht und des Blondchens sowie der Olympia in »Hoffmanns Erzählungen«. Seit 1954 gastierte sie u.a. bei den Salzburger Festspielen, an der Mailänder Scala und am Londoner Opernhaus Covent Garden. Konzertreisen führten sie in die USA, nach Australien und Neuseeland sowie nach Japan. 1974 erhielt S. eine Professur an der Folkwang-Musikhochschule in Essen, 1976 an der Wiener Musikhochschule. Seit 1983 leitete sie das »Centre du Perfectionnement d'art lyrique« in Nizza.
Lit.: Kesting, J., Die großen Sänger des 20. Jhs., Düsseldorf 1993

Stritt, Marie, geb. Bacon
Frauenrechtlerin
18.2.1855 (Schässburg – heute Sighisoara/Rumänien) – 16.9.1928 (Dresden)
Bis 1889 wirkte S., die Tochter eines Rechtsanwalts und Reichstagsabgeordneten, als Schauspielerin und trat u.a. in Frankfurt a. M. und Dresden auf. Seit 1891 engagierte sie sich in der Frauenbewegung und gründete 1894 in Dresden als Ortsgruppe des »Allgemeinen Deutschen Frauenvereins« den ersten »Rechtsschutzverein für Frauen«, der Vorbild für zahlreiche Vereine mit ähnlichen Zielen in ganz Deutschland wurde. Der Verein forderte eine Korrektur des Ehegüterrechts, eine Erleichterung der Ehescheidung und mehr Rechte für unverheiratete Mütter. Ab 1896 gehörte

S. dem Vorstand des »Bundes Deutscher Frauenvereine« (BDF) an und war 1899–1910 dessen Vorsitzende. Innerhalb des BDF versuchte sie, zwischen dem radikalen und dem gemäßigten Flügel zu vermitteln, wurde aber 1910 von der konservativen G.→Bäumer im Vorsitz abgelöst. Seit dem Tod J.→Schwerins 1899 gab S. das »Centralblatt des BDF« heraus. Schon früh trat sie für das Frauenstimmrecht ein und leitete 1911–22 den »Deutschen Verband für Frauenstimmrecht«. 1920–22 war sie für die Deutsche Demokratische Partei (DDP) Stadträtin in Dresden. Verheiratet war S. mit dem Opernsänger Albert S., mit dem sie zwei Kinder hatte.
Lit.: Weiland, D., Geschichte der Frauenemanzipation in Deutschland und Österreich, Düsseldorf 1983

Strobel, Käthe
Politikerin
23.7.1907 (Nürnberg) – 26.3.1996 (ebd.)
Seit ihrem 16. Lebensjahr war die Tochter eines Schuhmachers als kaufmännische Angestellte tätig.

1923–33 war sie bayerische Landesvorsitzende der »Kinderfreunde« (»Falken«), und 1925 trat sie in die Sozialdemokratische Partei (SPD) ein. Nach dem Zweiten Weltkrieg war sie maßgeblich am Aufbau der Frauenarbeit der SPD in Franken beteiligt und wurde 1947 deren Vorsitzende sowie Mitglied des Parteiausschusses der SPD. S., die 1949–72 als Abgeordnete im Bundestag saß, gehörte 1958–66 dem Europäischen Parlament an

– 1962–66 als Vizepräsidentin und 1964–66 als Vorsitzende der sozialistischen Fraktion. 1966 wurde sie Gesundheitsministerin in der Großen Koalition unter Bundeskanzler K. G. Kiesinger und unter Bundeskanzler W. Brandt 1969–72 Ministerin für Jugend, Familie und Gesundheit. Anschließend war sie bis 1978 Mitglied des Nürnberger Stadtrats.

Sturm, Vilma
Publizistin
27.10.1912 (Mönchengladbach) – 17.2.1995 (Bonn)
Nach dem Abitur studierte S. Philosophie und Sprachen in Bonn und München. Sie brach das Studium jedoch ab, besuchte eine Handelsschule und arbeitete anschließend als Journalistin. Seit 1949 war sie für die »Frankfurter Allgemeine Zeitung« tätig und befasste sich vor allem mit Themen des aktuellen Zeitgeschehens, z.B. mit Umweltschutz, Rechtsradikalismus und Ausländerfeindlichkeit. S. engagierte sich zudem in der Friedensbewegung und gründete 1968 gemeinsam mit der Theologin D. Sölle in Köln das »Politische Nachtgebet«. Sie schrieb Reise-Essays, Erzählungen und Hörspiele und veröffentlichte zwei Autobiografien: »Barfuß auf Asphalt – ein unordentlicher Lebenslauf« (1981) und »Alte Tage« (1986).
Lit.: Weizsäcker, C. v., Bücking, E., Mit Wissen, Widerstand und Witz. Frauen für die Umwelt, Freiburg i. Br. 1992

Supper, Auguste Luise, geb. Schmitz (Ps. Auguste Wolff)
Schriftstellerin
22.1.1867 (Pforzheim) – 14.4.1951 (Ludwigsburg)
Bereits während der Schulzeit schrieb S.

Erzählungen und Gedichte, die sie z.T. in Zeitungen veröffentlichen konnte. Seit ihrer Heirat mit einem Finanzrat 1888 lebte sie als freie Schriftstellerin in Ulm, Stuttgart, Calw und ab 1923 in Ludwigsburg. Sie schrieb vor allem Romane und Erzählungen, die in ländlicher Umgebung im Schwarzwald spielen, sowie historische Romane. Ihr bekanntestes Buch war »Die Mädchen vom Marienhof« (1931). Seit 1935 war S. Mitglied der »Reichsschrifttumskammer« und wurde 1936 deren Ehrensenatorin. Ihre nationalsozialistische Haltung und ihr Antisemitismus werden in ihren Erinnerungen »Aus halbvergangenen Tagen« (1937) deutlich. 1924 erhielt S. den Ebner-Eschenbach-Preis und 1942 den Schwäbischen Dichterpreis. 1954 wurde in Ludwigsburg eine Straße nach ihr benannt, obwohl sie sich auch nach 1945 nicht von der nationalsozialistischen Ideologie distanzierte.

Susman, Margarete (Ps. Otto Reiner)
Dichterin
14.10.1872 (Hamburg) – 16.1.1966 (Zürich)
Die Tochter eines wohlhabenden jüdischen Kaufmanns besuchte eine höhere Töchterschule und begann 1894 mit dem Kunststudium in Düsseldorf. Anschließend studierte sie in München Philosophie, später in Berlin auch Geschichte. 1906 heiratete sie den Kunsthistoriker und Maler E. v. Bendemann, mit dem sie einen Sohn hatte. Bereits während der Schulzeit hatte S. Gedichte geschrieben, die ihr Vater privat drucken ließ. Ab 1901 veröffentlichte sie mehrere Lyrikbände, schrieb seit Anfang der 20er Jahre jedoch vor allem Literaturkritiken sowie Essays, die in der »Frankfurter Zeitung« veröffentlicht wurden. Darin setzte sie sich mit dem Thema Liebe, das

sie am Beispiel berühmter Frauen, z.B. in
»Frauen der Romantik« (1929) untersuchte,
mit dem Christentum und der Stellung des
Judentums in einem christlichen Umfeld
auseinander. S. engagierte sich außerdem
für die christlich-jüdische und die deutsch-
französische Verständigung. 1933 emigrierte sie in die Schweiz und erhielt wegen des Verdachts der Linksradikalität Publikationsverbot, so dass sie unter ihrem
Pseudonym u.a. »Das Buch Hiob und das
Schicksal des jüdischen Volkes« (1946) veröffentlichte. Die Freie Universität Berlin
verlieh ihr 1959 den Ehrendoktortitel. Unter dem Titel »Ich habe viele Leben gelebt«
erschien 1964 ihre Autobiografie.
Lit.: Schlösser, M. (Hg.), Für M. S. Auf gespal-
tenem Pfad, Darmstadt 1964
Wall, R., Verbrannt, verboten, vergessen.
Kleines Lexikon deutschsprachiger Schriftstellerinnen 1933–1945, Köln 1988

**Suttner, Bertha Sophie Felicita von,
geb. Gräfin Kinsky v. Chinic und Tettau
(Pse. B. Oulot, Jemand)**
Schriftstellerin
9.6.1843 (Prag) – 21.6.1914 (Wien)
Als das Erbe ihres früh verstorbenen Vaters, eines Offiziers, aufgebraucht war,
musste S. sich ab 1873 ihren Lebensunterhalt als Erzieherin der Töchter des Barons
C. v. Suttner verdienen. Zwischen ihr und
dem sieben Jahre jüngeren Sohn des Hauses Arthur Gundaccar v. S. entstand eine
Liebesbeziehung, die seine Eltern nicht bil-
ligten. S. ging nach Paris, arbeitete für
kurze Zeit als Sekretärin des Industriellen
A. Nobel und heiratete 1876 heimlich Suttner. Neun Jahre lebte das Ehepaar im Kau-
kasus. Dort gab S. Musik- und Sprachun-
terricht und veröffentlichte sehr erfolgreich Gesellschaftsromane und Novellen,

u.a. »Inventarium einer Seele« (1883). 1885
kehrten beide nach Österreich zurück und
lebten im Suttner'schen Familienschloss in
Harmannsdorf. 1889 veröffentlichte S. unter ihrem Pseudonym die zeitkritische

Analyse »Das
Maschinenzeital-
ter«. Im selben
Jahr verfasste sie
auch den pazifis-
tischen Roman
»Die Waffen nie-
der«, mit dem sie
die Friedensbe-
wegung, vor al-
lem die 1880 in London gegründete »International Arbitration and Peace Association«, die internationale Schiedsgerichte
zur Lösung von Konflikten forderte, unterstützen wollte. Das Buch war so erfolgreich, dass es in kurzer Zeit mehrfach neu
aufgelegt, in der Zeitschrift »Vorwärts« abgedruckt, in 16 Sprachen übersetzt sowie
1913 und 1952 verfilmt wurde. S. wurde
zu einer Leitfigur der europäischen Friedensbewegung. 1891 gründete sie die
österreichische »Gesellschaft der Friedens-
freunde«, war 1892 an der Gründung der
»Reichsdeutschen Friedensgesellschaft« beteiligt und wurde im selben Jahr Vizepräsidentin des »Internationalen Friedensbüros«
in Bern. Außerdem gab sie 1892–99 die
Monatszeitschrift »Die Waffen nieder!«
heraus und nahm an fast allen Weltfrie-
denskongressen teil. Auf zahlreichen Vortragsreisen durch Europa und die USA
setzte sie sich für die Erhaltung des Frie-
dens ein. 1905 wurde ihr als erster Frau
der Friedensnobelpreis verliehen.
Lit.: Brinker-Gabler, G. (Hg.), Kämpferin für
den Frieden – B. v. S. Lebenserinnerungen,
Reden und Schriften, Frankfurt a. M. 1982

Hamann, B., B. v. S.: Ein Leben für den Frieden,
München 1986
Steffahn, H., B. v. S., Reinbek 1998

T

**Taeuber-Arp, Sophie Henriette Gertrud,
geb. Taeuber**
Malerin, Bildhauerin
19.1.1889 (Davos) – 13.1.1943 (Zürich)
Neben einer kunstgewerblichen Ausbildung an der Gewerbeschule in St.
Gallen (1908–10), den Lehr- und Versuchswerk-
stätten in München (1911–13) und der
Kunstgewerbeschule in Hamburg (1912)
studierte T.-A. Ausdruckstanz. 1915 lernte
sie den Bildhauer H. Arp kennen, den sie
1921 heiratete und mit dem sie 1916–20
an der Dada-Bewegung in Zürich teilnahm. Außerdem trat sie als Tänzerin im
»Cabaret Voltaire« auf. 1916–28 unterrichtete sie an der Kunstgewerbeschule in
Zürich und war zudem als freie Künstlerin
tätig. Während dieser Zeit schuf sie u.a.
Marionetten und Dekorationen zu C. Goz-
zis Theaterstück »König Hirsch« sowie
Wandmalereien, Glasfenster und die In-
nengestaltung für zwei Häuser in Straßburg. 1928 zog T.-A. mit ihrem Mann nach
Meudon bei Paris und wurde 1931 Mitglied
der Gruppe »Abstraction-Création«. Seit
1937 war sie auch Mitglied des Vereins
Moderner Künstler »Allianz« in Zürich. Im
selben Jahr gründete sie die Zeitschrift
»Plastique«, deren Redaktion sie auch
übernahm. Nach Aufenthalten in der Dor-
dogne, in Savoyen und in der Provence
kehrte sie 1942 nach Zürich zurück. T.-A.,
die als eine der wegweisenden Künstlerinnen des 20 Jhs. gilt, hinterließ über 600

Gemälde, Aquarelle und Reliefs. Außerdem
entwarf sie Teppiche, Kissen und Taschen
mit Perlenstickereien. Sie starb durch einen
Unfall.
Lit.: Gohr, S. (Hg.), S. T.-A. 1889–1943,
Rolandseck 1993

**Tarnow, Fanny (eigtl. Franziska Christiane
Johanne Friederike)**
Schriftstellerin
17.12.1779 (Güstrow) – 4.7.1862 (Dessau)
Ihren Lebensunterhalt musste sich die seit
früher Kindheit nach einem Sturz gehbe-
hinderte T. als Erzieherin selbst verdienen,
denn ihr Vater, ein Jurist und Gutsbesitzer,
verlor sein Vermögen. Sie lebte u.a. auf
Rügen, in St. Petersburg, Hamburg – dort
leitete sie mit A.→Schoppe eine Erziehungsanstalt für Mädchen –, Dresden und
seit 1841 in Dessau. T., die u.a. mit den
Schriftstellern E. M. Arndt, E. v. d.→Recke
und H. v.→Chezy befreundet war, schrieb
vor allem sentimentale Frauenromane, z.B.
»Natalie, ein Beitrag zur Geschichte des
weiblichen Herzens« (1819), in denen
Frauen die Märtyrerrolle zukam. Bis zum
Ende des 19. Jhs. war sie eine viel gelesene
Autorin. Außerdem machte sie sich als
Übersetzerin der Werke von George Sand
und H. de Balzac einen Namen.

**Tergit, Gabriele (eigtl. Elise Reifenberg),
geb. Hirschmann (Ps. Christian Thomasius)**
Publizistin
4.3.1894 (Berlin) – 25.7.1982 (London)
Nach dem Abitur studierte T. Geschichte
und Philosophie und wurde 1925 promoviert. Bereits seit 1920 schrieb sie u.a. für
die »Vossische Zeitung« und die »Weltbühne«. 1925–33 war sie Redaktionsmit-
glied des »Berliner Tageblatts« und trat vor
allem mit Gerichtsreportagen hervor. 1931

veröffentlichte sie ihren ersten Roman »Käsebier erobert den Kurfürstendamm«, der sie berühmt machte. 1933 emigrierte die Jüdin über die Tschechoslowakei nach Palästina und ließ sich 1938 in London nieder. 1957 wurde sie Sekretärin des PEN-Zentrums deutschsprachiger Autoren im Ausland. Zu T.s bekanntesten Werken zählt der Familienroman »Effingers« (1951). Ihre Erinnerungen »Etwas Seltenes überhaupt« wurden postum 1983 herausgegeben. 1984 erschien unter dem Titel »Blüten der zwanziger Jahre« eine Sammlung ihrer Reportagen und Feuilletonbeiträge. Verheiratet war T. mit dem Architekten H. Reifenberg, mit dem sie ein Kind hatte.
Lit.: Larsen, E., Die Welt der G. T. Aus dem Leben einer ewig jungen Berlinerin, München 1987

Terwiel, Maria
Widerstandskämpferin
7.6.1910 (Boppard) – 5.8.1943 (Berlin)
Aufgewachsen in Pommern, begann T. 1929 in Freiburg i. Br. und München das Studium der Rechtswissenschaften, durfte es jedoch nicht abschließen. Als so genannte »Halbjüdin«, ihre Mutter war jüdischer Abstammung, ihr Vater ein sozialdemokratischer Beamter, den die Nationalsozialisten 1933 seines Amtes enthoben, erhielt sie keine Zulassung zum Referendarexamen. Sie arbeitete als Sekretärin in einer französisch-schweizerischen Textilfirma in Berlin und schloss sich der Widerstandsgruppe »Rote Kapelle« um A. Harnack und H. und L.→Schulze-Boysen an. U.a. verbreitete sie die regimekritischen Predigttexte des Bischofs C. A. v. Galen gegen die als Euthanasie bezeichneten Morde vornehmlich an Geisteskranken und beschaffte verfolgten Juden Pässe.

Im September 1942 wurden T. und ihr Verlobter H. Himpel verhaftet, »wegen Vorbereitung eines hochverräterischen Unternehmens« im Januar 1943 zum Tode verurteilt und sieben Monate später im Gefängnis Berlin-Moabit hingerichtet.
Lit.: Coppi, H. u.a. (Hgg.), Die Rote Kapelle im Widerstand gegen den Nationalsozialismus, Berlin 1994

Tesch, Johanna Friederike, geb. Carillon
Politikerin
24.3.1875 (Frankfurt a. M.) – 13./14.3.1945 (KZ Ravensbrück)
Die Tochter eines Schneiders trat 1902 der Sozialdemokratischen Partei (SPD) bei, war Mitbegründerin des »Bildungsvereins für Frauen und Mädchen der Arbeiterklasse« und ab 1906 Vorsitzende der Frankfurter Ortsgruppe des »Zentralverbandes der Haus- und Büroangestellten«. 1919 wurde  T. in die Verfassunggebende Nationalversammlung gewählt und war 1920–24 Mitglied des Reichstags. Dort äußerte sie sich in zahlreichen Reden zu Frauenfragen. Nach der Regierungsübernahme durch die Nationalsozialisten schickte sie ihrem Sohn Carl T. Berichte über die innenpolitischen Lage Deutschlands in die Schweiz und verteilte Schweizer Gelder an im Untergrund lebende Parteigenossen. 1944 wurde sie verhaftet und in das Konzentrationslager Ravensbrück deportiert.
Lit.: Huber, A. (Hg.), Frauen in der Politik – Die Sozialdemokratinnen, Stuttgart-Herford 1984

Teschemacher, Margarethe

Sängerin

3.3.1903 (Köln) – 19.5.1959 (Bad Wiessee)
Am Konservatorium in Köln ausgebildet,
debütierte T. 1923 als Micaela in »Carmen«
an der dortigen Oper und war anschließend u.a. in Mannheim, Stuttgart und ab
1935 in Dresden engagiert. Gastspielreisen
führten sie nach Buenos Aires, London,
Barcelona und Chicago. T. wurde vor allem
als Mozart- und Strauss-Interpretin berühmt, zu den Glanzrollen der Sopranistin
zählte die Pamina in »Die Zauberflöte«. Bei
der Uraufführung von R. Strauss' Oper
»Daphne« sang sie 1938 die Titelpartie.
Außerdem trat sie als Konzert-, Oratorien-
und Liedsängerin auf und wurde zur württembergischen sowie sächsischen Kammersängerin ernannt. Verheiratet war T. mit
dem Maler R. Panzer.

Tetzner, Lisa (eigtl. Therese Pauline Elise)

Schriftstellerin

10.11.1894 (Zittau) – 2.7.1963 (Carona
b. Lugano)
Seit 1913 besuchte die Arzttochter in Berlin die »Soziale Frauenschule« und nahm
später Sprech- und Schauspielunterricht.
Als Märchenerzählerin und -sammlerin
wanderte sie seit 1918 durch Deutschland.
Gefördert wurde sie dabei von dem Verleger E. Diederichs, der ab 1926 die von ihr
zusammengestellten »Schönsten Märchen
aus aller Welt für 365 und einen Tag« herausgab. 1924 heiratete T., die wegen einer
Knochengelenkstuberkulose zeitweise an
den Rollstuhl gefesselt war, den proleta-
risch-revolutionären Schriftsteller K. Kläber (Ps. K. Held), 1927 wurde sie Leiterin
des Kinder- und Jugendfunks im Berliner
Rundfunk. Unter dem Einfluss ihres Mannes und seiner Freunde, der Autoren B.

Brecht und R. Becher, wendete sie sich in
diesen Jahren sozialen Themen zu und
veröffentlichte 1929 ihr erstes Kinderbuch
»Hans Urian – Die Geschichte einer Weltreise«, das wegen seiner politischen Brisanz nach 1933 in Deutschland nicht mehr
verkauft werden durfte. Mit Kläber emigrierte sie 1933 in die Schweiz, beiden
wurde 1938 die deutsche Staatsangehörigkeit aberkannt, 1948 erhielten sie die
Schweizer Staatsbürgerschaft. Seit 1937
hatte T. einen Lehrauftrag an der Universität Basel für Stimmbildung und Sprech-
erziehung, seit 1950 lehrte sie Märchener-
zählung am Kantonalen Lehrerseminar in
Basel. 1940–47 erschienen, zunächst in
Schweden, ihre bekanntesten Kinderbücher, die neunbändige Romanfolge »Erlebnisse und Abenteuer der Kinder aus Nr.
67. Odyssee einer Jugend«, in denen sie
sich mit der NS-Zeit auseinandersetzte.

Teusch, Christine

Politikerin

11.10.1888 (Köln) – 24.10.1968 (ebd.)
T., die aus einer katholischen Kaufmannsfamilie stammte, besuchte ein Oberlyzeum
und legte 1910 das Examen als Oberschul-
lehrerin ab. Anschließend war sie im
Schuldienst und während des Ersten Weltkriegs in der Sozialarbeit tätig. 1918 gründete sie das Frauendezernat des Gesamt-
verbandes der Christlichen Gewerkschaften, das sie auch leitete, und übernahm
1923 den Vorsitz des »Katholischen
Mädchenschutzverbandes«, den sie bis
1965 inne hatte. Für die Zentrumspartei
wurde sie 1919 das jüngste Mitglied der
Verfassunggebenden Nationalversammlung und 1919–33 Abgeordnete im Reichstag,
dessen Präsidium sie ab 1925 als Schriftführerin angehörte. Dem linken Flügel der

Partei zugerechnet, bemühte sich T. um die Versöhnung von Katholizismus und demokratischer Politik. Während der NS-Zeit verlor sie ihr politisches Mandat und auch ihre Stelle als Lehrerin. Im November 1944 wurde sie in so genannte »Schutzhaft« genommen und erst im April 1945 befreit. Nach Kriegsende trat sie der Christlich Demokratischen Union (CDU) bei, wurde 1946 Abgeordnete im von der britischen Militärregierung ernannten Landtag des neu gegründeten Bundeslandes Nordrhein-Westfalen und vertrat bis 1966 einen Kölner Wahlkreis. 1947 wurde T. – trotz des Widerstandes des konservativen Flügels der Partei – Kultusministerin von Nordrhein-Westfalen und war damit die erste Ministerin der Bundesrepublik. Sie engagierte sich besonders für den Ausbau von Schulen und Hochschulen sowie für die Zulassung von Mädchen auch zu humanistischen Gymnasien. 1948 gehörte sie zu den Gründern der »Studienstiftung des deutschen Volkes« und war 1955–65, nach Aufgabe ihres Ministeramts 1954, stellvertretende Vorsitzende des Rundfunkrates des WDR. Zu den Ehrungen, die T. erhielt, zählen u.a. das Große Bundesverdienstkreuz sowie zwei Ehrendoktortitel.
Lit.: Landahl, H., Im memoriam Dr. h.c. C. T., Bonn 1969

Thadden, Elisabeth von
Widerstandskämpferin
29.7.1890 (Mohrungen – heute Morag/Polen) – 8.9.1944 (Berlin)
Die ostpreußische Landratstochter führte nach dem Tod ihrer Mutter 1909–20 das Familiengut in Pommern, bis ihr Vater wieder heiratete. An A. v.→Gierkes Frauenschule in Berlin ließ sie sich anschließend zur Erzieherin ausbilden und leitete das Jugendlager Heuberg auf der Schwäbischen Alb. Angeregt von dem Pädagogen K. Hahn, dem Gründer der Internatsschule Schloss Salem am Bodensee, an der sie eine Zeitlang tätig war, gründete sie 1927 in Heidelberg das evangelische Landerziehungsheim Schloss Wieblingen. 1941 wurde T. als Mitglied der evangelischen »Bekennenden Kirche« von den Nationalsozialisten ihres Amtes als Schulleiterin enthoben. Sie zog nach Berlin, schloss sich dort dem Widerstandskreis um H.→Solf und ihren Mann an und arbeitete für das Rote Kreuz als Helferin in Soldatenheimen in Frankreich. Während eines Heimaturlaubs 1943 kritisierte sie im Gespräch mit Freunden das NS-Regime, ein Spitzel denunzierte sie bei der Gestapo. Daraufhin wurde sie im Januar 1944 in Meaux (Frankreich) verhaftet und in das Konzentrationslager Ravensbrück deportiert. Im Juli 1944 wurde sie in einem Schauprozess wegen so genannter »Wehrkraftzersetzung und versuchten Hochverrats« zum Tode verurteilt und zwei Monate darauf im Gefängnis Berlin-Plötzensee hingerichtet.
Lit.: Lühe, I. v. d., Eine Frau im Widerstand. E. v. T. und das Dritte Reich, Düsseldorf-Köln 1966

Thälmann, Rosa, geb. Koch
Politikerin
27.3.1890 (Bargfeld b. Stormarn) – 21.9.1962 (Berlin)
1918 trat die Tochter eines Schuhmachers, die seit 1913 mit dem späteren KPD-Vorsitzenden Ernst T. verheiratet war, in die USPD und 1919 in die KPD ein. Als Funktionärin der KPD sowie der »Roten Hilfe« beteiligte sie sich nach der Regierungsübernahme durch die Nationalsozialisten

an Widerstands-
aktionen und
wurde 1944 in-
haftiert. 1946
trat sie der SED
bei, war bis 1953
Mitglied des
Zentralvorstan-
des der »Vereini-
gung der Ver-
folgten des Naziregimes« und anschließend
im Präsidium des »Komitees der Antifaschistischen Widerstandskämpfer der
DDR«. Zudem saß T. seit 1947 im Bundes-
vorstand des »Demokratischen Frauenbundes Deutschlands« und seit 1950 als Abgeordnete in der Volkskammer der DDR. Seit
1952 gehörte sie dem »Friedensrat« der
DDR an und seit 1954 dem »Nationalrat
der Nationalen Front«. Kurz vor ihrem Tod
in Ost-Berlin erstattete sie bei der Staats-
anwaltschaft am Kölner Landgericht An-
zeige wegen Beihilfe zum Mord, um den
Tod ihres im Konzentrationslager Bu-
chenwald ums Leben gekommenen Mannes aufzuklären. T. erhielt zahlreiche Ehrungen, darunter den Karl-Marx-Orden
und die Clara-Zetkin-Medaille.

Thalmann-Antennen, Helene, geb. Thalmann

Juristin
28.3.1906 (Biel) – 21.3.1976 (Bern)
Das Jurastudium schloss T.-A. 1929 mit
der Promotion ab. Anschließend erwarb sie
das Anwaltpatent, eröffnete jedoch erst
1950 eine Anwaltspraxis. Sie schloss sich
der Frauenbewegung an, war 1959–62
Präsidentin des »Schweizer Verbandes der
Akademikerinnen« und stand ab 1965 der
Kommission für die rechtliche und wirtschaftliche Stellung der Frau im »Internationalen Verband der Akademikerinnen«
vor. Außerdem beriet sie den »Berner Frauenbund« in rechtlichen Fragen und war in
der juristischen Kommission des »Bundes
Schweizer Frauenorganisationen« tätig.
T.-A. veröffentlichte u.a. »Die heutige Lage
der Akademikerinnen in der Schweiz«
(1950). Für ihre Schrift »Die Allgemeinver-
bindlichkeit der Gesamtarbeitsverträge« erhielt sie 1943 den ersten Preis des Schweizer Juristenvereins. 1971 wurde ihr der
Ida→Somazzi-Preis verliehen.

Theophanu

Kaiserin, Regentin
um 955 – 15.6.991 (Nijmegen/Niederlande)
T.s Abstammung ist nicht genau bekannt.
972 wurde sie von ihrem Onkel, dem byzantinischen Kaiser Johannes I. Tzimiskes,
mit Otto II., dem Sohn und Mitkaiser des

deutschen Kai-
sers Otto I., ver-
heiratet und von
Papst Johannes
XIII. zur Kaiserin
gekrönt. Die
hochgebildete
und politisch
begabte T. hatte
großen Einfluss
auf die Politik
ihres Mannes, der ihr 974 den einzigartig
gebliebenen Herrschertitel »Co-imperatrix«
(»Mitkaiserin«) verlieh. Nach dem Tod Ottos
II., mit dem sie sechs Kinder hatte, übernahm sie 983 – zunächst im Zweckbündnis
mit ihrer ungeliebten Schwiegermutter
→Adelheid und gegen den Widerstand
zahlreicher Adliger – die Regentschaft für
ihren minderjährigen Sohn, den späteren
Kaiser Otto III. Unterstützt von fähigen Beratern, meist Kirchenmännern wie Erzbi-

schof Willigis von Mainz, herrschte T. sieben Jahre unangefochten über das Kaiserreich des Westens. Mit diplomatischem Geschick erzielte sie zahlreiche außenpolitische Erfolge: Durch ein Bündnis mit dem Polenherzog Miesko verteidigte T. das Reich gegen die Slawen und trieb die Christianisierung der ost- und nordeuropäischen Völker voran. Im französischen Westen vereitelte sie die Thronbesteigung des Karolingers Karl von Niederlothringen und begünstigte Hugo Capet, der für die Erlangung der Königswürde Lothringen an das Reich abgeben musste. Als sich T. 989 und 990 in Rom aufhielt, um auch persönlich ihren Herrschaftsanspruch in Italien zu demonstrieren, befand sie sich auf dem Höhepunkt ihrer Macht. Selbstbewusst beurkundete sie als »Imperatrix Augusta« (»Kaiserin«) – einmal sogar als »Imperator« (»Kaiser«), und das dazugehörige Siegel zeigte einen bärtigen Männerkopf mit weiblichem Zopf. T. starb, bevor sie ihre Macht nach dem gewaltsamen Tod ihres Onkels Tzimiskes auch auf das Oströmische Reich ausweiten konnte. Sie wurde etwa 30–35 Jahre alt und fiel wahrscheinlich einem Giftmord zum Opfer. Obwohl die Kaiserin bei ihren Untertanen, die allem Fremdartigen misstrauten und zahlreiche bösartige Geschichten über die »Ausländerin« verbreiteten, wenig Sympathien fand, war ihr kultureller Einfluss groß. Durch sie kamen hellenistische Kunst und antike Bildung, griechische Sprache und byzantinische Moden nach Deutschland. Ihre Kinder erzog sie dreisprachig – Deutsch, Latein, Griechisch –, ihre Minister lehrte sie das Schachspiel, und sie führte den Nikolaus-Kult ein. In Köln, einer Stadt, die sie besonders schätzte, erinnern heute noch der Große

und Kleine Griechenmarkt an die Herrscherin, die griechische Handwerker und Händler in den Westen holte. Auf ihren eigenen Wunsch wurde T. nach ihrem Tod in der vom byzantinischen Baustil beeinflussten Abteikirche St. Pantaleon in Köln beigesetzt. Die Byzanz-Imitationen ihres Sohnes Otto III., der sich griechisch kleidete, mit einem byzantinischen Hofstaat umgab und prunkvolle Siegel nach byzantinischem Vorbild verwendete, gehen auf T. zurück. Wesentliche Züge seiner politischen Ideologie, der »Renovatio imperii Romanorum«, die auf der in Byzanz entwickelten Vorstellung eines universellen Reiches fußte, waren von T. bereits vorbereitet.

Lit.: Wolf, G. (Hg.), Kaiserin T. Prinzessin aus der Fremde – des Westreichs große Kaiserin, Köln 1991
Horst, E., Geliebte T. Deutsche Kaiserin aus Byzanz, München 1995
Eickhoff, E., T. und der König. Otto III. und seine Welt, Stuttgart 1996

Therbusch, Anna Dorothea, geb. Lisiewska
Malerin
23.7.1721 (Berlin) – 9.11.1782 (ebd.)
Ersten Malunterricht erhielt T., wie auch ihre ältere Schwester A. R. de →Gasc, von ihrem Vater, dem Maler G. Lisiewski. 1742 heiratete sie den Gastwirt und Maler Ernst Friedrich T., mit dem sie vier Kinder hatte. Sie bildete sich weiter, indem sie Gemälde alter Meister kopierte. 1761 reiste sie auf Empfehlung von Freunden nach Stuttgart und malte im Auftrag von Herzog Karl Eugen 18 Supraporten für den Spiegelsaal des Stuttgarter Schlosses. Ab 1763 arbeitete sie für ein Jahr als Hofmalerin von Kurfürst Karl Theodor in Mannheim, kehrte dann nach Berlin zurück und reiste 1765 nach

Paris. Dort wurde sie 1767 Mitglied der Académie Royale. Doch obwohl sie von 1768 an auch Mitglied der Wiener Akademie war, erhielt sie keine Aufträge und geriet in finanzielle  Schwierigkeiten. Seit 1770 wieder in Berlin lebend, wandte sie sich an König Friedrich II., der ihr mehrere Aufträge, vornehmlich für Portraits, erteilte. Bald war sie als Künstlerin anerkannt und wurde mit Portraitaufträgen überschüttet. T., die zu den bedeutendsten Malerinnen des Rokoko zählt, gelang es in vielen ihrer Bildnisse – neben dem repräsentativen Anspruch –, die Persönlichkeit der Dargestellten herauszustreichen.
Lit.: Bartoschek, G., A. D. T. 1721–1782, Ausstellung zum 250. Geburtstag, Potsdam-Sanssouci 1971

Therese Charlotte Maria Anna von Bayern (Ps. Th. v. Bayer)
Naturforscherin
12.11.1850 (München) – 19.9.1925 (Lindau)
Die Tochter des Prinzregenten Luitpold von Bayern erhielt eine umfassende Ausbildung und erlernte zwölf Sprachen. Ausgedehnte Reisen führten sie durch fast ganz Europa, Nordafrika, Kleinasien, Indien sowie Nord- und Südamerika. Dabei betrieb sie botanische, geologische und mineralogische Untersuchungen und trug eine Vielzahl von Objekten zusammen, die sie ab 1869 in einer Sammlung ordnete. Über ihre Reisen veröffentlichte T. u.a. »Meine Reise in den brasilianischen Tropen« (1897). Außerdem verfasste sie zahl-

reiche wissenschaftliche Aufsätze in Zeitschriften der Akademie der Wissenschaften in Wien. Sie war Ehrenmitglied der Königlich Bayerischen Akademie der Wissenschaften, der Geographischen Gesellschaften in Wien, München und Lissabon sowie des Vereins für Naturkunde in München. 1897 wurde ihr als erster Frau die Ehrendoktorwürde der Universität München verliehen.
Lit.: Hildebrandt, I., Bin halt ein zähes Luder. 15 Münchner Frauenportraits, München 1991 Häntzschel, H., Bußmann, H. (Hgg.), Bedrohlich gescheit. Ein Jahrhundert Frauen und Wissenschaft in Bayern, München 1997

Thimig, Helene
Schauspielerin
5.6.1889 (Wien) – 7.11.1974 (ebd.)
Nach dem Besuch des Lyzeums wurde T. von ihrem Vater, dem Wiener Schauspieler und Burgtheaterdirektor Hugo T., und der Schauspielerin H.→Bleibtreu ausgebildet. Ihr erstes Engagement erhielt sie 1908 am Meininger Hoftheater. Von dort holte sie der Regisseur M. Reinhardt 1914 an das Königliche Schauspielhaus Berlin und 1917 an das Berliner Deutsche Theater. 1932 heiratete sie Reinhardt und folgte ihm 1933 nach Wien an das Theater in der Josefstadt. 1938 emigrierte T. mit ihrem Mann in die USA und baute mit ihm ein Institut für die Ausbildung von Nachwuchsschauspielern auf. 1946 kehrte sie nach Europa zurück und führte bei den Salzburger Festspielen in der ersten »Jedermann«-Aufführung nach Kriegsende Regie. Im selben Jahr wurde sie auch Mitglied des Burgtheaterensembles. 1948–59 war sie Leiterin des Reinhardt-Seminars und Professorin für Schauspiel und Regie an der Akademie für Musik und Darstellende

Kunst in Wien. T., die eine der bedeutendsten Darstellerinnen des deutschsprachigen
Theaters war, brillierte in zahlreichen Rollen, z.B. als Gretchen und Ophelia, als
Jungfrau von Orleans und Luise Millerin
sowie als Glauben in »Jedermann«. In den
50er Jahren wurde sie u.a. in A. Casonas
»Bäume sterben aufrecht« und als Mutter
in »Die Bluthochzeit« begeistert gefeiert.
1973 veröffentlichte sie die Biografie ihres
Mannes »Wie Max Reinhardt lebte ...«. T.
erhielt zahlreiche Ehrungen, darunter 1955
den Max-Reinhardt-Ehrenring, 1962 die
Josef-Kainz-Medaille und 1963 den Salzburger Festspielpreis.
Lit.: Schwiefert, F., H. T., Berlin 1923

Thommen, Elisabeth
Publizistin, Frauenrechtlerin
10.4.1888 (Waldenburg b. Basel) – 24.6.1960
(Zürich)
Zunächst arbeitete T. als Kindergärtnerin
und begann dann, als freie Mitarbeiterin
u.a. für das »Schweizer Frauenblatt« zu
schreiben. Ab 1928 betreute sie die Frauenbeilage der Basler »National-Zeitung«.
Als erste Schweizer Journalistin machte sie
die Frauenfrage in der Tagespresse zum
Thema. Jahrzehntelang war T. Sprecherin
für Frauenfragen bei Radio Beromünster
und wurde vor allem durch ihre Sendung
»Plaudereien mit Hörerinnen« bekannt. Die
schwierige soziale Lage allein stehender
Frauen und Mütter sowie deren politische
Rechtlosigkeit veranlassten sie, die wohl-
tätige Aktion »Von Frau zu Frau« ins Leben
zu rufen und u.a. Kleidersammlungen für
bedürftige Frauen zu organisieren. Außerdem verfasste T. viel gelesene Erzählungen,
Kurzgeschichten und Hörspiele. 1921–37
war sie mit dem Schriftsteller J. Bührer
verheiratet.

Lit.: Steiger, E., Geschichte der Frauenarbeit in
Zürich, Zürich 1964

Tiburtius, Franziska
Medizinerin
24.1.1843 (Bidamitz, Rügen) – 5.5.1927
(Berlin)
Ihre Jugend verbrachte T. auf Rügen und
in Stralsund und absolvierte eine Lehrerinnenausbildung. Mehrere Jahre arbeitete sie
als Erzieherin bei Familien in Grimmen,
Greifswald und in Südengland. 1871 begann sie mit dem Medizinstudium in
Zürich, das sie 1876 mit der Promotion abschloss. Anschließend war sie in der
Dresdner »Königlichen Entbindungsanstalt«
als Volontärärztin tätig. Die Eröffnung einer eigenen Praxis in Berlin wurde ihr untersagt, weil sie keine deutsche Approbation vorweisen konnte. Das Examen vor
einem deutschen Prüfungsgremium zu
wiederholen wurde ihr ebenfalls nicht gestattet. Dennoch eröffnete sie 1876 mit
E.→Lehmus eine Gemeinschaftspraxis, die
»Poliklinik für Frauen«, die von den Behörden toleriert wurde, nachdem die beiden
Ärztinnen ein Schild mit der Aufschrift
»Dr. med. Univ. Zürich« angebracht hatten.
Aus dieser Poliklinik entstand in einem
Berliner Arbeiterviertel die »Klinik weiblicher Ärzte«, in der vor allem Frauen aufgenommen wurden, die keiner Krankenkasse
angehörten. An Bedürftige wurde kosten-
los Arznei ausgegeben. 1923 veröffentlichte T., deren Schwägerin H.→Hirsch-
feld-Tiburtius war, ihre »Erinnerungen
einer Achtzigjährigen«.
Lit.: Weiland, D., Geschichte der Frauenemanzipation in Deutschland und Österreich,
Düsseldorf 1983

Tiele-Winckler, Eva von

Diakonisse

31.10.1866 (Miechowitz – heute Miechów/
Polen) – 21.7.1930 (ebd.)

T.-W. erbte ein großes Vermögen und
gründete 1888 in Miechowitz das Haus
»Friedenshort«, die erste von 28 diakoni-
schen Einrichtungen, in denen vor allem
Waisen und verlassene Kinder betreut wurden. Nach einer Ausbildung in Bethel war
sie seit 1895 dort Vorsteherin des Diako-
nissenhauses »Sarepta«, kehrte 1901 nach
Schlesien zurück und gründete ebenfalls in
Miechowitz eine neue Schwesternschaft,
deren Mitglieder ab 1908 auch in Missi-
onsgebiete, vor allem nach China, ausgesandt wurden. Aus ihrem 1910 bei Breslau
gegründeten Kinderhaus entwickelte sich
später die »Heimat für Heimatlose GmbH«
mit über 40 Häusern in ganz Deutschland.
1929 veröffentlichte T.-W. unter dem Titel
»Nichts unmöglich. Erinnerungen und Erfahrungen« ihre Autobiografie.

Trapp, Maria Augusta von, geb. Kutschera

Chorleiterin

26.1.1905 (Wien) – 28.3.1987
(Morrisville/USA)

Nach dem Besuch eines Lehrerinnenseminars in Wien trat T. als Novizin in das Be-
nediktinerinnenstift Nonnberg in Salzburg
ein und wurde als Erzieherin zu Baron Georg v. T., einem Witwer mit sieben Kindern, entsandt. 1927 heiratete sie ihn, das
Paar bekam drei gemeinsame Kinder. Als
ihr Mann 1938 in finanzielle Schwierigkeiten geriet, gründete T. mit allen Kindern
einen Familienchor, der mit Volksliedern
und Mozart-Motetten Konzerte gab. 1939
emigrierte die Familie in die USA. Dort
wurden sie als »Trapp Familiy Singers«
sehr populär und nahmen 1948 die ameri-

kanische Staatsangehörigkeit an. Bis 1956
unternahm T. mit ihrem Chor zahlreiche
Tourneen, die sie u.a. nach Europa und
Australien führten. Nach dem Rücktritt des
Familienensembles von der Bühne widmete sich T. u.a. der katholischen Mission
von Südseeinsulanern. 1956 wurde sie zur
katholischen »Mutter des Jahres« gewählt,
außerdem erhielt sie einen päpstlichen Orden und mehrere Ehrendoktortitel von
amerikanischen Universitäten.

Treskow, Elisabeth

Goldschmiedin

20.8.1898 (Bochum) – 1992 (Brühl b. Köln)

Ihre Ausbildung absolvierte T. 1913–19 in
einer Silberschmiede, an den Kunstgewer-
beschulen in Essen und München sowie an
der Fachschule für Edelmetall Schwäbisch
Gmünd. 1918 bestand sie die Gesellenprü-
fung, 1924 die Meisterprüfung. In ihrer
Werkstatt in Essen, die sie 1923–43 betrieb, stellte sie ab 1930 auch Granulatio-
nen, antike Ziertechniken, her, die erst seit
dem 19. Jh. wieder versucht wurden. Seit
1943 lebte T. in Detmold und zog 1948
nach Köln, da sie dort einen Lehrauftrag
als Dozentin an der Kölner Werkschule
und die Leitung der Gold- und Silber-
schmiedeklasse erhielt. 1956 wurde sie zur
Professorin ernannt. Neben zahlreichen
anderen Arbeiten entwarf T. die Meisterschale des Deutschen Fußballbundes, die
sie mit ihrer Goldschmiedeklasse auch aus-
führte, sowie Filmpreise für das Innenmi-
nisterium. Außerdem war sie als Restaura-
teurin von sakralem Gerät, wie Reliquiare
und Monstranzen, tätig. T. wurde vielfach
ausgezeichnet, u.a. 1938 als erste Frau mit
dem Goldenen Ehrenring der Deutschen
Gesellschaft für Goldschmiedekunst, 1963
mit dem Bayerischen Staatspreis und 1975

mit dem Orden »Pro Ecclesia et Pontifice«
durch Papst Paul VI.
Lit.: Joppien, R., E. T.: Goldschmiedekunst des
20. Jhs., Ausstellungskatalog, Köln-Hanau
1990

Treu, Catharina
Malerin
21.3.1743 (Bamberg) – 11.10.1811
(Mannheim)
Von ihrem Vater, dem Maler Johann Joseph Christoph T., wurde T. umfassend
ausgebildet. Nach Aufträgen für Kardinal
F. C. v. Hutten in Bruchsal wurde sie 1769
kurfürstliche Kabinettmalerin am Hof des
Kurfürsten Karl Theodor von Pfalz-Sulzbach, der in Mannheim und Düsseldorf re-
sidierte und sie mit einem großzügigen Gehalt ausstattete. Die Künstlerin, die vor allem Stillleben und Portraits malte, genoss
hohes Ansehen. 1776 wurde sie als erste
Frau zur Titularprofessorin der Kurfürstli-
chen Kunstakademie in Düsseldorf ernannt. Als der Kurfürst die Residenz 1778
nach München verlegte, blieb T. in Mannheim. Dort heiratete sie 1781 J. König, einen Großbauern aus Schwetzingen, mit
dem sie zwei Töchter hatte, von dem sie
sich aber nach einigen Jahren wieder
scheiden ließ. Nach dem Verlust ihres kur-
fürstlichen Arbeitgebers erhielt sie nur
noch wenige Aufträge und verlor im Verlauf der Französischen Revolutionskriege
ihr Vermögen. Heute hängen ihre Werke in
vielen großen deutschen Museen.
Lit.: Neuhaus-Koch, A. u.a. (Hgg.), Dem
Vergessen entgegen, Neuss 1989

Tschechowa, Olga, geb. v. Knipper-Dolling
Schauspielerin
26.4.1897 (Alexandropol – heute
Kumajri/Ukraine) – 9.3.1980 (München)
Zunächst studierte T., deren Vater als
Brückenbauingenieur in Russland tätig
war, Bildhauerei an der Kunstakademie in
St. Petersburg, wechselte dann jedoch zur
Schauspielerei und wurde Meisterschülerin
des Regisseurs und Direktors des Moskauer
Künstlertheaters K. S. Stanislawskij. Mit 16
Jahren heiratete sie ihren Vetter M. Tsche-
chow, von dem sie sich nach drei Jahren,
nach der Geburt ihrer Tochter Ada, die
ebenfalls Schauspielerin wurde, wieder
scheiden ließ. Nach der Russischen Revolution emigrierte sie nach Berlin und erhielt
dort 1921 von dem Regisseur F. Murnau
ihre erste Filmrolle. T. spielte in rund 200
Unterhaltungsfilmen, darunter in »Die Drei
von der Tankstelle« (1930) und »Bel Ami«
(1939), und trat auch am Theater auf. Seit
Mitte der 50er Jahre widmete sie sich weitgehend dem Vertrieb ihrer kosmetischen
Produkte sowie ihren Kosmetiksalons und
veröffentlichte »Frauen ohne Alter, Schön-
heits- und Modebrevier« (1953). Sie schrieb
zwei Autobiografien: »Ich verschweige
nichts« (1952) und »Meine Uhren gehen
anders« (1973). 1962 erhielt sie das Filmband in Gold, 1972 wurde ihr das Große
Bundesverdienstkreuz verliehen. In zweiter
Ehe war T. 1935–39 mit dem belgischen
Kaufmann M. Robyus verheiratet.
Lit.: Romani, C., Die Filmdivas des Dritten
Reiches, München 1982

Tucher, Elisabeth, geb. Pusch
1473 (Nürnberg) – um 1540 (ebd.)
T. stammte aus einfachen Verhältnissen,
ihr Vater war Zeugmeister der Artillerie,
hatte es jedoch zu bescheidenem Wohl-

stand gebracht. 1492 heiratete sie den neun Jahre älteren Nikolaus T., der aus einer der reichsten Familien Nürnbergs stammte. Die Ehe blieb kinderlos. Seit 1960 ziert T.s Bildnis den Zwanzig-Mark-Schein. Als Vorlage diente ein Gemälde, das A. Dürer im Auftrag von T.s Mann 1499 angefertigt hatte und das sich heute in der Staatlichen Kunstsammlung Schloss Wilhelmshöhe in Kassel befindet.

Tüllmann, Abisag
Fotografin
30.9.1935 (Hagen) – 24.9.1996
(Frankfurt a. M.)
Nach einer Schreinerlehre war T. zunächst für einen Architekten tätig und absolvierte dann eine Lehre bei Mode- und Werbe-fotografen. Anschließend arbeitete sie als Reporterin für mehrere Zeitungen und Zeitschriften, für die sie zahlreiche Reisen

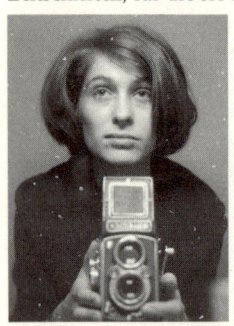

nach Asien, Afrika und Ost-europa unter-nahm. Hauptmo-tiv ihrer Fotogra-fien wurde jedoch das Thea-ter. T. arbeitete eng mit mehre-ren Regisseuren zusammen und gilt als eine der bedeutendsten deutschen Theaterfotografinnen. 1995 widmete ihr das Frankfurter Museum für Moderne Kunst eine große Einzelausstellung. Kurz nach ihrem Tod wurden im New Yorker »Goethe House« ihre Fotos zum Theater-projekt »Titus/Iphigenie« des Malers J. Beuys ausgestellt.
Lit.: Ammann, J. C., Hansen, O. (Hgg.), A. T. Photographien, Frankfurt a. M. 1995

U

Ullmann, Regina
Schriftstellerin
14.12.1884 (St. Gallen) – 6.1.1961
(Ebersberg, Bayern)
Die Tochter eines jüdischen Fabrikanten aus Vorarlberg und einer Deutschen ver-lebte ihre Kindheit in St. Gallen. Nach dem frühen Tod ihres Vaters 1889 litt sie unter Entwicklungsstörungen und besuchte eine Privatschule für gehemmte Kinder. 1902 zog sie mit ihrer Mutter nach München, 1906 und 1908 wurden ihre nichtehelichen Töchter geboren. Ihre ersten Erzählungen veröffentlichte U. 1907 im »St. Galler Tageblatt«, im selben Jahr erschien der Einakter »Feldpredigt«. Sie sandte das Buch 1908 dem Dichter R. M. Rilke, der so be-geistert war, dass er in der Folgezeit ihre Manuskripte korrigierte, sie Verlegern empfahl und eine Mäzenin dazu brachte, U. lebenslang zu unterstützen. Nach ihrer Konversion zum Katholizismus 1911 machte U. sich mit Erzählbänden, z.B. »Die Barockkirche« (1925) und »Vom Brot der Stillen« (1932) als christliche Erzählerin einen Namen. Zu ihrem großen Freundes-kreis gehörten u.a. L.→Andreas-Salomé und L.→Albert-Lasard sowie die Schrift-steller H. Carossa, A. Schnitzler, H. Hesse und T. Mann. 1935 wurde U. von den Nationalsozialisten aus der so genannten »Reichsschrifttumskammer« ausgeschlos-sen und kehrte über Salzburg 1938 nach St. Gallen zurück, wo sie in einem von Ordensschwestern geleiteten Heim lebte. Die letzten beiden Lebensjahre verbrachte sie bei ihrer Tochter in Bayern. S. war Mit-glied des PEN-Clubs, der Bayerischen Akademie der Schönen Künste und der

Schweizer Schriftstellervereinigung. Sie erhielt den St. Gallener Kulturpreis sowie den Preis der Schweizer-Schiller-Stiftung und wurde zur Ehrenbürgerin von St. Gallen ernannt.

Lit.: Delp, E., R. U. Eine Biografie, Einsiedeln–Köln–Zürich 1960

Ullrich, Luise Aloisia Elisabeth
Schauspielerin
31.10.1911 (Wien) – 22.1.1985 (München)
1926 debütierte U. am Wiener Volkstheater, nachdem sie die Akademie für Musik und Darstellende Kunst in Wien besucht hatte. Es folgten Engagements in Berlin am Lessing-Theater, an der Volksbühne und am Staatstheater. 1932 spielte sie ihre erste Filmrolle unter dem Regisseur L. Trenker in »Der Rebell«. Auch während der NS-Zeit drehte sie zahlreiche Filme, u.a. »Annelie« (1941). Nach Kriegsende trat U. zunächst vor allem auf Münchner Bühnen, aber auch wieder im Film und später im Fernsehen auf, vorwiegend in Frauen- und Mütterrollen. Außerdem verfasste sie Erzählungen und Beiträge für den »Münchner Merkur«. 1973 erschienen ihre Memoiren »Komm auf die Schaukel, Luise – Balance eines Lebens«. Verheiratet war sie seit 1942 mit dem Piloten und Flughafendirektor W. D. Graf zu Castell-Rüdenhausen, mit dem sie zwei Kinder hatte.

Ulrich, Maria
Schriftstellerin
24.11.1894 (Oberarth, Kt. Schwyz) – 12.10.1967 (Adliswil b. Zürich)
U., die aus einer armen Arbeiterfamilie stammte, wurde nach dem Besuch der Grundschule Arbeiterin, später Büroangestellte in einer Zürcher Seidenfabrik. Sie bildete sich selbst weiter und veröffentlichte Erzählungen und Romane, in denen sie sich mit dem Leben und dem Alltag von Arbeitern auseinander setzte, u.a. »Goldwies. Erzählung aus der schweizerischen Seidenstoffindustrie« (1928). Als eine der wenigen proletarischen Autorinnen der Schweiz beschrieb sie den Überlebenskampf der Arbeiter sowie ihre familiären Sorgen überzeugend und authentisch, jedoch ohne anzuklagen. Dies kommt besonders in ihrem sozialkritischen Roman »Arm und reich« (1945) zum Ausdruck.

Unzer-Ziegler, Johanna Charlotte, geb. Ziegler
Dichterin
27.11.1725 (Halle a. d. Saale) – 29.1.1782 (Altona – heute zu Hamburg)
U.-Z.s Ausbildung beschränkte sich neben Französischunterricht auf den religiösen und häuslichen Bereich. 1751 heiratete sie den Arzt Johann August U., der bei ihrem Vater, einem Organisten und Komponisten, Musikunterricht erhalten hatte, und zog mit ihm ins damals dänische Altona. Ihre zwei Kinder starben kurz nach der Geburt. Ebenfalls 1751 erschienen unter ihrem Namen der »Grundriss einer Weltweißheit für das Frauenzimmer« und der »Grundriss einer natürlichen Historie und eigentlichen Naturlehre für das Frauenzimmer«. Dabei handelte es sich jedoch nur um Zusammenfassungen von Werken der Philosophen C. Wolff und A. E. Baumgarten sowie des Naturforschers C. v. Linné, die U.-Z. lediglich mit einem Vorwort und Kommentaren versehen hatte. Die Idee des Verlegers, eine Frau als Fürsprecherin für Frauenbildung auftreten zu lassen, machte die Bücher zu einem Verkaufsschlager. Großes Aufsehen erregte U.-Z. auch mit ihrem

»Versuch in Scherzgedichten«, der im selben Jahr erschien. Dass eine Frau Gedichte veröffentlichte, z.T. sogar sehr anzügliche, war für die Zeit eine Sensation. Der Band erzielte mehrere Auflagen sowie zahlreiche Nachdrucke.

Lit.: Gehring, T., J. C. U.-Z. 1725–82. Ein Ausschnitt aus dem literarischen Leben in Halle, Göttingen und Altona, Diss. Bern–Frankfurt a. M. 1973

Ury, Else
Schriftstellerin
1.11.1877 (Berlin) – 13.1.1943 (KZ Auschwitz)
Die Tochter eines jüdischen Tabakhändlers erhielt wie ihre Brüder eine hervorragende  Schulausbildung. Ihren ersten schriftstellerischen Erfolg hatte sie 1906 mit dem Mädchenbuch »Studierte Mädel«, in dem sie für Frauen das Recht auf eine akademische Ausbildung forderte. Bis 1910 wurde das Buch fünfmal aufgelegt. U.s bekannteste Werke sind die Jugendbuchserien »Nesthäkchen« (1918 ff.) und »Professors Zwillinge« (1927 ff.), die ein breites Lesepublikum jahrzehntelang begeisterten und bis heute immer wieder aufgelegt werden. 1934 erhielt U. Schreibverbot, 1935 wurde sie aus der so genannten »Reichsschrifttumskammer« ausgeschlossen. Am 12.1.1943 wurde sie in das Konzentrationslager Auschwitz deportiert und dort ermordet.

Lit.: Brentzel, M., Nesthäkchen kommt ins KZ. Eine Annäherung an E. U., Zürich-Dortmund 1992

Uttmann, Barbara, geb. v. Elterlein
Unternehmerin
1514 (Elterlein b. Annaberg) – 14.1.1575 (Annaberg)
15-jährig heiratete U., die aus einer wohlhabenden Familie stammte, den Bergwerksbesitzer Christoph U., mit dem sie zwölf Kinder hatte. Als er 1551 starb, hinterließ er ihr mehrere Berg- und Schmelzwerke sowie zahlreiche Bergbaurechte. Die intelligente und geschäftstüchtige Witwe baute ihr Erbe zu Gewinn bringenden Unternehmen aus. Damit erregte sie den Neid ihrer Konkurrenten, die beim Kurfürsten durchsetzten, dass U. nicht nur für das im Kupfer gefundene Silber Extraabgaben entrichten, sondern auch laufend Förderproben vorlegen musste. U. entwickelte zudem im Erzgebirge die Spitzenindustrie weiter, die von venezianischen Kaufleuten importiert worden war, indem sie statt der üblichen Klöppelkissen und -nadeln den Klöppelsack und -schlag einführte. Zeitweilig waren über 900 Posamentwirkerinnen in Heimarbeit für sie tätig. Außerdem handelte sie sehr erfolgreich mit Spitzen.

Lit.: Gehrken, E., Sachsens berühmte Frauen, Taucha 1999

V

Vaerting, Mathilde
Pädagogin
10.1.1884 (Messingen) – 6.5.1977 (Schönau)
Nach dem Studium der Pädagogik und Psychologie wurde V. 1911 in Bonn promoviert. Die Universität Jena ernannte sie 1923 zur ersten Professorin für Erziehungswissenschaft, ohne dass sie eine Habilitationsschrift vorlegen musste. 1933

wurde sie von den Nationalsozialisten ihres Amtes enthoben. Nach Kriegsende leitete sie das »Internationale Forschungsinstitut für Staatssoziologie und Politik« in Marburg a. d. Lahn und wurde 1954 von der Universität Marburg zur außerordentlichen Professorin ernannt. Seit 1953 war V. Herausgeberin der »Zeitschrift für Staatssoziologie«. Sie veröffentlichte u.a. »Neubegründung der Psychologie von Mann und Frau« (1921–23) sowie »Männerstaat und Frauenstaat« (1931).

Valetti, Rosa (eigtl. Vallentin)
Kabarettistin
25.1.1876 (Berlin) – 10.12.1937 (Wien)
Gegen den Willen ihrer Eltern, eines wohlhabenden jüdischen Fabrikbesitzerehepaares, nahm V. schon als junges Mädchen Schauspielunterricht und trat auf Vorstadtbühnen auf. Mit ihrem Mann, einem Pianisten, zog sie kurzzeitig nach Paris, nach ihrer Scheidung lebte sie in Wien und Berlin als Theaterschauspielerin. 1920 gründete V. das »Cabaret Größenwahn«, das sie mit ihrem Bruder, dem Schauspieler H. Vallentin, zu einem der bemerkenswertesten Kabaretts der damaligen Zeit entwickelte. Dort, wie auch in ihrem 1928 gegründeten satirischen Kabarett »Larifari«, beeindruckte sie als ausdrucksstarke und politisch kompromisslose Chansonsängerin mit Liedern von u.a. Klabund, A. Mehring, K. Tucholsky und mit eigenen Texten. 1933 emigrierte V. nach Wien und spielte bis zu ihrem Tod Theater.
Lit.: Renken, S. (Hg.), Chanteusen. Stimmen der Großstadt, Mannheim 1997

Varnhagen von Ense, Rahel (Antonie Friederike), geb. Levin
Schriftstellerin
19.5.1771 (Berlin) – 7.3.1833 (ebd.)
Die Tochter eines wohlhabenden jüdischen Kaufmanns und Bankiers bildete sich autodidaktisch und beschäftigte sich schon als junges Mädchen mit deutscher und französischer Literatur.

Von 1790 an trafen sich in ihrem so genannten »ersten Salon« in der Dachstube des elterlichen Hauses Studenten, Adlige, Militärs, Diplomaten, Schriftsteller, Gelehrte und Schauspieler; darunter so bedeutende Persönlichkeiten wie F. Schlegel, C. v. Brentano, B. v.→Arnim, Jean Paul, F. Schleiermacher, A. Chamisso und Prinz L. F. v. Preußen sowie ihre jüdischen Freundinnen D.→Schlegel und H.→Hertz. Ihre Freunde – mit den meisten führte sie über Jahre einen regen Briefwechsel – bewunderten V.s Intelligenz und schätzten den kulturellen Austausch mit ihr. 24-jährig verlobte sie sich mit Graf K. v. Finckenstein, doch die Beziehung scheiterte ebenso wie die Verbindung mit dem spanischen Diplomaten Don R. d'Urquijo, die sie 1804 einging. 1814 nahm V. die Vornamen Antonie Friederike an und ließ sich christlich taufen, um den 14 Jahre jüngeren Schriftsteller und Diplomaten Karl August V. v. E. in einer kirchlichen Zeremonie heiraten zu können. Gemeinsam besuchten beide den Wiener Kongress und lebten 1816–19 in Karlsruhe. Danach kehrten sie nach Berlin zurück, und V. empfing in ihrem »zweiten Salon« vornehmlich Liberale und fort-

Vasconcelos, Karoline Wilhelmina de

schrittlich Gesinnte, u.a. den Dichter H. v. Kleist, den Publizisten L. Börne und den Philosophen G. W. F. Hegel. Kurz nach ihrem Tod gab ihr Mann unter dem Titel »Rahel. Ein Buch des Andenkens für ihre Freunde« eine erste Sammlung mit ausgewählten Briefen V.s heraus. 1836 folgte »Galerie von Bildnissen aus Rahels Umgang und Briefwechsel«. V. war als Briefschreiberin eine der hervorragendsten deutschen Schriftstellerinnen in der deutschen Literatur. Als emanzipierte Frau diente sie der Frauenbewegung um 1900 als Vorbild.

Lit.: Arendt, H., R. V. Lebensgeschichte einer deutschen Jüdin aus der Romantik, München (7)1987
Hahn, B. (Hg.), Im Schlaf bin ich wacher. Die Träume der R. Levin V., Frankfurt a. M. 1990
Stern, C., Der Text meines Herzens. Das Leben der R. V., Reinbek 1994

Vasconcelos, Karoline Wilhelmina de, geb. Michaelis
Romanistin
15.3.1851 (Berlin) – 16.11.1925 (Porto/Portugal)
Seit ihrer Heirat mit dem Kunsthistoriker Joaquim Antonio da Fonseca de V. 1876 lebte V. in Porto. Dort setzte sie ihre in Deutschland begonnenen Studien der spanischen und portugiesischen Literatur fort. 1911–25 war sie ordentliche Professorin für Germanistik und Romanistik an der Universität in Coimbra. Sie verfasste bahnbrechende Arbeiten zur portugiesischen Sprach- und Literaturwissenschaft sowie zur portugiesischen Volkskunde, u.a. »Studien zur romanischen Wortschöpfung« (1876), sowie zahlreiche Werke in portugiesischer Sprache. Für ihr Forschungswerk und für ihre Verdienste als Vermittle-rin zwischen portugiesischer und deutscher Kultur erhielt V. die Ehrendoktorwürde der Universitäten Freiburg i. Br., Coimbra und Hamburg.

Velten, Catharina Elisabeth, geb. Paulsen
Theaterleiterin
um 1650 – 1715
Schon als Kind trat die Tochter des Theaterprinzipals C. A. Paulsen in der Theatertruppe ihres Vaters auf. Etwa 1671 heiratete sie den Magister Johannes V., der sich 1665 der Paulsen'schen Theatergesellschaft angeschlossen hatte und um 1672 eine eigene Theatertruppe gründete. Nach seinem Tod 1693 übernahm V. die Prinzipalschaft der Truppe, mit der sie 19 Jahre umherreiste, über die Ostseestädte Danzig, Königsberg und Riga bis Schweden und nach Süddeutschland. 1712 musste sie wegen hoher Schulden ihre Truppe auflösen. V. hinterließ eine für die damalige Zeit ungewöhnliche Streitschrift gegen die orthodoxe lutherische Geistlichkeit. Darin verteidigte sie den Schauspielerberuf und das Theater gegen den kirchlichen Vorwurf der Erbsünde, der dazu geführt hatte, dass Schauspieler von Beichte und Abendmahl ausgeschlossen waren. 1711 und 1722 gedruckt und von Schauspielern als Verteidigungsschrift genutzt, wurde das Traktat später mehrfach, u.a. 1768 von Pastor Goeze, dem Gegenspieler des Schriftstellers G. E. Lessing, mit bösartigen Kommentaren versehen und als Beweis für die Unmoral am Theater verwendet.

Lit.: Becker-Cantarino, B., Der lange Weg zur Mündigkeit, Stuttgart 1987

Victoria Adelheid Marie Luise
Königin, Kaiserin
21.11.1840 (London) – 5.8.1901
(Kronberg, Taunus)
Die älteste Tochter der englischen Königin
Victoria wurde 1858 mit dem preußischen
Kronprinzen Friedrich Wilhelm, der 1888
für nur 99 Tage als Friedrich III. preußischer König und deutscher Kaiser war, verheiratet. Das Paar hatte acht Kinder. V. war
gebildet – u.a. sprach sie fließend Deutsch
– und politisch interessiert. Sie regte den
Bau des Kunstgewerbemuseums (heute
Martin-Gropius-Bau) in Berlin an, das neben seiner musealen Funktion als wissenschaftliche und technische Unterrichtsanstalt dienen sollte. Außerdem engagierte
sie sich für die Frauenemanzipation und
förderte die Erwerbstätigkeit von Frauen,
indem sie mit insgesamt 17 Vereinen zusammenarbeitete, darunter die »Allgemeine
Deutsche Pensionskasse für Lehrerinnen
und Erzieherinnen« und die »Viktoria Fortbildungsschule für Mädchen«. Da sie nach
englischem Vorbild – in voller Überein-
stimmung mit ihrem Mann und mit dessen
Hilfe – versuchte, die deutsche Politik libe-
raler zu gestalten, verlor sie bei der preußischen Bevölkerung alle Sympathien und
geriet in scharfen Gegensatz zu ihrem
Schwiegervater Wilhelm I. und zu Reichskanzler O. v. Bismarck, der sie sogar als
englische Spionin verdächtigte. Auch zu
ihrem ältesten Sohn, dem späteren Kaiser
Wilhelm II., hatte die Kronprinzessin, die
Gewalt und Krieg ablehnte, ein getrübtes
Verhältnis. Nach dem Tod seines Vaters
ließ Wilhelm V.s Wohnsitz, das Neue Palais
in Potsdam, von Soldaten bewachen, weil
er ihr unterstellte, Geheimpapiere nach
England bringen zu wollen. Daraufhin zog
sich die in Berlin unerwünschte Kaiserin-

witwe nach Kronberg zurück, nannte sich
»Kaiserin Friedrich« und ließ für sich das
Schloss Friedrichshof (heute Kronberger
Schlosshotel) errichten. Dorthin lud sie bis
zu ihrem Tod Künstler und Wissenschaftler
aus aller Welt ein. 1928 wurden ihre Briefe
in London veröffentlicht, die deutsche
Übersetzung, herausgegeben von ihrem
Sohn, erschien 1929.
Lit.: Sinclair, A., V. – das Portrait einer un-
gewöhnlichen Frau am preußischen Hof,
Bergisch Gladbach 1995

Viebig, Clara
Schriftstellerin
17.7.1860 (Trier) – 31.7.1952 (Berlin)
V. besuchte in Düsseldorf eine höhere
Töchterschule, lebte nach dem Tod ihres
Vaters mit ihrer Mutter in Posen und ab
1883 in Berlin. Dort begann sie mit dem
Schreiben von Novellen und Beiträgen für
die »Volkszeitung«. 1896 heiratete sie den
Verleger F. T. Cohn, in dessen Verlag Fon-
tane & Co. (ab 1901 Fleischer & Co.) ihre
Werke bis 1914 erschienen. Mit ihren natu-
ralistischen, milieugetreuen Romanen über
die Schicksale einfacher Menschen, z.B.
»Das Weiberdorf« (1901) und »Menschen

und Straßen«
(1923), fand sie
eine große Leser-
schaft und erhielt
den Beinamen
»deutsche Zo-
laide«. V. behan-
delte auch zeitge-
schichtliche The-
men, u.a. in »Die
Wacht am Rhein« (1901), und Frauenschicksale, z.B. in »Die mit den tausend
Kindern« (1929). Während der NS-Zeit
durfte sie nichts veröffentlichen und war

wegen der jüdischen Abstammung ihres Mannes Repressalien ausgesetzt. 1942–45 lebte V. in Schlesien, nach der Vertreibung wieder in Berlin.
Lit.: Michalska, U., C. V. – Versuch einer Monographie, Posen 1968

Viktoria Luise
Schriftstellerin
13.9.1892 (Potsdam) – 11.12.1980 (Hannover)
1913 wurde die einzige Tochter des deutschen Kaisers Wilhelm II. mit Herzog Ernst August zu Braunschweig-Lüneburg verheiratet, um den langjährigen Konflikt zwischen Hohenzollern und Welfen beizulegen. Das Paar hatte fünf Kinder. Nach dem Tod ihres Mannes 1953 entzweite sich V. L. mit ihrem Sohn Ernst August über ihre zukünftige gesellschaftliche Position und die Höhe ihrer Apanage und zog demonstrativ in das Haus von Freunden in Braunschweig. Um ihr Einkommen aufzubessern, begann sie mit dem Schreiben von Memoiren, z.B. »Ein Leben als Tochter des Kaisers« (1965), die zwar die Geschichte verfälschten, aber einen großen Leserkreis fanden und eine Gesamtauflage von 1,5 Millionen erreichten.
Lit.: Armenat, G., Frauen aus Braunschweig, Braunschweig 1986

Vischer-Alioth, Elisabeth, geb. Vischer
Frauenrechtlerin
7.9.1892 (Arlesheim b. Basel) – 20.8.1963 (Basel)
Nach dem Besuch der »Sozialen Frauenschule« in Berlin leitete V.-A. 1915–18 das Bezirkssekretariat von »Pro Juventute« in Basel. Während des Ersten Weltkriegs war sie in Hilfsorganisationen für in Not geratene Schweizer und Ausländer tätig, danach begann sie, als Journalistin zu arbeiten, und engagierte sich für die Durchsetzung des Frauenstimmrechts. 1922–35 war sie Präsidentin der »Vereinigung für Frauenstimmrecht« in Basel, seit 1929 Vorstandsmitglied des Zentralvorstandes des »Schweizer Verbandes für Frauenstimmrecht« und seit 1949 im Vorstand des »Bundes Schweizer Frauenorganisationen« (BSF). Als erste Frau wurde sie 1955 in die Bürgerkommission von Basel und 1961 in den »Weiteren Bürgerrat« gewählt.

Vogt, Cécile, geb. Mugnier
Medizinerin
27.3.1875 (Annecy/Frankreich) – 4.5.1962 (Cambridge/England)
1899 schloß V. ihr Medizinstudium in Paris mit dem Staatsexamen ab. Über ihren Lehrer, den Neurologen P. Marie, lernte sie ihren späteren Mann, den Mediziner Oskar V., kennen und zog mit ihm nach Berlin. Sie arbeitete in der von ihm gegründeten Neurologischen Zentralstation mit, später im Kaiser-Wilhelm-Institut für Hirnforschung und spezialisierte sich auf Hirnforschung und Psychiatrie, besonders Hypnoseforschung. Gemeinsam mit ihrem Mann, mit dem sie zwei Kinder hatte, gründete sie 1937 das »Institut für Hirnforschung und Allgemeine Biologie« in Neustadt im Schwarzwald. Von der Universität Freiburg i. Br. erhielt V. den Ehrendoktortitel, außerdem wurde sie zum Ehrenmitglied der Berliner Akademie der Wissenschaften ernannt. Nach dem Tod ihres Mannes zog sie 1959 zu ihrer Tochter nach England.
Lit.: Satzinger, H., Die Geschichte der genetisch orientierten Hirnforschung von C. und Oskar V. (1875–1962, 1870–1959) in der Zeit von 1895 bis ca. 1927, Stuttgart 1998

Voigt-Diederichs, Helene, geb. Voigt
(Ps. H. v. Ziegler)
Schriftstellerin
26.5.1875 (Gut Marienhof b. Eckernförde) –
3.12.1961 (Jena)
V.-D. wuchs auf dem Gut ihres Vaters auf.
Auf einer ihrer zahlreichen Reisen lernte
sie in Florenz den Verleger E. Diederichs
kennen, den sie 1898 heiratete und mit
dem sie vier Kinder hatte. Seit 1904 lebte
sie in Jena, zog nach ihrer Scheidung 1911
nach Braunschweig und kehrte 1931 nach
Jena zurück. In ihren Gedichten, Romanen
und Erzählungen beschrieb V.-D. Frauenschicksale und Kindergeschichten, die im
ländlichen Norddeutschland spielten, u.a.
»Abendrot. Aus dem schleswigschen Volks-
leben« (1899). In dem Buch »Auf Marienhof. Vom Leben einer Mutter« (1925) schilderte sie ihre Kindheit, in ihrem letzten
Werk »Waage des Lebens« (1952) ihr Leben
in der Nachkriegszeit.

Voß, Ernestine, geb. Boie
31.1.1756 (Meldorf) – 10.3.1834 (Heidelberg)
1777 heiratete die Pfarrerstochter den
Dichter, Übersetzer und Mitgründer des
Dichterkreises »Hainbund« Johann Heinrich V., mit dem sie fünf Kinder hatte. Mit
ihm lebte sie 1782–1802 in Eutin, danach
bis 1805 in Jena und schließlich in Heidelberg. Das Paar pflegte freundschaftliche
Kontakte zu zahlreichen Gelehrten und
Autoren, u.a. zu F. H. Jacobi, C. M. Wieland, D.→Schlözer, J. W. v. Goethe und G.
Niebuhr. Mit ihren Briefen – Genrebildern
aus dem bürgerlichen Leben und dem Lite-
ratendasein im 18. und 19. Jh. – begeisterte V. alle ihre Briefpartner und deren
Freundeskreise, in denen die Schriften wei-
tergereicht wurden. Zu ihren Bewunderern
zählten z.B. die Dichter F. v. Schiller und

F. G. Klopstock sowie der Gelehrte W. v.
Humboldt. 1901 und 1924 wurden V.s
Briefe von L. Bäte und F. Polle heraus-
gegeben.

Voß, Sophie Marie von, geb. v. Pannewitz
Hofdame
11.3.1729 (Schönfließ b. Oranienburg) –
31.12.1814 (Berlin)
Als Hofdame der Königin Elisabeth Ernestine, der Frau Friedrichs II., und ab
1793 Oberhofmeisterin der Kronprinzessin
und späteren Königin →Luise, hatte V.
über viele Jahre Einblick in das Leben am
preußischen Hof. Ihre Beobachtungen hielt
sie in ihren Tagebüchern fest, die 1876 unter dem Titel »Neunundsechzig Jahre am
Preußischen Hofe« veröffentlicht wurden.
V. war die Tante von Elisabeth Amalie von
V. (1766–89), die ab 1787 in morganati-
scher Ehe mit König Friedrich Wilhelm II.
verheiratet war.

W

Wabnitz, Agnes
Frauenrechtlerin
2.1.1847 (Glatz – heute Kłodzko/Polen) –
August 1894 (Berlin)
W. stammte aus einer politisch engagierten
Familie, ihr Großvater hatte am schlesischen Weberaufstand teilgenommen und
ihr Vater, ein Gastwirt, 1848 in Breslau auf
den Barrikaden gekämpft. Sie erhielt eine
gute Schulbildung und zog nach dem Tod
des Vaters mit der Mutter nach Berlin. Dort
hatte sie Kontakt zu revolutionären, zeitweise auch anarchistischen Kreisen und
hielt mitreißende Reden auf politischen
Versammlungen. 1885 war sie Mitbegrün-

derin des »Vereins zur Wahrung der Interessen der Arbeiterinnen«. 1887 wollte sie eine Frauengewerkschaft gründen, wurde jedoch wegen der Radikalität dieses Anliegens verhaftet. Als sie im Gefängnis in den Hungerstreik trat, wies man sie in eine Anstalt für Geisteskranke ein. Nach ihrer Entlassung wurde sie wieder politisch aktiv

und deshalb zu einer Haftstrafe von zehn Monaten verurteilt. Verzweifelt und aus Angst vor dem Gefängnis, nahm sie sich auf dem Friedhof der Märzgefallenen in Berlin das Leben. An ihrer Beerdigung nahmen Tausende von Menschen teil.

Lit.: Juchacz, M., Sie lebten für eine bessere Welt, Hannover 1971
Weiland, D., Geschichte der Frauenemanzipation in Deutschland und Österreich, Düsseldorf 1983

Wachenheim, Hedwig
27.8.1891 (Mannheim) – 8.10.1969 (Hannover)
1912–14 besuchte W. die »Soziale Frauenschule« in Berlin und war danach bis 1921

in sozialen Berufen tätig. 1922–33 leitete sie eine Abteilung der Reichsfilmprüfstelle in Berlin. Bereits 1914 war sie der Sozialdemokratischen Partei

(SPD) beigetreten, 1919–33 war sie Mitglied des Hauptausschusses der »Arbeiterwohlfahrt« und 1926–33 Chefredakteurin von deren gleichnamiger Zeitschrift. 1928–33 gehörte sie für die SPD dem preußischen Landtag an. Nach der Regierungsübernahme durch die Nationalsozialisten emigrierte W. 1935 über die Schweiz und Frankreich in die USA. Dort engagierte sie sich in der »Social Democratic Federation of America« sowie in der »Association of Free Germans«. Nach ihrer Rückkehr nach Deutschland 1946 war sie in Wohlfahrtsorganisationen tätig. 1955 erhielt W. von der University of California Berkeley einen Forschungsauftrag zur Geschichte der deutschen Arbeiterbewegung. Ihre Erinnerungen »Vom Großbürgertum zur Sozialdemokratie. Memoiren einer Reformistin« wurden postum 1973 veröffentlicht.

Wagner, Cosima, geb. d'Agoult
Festspielleiterin
25.12.1837 (Como/Italien) – 1.4.1930 (Bayreuth)
Die Tochter der Schriftstellerin M. d'→Agoult und des Komponisten F. Liszt heiratete 1857 den Dirigenten H. v. Bülow, mit dem sie zwei Töchter hatte und den sie 1866 verließ. Bereits 1863 hatte sie sich heimlich mit dem Komponisten R. Wagner »verlobt«, den sie 1870 heiratete, nachdem 1865, 1867 und 1869 ihre drei Kinder geboren worden waren. Zwei Jahre nach Wagners Tod übernahm W., die über eine große Werkkenntnis verfügte und alle Partituren kannte, 1885 offiziell die künstlerische und organisatorische Leitung der Bayreuther Festspiele. Großen Wert legte sie auf eine fundierte schauspielerische Ausbildung der Sänger. 1908 gab sie die

Leitung an ihren Sohn Siegfried ab. W.s
Briefwechsel, u.a. mit ihrem Schwieger-
sohn, dem Schriftsteller H. S. Chamberlain,
und dem Philosophen F. Nietzsche, sowie
ihre Tagebücher aus den Jahren 1869–83
gelten als kulturgeschichtliche Dokumente.
Lit.: Schad, M., C. W. und Ludwig II. von
Bayern – Briefe, Bergisch Gladbach 1996
Giroud, F., C. W. Mit Macht und mit Liebe,
München 1998

**Wagner, Elsa (eigtl. Elisabeth) Karoline
Auguste**
Schauspielerin
24.1.1881 (Reval) – 17.8.1975 (Berlin)
Ihre Karriere als Schauspielerin begann W.
als Mitglied einer Wanderbühne. 1907–11
spielte sie in Hannover und war danach
unter dem Regisseur M. Reinhardt 1911–21
am Deutschen Theater, 1921–45 am Staatstheater, 1945–51 wieder am Deutschen
Theater und ab 1951 am Schiller- und
Schlossparktheater in Berlin engagiert. W.,
die als eine der bedeutendsten Charakterdarstellerinnen ihrer Zeit gefeiert wurde,
war vor allem als »komische Alte« erfolgreich. Sie erhielt u.a. den Kunstpreis der
Stadt Berlin. Verheiratet war sie mit dem
Diplomingenieur E. Rühe, der 1915 im
Ersten Weltkrieg fiel.
Lit.: Donat, E., E. W., 1962

Wagner, Winifred, geb. Williams
Festspielleiterin
23.6.1897 (Hastings/England) – 5.3.1980
(Überlingen, Bodensee)
Als 18-Jährige heiratete die gebürtige
Engländerin, Adoptivtochter des Pianisten
und Dirigenten K. Klindworth, den 28
Jahre älteren Leiter der Bayreuther Fest-
spiele Siegfried W., mit dem sie vier Kinder
hatte. Zunächst unterstützte W. ihren

Mann als Sekretärin, doch schon bald
wurde sie seine engste Mitarbeiterin. Wie
von ihrem Mann testamentarisch festgelegt, übernahm sie nach seinem Tod 1930
die Leitung der Festspiele. W., die Mitglied
der Nationalsozialistischen Partei (NSDAP)
und bereits seit Anfang der 20er Jahre eng
mit A. Hitler befreundet war, machte die
Festspiele zu nationalsozialistischen Kult-
veranstaltungen. Nach dem Zweiten Weltkrieg verzichtete sie zu Gunsten ihrer
Söhne Wieland und Wolfgang auf jede
weitere Mitwirkung an den Festspielen.
1975 drehte der Regisseur H. J. Syberberg
unter dem Titel »W. W. und die Geschichte
des Hauses Wahnfried 1914 bis 1975« einen Filmbericht über sie.

**Walden, Marie
(eigtl. Henriette Rüetschi-Bitzius,
geb. Bitzius)**
Schriftstellerin
10.11.1834 (Lützelflüh, Kt. Bern) – 26.8.1890
(Bern)
Die Tochter des Schriftstellers J. Gotthelf
(eigtl. A. Bitzius) begann erst 1867 nach
der Geburt von sechs Kindern und dem
Tod ihres Mannes, des Pfarrers L. Rüetschi,
mit dem Schreiben. Sie verfasste die Biografie ihres Vaters (1877) sowie zahlreiche
Erzählungen, die 1880/84 in einer zweibändigen Sammlung unter dem Titel »Aus
der Heimat« erschienen. In präzisen Schilderungen beschrieb W. das harte bäuerliche Leben und kritisierte die sozialen
Missstände ihrer Zeit.
Lit.: Hutzli, W., Henriette Rüetschi-Bitzius,
Bern 1976

Waldoff, Claire (eigtl. Clara Wortmann)
Kabarettistin
21.10.1884 (Gelsenkirchen) – 22.1.1957
(Bad Reichenhall)

Aufgewachsen bei Adoptiveltern, deren leiblicher Sohn der Schauspieler T. Lingen war, begann W. ihre Bühnenlaufbahn bei einer Wanderbühne in Oberschlesien. Später trat sie an Berliner Theatern auf und wurde als Inbegriff der »Berliner Schnauze« bekannt. Mit zahlreichen Kabarettchansons aus dem Berliner Hinterhausmilieu, zu denen sie selbst die Texte schrieb, begründete sie ihren Ruhm. Später trug sie Texte von K. Tucholsky, J. Ringelnatz, Y. Guilbert u.a. vor. Zu ihren größten Erfolgen zählten die Lieder »Wer schmeißt denn da mit Lehm?« und »Hermann heeßt er«. Letzteres war eine Anspielung auf den nationalsozialistischen Minister H. Göring, ihre Popularität schützte W. jedoch vor Verfolgung. Nach Kriegsende lebte sie mit

ihrer Lebensgefährtin O. v. Roeder zurückgezogen in Bayern und veröffentlichte 1953 ihre Erinnerungen »Weeste noch«. Ein späteres Comeback scheiterte. In den 80er Jahren wurden ihre Lieder wieder entdeckt und von zahlreichen Sängerinnen in ihr Repertoire aufgenommen.
Lit.: Koreen, M., Immer feste druff. Das freche Leben der Kabarettkönigin C. W., Düsseldorf 1997
Kühn, V. (Hg.), C. W. Weeste noch? Erinnerungen und Dokumente, Berlin 1997

Waldschmidt, Olly, geb. Schwarz
Malerin
5.2.1898 (Stuttgart) – 1972 (ebd.)

Durch ihren Vater, einen Kunstsammler, wurde W. schon als Kind mit Kunst vertraut gemacht. Sie studierte an der Stuttgarter Akademie Malerei und Bildhauerei und heiratete 1921 ihren Lehrer, den Grafiker und Bildhauer Arnold W. Sie schuf vor allem Mosaiken und Wandbilder und betrieb auch eine eigene Malschule. 1929 war sie Mitbegründerin der Künstlergemeinschaft »Gruppe 1929 Stuttgart« und wurde Mitglied der »Stuttgarter Secession«. Einige ihrer Werke sind heute im Besitz der Staatsgalerie Stuttgart.

Wallmann, Margherita (eigtl. Margarethe)
Tänzerin, Choreografin
22.6.1904 (Wien) – 2.5.1992 (Monte Carlo)

W. studierte klassisches Ballett in Wien, Berlin und Paris sowie Ausdruckstanz bei M.→Wigman in Dresden. 1927 eröffnete sie in Berlin eine Wigman-Schule und unterrichtete 1928 auch in den USA. Bis zu einem Unfall 1932 hatte sie eine eigene Tanztruppe, für die sie auch choreografierte. Anschließend arbeitete sie als Choreografin und Opernregisseurin, u.a. bei den Salzburger Festspielen, an der Mailänder Scala und der Wiener Staatsoper. 1938 emigrierte W. nach Argentinien und war dort bis 1948 am Teatro Colón in Buenos Aires als Ballettdirektorin tätig. Seit 1949 arbeitete sie überwiegend in Italien, aber auch in London, Paris und wieder bei den Salzburger Festspielen. Ihre Autobiografie mit dem Titel »Les balcons du ciel« erschien 1976.

Walpurga (auch Wal(d)burga, Walpurgis)
Nonne
um 710 (Wessex/Großbritannien) – 25.2.779
(Heidenheim a. d. Brenz)
Die Tochter des Königs Richard von England wurde 748 nach Deutschland entsandt, um mit ihrem Verwandten, dem Benediktinermönch Bonifatius, das Land zu missionieren. 750 kam sie in das Doppelkloster Heidenheim, das von ihren Brüdern gegründet worden war, und wurde 761 dessen Äbtissin. Bereits kurz nach ihrem Tod, am 1. Mai 779, wurde sie heilig gesprochen, 870 wurde ihr Leichnam nach Eichstätt überführt. Aus den Steinplatten ihres Grabes soll jahrhundertelang das »Walpurgisöl« geronnen sein. Die Heilige galt als Beschützerin vor Zauberpraktiken. Die Nacht vor dem 1. Mai, dem Tag ihrer Heiligsprechung, wird bis heute nach ihr »Walpurgisnacht« genannt.

Wander, Maxie
Schriftstellerin
3.1.1933 (Wien) – 20.11.1977 (Berlin)
1958 zog W. mit ihrem Mann, dem österreichischen Schriftsteller Fred W., aus politischer Überzeugung von Wien nach Ost-Berlin. Dort arbeitete sie zunächst als Sekretärin, Fotografin und Drehbuchautorin und verfasste Kurzgeschichten. Bekannt wurde sie durch ihre Mitschriften von Gesprächen mit Frauen, die sie 1977 unter dem Titel »Guten Morgen, Du Schöne« veröffentlichte. Darin machte sie die Problematik der Frauenemanzipation in der Gesellschaft der DDR deutlich. Unter den Titeln »Leben wär' eine prima Alternative« (1979) und »Ein Leben ist nicht genug« (1990) gab ihr Mann die Tagebücher und Aufzeichnungen W.s, die an Krebs starb, postum heraus.

Waser, Anna
Malerin
15. od. 16.10.1678 (Zürich) – 20.9.1714 (ebd.)
Seit ihrem achten Lebensjahr erhielt die Tochter eines Amtmanns Unterricht in alten und neuen Sprachen, Mathematik und im Zeichnen. Ihr erstes bekanntes Werk ist ein 1691 in Öl gemaltes Selbstbildnis, das sie an der Staffelei zusammen mit ihrem Lehrer J. Sulzer zeigt und das sich heute im Züricher Kunsthaus befindet. Dieses Gemälde regte M.→Waser zu ihrem Roman »Die Geschichte der A. W.« (1913) an. 1692–95 lernte W. bei dem Miniatur- und Historienmaler J. Werner in Bern und kehrte dann nach Zürich zurück. Dort malte sie zahlreiche Miniaturen sowie Blumen- und Schäferstücke, die sie vor allem nach England, Holland und Deutschland verkaufte. Ab 1699 war sie für drei Jahre Hofmalerin der Grafen zu Solms-Braunfels in Hessen. Nach ihrer Rückkehr nach Zürich fertigte W. vor allem Zeichnungen an. Mit etwa 30 Jahren fiel sie in eine schwere Depression, die wahrscheinlich zu ihrem frühen Tod führte. W. ist die erste namentlich bekannte Schweizer Künstlerin.
Lit.: Das Verborgene Museum I., Neue Gesellschaft für Bildende Kunst e. V. (Hg.), Berlin 1987
Hildebrandt, I., Die Frauenzimmer kommen. 15 Zürcher Portraits, München 1994

Waser, Maria, geb. Krebs
Schriftstellerin
15.10.1878 (Herzogenbuchsee b. Bern) –
191.1939 (Zollikon b. Zürich)
Als einziges Mädchen besuchte die Tochter eines Landarztes seit 1894 das städtische Gymnasium in Bern und studierte nach dem Abitur 1897–1901 in Lausanne und Bern Geschichte und Literaturwissenschaf-

ten. Nach der Promotion war W. 1904–19 als Redakteurin für die Kulturzeitschrift »Die Schweiz« tätig. In dieser Eigenschaft nahm sie entscheidenden Einfluss auf die zeitgenössische Schweizer Literatur und förderte junge Autoren. Bereits mit ihrem ersten Roman »Die Geschichte der A.→Waser« (1913) war sie sehr erfolgreich. Später schrieb sie auch Novellen sowie z.T. autobiografische Romane, u.a. »Die Wende« (1929) und »Land unter Sternen« (1930). In zahlreichen Vorträgen setzte sich W. für die gesellschaftliche Gleichstellung der Frau ein und warnte vor Rassismus. 1934 wurde ihr als erster Frau der Literaturpreis der Stadt Zürich verliehen. W. war seit 1904 mit dem Archäologen Otto W. verheiratet, mit dem sie zwei Söhne hatte. Lit.: Linsmayer, C., Literaturszene Schweiz, Zürich 1989

Weber, Helene
Politikerin
17.3.1881 (Elberfeld – heute zu Wuppertal) – 25.7.1962 (Bonn)
W. legte 1900 das Lehrerinnenexamen in Aachen ab und war fünf Jahre als Volksschullehrerin tätig. Danach nahm sie erneut ein Studium auf, wurde 1909 Studienrätin in Bonn und später in Köln. Von 1916 an leitete sie die soziale Frauenschule des »Katholischen Deutschen Frauenbundes« und wurde dessen stellvertretende Vorsitzende. 1919 wurde sie Referentin im preußischen Ministerium für Volkswohlfahrt in Berlin, 1930 Ministerialrätin. Außerdem war W. Mitglied der Zentrumspartei, für die sie 1919 in die Verfassunggebende Nationalversammlung, 1921–24 in den preußischen Landtag und 1924–33 in den Reichstag gewählt wurde. Als Abgeordnete engagierte sie sich für Frauen-

bildung, Jugendwohlfahrt und Familienrecht. Die strenggläubige Katholikin lehnte Strafmilderung bei Abtreibung entschieden ab und verweigerte ebenso strikt dem Versailler Vertragswerk ihre Zustimmung. 1933 verlor W. ihr Abgeordnetenmandat, wurde aus dem Staatsdienst entlassen und widmete sich während der NS-Zeit der freien Wohlfahrtspflege. Nach Kriegsende trat sie der Christlich Demokratischen Union (CDU) bei, war 1946/47 Mitglied des von der britischen Militärregierung ernannten nordrhein-westfälischen Landtags, 1948/49 Mitglied des Parlamentarischen Rats und von 1949 bis zu ihrem Tod Bundestagsabgeordnete. Zu ihren weiteren Ämtern zählten der stellvertretende Vorsitz des »Katholischen Frauenbundes«, der Vorsitz der CDU/CSU-Frauenausschüsse sowie ab 1952 als Nachfolgerin von E.→Heuss-Knapp der Kuratoriumsvorsitz des »Müttergenesungswerkes«. W. erhielt u.a. das Große Bundesverdienstkreuz und den Ehrendoktortitel der Universität Münster.

Weber, Marianne, geb. Schmitger
Frauenrechtlerin
2.8.1870 (Oerlinghausen b. Bielefeld) – 12.3.1954 (Heidelberg)
1892 zog die Arzttochter nach Berlin, um Zeichenunterricht zu nehmen, brach die Ausbildung jedoch ein Jahr darauf ab, als sie den Wirtschaftshistoriker und Soziologen Max W. heiratete. Mit ihm zog sie zunächst nach Freiburg i. Br., später nach

Heidelberg. 1896 begann sie mit dem Studium der Philosophie und Nationalökonomie und untersuchte die Situation der Frau in der modernen Gesellschaft. 1907 veröffentlichte sie das rechtshistorische Werk »Ehefrau und Mutter in der Rechtsentwicklung«. Außerdem engagierte sich W. seit 1898 in der Frauenbewegung, übernahm den Vorsitz der Heidelberger Sektion des »Vereins Frauenbildung und Frauenstudium« und war Mitarbeiterin der »Rechtsschutzstelle für Frauen«. 1919 wurde sie als Nachfolgerin G.→Bäumers zur Vorsitzenden des »Bundes Deutscher Frauenvereine« (BDF) gewählt, ein Amt, das sie vier Jahre inne hatte. Nach dem Tod ihres Mannes 1920 gab sie seinen schriftlichen Nachlass sowie seine Biografie heraus und zog sich weitgehend aus der Öffentlichkeit zurück. Sie betreute vier adoptierte Kinder und widmete sich dem Schreiben. Zu ihren bekanntesten Schriften zählen »Die Idee der Ehe und der Ehescheidung« (1929) und »Die Frauen und die Liebe« (1950). 1948 erschienen ihre Erinnerungen »Erfülltes Leben«. Ihr Haus, in dem sich zwischen den beiden Weltkriegen bedeutende Intellektuelle und Politiker trafen, wurde zu einem geistigen Zentrum Deutschlands. Die juristische Fakultät der Universität Heidelberg verlieh ihr den Ehrendoktortitel.
Lit.: Weiland, D., Geschichte der Frauenemanzipation in Deutschland und Österreich, Düsseldorf 1983

Weber-Walz, Mathilde, geb. Walz
Frauenrechtlerin
16.8.1829 (Schweizerhof b. Ellwangen) – 22.6.1901 (Tübingen)
Nach dem Besuch einer höheren Töchterschule heiratete W.-W. 1852 den Professor für Land- und Forstwirtschaft H. Weber

1869 trat sie dem »Allgemeinen Deutschen Frauenverein« (ADF) bei und wurde 1887 Vorstandsmitglied. Mit ihrer Schrift »Ärztinnen für Frauenkrankheiten, eine ethische und sanitäre Notwendigkeit« (1888) begründete der ADF seinen Antrag an den Reichstag, Frauen zum Medizinstudium zuzulassen. 1894 gründete W.-W., die sich besonders mit den Problemen der Dienstboten auseinander setzte, den »Verein für Hausbeamtinnen«, der in ganz Deutschland Mitglieder fand.
Lit.: Weiland, D., Geschichte der Frauenemanzipation in Deutschland und Österreich, Düsseldorf 1983

Wedekind, Kadidja
Schriftstellerin, Schauspielerin
6.8.1911 (München) – 24.10.1994 (ebd.)
Die jüngste Tochter des Dichters Frank W. und der Schauspielerin T.→Wedekind begann nach dem Abitur mit dem Schreiben. 1933 veröffentlichte sie ihren ersten Roman »Kalumnina«, eine Satire auf die beginnende Hitler-Diktatur, dessen Fortsetzung »Der Schwarze Prinz« nicht mehr gedruckt werden durfte. Als Schauspielerin trat W. seit 1931 u.a. unter dem Regisseur M. Reinhardt am

Deutschen Theater in Berlin und als Kabarettistin seit 1932 u.a. in W. Fincks »Katakombe« auf. 1937 emigrierte sie aus Verachtung für das NS-Regime in die USA und musste dort zunächst als Dienstmädchen arbeiten, bis sie ab 1940 einige Bühnenrollen erhielt, darunter in B.

Brechts »Furcht und Elend des Dritten Reiches« in New York. Außerdem leitete sie ein Kindertheater und war an Theaterinszenierungen im New Yorker Raum beteiligt. 1949 nach Deutschland zurückgekehrt, arbeitete W. weiterhin für Theater, Film und Fernsehen, so bearbeitete sie z.b. die Urfassung von Frank W.s »Büchse der Pandora« für die Bühne. Verheiratet war sie mit U. Biel.

Wedekind, Pamela
Sängerin
12.12.1906 (Berlin) – 9.4.1986 (Ambach, Bayern)
Mit Interpretationen der Lieder ihres Vaters und altfranzösischer Chansons wurde die älteste Tochter des Dichters Frank W. und der Schauspielerin T.→Wedekind bekannt. Außerdem machte sie sich in den 20er Jahren einen Namen als Schauspielerin, u.a. an Bühnen in Hamburg und Berlin unter der Regie von G. Gründgens. 16-jährig verlobte sie sich mit dem Schriftsteller K. Mann, mit dem sie auch bei Kabarettvorstellungen auftrat, den sie aber nicht heiratete. In erster Ehe war W. mit dem Dramatiker K. Sternheim, in zweiter Ehe mit dem Schauspieler C. Regnier, mit dem sie drei Kinder hatte, verheiratet. Nach Kriegsende arbeitete sie vor allem als Übersetzerin, u.a. übertrug sie die Romane von M. Pagnol aus dem Französischen ins Deutsche.

Wedekind, Tilly (eigtl. Mathilde), geb. Newes
Schauspielerin
11.4.1886 (Graz) – 20.4.1970 (München)
Als W. 1905 in Wien ihren späteren Mann, den 22 Jahre älteren Dichter Frank W., kennen lernte, war sie bereits eine bekannte Bühnenschauspielerin. Sie übernahm die Rolle der Lulu in seinem Stück »Die Büchse der Pandora«, dessen Uraufführung unter Leitung des Schriftstellers K. Kraus von der Zensur nur als »geschlossene Vorstellung« gestattet wurde. Später, auch nach der Heirat 1906, trat sie gemeinsam mit ihrem Mann in vielen seiner umstrittenen Stücke auf und wurde zur Inkarnation seiner Frauengestalten. Seit 1907 lebte das Paar, das zwei Töchter – P.→Wedekind und K.→Wedekind – hatte, in München. Nach dem Tod ihres Mannes 1918 trat W. auch wieder in klassischen Bühnenrollen auf, u.a. als »Maria Stuart«. Befreundet war sie mit dem Flieger E. Udet und jahrelang mit dem Dichter G. Benn. 1970 erschienen ihre Erinnerungen »Lulu – die Rolle meines Lebens«.

Wegscheider, Hildegard, geb. Ziegler
Pädagogin
2.9.1871 (Berlin) – 4.4.1953 (ebd.)
Nach dem Abitur in Sigmaringen studierte die Pfarrerstochter in Zürich Geschichte, Philosophie und Pädagogik, weil ihr Wunsch, sich als ordentliche Studentin zu immatrikulieren, vom Dekan der Berliner Universität, dem Historiker H. v. Treitschke, abschlägig beschieden wurde. 1898 wurde W. in Halle a. d. Saale als erste Frau von einer deutschen Universität zum Dr. phil. promoviert. Außerdem absolvierte sie in Kiel zusätzlich das Examen als Universitätsdozentin. Anschließend lehrte sie in Berlin an der Humboldt-Akademie und in den Gymnasialkursen von H.→Lange. Später gründete sie in Berlin-Charlottenburg die erste Schule mit Gymnasialunterricht für Mädchen, war in Bonn als Oberlehrerin am Lyzeum mit Studienanstalt und schließlich als Oberschulrätin im Pro-

vinzialschulkollegium in Berlin tätig. Als Mitglied der Sozialdemokratischen Partei (SPD) war W. 1921–33 Abgeordnete im preußischen Landtag. Nach der Regierungsübernahme durch die Nationalsozialisten verlor sie alle Ämter und verdiente ihren Lebensunterhalt als Privatlehrerin. Verheiratet war sie mit dem Arzt Max W., mit dem sie zwei Kinder hatte. 1953 erschienen ihre Lebenserinnerungen »Weite Welt in engem Spiegel«.
Lit.: Michalski, B., Louise Schroeders Schwestern, Bonn 1996

Wehnert-Beckmann, Bertha, geb. Beckmann
Fotografin
25.1.1815 (Cottbus) – 6.12.1901 (Leipzig)
Die kunsthandwerklich geschickte Tochter eines Schneidermeisters stellte Haarklöppel- sowie Wachs- und Gewürzarbeiten in Form von Körbchen, Sträußchen oder kleinen Bildern her, die während der Biedermeierzeit sehr beliebt waren. Damit verdiente sie genug, um sich in Dresden eine Ausbildung als »Daguerreotypistin« bei ihrem späteren Mann E. Wehnert, der die Technik in Paris erlernt hatte, zu finanzieren. 1843 zog W.-B. nach Leipzig und eröffnete dort als erste Berufsfotografin Deutschlands ihr eigenes Fotoatelier und spezialisierte sich auf Portraits. Nach skeptischer Prüfung des neuen Gewerbes durch den Rat der Stadt Leipzig erhielt sie 1845 die offizielle Zulassung in Form einer so genannten »Schutzkarte«. Als ihr Mann, gleichzeitig ihr Geschäftspartner, nach nur zweijähriger Ehe 1847 starb, führte sie das Geschäft allein weiter. 1849–51 unternahm W.-B. eine Reise durch die USA und erwarb dort ein »Diplom für besondere Verdienste um die Portrait-Photographie«.

1866 bezog sie ein repräsentatives Fotoatelier in Leipzig, in dem sie mehrere Mitarbeiter beschäftigte. W.-B.s beeindruckendste Werke waren Kinderportraits sowie Fotografien in der neu eingeführten Kollodiumtechnik mit Glasnegativen, von denen unbegrenzt Abzüge hergestellt werden konnten. Erst 68-jährig gab sie ihr Fotoatelier auf.
Lit.: Bodeit, F. (Hg.), Ich muß mich ganz hingeben können. Frauen in Leipzig, Leipzig 1990

Weigel, Helene
Theaterleiterin, Schauspielerin
12.5.1900 (Wien) – 6.5.1971 (Berlin)
16-jährig verließ W. das Lyzeum, um Schauspielunterricht zu nehmen. Nach

einigen kleineren Auftritten wurde sie 1918 in Frankfurt a. M. engagiert. Von dort kam sie nach Berlin an das Deutsche Theater und wurde unter den Regisseuren L. Jessner und M. Reinhardt eine der bedeutendsten Schauspielerinnen der 20er Jahre. 1923 lernte sie den Dramatiker B. Brecht kennen, mit dem sie einen Sohn hatte und den sie 1929 heiratete. Bis 1933 spielte sie alle großen Frauenrollen in seinen Stücken, u.a. in »Mutter Courage und ihre Kinder« und in »Die heilige Johanna der Schlachthöfe«. Nach der Regierungsübernahme durch die Nationalsozialisten emigrierte sie mit ihrer Familie über Prag, Wien, Paris, die Schweiz, Skandinavien und die UdSSR in die USA. Erst nach 15 Jahren im Exil, in denen sie kaum auftrat, kehrte W. nach Berlin zurück und gründete mit Brecht 1949 in Ost-Berlin das »Berliner Ensemble«, das sie bis zu ihrem Tod leitete. Ihr größter Erfolg als Schauspielerin in diesen Jahren war wieder die Titelrolle in »Mutter Courage«, die W. mit einer Intensität gestaltete, die von keiner anderen Schauspielerin erreicht wurde. Ihr letzter Triumph als Theaterleiterin war die Aufführung »Die Tage der Kommune« im Théatre de Saint-Denis im Frühjahr 1971 anlässlich des 100-jährigen Gedenkens des Untergangs der Pariser Kommune. Als Erbin der Rechte Brechts wurde sie jedoch auch kritisiert, weil sie mit dogmatischer Strenge alle Aufführungen deutscher und ausländischer Bühnen überwachte. W. war Gründungsmitglied der Akademie der Künste in Ost-Berlin und erhielt zahlreiche Ehrungen, darunter den Nationalpreis der DDR, die Clara-Zetkin-Medaille und den Professorentitel.

Lit.: Tenschert, V., Die W., Berlin 1981

Weil, Grete (eigtl. Margarete Elisabeth), geb. Dispeker
Schriftstellerin
18.7.1906 (Rottach-Egern) – 14.5.1999 (München)
Die Tochter eines jüdischen Rechtsanwalts studierte in Berlin, München und Frankfurt a. M. Germanistik. 1932 heiratete sie den Dramaturgen Edgar W., mit dem sie 1936 in die Niederlande emigrierte. W. konnte sich in Amsterdam verstecken, ihr Mann wurde jedoch 1941 in das Konzentrationslager Mauthausen verschleppt und dort ermordet. 1947 kehrte sie nach Deutschland zurück, begann zu schreiben und veröffentlichte 1949 die Novelle »Ans Ende der Welt«. Der Durchbruch als Autorin gelang ihr in Deutschland erst 1980 mit dem Roman »Meine Schwester Antigone«, während ihr 1963 erschienenes Buch »Tramhalte Beethovenstraat« in den Niederlanden als Dokument der deutschen Besatzungszeit sehr erfolgreich war. W., die sich in ihrem Werk vor allem mit dem Schicksal der deutschen Juden während der NS-Zeit beschäftigte, wurde mit der Carl-Zuckmayer-Medaille ausgezeichnet und erhielt 1988 für den Roman »Brautpreis« den Geschwister-Scholl-Preis. Sie schrieb auch Libretti, u.a. für H. W. Henzes Oper »Boulevard Solitude«. In zweiter Ehe war sie mit dem Opernregisseur W. Jokisch verheiratet.

Lit.: Exner, L. (Hg.), Land meiner Mörder, Land meiner Sprache. Die Schriftstellerin G. W., München 1998

Weirauch, Anna Elisabeth
Schriftstellerin
7.8.1887 (Galatz – heute Galati/Rumänien) – 21.12.1970 (Berlin)
Nach dem Tod des Vaters, eines Bankiers, zog W. mit ihrer Mutter, einer Schriftstellerin, nach Berlin, absolvierte eine Schauspielausbildung und war 1904–14 unter dem Regisseur M. Reinhardt am Deutschen Theater in Berlin engagiert. Daneben begann sie, Theaterstücke und Romane zu schreiben. Als ihr wichtigstes Werk gilt die Romantrilogie »Der Skorpion« (1919–21), in dem sie das Leben einer lesbischen Frau schilderte. Das Buch gehört heute zu den Klassikern der lesbischen Literatur. Anschließend schrieb W. überwiegend Unterhaltungsromane für Frauen. Während der NS-Zeit war sie Mitglied der so genannten »Reichsschrifttumskammer«.

Lit.: Schoppmann, C., Der Skorpion – Frauenliebe in der Weimarer Republik, Berlin 1985

Weiser, Grethe (eigtl. Mathilde Ella Dorothea Margarethe), geb. Nowka
Schauspielerin
27.2.1903 (Hannover) – 2.10.1970
(b. Bad Tölz)
W. wuchs in Dresden auf und begann ihre schauspielerische Laufbahn in Berlin. Dort trat sie u.a. an der Volksbühne, am Kurfürstendamm-Theater und im Kabarett »Charlott« auf. 1933 begann ihre Filmkarriere, insgesamt wirkte sie in über 100 Filmen mit – während der NS-Zeit und in den Nachkriegsjahren. Obwohl sie selten Hauptrollen spielte, gehörte sie wegen ihres Humors und ihrer Schlagfertigkeit zu den beliebtesten deutschen Schauspielerinnen, sowohl im Film als auch im Theater, zu dem sie immer wieder zurückkehrte. In erster Ehe war W. bis 1934 mit J. Weiser, mit dem sie ein Kind hatte, in zweiter Ehe seit 1935 mit dem Filmproduzenten H. Schwerin verheiratet. Sie starb bei einem Autounfall.
Lit.: Romani, C., Die Filmdivas des Dritten Reiches, München 1982

Welskopf-Henrich, Liselotte (eigtl. Elisabeth Charlotte), geb. Henrich
Historikerin
15.9.1901 (München) – 16.6.1979 (Garmisch-Partenkirchen)
Nach dem Studium der Ökonomie, Alten Geschichte und Philosophie in München wurde W.-H. 1925 promoviert und arbeitete 1928–45 im Statistischen Reichsamt. Während der NS-Zeit engagierte sie sich im Widerstand und verhalf u.a. ihrem späteren Mann, einem Kommunisten, zur Flucht. 1946 heiratete das Paar, das ein Kind bekam. Im selben Jahr trat W.-H. in die Kommunistische Partei Deutschlands (KPD) ein. Seit 1949 war sie als Dozentin an der Humboldt-Universität in Berlin tätig und habilitierte sich dort 1959 mit der Schrift »Probleme der Muße im alten Hellas«. 1960 erhielt sie eine Professur für Alte Geschichte und wurde 1964 als erste Frau Mitglied der Akademie der Wissenschaften in Berlin (Ost). Bekannt wurde sie vor allem durch ihre engagierten Indianerromane, u.a. den Zyklus »Die Söhne der großen Bärin« (1951ff). 1954 erschien ihr autobiografischer Roman »Jan und Jutta«, in dem sie ihren Widerstand während der NS-Herrschaft schilderte. Neben zahlreichen anderen Auszeichnungen erhielt W.-H., die Mitglied der SED war, 1968 den Braunschweiger Literaturpreis und 1972 den Nationalpreis der DDR.
Lit.: Oettinger, A., Schneegass, B. (Hgg.), Gebraucht. Gebremst … Gefördert. Frauen und Politik in Charlottenburg nach 1945, Berlin 1993

Werefkin, Marianne von
Malerin
11.9.1860 (Tula/Russland) – 6.2.1938 (Ascona)
Die gebürtige Russin, die aus einer großbürgerlichen Familie stammte, verbrachte über die Hälfte ihres Lebens in Deutschland und der Schweiz. Nach privatem Zeichen- und Malunterricht studierte W. 1883–86 an der Kunstakademie in Moskau und anschließend bei I. Repin in St. Petersburg. Dort lernte sie den Maler A. Jawlensky kennen, mit dem sie 1896 nach München übersiedelte. Zunächst beschäftigte sie sich dort mit kunsttheoretischen Schriften sowie französischer Literatur und verfasste 1901–05 in Tagebuchform ästhetische Schriften unter dem Titel »Lettres à un inconnu«. Außerdem unterhielt sie einen Salon, der zum Zentrum eines internationalen Künstlerkreises wurde. Erst

1905/06, nach einem einjährigen Studienaufenthalt in Frankreich, begann sie, wieder zu malen. Ihre Vorbilder waren P. Gauguin und V. van Gogh sowie die Künstler-
gruppen der »Nabis« und »Fauves«. 1909
war W. Gründungsmitglied der »Neuen
Künstlervereinigung München« und 1911
des »Blauen Reiters«, an deren Ausstellungen sie sich mit ihren expressionistischen,
von dunklen, kräftigen Farben bestimmten
Bildern beteiligte. Nach Beginn des Ersten
Weltkriegs floh sie mit Jawlensky in die
Schweiz und ließ sich, nach Aufenthalten
am Genfer See und in Zürich, 1918 in Ascona nieder. 1920 beendete W. die über
25-jährige Beziehung zu Jawlensky. Trotz
finanzieller Schwierigkeiten – nach der
Russischen Revolution wurde ihr die Rente
ihres Vaters nicht mehr ausgezahlt – blieb
sie bis an ihr Lebensende künstlerisch pro-
duktiv. Ihr Nachlass ging in die Stiftung
»Fondazione-Museo M. W.« in Ascona
über.
Lit.: Federer, K. (Hg.), M. v. W. Zeugnis und
Bild, Zürich 1975
Fäthke, B., M. W. Leben und Werk 1860–1938,
München 1988

Wesendon(c)k, Mathilde (eigtl. Agnes),
geb. Luckemeyer
Schriftstellerin
23.12.1828 (Elberfeld – heute zu Wuppertal) –
31.8.1902 (Villa Traunblick am Traunsee,
Salzkammergut)
1848 heiratete W. den Kaufmann Otto W.
und nahm den Vornamen seiner ersten
Frau an. Das Paar hatte fünf Kinder.
1851–72 lebten sie in Zürich und nahmen
dort 1857–58 den Komponisten R. Wagner
in einem kleinen Haus, das neben dem
ihren gelegen war, auf. Zwischen Wagner
und W., die großen Einfluss auf Wagners

Schaffen hatte und zum Vorbild für seine
»Isolde« wurde, entwickelte sich eine Lie-
besbeziehung. Außerdem vertonte Wagner
die fünf von ihr gedichteten »Wesendonck-
Lieder«. 1872 zog W. mit ihrem Mann nach
Dresden, 1887 nach Berlin. Sie schrieb
auch Märchen, Kinderbücher und Dramen,
bearbeitete Sagen und übersetzte aus dem
Griechischen und Französischen.
Lit.: Bergfeld, J., Otto und M. W.s Bedeutung
für das Leben und Schaffen Richard Wagners,
Bayreuth 1968

Wessel, Helene
Politikerin
6.7.1898 (Dortmund) – 13.10.1969 (Bonn)
Nach dem Besuch einer Handelsschule und
einer kaufmännischen Lehre arbeitete W.
1915–22 in Dortmund im Büro der Zentrumspartei. Anschließend absolvierte sie
an einer Fachschule in Münster eine Ausbildung zur Sozialfürsorgerin und war in
Dortmund in der Jugendpflege tätig.
1928–33 war die Katholikin, die ihren ex-
tremen Konservatismus nie verhehlte, für
die Zentrumspartei, der sie 1917 beigetreten war, Abgeordnete im preußischen
Landtag. Während der NS-Zeit arbeitete sie
in der Verwaltung eines Krankenhauses
und 1938–46 in der Zentrale des katholischen Fürsorgevereins. Dabei plädierte sie
für ein so genanntes »Bewahrungsgesetz«
zur Zwangsunterbringung von »gefährde-
ten und erbkranken Menschen, um die All-
gemeinheit zu schützen«, und begrüßte das
NS-Gesetz »Zur Verhütung erbkranken
Nachwuchses«. 1946 gehörte W. zu den
Neugründern der Zentrumspartei, zu deren
Vorsitzende sie 1949 gewählt wurde – damit war sie die erste Frau in Deutschland
an der Spitze einer Partei. 1948/49 war sie
als eine von nur vier Frauen Mitglied des

65-köpfigen Parlamentarischen Rats, und 1949 wurde sie Bundestagsabgeordnete. Als Gegnerin der deutschen Wiederbewaffnung sowie der »Westintegration« trennte sie sich 1952 von der Zentrumspartei und wurde Mitglied im Präsidium der neu gegründeten Gesamtdeutschen Volkspartei (GVP). Die GVP war aus der »Notgemeinschaft für den Frieden Europas«, die W. ein Jahr zuvor mit dem späteren Bundespräsidenten G. Heinemann aufgebaut hatte, entstanden. Nach Auflösung der GVP wegen Wählermangels wechselte W. 1957 zur Sozialdemokratischen Partei (SPD), für die sie 1961–69 Bundestagsabgeordnete war.
Lit.: Friese, E., H. W. (1898–1969). Von der Zentrumspartei zur Sozialdemokratie, Essen 1993

Westfalen, Engel Christiane (auch Angelika), geb. v. Axen
Dichterin
8.12.1758 (Hamburg) – 10.5.1840 (ebd.)
W. erhielt eine umfassende Ausbildung und heiratete 1785 den Kaufmann und späteren Senator Johann Ernst Friedrich W. Ihr Hamburger Haus wurde nach der Französischen Revolution zum Treffpunkt von Flüchtlingen, die ihr von erlebten Gräueltaten berichteten. Unter dem Eindruck dieser Schilderungen verfasste sie 1804 die Tragödie »Charlotte Corday«, die ein großes Leserpublikum fand. Als ihr Hauptwerk gilt jedoch ihre Lyrik, die 1809–11 in der dreibändigen Sammlung »Gedichte« erschien. Außerdem machte

sich W. in Hamburg als Wohltäterin verdient.
Lit.: Herzig, A., Sie, und nicht wir, Hamburg 1989

Westhoff-Rilke, Clara, geb. Westhoff
Bildhauerin
21.11.1878 (Bremen) – 6.3.1954 (Fischerhude)
1895–98 studierte W.-R., die aus einer Bremer Kaufmannsfamilie stammte, an privaten Malschulen in München und Dachau und wurde danach Schülerin von F. Mackensen in Worpswede. 1899 nahm sie bei M. Klinger in Leipzig Unterricht in Bildhauerei. Anschließend ging sie nach Paris, bezog dort gemeinsam mit ihrer Freundin P.→Modersohn-Becker eine Wohnung und setzte ihre Studien an der Académie Julian sowie an der Bildhauerschule von A. Rodin fort. Im Sommer 1900 lernte sie in Worpswede den Dichter R. M. Rilke kennen, den sie wenige Monate später heiratete. Ende 1901 wurde ihre Tochter geboren, kurz darauf trennte sich das Ehepaar. Nach Aufenthalten in Paris, Rom, München und Berlin ließ sich W.-R. 1919 in Fischerhude bei Bremen nieder. Dort führte sie ein zurückgezogenes arbeitsreiches Leben. Sie schuf vor allem Portraitbüsten, u.a. von Rilke, den Dichtern G. Hauptmann, R. Dehmel und R.→Huch, sowie Statuetten. Ab 1947 malte sie auch Landschaften, Portraits und Stillleben in Öl. 1970 und 1980 wurden in der Kunsthalle Bremen Retrospektiven ihres Werks gezeigt.
Lit.: Hindelang, E. (Hg.), Die Bildhauerin C. Rilke-W. 1878–1954, Sigmaringen 1988
Sauer, M., C. Rilke-W. Biographie, Frankfurt a. M.–Berlin 1990

Wex, Helga, geb. Schimke
Politikerin
5.7.1924 (Buxtehude) – 9.1.1986
(Mülheim a. d. Ruhr)
Nach Kriegsende begann W. in Hamburg
mit dem Studium der Germanistik, Klassischen Philologie, Geschichte und Soziologie und wurde 1949 promoviert. Anschließend absolvierte sie ein Zusatz-
studium am Europa-Kolleg in Brügge und
an der Akademie für Internationales Recht
in Den Haag. 1953–57 war sie als Minis-
terialreferentin in der Bonner Landesver-
tretung von Nordrhein-Westfalen tätig.
1961–73 saß W., die Mitglied der Christlich
Demokratischen Union (CDU) war, im Rat

der Stadt Mül-
heim a. d. Ruhr,
wo sie mit ihrem
Mann, dem Ju-
risten Günther
W., und ihren
beiden Kindern
lebte. 1967–69
und 1972–86
gehörte sie als
Abgeordnete dem Bundestag an. 1969
wurde sie als Nachfolgerin von Ä.→Brauk-
siepe für acht Jahre in das Präsidium der
CDU gewählt. W. war außerdem seit 1971
Vorsitzende der CDU-Frauenvereinigung
und setzte sich besonders für berufstätige
Frauen, Erziehungs- und Familiengeld sowie Teilzeitarbeitsmöglichkeiten ein. Sie erhielt u.a. das Große Bundesverdienstkreuz.

**Wied, Martina (eigtl. Alexandrine
M. Augusta Weisl), geb. Schnabel**
Schriftstellerin
10.12.1882 (Wien) – 25.1.1957 (ebd.)
Während des Studiums der Philologie, Phi-
losophie, Geschichte und Kunstgeschichte

in Wien unternahm die Tochter eines Juristen zahlreiche Reisen durch Europa und
war seit 1912 für verschiedene Zeitschriften als Redakteurin tätig. 1910 heiratete sie
den Fabrikanten Sigmund W., der 1930
starb. In den 20er Jahren begann W., Erzählungen, Lyrik und Literaturkritiken zu
veröffentlichen. Ihr erster Roman »Rauch
über St. Florian oder Die Welt der Missver-
ständnisse« erschien 1937. Während des
Zweiten Weltkriegs lebte sie als Lehrerin in
Schottland und kehrte 1947 nach Wien
zurück. Im Mittelpunkt fast aller ihrer
Werke stehen die Krise der bürgerlichen
Gesellschaft und das Chaos der Zeit. 1924
wurde W. mit dem Dichterpreis der Stadt
Wien und 1952 als erste Frau mit dem
Großen Österreichischen Staatspreis für
Literatur ausgezeichnet.
Lit.: Prokop, H. F., Die Romane M. W.s, Diss.
Wien 1972

Wieder, Hanne
Kabarettistin, Schauspielerin
8.5.1929 (Hannoversch-Münden) – 11.5.1990
(Feldafing b. München)
Die Tochter eines Polizeioffiziers brach mit
15 Jahren die Schulausbildung ab und
nahm Schauspielunterricht am Karlsruher
Theater. Nach Engagements in Stuttgart
und Tübingen kam sie 1948 zum Düsseldorfer Kabarett »Das Ko(m)mödchen«. Später trat sie u.a. auch im Kabarett »Die Amnestierten« und ab 1956 in München bei
der »Kleinen Freiheit« auf. 1959 zog sich
W. von der Kabarettbühne zurück, weil sie
die Einflussmöglichkeiten des politischen
Kabaretts schwinden sah. Sie spielte wieder auf Theaterbühnen sowie in Filmen
und im Fernsehen. 1971 erhielt sie eine
Gastdozentur im Fachbereich Chanson und
Musical an der Staatlichen Akademie für

Musik in Berlin, und bis 1986 war sie als Sängerin mit Chansons aus den 20er Jahren erfolgreich.

Wiegmann, Jenny (auch Genni Mucchi)
Bildhauerin
1.12.1895 (Spandau – heute zu Berlin) – 1969 (Berlin)
Nach einer handwerklichen und künstlerischen Ausbildung in Berlin, u.a. bei L. Corinth, studierte W. 1918–23 in München und dann an der Kunstschule in Berlin-Charlottenburg. 1920 heiratete sie den Bildhauer B. Müller-Oerlinghausen, mit dem sie bis zu ihrer Scheidung 1930 eng zusammenarbeitete. Seit 1931 lebte sie in Paris mit dem italienischen Maler G. Mucchi, den sie 1933 heiratete und mit dem sie 1934 nach Mailand zog. Dort schloss sie sich einem Kreis von Künstlern und Intellektuellen an, der sich durch das Festhalten am Stil der klassischen Moderne von der offiziellen Kunstauffassung abgrenzte und aus dem 1938 die Gruppe »Corrente« hervorging. Während dieser Zeit schuf W., die sich 1943–45 aktiv am italienischen Widerstand beteiligte, meist Skulpturen mit politischen Themen. 1955 wurde sie Dozentin für Metalltreiben an der Scuola Umanitaria in Mailand und erhielt 1956 eine Professur an der Kunsthochschule in Berlin-Weißensee. W., die in Italien und der DDR großes Ansehen genoss, war zu ihren Lebzeiten in der Bundesrepublik weitgehend unbekannt. 1970 wurde in der Nationalgalerie in Ost-Berlin eine große Retrospektive ihrer Arbeiten gezeigt.
Lit.: Evers, U., Deutsche Künstlerinnen des 20. Jhs.: Malerei – Bildhauerei – Tapisserie, Hamburg 1983

Wiesenthal, Grete
Tänzerin, Choreografin
9.12.1885 (Wien) – 22.6.1970 (ebd.)
Bereits als Siebenjährige gehörte W. zum Ballettcorps der Wiener Hofoper, zuletzt als Primaballerina. 1902 verließ sie die Hofoper und gründete mit ihren Schwestern Elsa und Bertha eine eigene Tanz-

truppe, in der sie einen neuen, unklassischen Tanzstil entwickelte, der sich durch besondere Schwungtechniken auszeichnete. Nach ihrer Heirat mit dem Maler E. Lang trennte sich W. von ihren Schwestern und trat allein auf. Sie interpretierte u.a. Walzer von J. Strauss (Sohn) und die Ungarischen Rhapsodien von F. Liszt. 1930–59 choreografierte sie für die Salzburger Festspiele und war lange Jahre Professorin für künstlerischen Tanz an der Wiener Akademie für Musik und Darstellende Kunst. Sie veröffentlichte die Autobiografien »Der Aufstieg« (1919) und »Die ersten Schritte« (1947). W. gilt als wichtigste Interpretin des künstlerischen Walzertanzes und als erste Wiener Vertreterin des Ausdruckstanzes.
Lit.: Niehaus, M., Ballett-Faszination, München 1981

Wigman, Mary
(eigtl. Karoline Sofie Marie Wiegmann)
Tänzerin, Choreografin
13.11.1886 (Hannover) – 18.9.1973 (Berlin)
1911–13 studierte W. gegen den Willen ihrer Eltern Musik und Tanz bei E. Jacques-Dalcroze am Tanztheater Dresden-Hellerau

und bis 1919 bei R. v. Laban in Ascona/ Schweiz. 1920 gründete sie eine eigene Tanzschule in Dresden, an der sie einen neuen Tanzstil, von ihr selbst »absoluter Tanz« genannt, lehrte. Dieser expressionistische, so genannte »New German Dance« wurde von rhythmischer Musik begleitet und symbolisierte persönliche Empfindungen, ohne einem Handlungsstrang zu folgen, z.b. in »Die sieben Tänze des Lebens« (1921), »Schwingende Landschaft« (1929) und »Das Opfer« (1931). Zu W.s bekanntesten Schülern zählten G.→Palucca, H.→Holm, Y.→Georgi und H. Kreutzberg. In den 30er Jahren gastierte sie erfolgreich in den USA, und auch bei den Olympischen Spielen in Berlin 1936 trat sie mit ihrer Tanztruppe auf, aber schon bald darauf galt ihre Kunst den Nationalsozialisten als »rassefremd«, und ihre Tanzschule wurde geschlossen. 1942 beendete sie ihre Laufbahn als Solotänzerin. Nach Kriegsende arbeitete sie als Tanzpädagogin in ihren neu eröffneten Tanzschulen in Leipzig und Berlin und machte sich zusätzlich einen Namen als Choreografin, u.a. mit den Inszenierungen von »Saul« (1954) und »Le Sacre du Printemps« (1957). Sie veröffentlichte »Die Sprache des Tanzes« (1963) und »Der Tanz in seinen verschiedenen Ausdrucks- und Darstellungsformen« (1966). W. erhielt zahlreiche Ehrungen, darunter das Große Bundesverdienstkreuz und den Tanzpreis des Verbandes der deutschen Kritiker. 1955 wurde sie in die Berliner Akademie der Künste aufgenommen.
Lit.: Müller, H., M. W. Leben und Werk einer großen Tänzerin, Weinheim-Berlin 1986
Sorell, W., M. W. Ein Vermächtnis, Wilhelmshaven 1986

Wilhelmine Friederike Sophie von Bayreuth
3.7.1709 (Berlin) – 14.10.1758 (Bayreuth)
Die Tochter des Königs Friedrich Wilhelm I. von Preußen und der →Sophie Dorothea durchlebte eine unglückliche Jugend. Nach dem gescheiterten Fluchtversuch ihres Lieblingsbruders, des späteren preußischen Königs Friedrich II., 1730 wurde sie als Mitwisserin verhaftet, 1731 wurde sie von ihrem Vater gezwungen, den späteren Markgrafen Friedrich von Bayreuth zu heiraten. Nach ihrer Heirat bemühte sich die ehrgeizige W., das provinzielle Bayreuth zur repräsentativen Residenzstadt auszubauen. So verwirklichte sie ihre gestalterischen Visionen u.a. in der »Eremitage«, einem großen Parkgelände, das ihr Mann ihr 1735 schenkte. Sie ließ dort ein Phantasieschloss aus Tuffsteinquadern errichten, auf dessen Dach Bäume wuchsen und das im Innern verschwenderisch mit üppigen Malereien und Stuckarbeiten (»Bayreuther Rokoko«), Chinoiserien, Figuren aus der antiken Sagenwelt und einem Spiegelscherbenkabinett ausgestattet wurde. Als W. erfuhr, dass ihr Mann, mit dem sie eine Tochter hatte, sie mit ihrer besten Freundin seit Jahren betrog, wandte sie sich enttäuscht dem Ausbau ihres Felsengartens »Sans Pareil« mit Muschelgrotten und einem Ruinentheater zu, begann mit dem Schreiben ihrer Erinnerungen und widmete sich dem Bau eines Opernhauses. Die musikalische Markgräfin, die seit ihrer Heirat intensiv Gesangs- und Kompositionsunterricht genommen hatte, komponierte selbst Opern und verfasste Opernlibretti. Sie entwickelte am Bayreuther Hof ein reges Musikleben und lud regelmäßig bekannte Musiker, darunter A. Vivaldi, in die Provinzstadt ein. 1748 wurde das barocke Opernhaus, das noch heute als der schöns-

te erhaltene Opernbau diesseits der Alpen gilt, eingeweiht. In ihren unvollendeten Erinnerungen mit dem Titel »Denkwürdigkeiten« rechnete W. unbarmherzig mit den Zuständen am preußischen Hof ab. Mit der schonungslosen Kritik an ihrem Vater, dem »Soldatenkönig«, schuf sie die Grundlage für die negative Bewertung seiner Person und seiner Herrschaft, die vor allem im 19. Jh. verbreitet war.

Lit.: Walter, J., W. v. Bayreuth. Die Lieblingsschwester Friedrichs des Großen, München 1981
Weber-Kellermann, I. (Hg.), W. v. Bayreuth, eine preußische Königstochter. Glanz und Elend am Hofe des Soldatenkönigs in den Memoiren der Markgräfin W. v. Bayreuth, Frankfurt a. M. 1990

Wilker, Gertrud, geb. Hürsch
Schriftstellerin
18.3.1924 (Solothurn) – 25.9.1984 (Bern)
Das Studium der Germanistik, Psychologie und Kunstgeschichte schloß W. 1950 mit der Promotion ab und unterrichtete anschließend Deutsch und Literaturgeschichte an einer Handelsschule in Bern. Nach einem Amerika-Aufenthalt begann sie Mitte der 60er Jahre, Romane, Erzählungen, Hörspiele und Gedichte zu schreiben. Sie setzte sich vor allem mit dem Umweltschutz, Zukunftsperspektiven sowie Frauenfragen auseinander, u.a. in »Elegie auf die Zukunft« (1966) und »Blick auf meinesgleichen« (1979). W. sah sich als distanziert anteilnehmende Chronistin. Sie wurde mit zahlreichen Preisen des Kantons und der Stadt Bern sowie der Schweizer Schillerstiftung ausgezeichnet.

Lit.: Eichmann-Leuchtenegger, B., Linsmayer, C. (Hgg.), Elegie auf die Zukunft, Frauenfeld 1990

Wimmer, Maria
Schauspielerin
27.1.1911 (Dresden) – 4.1.1996 (Bühlerhöhe, Schwarzwald)
Nach dem Abitur besuchte W. in Leipzig die Schauspielschule und debütierte 1932 als Marei in »Florian Geyer« am Stadttheater Stettin. 1934–37 war sie in Frankfurt a. M., 1937–47 am Hamburger Schauspielhaus, 1947–49 am Münchner Residenztheater und 1949–57 an den Münchner Kammerspielen engagiert. Danach arbeitete sie als freie Schauspielerin und gab zahlreiche Gastspiele. W., deren Wandlungsfähigkeit und Virtuosität Kritiker und Publikum gleichermaßen begeisterten, gilt als eine der herausragenden Tragödinnen des deutschsprachigen Theaters. In ihrer langen Karriere spielte sie u.a. unter den Regisseuren F. Kortner, G. Strehler und K. H. Stroux. Zu ihren bedeutendsten klassischen Interpretationen zählte neben

Gretchen, Stella, Lady Macbeth und vielen anderen die Rolle der Iphigenie. Sie brillierte jedoch auch in modernen Rollen, u.a. als Frau John in »Die Ratten« oder als Winnie in »Glückliche Tage«. Noch 1993 feierte sie bei den Salzburger Festspielen mit ihrem letzten großen Bühnenauftritt als Volumnia in »Coriolan« Triumphe. W. erhielt zahlreiche Ehrungen, darunter den Tilla→Durieux-Schmuck, den Orden »Pour le mérite für Wissenschaft und Künste« und das Große Bundesverdienstkreuz. Außerdem war sie Mitglied der Berliner Akademie der Künste und des bayerischen

Maximiliansordens. Verheiratet war sie seit
1950 mit dem Juristen O. Seemüller.

Wimschneider, Anna
Schriftstellerin
16.6.1919 (Weng b. Postmünster,
Niederbayern) – 1.1.1993 (Pfarrkirchen)
Als Halbwaise musste W. schon früh ihrem
Vater auf dem Hof und bei der Versorgung
ihrer acht Geschwister helfen. 20-jährig
heiratete sie den Bauern Albert W. und bekam drei Kinder. Mit 74 Jahren schrieb sie
ihre Lebenserinnerungen auf, die ihr Sohn
einem Verlag anbot. 1984 erschien das
Buch »Herbstmilch – Lebenserinnerungen
einer Bäuerin«, das zu einem unerwarteten
Erfolg wurde. Bis Ende 1992 wurde es 2,1
Millionen Mal verkauft, seine Verfilmung
1989 sahen rund zwei Millionen Zuschauer. Den Nachfolgeband »Ich bin halt
eine vom alten Schlag« (1991) verfasste W.
nicht selbst, er wurde nach Gesprächen mit
ihr aufgezeichnet.

Windthorst, Margarete
Schriftstellerin
3.11.1884 (Halle, Westfalen) – 9.12.1958
(Strang b. Osnabrück)
Abgesehen von ihrer Studienzeit in Münster, lebte W. ausschließlich auf ihrem
westfälischen Gut, das sie gemeinsam mit
ihrer Schwester betrieb. Sie schrieb Erzählungen, Romane und Lyrik, u.a. »Mär und
Mythe« (1935), die von starker Religiosität
geprägt sind und in denen sie sich mit Na-
turmystik sowie der Kulturgeschichte ihrer
Heimat auseinander setzte. Während der
NS-Zeit wurde sie wegen ihrer engen Verbindung zur katholischen Kirche stark angegriffen und konnte daher 1940 nur den
ersten Teil ihres Hauptwerks, der Romantrilogie »Mit Lust und Last«, veröffent-

lichen. Die beiden weiteren Teile »Mit Leib
und Leben« und »Erb und Eigen« erschienen 1949.
Lit.: Meidinger-Geise, I., M. W. und Westfalen,
Emsdetten 1960

Winkelmann, Maria
Astronomin
1670 (Panitzsch b. Leipzig) – 1720 (Berlin)
Von ihrem Vater, einem lutherischen Pfarrer, erhielt W. eine gründliche Ausbildung.
Außerdem wurde sie von dem Privatgelehrten C. Arnold schon früh in Astronomie unterwiesen und lernte bei ihm G.
Kirch, den führenden Astronomen
Deutschlands, kennen. Sie heiratete den
etwa 30 Jahre älteren Witwer und zog mit
ihm 1700 nach Berlin. Ihr Mann arbeitete
dort an der »Deutschen Akademie der
Wissenschaften«, und sie wurde seine
Assistentin. Während ihrer regelmäßigen
abendlichen Himmelsbeobachtungen sich-
tete sie 1702 einen unbekannten Kometen,
die Veröffentlichung dieser Entdeckung erschien jedoch unter dem Namen ihres
Mannes. Erst 1710 würdigte Kirch in einer
Schrift der Akademie die Leistung seiner
Frau. Als er im selben Jahr starb, bewarb
W., die inzwischen auch unter ihrem eigenen Namen anerkannte wissenschaftliche
Mitteilungen veröffentlicht hatte, sich bei
der Akademie um seine Nachfolge. Nach
ausführlichen Debatten im Exekutivrat der
Akademie, dem u.a. der Philosoph G. F.
Leibniz als Gründungsmitglied angehörte,
wurde ihr Gesuch 1712 abgelehnt, weil sie
eine Frau war. Im privaten Observatorium
des Barons F. v. Krosigk setzte W. bis zu
dessen Tod 1714 ihre astronomischen Beobachtungen fort, veröffentlichte sie unter
ihrem Namen und stellte außerdem astronomische Kalender im Auftrag der Städte

Breslau und Nürnberg her. 1716 durfte sie noch einmal als Assistentin an der Berliner Akademie tätig werden, diesmal an der Seite ihres Sohnes Christfried. 1717 wurde sie jedoch vom Gelände der Akademie verbannt, weil sie sich angeblich wissenschaftlich zu sehr in den Vordergrund drängte. Ihre beiden Töchter Christine und Margarethe Kirch waren später ebenfalls als Assistentinnen ihres Bruders tätig, verzichteten aber wegen der frustrierenden Erfahrung ihrer Mutter auf eine eigene Bewerbung um eine Anstellung an der Akademie.

Lit.: Schiebinger, L., Schöne Geister. Frauen in den Anfängen der modernen Wissenschaft, Stuttgart 1993
Wertheim, M., Die Hosen des Pythagoras. Physik, Gott und die Frauen, Zürich 1998

Winsloe, Christa
Schriftstellerin
23.12.1888 (Darmstadt) – 10.6.1944 (b. Cluny/Frankreich)

Nach der Schulzeit in Potsdam sowie in einem Schweizer Internat absolvierte die Tochter eines Offiziers eine Bildhauerausbildung und war anschließend als Tierbildhauerin tätig. Daneben veröffentlichte sie feuilletonistische Beiträge in Zeitungen. Nach dem Scheitern ihrer Ehe mit dem ungarischen Baron Hatvany schrieb sie das Theaterstück »Ritter Nérestan«, in dem sie die Liebe einer Schülerin zu ihrer Lehrerin schilderte und das 1930 in Leipzig uraufgeführt wurde. Unter den Titeln »Mädchen in Uniform« (1931 und 1983) und »Das Mädchen Manuela« (1934) wurde das Stück verfilmt und machte W. berühmt. 1933–35 lebte sie in Amerika mit der Journalistin D. Thompson zusammen und anschließend in Frankreich mit der

Schweizer Schriftstellerin S. Gentet, mit der sie 1944 in einem Wald bei Cluny erschossen aufgefunden wurde.

Wittkowski, Margarete
Politikerin
18.8.1910 (Posen – heute Poznań/Polen) – 20.10.1974 (Singen)

1929 begann die Kaufmannstochter mit dem Studium der Volkswirtschaft, das sie mit der Promotion abschloss. 1935 emigrierte W., die 1932 der Kommunistischen Partei (KPD) beigetreten war, nach England. 1945 kehrte sie nach Deutschland zurück, arbeitete in der sowjetisch besetzten Zone als Wirtschaftsjournalistin und wurde 1946 Mitglied der Sozialistischen Einheitspartei Deutschlands (SED). Nach Parteilehrgängen in Kleinmachnow b. Berlin und in Moskau wurde sie 1951 zunächst Vizepräsidentin, 1954 Präsidentin des »Verbandes Deutscher Konsumgenossenschaften«. 1954–58 war sie Mitglied des Zentralkomitees der SED. Danach verlor sie ihre Ämter, bis sie 1961 als Stellvertreterin des Vorsitzenden des Ministerrates für die Bereiche Handel, Versorgung und Landwirtschaft wieder in das Zentralkomitee berufen wurde. 1964 entsandte sie der Staatsratsvorsitzende W. Ulbricht als Sonderbotschafterin nach Indien. 1967 wurde W. zur Präsidentin der Notenbank (später Staatsbank) der DDR ernannt und 1972 in dieser Eigenschaft Mitglied des Ministerrats. Zu ihren zahlreichen Ehrungen zählten der Vaterländische Verdienstorden und die Clara-Zetkin-Medaille.

Wörrishoffer, Sophie, geb. Andresen

Schriftstellerin

6.10.1838 (Pinneberg b. Hamburg) – 8.11.1890
(Altona – heute zu Hamburg)

Nach dem frühen Tod ihres Mannes begann die Tochter eines Advokaten und Kusine des Dichters D. v. Liliencron 1871 mit dem Schreiben und gehörte etwa ab 1880 zu den erfolgreichsten Autoren von Abenteuerromanen. Schauplätze ihrer Bücher, die bis in die Mitte des 20. Jhs. zahlreiche Auflagen erreichten, waren alle Kontinente der Erde, die sie – ebenso wie der Schriftsteller K. May – nicht aus eigener Anschauung kannte. Zu W.s bekanntesten Romanen zählen »Kreuz und quer durch Indien« (1884) und »Onnen Visser, der Schmugglersohn von Norderney« (1885). Im Zuge der Begeisterung für die kaiserliche Flotte wurde ihr Roman »Robert des Schiffsjungen Fahrten auf der deutschen Handels- und Kriegsflotte« (1877) ein Bestseller.

Wohlwill, Gretchen

Malerin

27.11.1878 (Hamburg) – 17.5.1962 (ebd.)

W. begann ihre künstlerische Ausbildung an einer privaten Kunstschule in Hamburg und ging 1909 nach Paris, wo sie u.a. bei H. Matisse studierte. Anschließend ließ sie sich in Berlin zur Kunsterzieherin ausbilden und unterrichtete ab 1910 an einer Hamburger Mädchenschule. 1919 war W., die u.a. mit A.→Povórina und A.→Rée befreundet war, Mitbegründerin der Künstlervereinigung »Hamburger Sezession«. Studienreisen führten sie nach Italien, Frankreich, England, Belgien und in die Niederlande. In den 20er Jahren wurden ihre Bilder, Landschaften, Stillleben und Portraits, von der französischen Malerei, vor allem von P. Cézanne, beeinflusst. 1933 wurde W. wegen ihrer jüdischen Herkunft aus dem Schuldienst entlassen. Bis 1940 lebte sie zurückgezogen in Finkenwerder bei Hamburg und flüchtete dann nach Portugal. Obwohl sie dort als Künstlerin großes Ansehen genoss und mehrfach ausgezeichnet wurde, kehrte sie 1952 nach Hamburg zurück. In zahlreichen Ausstellungen wurde ihr Werk gewürdigt, auch nach ihrem Tod.

Lit.: Dick, J., Sassenberg, M. (Hgg.), Jüdische Frauen im 19. und 20. Jh., Reinbek 1993

Woker, Gertrud Johanna

Chemikerin

16.12.1878 (Bern) – 14.9.1968 (ebd.)

Als erste Schweizerin schloss W. 1903 ihr Studium der Chemie an der Universität Bern mit der Promotion ab. Anschließend studierte sie Physikalische Chemie in Berlin und wurde 1907 Privatdozentin für Geschichte der Chemie und Physik an der Universität Bern. Seit 1911 leitete sie dort das Institut für physikalisch-chemische Biologie und war 1933–53 außerordentliche Professorin für Chemie. W. befasste sich vor allem mit katalytischer Forschung und veröffentlichte zahlreiche wissenschaftliche Aufsätze, u.a. »Die Katalyse« (1910). Bereits 1917 wies sie auf die Giftigkeit bleihaltigen Benzins hin und machte Vorschläge zu seiner Entgiftung. Außerdem engagierte sie sich in der Schweizer Sektion der »Internationalen Frauenliga für Frieden und Freiheit« (IFFF) und setzte sich für ein Verbot von Chemie- und Giftgaswaffen ein, deren Gefahren sie in »Der kommende Gift- und Brandkrieg« (1932) darlegte. W. war zudem Mitbegründerin des »Schweizer Verbandes für Frauenstimmrecht«.

Lit.: Traber, B., Bernerinnen, Bern 1980
Leitner, G. v., Wollen wir unsere Hände in
Unschuld waschen? G. W. (1878–1968) und
die Internationale Frauenliga, Berlin 1998

Wolff, Charlotte
Medizinerin
30.9.1896 (Riesenburg – heute Prabuty/Polen)
– 12.9.1986 (London)
Nach der Schulzeit in Danzig studierte W.
in Freiburg i. Br. und Berlin Philosophie
und Medizin und war anschließend als
Schwangerenfürsorgerin für eine Krankenkasse in Berlin tätig. 1933 emigrierte die
Jüdin über Frankreich nach London und
verdiente dort ihren Lebensunterhalt als
Handleserin. Als 1950 ihr deutsches Me-
dizinexamen anerkannt wurde, veröffentlichte sie die Erkenntnisse, die sie als
Handleserin gewonnen hatte, unter dem
Titel »The Hand in Psychological Analysis«
(»Die Hand in der Psychoanalyse«) und
eröffnete eine Arztpraxis. Daneben befasste sie sich mit der psychologischen Erforschung der weiblichen Bi- und Homo-
sexualität. 1971 erschien ihre Schrift »Love
between Women« (»Die Psychologie der
lesbischen Liebe«), die erste umfassende
Studie zu diesem Thema. W., die Ehrenmitglied in der British Psychological Society
war, schrieb auch Romane, u.a. »Flickwerk«
(1976), und die Autobiografie »Augen-
blicke verändern uns mehr als die Zeit«
(1980).
Lit.: Wall, R., Verbrannt, verboten, vergessen.
Kleines Lexikon deutschsprachiger Schriftstellerinnen 1933–1945, Köln 1988

Wolfthorn, Julie (eigtl. Wolf)
Malerin
1868 (Thorn – heute Toruń/Polen) – 1944
(KZ Theresienstadt)
Das Studium der Malerei und Grafik begann W. 1890 in Berlin und setzte es in
Paris u.a. an der Académie Colarossi fort.
Dort fand sie Kontakt zur Gruppe der impressionistischen Maler, in deren Stil sie
vor allem Portraits und Darstellungen von
Frauen malte. Nach ihrer Rückkehr nach
Berlin 1898 nahm sie an den Ausstellungen der Berliner Künstlervereinigung »Secession« sowie der Großen Berliner Kunstausstellung teil und entwarf 1898–1904
die Titelblätter und Illustrationen für die
Zeitschrift »Die Jugend«. 1902 gestaltete
sie ein Plakat für die sozialdemokratische
Zeitung »Vorwärts«. Seit 1904 unterhielt
sie ein eigenes Schülerinnenatelier und
malte in den Niederlanden und auf Hid-
densee überwiegend Landschaften. Bis zur
Regierungsübernahme durch die Nationalsozialisten war W., die bereits 1905 in das
Lexikon »Women Painters of the World«
aufgenommen worden war, eine anerkannte und sehr gefragte Künstlerin. 1944
wurde die Jüdin in das Konzentrationslager Theresienstadt deportiert und dort ermordet.
Lit.: Das Verborgene Museum I., Neue Gesellschaft für Bildende Kunst e. V. (Hg.), Berlin
1987

Wolter, Elisabeth Charlotte
Schauspielerin
1.3.1834 (Köln) – 14.6.1897 (Hitzing b. Wien)
Bereits als Zehnjährige trat W., die aus
ärmlichen Verhältnissen stammte, in Bal-
lettaufführungen auf, wurde später in
Wien zur Schauspielerin ausgebildet und
spielte anschließend in Budapest und am

Carl-Theater in Wien. Dort entdeckte sie H. Laube, der Direktor des Wiener Hofburgtheaters, und schickte sie zur weiteren Ausbildung nach Brünn. Nach Auftritten am Viktoria-Theater in Berlin und am Thalia-Theater in Hamburg war sie 1862–96 am Burgtheater engagiert und brillierte u.a. als Iphigenie, Medea, Lady Macbeth und Kriemhild. W. galt als die größte Tragödin ihrer Zeit und wurde 1864 zur Hofschauspielerin ernannt. Ihre Darstellungskunst zeichnete sich durch besondere Leidenschaftlichkeit aus, berühmt wurde ihr »Wolterschrei« in der Rolle der Marie Anna in »Ein Weib aus dem Volke«. Verheiratet war sie seit 1875 mit dem belgischen Gesandten O'Sullivan de Grass.

Woltmann, Karoline von, geb. Stosch (Ps. Lucie Berg)
Schriftstellerin
6.3.1782 (Berlin) – 18.11.1847 (ebd.)
Die Tochter eines Arztes begann 1804 nach der Scheidung von ihrem ersten Mann, dem Schriftsteller K. Müchler, mit dem Schreiben und veröffentlichte im selben Jahr den Roman »Euphrosyne«. 1805 heiratete sie den Historiker und Schriftsteller Karl Ludwig v. W., mit dem sie gemeinsam den fünfbändigen Erzählband »Schriften« (1806ff.) herausgab. Von 1813–26 lebte sie in Prag und kehrte dann nach Berlin zurück. W. war auch als Übersetzerin tätig und schrieb belehrende Sittenbücher, u.a. »Über Natur, Bestimmung, Tugend und Bildung der Frauen« (1926), die ein großes Leserpublikum fanden.

Wolzogen, Karoline von, geb. v. Lengefeld
Schriftstellerin
3.2.1763 (Rudolstadt) 11.1.1847 (Jena)
1784 heiratete die mittellose W. aus Vernunftgründen den reichen Kammerjunker W. v. Beulwitz. 1787 lernte sie F. v. Schiller kennen, der schon bald regelmäßiger Gast im Haus ihrer Mutter wurde und sie in ihrem Wunsch, Schriftstellerin zu werden, unterstützte und förderte. 1790 heiratete Schiller ihre Schwester Charlotte. 1793 ließ W. sich scheiden und heiratete 1794 ihren Vetter Wilhelm v. W., mit dem sie einen Sohn hatte. Ihr erster Roman »Agnes von Lilien«, der 1796 anonym in Schillers Zeitschrift »Die Horen« erschien und zwei Jahre später als Buch herausgegeben wurde, erregte großes Aufsehen und wurde von vielen, u.a. den Brüdern F. und A. W. Schlegel, zunächst für ein Werk J. W. v. Goethes gehalten. Neben Erzählungen verfasste W. den Roman »Cordelia« (1840), in dem sie die Zeit der deutschen Freiheitskriege beschrieb. Die Biografie ihres Schwagers Schiller »Schillers Leben« (1830) gilt als ihr Hauptwerk.
Lit.: Kahn-Wallerstein, C., Die Frau im Schatten – Schillers Schwägerin K. v. W., Berlin 1970
Feyl, R., Das sanfte Joch der Vortrefflichkeit, Köln 1999

Wrangell, Margarethe von
Chemikerin
7.1.1876 (Moskau) – 31.3.1932 (Hohenheim b. Stuttgart)
W. stammte aus einer deutsch-baltischen Familie, absolvierte ihre Schulausbildung in Reval und legte das Lehrerinnenexamen ab. Nach dem Tod ihres Vaters, der kein Verständnis für die Studienwünsche seiner Tochter hatte, begann sie 1904 als eine der ersten deutschen Studentinnen in Tübingen Botanik, Physik und Chemie zu studieren und wurde 1909 mit Auszeichnung promoviert. 1910–12 arbeitete sie als wis-

senschaftliche Assistentin bei den Nobelpreisträgern W. Ramsey in London und M. Curie in Paris. Anschließend leitete sie bis 1918 in Reval die Versuchsstation des Estländischen landwirtschaftlichen Vereins und entwickelte u.a. Düngemittel aus Küstengestein. Nach der Russischen Revolution zog W. nach Deutschland und kam an die Landwirtschaftliche Hochschule in Hohenheim. Sie habilitierte sich 1920 mit der Schrift »Phosphorsäureaufnahme für Bodenreaktion« und spezialisierte sich auf Agrikulturchemie, besonders die Erforschung von Bodenphosphaten und Düngung. Ihre Erkenntnisse stießen auf große Aufmerksamkeit: So bot z.b. das Reichsernährungsministerium an, bis zu 75 Millionen Reichsmark für den Aufbau eines »Pflanzenernährungsinstituts« zur Verfügung zu stellen, um Deutschland vom Weltmarkt für Düngemittel unabhängig zu machen. 1923 wurde W. von der Hohenheimer Hochschule zur ersten ordentlichen Professorin in Deutschland ernannt, nachdem sie den Vorwurf eines missgünstigen Kollegen, ihre Habilitationsschrift sei ein Plagiat, durch ein von ihr beantragtes Disziplinarverfahren in eigener Sache entkräften konnte. 1928 heiratete sie ihre Jugendliebe, W. Fürst Andronikow, der 1935 unter dem Titel »M. v. W., das Leben einer Frau 1876–1932« ihre Biografie veröffentlichte.
Lit.: Feyl, R., Der lautlose Aufbruch. Frauen in der Wissenschaft, Frankfurt a. M. 1983

Wrbna-Kaunitz, Josefine Reichsgräfin, geb. Kellnberger
Vermögensverwalterin
19.3.1896 (München) – 13.12.1973 (ebd.)
Die Tochter eines Ofensetzers war in erster Ehe mit dem Arzt J. Kassenetter verheiratet, der 1943 starb, und heiratete 1944 A. R. L. Graf v. Wrbna-Kaunitz. In den 20er Jahren wurde sie Vermögensverwalterin der Albertinischen Linie des Hauses Wittelsbach und führte dieses Amt auch nach dem Ende des Zweiten Weltkriegs weiter, indem sie mit Schweizer Sperrmarkkrediten den Aufbau des Wittelsbacher Besitzes finanzierte. Seit 1952 wurde gegen W.-K. wegen Devisenvergehen und Steuerhinterziehung ermittelt, im Prozess 1956 wurde sie wegen Urkundenfälschung und Sperrmarkschiebungen von DM 17,9 Mio., die ihr einen Gewinn von DM 5,2 Mio. eingebracht haben sollen, zu zwei Jahren Gefängnis und einer Geldstrafe verurteilt. Inzwischen von den Wittelsbachern ihres Amtes enthoben, floh W.-K. vor Strafantritt 1958 in die Schweiz. Von dort aus führte sie mehrere Prozesse um ihre Rehabilitierung und erreichte, dass das Finanzgericht München 1960 die gegen sie verhängten Steuerbescheide über mehrere Millionen DM aufhob und – überraschenderweise – nur eine Nachzahlung von DM 60,60 forderte. Daraufhin kehrte sie nach München zurück, wo schließlich auch die Haftstrafe gegen sie wegen ihres hohen Alters aufgehoben wurde.

Wuesthoff, Freda, geb. Hoffmann
Juristin
16.5.1896 (Leipzig) 5.11.1956 (München)
Nach einer haus- und landwirtschaftlichen Ausbildung begann W. mit dem Studium der Physik, Chemie und Mathematik in

Berlin, Heidelberg und München, das sie mit der Promotion abschloss. Ab 1924 leitete sie die physikalische Abteilung des Instituts für Zuckerindustrie und ließ sich als erste Frau in Deutschland zur Patentanwältin ausbilden. Von 1926 an baute sie mit ihrem Mann, dem Chemiker Franz W., eine Patentanwaltspraxis auf und spezialisierte sich auf Patente für neue Pflanzenzüchtungen, das so genannte Sortenschutzrecht. 1933 erhielt sie als »jüdisch belastet« Berufsverbot, arbeitete jedoch heimlich weiter. Nach dem Zweiten Weltkrieg betrieb das Ehepaar bis zur Errichtung des Deutschen Patentamts 1949 Forschungen auf dem Gebiet der Pflanzenzüchtung. Der Wiederaufbau der Anwaltspraxis, die als eine der größten in Deutschland heute noch in München unter dem Namen »Wuesthoff und Wuesthoff« geführt wird, war vor allem W.s Verdienst. Zudem engagierte sie sich unter dem Eindruck der Atomwaffenabwürfe auf Hiroshima und Nagasaki gegen den Einsatz von Nuklearwaffen. Gemeinsam mit M.-E.→Lüders, E.→Heuss-Knapp, G.→Bäumer und A. v.→Zahn-Harnack gründete sie den »Friedenskreis« und hielt zahlreiche Vorträge gegen die atomare Aufrüstung und Atomwaffenversuche.
Lit.: Berthold, G., F. W. – eine Faszination, Freiburg i. Br. 1982

Z

Zäunemann, Sidonia Hedwig
Dichterin
15.1.1714 (Erfurt) – 11.12.1740 (b. Ilmenau)
Den größeren Teil ihres kurzen Lebens verbrachte Z., die Tochter eines protestanti-

schen Notars, in Erfurt. Kurze Besuche führten sie nach Jena, an den Weimarer Hof und nach Ilmenau zu ihrer verheirateten Schwester. Autodidaktisch erarbeitete sie sich umfangreiche Literaturkenntnisse und machte schon früh mit Gelegenheitsgedichten und Versen auf bekannte Persönlichkeiten auf sich aufmerksam. 1734 bot ihr die Zeitschrift »Hamburgische Berichte von Gelehrten Sachen« an, ihre Gedichte abzudrucken. In ihrer Dichtkunst versuchte Z., sich von tradierten Formen zu lösen und inhaltlich wie formal neue Wege zu gehen. Ihre persönliche Unabhängigkeit betonte sie damit, dass sie die Ehe entschieden ablehnte, in Männerkleidung weite Ausritte unternahm und – was als Frau ganz ungewöhnlich war – sogar in ein Bergwerk einfuhr. 1738 verlieh ihr die Universität Göttingen, zu deren Gründung 1737 sie ein Lobgedicht verfasst hatte, den Titel einer »kaiserlich gekrönten Poetin« (»poeta laureatus«). Damit war Z. nach der von ihr bewunderten C. M.→Ziegler die zweite Frau in Deutschland, die eine solche Ehrung erhielt. Im selben Jahr veröffentlichte sie ihre einzige größere Gedichtsammlung »Poetische Rosen in Knospen«. Sie starb bei einem Ritt zu ihrer Schwester, als sie den Hochwasser führenden Fluss Gera überqueren wollte.
Lit.: Becker-Cantarino, B., Der lange Weg zur Mündigkeit, Stuttgart 1987

Zahn-Harnack, Agnes von, geb. Harnack
Frauenrechtlerin
19.6.1884 (Gießen) – 22.5.1950 (Berlin)
Als eine der ersten regulär immatrikulierten Studentinnen in Berlin studierte die Tochter des Theologen A. v. Harnack nach dem Besuch eines Lehrerinnenseminars von 1908 an Theologie, Germanistik und

Anglistik. Promoviert wurde sie 1912 an der Universität Greifswald, weil ihr Berliner Doktorvater Studentinnen die Prüfungszulassung verweigerte. Anschließend unterrichtete Z.-H. an einer privaten höheren Mädchenschule in Berlin. Sie schloss sich der Frauenbewegung an und hatte enge Kontakte zu A. v.→Gierke, H.→Heyl, A.→Salomon u.a. 1916 wurde sie von M. E.→Lüders in das Frauenreferat des Kriegsministeriums berufen, um Frauen zu betreuen, die im Kriegseinsatz standen. 1919 heiratete sie den Juristen K. v. Zahn, mit dem sie zwei Kinder hatte. 1919–30 war sie Vorsitzende des »Deutschen Akademikerinnenbundes« und wurde 1931 die letzte Vorsitzende des »Bundes Deutscher

Frauenvereine« (BDF). Anstatt den BDF gleichschalten zu lassen, wie von den Nationalsozialisten gefordert, löste sie ihn 1933 auf und schloss sich einer Widerstandsbewegung an. Nach Kriegsende engagierte sie sich für den Wiederaufbau der Frauenbewegung und gründete den »Wilmersdorfer Frauenbund« (später »Berliner Frauenbund«). Zu ihren zahlreichen Veröffentlichungen zur Frauenbewegung zählt die Bibliografie »Frauenfrage in Deutschland 1790–1930«. Für die Biografie ihres Vaters, die sie 1936 veröffentlichte, verlieh ihr die Universität Marburg a. d. Lahn 1949 den Ehrendoktortitel der Theologie.
Lit.: Brehmer, I., Ehrich, K., Mütterlichkeit als Profession?, Pfaffenweiler 1993

Zaisser, Else (eigtl. Elisabeth), geb. Knipp
Politikerin
16.11.1898 (Düsseldorf) – 15.12.1987 (Berlin)
Einige Jahre war Z. als Lehrerin in Düsseldorf tätig, bis sie nach ihrer Heirat mit Wilhelm Z., dem späteren DDR-Minister für Staatssicherheit, in die Kommunistische Partei (KPD) eintrat und mit ihm 1932 in die Sowjetunion emigrierte. Dort wurde sie Dozentin für Deutsch und Pädagogik und erhielt eine Professur an der Leninschule. Seit 1946 lebte sie in Halle a. d. Saale und in Ost-Berlin. Nach Gründung der DDR 1949 wurde Z. Staatssekretärin im Ministerium für Volksbildung, 1952 übernahm sie die Leitung des Ministeriums. Als ihr Mann 1953 sein Amt verlor, weil ihm eine Verschwörung zum Sturz des SED-Chefs W. Ulbricht vorgeworfen wurde, wurde auch Z. ihr Ministeramt genommen. Als Begründung diente der Vorwurf, sie übertrüge die Erfahrungen der sowjetischen Pädagogik zu schematisch auf das DDR-Schulsystem.

Zammit, Kitty (eigtl. Katharina), geb. Schmidt
Unternehmerin
1882 (Berlin) – 1954 (ebd.)
In den 20er Jahren eröffnete Z., die als Musiklehrerin ausgebildet war und viele Jahre in Südfrankreich, Paris und Bombay gelebt hatte, in Berlin einen Salon besonderer Art. Unter dem Namen »Salon Kitty« führte sie ein Edelbordell mit luxuriöser Einrichtung, das während der NS-Zeit einschlägiger Treffpunkt für Diplomaten, Wirtschaftsführer und Politiker war. Seit 1939 hatte die Gestapo den »Salon« mit Abhörgeräten ausgestattet, so dass jedes Gespräch kontrolliert und auf Tonträger aufgezeichnet werden konnte. Zahlreiche

Gäste des Etablissements wurden daraufhin verhaftet. Z. selbst äußerte sich nach Kriegsende nicht zu den Vorwürfen der NS-Mittäterschaft. Ihre Tochter und später ihr Enkel führten den Salon als »Pension Florian« weiter, die ein beliebter Künstlertreffpunkt wurde.
Lit.: Norden, P., Salon Kitty, München 1970

Zeemann, Dorothea (eigtl. Holzinger)
Schriftstellerin
20.4.1909 (Wien) – 11.12.1993 (ebd.)
Z., die ihre Jugend in ärmlichen Verhältnissen verbrachte, ließ sich zur Krankenschwester ausbilden. Bestärkt durch den Schriftsteller E. Friedell, mit dem sie eng befreundet war, begann sie Anfang der 30er Jahre zu schreiben. Ihre erste Erzählung »Signal aus den Bergen« erschien 1941. Ihr Durchbruch als Autorin, vor allem bei einem weiblichen Leserpublikum, gelang ihr jedoch erst mit den autobiografischen Romanen »Einübung in Katastrophen. Leben zwischen 1913 und 1945« (1979) und »Jungfrau und Reptil. Leben zwischen 1945 und 1972« (1982), in denen sie äußerst freimütig u.a. ihre Beziehung zu dem Schriftsteller H. v. Doderer schilderte. In den Romanen »Das heimliche Fest« (1986) und »Reise mit Ernst« (1991) behandelte sie das Thema der Sexualität der alternden Frau. 1970–72 war Z. Generalsekretärin des Österreichischen PEN-Clubs.

Zell, Katharina, geb. Schütz
Reformatorin
um 1497 – 1562 (Straßburg)
Aufgewachsen war Z. in einer wohlhabenden Tischlerfamilie. Die Anhängerin der Reformation heiratete 1523 den 20 Jahre älteren Matthias Z., der Prediger am Straßburger Münster war und wegen seiner Eheschließung exkommuniziert wurde. Ihre beiden Kinder starben kurz nach der Geburt. Z.s erste öffentliche Stellungnahme gegen die katholische Kirche, die dazu führte, dass ihr weitere Streitschriften untersagt wurden, bestand aus Protestbriefen an den Bischof und den Rat der Stadt Straßburg anlässlich der Exkommunikation ihres Mannes und sechs weiterer Pfarrer, in denen sie die Priesterehe verteidigte. 1534 veröffentlichte Z. mit einem eigenen Vorwort das Gesangbuch der »Böhmischen Brüder«. Bis zum Tod ihres Mannes 1548 widmete sich die protestantische Pfarrersfrau engagiert der Gemeinde- und Fürsorgearbeit. Sie verfasste seelsorgerische Schriften und half verfolgten Luther-Anhängern, die nach Straßburg flüchteten, da die Stadt als freie Reichsstadt nicht verpflichtet war, das Wormser Edikt von 1519 zu befolgen. In ihrem Haus beherbergte Z. bekannte Humanisten wie U. Zwingli und besuchte 1538 in Wittenberg M. Luther, mit dem sie auch korrespondierte. 1557 veröffentlichte sie zudem ein Rechtfertigungsschreiben der Straßburger Reformation.
Lit.: McKee, E. A., K. Schütz Z., Leiden 1999

Zellweger, Elisabeth
Frauenrechtlerin
2.3.1884 (Reute, Kt. Appenzell) – 15.7.1957 (Basel)
Die Pfarrerstochter besuchte die »Soziale Frauenschule« in Berlin und arbeitete anschließend als Journalistin. 1914 übernahm sie die Leitung des »Basler Frauenvereins« und des »Verbandes Frauenhilfe«. Zudem engagierte sich Z. in der Frauenbewegung und gründete während des Ersten Weltkriegs die »Basler Frauenzentrale«. 1917 wurde sie in den Vorstand des »Bun-

des Schweizer Frauenorganisationen« gewählt, dessen Präsidentin sie 1920–29 war. Außerdem war sie 1927 Mitbegründerin des »Verbandes für innere Mission und christliche Liebestätigkeit«, setzte sich für den Zusammenschluss der evangelischen Frauenvereine ein und erreichte damit die Gründung des »Evangelischen Frauenbundes der Schweiz«. 1930 wurde Z. in den Vorstand des »Internationalen Frauenbundes« berufen und war ab 1936 dessen Vizepräsidentin.

Zetkin, Clara, geb. Eissner
Politikerin
5.7.1857 (Wiederau b. Chemnitz) – 20.6.1933 (Archangelskoje b. Moskau)
Um 1872 zog Z., die Tochter eines Dorfschullehrers, mit ihrer Familie nach Leipzig. Dort lernte sie 1878 während ihrer Ausbildung am Lehrerinnenseminar der A.→Schmidt ihren späteren Mann, den russischen Sozialisten und Schriftsetzer Ossip Z., kennen und wurde Mitglied der Sozialdemokratischen Partei (SPD). 1882 folgte sie dem ausgewiesenen Ossip Z. über Zürich nach Paris, das Paar heiratete und hatte zwei Kinder. Nach dem Tod ihres Mannes kehrte Z. 1891 nach Deutschland zurück und wurde in Stuttgart Herausgeberin der SPD-Frauenzeitschrift »Die Gleichheit«. In diesem Amt, das sie bis 1917 innehatte, profilierte sich Z., die eng mit R.→Luxemburg befreundet war, zur bedeutendsten Agitatorin der proletarischen Frauenbewegung. Als Sekretärin des Frauensekretariats der Internationale organisierte sie 1915 in Bern die internationale sozialistische Frauenkonferenz gegen den Krieg. Mit ihrer radikalen Forderung nach Umbau der Gesellschaft als Voraussetzung für die Gleichberechtigung der Frau stand

die überzeugte Marxistin Z. im Gegensatz zu den Vertreterinnen der bürgerlichen Frauenbewegung, u.a. L.→Braun. Aus Protest gegen die Politik der SPD bei der Bewilligung der Kriegskredite wurde sie 1917 Mitbegründerin der USPD und verlor deshalb die Redaktionsleitung der »Gleichheit«. 1919 wechselte sie in die Kommunistische Partei (KPD), war bis 1924 Mitglied der Zentrale und 1927–29 Mitglied des Zentralkomitees der KPD. 1920–33 hatte Z. einen Sitz als Abgeordnete im deutschen Reichstag, obwohl sie sich nur selten in Deutschland aufhielt und vorwiegend in Moskau lebte. In ihren Reden plädierte die begeisterte Anhängerin der Oktoberrevolution, die mit Lenin und seiner Familie befreundet war, für eine Interessengemeinschaft Deutschlands mit der Sowjetunion und befürwortete die sowjetischen Gewaltmaßnahmen zur Unterdrückung einer Gegenrevolution. Ihre Eröffnungsrede des Reichstags als Alterspräsidentin 1932, in der sie die »Einheitsfront aller Werktätigen gegen den Faschismus« forderte, blieb ohne Wirkung. Zur Zeit der Regierungsübernahme durch die Nationalsozialisten im Januar 1933 hielt Z. sich in Moskau auf, wo sie bald darauf starb. In zweiter Ehe war sie seit 1899 mit dem 18 Jahre jüngeren Kunstmaler F. Zundel verheiratet.

Lit.: Dornemann, L., C. Z. – Leben und Wirken, Berlin 1985
Badia, G., C. Z. Eine neue Biographie, Berlin 1994

Ziegler, Christiana Mariana von, geb. Romanus

Dichterin

28.6.1695 (Leipzig) – 1.5.1760
(Frankfurt a. d. O.)

Die Tochter eines Leipziger Bürgermeisters, der wegen angeblicher Veruntreuung von Ratsgeldern 41 Jahre eingekerkert war, heiratete 16-jährig H. L. v. Könitz. Nach seinem frühen Tod schloss sie 1715 eine zweite Ehe mit dem Offizier Georg Christoph v. Z., der ebenso wie die beiden gemeinsamen Kinder bald starb. Daraufhin widmete sich Z., die durch Erbschaft finanziell abgesichert war, intensiv der Literatur und Musik, führte einen Salon und begann zu schreiben. 1728 veröffentlichte sie auf Anregung des Dichters J. C. Gottsched ihren ersten Gedichtband mit dem Titel »Versuch In Gebundener Schreib=Art«, der sie weit über Leipzig hinaus bekannt machte. 1731 wurde sie – wiederum unterstützt von Gottsched – als Mitglied in die von ihm neu aufgebaute »Deutsche Gesellschaft« aufgenommen, deren »Poesie-Preis« sie bereits im folgenden Jahr errang, gegen heftige Proteste männlicher Kollegen. 1733 wurde Z. als erste Frau von der philosophischen Fakultät der Universität Wittenberg zur »kaiserlich gekrönten Poetin« (»poeta laureatus«) ernannt, was erneut Aufruhr verursachte – es erschienen sogar anonyme Schmähschriften. Nach ihrer dritten Eheschließung mit dem Literaturprofessor W. B. A. v. Steinwehr, mit dem sie nach Frankfurt a. d. O. zog, gab sie das Schreiben auf. Z.s dichterisches Werk umfasst drei große Gedichtbände, Briefsammlungen in Prosa, Schriften in gebundener und ungebundener Rede, Fabeln und etwa 80 Kantaten, von denen J. S. Bach, mit dem sie befreundet war, sieben vertonte. Neben traditionellen geistlichen und weltlichen Themen setzte Z. sich auch selbstbewusst und nicht ohne Ironie mit der Stellung der Frau in der Literatur ihrer Zeit auseinander.

Lit.: Hildebrandt, I., Provokationen zum Tee. 18 Leipziger Frauenportraits, München 1998

Zietz, Luise, geb. Körner

Frauenrechtlerin

25.3.1865 (Bargteheide) – 27.1.1922 (Berlin)

Schon früh musste Z. im Betrieb des Vaters, eines Wollwirkers, danach als Dienstmädchen und in einer Tabakfabrik arbeiten. Schließlich gelang es ihr, eine Kindergärtnerinnenausbildung zu absolvieren. Nach ihrer Heirat mit dem Hafenarbeiter Karl Z. begann sie ab 1892, sich für die Sozialdemokratische Partei (SPD) zu engagieren. 1896 trat sie während des Hamburger Hafenarbeiterstreiks zum ersten Mal öffentlich als Rednerin auf und galt schon bald neben  C.→Zetkin als eine der erfolgreichsten Agitatorinnen in der sozialistischen Frauenbewegung. Als 1908 Frauen erlaubt wurde, sich parteipolitisch zu betätigen, wurde Z. als erste Frau Mitglied im Parteivorstand der SPD. In der Auseinandersetzung um die Bewilligung der Kriegskredite opponierte sie gegen die Parteiführung und schloss sich 1917 der USPD an. 1919 wurde sie in die Verfassunggebende Nationalversammlung und anschließend als Abgeordnete in den Reichstag gewählt. Z. starb an den Folgen eines Herzinfarkts, den sie während einer Reichstagssitzung erlitt.

Lit.: Evans, R. J., Sozialdemokratie und Frauenemanzipation im deutschen Kaiserreich, Bonn 1979
Juchacz, M., Sie lebten für eine bessere Welt, Hannover 1971

Zimmerli-Bäurlin, Pauline
Unternehmerin
1829 (Brugg, Kt. Aargau) – 1914 (ebd.)
Z.-B., Besitzerin einer Fabrik zur Herstellung von Strümpfen, ließ 1876 nach eigenen Angaben eine Maschine konstruieren, mit der auch andere Maschenerzeugnisse angefertigt werden konnten. Mit dieser Wirkmaschine, einer Verbesserung der um 1860 von dem Engländer W. Cotton gebauten Erfindung, stellte sie in ihrem Unternehmen vor allem feingerippte Unterwäsche her. Auf der Pariser Weltausstellung 1878 erregte sie mit ihren Erzeugnissen großes Aufsehen. Z.-B. gilt als die Begründerin der Schweizer Feinstrickindustrie.

Zinner, Hedda
(Pse. Elisabeth Frank, Hannchen Lobesam)
Schriftstellerin
20.5.1905 (Wien) – 1.7.1994 (Berlin)
Nach dem Besuch der Schauspiel-Akademie in Wien 1923–25 erhielt Z. u.a. Engagements in Stuttgart und Berlin. 1929 wurde sie Mitglied der Kommunistischen  Partei (KPD) und Korrespondentin des Parteiorgans »Rote Fahne«. 1933 emigrierte sie mit ihrem Mann, dem Kritiker F. Erpenbeck, mit dem sie einen Sohn hatte,

über Wien nach Prag und gründete dort das antifaschistische Kabarett »Studio 1934«. Seit 1935 lebte sie in Moskau, bis sie 1945 nach Berlin zurückkehrte und sich im Ostteil der Stadt niederließ. Während ihrer Moskauer Jahre verfasste Z. mehrere Gedichtbände, u.a. »Volk unter dem Hakenkreuz« (1939), sowie Hörspiele für den Moskauer Rundfunk. Seit Kriegsende machte sie sich mit Romanen, Kinderbüchern und zahlreichen Schauspielen, u.a. »General Landt« (1957), einen Namen. 1968–70 erschien ihre autobiografische Romantrilogie »Ahnen und Erben«. Z., die Mitglied der Sozialistischen Einheitspartei (SED) war, erhielt zahlreiche Auszeichnungen, darunter den Lion-Feuchtwanger-Preis der Akademie der Künste der DDR und den Karl-Marx-Orden.
Lit.: Schoppmann, C. (Hg.), Im Fluchtgepäck die Sprache. Deutschsprachige Schriftstellerinnen im Exil, Berlin 1991

Zinzendorf, Erdmuthe Dorothea von, geb. Gräfin Reuss zu Plauen
Pietistin
7.11.1700 (Ebersdorf, Kr. Löbau) – 19.6.1756 (Herrnhut, Kr. Löbau)
Seit ihrer Heirat 1722 lebte Z. mit ihrem Mann Nikolaus Ludwig v. Z. auf dessen Gut Berthelsdorf in der Oberlausitz. Dort gestattete das Ehepaar evangelischen Flüchtlingen aus Böhmen, eine Siedlung anzulegen, aus der sich 1827 die Herrnhuter Brüdergemeinde entwickelte, deren Mitglieder als Missionare nach Grönland, Indien, Afrika und in die Südsee ausgesandt wurden. Z., die großes organisatorisches Talent besaß, wurde bald zur unentbehrlichen Mitarbeiterin ihres Mannes. Während seiner Reisen betreute sie die Brüder, von denen sie »Mutter der Pilger-

gemeinde« genannt wurde. Sie verfasste auch geistliche Lieder, die im Gesangbuch der Brüdergemeinde veröffentlicht wurden. 1743 überwarf sie sich mit ihrem Mann wegen seiner finanziellen und privaten Eskapaden und zog sich aus der Gemeinde zurück.

Lit.: Jung, M. H., Frauen des Pietismus, Gütersloh 1998

Zitz-Halein, Kathinka, geb. Halein (Pse. Zianitzka, Theophile Christlieb, Emeline u.a.)
Schriftstellerin
4.11.1801 (Mainz) – 8.3.1877 (ebd.)
Z.-H. erhielt in einem Straßburger Internat eine sorgfältige Ausbildung. Seit 1825 war sie als Erzieherin tätig und wurde 1827 Leiterin eines Erziehungsinstituts. Ihren ersten Gedichtband mit dem Titel »Phantasien und Tändeleien« veröffentlichte sie 1826. Nach zehnjähriger Verlobung mit einem preußischen Offizier heiratete sie 1837 den radikal-demokratischen Rechtsanwalt F. H. Zitz, der sich zwei Jahre später von ihr trennte. Unter finanziellem Druck veröffentlichte sie zahlreiche Erzählungen und Biografien in Romanform, u.a. über J. W. v. Goethe, H. Heine und R.→Varnhagen. Da sie jedoch eine Vielzahl von Pseudonymen verwandte, ist ihr Werk heute nicht mehr genau festzustellen. Z.-H. war eng mit J.→Kinkel befreundet.

Lit.: Hummel-Haasis, G. (Hg.), Schwestern zerreißt eure Ketten: Zeugnisse zur Geschichte der Frauen in der Revolution von 1848/49, München 1982

Zürn, Unica
Schriftstellerin, Grafikerin
6.7.1916 (Berlin) – 19.10.1970 (Paris)
Die Tochter eines Verlegers und Journalisten arbeitete nach der Scheidung der Eltern ab 1931 bei der Filmgesellschaft Ufa zunächst als Bürogehilfin, später als Werbefilmdramaturgin. 1949 trennte sie sich nach siebenjähriger Ehe von ihrem Mann E. Laupenmühlen, mit dem sie zwei Kinder hatte, war als Journalistin und Schriftstellerin tätig und schrieb über 140 Kurzgeschichten für den Radiosender RIAS sowie Berliner Zeitungen. 1953 lernte sie den Maler H. Bellmer kennen, mit dem sie bis zu ihrem Tod in Paris lebte. Dort schuf sie, angeregt durch den Maler und Schriftsteller H. Michaux, dem sie 1957 begegnete und der sie stark beeinflusste, zahlreiche Zeichnungen, die u.a. 1959 auf der »Großen Surrealisten-Ausstellung« gezeigt wurden. Seit 1960 war Z. psychisch krank und musste mehrfach für längere Zeit in psychiatrischen Kliniken behandelt werden. 1954 erschienen ihre »Hexentexte«, eine Sammlung von Anagrammen, die zu den wichtigsten dieser Gattung im 20. Jh. zählen. Ihr bekanntester, z.T. autobiografischer Roman »Der Mann im Jasmin – Eindrücke aus einer Geisteskrankheit, Notizen einer Blutarmen, Erdachte Briefe« erschien postum 1977. Z.s Gesamtwerk wurde 1988–92 herausgegeben. Sie nahm sich mit einem Sprung aus dem Fenster das Leben.

Lit.: Duda, S., Pusch, L.F. (Hgg.), Wahnsinns-Frauen, Frankfurt a. M. 1999

Anhang

Adelberger, Michaela und Maren Lübbke
(Hgg.), Rebellinnen – Leben als Aufstand,
München 1999

Alic, Margaret, Hypathias Töchter. Der verleugnete Anteil der Frauen an der Natur-
wissenschaft, Zürich 1987

Allgemeine Deutsche Biographie (ADB). Hg. v.
d. Historischen Commission bei der Königlichen Akademie der Wissenschaften,
56 Bde., Leipzig 1875–1912

Allgemeines Lexikon der Bildenden Künstler
von der Antike bis zur Gegenwart, 37 Bde.,
begr. v. Ulrich Thieme und Felix Becker, hg.
v. Hans Vollmer, Leipzig 1907–50

Anderson, Bonnie S. und Judith P. Zinsser, Eine
eigene Geschichte – Frauen in Europa,
Zürich 1992

Armenat, Gabriele, Frauen aus Braunschweig,
Braunschweig 1986

Aumüller-Roske, Ursula (Hg.), Frauenleben–Frauenbilder–Frauengeschichte,
Pfaffenweiler 1988

Bäumer, Gertrud, Studien über Frauen, Berlin
1921

Bäumer, Gertrud, Männer und Frauen im geistigen Werden des deutschen Volkes, Tübingen 1934

Bäumer, Gertrud, Gestalt und Wandel – Frauenbildnisse, Berlin 1939

Bainton, Roland H., Frauen der Reformation.
Von Katharina von Bora bis Anna Zwingli,
Gütersloh (3)1996

Baumgärtel, Bettina (Hg.), Die Galerie der
starken Frauen. Regentinnen, Amazonen,
Salondamen, 1995

Becker-Cantarino, Barbara (Hg.), Die Frau von
der Reformation zur Romantik, Bonn 1980

Becker-Cantarino, Barbara, Der lange Weg zur Mündigkeit: Frauen und Literatur 1500–1800, Stuttgart 1987

Behrens, Katja (Hg.), Frauen der Romantik, Frankfurt a. M.–Leipzig 1995

Berger, Renate, Malerinnen auf dem Weg ins 20. Jahrhundert: Kunstgeschichte als Sozialgeschichte, Köln 1982

Berger, Renate, Und ich sehe nichts als die Malerei. Autobiographische Texte von Künstlerinnen des 18. bis 20. Jahrhunderts, Frankfurt a. M. 1987

Bertini, Feruccio (Hg.), Heloise und ihre Schwestern. Acht Frauenporträts aus dem Mittelalter, München 1991

Beuys, Barbara, Vergeßt uns nicht. Menschen im Widerstand 1933–1945, Reinbek 1987

Bier, Marcus, Schauspielerportraits um Max Reinhardt, Berlin 1989

Biographisches Handbuch der SBZ/DDR 1945–1990. Hg. v. Gabriele Baumgartner und Dieter Hebig, München–New Providence–London–Paris 1996

Biographisches Lexikon für Mecklenburg–Vorpommern. Hg. v. Sabine Pettke, Rostock 1995

Biographisches Lexikon zur Weimarer Republik. Hg. v. Wolfgang Benz und Hermann Graml, München 1988

Biographisches Wörterbuch zur deutschen Geschichte. Begr. v. Hellmuth Rössler und Günther Franz, 2. Aufl. bearb. v. Karl Bosl u.a., 3 Bde., München 1973–75

Blei, Franz, Glanz und Elend berühmter Frauen, Hamburg 1998

Blos, Anna, Frauen der deutschen Revolution 1848: Zehn Lebensbilder, Dresden 1928

Blos, Anna, Frauen in Schwaben: 15 Lebensbilder, Stuttgart 1929

Bodeit, Friederun (Hg.), Ich muß mich ganz hingeben können. Frauen in Leipzig, Leipzig 1990

Boedecker, Elisabeth und Maria Meyer Plath, 50 Jahre Habilitation von Frauen in Deutschland, Göttingen 1974

Böhner, Ines (Hg.), Femmes Fatales – Elf Annäherungen, München 1999

Böttger, Fritz (Hg.), Frauen im Aufbruch: Frauenbriefe aus dem Vormärz und der Revolution von 1848, Darmstadt–Neuwied 1979

Bollmann, Stefan und Christiane Neumann (Hgg.), Vordenkerinnen – Zehn außergewöhnliche Lebensbilder, München 1999

Bollmann, Stefan und Christiane Neumann, Starke Frauen – Elf eigenwillige Lebensbilder, München 1999

Bosl's Bayerische Biographie. 8000 Persönlichkeiten aus 15 Jahrhunderten, hg. v. Karl Bosl, Regensburg 1983; Ergänzungsband Regensburg 1988

Brand, Bettina, Martina Helmig u.a. (Hgg.), Komponistinnen in Berlin, Berlin 1987

Brandes, Irma und Ursula Mauch, Der Freiheit entgegen. Frauen der Romantik, Esslingen–München 1986

Brauneck, Manfred (Hg.), Autorenlexikon deutschsprachiger Literatur des 20. Jahrhunderts, Reinbek 1988

Braunsfeld, W. (Hg.), Karl der Große, Lebenswerk und Nachleben, Düsseldorf 1965–1967

Brehmer, Ilse und Karin Ehrich, Mütterlichkeit als Profession? Lebensläufe deutscher Pädagoginnen in der ersten Hälfte dieses Jahrhunderts, Pfaffenweiler 1993

Brinker-Gabler, Gisela (Hg.), Frauen gegen den Krieg, Frankfurt a. M. 1980

Brinker-Gabler, Gisela (Hg.), Deutsche Dichterinnen vom 16. Jahrhundert bis zur Gegenwart, Frankfurt a. M. 1986

Brinker-Gabler, Gisela (Hg.), Deutsche Literatur von Frauen, 2 Bde., München 1988

Brinker-Gabler, Gisela, Karola Ludwig und Angela Wölffen, Lexikon deutschsprachiger Schriftstellerinnen 1800–1945, München 1986

Bromberger, Barbara und Katja Mausbach, Frauen und Frankfurt. Spuren vergessener Geschichte, Frankfurt a. M. 1987

Brünink, Ann und Helga Grubitzsch (Hgg.), Was für eine Frau! Portraits aus Ostwestfalen-Lippe, Bielefeld 1992

Budke, Petra und Jutta Schulze, Schriftstellerinnen in Berlin 1871–1945. Ein Lexikon zu Leben und Werk, Berlin 1995

Chiappe, Jean-François (Hg.), Die berühmten Frauen der Welt von A–Z, Paris–Gütersloh o.J.

Clement, Clara Erskine, Women in the Fine Arts – from the Seventh Century B.C. to the Twentieth Century A.D., New York 1974

Coppi, Hans u.a. (Hgg.), Die Rote Kapelle im Widerstand gegen den Nationalsozialismus, Berlin 1994

Dachauer Hefte, Heft 4, Medizin im SS-Staat, München 1993

Das verborgene Museum I. – Dokumentation der Kunst von Frauen in Berliner öffentlichen Sammlungen, Neue Gesellschaft für Bildende Kunst e. V. (Hg.), Berlin 1987

Davis, Natalie Zemon, Drei Frauenleben, Berlin 1996

Denz, Cornelia (Hg.), Von der Antike bis zur Neuzeit – Der verleugnete Anteil der Frauen an der Physik, Darmstadt 1993

Der eigene Blick: Frauen-Geschichte und -Kultur in Düsseldorf, Neuss 1990

Der Literaturbrockhaus, 8 Bde., Mannheim–Leipzig–Wien–Zürich 1995

Der Musikbrockhaus, Wiesbaden–Mainz 1962

Dertinger, Antje, Die bessere Hälfte kämpft um ihr Recht, Köln 1980

Dertinger, Antje, Frauen der ersten Stunde: Aus den Gründerjahren der Bundesrepublik, Bonn 1989

Dertinger, Antje, Heldentöchter, Bonn 1997

Deutsche Biographische Enzyklopädie, hg. v. Walter Killy, München 1995–99

Dick, Jutta und Barbara Hahn (Hgg.), Von einer Welt in die andere. Jüdinnen im 19. und 20. Jahrhundert, Wien 1993

Dick, Jutta und Marina Sassenberg (Hgg.), Jüdische Frauen im 19. und 20. Jahrhundert. Lexikon zu Leben und Werk, Reinbek 1993

Dictionary of Scientific Biography, New York 1974

Die Chronik der Frauen, hg. v. Annette Kuhn, Dortmund 1992

Die großen Deutschen. Deutsche Biographie, hg. v. Hermann Heimpel, Theodor Heuss und Benno Reifenberg, 5 Bde., Frankfurt a. M.–Berlin 1956

Dierks, Margarete, Gabriele Käfer-Dittmar und Gerda Vöge, Sie gingen voran. Vier bedeutende Darmstädter Frauen des 19. Jahrhunderts, Darmstadt 1990

Duda, Sibylle und Luise F. Pusch (Hgg.), WahnsinnsFrauen, 3 Bde., Frankfurt a. M. 1992–99

Dülmen, Andrea von, Frauen: Ein historisches Lesebuch, München (3)1990

Dülmen, Andrea von, Frauenleben im 18. Jahrhundert, München 1992

Ebbinghaus, Angelika (Hg.), Opfer und Täterinnen: Frauenbiographien des Nationalsozialismus, Nördlingen 1987

Eichmann-Leuchtenegger, B. und Charles Linsmayer (Hgg.), Elegie auf die Zukunft, Frauenfeld 1990

Elling, Hanna, Frauen im deutschen Widerstand 1933–1945, Frankfurt a. M. 1978

Ennen, Edith, Frauen im Mittelalter, München 1983

Evans, R. J., Sozialdemokratie und Frauenemanzipation im deutschen Kaiserreich, Bonn 1979

Evers, Ulrika, Deutsche Künstlerinnen des 20. Jahrhunderts, Hamburg 1983

Fehrle-Burger, Lili, Königliche Frauenschicksale zwischen England und Kurpfalz, Mannheim 1965

Feuerstein-Praßer, Karin, Die deutschen Kaiserinnen, Regensburg 1997

Feyl, Renate, Der lautlose Aufbruch. Frauen in der Wissenschaft, Frankfurt a. M. 1983

Fischer-Holz, Elisabeth, Anruf und Antwort. Bedeutende Frauen aus dem Dreiländereck, 3 Bde., Aachen 1991

Flake, Otto, Große Damen des Barock, Frankfurt a. M. 1981

Fölsing, Ulla, Nobelfrauen. Naturwissenschaftlerinnen im Porträt, München 1990

Fölsing, Ulla, Geniale Beziehungen. Berühmte Paare in der Wissenschaft, München 1999

Franken, Irene und Christiane Kling-Mathey, Köln der Frauen, Köln 1992

Frauenbilder aus Österreich, hg. v. Bund österreichischer Frauenvereine, Wien 1955

Frevert, Ute, Frauen-Geschichte. Zwischen bürgerlicher Verbesserung und neuer Weiblichkeit, Frankfurt a. M. 1986

Friedrichs, Elisabeth, Die deutschsprachigen Schriftstellerinnen des 18. und 19. Jahrhunderts. Ein Lexikon, Stuttgart 1981

Frommer, Hans-Jörg, Spindel, Kreuz und Krone, Karlsruhe 1993

Funcke, Liselotte (Hg.), Frauen in der Politik – Die Liberalen: Frei sein, um andere frei zu machen, Stuttgart-Herford 1984

Fussenegger, Gertrud, Herrscherinnen. Frauen, die Geschichte machten, München 1994

Gallas, H. und M. Heuser (Hgg.), Untersuchungen zum Roman von Frauen um 1800, Tübingen 1990

Gehrken, Eva, Sachsens berühmte Frauen, Taucha 1999

Geiger, Ruth-Esther und Sigrid Weigel (Hgg.), Sind das noch Damen? Vom gelehrten Frauenzimmer-Journal zum feministischen Journalismus, München 1981

Geiss, Immanuel, Geschichte griffbereit: Personen. Die biographische Dimension der Weltgeschichte, Reinbek 1979

Gerhard, Ute, Unerhört: Die Geschichte der deutschen Frauenbewegung, Reinbek 1990

Gnüg, Hiltrud und Renate Möhrmann (Hgg.), Frauen Literatur Geschichte: Schreibende Frauen vom Mittelalter bis zur Gegenwart, Stuttgart 1985

Goch, Marianne, Alles ist veränderlich. Jüdische Frauen zu Beginn des Emanzipationszeitalters, Frankfurt a. M. 1999

Grapenthin, Elke, Künstlerinnen und Künstler in Bremerhaven und Umgebung 1827–1900, Bremen 1991

Greer, Germaine, Das unterdrückte Talent. Die Rolle der Frauen in der Bildenden Kunst, Berlin 1980

Greven-Aschoff, Barbara, Die bürgerliche Frauenbewegung in Deutschland 1894–1933, Göttingen 1981

Grewolls, Grete, Wer war wer in Mecklenburg-Vorpommern?, Bremen 1995

Große Frauen der Weltgeschichte: Tausend Biographien in Wort und Bild, Murnau o.J.

Große Schweizer und Schweizerinnen. Erbe als Auftrag, hg. v. Erwin Jaeckle und Eduard Stäuble, Stäfä 1990

Grubitzsch, Helga u.a., Grenzgängerinnen. Revolutionäre Frauen im 18. und 19. Jahrhundert, Düsseldorf 1985

Haase, Annemarie und Harro Kieser (Hgg.), Können, Mut und Phantasie: Portraits schöpferischer Frauen aus Mitteldeutschland, Weimar–Köln–Wien 1993

Häntzschel, Günther (Hg.), Bildung und Kultur bürgerlicher Frauen 1850–1918, Tübingen 1986

Häntzschel, Hiltrud und Hadumot Bußmann (Hgg.), Bedrohlich gescheit. Ein Jahrhundert Frauen und Wissenschaft in Bayern, München 1997

Härtel, Susanne und Magdalena Köster, Reisefrauen, Weinheim–Basel 1994

Härtel, Susanne und Magdalene Köster, Ich werde niemand zu Füßen liegen. Acht Künstlerinnen und ihre Lebensgeschichte, Weinheim 1999

Hahn, Barbara, Unter falschem Namen. Von der schwierigen Autorschaft der Frauen, Frankfurt a. M. 1991

Hahn, Barbara (Hg.), Frauen in den Kulturwissenschaften, München 1994

Hamann, Brigitte, Die Habsburger. Ein biographisches Lexikon, Wien 1988

Harenbergs Personenlexikon 20. Jahrhundert: Daten und Leistungen, Dortmund 1991

Hassenkamp, Annemarie, Frauen stehen ihren Mann. Porträts deutscher Unternehmerinnen, Düsseldorf–Köln 1966

Heller, Nancy G., Künstlerinnen von der Renaissance bis zur Gegenwart, Köln 1989

Hellwig, Renate (Hg.), Frauen in der Politik – Die Christdemokratinnen: Unterwegs zur Partnerschaft, Stuttgart–Herford 1984

Hervé, Florence (Hg.), Brot und Rosen. Geschichte und Perspektiven der demokratischen Frauenbewegung, Frankfurt a. M. 1979

Hervé, Florence und Ingeborg Nödinger (Hgg.), Lexikon der Rebellinnen, Dortmund 1996

Herzig, Arno, Sie, und nicht wir, Hamburg 1989

Hildebrandt, Irma, Zwischen Suppenküche und Salon. 18 Berlinerinnen, München 1987

Hildebrandt, Irma, Bin halt ein zähes Luder. 15 Münchner Frauenporträts, München 1991

Hildebrandt, Irma, Die Frauenzimmer kommen. 15 Zürcher Porträts, München 1994

Hildebrandt, Irma, Provokationen zum Tee. 18 Leipziger Frauenporträts, München 1998

Hoffer, Gerda, Zeit der Heldinnen. Lebensbilder außergewöhnlicher jüdischer Frauen, München 1999

Hoffmann, Gabriele, Frauen machen Geschichte, Bergisch Gladbach 1991

Holtzmann, Robert, Geschichte der sächsischen Kaiserzeit 900–1024, München 1941

Honolka, Kurt, Die großen Primadonnen – vom Barock bis zur Gegenwart, Wilhelmshaven 1982

Hoock-Demarle, Marie-Claire, Die Frauen der Goethezeit, München 1990

Huber, Antje (Hg.), Frauen in der Politik – Die Sozialdemokratinnen: Verdient die Nachtigall Lob, wenn sie singt?, Stuttgart–Herford 1984

Hülsbergen, Henrike (Hg.), Stadtbild und Frauenleben. Berlin im Spiegel von 16 Frauenporträts, Berlin 1997

Huffmann, Ursula, Dorothea Frandsen und Annette Kuhn (Hgg.), Frauen in Wissenschaft und Politik, Düsseldorf 1987

Hummel-Haasis, Gerlinde (Hg.), Schwestern, zerreißt eure Ketten. Zeugnisse zur Geschichte der Frauen in der Revolution von 1848/49, München 1982

Jacobeit, Sigrid und Lieselotte Thoms-Heinrich (Hgg.), Kreuzweg Ravensbrück. Lebensbilder antifaschistischer Widerstandskämpferinnen, Leipzig 1987

Jaeschke, Kurt-Ulrich, Notwendige Gefährtinnen: Königinnen der Salierzeit als Herrscherinnen, Saarbrücken 1993

Jenssen, Christian, Lob der Frauen – Schicksalsgefährtinnen großer Männer, Berlin–Darmstadt 1953

Juchacz, Marie, Sie lebten für eine bessere Welt. Lebensbilder führender Frauen des 19. und 20. Jahrhunderts, Hannover 1971

Jung, Martin H., Frauen des Pietismus. Von Johanna Regina Bengel bis Erdmuthe Dorothea von Zinzendorf, Gütersloh 1998

Kahlweit, Cathrin, Jahrhundertfrauen. Ikonen, Idole, Mythen, München 1999

Kantorowicz, Alfred, Politik und Literatur im Exil, München 1983

Kaplan, Marion A., Die jüdische Frauenbewegung in Deutschland. Organisation und Ziele des Jüdischen Frauenbundes 1904–1938, Hamburg 1981

Karan, Gisela, Weibergeschichten, Berlin 1999

Kathrein, Hilde D. und Rita Herbig (Hgg.), Meine Seele will Freiheit – Frauen setzen sich durch, Heilbronn 1992

Kern, E., Führende Frauen Europas in 16 Lebensschilderungen, München (3)1929

Kerner, Charlotte (Hg.), Nicht nur Madame Curie ... Frauen, die den Nobelpreis bekamen, Weinheim 1986

Kerschbaumer, Marie-Therese, Der weibliche Name des Widerstands. Sieben Berichte, München 1982

Kesting, Jürgen, Die großen Sänger des 20. Jahrhunderts, Düsseldorf 1993

Kindlers Neues Literaturlexikon, München 1990

King, Margaret L., Frauen in der Renaissance, München 1993

Klein, Thomas, Komödiantinnen im frühen 20. Jahrhundert. Liesl Karlstadt und Adele Sandrock, Alfeld 1999

Klemt-Kozinowski, G. und R. Wildermuth (Hgg.), Die Hälfte des Himmels. Frauen aus drei Jahrhunderten, Baden-Baden 1989

Kohut, Adolph, Die Gesangsköniginnen in den letzten drei Jahrhunderten, 2 Bde., Berlin o.J.

Krichbaum, Jürgen und Rein A. Zondergeld, Künstlerinnen – von der Antike bis zur Gegenwart, Köln 1979

Krull, Edith, Kunst von Frauen. Das Berufsbild der bildenden Künstlerinnen in vier Jahrhunderten, Leipzig–Frankfurt a. M. 1984

Küster, Bernd (Hg.), Malerinnen des XX. Jahrhunderts, Bremen 1995

Kuhn, Annette und Valentine Rothe (Hgg.), Frauen im deutschen Faschismus, 2 Bde., Düsseldorf 1982

Kuhn, Annette u.a. (Hgg.), Frauen in der Geschichte, 7 Bde. Ab Bd. 4 hg. v. Anna-Elisabeth Freier, Düsseldorf 1982–84

Kutsch, K. J. und L. Riemens, Unvergängliche Stimmen. Sängerlexikon, Bern-München 1975

Leber, Annedore (Hg.), Das Gewissen steht auf. 64 Lebensbilder aus dem deutschen Widerstand 1933–1945, Berlin–Frankfurt a. M. 1956

Leber, Annedore (Hg.), Das Gewissen entscheidet. Berichte des deutschen Widerstandes von 1933–1945 in Lebensbildern, Berlin–Frankfurt a. M. 1959

Leitner, Thea, Fürstin, Dame, Armes Weib. Ungewöhnliche Frauen im Wien der Jahrhundertwende, München 1994

Lexikon der Frau, bearb. v. Gustav Keckeis und Blanche Christine Olschak, 2 Bde., Zürich 1953–54

Lexikon der Kinder- und Jugendliteratur, hg. v. Erich Eberts, Weinheim 1979

Lexikon des Widerstandes 1933–1945, hg. v. Peter Steinbach und Johannes Tuchel, München 1997

Lexikon Pfälzer Persönlichkeiten, hg. v. Viktor Carl, Edenkoben 1998

Lienau, Marianne und Wolf Dieter Ruppel (Hgg.), Zeitzeichen Frauen, Köln–Frankfurt a. M. 1978

Lill, Rudolf und Heinrich Oberreuter (Hgg.), 20. Juli – Porträt des Widerstands, Düsseldorf–Wien 1994

Linsmayer, Charles, Literaturszene Schweiz: 157 Kurzportraits von Rousseau bis G. Leuchtenegger, Zürich 1989

Lipp, Carola u.a. (Hgg.), Schimpfende Weiber und patriotische Jungfrauen. Frauen im Vormärz und in der Revolution 1848/49, Baden-Baden 1986

Literatur-Lexikon. Autoren und Werke deutscher Sprache, hg. v. Walther Killy, 12 Bde., Gütersloh–München 1988–92

Lorentz, Kay, Das Kom(m)ödchen-Buch, Düsseldorf 1955

Lüthge, H. (Hg.), Leidenschaft und Bildung. Zur Geschichte der Frauenarbeit in Bibliotheken, Berlin 1992

Lütkehaus, Ludger (Hg.), Die Schopenhauers. Der Familien-Briefwechsel von Adele, Arthur, Heinrich Floris und Johanna Schopenhauer, Zürich 1991

Marko, Gerd (Hg.), Schreibende Paare. Liebe, Freundschaft und Konkurrenz, Zürich–Düsseldorf 1995

May, Ursula, Theaterfrauen – Fünfzehn Porträts, Frankfurt a. M. 1998

Meidinger-Geise, Inge (Hg.), Frauengestalten in Franken, Würzburg 1985

Meise, Helga, Die Unschuld und die Schrift. Deutsche Frauenromane im 18. Jahrhundert, Frankfurt a. M. 1992

Metzler, Gabriele, Frauen, die es geschafft haben. Portraits erfolgreicher Karrieren, Düsseldorf 1985

Metzler Autorinnen Lexikon, hg. v. Ute Hechtfischer, Renate Hof, Inge Stephan, und Flora Veit-Wild, Stuttgart–Weimar 1998

Meyers Enzyklopädisches Lexikon in 25 Bänden, Bd. 26 Nachträge A–Z, Mannheim–Wien–Zürich 1971–79, 1984

Michalski, Bettina, Louise Schroeders Schwestern. Berliner Sozialdemokratinnen der Nachkriegszeit, Bonn 1996

Möhrmann, Renate, Die andere Frau. Emanzipationsansätze deutscher Schriftstellerinnen im Vorfeld der Achtundvierziger-Revolution, Stuttgart 1977

Möhrmann, Renate (Hg.), Frauenemanzipation im deutschen Vormärz, Stuttgart 1978

Möhrmann, Renate, Die Schauspielerin. Zur Kulturgeschichte der weiblichen Bühnenkunst, Frankfurt a. M. 1989

Müller, André, Entblößungen: Interviews, München 1979

Munzinger Archiv, Internationales Biographisches Archiv, Ravensburg 1949 ff.

Natan, Alex, Primadonna – Lob der Stimme, Basel–Stuttgart 1962

Neue Deutsche Biographie (NDB), hg. v. der Historischen Kommission bei der Bayerischen Akademie der Wissenschaften, 16 Bde., Berlin 1953–90

Neuhaus-Koch, Ariane u.a. (Hgg.), Dem Vergessen entgegen: Frauen in der Geistesgeschichte Düsseldorfs, Neuss 1989

Neumann, Christiane (Hg.), Frauen des Jahrhunderts. Vierzehn unvergessene Lebensbilder, München 1999

Neumann, E., Bauhaus und Bauhäusler – Erinnerungen und Bekenntnisse, Köln 1985

Nicoidski, Clarisse, Die großen Malerinnen. Weibliche Kunst von den Anfängen bis zur Gegenwart, Frankfurt a. M. 1999

Nieberle, Sigrid, FrauenMusikLiteratur. Deutschsprachige Schriftstellerinnen im 19. Jahrhundert, Stuttgart–Weimar 1999

Niehaus, M., Ballett-Faszination, München 1981

Niemöller, Gisela, Die Engelinnen vom Schloß. Eine Annäherung an Cäcilie, Amalie und Friederike von Oldenburg, Oldenburg 1997

Niggemann, Heinz, Emanzipation zwischen Sozialismus und Feminismus. Die sozialdemokratische Frauenbewegung im Kaiserreich, Wuppertal 1981

Niggemann, Heinz, Frauenemanzipation und Sozialdemokratie, Frankfurt a. M. 1981

Notable American Women. A Biographical Dictionary, 3 Bde., Cambridge, Mass. 1971

Notable American Women. The Modern Period, Cambridge, Mass.–London 1980

Oedekoven-Gerischer, Angela u.a. (Hgg.), Frauen im Design. Berufsbilder und Lebenswege seit 1900, Ausstellungskatalog, Stuttgart 1989

Österreichisches Biographisches Lexikon, Wien 1988

Österreichisches Personenlexikon, hg. v. Isabella Ackerl und Friedrich Weissensteiner, Wien 1992

Oettinger, Angelika und Beate Schneegass (Hgg.), Gebraucht. Gebremst … Gefördert. Frauen und Politik in Charlottenburg nach 1945, Berlin 1993

Ogilvie, Marilyn Bailey, Women in Science, Cambridge, Mass. 1986

Olivier, Antje, Apolls Töchter. Große Sängerinnen und Interpretinnen auf den Bühnen der Welt, Düsseldorf 1997

Olivier, Antje und Karin Weingartz-Perschel, Komponistinnen von A–Z, Düsseldorf 1988

Osang, Alexander, Legenden, Berlin 1997

Peters, U., Religiöse Erfahrung als literarisches Faktum, Tübingen 1988

Petteys, Chris, Dictionary of Women Artists. An international Dictionary of Women Artists born before 1900, Boston 1985

Pfister, Gertrud (Hg.), Fliegen – ihr Leben. Die ersten Pilotinnen, Berlin 1989

Popp, Georg, Große Frauen der Welt, Würzburg 1980

Pusch, Luise F., Weiblichkeit oder Feminismus, Weingarten 1984

Pusch, Luise F. (Hg.), Schwestern berühmter Männer: Zwölf biographische Portraits, Frankfurt a. M. 1985

Pusch, Luise F. (Hg.), Töchter berühmter Männer: Neun biographische Portraits, Frankfurt a. M. 1988

Pusch, Luise F. (Hg.), Mütter berühmter Männer: Zwölf biographische Portraits, Frankfurt a. M. 1994

Redslob, Erwin (Hg.), Berliner Frauen: Selbstzeugnisse und dokumentarische Berichte, Berlin 1957

Reicke, Ilse, Die großen Frauen der Weimarer Republik, Freiburg i. Br. 1984

Renken, Sabine (Hg.), Chanteusen. Stimmen der Großstadt, Mannheim 1997

Rheinische Lebensbilder, Düsseldorf–Köln 1961ff.

Rheinische Lebensbilder, Nekrologe, Düsseldorf–Köln 1961ff.

Richebächer, Sabine, Uns fehlt nur eine Kleinigkeit. Deutsche proletarische Frauenbewegung 1890–1914, Frankfurt a. M. 1982

Rieger, Eva und Monica Steegmann, Frauen mit Flügel. Lebensberichte berühmter Pianistinnen. Von Clara Schumann bis Clara Haskil, Frankfurt a. M. 1996

Rieger, Eva und Monica Steegmann (Hgg.), Göttliche Stimmen. Lebensberichte berühmter Sängerinnen von Elisabeth Mara bis Maria Callas, Frankfurt a. M. 1999

Rischbieter, Henning (Hg.), Theater-Lexikon, Zürich–Schwäbisch Hall 1983

Romani, Cinzia, Die Filmdivas des Dritten Reiches, München 1982

Rüdiger, Bernd, Preußens berühmte Frauen, Taucha 2000

Rullmann, Marit, Gudrun Gründken und Marlies Mrotzek, Philosophinnen. Von der Antike bis zur Aufklärung, Zürich–Dortmund 1994

Sachsse, Christoph, Mütterlichkeit als Beruf. Sozialarbeit, Sozialreform und Frauenbewegung 1871–1929, Frankfurt a. M. 1986

Sächsische Lebensbilder, Leipzig 1938

Salomon, Alice, Heroische Frauen. Lebensbilder sozialer Führerinnen, Zürich–Leipzig 1936

Schad, Martha, Bayerns Königinnen, Regensburg 1992

Schad, Martha, Die Frauen aus dem Hause Fugger, Augsburg 1997

Schad, Martha, Frauen, die die Welt bewegten, Augsburg 1997

Schad, Martha, Kaiserin Elisabeth und ihre Töchter, München 1997

Schaub, Ingrid, Zwischen Salon und Mädchenkammer, Hamburg 1992

Schenk, Herrad, Die feministische Herausforderung. 150 Jahre Frauenbewegung in Deutschland, München (5)1990

Schiebinger, Londa, Schöne Geister. Frauen in den Anfängen der modernen Wissenschaft, Stuttgart 1993

Schleswig-Holsteinisches Biographisches Lexikon, hg. v. Olaf Klose, 9 Bde., Neumünster 1987

Schlüter, Anne (Hg.), Pionierinnen – Feministinnen – Karrierefrauen, Pfaffenweiler 1992

Schmale, Irene, Große Frauengestalten in der abendländischen Geschichte, Düsseldorf 1987

Schmidt-Biesalski, Angelika (Hg.), Lust, Liebe und Verstand: Protestierende Frauen aus fünf Jahrhunderten, Gelnhausen–Berlin–Stein/Mfr. 1981

Schneider, Dieter (Hg.), Sie waren die ersten: Frauen in der Arbeiterbewegung, Frankfurt a. M. 1988

Schnith, Karl (Hg.), Frauen des Mittelalters in Lebensbildern, Graz–Wien–Köln 1997

Schoppmann, Claudia (Hg.), Im Fluchtgepäck die Sprache: Deutschsprachige Schriftstellerinnen im Exil, Berlin 1991

Schroeder, Hiltrud, Sophie & Co.: Bedeutende Frauen Hannovers, Hannover 1991

Schröder, Thomas (Hg.), Berühmte Liebespaare, Frankfurt a. M.–Leipzig 1997

Schultz, Hans Jürgen (Hg.), Frauen – Porträts aus zwei Jahrhunderten, Stuttgart 1981

Schultz, Hans Jürgen (Hg.), Es ist ein Weinen in der Welt. Hommage für deutsche Juden unseres Jahrhunderts, Stuttgart 1990

Schweizer Frauen der Tat, 3 Bde., Zürich–Leipzig-Stuttgart 1929

Seidel, Ina (Hg.), Deutsche Frauen. Bildnisse und Lebensbeschreibungen, Berlin 1939

Sello, Gottfried, Malerinnen aus fünf Jahrhunderten, Hamburg 1988

Sello, Gottfried, Malerinnen des 20. Jahrhunderts, Hamburg (3)1997

Sello, Gottfried, Malerinnen aus vier Jahrhunderten, Hamburg (3)1997

Spieß, Gesine, Düsseldorfer Frauen auf den Spuren, Düsseldorf 1991

Steiger, E., Geschichte der Frauenarbeit in Zürich, Zürich 1964

Stephan, Inge, Das Schicksal der begabten Frau im Schatten berühmter Männer, Stuttgart 1989

Stephan, Inge, Die Gründerinnen der Psychoanalyse. Eine Entmythologisierung Sigmund Freuds in zwölf Frauenportraits, Stuttgart 1992

Stephan, Inge, Regula Venske und Sigrid Weigel, Frauenliteratur ohne Tradition? Neun Autorinnenportraits, Frankfurt a. M. 1987

Strohmeier, Renate, Lexikon der Naturwissenschaftlerinnen und naturkundigen Frauen Europas. Von der Antike bis zum 20. Jahrhundert, 1998

Taddey, Gerhard (Hg.), Lexikon der deutschen Geschichte, Stuttgart o.J.

Tebben, Karin, Deutschsprachige Schriftstellerinnen des Fin de Siècle, Darmstadt 1999

Tingay, Lance, 100 Jahre Tennis, Frankfurt a. M. 1973

Traber, Barbara, Bernerinnen, Bern 1980

Twellmann, Margrit, Die deutsche Frauenbewegung. Ihre Anfänge und erste Entwicklung. 1843–1889, 2 Bde., Meisenheim 1972

Vare, Ethlie Ann und Greg Pracek, Patente Frauen – Große Erfinderinnen, Wien–Darmstadt 1989

Verein der Berliner Künstlerinnen e. V. (Hg.), Käthe, Paula und der ganze Rest – Künstlerinnenlexikon, Berlin 1992

Verein feministische Wissenschaft (Hg.), Ebenso neu als kühn, Zürich 1988

Vogelsang, Thilo, Die Frau als Herrscherin im hohen Mittelalter, Göttingen 1954

Vollmer, Hans (Hg.), Allgemeines Lexikon der bildenden Künstler des XX. Jahrhunderts, 6 Bde., 1953–1962

Wagner, Renate, Heimat bist du großer Töchter. Bedeutende Frauen und ihre Geschichte, Wien 1996

Wall, Renate, Verbrannt, verboten, vergessen. Kleines Lexikon deutschsprachiger Schriftstellerinnen 1933–1945, Köln 1988

Walsh, Greta, Bemerkenswerte Frauen in Homburg, Frankfurt a. M. 1995

Walter, Karin (Hg.), Sanft und rebellisch: Mütter der Christenheit – von Frauen neu entdeckt, Freiburg i. Br.–Basel–Wien 1990

Weber, Marianne, Die Frauen und die Liebe, Königstein–Leipzig 1935

Weber-Kellermann, Ingeborg, Frauenleben im 19. Jahrhundert, München 1991

Weiland, Daniela, Geschichte der Frauenemanzipation in Deutschland und Österreich. Biographien, Programme, Organisationen, Düsseldorf 1983

Weisbach, Margot, Die Töchter Nobels. Eine Studie über das Leben der Preisträgerinnen, Lünen 1990

Weissensteiner, Friedrich, Frauen auf Habsburgs Thron, Wien 1998

Weissweiler, Eva, Komponistinnen aus 500 Jahren, Frankfurt a. M. 1981

Weizsäcker, C. v. und E. Bücking, Mit Wissen, Widerstand und Witz. Frauen für die Umwelt, Freiburg i. Br. 1992

Wertheim, Margaret, Die Hosen des Pythagoras. Physik, Gott und die Frauen, Zürich 1998

Westfälische Köpfe: 300 Lebensbilder bedeutender Westfalen, hg. v. Wilhelm Schulte, Münster 1963

Westfälische Lebensbilder, hg. v. W. Steffens und K. Zuhorn, Münster 1962

Wiggershaus, Renate, Frauen unterm Nationalsozialismus, Wuppertal 1984

Wilpert, Gero von, Deutsches Dichterlexikon: Biographisch-bibliographisches Handwörterbuch zur deutschen Literaturgeschichte, Stuttgart (3)1988

Wimmer, Rainer, Vier jüdische Philosophinnen, Tübingen 1990

Woods, Jean Muir und Maria Anna Fürstenwald, Schriftstellerinnen, Künstlerinnen und gelehrte Frauen des deutschen Barock. Ein Lexikon, Stuttgart 1984

World's Who is Who of Women, Cambridge, Mass. 1975

Wunder, Heide, Er ist die Sonn', sie ist der Mond. Frauen in der frühen Neuzeit, München 1992

Zeitschrift für Unternehmensgeschichte, hg. v. Hans Pohl und Wilhelm Treue, Beihefte 33 und 35, Stuttgart 1985

Zimmerling, Peter, Starke fromme Frauen, Gießen 1996

Zur Mühlen, Bengt von (Hg.), Sie gaben ihr Leben. Unbekannte Opfer des 20. Juli 1944, Berlin 1995

Zwischen Rebellion und Reform. Frauen im Berliner Westen, hg. v. Birgit Jochens und Sonja Miltenberger, Berlin 1999

1850–1935 Raschke, Marie
1851–1910 Bieber-Böhm, Hanna
1851–1925 Vasconcelos, Karoline W. de
1851–1937 Kettler, Hedwig Johanna
1852–1899 Schwerin, Jeanette
1852–1928 Boy-Ed, Ida
1853–1901 Kempin-Spyri, Emily
1853–1925 Plothow, Anna
1853–1925 Rappoldi, Laura
1853–1940 Schratt, Katharina
1853–1944 Kurz, Isolde
1854–1918 Preuschen, Hermione von
1854–1931 Krupp, Margarethe
1854–1935 Niese, Charlotte
1854–1941 Adlersfeld-Ballestrem, E. v.
1855–1898 Marx, Eleanor
1855–1910 Fickert, Auguste
1855–1928 Stritt, Marie
1855–1929 Salis-Marschlins, Meta von
1855–1938 Mataja, Emilie
1856–1917 Fischer-Dückelmann, Anna
1856–1924 Hitz, Dora
1856–1927 Breslau, Louise-Catherine
1857–1909 Bülow, Frieda von
1857–1911 Ihrer, Emma
1857–1932 Boos-Jegher, Emma
1857–1933 Zetkin, Clara
1857–1943 Augspurg, Anita
1858–1912 Freudenberg, Ika
1858–1918 Druskowitz, Helene von
1858–1929 Maria Christina
1858–1930 Schirmacher, Käthe
1858–1932 Papier, Rosa
1858–1935 Adler, Emma
1858–1938 Mayreder, Rosa
1858–1947 Bianchi, Charitas Bianca
1859–1923 Forster, Helene von
1859–1930 Sacher, Anna
1859–1936 Pappenheim, Bertha
1859–1937 Roederstein, Ottilie Wilhelmine
1859–1940 Böhlau, Helene
1859–1941 Reuter, Gabriele

1859–1943 Boehm, Elisabeth
1859–1944 Schanz, Frida

1860–1905 Müller, Clara
1860–1929 Behm, Charlotte Margarethe
1860–1938 Werefkin, Marianne von
1860–1940 Honegger, Klara
1860–1940 Possanner von Ehrenthal, G.
1860–1952 Viebig, Clara
1861–1925 Heyking, Elisabeth
1861–1936 Schumann-Heink, Ernestine
1861–1937 Andreas-Salomé, Lou
1861–1938 Fürth, Henriette
1861–1939 Menshausen-Labriola, Frieda
1861–1939 Pappritz, Anna
1861–1947 Conzett, Verena
1862–1912 Rappard, Clara von
1862–1918 Dehmel, Paula
1862–1927 Gerhardi, Ida
1862–1932 Dumont, Louise
1862–1935 Pockels, Agnes
1862–1945 Reuss-Belce, Luise
1863–1911 Günther, Agnes
1863–1924 Parlaghy, Vilma
1863–1940 Schlesinger, Therese
1863–1946 Lomnitz, Marie Louise
1863–1953 Assor, Albertine
1863–1937 Sandrock, Adele
1864–1930 Paczka-Wagner, Cornelia
1864–1937 Ohe, Adele aus der
1864–1942 Lepsius, Sabine
1864–1947 Ey, Johanna
1864–1947 Huch, Ricarda
1865–1916 Braun, Lily
1865–1918 Lachmann, Hedwig
1865–1922 Zietz, Luise
1865–1926 Graf, Emma
1865–1927 Sorma, Agnes
1865–1931 Slavona, Maria
1865–1943 Richter, Elise
1865–1946 Müller-Otfried, Paula
1866–1930 Tiele-Winckler, Eva von

1878-1954 Westhoff-Rilke, Clara
1878-1960 Körner, Hermine
1878-1962 Wohlwill, Gretchen
1878-1963 Hasse, Sella
1878-1963 Kamphoevener, Elsa S. v.
1878-1966 Lüders, Marie-Elisabeth
1878-1967 Lask, Berta
1878-1967 Luksch-Makowsky, Elena
1878-1968 Meitner, Lise
1878-1968 Woker, Gertrud
1879-1936 Bohm-Schuch, Clara
1879-1941 Proft, Gabriele
1879-1941 Stach, Ilse von
1879-1942 Lasch, Agathe
1879-1952 Rubiner, Fri(e)da
1879-1956 Juchacz, Marie
1879-1958 Lichnowsky, Mechthilde von
1879-1959 Landowska, Wanda Alexandra
1879-1961 Senfter, Johanna
1879-1961 Specht, Minna
1879-1962 Kardorff-Oheimb, Katharina v.
1879-1964 Mahler-Werfel, Alma
1879-1964 Miegel, Agnes
1879-1964 Schleusner, Thea
1879-1970 Kerkovius, Ida
1879-1970 Märten, Lu
1879-1978 Bieber, Margarete

1880-1925 Noll-Hasenclever, Eleonora
1880-1941 Kurt, Melanie
1880-1956 Lassen, Käthe
1880-1967 Beckmann, Emmy
1880-1967 Berend-Corinth, Charlotte
1880-1971 Durieux, Tilla
1881-1920 Christ, Lena
1881-1937 Hartmann, Adele
1881-1942 Bromberger, Dora
1881-1944 Puttkamer, Gertrud M. M. v.
1881-1948 Steger, Milly
1881-1952 Heuss-Knapp, Elly
1881-1958 Meyer, Selma
1881-1962 Weber, Helene

1881-1963 Kallmus, Dora Philippine
1881-1972 Schiemann, Elisabeth
1881-1975 Wagner, Elsa
1881-1972 Nielsen, Asta
1882-1935 Noether, Emmy
1882-1952 Siemsen, Anna
1882-1954 Zammit, Kitty
1882-1957 Wied, Martina
1882-1960 Klein, Melanie
1882-1963 Somazzi, Ida
1882-1964 Rotten, Elisabeth
1882-1965 Reyländer, Ottilie
1882-1968 Ney, Elly
1882-1969 Massary, Fritzi
1883-1933 Burjahn, Hildegard
1883-1956 Höflich, Lucie
1883-1959 Loos, Cécile Ines
1883-1963 Petznek, Elisabeth Marie
1883-1968 Kruse, Käthe
1883-1970 Remak, Fanny
1884-   ? Vaerting, Mathilde
1884-1942 Hintze, Hedwig
1884-1950 Zahn-Harnack, Agnes von
1884-1957 Waldoff, Claire
1884-1957 Zellweger, Elisabeth
1884-1958 Windthorst, Margarete
1884-1961 Ullmann, Regina
1884-1977 Moll, Marg
1884-1982 Deutsch, Helene
1885-1933 Rée, Anita
1885-1948 Ball-Hennings, Emmy
1885-1952 Horney, Karen
1885-1955 Hempel, Frieda
1885-1959 Gutknecht, Rosa
1885-1963 Povórina, Alexandra
1885-1967 Dux, Claire
1885-1969 Albert-Lasard, Lou
1885-1970 Wiesenthal, Grete
1885-1971 Arndt-Ober, Margarete
1885-1971 Schneider-Kainer, Lene
1885-1974 Seidel, Ina
1885-1977 Müller, Elisabeth

Äbtissinnen

Agentin

Angehörige von Herrscherhäusern

1667–1740 Maria Anna
1668–1705 Sophie Charlotte
1687–1757 Sophie Dorothea von Preußen
1709–1758 Wilhelmine von Bayreuth
1755–1793 Marie-Antoinette
1776–1810 Luise von Preußen
1776–1848 Maria Leopoldine
1797–1826 Leopoldine
1805–1872 Sophie
1811–1890 Augusta
1818–1875 Amalie Marie Friederike von
Oldenburg
1837–1898 Elisabeth von Österreich (gen.
Sisi)
1840–1901 Victoria
1840–1927 Charlotte von Mexiko
1843–1916 Carmen Silva
1872–1918 Alexandra Fjodorowna
1917–1981 Friederike Luise

Anglistin
1886–1977 Schaubert, Else von

Apothekerin
1550–1632 Andreae, Maria

Archäologin
1879–1978 Bieber, Margarete

Architektinnen
1877–1959 Knobelsdorff, Elisabeth von
1894–1955 Guyer, Lux

Astronominnen
1610–1664 Cunitz, Maria
1647–1693 Hevelius, Elisabetha
1670–1720 Winkelmann, Maria
1676–1707 Eimmart, Maria Clara
1750–1848 Herschel, Caroline

Bakteriologinnen
1869–1936 Linden, Maria Gräfin von

1871–1935 Rabinowitsch-Kempner, Lydia

Ballonfahrerinnen
1788–1848 Reichard, Wilhelmine
1868–1935 Paulus, Käthchen

Bibliothekarinnen
1872–1962 Nörenberg, Marie
1896–1997 Schnack, Ingeborg

Bildhauerinnen
1833–1907 Ney, Elisabeth
1864–nach 1930
Paczka-Wagner, Cornelia
1867–1945 Kollwitz, Käthe
1878–1954 Westhoff-Rilke, Clara
1878–1967 Luksch-Makowsky, Elena
1881–1948 Steger, Milly
1884–1977 Moll, Marg
1888–1965 Sintenis, Renée
1889–1943 Taeuber-Arp, Sophie
1890–1971 Roeder, Emy
1895–1969 Wiegmann, Jenny (auch Genni
Mucchi)
1921–1969 Querner, Ursula

Biologin
1870–1935 Erdmann, Rhoda

Blindenschriftexpertin
1863–1946 Lomnitz, Marie Louise

Botanikerinnen
1821–1891 Dietrich, Amalie
1881–1972 Schiemann, Elisabeth

Chemikerinnen
1870–1915 Immerwahr, Clara
1876–1932 Wrangell, Margarethe von
1878–1968 Woker, Gertrud
1896–1978/1980
Noddack, Ida

Choreografinnen
1829–1908 Lanner, Katharina
1885–1970 Wiesenthal, Grete
1886–1973 Wigman, Mary
1890–1959 Bodenwieser, Gertrud
1893–1992 Holm, Hanya
1901–1993 Gsovsky, Tatjana
1902–1993 Palucca, Gret
1903–1975 Georgi, Yvonne
1904–1992 Wallmann, Margherita
1905–1995 Chladek, Rosalie
1911–1967 Hoyer, Dore

Chorleiterin
1905–1987 Trapp, Maria von

Designerin
1893–1983 Brandt, Marianne

Diakonissen
1800–1843 Fliedner, Friederike
1863–1953 Assor, Albertine
1866–1930 Tiele-Winckler, Eva von

Dichterinnen
gest. 1127 Ava
1584–1655 Hoyers, Anna Ovena
1621–1638 Schwarz, Sibylla
1633–1694 Greiffenberg, Catharina von
1636–1674 Penzel, Barbara Juliana
1695–1760 Ziegler, Christiana Mariana
     von
1714–1740 Zäunemann, Sidonia Hedwig
1722–1791 Karsch, Anna Luise
1725–1782 Unzer-Ziegler, Johanna
     Charlotte
1742–1827 Stein, Charlotte von
1757–1840 Albrecht, Sophie
1758–1840 Westfalen, Engel Christiane
1775–1833 Bernhardi, Sophie
1780–1806 Günderode, Karoline von
1797–1848 Droste-Hülshoff, Annette von

1798–1876 Hensel, Luise
1814–1894 Paoli, Betty
1849–1923 Puttkamer, Alberta von
1860–1905 Müller, Clara
1865–1918 Lachmann, Hedwig
1872–1966 Susman, Margarete
1879–1964 Miegel, Agnes
1887–1951 Preradovic, Paula von
1891–1970 Sachs, Nelly
1894–1931 Stoecklin, Franziska von
1894–1943 Kolmar, Gertrud
1894–1993 Hardenberg, Henriette
1898–1976 Saalfeld, Martha
1900–1974 Ludwig, Paula
1901–1988 Ausländer, Rose
1907–1975 Kaléko, Mascha
1915–1973 Lavant, Christine
1915–1987 Busta, Christine
1924–1942 Meerbaum-Eisinger, Selma
1928–1951 Kräftner, Hertha

Dienstmagd
1734–1782 Göldin, Anna

Diplomatin
1910–1999 Puttkamer, Ellinor von

Dirigentin
1877–1953 Kuyper, Elisabeth Johanna
     Lamina

Ethnologinnen
1890–vor 1945
     Schmi(e)dl, Marianne
1906–1988 Lips, Eva

Fallschirmspringerin
1868–1935 Paulus, Käthchen

Festspielleiterinnen
1837–1930 Wagner, Cosima
1897–1980 Wagner, Winifred

Filmkünstlerin
1899–1981 Reiniger, Lotte

Forscherin
1903–1998 Reiche, Maria

Fotografinnen
1810–1884 Bieber, Emilie
1815–1901 Wehnert-Beckmann, Bertha
1881–1963 Kallmus, Dora Philippine
1895–1990 Fleischmann, Trude
1896–1990 Jacobi, Lotte
1897–1985 Krull, Germaine
1898–1977 Hallensleben, Ruth
1899–1998 Bing, Ilse
1935–1996 Tüllmann, Abisag

Frauenrechtlerinnen
1808–1870 Laube, Iduna
1808–1888 Perin-Gradenstein, Karoline von
1811–1889 Lewald, Fanny
1814–1871 Aston, Louise
1816–1903 Meysenbug, Malwida Freiin von
1817–1884 Anneke, Mathilde Franziska
1819–1895 Otto-Peters, Luise
1821–1877 Büchner, Luise
1825–1920 Goldschmidt, Henriette
1829–1901 Weber-Walz, Mathilde
1829–1902 Hirsch, Jenny
1830–1909 Morgenstern, Lina
1833–1902 Schmidt, Auguste
1833–1919 Dohm, Hedwig
1838–1909 Staegemann, Pauline
1841–1922 Cauer, Minna
1847–1894 Wabnitz, Agnes
1847–1925 Baader, Ottilie
1848–1930 Lange, Helene
1850–1917 Gnauck-Kühne, Elisabeth
1850–1924 Mülinen, Helene von
1850–1935 Raschke, Marie

1851–1910 Bieber-Böhm, Hanna
1851–1937 Kettler, Hedwig Johanna
1852–1899 Schwerin, Jeanette
1855–1910 Fickert, Auguste
1855–1928 Stritt, Marie
1857–1911 Ihrer, Emma
1857–1932 Boos-Jegher, Emma
1857–1943 Augspurg, Anita
1858–1912 Freudenberg, Ika
1858–1930 Schirmacher, Käthe
1858–1938 Mayreder, Rosa
1859–1923 Forster, Helene von
1859–1936 Pappenheim, Bertha
1859–1943 Boehm, Elisabeth
1860–1940 Honegger, Klara
1861–1938 Fürth, Henriette
1861–1939 Pappritz, Anna
1865–1916 Braun, Lily
1865–1922 Zietz, Luise
1868–1943 Heymann, Lida Gustava
1869–1939 Popp, Adelheid
1869–1943 Stöcker, Helene
1870–1942 Dehmel, Ida
1870–1954 Weber, Marianne
1872–1948 Salomon, Alice
1872–1957 Schreiber-Krieger, Adele
1873–1954 Bäumer, Gertrud
1874–1930 Altmann-Gottheiner, Elisabeth
1876–1951 Glaettli-Graf, Sophie
1884–1950 Zahn-Harnack, Agnes von
1884–1957 Zellweger, Elisabeth
1885–1983 Nef, Clara
1888–1960 Thommen, Elisabeth
1892–1963 Vischer-Alioth, Elisabeth
1894–1957 Eder-Schwyzer, Jeanne
1901–1988 Ruckstuhl-Thalmessinger, Lotti
1917–1990 Roten, Iris von

Fürsorgerinnen
1874–1943 Gierke, Anna von
1897–1942 Karminski, Hannah

Gelehrte
1467–1532 Pir(c)kheimer, C(h)aritas
1526–1555 Morata, Olympia Fulvia
1607–1678 Schurman, Anna Maria van
1770–1825 Schlözer, Dorothea

Germanistin
1879–1942 Lasch, Agathe

Gewerkschafterin
1890–1983 Nebgen, Elfriede

Goldschmiedin
1898–1992 Treskow, Elisabeth

Grafikerinnen
1867–1945 Kollwitz, Käthe
1896–1945 Schwichtenberg, Martel
1899–1975 Schaumann, Ruth
1901–1986 Schwimmer, Eva
1902–1982 Rotermund, Gerda
1910–1975 Nagel, Hanna
1916–1970 Zürn, Unica

Haushälterin
1820–1890 Demuth, Helena

Hauswirtschafterin
1894–1967 Pfannes, Fini

Hebammen
17. Jh.   Colinet, Marie
1650–1705 Siegemund, Justine
1771–1849 Siebold, Regina Josepha von

Heilkundige
16. Jh.   Jägerndorf, Eleonore Marie
           Rosalie

Herrscherinnen
931– 999 Adelheid
955– 991 Theophanu
955– 999 Mathilde
1015–1076 Beatrix von Tuszien
1020/1027–1077
           Agnes von Poitou
1046–1115 Mathilde von Tuszien
1154–1198 Konstanze
1318–1369 Margarete Maultasch
1370–1435 Isabeau
1394–1456 Elisabeth von Nassau-Saar-
           brücken
1401–1436 Jakobäa von Bayern
1480–1530 Margarete von Österreich
1485–1525 Anna von Hessen (od. Meck-
           lenburg)
1500–1575 Maria von Jever
1505–1558 Maria von Ungarn
1510–1558 Elisabeth von Braunschweig-
           Lüneburg
1522–1586 Margarete von Parma
1558–1597 Jakobe von Jülich
1602–1651 Amalie Elisabeth von Hessen-
           Kassel
1604–1648 Claudia von Medici
1683–1737 Caroline von Ansbach
1694–1729 Christiane Charlotte von Bran-
           denburg-Ansbach
1717–1780 Maria Theresia
1718–1746 Anna Leopoldowna
1721–1774 Henriette Karoline von Hessen-
           Darmstadt
1729–1796 Katharina II.
1739–1807 Anna Amalia von Sachsen-
           Weimar-Eisenach
1752–1814 Maria Karolina
1761–1799 Juliane von Schaumburg-Lippe
1769–1820 Pauline zur Lippe-Detmold
1791–1847 Marie Louise
1858–1929 Maria Christina (gen. Christa)
1896–1985 Charlotte von Luxemburg

Historikerinnen
1884–1942 Hintze, Hedwig
1890–1981 Stern-Täubler, Selma
1897–1998 Reichmann, Eva
1901–1979 Welskopf-Henrich, Liselotte

Hofdamen
1729–1814 Voß, Sophie Marie von
1752–1807 Göchhausen, Louise von

Indologin
1888–1961 Heimann, Betty

Juristinnen
1850–1935 Raschke, Marie
1853–1901 Kempin-Spyri, Emily
1885–1978 Munk, Marie
1887–1965 Berent, Margarete
1893–1983 Scheffler, Erna
1896–1956 Wuesthoff, Freda
1897–1984 Krumme, Elisabeth
1899–1973 Bähnisch, Dorothea
1901–1988 Ruckstuhl-Thalmessinger, Lotti
1902–1989 Benjamin, Hilde
1906–1976 Thalmann-Antennen, Helene
1909–1989 Schmitt, Charlotte
1912–1977 Rupp-von Brünneck, Wiltraut

Kabarettistinnen
1876–1937 Valetti, Rosa
1884–1957 Waldoff, Claire
1892–1967 Hesterberg, Trude
1894–1970 Kühl, Kate
1900–1971 Ha(a)se, Annemarie
1904–1969 Kolman, Trude
1910–1981 Sais, Tatjana
1912–1974 Herking, Ursula
1914–1999 Attenhofer, Elsie
1918–1988 Noack, Ursula
1920–1994 Lorentz, Lore
1929–1990 Wieder, Hanne

Kalligrafinnen
gest. 1135 Diemudis
1250–1300 Kerssenbrock, Gisela von

Klavierbauerin
1769–1833 Stein, Nannette

Komponistinnen
1613–1676 Sophie Elisabeth
1723–1787 Anna Amalie von Preußen
1794–1870 Amalie Friederike von Sachsen
1805–1847 Hensel, Fanny
1850–1927 Le Beau, Luise Adolpha
1879–1961 Senfter, Johanna

Krankenpflegerin
1794–1859 Sieveking, Amalie

Kunsthändlerinnen
1864–1947 Ey, Johanna
1889–1945 Scheyer, Galka

Kunsthistorikerin
1874–1954 Schapire, Rose

Kunstsammlerinnen
1797–1857 Mertens-Schaaffhausen,
             Sibylle
1869–1939 Kröller-Müller, Helene
1889–1981 Schnitzler, Lilly

Kupferstecherinnen
1647–1717 Merian, Maria-Sibylla
1650–1717 Küsel, Johanna Sibylla
1688–1723 Beer, Amalia
1738–1789 Maria Anna (gen. Marianne)

Literaturwissenschaftlerinnen
1797–1870 Jacob, Therese Albertine Luise
             von
1891–?   Gerhard, Melitta
1891–1983 Berthold, Luise

1896–1992 Hamburger, Käte
1897–1973 Hoppe, Else
1897–1978 Maurina, Zenta
1899–1989 Richter, Trude

Mäzeninnen
um 800 Ada
1636–1676 Adelheid (od. Adelaide) Henriette Maria von Savoyen
1667–1743 Anna Maria Luisa (od. Ludovica) von Medici
1889–1981 Schnitzler, Lilly

Malerinnen
1676–1707 Eimmart, Maria Clara
1678–1714 Waser, Anna
1688–1723 Beer, Amalia
1706–1783 Dietzsch, Barbara Regina
1713/1716–1783 Gasc, Anna Rosina de
1721–1782 Therbusch, Anna Dorothea
1741–1807 Kauffmann, Angelica
1743–1811 Treu, Catharina
1759–1827 Simanowi(t)z, Kunigunde Sophie Ludovika
1763–1819 Henry, Susanne
1764–1825 Krafft, Barbara
1781–1864 Bardua, Caroline
1786–1866 Seidler, Louise Caroline Sophie
1791–1863 Ellenrieder, Anna Maria
1792–1869 Egloffstein, Julie Gräfin von
1797–1847 Freyberg, Electrina von
1798–1839 Henry, Louise
1819–1881 Jerichau-Baumann, Elisabeth Maria Anna
1831–1905 Aemisegger, Anna Barbara
1845–1916 Blau-Lang, Tina
1854–1918 Preuschen, Hermione von
1856–1924 Hitz, Dora
1856–1927 Breslau, Louise-Catherine
1859–1937 Roederstein, Ottilie Wilhelmine
1860–1938 Werefkin, Marianne von

1861–1939 Menshausen-Labriola, Frieda
1862–1912 Rappard, Clara von
1862–1927 Gerhardi, Ida
1863–1924 Parlaghy, Vilma
1864–nach 1930 Paczka-Wagner, Cornelia
1864–1942 Lepsius, Sabine
1865–1931 Slavona, Maria
1868–1944 Wolfthorn, Julie
1872–1938 Bailly, Alice
1874–1935 Gries-Danican, Helene
1876–1907 Modersohn-Becker, Paula
1877–1962 Münter, Gabriele
1878–1962 Wohlwill, Gretchen
1878–1963 Hasse, Sella
1878–1967 Luksch-Makowsky, Elena
1879–1964 Schleusner, Thea
1879–1970 Kerkovius, Ida
1880–1956 Lassen, Käthe
1880–1967 Berend-Corinth, Charlotte
1881–1942 Bromberger, Dora
1882–1965 Reyländer, Ottilie
1883–1970 Remak, Fanny
1885–1933 Rée, Anita
1885–1963 Povórina, Alexandra
1885–1969 Albert-Lasard, Lou
1885–1971 Schneider-Kainer, Lene
1886–1981 Pauly, Charlotte Elfriede
1887–1984 Dräger-Mühlenpfort, Anna
1889–1943 Taeuber-Arp, Sophie
1889–1978 Höch, Hannah
1890–1967 Rebay von Ehrenwiesen, Hilla
1890–1976 Mammen, Jeanne
1893–1975 Lex-Nerlinger, Alice
1894–1981 Annot
1896–1965 Schütz-Wolff, Johanna
1896–1972 Bergmann-Michel, Ella
1898–1944 Dicker, Friedl
1898–1972 Waldschmidt, Olly
1898–1977/1979 Overbeck, Gerta
1899–1981 Jürgens, Grete

Naturforscherinnen
1647–1717 Merian, Maria-Sibylla
1850–1925 Therese von Bayern

Nonne
710–779 Walpurga

Ordensgründerinnen
1815–1894 Fey, Klara
1817–1881 Mallinckrodt, Pauline von
1819–1876 Schervier, Franziska

Pädagoginnen
1530–1586 Heymair, Magdalena
1754–1811 Rudolphi, Karoline Christiane
Louise
1781–1827 Gleim, Betty
1816–1893 Marenholtz-Bülow, Bertha
von
1817–1895 Gayette-Georgens, Jeanne
Marie von
1827–1899 Schrader-Breymann, Henriette
1832–1887 Calm, Marie
1850–1915 Kortzfleisch, Ida von
1865–1926 Graf, Emma
1871–1953 Wegscheider, Hildegard
1879–1961 Specht, Minna
1880–1967 Beckmann, Emmy
1882–1952 Siemsen, Anna
1882–1963 Somazzi, Ida
1882–1964 Rotten, Elisabeth
1884–? Vaerting, Mathilde
1888–1957 Oelfken, Tami
1892–1972 Blochmann, Elisabeth

Partisanin
1937–1967 Bunke, Tamara

Philosophinnen
1888–1966 Conrad-Martius, Hedwig
1891–1942 Stein, Edith

1906–1968 Richter, Liselotte
1906–1975 Arendt, Hannah
1922–1995 Brentano, Margherita von

Physikerinnen
1862–1935 Pockels, Agnes
1878–1968 Meitner, Lise
1889–1951 Hausser-Ganswindt, Isolde
1892–1983 Seidl, Franziska
1895–1968 Sponer, Hertha
1904–1990 Karlik, Berta
1906–1972 Goeppert-Mayer, Maria
1911–1983 Sänger-Bredt, Irene

Pietistinnen
1644–1724 Petersen, Johanna Eleonora
1665/1670–1721
Buttlar, Eva Margaretha von
1700–1756 Zinzendorf, Erdmuthe Dorothea von

Pilotinnen
1886–1925 Beese-Boutard, Amélie
1899–1971 Rasche, Thea
1903–1945 Schenk von Stauffenberg,
Melitta Gräfin
1907–1933 Etzdorf, Marga von
1912–1979 Reitsch, Hanna

Politikerinnen
1839–1936 Hainisch, Marianne
1857–1933 Zetkin, Clara
1860–1929 Behm, Charlotte Margarethe
1863–1940 Schlesinger, Therese
1870–1932 Ammann, Ellen
1870/1871–1919
Luxemburg, Rosa
1871–1925 Dransfeld, Hedwig
1871–1948 Rudel-Zeyneck, Olga
1873–1954 Bäumer, Gertrud
1874–1925 Apolant, Jenny
1874–1928 Grünberg, Helene

1874–1957 Boschek, Anna
1874–1964 Baum, Marie
1875–1943 Starhemberg, Fanny von
1875–1945 Tesch, Johanna Friederike
1875–1949 Faßhauer, Minna
1876–1944 Hanna, Gertrud
1876–1953 Agnes, Lore
1877–1933 Pfülf, Toni
1878–1948 Freundlich, Emmy
1878–1966 Lüders, Marie-Elisabeth
1879–1936 Bohm-Schuch, Clara
1879–1941 Proft, Gabriele
1879–1956 Juchacz, Marie
1879–1962 Kardorff-Oheimb, Katharina von
1881–1962 Weber, Helene
1883–1933 Burjahn, Hildegard
1887–1957 Schroeder, Louise
1888–1964 Flossmann, Ferdinanda
1888–1964 Sender, Tony
1888–1968 Teusch, Christine
1888–1987 Frölich, Rose
1890–1962 Thälmann, Rosa
1890–1974 Faßbinder, Klara Marie
1892–1966 Fuchs, Martha
1895–1961 Fischer, Ruth
1896–1986 Selbert, Elisabeth
1897–1970 Nadig, Frieda
1898–1969 Wessel, Helene
1898–1987 Ohnesorge, Lena
1898–1987 Zaisser, Else
1901–1979 Albertz, Luise
1901–1986 Schwarzhaupt, Elisabeth
1902–1967 Probst, Maria
1902–1981 Kuckhoff, Greta
1902–1989 Benjamin, Hilde
1904–1960 Matern, Jenny
1904–1989 Solar, Lola
1907–1996 Strobel, Käthe
1909–1973 Baumann, Edith
1909–1994 Firnberg, Hertha
1910–1974 Wittkowski, Margarete

1910–1987 Rehor, Grete
1912–1997 Brauksiepe, Änne
1919–1983 Schlei, Marie
1919–1986 Leodolter, Ingrid
1924–1986 Wex, Helga
1947–1992 Kelly, Petra

Psychoanalytikerinnen

1882–1960 Klein, Melanie
1884–1982 Deutsch, Helene
1885–1952 Horney, Karen
1889–1957 Fromm-Reichmann, Frieda
1895–1982 Freud, Anna
1899–1977 Bibring, Grete

Psychologinnen

1889–1970 Baumgarten, Franziska
1892–1933 Muchow, Martha
1893–1974 Bühler, Charlotte
1899–1991 Hetzer, Hildegard

Publizistinnen

1753–1795 Ehrmann, Marianne
1764–1829 Huber-Forster, Therese
1814–1871 Aston, Louise
1817–1884 Anneke, Mathilde Franziska
1825–1906 Glümer, Claire von
1853–1925 Plothow, Anna
1855–1898 Marx, Eleanor
1879–1952 Rubiner, Fri(e)da
1879–1970 Märten, Lu
1888–1960 Thommen, Elisabeth
1892–1941 Leitner, Maria
1894–1982 Tergit, Gabriele
1896–1983 Eisner, Lotte
1898–1990 Gross, Babette
1900–1975 Boveri, Margret
1901–1974 Abegg, Lily
1901–1989 Buber-Neumann, Margarete
1904–1968 Leber, Annedore
1908–1942 Schwarzenbach, Annemarie
1909–1996 Bonn, Gisela

1912–1995 Sturm, Vilma
1934–1976 Meinhof, Ulrike

Rabbinerin
1902–1944 Jonas, Regina

Radiererin
1658–1716 Sandrart, Susanne Maria von

Reformatorinnen
1492–nach 1563
　　　　　Grumbach, Argula von
1494–1541 Blarer, Margareta
1497–1562 Zell, Katharina

Regisseurinnen
1862–1945 Reuss-Belce, Luise
1927–1996 Berghaus, Ruth
1928–1994 Niehaus, Ruth
1943–1992 Brandauer, Karin

Romanistinnen
1851–1925 Vasconcelos, Karoline Wilhel-
　　　　　mina de
1865–1943 Richter, Elise

Sängerinnen
1701–1760 Bach, Anna Magdalena
1773–1809 Schick, Margarete
1785–1838 Milder-Hauptmann, Anna
　　　　　Pauline
1804–1860 Schröder-Devrient, Wilhelmine
1806–1854 Sontag, Henriette
1813–1869 Schebest, Agnese
1828–1894 Jachmann-Wagner, Johanna
1838–1884 Gallmeyer, Josephine
1841–1926 Orgéni, Aglaja
1848–1929 Lehmann, Lilli
1849–1924 Pappenheim, Eugenie
1849–1928 Nicklass-Kempner, Selma
1858–1932 Papier, Rosa
1858–1947 Bianchi, Charitas Bianca

1861–1936 Schumann-Heink, Ernestine
1862–1945 Reuss-Belce, Luise
1872–1932 Gadski, Johanna
1872–1947 Bahr-Mildenburg, Anna
1874–1933 Kurz, Selma
1878–1930 Destinn, Emmy
1878–1943 Metzger, Ottilie
1880–1941 Kurt, Melanie
1882–1969 Massary, Fritzi
1885–1955 Hempel, Frieda
1885–1967 Dux, Claire
1885–1971 Arndt-Ober, Margarete
1887–1942 Spiegel, Magda
1887–1982 Jeritza, Marie
1888–1962 Neiendorff, Emmy
1888–1975 Leider, Frida Anna
1888–1976 Lehmann, Lotte
1889/1891–1943
　　　　　Onégin, Sigrid
1891–1977 Schöne, Lotte
1891–1987 Ivogün, Maria
1892–1969 Olszewska, Maria
1894–1976 Rethberg, Elisabeth
1895–1929 Seinemeyer, Meta
1897–1994 Lemnitz, Tiana
1897/1899–1967
　　　　　Németh, Maria
1898–1958 Müller, Maria
1898–1972 Sack, Erna
1898–1981 Lenya, Lotte
1900–1990 Berger, Erna
1902–1968 Klose, Margarete
1903–1959 Teschemacher, Margarethe
1903–1977 Keller, Greta
1903–1991 Reining, Maria
1904–1989 Beilke, Irma
1905–1972 Andersen, Lale
1906–1986 Wedekind, Pamela
1910–1949 Cebotari, Maria
1911–1986 Grümmer, Elisabeth
1917–1988 Güden, Hilde
1919–1988 Seefried, Irmgard

1920–1987 Streich, Rita
1925–1989 Köth, Erika
1926–1998 Rysanek, Leonie
1939–1993 Popp, Lucia
1952–1996 Danz, Tamara

Salondamen
1731–1778 Bondeli, Julie von
1758–1818 Arnstein, Fanny von
1764–1847 Herz, Henriette
1784–1857 Lieven, Dorothea Fürstin von

Schauspielerinnen
1697–1760 Neuber, Friederike Caroline
1714–1792 Ackermann, Sophie Charlotte
1751–1802 Schröter, Corona
1757–1840 Albrecht, Sophie
1760–1815 Bethmann-Unzelmann, Friede-
         rike
1777–1848 Jagemann, Caroline
1778–1797 Becker-Neumann, Christiane
1781–1868 Schröder, Sophie
1790–1867 Adamberger, Antonie
1795–1865 Crelinger, Sophie Auguste Frie-
         derike
1800–1868 Birch-Pfeiffer, Charlotte
1807–1877/1878
         Bauer, Karoline
1809–1866 Rettich, Julie
1829–1897 Seebach, Marie
1834–1897 Wolter, Elisabeth Charlotte
1843–1911 Dönniges, Helene von
1853–1940 Schratt, Katharina
1862–1932 Dumont, Louise
1863/1864–1937
         Sandrock, Adele
1865–1927 Sorma, Agnes
1868–1958 Bleibtreu, Hedwig
1870–1955 Eysoldt, Gertrud
1874–1980 Albach-Retty, Rosa
1878–1960 Körner, Hermine
1880–1971 Durieux, Tilla

1881–1975 Wagner, Elsa
1881/1885–1972
         Nielsen, Asta
1883–1956 Höflich, Lucie
1886–1970 Wedekind, Tilly
1887–1980 Dagover, Lil
1889–1945 Orloff, Ida
1889–1974 Thimig, Helene
1890–1941 Straub, Agnes Josephine
1890–1957 Dorsch, Käthe
1890–1960 Porten, Henny
1892–1960 Karlstadt, Lisl
1892–1978 Carstens, Lina
1893–1930 Orska, Maria
1894/1899–1987
         Negri, Pola
1897–1980 Tschechowa, Olga
1897–1986 Bergner, Elisabeth
1897–1986 Haack, Käte
1898–1975 Giehse, Therese
1898–1981 Lenya, Lotte
1899–1976 Mannheim, Lucie
1899–1977 Seidler, Alma
1900–1942 Neher, Carola
1900–1971 Weigel, Helene
1900–1989 Ehre, Ida
1901–1992 Dietrich, Marlene
1903–1970 Weiser, Grethe
1903–1987 Ondra, Anny
1905–1969 Mann, Erika
1905–1972 Andersen, Lale
1905–1977 Flickenschildt, Elisabeth
1905–1986 Mosheim, Grete
1905–1987 Drews, Bertha
1906–1937 Müller, Renate
1906–1969 Körber, Hilde
1906–1997 Spira, Camilla
1907–1968 Harvey, Lilian
1907–1981 Leander, Zarah
1907–1997 Gold, Käthe
1909–1955 Schmitz, Sybille
1909–1996 Schneider, Magda

1911–1985 Ullrich, Luise
1911–1994 Wedekind, Kadidja
1911–1996 Wimmer, Maria
1912–1998 Huber, Lotti
1914–1986 Palmer, Lilli
1917–1999 Krahl, Hilde
1918–1990 Hatheyer, Heidemarie
1919–1994 Fink, Agnes
1922–1987 Schroth, Hannelore
1922–1993 Gorvin, Joana Maria
1927–1991 Herr, Trude
1928–1994 Niehaus, Ruth
1929–1990 Wieder, Hanne
1930–1990 Feddersen, Helga
1938–1982 Schneider, Romy
1938–1999 Beginnen, Ortrud
1942–1995 Sinjen, Sabine

Scherenschneiderin
1776–1829 Duttenhofer, Luise

Schriftkünstlerin
1871–1951 Simons, Anna

Schriftstellerinnen
935–nach 973
         Hrotsvit (od. Roswitha) von
         Gandersheim
1394–1456 Elisabeth von Nassau-
         Saarbrücken
1713–1762 Gottsched, Luise Adelgunde
         Viktorie
1730–1807 La Roche, Sophie von
1751–1828 Bandemer, Susanne von
1754–1833 Recke, Elisa von der
1756–1819 Naubert, Christiane Benedikte
         Eugenia
1763–1809 Schlegel-Schelling, Caroline
1763–1847 Wolzogen, Karoline von
1765–1835 Brun, Friederike
1766–1838 Schopenhauer, Johanna
1769–1843 Pichler, Karoline

1770–1806 Mereau, Sophie
1771–1833 Varnhagen von Ense, Rahel
1777–1822 Brachmann, Louise Karoline
1779–1862 Tarnow, Fanny
1782–1847 Woltmann, Karoline von
1783–1856 Chézy, Wilhelmine von
1785–1859 Arnim, Bettina von
1788–1847 Paalzow, Henriette von
1791–1858 Schoppe, Amalia
1794–1870 Amalie Friederike von Sachsen
1796–1872 Goethe, Ottilie von
1797–1849 Schopenhauer, Adele
1797–1858 Pfeiffer, Ida
1800–1868 Birch-Pfeiffer, Charlotte
1801–1877 Zitz-Halein, Kathinka
1805–1876 Agoult, Marie Catherine
         Sophie Comtesse d'
1805–1880 Hahn-Hahn, Ida Gräfin von
1810–1858 Kinkel, Johanna
1811–1889 Lewald, Fanny
1814–1873 Mühlbach, Luise
1816–1903 Meysenbug, Malwida Freiin
         von
1817–1893 François, Louise von
1817–1904 Herwegh, Emma
1819–1895 Otto-Peters, Luise
1821–1880 Assing, Ludmilla
1823–1899 Polko, Elise
1825–1887 Marlitt, Eugenie
1826–1924 Olfers, Marie von
1827–1889 Arnim, Gisela von
1827–1901 Spyri, Johanna
1828–1902 Wesendon(c)k, Mathilde
1829–1885 Rhoden, Emmy von
1830–1909 Morgenstern, Lina
1830–1916 Ebner-Eschenbach, Marie von
1834–1890 Walden, Marie
1835–1905 Brackel, Ferdinande von
1836–1904 Kempner, Friederike
1836–1916 Hillern, Wilhelmine von
1837–1912 Kautsky, Minna
1838–1890 Wörrishoffer, Sophie

1839–1901 Christen, Ada
1843–1914 Suttner, Bertha von
1843–1916 Carmen Silva
1849–1908 Frapan, Ilse
1852–1928 Boy-Ed, Ida
1853–1944 Kurz, Isolde
1854–1935 Niese, Charlotte
1854–1941 Adlersfeld-Ballestrem, Eufemia von
1855–1929 Salis-Marschlins, Meta Freiin von
1855–1938 Mataja, Emilie
1857–1909 Bülow, Frieda von
1858–1918 Druskowitz, Helene von
1858–1935 Adler, Emma
1859–1940 Böhlau, Helene
1859–1941 Reuter, Gabriele
1859–1944 Schanz, Frida
1860–1952 Viebig, Clara
1861–1925 Heyking, Elisabeth Freifrau von
1861–1937 Andreas-Salomé, Lou
1862–1918 Dehmel, Paula
1863–1911 Günther, Agnes
1864–1947 Huch, Ricarda
1867–1945 Schieber, Anna
1867–1950 Courths-Mahler, Hedwig
1867–1951 Supper, Auguste Luise
1868–1956 Gerhard, Adele
1869–1939 Böhme, Margarete
1869–1942 Prellwitz, Gertrud
1869–1945 Lasker-Schüler, Else
1870–1967 Kolb, Annette
1871–1918 Reventlow, Franziska Gräfin zu
1871–1955 Handel-Mazzetti, Enrica Freiin von
1872–1945 Straub, Harriet
1872–1953 Christaller, Helene
1873–1956 Strauß und Torney, Lulu von
1875–1961 Voigt-Diederichs, Helene
1876–1971 Le Fort, Gertrud von
1877–1943 Ury, Else

1878–1938 Berend, Alice
1878–1939 Waser, Maria
1878–1944 Nostitz-Wallwitz, Helene von
1878–1963 Kamphoevener, Elsa Sophia Baronin von
1878–1967 Lask, Berta
1879–1941 Stach, Ilse von
1879–1958 Lichnowsky, Mechthilde Fürstin von
1881–1920 Christ, Lena
1881–1944 Puttkamer, Gertrud Marie Madeleine von
1882–1957 Wied, Martina
1883–1959 Loos, Cécile Ines
1884–1958 Windthorst, Margarete
1884–1961 Ullmann, Regina
1885–1948 Ball-Hennings, Emmy
1885–1974 Seidel, Ina
1885–1977 Müller, Elisabeth
1887–1970 Weirauch, Anna Elisabeth
1887–1981 Lauber, Cécile
1888–1944 Winsloe, Christa
1888–1954 Harbou, Thea von
1888–1957 Oelfken, Tami
1888–1960 Baum, Vicki
1889–1956 Schmidt-Pauli, Elisabeth von
1890–1977 Goll, Claire
1890–1984 Siefkes, Wilhelmine
1891–1969 Berens-Totenohl, Josefa
1891–1980 Lavater-Sloman, Mary
1892–1980 Viktoria Luise
1892–1982 Brincken, Gertrud von den
1893–1989 Reicke, Ilse
1894–1936 Sanzara, Rahel
1894–1963 Tetzner, Lisa
1894–1967 Ulrich, Maria
1894–1985 Kaus, Gina
1895–1955 Gerter, Elisabeth
1897–1973 Hauptmann, Elisabeth
1897–1980 Strauch, Hertha Adrienne
1897–1982 Körber, Lilli
1899–1950 Langgässer, Elisabeth

1899–1975 Schaumann, Ruth
1899–1987 Langner, Ilse
1900–1975 Ellert, Gerhart
1900–1983 Seghers, Anna
1900–1988 Schaefer, Oda
1900–1989 Nelken, Dinah
1901–1974 Fleißer, Marieluise
1901–1974 Kaschnitz, Marie Luise
1903–1976 Bachmann, Luise George
1905–1969 Mann, Erika
1905–1982 Keun, Irmgard
1905–1994 Zinner, Hedda
1906–1942 Rewald, Ruth Gustave
1906–1999 Weil, Grete
1908–1941 Steffin, Grete
1909–1993 Zeemann, Dorothea
1911–1990 Spiel, Hilde
1911–1993 Blum, Lisa-Marie
1911–1994 Wedekind, Kadidja
1914–1986 Palmer, Lilli
1914–1986 Selinko, Annemarie
1916–1970 Zürn, Unica
1917–1993 Aloni, Jenny
1919–1993 Wimschneider, Anna
1920–1970 Haushofer, Marlen
1923–1986 Drewitz, Ingeborg
1924–1984 Wilker, Gertrud
1925–1966 Müller, Inge
1925–1978 Muhr, Caroline
1926–1973 Bachmann, Ingeborg
1933–1973 Reimann, Brigitte
1933–1977 Wander, Maxie
1933–1990 Morgner, Irmtraud
1935–1986 Cordes, Alexandra
1935–1994 Paretti, Sandra
1937–1992 Elsner, Gisela
1945–1998 Moníková, Libuse

Soldatin
1785–1813 Prochaska, Eleonore

Sozialarbeiterin
1859–1936 Pappenheim, Bertha

Soziologinnen
1906–1975 Arendt, Hannah
1927–1984 Pross, Helge

Sportlerinnen
1880–1925 Noll-Hasenclever, Eleonora
1892–? Dyrenfurth, Hettie
1908–1981 Krahwinkel, Hilde
1909–1963 Aussem, Cilly
1910–1953 Mayer, Helene
1913–1995 Mauermeyer, Gisela

Sportwissenschaftlerin
1906–1992 Diem, Liselott

Tänzerinnen
1721–1799 La Barberina
1810–1884 Elssler, Fanny
1818/1820–1861
              Montez, Lola
1829–1908 Lanner, Katharina
1876–1917 Mata Hari
1885–1970 Wiesenthal, Grete
1886–1973 Wigman, Mary
1890–1959 Bodenwieser, Gertrud
1892–1978 Gert, Valeska
1893–1992 Holm, Hanya
1901–1993 Gsovsky, Tatjana
1902–1993 Palucca, Gret
1903–1975 Georgi, Yvonne
1904–1992 Wallmann, Margherita
1905–1995 Chladek, Rosalie
1911–1967 Hoyer, Dore

Teppichweberin
1896–1965 Schütz-Wolff, Johanna

Theaterleiterinnen

1650–1715 Velten, Catharina Elisabeth
1697–1760 Neuber, Friederike Caroline
1714–1792 Ackermann, Sophie Charlotte
1777–1848 Jagemann, Caroline
1850–1919 Schönerer, Alexandrine von
1862–1932 Dumont, Louise
1900–1971 Weigel, Helene
1900–1989 Ehre, Ida

Theologinnen

1885–1959 Gutknecht, Rosa
1903–1953 Staritz, Katharina Helene Charlotte

Übersetzerinnen

1433–1480 Eleonore von Österreich
1764–1839 Schlegel, Dorothea
1803–1872 Ploennies, Louise von

Unternehmerinnen

1420–1497/1499 Fugger, Barbara
1514–1575 Uttmann, Barbara
1597–1627 Henot(h), Katharina
1645/1646–1724 Glückel von Hameln
vor 1700–1762 Loth, Katharina
1732–1810 Krupp, Helene Amalie
1739–1809 Kaulla, Chaile
1742–1815 Haniel, Sophie Aletta
1767–1838 Englerth, Christine
1775–1843 Martin, Marie Clementine
1829–1914 Zimmerli-Bäurlin, Pauline
1847–1909 Steiff, Margarethe
1859–1930 Sacher, Anna
1861–1947 Conzett, Verena
1873–1950 Bentz, Melitta
1882–1954 Zammit, Kitty
1883–1968 Kruse, Käthe
1890–1963 Ahlmann, Katherine

1904–1999 Piëch-Porsche, Louise
1910–1973 Feller, Elisabeth
1911–1994 Schickedanz, Grete
1918–1993 Rantzau-Essberger, Liselotte von

Verlegerinnen

1876–1947 Kippenberg, Katharina
1891–1935 Jacobsohn, Edith
1894–1964 Schneider, Luise
1895–1985 Pankok, Hulda
1912–1992 Petersen, Leiva

Vermögensverwalterin

1896–1973 Wrbna-Kaunitz, Josefine

Wahrsagerin

1899–1986 Buchela, Margarethe

Widerstandskämpferinnen

1887–1954 Solf, Hanna
1889–1944 Kirchner, Johanna
1890–1944 Thadden, Elisabeth von
1895–1942 Leichter, Käthe
1902–1943 Harnack, Mildred
1903–1943 Scholz, Elfriede
1903–1944 Eisenblätter, Charlotte
1903–1944 Gloeden, Lilo
1904–1942 Schumacher, Elisabeth
1905–1943 Schottmüller, Oda
1905–1944 Auer, Judith
1909–1938 Hermann, Liselotte
1909–1943 Coppi, Hilde
1909–1997 Maltzan, Maria Gräfin von
1910–1943 Terwiel, Maria
1911–1942 Stöbe, Ilse
1911–1943 Brockdorff, Erika von
1913–1942 Schulze-Boysen, Libertas
1914–1945 Monte, Hilda
1916–1942 Jadamowitz, Hildegard
1917–1945 Seele, Gertrud
1919–1945 Rothe, Margarethe

1920–1943 Bontjes van Beek, Cato
1921–1943 Buch, Eva-Maria
1921–1943 Scholl, Sophie

Wirtschaftswissenschaftlerinnen
1874–1930 Altmann-Gottheiner, Elisabeth
1890–1942 Berliner, Cora
1914–1965 Beckmann, Liesel
1920–1987 Bähre, Inge Lore

Zeichnerin
1893-1987 Pinner, Erna

Zirkusdirektorin
1886–1973 Busch, Paula

Zoodirektorin
1897–1989 Heinroth, Katharina

Zoologin
1894–1968 Mohr, Erna

Archiv der sozialen Demokratie: S. 11, 15, 18, 29, 31f., 34 (rechts), 35, 37f., 47 (links), 53, 60, 63 (rechts), 66, 68, 74, 77, 81, 83ff., 87f., 91, 103, 105, 107, 110, 114, 119, 140, 159f., 167, 181, 196, 203, 206, 213, 215, 217, 231, 279, 283 (links), 311, 317, 323, 326, 337f., 346f., 357 (rechts), 359, 361, 378, 382, 389f., 403f.

Archiv für Kunst und Geschichte: S. 25, 30, 40, 47 (rechts), 49, 69f., 72, 78, 97f. 150, 156, 177, 183 (rechts), 186, 193, 204, 218, 220f., 223, 226, 240f., 247, 256, 266f., 271 (rechts), 289, 293, 296, 364, 366, 375, 383, 405

Archiv Gerstenberg: S. 34 (links), 118, 153, 304 (links)

Bildarchiv Preußischer Kulturbesitz: S. 12, 19 (links), 22, 24, 26, 28, 48, 55, 57, 67, 92, 94, 101, 108, 111, 116, 121, 123, 127, 131, 132, 134, 141, 143, 145, 148, 152, 155, 162ff., 166, 171, 173, 179, 183 (links), 195, 200, 202, 208, 210, 227, 230, 232, 237f., 242, 245, 249, 252, 257f., 262, 268, 273, 275, 278, 283 (rechts), 287, 292, 294, 304 (rechts), 306f., 315, 319, 321f., 330, 334, 340f., 343, 345, 351, 357 (links), 370, 372, 380, 391, 393, 399, 401

Deutsches Historisches Museum: S. 42, 44, 61, 63 (links), 73, 125, 137, 271 (links), 325, 353, 355, 373, 385

Deutsche Presseagentur-Bilderdienst: S. 35, 347

Historisches Archiv Krupp: S. 190f.

Jenny Aloni Archiv: S. 19 (rechts)

Privatarchiv der Autorinnen: S. 45, 191(rechts), 280

Es konnten nicht alle Rechteinhaber ermittelt werden. Wir bitten die Rechteinhaber dies zu entschuldigen und sich mit dem Verlag in Verbindung zu setzen, um das Bandübliche Honorar auszahlen zu können.

Ursula Köhler-Lutterbeck, Dr. phil, geb. 1950, studierte Kunstgeschichte, Archäologie und Slawistik. Sie arbeitet als freie Journalistin und Autorin in Hamburg. **Monika Siedentopf**, Dr. phil., geb. 1944, studierte Geschichte, Politische Wissenschaften und Anglistik. Sie arbeitet als freie Autorin in Düsseldorf. Gemeinsam veröffentlichten sie 1995 ›Das Große Kinder-und Jugendlexikon‹.